E   N   S   I   N   O

IMPRENSA DA UNIVERSIDADE DE COIMBRA
COIMBRA UNIVERSITY PRESS

EDIÇÃO
Imprensa da Universidade de Coimbra
Email: imprensa@uc.pt
URL: http//www.uc.pt/imprensa_uc
Vendas online: http://livrariadaimprensa.uc.pt

COORDENAÇÃO EDITORIAL
Imprensa da Universidade de Coimbra

CONCEÇÃO GRÁFICA
António Barros

INFOGRAFIA
Mickael Silva

PRINT BY
CreateSpace

ISBN
978-989-26-0959-1

ISBN DIGITAL
978-989-26-0954-6

DOI
http://dx.doi.org/10.14195/978-989-26-0954-6

DEPÓSITO LEGAL
394916/15

© JUNHO 2015, IMPRENSA DA UNIVERSIDADE DE COIMBRA

JOSÉ LUÍS BRANDÃO
FRANCISCO DE OLIVEIRA
(COORD.)

IMPRENSA DA
UNIVERSIDADE
DE COIMBRA
COIMBRA
UNIVERSITY
PRESS

HISTÓRIA DE ROMA ANTIGA

VOLUME I

DAS ORIGENS À MORTE DE CÉSAR

SUMÁRIO

Prefácio 11

1. Culturas e povos primitivos de Itália (Amílcar Guerra) 13
   1. Contextos histórico-culturais que enquadram a fundação de Roma 13
   2. Breve panorama das populações da Itália proto-histórica 16

2. As origens da urbe e o período da monarquia
(Delfim Leão & José Luís Brandão) 27
   1. As origens de Roma 27
      1.1. Breve síntese da tradição literária 27
      1.2. Variantes e peculiaridades da tradição 29
      1.3. Análise crítica das lendas fundacionais 31
      1.4. Conclusões sobre as lendas da fundação 35
   2. Período da Monarquia 37
      2.1. Caraterísticas e evolução da Monarquia romana 39
      2.2. A cronologia tradicional e os dados da arqueologia 44
      2.3. Instituições da época monárquica 46

3. Da Monarquia à República (José Luís Brandão) 53
   1. A tradição sobre o fim da monarquia 54
   2. Quem era Lars Porsena? 56
   3. Metamorfose dos órgãos do governo 59
   4. O direito de apelo 62
   5. Os *fasti* e a sagração do templo de Júpiter do Capitólio 63
   6. Etruscos 66

4. Dos "conflitos de ordens" ao Estado patrício-plebeu
(Nuno S. Rodrigues) 69
   1. Os *patres* 73
   2. A *plebs* 78
   3. O «confronto» e a convivência patrício-plebeia 84
   4. O Estado patrício-plebeu 90
   5. As magistraturas 93

5. Expansão na Itália 103
   5.1. Da Liga Latina ao saque de Roma
        (Fábio Faversani & Fábio D. Joly) 103
        Introdução 104
        A liga latina e o *foedus Cassianum* 105
        2. Colônias latinas 110
        3. Guerras com Sabinos, Équos e Volscos 111
        4. Conquista de Veios 115
        5. A invasão gaulesa 118
        6. A recuperação de Roma 121
        Conclusão 123
   5.2. Das Guerras Samnitas ao controlo da Itália (Adriaan De Man) 127
        1. Os Samnitas 128
        2. A primeira Guerra Samnita (343-341)
           e a Guerra Latina (340-338) 129
        3. A Segunda Guerra Samnita (326-304) 131
        4. Do fim da Segunda à Terceira Guerra Samnita (298-290) 134
        5. A Guerra Pírrica (280-275) 135
        6. Resultados da conquista de Itália 140

6. Expansão no Mediterrâneo 145
   6.1. As Guerras Púnicas (João Gouveia Monteiro) 145
        1. O cenário 145
        2. A Primeira Guerra Púnica (264-241 a. C.) 149
        3. A Segunda Guerra Púnica (218-201 a. C.) 165

4. A Terceira Guerra Púnica (149-146 a. C.) 188

5. Comentário final 197

6.2. O Oriente Mediterrânico e a Hispânia (Amílcar Guerra) 201

1. Guerras Ilíricas 203

2. Guerras Macedónicas e anexação da Grécia 206

3. A conquista da Hispânia 219

7. **Consequências da expansão romana** (Francisco Oliveira) 233

1. Preâmbulo: conceito de império e imperialismo 233

2. Consequências da expansão:
ideológicas, económicas, sociais e políticas, culturais 241

    2.1 Consequências ideológicas: o imperialismo romano
e os seus instrumentos e contingências 242

        2.1.1 A hegemonia de Roma no Lácio e na Itália 242

        2.1.2. Cidadania Romana como instrumento de integração 244

        2.1.3 Um império ecuménico
no seguimento das Guerras Púnicas 245

    2.2. Consequências económicas da expansão 249

        2.2.1. Aumento do trabalho escravo 249

        2.2.2. Incremento do comércio, indústria e
artesanato e criação de sistema monetário 251

        2.2.3 Criação de uma agricultura virada para o lucro 253

        2.2.4. O enorme afluxo de riqueza e o capitalismo romano 255

    2.3 Consequências sociais e políticas 258

        2.3.1. Reforço do aparelho militar 258

        2.3.2. Incremento do papel do senado 260

        2.3.3. Ascensão da ordem equestre (*equites*) 261

        2.3.4. Pauperização das camadas mais baixas da sociedade 262

        2.3.5. Emancipação feminina 263

    2.4 Consequências culturais: helenismo e anti-helenismo em Roma 265

        2.4.1. Perspetivas de análise teórica 265

        2.4.2. Domínios da helenização da cultura romana 273

            2.4.2.1. Vida quotidiana (alimentação, higiene e adornos) 273

2.4.2.2. Arquitetura, habitação,
   decoração, mobiliário e baixela 276

2.4.2.3. Ciência e educação 281

2.4.2.4. A Literatura Latina na sua génese 286

2.4.2.5. A filosofia em Roma 295

2.4.2.6. Religião 299

3. Conclusões 301

8. Conflitos civis em Roma: dos Gracos a Sula (Vasco Mantas) 313

1. A República e os homens 314
2. *Optimates* e *populares* 320
3. Os Gracos 323
4. Os consulados de Gaio Mário 331
5. Guerra Social 337
6. Conflitos entre Mário e Sula 343
7. Ditadura de Sula 347
8. Sertório e os Lusitanos 352

9. De Sula ao "1º triunvirato":
o legado de Crasso e Pompeio Magno (Rui Morais) 363

1. Os antecedentes herdados do período de Sula 363
2. A ameaça na Hispânia: a guerra de Quinto Sertório 367
3. A rebelião dos escravos conduzida por Espártaco 370
4. O 1º consulado de Pompeio e Crasso 373
5. O "teatro" das campanhas de Pompeio no Oriente:
   a luta contra a pirataria e Mitridates VI 375
6. A conspiração de Catilina 379
7. O regresso de Pompeio e a ascensão de Júlio César 381
8. Ocaso de Crasso e Pompeio 383

10. A primazia de César:
do "1º triunvirato" aos idos de março (José Luís Brandão) 389

1. A aliança entre Pompeio, César e Crasso 391

2. O consulado de César 393
3. O proconsulado: a Guerra da Gália 395
4. A guerra civil 402
5. A ditadura – medidas 415
6. Os idos de março: causas e desenlace 418
7. Breve panorama literário e cultural na época de César 422

11. Síntese sobre a história da ditadura em Roma (José Luís Brandão) 429
1. Controvérsias sobre a origem da ditadura 430
2. Funções dos ditadores e evolução da magistratura 432
3. Caráter das ditaduras de Sula e de César 435

Índices
Índice de nomes e conceitos 441
Índice de passos 471

PREFÁCIO

O presente volume integra-se numa coleção que visa facultar aos alunos universitários, bem como ao público interessado pela antiguidade clássica, um manual em língua portuguesa, atualizado e tanto quanto possível completo, para a História de Roma Antiga, de forma a congregar a reflexão sobre as informações dos autores antigos e modernos e sobre os dados da arqueologia. Pretende-se, pois, colocar os leitores perante o estado da questão de cada tema e dotá-los dos instrumentos bibliográficos para um eventual aprofundamento das matérias que lhes despertem interesse.

A propensão didática está patente na conceção da estrutura. Cada capítulo é dotado de um pequeno sumário inicial, de uma cronologia no final e de uma bibliografia específica.

Trata-se de um trabalho de colaboração que é produto do diálogo entre membros da unidade de investigação Centro de Estudos Clássicos e Humanísticos e especialistas de História e Arqueologia romanas de outras instituições. Integra, por isso, contributos de autores oriundos de várias universidades portuguesas, mas também do Brasil – colaboração transatlântica consideravelmente alargada no volume que se seguirá.

Este I volume abarca um período que vai das origens, incluindo culturas pré-existentes e povos prerromanos, até à morte de Júlio César. Está, como se depreende, em fase de edição o volume II, que vai do principado de Augusto à dissolução do Império do Ocidente. E um terceiro já se anuncia, sobre a época Bizantina, este com uma coordenação editorial própria.

A coordenação:
Francisco de Oliveira
José Luís Brandão

1. CULTURAS E POVOS PRIMITIVOS DE ITÁLIA

Amílcar Guerra
Universidade de Lisboa

Sumário: Contextos histórico-culturais que antecedem a fundação de Roma: culturas lacial e vilanovense. Breve panorama das populações da Itália proto-histórica e respectivas línguas e dialetos. Observações sobre o panorama cultural itálico coetâneo dessa fase primordial da Urbe. Diversidade étnica e linguística das populações que habitam esse território e multiplicidade de entidades que por via da implantação colonial ou do comércio se relacionaram com a Península Itálica nesse período.

1. Contextos histórico-culturais que enquadram a fundação de Roma.

A cultura lacial[1]

O nascimento de Roma, segundo a data tradicional, ocorre num período de pleno desenvolvimento do que se conhece como a cultura lacial· No período subsequente ao Bronze Final, na passagem do II ao I milénio, desenha-se no Lácio um quadro complexo, resultado de uma

---

[1] O adjectivo italiano "laziale", usado para qualificar esta realidade cultural, foi adoptado diretamente em outras línguas como o francês "civilisation / culture latiale", o espanhol "cultura lacial" ou o inglês "latial culture / civilisation", razão pela qual o mantemos a forma correspondente em português.

confluência de tradições apenínicas e locais com elementos exógenos mais ou menos evidentes, entre os quais se destacam, para além dos vestígios orientalizantes mais tardios (séc. VIII-VII), as influências setentrionais da cultura vilanovense e os elementos caraterísticos da chamada *Fossakultur* de proveniência meridional. O influxo desta última sente-se particularmente num aspecto muito marcante do ritual funerário, conduzindo, a partir de meados do séc. IX, ao progressivo desenvolvimento de práticas de inumação, num contexto em que era habitual incinerar os defuntos[2]. As sepulturas retangulares cavadas na terra ou no tufo integravam por vezes um caixão em madeira associado a uma panóplia de objetos, evidenciando práticas que implicam sacrifícios animais. Tumulações enquadráveis neste âmbito encontram-se, em Roma, nas mais antigas necrópoles do Esquilino e no *forum,* junto ao templo de Antonino e Faustina, mas também em outras localidades do Lácio, como em Tivoli ou na "Hosteria dell'Osa", em Gábios[3].

Denotando uma diversificação dos contactos culturais deste período, o território do Lácio evidencia igualmente os influxos apenínicos, em particular dos seus vizinhos sabinos[4]. Recorde-se que, segundo a tradição, estes teriam dominado o Quirinal, o Capitólio e o *pagus* Tiberino[5] e o seu chefe, Tito Tácio, teria sido mesmo corresponsável, com Rómulo, pela fundação da cidade[6]. Provavelmente a estas populações do interior se devem os vestígios mais conservadores que denunciam a perduração e reelaboração de elementos que remontam ao Bronze Inicial.

A cultura vilanovense[7]

Durante o período das origens de Roma, estendem-se por uma parte considerável do território itálico, incluindo a zona costeira do Lácio,

---

[2] Peroni 1981 ; Quilici 1979 235-236.
[3] Quilici 1979 237; Peroni 1989 512-517.
[4] Quilici 1979 238-240; Carandini 1997 343-344.
[5] Carandini 1997 341.
[6] Poucet 1967 293-327.
[7] Sobre este aspecto, em geral, v. Bartoloni 2002.

os influxos da chamada cultura vilanovense[8], nome que deriva do sítio paradigmático de Villanova, situado junto a Bolonha, cuja necrópole foi inicialmente escavada por Giovanni Gozzadini, após 1853. O seu horizonte cultural desenvolve-se a partir do séc. IX a. C. e apresenta-se como continuador de uma tradição que remonta ao Bronze Final, conhecida como o "protovilanovense". Esta última é caraterizada pela sua associação com os campos de urnas, por práticas funerárias de incineração, pelo depósito dos restos em urnas de forma e decoração caraterísticas e pelas amplas evidências de uma apurada metalurgia do bronze.

A cultura vilanovense, que lhe dá seguimento, alarga o seu âmbito de influência, estando os seus restos materiais bem documentados em várias regiões da Península Itálica: a parte meridional da planície do Pó; toda a área da Toscana, especialmente a parte meridional; Lácio, incluindo a própria Roma; Campânia (especialmente Cápua) e área salernitana; alguns territórios da vertente adriática, em particular nas Marcas.

A sua cultura material carateriza-se, em primeiro lugar por enterramentos nos quais predomina claramente, nas primeiras fases, o ritual de incineração e depósito em fossa de urnas funerárias de fabrico manual, bitroncocónicas, cobertas com uma taça, invertida, nas quais, para além dos restos ósseos se acumula um espólio variado. Com estas se depositam as caraterísticas lâminas de barbear em bronze, fíbulas (em particular as de arco serpenteado) e diversos adornos. Progressivamente vão-se afirmando os rituais funerários de inumação. Em fases mais tardias abundam as vasilhas em bronze, algumas particularmente vistosas pela sua decoração, como a sítula de Certosa.

Na área da Roma antiga e no Lácio a presença de vestígios relacionáveis com a cultura vilanovense patenteia-se em enterramentos nas referidas urnas cinerárias bicónicas de decoração geométrica, mas de motivos bastante variados, alguns deles típicos desta região, as conhecidas urnas em forma de cabana, para além das fíbulas "de sanguessuga", mais difundidas neste contexto.

---

[8] Traduz-se, desta forma, a designação italiana "cultura villanoviana", por vezes também "civiltà villanoviana".

Todos estes elementos assinalam uma dupla realidade: o impacto que essas influências de ampla difusão denotam nesta área e, por outro, o facies peculiar que podem assumir no âmbito do Lácio.

2. Breve panorama das populações da Itália proto-histórica

O quadro das entidades étnicas[9] da Península Itálica nos inícios do I milénio a. C. é bastante diversificado, sendo algo arriscado proporcionar, de forma muito sumária, um panorama desta realidade muito complexa. Referem-se, no entanto, as mais importantes, tratando brevemente as questões do seu âmbito territorial, da sua identidade cultural e linguística.

Lígures

No panorama das populações antigas da Península Itálica, os Lígures[10] constituem um dos casos mais problemáticos. Aparecem na literatura clássica como um povo de antiquíssimas origens e essa mesma ideia manteve-se na tradição historiográfica. Embora a sua distribuição geográfica se centre, em período histórico, no noroeste da Itália e sudeste de França, atribuíram-lhes, em momentos anteriores, muito maior amplitude, associando-os a um fundo linguístico constituído especialmente por alguns topónimos e etnónimos. Esses elementos, nem sempre fiáveis, apresentariam uma larga dispersão pelo espaço mediterrâneo e, inclusivamente, pelas costas atlânticas. Na realidade, os reduzidos elementos atestados na região que se lhes atribui não permitem decidir sobre a posição dessa língua no quadro global.

A designação de "lígure" é, por vezes, atribuída a uma outra realidade mais conhecida como lepôntico[11]. A existência, na vertente itálica do arco alpino, de populações falantes de uma língua céltica encontra-se atestada desde fases mais precoces, num conjunto de inscrições grafadas no "alfabeto de Lugano", de ascendência etrusca. De facto, é pacífico que

---

[9] Sobre diferentes povos itálicos v. Pugliese Carrateli ed. 1988; Idem, 1986; Ampolo 1989.
[10] Sobre esta entidade v. Pugliese Carratelli ed.1988 159-259.
[11] Para esta língua e as suas inscrições v. Lejeune 1988; Prosdocimi ed. 1978 157-204.

corresponde a uma língua céltica continental, documentada num conjunto de epígrafes dispersas numa ampla área que tem como centro geográfico os lagos Maggiore e de Como.

Réticos

Ao contrário do que acontece com o lígure, não restam dúvidas sobre a natureza do rético[12], uma língua documentada em cerca de 200 inscrições num alfabeto similar ao venético e, tal como ele, filiado no etrusco. As epígrafes distribuem-se pela zona pré-alpina italiana e pelo arco alpino oriental, abarcando todo o Tirol e Trentino - Alto Ádige, mas estendendo--se até ao Véneto, de Verona a Pádua[13]. Estes documentos atestam uma realidade que se tem aproximado igualmente da língua falada pelos Etruscos[14], confirmando-se, deste modo, uma filiação que já os autores antigos tinham assinalado[15].

Etruscos[16]

A origem dos Etruscos constitui, desde a antiguidade, um tema controverso. As três principais teorias que em boa parte radicam nas considerações dos autores clássicos apresentam-se aos olhos da historiografia com um problema de fundo: a impossibilidade de optar com fundamento por uma das diferentes hipóteses. Na realidade, a questão principal não deve situar-se nesse plano, mas em perceber o processo de desenvolvimento cultural das comunidades que desde o Bronze Final se identificam como etruscas, que a arqueologia moderna associa com a cultura vilanovense ou com o seu antecedente.

Os Etruscos, em torno do quais se desenvolveu em determinado período a ideia de possuírem uma língua tão misteriosa quão proble-

---

[12] Um corpus das inscrições em Mancini 2009-2010.

[13] Morandi 1999 36.

[14] Rix 1998 propõe a designação de "línguas tirsénicas" para designar um grupo constituído pelo etrusco, o rético e a língua de Lemnos. G. Facchetti 2002 alarga este grupo a algumas línguas antigas do Egeu (minoico, eteocretense), de Chipre e da Palestina (filisteu).

[15] V. g. Plin. *Nat.* 3.133 - /.../ *considera-se que os Récios são descendentes dos Etruscos* /.../. Esta mesma ideia se encontra em outros aa. clássicos v. Morandi ibid.

[16] Sobre este povo, em geral, v. Pugliese Carratelli ed. 1986.

mática constituem, sem dúvida, a mais notável das entidades itálicas que integram o grupo dos que não possuem uma língua indo-europeia. Graças ao número elevado de textos (mais de 9000) e às possibilidades de confrontação com outras realidades conhecidas perdeu esse caráter enigmático, permitindo a sua descrição parcial, nos planos morfológico, sintático e semântico[17]. Torna-se, por isso, viável uma compreensão, pelo menos parcial, do conteúdos dos documentos que a atestam.

Para além do etrusco, um antigo falar não integrável no domínio indo--europeu atestar-se-á na área setentrional do Piceno, conhecido como "língua picena setentrional" ou "da estela de Novilara" e a respeito do qual a informação se revela ainda muito escassa e problemática.

Messápios

Uma outra componente muito particular das populações itálicas ocupa a parte meridional das costas adriáticas, da qual fazem parte os Messápios ou Iapígios[18] que ocupam *grosso modo* o que será a atual região da Apúlia. Na sua aceção mais ampla, registada nas fontes clássicas (Plb. 3.88; Th. 7.33), o termo abarca Dáunios, Peucécios[19] e Iapígios, na ordenação de norte para sul, cabendo a estes últimos, também chamados Messápios, em sentido estrito, o extremo da península.

Atribui-se-lhes uma origem ilírica, tendo especialmente em conta as fontes clássicas e o que se conhece da sua língua, o messápico[20]. Em sentido mais restrito, a península salentina, onde se situa a maioria dos seus vestígios[21].

A documentação que lhe diz respeito consiste essencialmente numas centenas de inscrições que adotam um alfabeto afiliado no grego, em especial numa variante lacónico-tarentina[22], com ligeiras adaptações que

---

[17] Da extensa bibliografia sobre a língua, pode ver-se uma apresentação geral em Bonfante - Bonfante 2002.

[18] Esta identidade é reconhecida em Str. 6.3.1; 6.3.5, mas contrariada em Plb. 2.24.10.

[19] Os vestígios correspondentes especificamente aos Dáunios e Peucécios, mas são raros e mais tardios (De Simone 1979 105-106).

[20] v. De Simone; Marchesini 2002; De Simone 1992.

[21] De Simone 1979 105.

[22] De Simone 1972 177.

se traduziram essencialmente na introdução de um número reduzido de novos signos, destinados a suprir as carências do sistema de signos. Cronologicamente, os materiais epigráficos abarcam um arco cronológico que vai dos finais do séc. VI ao II a. C.

Os nossos conhecimentos sobre a sua língua são muito limitados, uma vez que restringindos quase exclusivamente a antropónimos reportados sobretudo por inscrições funerárias ou grafitos em objetos cerâmicos. Os elementos disponíveis têm levado alguns autores a postularem a integração desta língua indo-europeia no grupo ilírico. No entanto, as fortes incertezas a respeito das realidades linguísticas, designadas como ilíricas, do outro lado do Adriático recomendam que não se atribua o messápio a uma família concreta.

Vénetos

Na parte setentrional da costa adriática regista-se a presença de populações venéticas[23]. A tradição clássica atribui-lhes uma origem exógena, conjecturando hipóteses de migrações a partir de várias regiões da Ásia Menor ou da região ilírica[24], algumas das quais obtiveram crédito de alguma historiografia moderna. No entanto, o mais provável é que correspondam a populações há muito instaladas no território itálico, pelo menos desde a Idade do Bronze. Para tal conclusão contribuiu a natureza da sua língua, o venético[25], uma língua indo-europeia antiga que se costuma integrar no grupo itálico[26]. Alguns autores, todavia, embora reconheçam as afinidades com as línguas antigas dessa família, consideram não existir dados que permitam sustentar a sua integração nela.

A documentação pertinente corresponde em particular a inscrições, atestadas inicialmente numa variante setentrional do alfabeto etrusco[27] e

---

[23] As questões de cultura e língua podem ver-se em Fogolari - Prosdocimi 1987.

[24] Nomeadamente em Plb. 2.17.5; Str. 4.1.1.; 12.3.8; Plin. *Nat.* 3.130; Liv. 1.1.1-3; Verg. *Aen.* 1.245-252)

[25] Sobre esta realidade v. Lejeune 1974; Wallace 2004.

[26] O termo designa aqui um larga família de línguas indo-europeias da Península Itálica: latim, falisco, sículo, osco-úmbrico e não se limita, como é prática em alguns autores, a esta última realidade.

[27] Lejeune 1974 21.

mais tardiamente em carateres latinos. Estes documentos que ocorrem num espaço compreendido aproximadamente entre curso do Pó, área em que a concentração é maior[28], e o atual território de fronteira entre a Itália e a Eslovénia. Estes vestígios ajudam a delimitar de forma mais precisa o que poderia constituir o âmbito geográfico desta entidade.

Sículos

Os Sículos aparecem em período histórico na Sicília oriental, compondo, segundo as fontes, um quadro variado de populações que em diferentes épocas aí se instalaram. Aponta-se-lhes uma origem na Península Itálica, esclarecendo Tucídides[29] que a sua movimentação era muito antiga e se deveu a uma pressão dos Ópicos (Th. 6.2), enquanto Dionísio de Halicarnasso (D.H. 1.9) vê neles os primeiros habitantes de Roma, expulsos por uma aliança entre os aborígenes e os Gregos. A arqueologia tem associado o estabelecimento dos Sículos no seu novo território insular à presença de um conjunto de vestígios materiais enquadráveis no protovilanovense (achados em Milazzo[30]), com uma cronologia que corresponde aos finais do 2.º milénio.

As considerações das fontes clássicas sobre a sua origem parecem encontrar apoio na historiografia moderna, em especial em algumas observações de natureza linguística. De facto, alguns estudiosos atuais, para além de aceitarem como relativamente pacífico que o sículo, falado em período histórico na Sicília oriental, é uma língua indo-europeia, sustentam as suas afinidades com o latim e o falisco[31], integrando-a, portanto, no grupo itálico. No entanto, são igualmente patentes algumas similitudes com o osco-úmbrico. Todavia, o nosso desconhecimento a respeito do sículo recomenda uma postura cautelosa.

---

[28] Verifica-se uma especial incidência junto à localidade de Este, onde se desenvolve uma escrita particular (Lejeune 1974, 25-28).

[29] Th. 6.2.5. situa-a 300 anos antes do início da colonização grega, isto é, no séc. XI, uma proposta um pouco mais tardia que a de Elânico de Lesbos, que a coloca antes da guerra de Tróia.

[30] Bernabò Brea; Cavalier1956.

[31] Devoto 1959, inclui-a no âmbito latino, a que pertencem estas últimas, distanciando-a de um outro conjunto que engloba o osco-úmbrico e outras realidades afins.

Picenos

Numa faixa não muito larga da costa adriática, ocupando um espaço que se reparte entre as regiões italianas das Marcas e, parcialmente, dos Abruzos, numa extensão de aproximadamente 200 km, costuma situar-se uma realidade cultural que se designa como a "civilização picena". Para designar os habitantes desta região as fontes clássicas alternam entre a forma *Piceni* e *Picentes*[32]. Segundo a tradição literária[33] esta entidade corresponderia a sabinos emigrados (Str. 5.3.1; Plin. *Nat.* 3.110), que, de acordo com o texto pliniano, teriam empreendido uma incursão nessa região na sequência de um *ver sacrum*[34].

Os mais antigos vestígios que conferem identidade a este mundo remontam ao séc. IX, originalidade que se prolonga até ao momento dos contactos mais estreitos com Roma. Para além de se conhecerem as necrópoles, foram identificados também os povoados, ainda que o nosso conhecimento atual destas últimas realidades se encontre mais limitado pela falta de trabalhos arqueológicos.

Na área atribuída a esta entidade atestam-se vestígios de pelo menos duas línguas: na parte setentrional uma, a que se aludiu, considerada geralmente não indo-europeia; na parte meridional, uma outra que pertence ao domínio linguístico osco-úmbrico. Ainda que esta última se encontre atestada num número escasso de documentos[35], a sua integração no âmbito dos dialetos sabélicos[36], do grupo a que se aludiu acima, é geralmente aceite.

Umbros

A sul dos Picenos, ocupando as áreas apenínicas centrais da Itália, dominava um conjunto de populações com amplas afinidades culturais, para os quais alguns autores usam o termo Sabélicos[37]. Quando se tra-

---

[32] Esta forma, mais rara, atesta-se já nos *Fast. cos. cap.* (268-267 a. C.) e também em Plb. 2.21.7; 3.86.8 e Var. *RR* 1.2.7, citando uma afirmação de Catão o Censor.

[33] Para a sua análise v. Antonelli 2003.

[34] Festo, nas suas explicações etimológicas (Fest. 235 L), especifica que nos seus estandartes teria pousado um pica-pau, ave do qual retiraram o nome, explicando Estrabão (Str. 5.4.2.) que se trata de uma ave dedicada a Ares.

[35] Para esta documentação v. Marinetti, 1999.

[36] Para a documentação relativa a este conjunto de realidades v. Rix 2009; Untermann 2002.

[37] No entanto, este termo tem outras aceções distintas, usando-se por vezes para designar especificamente os Samnitas.

ta de individualizar as realidades étnicas mais antigas deste conjunto, apresentam-se essencialmente os Umbros, Oscos e Picenos, seguindo uma subdivisão baseada na evidência linguística.

Os Umbros, segundo a enciclopédia pliniana um *antiquíssimo povo da Itália* (Plin. *Nat.* 3,112), apresentam-se como uma entidade que ocupa, em período proto-histórico, uma boa parte do Apenino Central, bem como algumas áreas adjacentes, tanto na vertente adriática como na tirrénica. Ao longo do primeiro milénio o seu território sofrerá oscilações substanciais, devido à pressão de vários povos, em especial de Etruscos e Gauleses, até à sua submissão aos romanos. Uma das principais marcas da sua individualidade reside na sua língua, atestada por um conjunto de documentos, tanto em alfabeto próprio, subsidiário do etrusco, como no latino, de entre os quais sobressaem as famosas *Tabulae Iguvinae*. Na realidade, os falares úmbricos são bastante diversos, abarcando em especial os dialetos falados no sul do Piceno, o sabino, o marso, o volsco e o chamado pré-samnita.

Oscos

O conjunto de populações designadas como oscas ocupava um território que continuava o dos Umbros, correspondendo a uma boa parte do território meridional da Península Itálica. Existe uma substancial divergência no que respeita às relações entre as múltiplas entidades que integrariam este nome de natureza mais genérica. Em parte porque, à medida que se multiplicam as referências dos autores clássicos aos povos itálicos, o quadro se torna cada vez mais complexo.

Os seus vestígios epigráficos entre os quais sobressaem a tábua de Bântia e o cipo de Abela foram grafados em diversos alfabetos: etrusco, grego e latino.

No plano linguístico, o panorama define-se, por uma relativa unidade que se consagra na existência de uma língua osca, dominante no território itálico meridional no período da conquista romana desses territórios. De qualquer modo, no seu âmbito se definem alguns dialetos que de alguma forma traduzem a diversidade desse mundo, especialmente o hérnico, o marrucino, o samnita e o peligno (Marinetti 1999; Prosdocimi 1978 825-912).

Latinos

Como se viu, a realidade histórico-cultural coetânea da fundação tradicional de Roma associa-se, no plano arqueológico, ao que se designa como a "cultura lacial". Nela se integram as diferentes comunidades do antigo Lácio, em particular os territórios de Roma e o dos Montes Albanos, no âmbito dos quais se situava a cidade de Alba Longa (ligada à ocupação dispersa pelo sudoeste do Lago Albano), cidade que, segundo uma tradição recolhida por Dionísio de Halicarnasso e retomada na epopeia virgiliana (Verg. *Aen*. 1.267), teria sido fundada por Ascânio /Julo. Por outro lado, também Lavínio (atual Pratica di Mare, junto à costa tirrénica), lugar onde teria aportado Eneias, se configuraria como outro dos núcleos importantes deste passado remoto que associam uma forte tradição mítica com os vestígios materiais de um presença humana precoce.

Para além das afinidades que se revelam nos restos materiais, a estas populações se ligam igualmente tradições religiosas que se assumem, em determinado momento da organização federal destas comunidades, como um património comum. Talvez o caso mais conhecido seja o santuário de Diana de Arícia, junto ao Lago de Nemi, onde, para além de um templo mais recente, se atestam vestígios que remontam aos inícios do I milénio a. C.

Outro elemento de ligação destas comunidades residia na sua língua, cuja versão romana se veio a difundir com a expansão territorial da Urbe. Naturalmente, nenhum dos falares latinos, algo diferenciados entre si, se pode comparar com o que conhecemos da língua de Roma, uma vez que das outras realidades dialetais do Lácio, como o prenestino ou o lanuvino, pouco nos chegou.

Faliscos

Entre as múltiplas entidades da Itália contemporâneas das origens de Roma encontra-se uma, de pequena dimensão, mas cuja individualidade se encontra bem documentada, não apenas por aspetos de natureza arqueológica e histórica, mas também pela sua língua. Os Faliscos eram vizinhos da Urbe, uma vez que a sua cidade mais importante, Falérios (atual Cività Castellana), distava dela cerca de 70 km. O seu território, na margem direita do Tibre, confrontava igualmente, em período histórico, com os Etruscos, em particular com Veios, e com os Sabinos.

Conhecem-se cerca de uma centena de inscrições, num alfabeto similar ao latino arcaico, que transcrevem a língua local, muito fragmentariamente atestada[38]. O falisco constitui uma realidade cuja posição no quadro linguístico da Itália antiga não deu lugar a muitas controvérsias, assumindo-se como relativamente pacífico que se trata de uma realidade com grandes afinidades com as línguas das populações latinas[39]. Alguns autores sublinham, todavia, algumas peculiaridades que a aproximam do osco-úmbrico[40], com o redobro do perfeito, o que é natural num quadro evolutivo próprio em que alguns traços conservadores se podem manter. Alguns autores identificaram ainda algumas influências, especialmente na grafia e na fonética, devidas ao contacto com o mundo etrusco[41].

Este quadro, muito simplificado, resume um panorama cultural e linguístico muito complexo e em relação ao qual, com frequência, escasseiam os dados. Compreendem-se, deste modo, as incertezas sobre muitos dos aspetos tratados e a diversidade das interpretações que historiadores e linguistas patenteiam.

Bibliografia

Ampolo, C. et al. (1989), *Italia omnium terrarum parens*. Milano, Scheiwiller.

Antonelli, L. ed. (2003), *I Piceni: corpus delle fonti, la documentazione letteraria*. Roma, L'Erma di Bretschneider.

Bakkum, G. C. L. M. (2009), *The Latin Dialect of the Ager Faliscus: 150 Years of Scholarship*. Amtserdam, Universiteit.

Bartoloni, G. (2002) - *La cultura villanoviana*. Roma, Carocci.

---

[38] V. Giacomelli 1978 e, mais recentemente, Bakkum 2009.

[39] Campanile, no entanto, sublinhou o seu caráter conservador e pôs em evidência algumas afinidades com os grupos germânico e céltico (Campanile1968 55-58), apontando para uma eventual autonomia em relação ao conjunto dos falares latinos (Campanile 1969 92).

[40] Giacomelli 1978 522-523. Solta 1974 45-47 vai mais longe, considerando-a mesmo uma língua osco-úmbrica.

[41] Nem todas, contudo, são pacíficas. Giacomelli 1978 considera a perda da distinção *f/b* um dos exemplos desta influência, mas outros preferem pensar que se trata de um traço distintivo próprio, não influenciado por uma realidade exógena.

Bernabò Brea, L., Cavalier, M. (1956), "Civiltà preistoriche delle Isole Eolie e del territorio di Milazzo", *Bullettino di Paletnologia Italiana* 67 7-98.

Bonfante, G., Bonfante, L. (2002), *Etruscan language, revised edition*. Manchester, University Press.

Campanile, E. (1968), "Studi sulla posizione dialettale del latino", *SSL* 8 16-130.

Carandini, A. (1997), *La nascita di Roma: dèi, lari e uomini all'alba di una civiltà*. Torino, Einaudi.

Devoto, G. (1959), "Siculo e protolatino", *SE* 27 141-150.

Facchetti, G. M. (2002), "Appendice sulla questione delle affinità genetiche dell'Etrusco" in *Appunti di morfologia etrusca*. Firenze, Olschki 111– 150.

Fogolari, G., Prosdocimi, A. L. (1987), *I veneti antichi : lingua e cultura*. Padova, Studio Editoriale Programma.

Giacomelli, G. (1978), "Il falisco" in *Populi e civiltà dell'Italia antica, vol. VI: Lingue e dialetti*. Roma 505-542.

Lejeune, M. (1974), *Manuel de la langue vénète*. Heidelberg, Carl Winter.

Lejeune, M. (1988), *Recueil des inscriptions gauloises: II.1 Textes gallo-étrusques. Textes gallo-latins sur pierre*. Paris, CNRS.

Mancini, A. (2009-2010), *Iscrizioni retiche*. 2 vol. Padova, Unipress.

Marinetti, A. (1999), "Le iscrizioni sudpicene" in *I Piceni, popolo d'Europa*. Roma 134-138.

Morandi, A. (1999), *Il cipo di Castelciès nell'epigrafia retica*, Roma, L'Erma di Bretschneider.

Peroni, R. (1989), *Protostoria dell'Italia continentale: La Penisola italiana nelle Età del Bronzo e del Ferro*. Roma.

Poucet, J. (1967), *Recherches sur la légende sabine des origines de Rome*. Louvain, Université.

Prosdocimi, A. ed. (1978), *Populi e civiltà dell'Italia antica, vol. VI: Lingue e dialetti*. Roma.

Pugliese Carratelli, G. ed. (1986), *Rasenna. Storia e civiltà degli Etruschi*. Milano, Scheiwiller.

Pugliese Carratelli, G. ed. (1988), *Italia, omnium terrarum alumna*. Milano, Scheiwiller.

Quilici, L. (1979), *Roma primitiva e le origini della civiltà laziale*. Roma, Newton-Compton.

Rix, H. (1998), *Rätisch und Etruskisch*. Innsbruck, Universität.

Rix, H. ed. (2009), *Sabellische Texte: die Texte des Oskischen, Umbrischen und Südpikenischen*. Heidelberg, K. Winter.

Simone, C. de (1992), "La lingua messapica: tentativo di una sintesi" in *Atti XI Convegno di studio della Magna Grecia, Taranto 1971*. Napoli 125-201.

Simone, C. De, Marchesini, S. (2002), *Monumenta linguae messapicae*. Wiesbaden

Solta, G. R. (1974), *Zur Stellung der lateinischen Sprache*. Wien, Österreichische Akademie der Wissenschaften.

Untermann, J. (2000), *Wörterbuch des Oskisch-Umbrischen*. Heidelberg, K. Winter.

Wallace, R. E. (2004), "Venetic" in Woodard, R. D., *The Cambridge Encyclopedia of the world's ancient languages*. Cambridge, University Press 840-856.

2. AS ORIGENS DA URBE E O PERÍODO DA MONARQUIA

Delfim Leão & José Luís Brandão
Universidade de Coimbra
Centro de Estudos Clássicos e Humanísticos

Sumário: A tradição lendária sobre as origens de Roma. A crítica da tradição literária e o confronto com os dados da arqueologia. A Monarquia romana: os sete reis da tradição e os principais feitos a eles atribuídos. Caraterísticas da Monarquia romana e sua evolução. Instituições sociais e políticas que tiveram origem na época monárquica.

1. As origens de Roma

1.1. Breve síntese da tradição literária

A tradição literária antiga (plasmada sobretudo em Tito Lívio, Dionísio de Halicarnasso e Plutarco) liga a história de Roma à destruição de Tróia. Eneias com o filho Ascânio (ou Iulo) desembarca no Lácio, junto à foz do Tibre. Aqui, desposa a filha de Latino, rei local, e funda a cidade de Lavínio. Ascânio funda mais tarde a cidade de Alba Longa, nos Montes Albanos, e depois lhe sucederão doze reis. Dá-se uma crise dinástica, quando Amúlio usurpa o trono a seu irmão Numitor e transforma a filha deste (Reia Sílvia) em vestal. É esta a base da história depois trabalhada de formas várias pelos autores, dando origem a uma infinidade de pequenas variantes[1].

A principal tradição apresentava Rómulo e Remo como filhos de Reia Sílvia, que era por sua vez filha do rei Numitor, o legítimo herdeiro do trono albano, deposto pelo irmão Amúlio. Amúlio obrigou a sobrinha a fazer-se Vestal, de forma a evitar a eventual reivindicação do trono por algum descendente de Numitor. Como as servidoras de Vesta tinham de permanecer virgens, o nascimento dos gémeos encontrava-se, de certa forma, envolto em polémica e infração, o que teria facilitado a decisão de Amúlio de mandar lançar as crianças ao Tibre. Da piedade ou receio da pessoa encarregada de cumprir a sentença resultou que os dois irmãos foram colocados numa cesta que, ao ser arrastada rio abaixo pela corrente, acabaria depositada no banco de areia de uma das margens. Uma vez aí, os gémeos foram amamentados por uma loba, até que uns pastores os recolheram e criaram. Rómulo e Remo cresceram nesse meio, desconhecendo a sua verdadeira identidade, embora as suas naturais qualidades de liderança os projetassem como chefes dos companheiros, que se envolviam em frequentes escaramuças e bravatas com outros pegureiros, piratas e ladrões que atuassem na região. Ao tomarem conhecimento da sua real ascendência, os gémeos atacaram Alba Longa e repuseram no trono o avô, Numitor, embora optassem por não permanecer na cidade, cujo governo lhes caberia mais tarde por direito. Em vez disso, decidiram fundar uma colónia de Alba Longa, no local onde haviam sido salvos. A nova urbe acabaria por chamar-se Roma, designação que derivaria de Rómulo, depois de ele ter assassinado o irmão numa querela fútil, por alturas da delimitação das muralhas da cidade. Roma conheceu um crescimento rápido, devido sobretudo à grande capacidade de integração e

---

[1] Sobrevive mesmo um texto de um livro dedicado integralmente a esse problema (*Origo gentis Romanae*), tradicionalmente atribuído ao historiador Aurélio Victor, que se terá baseado num trabalho antiquário do tempo de Augusto, o qual recolhia já contributos dos séculos anteriores. Cf. Cornell 1995 57-58; Rodrigues 2005 59-138. Vide ainda Leão 2008 97-99, de onde é retirada boa parte desta síntese geral, conjugada em particular com as abordagens de Grimal 1993 e de Cornell 1995.

acolhimento de outras pessoas, mesmo de elementos marginais e potencialmente perigosos (pobres, devedores, fugitivos, escravos), que, sendo na maioria homens, terão sido forçados a raptar as Sabinas para garantir descendência, o que desencadeou uma guerra com os Sabinos e a posterior fusão das duas comunidades, com Rómulo e Tito Tácio à cabeça. Após a morte de Tito Tácio (com suspeitas ligadas a Rómulo), este último governou por muitos anos, com sucesso tanto na paz como na guerra. Roma continuou a aumentar em poder e importância demográfica, numa expansão rápida, justificada essencialmente por dois fatores: por um lado, a poderosa força bélica, que ora atraía e forçava a celebração de alianças com os vizinhos ora permitia infligir pesadas derrotas aos inimigos; por outro, a enorme capacidade para absorver elementos externos, fossem imigrantes, confederados ou mesmo as partes vencidas em conflito.

1.2. Variantes e peculiaridades da tradição

Os antigos viam em Rómulo o fundador de Roma, numa data que situavam em meados do séc. VIII a.C., se bem que também eles se apercebessem de algumas das dificuldades cronológicas criadas por esta forma de organizar o passado, em especial no que se referia à articulação com os relatos da viagem de Eneias até ao Lácio. Uma vez que, tradicionalmente, a guerra de Tróia era colocada à volta do séc. XII a.C., Eneias teria fundado Lavínio pouco depois desse evento e, por conseguinte, os gémeos não poderiam estar ligados a esse herói por um laço de parentesco próximo, na medida em que, entre as duas gerações, mediavam cerca de quatrocentos anos. Ora esse espaço vai ser preenchido pela dinastia dos reis albanos, iniciada por Ascânio, filho de Eneias, ao fundar Alba Longa[2].

Apesar da concordância genérica sobre as origens de Roma, as fontes comportam inúmeras disputas e variantes no respeitante a questões de pormenor. A controvérsia começava logo pela paternidade dos gémeos.

---

[2] Vide Leão 2008 11. Outras versões chegavam mesmo a ligar a origem de Roma a personagens como Hércules e Evandro; para mais pormenores, vide Cornell 1995 68-69.

A maioria das fontes identificava o pai das crianças com o deus Marte, solução que reunia evidentes vantagens: enobrecia as origens de Roma, ao misturar elementos humanos e divinos, além de que ter Marte como pai era um cenário muito conveniente a um povo que se afirmara pela capacidade bélica ou 'marcial'. Por outro lado, esta solução ilibava Reia Sílvia da acusação de não ter observado voluntariamente a castidade. Ainda assim, havia outros candidatos à paternidade, como um espectro saído da terra (hipótese que salvaguardava a ideia de intervenção divina) ou simplesmente o próprio Amúlio, que se disfarçara de Marte para violentar a sobrinha. Objeto de especulação era ainda a identificação da loba que amamentara os gémeos. De facto, os antigos já sublinhavam a ambiguidade do termo latino *lupa*, pois tanto pode significar 'loba' como 'prostituta'[3], de modo que a racionalização do mito implicava, em última análise, estabelecer a diferença entre uma leitura enobrecedora ou, muito pelo contrário, aviltante[4]. Mas os Romanos gostavam de chamar-se 'filhos da loba' e conviviam bem com a ambiguidade dessa designação.

Idêntica discussão motivava o contexto em que ocorrera a morte de Remo, oscilando os juízos entre a recriminação aberta de Rómulo (que vinha enganando o irmão já desde a consulta do voo das aves, a propósito da decisão sobre o nome e localização da futura cidade) ou as tentativas de desculpabilização, assumindo que tinha sido um companheiro de armas (Célere) e não Rómulo a desferir o golpe mortal.

Rómulo enfrentava a mesma ambivalência interpretativa relativamente às circunstâncias que levaram ao assassinato do sabino Tito Tácio ou à sua própria morte. No primeiro caso, era, no mínimo, acusado de alguma incúria na maneira como procurara fazer justiça ao assassínio do colega de governo, chegando inclusive a enfrentar a suspeita de ele mesmo ter organizado o golpe, a fim de ficar sozinho à frente de Roma. Quanto ao desaparecimento do corpo de Rómulo, no termo de uma progressiva cedência aos vícios da tirania, havia duas versões: a racional, que dizia que ele fora assassinado e esquartejado numa conjura do senado, tendo

---

[3] Repare-se no significado do termo português 'lupanar': 'casa de prostituição', 'bordel'.
[4] Ambiguidade espelhada em Plu. *Rom.* 4.4-5.

cada senador levado uma parte do seu corpo; e a pia, que propunha um arrebatamento por intervenção divina. Por outras palavras, oscilava-se entre o homicídio politicamente motivado e a apoteose do herói fundador.

1.3. Breve análise crítica das lendas fundacionais

A ligação à guerra de Tróia. A análise destes relatos patenteia a fusão de elementos itálicos com outros de origem grega. Com efeito, a lenda de Eneias tem uma origem grega, com raízes épicas: na *Ilíada*, Eneias é uma figura proeminente, embora menor: foi o único dos troianos ilustres a escapar à guerra. Um passo famoso na *Ilíada* (20.307-308) vaticina que ele iria um dia governar os Troianos[5], mas como não havia nenhuma dinastia de Eneias a governar a Tróade na época histórica, os Gregos começaram a especular que Eneias pudesse ter estabelecido o seu reinado noutro sítio, tradição desde cedo bem firmada em espaço helénico[6]. A lenda de Eneias parece portanto fruto da complexa história das relações políticas e culturais entre Roma e os Gregos[7].

A tradição sustenta que as cidades do Lácio eram todas colónias de Alba Longa e que Roma seria a última delas, mas a arqueologia não confirma esses factos. Com efeito, o pressuposto de que Lavínio e Alba eram cidades muito mais antigas do que Roma tem origem provável na necessidade de preencher o intervalo entre Eneias (e a Guerra de Tróia, em c. 1200 a.C.) e Rómulo (no séc. VIII a.C.). Mas, como salienta Cornell

---

[5] Ponto reforçado no *Hino Homérico a Afrodite*, 5.195-199.

[6] Nomes sugestivos de lugares, imaginação poética e amplificação antiquária terão feito o resto. Já no séc. VI a.C., havia moedas cunhadas na Macedónia com Eneias a carregar Anquises das ruínas de Tróia. A datação desta conexão entre Roma e a Hélade é controversa, mas a maioria dos estudiosos pensa que a lenda já estava bem estabelecida na Itália central desde muito cedo, talvez no séc. VI a.C. ou mesmo antes, até porque a influência grega era muito grande nessa altura, conforme mostra a arqueologia. Cf. Cornell 1995 63--68; Forsythe 2005 93-94.

[7] Conforme salienta Cornell 1995 65, as vantagens políticas desta lenda manifestaram-se pela primeira vez em 263 a.C., durante a guerra contra Cartago, altura em que a cidade siciliana de Segesta se aliou a Roma por causa da sua ascendência troiana comum, sendo particularmente úteis quando Roma começou a interferir nos assuntos da Ásia Menor.

(1995 71-72), é mais provável que a ideia da proeminência de Alba e de Lavínio resulte da sua importância como centros religiosos (no *Mons Albanus* havia um festival em honra de Júpiter Laciar e, em Lavínio, celebrava-se o culto de Eneias e dos Penates), proeminência essa que a tradição transformou em hegemonia política sobre o Lácio.

No que respeita à sua validade, as tradições sobre a fundação de Roma desde Eneias a Rómulo não podem ser consideradas uma narrativa histórica. Como herói épico, Eneias está em posição um tanto mais confortável, mas o seu peso histórico não será maior do que o dos outros heróis homéricos e a sua relação direta com a migração para ocidente não pode ser estabelecida em termos minimamente seguros. Mas, como diz o próprio Tito Lívio no início da sua obra *Desde a fundação da cidade* (*Praef.* 6-7), «se os factos anteriores ao fundação da Urbe, ou atinentes à fundação, são no processo de transmissão ilustrados mais por fábulas poéticas do que por documentos históricos incorruptos, não está nos meus desígnios nem confirmá-los, nem refutá-los. Esta é a concessão que se faz à antiguidade, para através da mistura do humano com o divino tornar mais venerandas as origens das cidades».

Os filhos da loba. A lenda de Rómulo é de clara origem latina, sem que se possa estabelecer a data exata da sua formação[8]. Há razões para crer que era já corrente na época arcaica, como o prova uma estatueta em bronze da loba, que é provavelmente do séc. VI a.C.[9]. Em 269 a.C. aparece mesmo em cunhagens, pelo que não poderia derivar de uma eventual propaganda hostil a Roma, de introdução recente. Várias são as explicações para o seu aparecimento: religiosas, étnicas, políticas, sociais e linguísticas[10]. O nome *Romulus* sugere um epónimo formado a partir

---

[8] No chamado espelho de Bolsena (séc. IV a.C.), onde surge a mais antiga figuração dos gémeos, o grande ausente é Eneias, pelo que se deduz que o artefacto reproduz o estrato mítico indígena. Vide Carandini 2009 32-33.

[9] Essa estátua encontra-se, agora, no Palazzo dei Conservatori. De resto, o mais tardar c. de 300 a.C., a história dos gémeos já se havia tornado na versão-padrão em Roma.

[10] Pode significar o culto totémico do lobo (próprio de civilizações pastoris); temas mitológicos greco-etruscos (cerva de Télefo e a loba de Bolónia); dualidade étnica (Romanos e Sabinos) ou política (patrícios e plebeus), através de duas etimologias (grega *Rhomos* e latina *Romulus*) para o epónimo do fundador da cidade. Tudo enquadrado numa cenografia local: gruta do Palatino (*Lupercal*) e figueira (*Ruminal*). O nome da figueira deriva do

do nome da cidade, que significa apenas 'romano' (como *Siculus* significa 'siciliano'), pelo que pode não ter existido nenhum herói com esse nome. É também claro que a história possui elementos populares, que são ecoados em mitos e lendas de muitas outras sociedades do mundo antigo, sublinhando o nascimento e crescimento de pessoas que hão de marcar o futuro de cidades e civilizações (como reis, fundadores ou heróis[11]).

Também são falantes os nomes do pastor que recolheu os gémeos – Fáustulo (que traz consigo um vaticínio favorável, uma vez que deriva de *fauere* 'ser favorável') –, e o de Larência, que os criou (como assinala Grimal 1993 18). Por detrás deles adivinham-se associações a divindades: Fáustulo evoca o deus pastoril Fauno, e Larência faz lembrar os Lares, alvos da devoção privada e pública. Mas, acrescente-se, parece significativo que tenha sido também associada ao culto dos mortos, os *Larentalia* (a 23 dezembro), celebração funerária a que se juntavam lendas de fecundidade. Apesar de lendário, o enquadramento desta informação acaba sendo, portanto, confluente com os dados da arqueologia. A cabana de Fáustulo, segundo a tradição, erguia-se no Palatino com o seu telhado de colmo e paredes de adobe, e, no final da República, os Romanos ainda a podiam contemplar[12].

Fundação e desenvolvimento da cidade. Cícero (*Rep.* 2.3.5) fala sobre a localização da nova cidade lançada por Rómulo (sem pôr em causa a sua existência histórica), salientando a habilidade tática do fundador, ao evitar expor a nova cidade aos perigos que mais facilmente poderiam chegar por mar. Em boa verdade, como oportunamente salienta Grimal (1993 12-14), Cícero descurou o facto de que a Roma primitiva era insalubre e pantanosa (como mostram as cabanas assentes em estacas de

---

facto de ficar junto do santuário de Rumina, uma divindade protetora das aleitantes. De resto, como o alfabeto etrusco não tinha a vogal *o,* o nome de Roma era escrito naquela língua como *Ruma,* o que em latim significava 'teta'.

[11] Exemplos bem conhecidos são Ciro da Pérsia, Íon ancestral dos Iónios, os príncipes troianos Páris e Eneias, os heróis gregos Perseu e Édipo, o caso de Egisto (assassino de Agamémnon) ou de Cípselo tirano de Corinto. De resto, o próprio conto da natividade cristã partilha, em termos latos, muitos destes motivos do conto popular. Mais pormenores em Cornell 1995 61-63; Forsythe 2005 95.

[12] Vide Rodrigues 2005 151-154; Forsythe 2005 84.

madeira), carecendo inclusive de água potável, facto que obrigaria a cavar poços e a fazer cisternas. As razões para a escolha do local devem ter sido estratégicas: tratava-se da ponta ocidental de um vasto planalto, que entroncava, para leste, nos Montes Albanos. Os colonos elegeram, assim, um lugar forte nas colinas, favorecido pela proteção conjunta de pântanos e do rio Tibre. Era também um lugar propício do ponto de vista comercial: situava-se, com efeito, no cruzamento de vias entre a Etrúria e o Lácio (e na travessia para a Campânia) e entre as salinas da foz do Tibre e a rota para os Apeninos, a que mais tarde se chamará *Via Salaria*.

Os achados arqueológicos atuais fornecem um quadro do desenvolvimento das primitivas comunidades latinas, desde pequenas aldeias a povoados maiores, durante a Idade do Ferro. A arqueologia e a tradição literária combinam-se para sugerir que o Palatino foi o núcleo inicial do povoado, já que os restos de aldeias foram postos ali a descoberto, bem como a necrópole do Foro, remontando a meados do séc. VIII a.C. Nesta perspetiva, parece confirmar-se a formação da cidade como expansão de um núcleo primitivo, se bem que o conhecimento da arqueologia de Roma não permita tirar conclusões seguras. Encontraram-se no Palatino resquícios de cabanas da cultura lacial (meados do séc. VIII, embora se saiba que esta não foi a primeira ocupação do local, habitado desde 1000 a.C.). Mas também há dados que apontam para a fusão de vários núcleos iniciais: certos costumes e cerimónias religiosas arcaicos[13] datam desse período, guardando a memória de um momento em que o lugar de Roma era ocupado por pequenas aldeias que se reagruparam.

A lenda do rapto das Sabinas constitui um indício de que a população originária de Roma era uma mistura de elementos das duas etnias. Com efeito, segundo a lenda, o embate entre as duas comunidades termina com

---

[13] Um festival referido pelos antiquários antigos como *Septimontium*, que envolvia sete áreas da cidade, pode estar na origem da ideia de Roma como cidade das sete colinas. Este festival ocorria a 11 de dezembro, no encerramento do ano agrícola. Esta organização parece corresponder à fase proto-urbana de Roma: segundo Carandini 2009 22-26, remontará ao período entre 850 e 750 a.C. Além disso, o colégio sacerdotal dos Sálios estava dividido em dois subgrupos, os *Salii Palatini* e os *Salii Collini*, que representavam respetivamente os montes Palatino e Quirinal. Levavam a cabo cerimónias no final do ano civil e começo do novo (em março). Vide Forsythe 2006 80-82; 85.

a fusão de Romanos e Sabinos, sob o governo de Rómulo e Tito Tácio. Essa ideia está, de resto, presente em toda a tradição romana sobre a Monarquia: dos primeiros quatro reis, dois eram latinos (Rómulo e Tulo Hostílio) e dois sabinos (Numa Pompílio e Anco Márcio) — ou três, se contarmos também Tito Tácio. A arqueologia, a linguística e a dialetologia não dão propriamente base de sustentação histórica para a lenda das Sabinas, mas também não negam cabalmente a presença do elemento sabino na Roma monárquica[14], tanto mais que a presença de Sabinos na República foi um facto, e várias famílias reclamavam essa origem, a começar pela dos Cláudios[15]. Portanto, nada parece impedir que este fluxo da tradição possa ecoar um dado histórico e culturalmente antigo.

1.4. Conclusões sobre as lendas da fundação

No geral, as narrativas da fundação de Roma (de Eneias a Rómulo) não podem ser consideradas históricas: representam uma complexa mistura de lendas, contos populares e reflexão erudita, sendo, no entanto, importantes para o estudo da historiografia romana e para o desenvolvimento da consciência identitária dos Romanos. Coloca-se, por conseguinte, a questão de saber se as lendas fundacionais foram recolhendo, ao longo do seu processo de formação, o essencial da *Romanitas* ou se constituirão antes, pelo contrário, uma projeção no passado da forma como os Romanos se viam a si mesmos e gostavam de ser vistos pelos outros. A resposta residirá, possivelmente, a meio caminho entre ambas as hipóteses formuladas. Em todo o caso, isso não altera — mas antes reforça — a dimensão paradigmática e simbólica da tradição. Estas lendas mostram, primeiro, que a identidade do povo romano provém da mistura de vários grupos étnicos; depois, que a cultura romana é produto de várias influências estrangeiras (enquanto as lendas gregas insistiam na pureza e continuidade das suas

---

[14] Que pode estar na origem de uma monarquia dualista ou ser a retroprojeção da ideia da colegialidade das magistraturas republicanas. Vide Grimal 1993 20-21; Cornell 1995 75--77; Rocha Pereira 2009 25.

[15] Cf. Plu. *Publ.* 21. 4-10; Suet. *Tib.* 1.

tradições). A noção romântica de um assentamento de pastores levando uma vida virtuosa em simples cabanas convinha à ideologia augustana, mas já no séc. II a.C. os analistas acentuavam o contraste entre esta Roma primitiva e a decadência do presente, dando assim voz a um *topos* grato à historiografia latina. Esta função moralizadora está desde o início presente em Lívio (*Praef.* 10) quando afirma que, no estudo da história, se pode encontrar egrégios exemplos a imitar e atos vergonhosos a evitar.

A data tradicional para a fundação da cidade, que os historiadores e antiquários de finais da República colocavam em meados do séc. VIII a.C., não deve ser levada muito a sério. Tudo sugere que foi calculada de forma artificial[16]. A arqueologia mostra claramente que o lugar foi permanentemente ocupado séculos antes de 754 a.C. Em contrapartida, só relativamente tarde é que ocorreram mudanças na organização e estrutura da comunidade, do tipo que pode ser ligado ao processo crucial de urbanização e formação de um estado. Estes desenvolvimentos, que podem legitimamente ser definidos como uma fundação de uma cidade-estado, não são geralmente recuados para além de meados do séc. VII, portanto mais de cem anos depois da chamada "datação tradicional"[17].

Na formação da urbe concorrem dois processos aparentemente contraditórios: enquanto a notícia do festival designado por *Septimontium* sugere um sinecismo de várias aldeias, a tradição literária aponta para a expansão de um núcleo original do Palatino. Mas a coexistência daqueles dois modelos é plausível. De forma semelhante, a ideia de uma evolução gradual pode conjugar-se com a de uma fundação, mediante uma reorganização e planeamento de uma cidade-estado, em finais do século VII, operada pelas elites locais, talvez devido à influência fenícia e grega no Mediterrâneo ocidental[18].

*

---

[16] Sobre as dificuldades em harmonizar a cronologia tradicional relativa à fundação da cidade com os dados da arqueologia, vide infra. 2.3.

[17] Vide Forsythe 2005 86. Opinião diferente em Carandini 2009 25-26.

[18] Vide Forsythe 2005 91-93.

2. Período da Monarquia[19]

Não se coloca atualmente em dúvida a existência de uma Monarquia em Roma, mas grande parte da nossa informação sobre esse período é lendária. Tradicionalmente, apontavam-se sete reis, alguns dos quais têm muito boas probabilidades de serem históricos. Nomes como Numa Pompílio e Tulo Hostílio são verosímeis, dada a sua relativa raridade, e não simples invenções, como o de Rómulo, se bem que os dados sobre os seus reinos sejam um misto de lenda e reconstituição antiquária consciente. É bastante claro que os primeiros reis são personalidades parcialmente ou completamente míticas. Paradoxalmente, algumas das ações que lhes são atribuídas podem ser mais facilmente atestadas que os seus putativos autores, como acontece com instituições atribuídas a Rómulo, o que equivale a dizer que a informação relativa a instituições e estruturas é mais fiável do que a relativa a pessoas e eventos.

Afigura-se provável que Rómulo não tenha sequer existido e que o seu nome seja um epónimo da designação da cidade: é uma forma de adjetivo e significa apenas 'romano'. Já antes se viu que a sua história é uma mistura complexa de lenda e contos populares, permeados de especulação antiquária e propaganda política. Os principais elementos da sua história são (depois da fundação da cidade e da guerra com os Sabinos) as campanhas vitoriosas contra Cenina, Fidenas e Veios, bem como a criação das instituições primitivas do estado romano. Com efeito, a tradição atribui a Rómulo a divisão da cidade em três tribos e trinta cúrias (unidades criadas para fins administrativos e políticos), bem como a fundação do senado, constituído por cem *patres*.

Numa Pompílio e Tulo Hostílio são pouco mais que estereótipos contrastantes, um pacífico e devoto, o outro aguerrido e feroz[20]. Ao primeiro, a tradição atribuía a criação das principais instituições religiosas do

---

[19] Para uma visão crítica mais ampla sobre o período da Monarquia, é particularmente útil Cornell 1995 119-150, cuja análise norteou o essencial das posições assumidas nesta secção.

[20] As atribuições feitas a cada um parecem ter a ver com ideias sugeridas (ou espelhadas) pelos próprios nomes: *Numa* relacionado com *numen* 'poder divino' e *Hostilius* com *hostis* 'inimigo'. Vide Forsythe 2005 97.

estado, incluindo o calendário (reformado com o intuito de tentar fazer coincidir tanto quanto possível os ciclos solares com os lunares, pela introdução de meses intercalares) e os sacerdócios (vestais, pontífices, âugures, flâmines, sálios).

Quanto à atividade de Tulo Hostílio, destaca-se a guerra contra Alba Longa, que deu o enquadramento para a lenda de Horácio, uma das mais famosas histórias dos Romanos[21]. A guerra em si, que levou à conquista de Alba Longa e do seu território, é histórica, no sentido em que a região dos Montes Albanos se tornou parte do território romano em dada altura da realeza e esse feito poderia, tanto quanto se sabe, ter sido obtido por um rei chamado Tulo Hostílio. A ele fica ligada a Cúria Hostília (mas trata-se de uma construção do século VI).

Anco Márcio, o quarto rei, aparece como uma combinação dos anteriores. Anco tinha origem sabina e era neto de Numa (pelo lado da mãe). A tradição atribuía-lhe a primeira ponte sobre o Tibre (*Pons Sublicius*), o alargamento do território romano até à costa e a fundação do porto de Óstia, junto à foz do rio. Os historiadores antigos revelaram alguma dificuldade em preencher o seu reinado com feitos. Os romanos de tempos mais tardios lembravam-no como um rei popular e filantropo[22].

A Lúcio Tarquínio Prisco era atribuída uma origem parcialmente etrusca e foi bem sucedido na guerra, nas inovações constitucionais e na beneficência pública: construção do Circo Máximo e dos esgotos, início do templo de Júpiter, aumento das dimensões do senado e da cavalaria, instituição de jogos e divertimentos públicos. As suas vitórias militares foram conseguidas sobre Sabinos, Latinos e Etruscos.

Sérvio Túlio é o sexto rei e o mais complexo e enigmático de todos. As diferentes versões sobre a sua origem (servil, principesca ou por conceção divina), sobre a forma como obteve o trono e sobre a natureza

---

[21] Horácio era o vitorioso sobrevivente da batalha entre Horácios e Curiácios, dois grupos de três pessoas que combateram como campeões de Roma e Alba Longa, respetivamente. No seu triunfante regresso a casa, foi ao seu encontro a irmã, que havia desposado um dos Curiácios e, ao chorar a morte do esposo, foi morta por Horácio, num ato de raiva. Vide Cornell 1995 119-121.

[22] Énio (*Ann.* 137 Sk.) e Lucrécio (3.1025) apelidam-no de *bonus Ancus*.

das grandes medidas que institucionalizou são igualmente problemáticas. Com efeito, há uma dupla tradição relativa à sua origem: romana e etrusca. Não há dúvida, porém, de que as medidas que lhe são atribuídas (reorganização do corpo de cidadãos, construção de templos, edifícios públicos e fortificações, bem como importantes iniciativas em assuntos internacionais) assentam numa firme base histórica e, em alguns casos, podem ser confirmadas por informação independente: a divisão em quatro tribos, segundo a região da cidade; a divisão em centúrias (assente sobre a riqueza), que prevaleceu até ao final da República e até depois; a criação do *census*. Outro aspeto é que, ao contrário dos antecessores, não obteve o trono de forma regular, mas apoiou-se no poder popular, tornando-se não propriamente num rei, mas antes numa espécie de magistrado proto-republicano.

Tarquínio o Soberbo, último rei de Roma, é apresentado pura e simplesmente como um tirano. Filho de Tarquínio Prisco, atingiu o trono à força, depois de matar o seu sogro, Sérvio Túlio. Era cruel e caprichoso, mas também vistoso e bem sucedido. Sob o seu governo, Roma tornou-se no poder dominante na Itália central e essa prosperidade refletiu-se no desenvolvimento monumental da cidade. O corolário do seu reinado foi a construção do templo de Júpiter Capitolino, um dos edifícios maiores e mais impressionantes do mundo mediterrânico da altura. Assim que o templo ficou construído, Tarquínio foi expulso da cidade por um grupo de aristocratas, que instituíram a República, em substituição do seu governo.

2.1. Caraterísticas e evolução da Monarquia romana

Sobre a lista dos reis, há de certa forma duas posições extremas que podem ser tomadas: ou se parte do princípio de que é o produto forjado de nomes relevantes ligados às várias colinas da cidade (assumindo neste caso que Roma é resultado de um processo de sinecismo), ou se admite a ideia da tradição antiga de que se tratava efetivamente de uma monarquia não hereditária, hipótese que tem precedentes em sociedade arcaicas (de tipo homérico) em que o líder era o mais capaz de proteger a sociedade.

De resto, a única exceção parcial seria a de Tarquínio Soberbo, que era filho de Tarquínio Prisco, mas esta exceção prova a regra, pois ele atingiu a realeza de forma ilegal, ao usurpar um trono do qual ficaria arredado em circunstâncias normais. Ou então trata-se da evolução para uma monarquia hereditária na passagem da fase de uma aldeia para a de uma cidade-estado[23].

A interpretação generalizada, baseada na tradição literária, é de que a Monarquia romana se baseava numa espécie de sistema eletivo, que estaria na origem da instituição do *interregnum* da época republicana[24]. Depois da morte do rei, o poder voltava para o senado (*res ad patres rediit*), que estabelecia comissões para ocuparem o governo como *interreges* (reis interinos). O processo prolongava-se por um ano, depois do qual se procedia à reunião dos *comitia curiata*, nos quais o candidato proposto era votado pelo povo (através de uma *lex curiata*) e sancionado pelo senado (pela *auctoritas patrum*). Desta forma, os membros, os *patres*, não seriam elegíveis: faziam a escolha fora do seu círculo, medida que constituía uma forma de prevenir conflitos[25]. Tem sido aventada a suspeita de que tal procedimento fosse uma retrospeção dos historiadores a partir de uma prática republicana estabelecida posteriormente. Mas o nome (*interregnum*) sugere que o processo se baseia num procedimento do tempo dos reis, mesmo que na altura fosse diferente. Apesar de a questão continuar em aberto, subsiste, pois, a ideia de que o poder era conferido ao rei através de um processo de nomeação e ratificação[26].

---

[23] Na lenda dos antecessores de Rómulo, a dinastia hereditária existente em Alba Longa seria uma elaboração da antiquária. A realidade da Monarquia romana (e talvez de outras cidades itálicas) seria diferente. O princípio mantinha-se mesmo que o rei morto tivesse filhos, como aconteceu com Tarquínio Prisco, que sucedeu a Anco Márcio, apesar de este possuir dois filhos adultos. Numa também tinha filhos. Vide Cornell 1995 141; Forsythe 2005 98.

[24] O procedimento continuou a aplicar-se em tempos da República, no caso de morte de ambos os cônsules ou então quando o ano terminava sem que tivesse havido a eleição de novos cônsules.

[25] Os *patres* teriam sempre de ratificar a decisão tomada pelo povo: a chamada *auctoritas patrum*, até 399 a.C., era necessária antes que qualquer decreto popular se tornasse legalmente vinculativo. Os *patres* teriam assim um papel fundamental no processo, visível tanto no controlo do *interregnum* como no uso da *auctoritas patrum*. Cf. Scullard 1985 44-45; Cornell 1995 143; Southern 2011 27.

[26] Vide Forsythe 2005 110.

De qualquer modo, havia conexões entre os reis e os seus sucessores. Por exemplo, ao possível sucessor era atribuído um cargo de importância no governo em curso: Tarquínio Prisco era o "braço direito" do seu antecessor, Anco Márcio, e será sucedido pelo seu próprio favorito, Sérvio Túlio. Essa ligação aparece também reforçada por laços de matrimónio: Sérvio Túlio era genro de Tarquínio Prisco e Tarquínio Soberbo era genro de Sérvio Túlio. Há, de resto, um elemento do conto popular nestas histórias: o motivo do estranho que casa com a esposa do rei e, assim, obtém o trono. As mulheres parecem, pois, desempenhar um papel de relevo na aclamação, como é o caso de Tanaquil, esposa de Tarquínio Prisco, que patrocinou a aclamação de Sérvio Túlio, e de Túlia, que incentivou o marido, Tarquínio o Soberbo, na usurpação do poder e assassínio de Sérvio Túlio[27].

Alguns reis eram estrangeiros (ou pelo menos de fora da terra): eram-no literalmente no caso de Numa, que era Sabino, e de Tarquínio Prisco, que tinha ancestrais gregos e etruscos. Alguns dos reis não possuíam sangue patrício: particularmente Numa e Tarquínio Prisco, que eram imigrantes, e Sérvio Túlio, sobre o qual um dos poucos aspetos em que as fontes concordam é que ele não era de nascimento patrício[28]. A tradição latina sobre Sérvio Túlio, que o apresenta como um escravo que se tornou rei, poderia ter sido de algum modo decalcada a partir do relato do *rex nemorensis*, isto é o 'rei do Bosque' de Diana em Arícia. Tratava-se de um procedimento arcaico, existente até ao Império, em que um escravo fugitivo podia encontrar proteção naquele santuário, assumindo o 'reinado' local depois de matar o antecessor. Ora a tradição refere a ascensão do escravo Sérvio Túlio na sequência do assassinato do antecessor e relaciona-o com a construção do templo de Diana no Aventino, santuário rival do de Arícia[29].

---

[27] Um exemplo clássico disso mesmo é a história de Eneias, que casou com Lavínia, filha do rei Latino e, com a morte deste, veio a tornar-se rei dos Latinos. Ainda assim, isto não significa que a sucessão em Roma passasse pela linha feminina, se bem que seja inegável que as mulheres assumem com frequência um papel importante. Cf. Cornell 1995 142.

[28] O *status* posterior das *gentes* dos *Hostilii* e dos *Marcii* mostra também que não eram patrícios.

[29] Forsythe 2005 106.

É possível que usurpadores tivessem tomado Roma por curtos períodos no final da Monarquia e princípio da República. Eram bem conhecidas da tradição etrusca e romana as aventuras guerreiras dos irmãos Aulo e Célio Vibena, a julgar pelas representações em que eles apareciam. A mais significativa é uma pintura de um túmulo de Vulcos[30]: de um lado, uma representação inspirada na *Ilíada*, relativa ao sacrifício dos prisioneiros troianos, parece servir de chave de leitura; do outro, uma série de guerreiros surpreende um grupo de inimigos, mata-os e liberta um prisioneiro. Todos estão identificados e entre eles se contam os dois irmãos. Célio Vibena (*Caile Vipinas*) é libertado por Mastarna (*Macstrna*); e entre as vítimas figura, à direita, um *Cneve Tarchunies Rumach*, identificado como Gneu Tarquínio de Roma (Fig. 1). A presença deste nome sugere uma conexão com a história de Roma no tempo dos Tarquínios. Não se pode dizer com certeza que se trata de Tarquínio o Antigo: além de o nome deste ser tradicionalmente Lúcio[31], a nomenclatura itálica recorre frequentemente a adjetivos criados a partir de topónimos, pelo que não indicam mais do que a origem (como o caso do próprio Tarquínio, oriundo de *Tarquinium*). O imperador Cláudio, que era um polígrafo e um perito em "etruscologia", num discurso[32], com o qual procurava justificar a entrada de cidadãos da Gália no senado romano, fala da história do acolhimento de aristocratas estrangeiros na Roma arcaica, para destacar a versão sobre a origem de Sérvio Túlio. Se a conhecida tradição romana o dava como filho de Ocrésia, uma prisioneira de guerra, Cláudio acrescenta uma novidade: as fontes etruscas apresentavam-no como Mastarna, um fiel companheiro de um senhor da guerra, Célio Vibena, que, depois da desgraça deste, veio para Roma com o resto das forças do seu antigo amigo, se instalou no Célio e mudou o nome para Sérvio Túlio.

---

[30] François Tomb.
[31] Se bem que *Lucius* provém, segundo Lívio, do etrusco Lucumo, que significa 'rei'.
[32] *CIL* XIII.1668. O discurso de Lugduno, descoberto numa placa de bronze em 1528.

Fig. 1. Esboço do fresco do túmulo de Vulcos. Por Fábio Mordomo

Os eruditos interpretam o nome Mastarna (*Macstrna*) como composto de *magister*, seguido do sufixo etrusco -*na*, pelo que significaria 'comandante', denominação que ocorre nas funções de *magister equitum* ('comandante de cavalaria') ou *magister populi* ('comandante de infantaria' e equivalente de ditador), de que se falará no capítulo seguinte[33]. Contudo, Cláudio talvez se tenha precipitado na identificação, por estar demasiado preso à ideia de que os reis de Roma foram apenas sete. As dificuldades em identificar o servo de Tarquínio o Antigo com o fiel companheiro de Célio Vibena (a não ser que se identifique este com Tarquínio, o que é negado pelo referido fresco tumular) e os percursos paralelos, sugerem que se tratará de outra pessoa, o que pressupõe a existência neste período de mais governantes em Roma do que a tradição analística regista, e ainda que aristocratas lutavam pelo poder à frente de exércitos privados. Se Cláudio diz que Mastarna ocupou o Célio com a parte restante do exército de Célio Vibena, outra tradição relaciona o irmão deste, Aulo Vibena, com o Capitólio[34].

Em suma, as fontes parecem indicar que o rei era uma pessoa de fora, por vezes mesmo um estrangeiro, e em qualquer dos casos exterior à aristocracia patrícia; que a sua eleição era um processo complexo (envolvendo o rei anterior, o senado, o povo e a consulta dos deuses). Em todo

---

[33] Cornell (1995 233-235) não descarta a hipótese de Sérvio Túlio ser uma espécie de magistrado pré-republicano – um *magister populi* que poderia estar na origem da ditadura.
[34] Vide Scullard 1985 31; Cornell 1995 130-150; Forsythe 2005 102-105; Kovaliov 2007 55-56.

o caso, no período final da monarquia, estas regras terão sido subvertidas e o poder terá caído na mão de usurpadores e tiranos. Em consequência, senhores da guerra dominariam a Itália Central desde meados do séc. VI até finais do V.

2.2. A cronologia tradicional e os dados da arqueologia

A duração da realeza constitui também uma discrepância, pois a tradição estende-a por cerca de dois séculos e meio, recuando desde a queda de Tarquínio até à fundação da cidade em 754/3 a.c. Sobre esta data, fornecida por Varrão, cai a suspeita de ser uma reconstituição artificial tardia[35]. No entanto, já vimos que a arqueologia sugere que a fundação da cidade-estado tenha ocorrido apenas na parte final do séc. VII. Para Cornell (1995 121 ss) há duas formas de resolver o problema: reduzir o período de realeza, aceitando que, ao todo, os monarcas terão reinado c. 120 anos em vez dos 240 da tradição; ou então assumir que houve um maior número de reis[36]. Talvez haja, aliás, boas razões para fazer ambas as coisas: não só a lista dos reis deve estar incompleta, como a melhor forma de resolver a discrepância entre a tradição e os dados arqueológicos é colocar todos os desenvolvimentos históricos do período real (incluindo os próprios reis, se forem autênticos) no arco cronológico compreendido entre c. 625 e c. 500 a.C.

A discussão da cronologia dos Tarquínios pode ajudar a clarificar esta questão. É cronologicamente impossível que Tarquínio o Soberbo seja filho de Tarquínio Prisco, como a tradição sustenta. Dionísio de Halicarnasso interrompe propositadamente a narrativa e empenha dois capítulos a expor o que ele designa por absurdos da tradição[37]. A tradição orientalizante

---

[35] De facto, multiplicando 7 gerações de reis por 35 anos e somando-lhe a datação do início da República, obtém-se a data fornecida por Varrão: 509 + (7 x 35) = 754. Além disso, descortina-se uma certa simetria nos anos de reinado, como assinala Forsythe 2005 98-99. Vide ainda Cornell 1995 72-73.

[36] Parece improvável que 7 reis ocupassem um período de 244 anos (a média da coroa britânica é de 22 anos por rei).

[37] D.H. 4.6-7. É impensável que Tarquínio Prisco, que chegou ao trono em 616 quando já era homem maduro, tenha nascido 150 anos antes da morte do filho em 495.

faz de Tarquínio Prisco filho de Demarato, aristocrata de origem coríntia, ligado portanto à influência coríntia na Etrúria e no Lácio. Mas tal levanta problemas cronológicos complicados, como já acontecera com a ligação de Rómulo a Eneias e de Numa a Pitágoras[38]. São dados de uma manipulação secundária. Talvez os dois Tarquínios fossem um só, uma vez que aos dois se atribui a construção dos esgotos, desenvolvimento do Circo e o templo de Júpiter no Capitólio. Além disso, a arqueologia prova que os troços sobreviventes da muralha atribuída a Sérvio Túlio não são anteriores ao século IV, o que contradiz a tradição literária.

As incoerências da tradição sugerem, na verdade, outra cronologia: o reinado dos Tarquínios (terminado em 509) não teria durado mais que duas gerações, pelo que teria de haver começado entre 570 e 550. Por conseguinte, a tradicional data de 616 não merece crédito. A vantagem do *terminus a quo* proposto é deixar espaço para os reis anteriores. Ora os desenvolvimentos institucionais (tribos e Cúrias), religiosos (cultos e calendário) e militares (definição de um território e de um exército efetivo) não podem ser anteriores à formação de Roma como cidade-estado, facto que aconteceu nas últimas décadas do séc. VII. O primeiros reis, a serem pessoas com existência histórica, teriam de ser colocados entre 625 e 570[39].

Mas esta solução não é pacífica: a maioria dos estudiosos modernos opta por manter a datação tradicional, assumindo que os primeiros reis viveram na fase pré-urbana da cidade. De resto, a discussão continua, pois a arqueologia traz frequentemente à luz novos dados que obrigam a

---

Uma vez que Prisco morreu em 578, o seu filho deveria ter pelo menos 80 anos quando lutou na batalha do lago Regilo (499 ou 496). Mais: a esposa do primeiro, que era uma mulher em 616, terá acompanhado o segundo a Roma. Alguns historiadores citados por Dionísio dizem que Tarquínio seria filho de um segundo casamento; Dionísio segue a solução do analista L. Calpúrnio Pisão (séc. II a.C.), segundo o qual o Soberbo seria neto do primeiro. Mas tal hipótese é uma nítida racionalização contra a tradição mais antiga (incluindo Fábio Pictor).

[38] De quem seria discípulo; mas Numa viveu dois séculos antes do suposto mestre.

[39] Os dados da arqueologia apoiam esta datação: a 1ª construção da Regia, atribuída a Numa, data das últimas décadas do séc. VI; traços de uma construção arcaica (640-580) no norte do *Comitium*, datada do início do séc. VI, tem sido identificada com a Cúria Hostília construída, segundo a tradição, por Túlio Hostílio. Também é essa a data da primeira construção do *Comitium*, atribuído a Hostílio por Cícero, *Rep.* 2.31. Vide Cornell 1995 121-129.

reformular as hipóteses. Com efeito, apesar de todas aquelas objeções, há historiadores que retomam com legitimidade a data tradicional de Varrão (da fundação em meados do século VIII) com base em novas escavações no núcleo de Roma[40].

Por outro lado, a teoria moderna de que o reinado de Tarquínio introduziu um efetivo domínio etrusco que veio trazer grandes inovações em Roma está hoje posta em causa por não ter fundamento nem na historiografia nem na arqueologia[41]. Os historiadores modernos partiram do preconceito da superioridade da cultura etrusca, quando o que existia seria mais uma *koine* cultural tirrénica. A presença de Tarquínio em Roma inscreve-se na mobilidade horizontal entre comunidades da região, isto é, num tipo de mobilidade em que as personalidades mantinham o seu estatuto social[42].

2.3. Instituições da época monárquica

Sociedade. A família era a célula fundamental da sociedade romana, e à testa de cada família estava o pai (*paterfamilias*), o elemento masculino mais velho, que detinha plenos poderes, inclusivamente de vida ou de morte sobre os filhos. Este núcleo enquadrava-se por sua vez numa organização gentilícia, na medida em que várias famílias partilhavam um nome de uma mesma *gens* (clã). Os cidadãos ostentavam três nomes[43] e apresentavam em segundo lugar a designação da sua *gens*: o *nomen*. Ligada à família e à *gens* estava outra instituição romana que perdurou: a clientela. Esta instituição parece ter origem na libertação de antigos escravos ou adscrição de homens livres ao clã (por exemplo, estrangeiros ou outros

---

[40] Vide Carandini 2009 25-28.

[41] Muitos estudiosos modernos continuam a considerar que a transformação da comunidade na parte final do séc. VII coincidiria com a chegada dos Tarquínios, iniciando-se uma fase de governo etrusco. Tal pressuposto constitui para Cornell (1995 121-122 e n.6) um dos mais perniciosos erros que obscurece correntemente o estudo da Roma arcaica e que não tem confirmação nem na tradição escrita nem na arqueologia. Vide Rocha Pereira 2009 23-24.

[42] Forsythe 205 99-101.

[43] Os *tria nomina*, constituídos por *praenomen* (nome próprio) *nomen* (da sua *gens*) e *cognomen* (espécie de alcunha de família).

desprotegidos), mas acabou por se generalizar e regular as relações sociais entre pessoas de diferentes estatutos, pelo que não se reduzia a uma relação entre ricos e pobres. A ligação entre patronos (*patroni*) e clientes (*clientes*) baseava-se na fidelidade (*fides*), regulada pelos costumes e pela religião (e mais tarde pela lei das XII tábuas), em que o *patronus* estava obrigado a proteger o *cliens* economicamente e judicialmente, e o *cliens* estava obrigado a prestar serviços e apoiar o *patronus*, inclusivamente na guerra. O número de *clientes* conferia, na mesma proporção, prestígio e poder ao *patronus*.

A tradição romana fala também da oposição entre duas ordens: patrícios e plebeus, embora a distinção e identificação não seja pacífica. Há várias teorias que tentam explicar a misteriosa origem desta dicotomia: distinção política, origens étnicas diferentes, tribos diferentes ou diferenças económicas. Os patrícios seriam uma minoria (a tradição fala de 300 famílias). Os plebeus não seriam talvez todos os outros, mas eram igualmente cidadãos, organizados em *gentes*. Esta oposição terá sido mais notória no início da República, período em que os patrícios parecem ter-se fechado sobre si e assumido a exclusividade no acesso aos cargos políticos e religiosos, bem como o controlo do direito, o que gerou conflitos[44].

Órgãos do governo. O poder na cidade-estado de Roma estava repartido, pelo menos no final da época monárquica, entre o rei, o senado e o povo. O rei era o chefe militar e teria poder judicial e religioso. Não se conhecem bem os seus poderes. Supõe-se que fosse eleito através de um processo de nomeação e ratificação que envolvia o povo e os aristocratas, mas não se sabe até que ponto o seu poder estaria associado à vontade do povo e do senado.

Supõe-se também a existência de um conselho consultivo do rei, um senado (de *senex* 'ancião') que se reuniria na *Curia Hostilia*. No *interregnum*, cada senador governaria por turnos, como atrás se viu

---

[44] Vide Scullard 1961 38-48; Cornell 1995 289-292; Forsythe 2005 216. Cf. infra Nuno Simões Rodrigues, "Dos conflitos de ordens ao estado patrício-plebeu".

(supra 2.1), a propósito da eleição do novo rei. Segundo a tradição, Rómulo nomeou 100 senadores, Tulo Hostílio duplicou-os e Tarquínio o Antigo elevou-os para 300, número que se manteve até Sula. Não há certezas sobre os seus poderes e forma de seleção, mas o processo usado seria mais flexível do que durante a República e dependeria da escolha do rei.

O povo, no seu conjunto, estaria inicialmente dividido em cúrias[45]: seriam em número de 30 e vinham atribuídas a Rómulo. Estas estariam por sua vez divididas em grupos de 10, constituindo assim as 3 tribos: *Ramnenses*, *Titienses* e *Luceres*[46], designações que foram preservadas em centúrias de cavalaria. Esta organização serviria de base para o recrutamento militar e para a constituição das mais arcaicas assembleias de voto, os *comitia curiata* ('assembleias por cúrias'), que foram ultrapassadas durante a República e restringidas a funções muito específicas[47]. Na monarquia conferiam o poder (*imperium*) ao rei, embora não o escolhessem[48].

A reforma atribuída a Sérvio Túlio propõe uma organização territorial (e não gentilícia) das tribos: 4 urbanas: Palatina, Suburana, Colina e Esquilina; e várias rústicas (16 a 26)[49]. Além disso, instituiu-se uma classificação de acordo com a riqueza. Convém, no entanto, ter em conta

---

[45] Derivado talvez de *co-uiria* (relacionado com *uir* 'homem'): 'associação de homens'.

[46] Nomes que, segundo a tradição, derivariam respetivamente de Rómulo, de Tito Tácio e de Lucero, este um guerreiro etrusco que ajudara Rómulo nas lutas com os Sabinos. Está hoje posta de lado a ideia de que as tribos corresponderiam a uma divisão étnica entre Romanos (conotados com o Palatino), Sabinos (associados ao Quirinal) e Etruscos (ligados ao Célio). A organização em 30 cúrias pode ser da segunda metade do século VII a.C., anterior portanto a uma organização hoplítica (que parece estar na base dos *comitia centuriata*), colocada normalmente no século VI. Vide Cornell 1995 114-118; Forsythe 2005 108-115. Já Carandini 2009 22-23 e 27-28 considera as *curiae* como uma forma de articulação das colinas (*septimontium*) na fase proto-urbana de Roma: entre 850 e 750 a.c., uma vez que retoma a ideia romana de que a cidade foi fundada no século VIII a.C.

[47] Para aprovar a lei (*lex curiata de imperio*) que atribuía o poder (*imperium*) a cada magistrado superior. Mas também para testemunho de testamentos e um tipo de adoção conhecido como *adrogatio* (que, como o nome indica, era efetuada através de uma proposta de lei — *rogatio* — resquício do poder legislativo dos *comitia curiata*).

[48] Estas assembleias (*comitia curiata*) foram reduzidas a uma formalidade durante a República, pelo que cada cúria era representada apenas por um *lictor*.

[49] Número que cresceu depois até atingir 35 tribos.

que o que se conhece é produto da evolução até ao século II a.C. A população de Roma (patrícios e plebeus) encontrava-se dividida em 5 classes, de acordo com os rendimentos. Os mais ricos estavam na primeira classe. Os restantes entravam nas 4 classes inferiores (*infra classem*). No final, figuravam os desprovidos de posses: *proletarii* (cuja riqueza era apenas a prole) e *capite censi* (recenseados por cabeça). A origem de tal organização era nitidamente militar, tanto que os elementos de cada classe usavam armamento pago por si de acordo com as suas posses: os da primeira classe usavam armamento completo e nesta classe estavam também incluídas as 18 centúrias dos cavaleiros e mais 2 de engenheiros; o conjunto reunia-se no Campo de Marte, portanto fora do recinto sagrado da cidade (*pomerium*). A distinção inicial far-se-ia provavelmente entre *classis* e *infra classem*, isto é entre os que levavam armamento completo (infantaria pesada) e os mais levemente armados (infantaria ligeira), embora as tentativas de reconstrução sejam discutíveis[50]. Mais tarde, esta distinção foi substituída pelo sistema complexo das 5 classes, uma vez que a finalidade militar de tal classificação foi substituída pela fiscal e política (eleitoral). Cada classe detinha um número de centúrias, de que resultava outra assembleia: os *comitia centuriata* ('assembleias por centúrias'), nos quais a votação se operava por centúrias, um voto por cada uma. A primeira classe tinha mais centúrias[51], pelo que determinava a votação. Cada centúria estava ainda dividida em mais velhos (*seniores*) e mais novos (*iuniores*). Assim se dava a primazia no voto à riqueza e à idade. Esta reforma deve ser posterior a Sérvio Túlio. Ainda assim, não se poderá negar todos os dados da tradição: ao período dos reis pertencerá a admissão dos plebeus na legião. Trata-se de um avanço no sentido da propriedade privada, em vez do poder gentilício.

---

[50] *Classis* significava então 'exército'. Para uma análise da origem militar e posteriores desenvolvimentos da organização por centúrias, vide Cornell 1995 181-190.

[51] A 1ª classe contava 80 centúrias + 18 de cavalaria (98); a 2ª, 3ª e 4ª tinham 20; e a 5ª 30). Havia ainda as supranumerárias: além das 2 de engenheiros, existiam 2 de tocadores de trompa e 1 de proletários. Eram no total 193. Como se vê, o número de indivíduos de cada centúria já não era 100, nem fixo. As classes mais baixas, embora tivessem menos centúrias, continham a maior parte da população. O poder de voto era assim subordinado a uma plutocracia. Vide Forsythe 2005 111-115.

A Monarquia da tradição romana chega-nos, portanto, distorcida pela projeção retrospetiva e especulação dos historiadores do final da República, operadas por motivos patrióticos, morais, políticos ou familiares. Mas, apesar de em grande parte obscura e lendária, está na génese de várias das instituições sociais, políticas e religiosas que depois se mantiveram ou desenvolveram na época republicana — como o *interregnum*, a figura do *rex sacrorum* ou os símbolos associados ao poder. Hoje é claro que, no final da Monarquia (no séc. VI a.C.), Roma era já uma cidade grande e desenvolvida nas instituições e na arquitetura, poderosa no Lácio e no Tirreno, com relações políticas, culturais e comerciais inclusivamente com Cartago, com quem em breve iria celebrar um tratado.

Tábua Cronológica

c. 1000 a.C. – Ocupação do Palatino

754/753 a.C. – Data tradicional da fundação de Roma

c. 625 – Começo da cidade-estado/data da fundação para alguns

616 – Data tradicional do início do reinado dos Tarquínios

c. 570-550 – Mais provável início do reinado dos Tarquínios

509 a.C. – Data tradicional da queda da Monarquia e implantação da República

Bibliografia

Alföldi, A. (1971), *Early Rome and the Latins*. Ann Arbor, University of Michigan Press.

Carandini, A. (2009), *Roma. Il primo giorno*. Bari, Laterza.

Centeno, R. (coord.) (1997), *Civilizações Clássicas II. Roma*. Lisboa, Universidade Aberta.

Cornell, T. J. (1995), *The Beginnings of Rome*. London, Routledge.

Finley, M.I. (1985), *Ancient History: Evidence and Models*. London, Penguin.

Forsythe, G. (2005), *A Critical History of Early Rome*. Berkeley/London, University of California Press.

Grandazi, A. (1991), *La fondation de Rome. Reflexion sur l'histoire*. Préface de P. Grimal. Paris, Les Belles Lettres.

Grimal, P. (1984), *La civilisation romaine*, trad. port. (1993), *A civilização romana*. Lisboa, Edições 70.

Holloway, R. (c.1996 reimp. 2000), *The Archaeology of Early Rome and Latium*. London, Routledge.

Kovaliov, S. I. (1948), *Historia de Roma*. Edición revisada y ampliada por Domingo Plácido (2007). Madrid, Akal.

Leão, D. & Fialho, M. C. (2008), *Vidas Paralelas. Teseu e Rómulo*. Coimbra, CECH, *Classica Digitalia*.

Leão, D. & Brandão, J. L. (2012), *Vidas Paralelas. Sólon e Publícola*. Coimbra, CECH, *Classica Digitalia*.

Ogilvie, R. M. (1976), *Early Rome and the Etruscans*. The Harvester Press.

Pani, M. & Todisco E. (2008), *Storia Romana. Dalle origini ala tarda antiquità*. Roma, Carocci.

Rocha Pereira, M. H. (^{4}2009), *Estudos de história da cultura clássica. II Cultura Romana*. Lisboa, FCG.

Rocha Pereira, M. H. (^{5}2005), *Romana. Antologia da cultura latina*. Edição aumentada. Porto, Asa.

Rodrigues, N. S. (2005), *Mitos e lendas. Roma antiga*. Lisboa, Livros e Livros.

Roldán Hervás, J. M. (1995), *Historia de Roma*. Salamanca, Ediciones Universidad Salamanca.

Scullard, H. H. (^{3}1961), *A History of the Roman World. 753-146 BC*. London, Methuen.

Southern, P. (2011), *Ancient Rome. The Republic 753BC-30BC*. Stroud, Amberley.

3. DA MONARQUIA À REPÚBLICA

José Luís Brandão
Universidade de Coimbra
Centro de Estudos Clássicos e Humanísticos

Sumário: A tradição romana sobre o fim da Monarquia e sua crítica. A figura de Lars Porsena e a mobilidade de guerreiros e aristocratas em finais do século VI. A transformação dos órgãos do governo. Os primeiros anos da República. A controvérsia sobre o direito de apelo. Os *fasti* e a dedicação do templo de Júpiter no Capitólio. A questão etrusca.

O estudo do início da República, por estar inserido numa fase pouco documentada e lendária da história de Roma, deixa em aberto diversas questões que já os antigos em grande parte colocavam. Com efeito, há problemas cronológicos, há suspeita de efabulação novelística dos heróis e dos seus feitos, há incongruências entre o apoio do rei Porsena a Tarquínio e as guerras em que os Romanos se veem envolvidos, e entre a tradição heroica da resistência a Porsena e as informações sobre a sua efetiva captura de Roma. Além disso, do ponto de vista constitucional, não há certezas sobre os órgãos do governo no início. Também a questão etrusca é hoje redimensionada: insiste-se mais na influência bilateral do que no concreto domínio.

DOI: http://dx.doi.org/10.14195/978-989-26-0954-6_3

1. A tradição sobre o fim da monarquia

A tradição romana atribuía o fim da Monarquia romana a um drama familiar que levou a uma revolta palaciana envolvendo confronto entre pessoas próximas do último rei, Tarquínio o Soberbo. Trata-se do relato da tragédia de Lucrécia, violada, segundo a lenda, por Sexto, filho daquele rei, depois de o receber em sua casa como hóspede e familiar. Consumado o estupro, a jovem convocou o esposo, Tarquínio Colatino, o pai, Terêncio, e os amigos Lúcio Júnio Bruto e Públio Valério Publícola, a quem relatou o crime, suicidando-se de seguida com as célebres palavras: «para que nenhuma mulher viva desonrada à sombra do exemplo de Lucrécia». Os presentes, horrorizados, decidiram expulsar Tarquínio e não mais aceitar a presença de reis na cidade, pelo que, em vez deles, foram eleitos dois cônsules: Lúcio Júnio Bruto e Tarquínio Colatino[1].

As fontes apresentam o ano 1 da República como bastante atribulado. Depois de descoberta uma conjura para reconduzir Tarquínio, em que participaram os sobrinhos de Colatino e os filhos de Bruto, se estes foram executados por ordem inexorável do pai, Colatino parecia pouco determinado, pelo que acabou por renunciar ao cargo ou ser afastado por Bruto e banido de Roma por carrregar o nome de Tarquínio. Para o seu lugar foi eleito Públio Valério, cognominado Publícola. Bruto foi morto em combate contra as tropas de Tarquínio, e Publícola governaria algum tempo sozinho, de forma a impor algumas leis consideradas, no entanto, populares. Foi depois eleito para o lugar de Bruto Lucrécio, pai de Lucrécia, que morreria poucos dias depois. Finalmente foi eleito Marco Horácio a quem coube, segundo a tradição, dirigir o rito de sagração do templo de Júpiter do Capitólio. Associada ao início da República aparece, assim, também a figura de Valério Publícola, que acumula consulados (508, 507, 506, 504) e desempenha o papel de importante legislador democrático (Plutarco emparelha-o com Sólon nas *Vidas Paralelas*), e a de Horácio, ligado à inauguração do templo de Júpiter do Capitólio que a maior parte da tradição colocava também em 509 a.C..

---

[1] *Liv.* 1.57-59; D.H. 4.64-67.

O ceticismo em relação a estes relatos já vem da antiguidade e acentuou-se nos historiadores modernos. A tradição literária retrata Tarquínio segundo os lugares-comuns tradicionais aplicados aos retratos dos tiranos. A história da expulsão do rei, impulsionada pela ofensa a Lucrécia, lembra o relato da queda da tirania dos Pisitrátidas em Atenas (*Th*. 6.53-59). As personagens envolvidas têm um caráter romanesco de conto popular, e o suicídio da jovem desonrada pode simbolizar um sacrifício expiatório[2]. A saga foi sendo retocada pela tradição oral e pode até ter origem dramática. Por outro lado, não se entende muito bem como é que são os sucessores ao trono que lideram o golpe; como é que, sendo da família dos Tarquínios, são eleitos cônsules Colatino e Bruto; ou como é que Colatino teve, depois, de ser banido da cidade por pertencer à família de Tarquínio e Bruto não[3].

Quanto às fontes, sobre esta época temos três textos principais: Dionísio de Halicarnasso, Tito Lívio e Plutarco (*Vida de Publícola*), que, por sua vez se baseiam em historiadores do final da República. Mas temos de pôr em questão os dados que teriam estes autores sobre os primeiros tempos e como os interpretariam. Em comparação com os Gregos, a historiografia em Roma inicia-se consideravelmente tarde[4]: segundo Dionísio de Halicarnasso (1.6.2), os primeiros historiadores foram Fábio Pictor e L. Cíncio Alimento, que, em finais do século III a.C. escreveram a história de Roma em grego. E seria baseada na transmissão oral, que se considera fiável apenas durante cerca de três gerações. De qualquer modo, Fábio Pictor (e, segundo parece, outros historiadores da época) debruça-se sobre o período da fundação e os tempos mais próximos de si, descartando a fase da República primitiva. Este senador, que pertence àquela elite dos *nobiles* que se desenvolveu no decorrer do século IV, regista em grego[5] os feitos dos Romanos, para celebrar a gesta da classe a que pertence e os valores que cultiva. Nos *Annales* de L. Calpúrnio Pisão Frugi e de Énio, a Monarquia é tratada de modo

---

[2] Lucrécia expia um crime de que não tem culpa, mas que à luz da lei familiar implica um castigo; antecipação de uma condenação provável. Vide Voisin 1990 257-261.

[3] Como salienta Cornell 1995 215 ss.

[4] Vide Gabba 2000 61ss.

[5] Fábio Pictor dirige-se a um público grego, especialmente ao da Magna Grécia, talvez para combater a propaganda dos historiadores filocartagineses. Vide Gabba 2000 28-30; 61-68.

mais detalhado do que os primeiros tempos da República, e a informação só volta expandir-se para o período das Guerras Samnitas. O princípio da República parece ter sido esquecido, uma vez que as instituições foram suplantadas por desenvolvimentos políticos posteriores. Constatamos, no entanto, que, em Lívio e em Dionísio de Halicarnasso, a informação sobre o início da República se apresenta já mais detalhada. Tudo indica, pois, que os relatos que possuímos sobre esse período inicial se baseiam em fontes que, no final da República, interpretaram os acontecimentos à luz dos problemas políticos que viviam ou projetaram retroativamente acontecimentos do momento em que escreviam, marcados pelos conflitos entre *optimates* e *populares*[6], ou efabulavam visando glorificar as suas linhagens[7].

2. Quem era Lars Porsena?

A tradição estabelece, pois, uma transição imediata, mas é provável que um período de instabilidade tenha existido antes de as instituições republicanas funcionarem. A tradição patriótica diz que Porsena era um rei etrusco que veio tentar restabelecer Tarquínio no trono, mas que acabou por desistir ao ver a coragem dos Romanos, patente em exemplos heroicos de Múcio Cévola, Horácio Cócles ou a jovem Clélia[8]. Mas nenhum general desistiria de uma guerra comovido pela determinação do adversário. Apesar da tradição generalizada, duas fontes antigas contam que Porsena tomou de facto Roma: Tácito (*Hist.* 3.72) e Plínio (*Nat.*

---

[6] Os responsáveis por esta expansão dos relatos do início da República poderão ter sido Gneu Gélio, autor de uns *annales* (c. 130 a.C.) carregados de pormenores de antiquária, e Licínio Macro (Macer), famoso tribuno de 73, que se terá interessado pelo desenvolvimento das instituições da plebe, com o intuito de glorificar os seus antepassados plebeus. Vide Raaflaub 2005 1-5.

[7] Valério Ântias, escritor do tempo de Sula, pode ser o responsável pelo desenvolvimento da figura de Publícola, na tentativa de engrandecer a estirpe dos Valérios: pode ser, por exemplo, o inventor dos três consulados contínuos de Valério Publícola, do consulado do irmão deste no quarto ano, de Publícola de novo no quinto e dos feitos de Valéria, filha daquele, como sugere Alföldi 1963 82 e n. 6. É igualmente possível que Valério Messala Corvino tenha, nas suas *Memórias* ou noutra obra, engrandecido o seu antepassado, uma vez que o próprio Plutarco reporta a Publícola a nobreza desta linhagem (Plu. *Publ.* 24.3): vide Flacelière, Chambry & Juneaux 1961 54-55.

[8] Cf. Liv. 2.9-15; Plu. *Publ.* 16-19.

34.139). É bem possível que a Monarquia tenha caído na sequência da tomada de Roma por Porsena, e que Tarquínio, deposto ou em fuga, tenha encontrado apoio junto dos Latinos[9]. Os Romanos tinham um tratado de cooperação militar com os povos latinos renovado pouco antes por Tarquínio[10]. Porsena deve ter vindo, portanto, quebrar a unidade que se estabelecera no Lácio. Os Latinos renovaram a Liga Latina, centrada agora em volta do santuário de Arícia (e não já no do Aventino, fundado por Sérvio Túlio segundo a tradição) e Roma aparece excluída deste pacto por estar nas mãos de Porsena[11]. Segundo a chamada *Crónica de Cumas*[12], a tentativa de Porsena de controlar o Lácio terá levado à batalha de Arícia em 504, na qual os Latinos, apoiados por Aristodemo de Cumas, derrotaram Arrunte, filho de Porsena. Depois destes desenvolvimentos, os Romanos viram-se frente a frente com uma coligação latina que apoiava as pretensões de Tarquínio e que levou à batalha do Lago Regilo, em 499 (segundo Lívio, 2.19-20) ou 496 (segundo Dionísio de Halicarnasso, 6.2ss), conflito em que os Romanos venceram, impondo a sua hegemonia na Liga Latina[13].

Provavelmente a atividade bélica do rei de Clúsio tem que ver com movimentos de povos que perturbaram a Itália central no final do século VI a.C. Na época era comum senhores de guerra de origem aristocrática cruzarem as fronteiras com os seus bandos de clientes ou companheiros (*sodales*). Parece ser esse o caso por exemplo do massacre dos 300 Fábios apanhados numa emboscada na guerra contra Veios em 479.

---

[9] Como sustenta Alföldi 1963 51-52.

[10] Cf. Liv. 1.52.

[11] O número de povos que integraram esta confederação varia segundo os autores: Dionísio de Halicarnasso (5.61.2) diz que foram todos os Latinos, e Lívio (2.18.3; cf. Plin. *Nat.* 3.69) diz que foram 30 povos. Mas Dionísio (5.61.3), no elenco das cidades, apresenta 29, excluindo Roma (cf. 5.50.2).

[12] Os *kumaika* atribuídos a Hipéroco – obra a que pertenceria um excerto sobre a vida do tirano de Cumas, Arsitodemo o Efeminado, interpolado pelo próprio Dionísio no seu texto (7.3-11) e que não parece ter sofrido a contaminação dos escritores de *Annales* romanos. Serviria de base para a datação dos acontecimentos no Lácio no final do séc. VI a.C. Vide Alföldi 1963 56 ss; Gabba 2000 32-33.

[13] Pelo menos no entender das fontes tardias. Vide Cornell 1995 297-298; Forsythe 2005 147-149.

Não se trataria pois de membros da mesma família em sentido restrito, mas mais provavelmente dos Fábios e dos seus clientes. Uma tradição etrusca conhecida dos Romanos reportava as aventuras guerreiras dos irmãos Aulo e Célio Vibena e de Mastarna, presentes me representações, como um fresco de um túmulo de Vulcos (François Tomb), já referido no capítulo anterior (§ 2.1.). O imperador Cláudio conhecia tal tradição e faz coincidir Mastarna com o rei Sérvio Túlio. A interpretação do nome Mastarna (como derivado de *magister* 'comandante') parece conotá-lo com o cargo de ditador (*magister populi*) e seu colaborador directo (*magister equitum*), pelo que parece sugerir que se trate de uma espécie de magistrado de uma fase muito incipiente da República. Mas as dúvidas são muitas[14].

Uma evidência arqueológica em Sátrico vem corroborar estas "confrarias" aristocráticas de guerreiros. Trata-se do denominado *Lapis Satricanus* (A pedra de Sátrico), descoberta em 1977, que contém uma inscrição datada de cerca de 500 a.C. onde se refere a dedicação a Marte por parte dos companheiros (*sodales*) de *Poplios Valesios*, que se poderia identificar com Públio Valério Publícola, um dos cônsules referidos para os primeiros tempos da República. Trata-se do testemunho de um grupo que se identifica não por referência a um estado ou a uma etnia mas como companheiros de um líder. Aquele achado veio também reforçar a existência histórica de Publícola, figura que alguns consideravam lendária. Também Porsena poderia muito bem ser um destes senhores da guerra, embora se reconheça que era um rei de prestígio na Itália e até se lhe atribua uma estátua arcaica existente no foro de Roma[15].

A esta distância, o que poderemos dizer é que por volta de 500 a.C. ocorreu uma transformação de um regime monárquico para o regime republicano. É difícil dizer o ano, se é que ocorreu só num ano; é difícil reconstituir os factos que levaram a esta transformação – se foi um conflito dinástico que Porsena aproveitou em seu benefício, ou se foi uma transformação lenta e natural, acaso favorecida por problemas económicos

---

[14] Vide Cornell 1995 130-150 e 233-235.
[15] Cf. Plu. *Publ.* 16.1 e 19.10.

e conflitos sociais[16]. Havia então na Itália Central uma tendência para a aristocracia tomar o lugar dos reis, pelo que aproveitavam a oportunidade quando o trono vagava[17]. Apesar da disparidade dos relatos, as fontes literárias, gregas e romanas, bem como as evidências arqueológicas, apontam para um final violento da monarquia.

3. Metamorfose dos órgãos do governo

As fontes apresentam a mudança de forma simplista: o rei é substituído por dois cônsules Bruto e Colatino. Tito Lívio (1.60.4) diz que os cônsules foram eleitos nas assembleias por centúrias, cuja criação era atribuída a Sérvio Túlio. Dionisio de Halicarnasso (4.84.5) salienta que a eleição se fez segundo o costume dos antepassados. Os cônsules eram magistrados epónimos (davam o nome ao ano), detentores de *imperium*, pelo que podiam comandar exércitos, e eram eleitos nos *comitia centuriata*, dada a natureza militar. Detinham poder igual (eram *collegae*) e podiam boquear-se um ao outro. Como insígnias tinham a *toga praetexta* (toga ornada de uma faixa de púrpura), a cadeira curul e eram acompanhados pelos litores, os 12 oficiais que transportavam os feixes de varas (*fasces*), símbolo do poder de castigar (inicialmente os *fasces* eram usados ativamente nas punições, como se vê, por exemplo, na *Vida de Publícola* de Plutarco[18]). No meio das varas estava encastrado um machado, que mais tarde seria suprimido dentro da cidade em resultado da aprovação do direito de apelo (*provocatio ad populum*) perante uma decisão de um magistrado.

Em época de crise podia nomear-se um ditador, designado por um dos cônsules. Este reunia em si o poder dos dois cônsules, pelo que tinha também 24 *lictores*, mas o seu governo limitava-se habitualmente a metade do

---

[16] Vide Cornell 1995 218. Forsythe (2005 153-155) sugere que, com a tomada de Roma, Porsena tenha dividido o poder entre a família real, representada por Colatino, e Bruto. Com a derrota de Arícia, Porsena perdeu as suas aspirações, e as famílias aristocráticas mantiveram o poder entre dois chefes.

[17] Como afirma Alföldi 1963 77-78.

[18] Cf. Plu. *Publ.* 6.4.

tempo, isto é: seis meses. O ditador era também designado por *magister populi* (comandante do povo) e, devido a esta função de comandante de infantaria, tradicionalmente não podia montar a cavalo sem permissão[19]. Por seu turno, nomeava um subordinado, o *magister equitum* (comandante da cavalaria). Embora na sua maior parte fossem nomeados ditadores para resolver situações de grande perigo na guerra (*rei gerendae causa*), também serão de futuro escolhidos para outras funções específicas, como promover eleições na ausência dos cônsules, lidar com distúrbios civis e mesmo para realizar ritos propiciatórios dos deuses em épocas de calamidades. Há quem sugira que a nomeação do *magister populi* (mais tarde chamado *dictator*) pode já vir do tempo da monarquia – seria nomeado pelo rei quando este não podia estar presente no acampamento militar por razões de saúde ou por ter de cumprir funções políticas ou religiosas em Roma[20]. Os autores antigos concordam que Lárcio foi o primeiro ditador, em datas que variam entre 501 e 497 a.C[21].

Para as funções religiosas que o rei detinha, criou-se (ou manteve-se) o *rex sacrorum*, encarregado de desempenhar na *regia* (nome que significa 'casa do rei') determinados rituais antigos que se apresentavam estranhos para os historiadores do final da República. É possível que este 'rei para os assuntos sagrados' já existisse desde o tempo da Monarquia, pelo menos da sua última fase do século VI a.C., em que Roma, em confronto com um sistema anterior, parece ter sido governada por tiranos[22].

Os historiadores modernos perceberam que a palavra *consul* salienta a natureza colegial da função (o prefixo *cum-* significa ação em conjunto) e alguns, na sequência de De Martino, sugerem que talvez seja

---

[19] Vide Lintott 1999 109-113.

[20] Vide Mazzarino 1992 179-184; Gjerstad 1967 24-26. Este autor, procurando acertar a tradição dos 7 reis com os dados da arqueologia, estende a monarquia até meados do século V (em que o rei seria acompanhado dos magistrados epónimos – os *praetores*), com base na datação das construções e instituições atribuídas aos últimos três reis: como o templo de Júpiter no Capitólio; a muralha serviana, as reformas de Sérvio Túlio etc. Apesar da coexistência de reis e magistrados epónimos ter paralelos na Grécia, tal teoria não vingou. Vide Cornell 1995 221-223.

[21] Vide Broughton 1951 10.

[22] Vide Cornell 1995 232-236.

uma criação de 367 (em resultado das conquistas da plebe tratadas no capítulo seguinte)[23]. Parece que, no início, seriam, segundo Festo (249 L), designados por *praetores* (de *prae ire*: 'ir à frente', 'comandar'), dada a sua função de comandantes militares.

A tradição pressupõe que os magistrados superiores eram dois desde o início da República, com igual autoridade, mas pode ter sido esquecido um modelo anterior. A própria substituição dos cônsules mortos em exercício por *suffecti* ('substitutos') logo no primeiro ano da República parece ser antecipação de um modelo consagrado mais tarde. Uma discutida passagem de Lívio (7.3) fala da restauração da prática antiga (*lex uetusta*) de nomear um ditador para colocar um prego no templo do Capitólio, uma observância que, segundo o historiador, era no início levada a cabo pelo *praetor maximus*. Ora o superlativo (*maximus*) parece indicar mais do que dois[24]. Outros acham que tal não era forçoso. A referência a *praetores maiores* e *praetores minores* no *augurium salutis* (Festo 152 L) parece explicar-se por ser uma fórmula arcaica em que *praetor* equivale genericamente a magistratura. E o atributo *Maximus* poderia ser para o distinguir dos restantes magistrados[25]; ou para distinguir o que detinha os *fasces* no início do ano, no momento de colocar o referido prego na parede do templo[26].

Outra hipótese para a transição seria a substituição do rei pelo ditador (o *magister populi*), que por sua vez se fazia acompanhar do mestre de cavalaria (o *magister equitum*)[27]; e, como os dois nomes apareciam emparelhados na lista (os *Fasti*), poderiam ter sido interpretados como cônsules pelos historiadores[28]. Mas pode-se argumentar que a colegialidade era um

---

[23] Vide Forsythe 2005 151-152. Poderá ter sido modelada sobre *praesul*, correspondente religioso de *praetor*, em que *consul* patenteia pela mudança de prefixo (*cum* em vez de *prae*) a evolução constitucional, salientando a colegialidade da função. Vide Heurgon 1969 164.

[24] Por exemplo 3 (segundo De Sanctis), de acordo com as 3 legiões existentes no início.

[25] *Praetor maximuus* seria traduzido para grego como *strategos hypatos*. E *hypatos* é a palavra grega usada para traduzir cônsul. Vide Mazzarino 1992 187.

[26] Como assinala Forsythe 2005 152.

[27] Tese de Beloch e De Martino, apud Cornell 1995 228.

[28] É a hipótese de Alföldi 1963 81. Vide Gagé 1976 88. Segundo Mazzarino 1992 183-191, a revolução da segunda metade do século VI consistiu no facto de o *rex*, velho resquício da sociedade patriarcal, ter ficado restrito a funções sacrais, e de o governo ter começado a ser dirigido pelo *magister populi* e *magister equitum* – cargos que depois evoluíram para

princípio antiquíssimo e, portanto, os magistrados superiores poderão ter sido sempre dois[29]. Não é contudo improvável que em 509/8 estivesse um *praetor maximus* a encabeçar os colegas e que acabasse por ser esquecido devido aos desenvolvimentos posteriores da instituição do governo[30]. De qualquer modo, é possível que, nos primeiros dois séculos da denominada República, não houvesse apenas um sistema político em Roma[31].

Bruto teve o mérito de ser considerado o fundador da liberdade republicana porque era o primeiro da lista dos cônsules. Mas há quem proponha a remoção de Lucrécio, Valério e Horácio do primeiro ano da República. Segundo Forsythe (2005 154-55), os outros foram adicionados posteriormente para fazer coincidir a *provocatio* (que muitos consideram uma antecipação da lei de 300) e a dedicação do templo do Capitólio com o primeiro ano da República.

4. O direito de Apelo

Ao primeiro ano de governo remonta, segundo a tradição, o direito de apelo para o povo (*provocatio ad populum*), atribuído originariamente a Valério Publícola. Causou suspeita que esta *lex Valeria* aparecesse formulada

---

dois *praetores* com igual poder, deixando a possibilidade de retorno ao *magister populi* (ou *dictator*) como magistratura extraordinária, para ocasiões críticas.

[29] É o que pensa Giovannini 1993 93. A ditadura nunca foi na época histórica uma magistratura independente (os cônsules que o nomeavam mantinham o cargo) e as competências do ditador limitavam-se a um campo bem definido. Para este autor, a passagem da Monarquia à República tinha forçosamente de contar com a aprovação augural; o decreto de criação dos primeiros magistrados republicanos, precedente para as eleições seguintes, deve ter sido conservado, na tradição escrita ou oral. Vide Forsythe 2005 153.

[30] Vide Heurgon 1969 162-163; Wiseman 1998 23.

[31] É o que pensa Flower 2005 35-57. A autora apresenta uma hipótese de periodização, tentando reconstruir as fases em que existiram diferentes modelos. A primeira fase, pré-republicana no caráter, é a da experimentação com largos quadros de magistrados difíceis de definir num padrão e não imitados na República tardia. A segunda fase, com início em 454 (data que considera mais provável da dedicação dos templos do Capitólio e do Aventino) e termo em 451/0, seria a fase proto-republicana. A terceira fase consistiria em experimentação política: a alternativa dos tribunos militares. A partir de 367/6, temos a substituição dos quadros de magistrado por dois cônsules anuais, cargo partilhado entre patrícios e plebeus: entre 367 e 300 aparece como que uma segunda República em que os *nobiles* se consolidam no poder.

em três ocasiões: 509, 449 e 300 a.C. Tende-se a aceitar como genuína a última. Mas parece que se está a confundir *prouocatio ad populum* com uma conquista da plebe: o direito dos tribunos de se oporem a uma decisão de um magistrado mesmo que fosse legal (o *ius auxilii*), tratado por N. S. Rodrigues no capítulo seguinte. Independentemente de o relato poder ser ficcionado, e etiológico, há indicações de que o direito de apelo para o povo de todos os cidadãos contra as decisões dos magistrados já existia há muito[32], e estava fora da alçada dos tribunos da plebe. É um direito não apenas da plebe, mas do *populus*, isto é de qualquer cidadão, enquanto cidadão romano, patrício ou plebeu, contra a arbitrariedade de um magistrado; e é um direito válido mesmo fora da cidade, onde os tribunos já não tinham jurisdição[33]. Por outro lado, não se pode afirmar com segurança que as três leis eram de facto idênticas. Mas também é verdade que poderia tratar-se mais de um costume do que legislação efetiva[34]. O propósito da lei de 449 seria não a garantia de apelo em si, mas reforçá-lo com a proibição de criar de magistraturas que não estivessem submetidas a tal direito, como assinala Lívio (3.55.3), pelo que tal lei (de 449) pressupõe que o direito de apelo já existia, como parece implícito nas XII tábuas (9.1--2). Além disso, era hábito dos Romanos legislarem repetidamente sobre os mesmos assuntos, incorporando determinações anteriores, garantindo, deste modo, dinamismo à constituição republicana[35].

5. Os *fasti* e a sagração do templo de Júpiter do Capitólio

Havia formas de contar os anos da República: uma era pois a lista dos cônsules. O facto de os cônsules darem o nome ao ano deve ter facultado aos escritores de *Annales* uma ideia aproximada de quando a República começou. As listas de cônsules chegam-nos através de Dionísio

---

[32] Tito Lívio (1.26) e Cícero (*Rep.* 2.31.54) fazem-na mesmo remontar à época monárquica.
[33] Vide Giovannini 1993 93-96.
[34] Lintott (1999 33-34) sugere que se poderia tratar mais de uma medida empregue por um indivíduo ameaçado para congregar apoio entre o povo do que propriamente criação de leis.
[35] Vide Poma 1984 305-09; Cornell 1995 276-277.

de Halicarnasso, Tito Lívio, Diodoro Sículo e a inscrição colocada por Augusto no foro, conhecida como *Fasti Capitolini*. Estas fontes devem basear-se nos registos anuais dos Pontífices, compilados no século II a.C. nos *Annales Maximi*[36].

Outro método de contagem estava dependente da tradição romana que fazia coincidir a sagração do Templo de Júpiter no Capitólio com o primeiro ano da República. A notícia de Tito Lívio (7.3.5ss) de que desde a dedicação do templo do Capitólio se colocava anualmente (a 13 de setembro, aniversário da sagração) um prego na *cella* de Minerva, cruza-se com uma informação de Plínio-o-Velho (*Nat.* 33.1.19), segundo o qual, em 304, o edil Gneu Flávio contou 204 anos da dedicação do Templo de Júpiter, o que aponta para a data de 508 a.C, precisamente um ano depois da inauguração. Há quem pense que é demasiada coincidência – é perfeito demais para ser verdade.

Se a tradição plasmada em Lívio (2.8) e Plutarco (*Publ.* 14) coloca a dedicação do templo do Capitólio no primeiro ano da República, Tácito (*Hist.* 3.72) e Dionísio de Halicarnasso (3.69.2) deslocam-na para o terceiro ano, no segundo consulado de Horácio, o que faz suspeitar que se lhe tenha atribuído um primeiro consulado em 509 para fazer coincidir a consagração com o início do novo sistema governativo[37]. Outros acham que o templo ainda foi consagrado em 509, no tempo da Monarquia[38].

Há quem considere a lista de cônsules fraudulenta, com nomes inseridos artificialmente, para fazer coincidir o início da República com o número dos pregos do templo e com a data tradicional de 509. Alguns nomes podem ter sido inseridos para suprir o lapso entre o último rei e os primeiros magistrados da República[39]. Com efeito, a presença entre os cônsules da lista de 509 a 445 de nomes que sabemos serem plebeus

---

[36] Cf. Serv. *A.* 1. 373; Cic. *de Orat.* 2.52. Vide Gabba 2000 35.

[37] Vide Forsythe 2005 154.

[38] Segundo Alföldi 1963 78-79; 351, o templo foi consagrado em 509 ainda por Tarquínio, rei que teria sido expulso em 505. E o nome de M. Horácio que, segundo as fontes, se lia na arquitrave seria o de M. Horácio *tribunus militum consulari potestate* que levou a cabo a nova dedicação em 378, depois do saque gaulês.

[39] Para Alföldi 1963 77-84 a lista só é fiável a partir de 504. Vide Heurgon 1969 158-161.

na República tardia coloca alguns problemas: não se ajusta à tradição de que o primeiro cônsul plebeu foi eleito em 366 a.c. Várias teorias se esforçaram por explicar estas discrepâncias. Suspeita-se que tais nomes sejam forjados por redatores plebeus dos *Annales* dos pontífices. Mas pode acontecer que certas famílias plebeias tenham adotado nomes patrícios de famílias extintas, e era comum famílias patrícias apresentarem ramos plebeus[40]. Além disso, vê-se que os *cognomina* destes primeiros magistrados são, na verdade, alcunhas, com um sentido pejorativo, como é o caso de *Brutus* 'estúpido', mas também de Publícola[41], cuja inserção na lista de cônsules (*fasti*) pode ser tardia.

Mas, numa abordagem geral, pode considerar-se que os erros das listas de cônsules são menores. A despeito de algumas variações de fonte para fonte, a cronologia parece no essencial ser fiável, uma vez que há confirmação de fontes independentes. Todas as sequências de cônsules apontam um começo para o final do século VI a.C., entre 509 e 502. Políbio (3.22.1-2) estabelece que os primeiros cônsules, Bruto e Horácio, exerceram a magistratura 28 anos antes da travessia de Xerxes para a Grécia, provavelmente a pensar no ano da batalha de Salamina (480 a.C.). Dionísio de Halicarnasso (5.1.1) diz que a República teve início no ano da 68ª Olimpíada (508/507 a.C.). Estes autores podem ter sido contaminados pela tradição romana, mas uma fonte grega acolhida por Dionísio refere a batalha de Arícia em 504 a.C.[42] E, apesar das divergências de alguns anos, um processo de datação por referência à expulsão do rei parece ser muito antigo, visto que aparece em documentos anteriores à invasão gaulesa de 390 a.C. como testemunha Dionísio[43]. Apesar das inserções ou

---

[40] Vide Cornell 1995 218ss; Forsythe 2005 155-157.

[41] Vide Alföldi 1963 83-84. Este autor considera que a justificação para o nome como expressão do seu desvelo para com o *populus* é errada, porque *populus* nos primeiros tempos incluía também o senado; assim como é também forjada a interpretação *plebicola* ('que corteja a plebe').

[42] D.H. 7.5. E referem e a conquista de Roma pelos Gauleses em 387 ou 386 a.C. (D.H. 1.74.4), pouco depois da data tradição 390 a.C.

[43] D.H. 1.74.5. O documento refere um ato censório ocorrido no segundo ano antes da conquista de Roma pelos Gauleses e que apresenta a datação de 119 anos depois da expulsão do rei. Vide Gabba 2000 151-158.

omissões nas listas dos cônsules e das diferenças dos relatos, a tradição sobre o início da República seria forte e era controlada por autoridades religiosas que, conhecendo bem o essencial da tradição de cor, a poderiam refazer em caso de destruição de documentos nas catástrofes.

6. Etruscos

Vários autores assumem que o fim da Monarquia marcou o ocaso de um governo etrusco de Roma, como se se tratasse de uma libertação da opressão estrangeira. Esta opinião implica que o reino dos Tarquínios consistiu num domínio etrusco de Roma e aparece a par do preconceito de que foi um poder etrusco a trazer a prosperidade a Roma, como vimos no capítulo anterior. Tal ideia moderna está hoje posta em causa, sobretudo por T. J. Cornell. O autor demonstra cabalmente que não há vestígios literários ou documentais de que assim tenha acontecido. Não houve expulsão dos Etruscos de Roma. As fontes literárias referem apenas a expulsão da família dos Tarquínios (que além disso seriam de ascendência grega); e não por ele ser etrusco, mas por ser um tirano. Não houve qualquer rejeição da cultura (pelo contrário, foram adotados símbolos e práticas divinatórias) nem se observa diminuição do comércio com a região etrusca, até meados do século V (e então devido a uma aparente recessão no Mediterrâneo Ocidental que afetou também o comércio com a Grécia)[44].

Em suma, a República parece ter tido origem num tempo de convulsão política e social no Lácio de finais do século VI, acontecimentos provavelmente embelezados mais tarde pela tradição patriótica. O ódio com que os Romanos sempre se referiam ao *regnum* e o ritual arcaico do *regifugium* ('fuga do rei') podem radicar nesses conflitos. É difícil saber se a transição se fez imediatamente de um rei para dois cônsules (ou pretores) eleitos anualmente, como sugere a tradição literária, ou se houve instituições alternativas de transição. Mas era nesse momento

---

[44] Vide Cornell 1995 223-226; Rocha Pereira 2009 23-24.

que os Romanos viam, ou queriam ver, quando mais tarde escreveram a sua história, a génese dos mais caros princípios republicanos, como as eleições dos magistrados, a colegialidade, o direito de apelo; além da inauguração do principal centro religioso da Urbe: o templo de Júpiter do Capitólio, intimamente associado à contagem dos anos da República.

Tábua Cronológica

509 a.C. – Data tradicional da implantação da República
504 a.C. – Batalha de Arícia
499. C. – Batalha do Lago Regilo

Bibliografia

Alföldi, A. (1963), *Early Rome and the Latins*, Ann Arbor.

Broughton, T. R. & Patterson, M. (1951), *The Magistrates of the Roman Republiic* I, New York.

Cornell, T. J. (1995), *The beginnings of Rome*. London/New York, Routledge.

Flower, H. I. (2010), *Roman Republics*. Oxford, Princeton University Press

Forsythe, G. (2005), *A critical history of early Rome*. Berkeley /London, University California Press.

Gabba, E. (2000), *Roma Arcaica. Storia e storiografia*. Roma, Edizioni di storia e letteratura.

Gagé, J. (1976), *La chute des Tarquins e les débuts de la République Romaine*. Paris.

Giovannini, A. (1993) "Il passagio dalle istituzioni monarchiche alle istituzioni republicane", in *Convegno sul tema "Bilancio critico su Roma arcaica fra Monarchia e Republica"*. Atti dei Convegni Lincei 100. Roma, Academia dei Lincei, 75-96

Gjerstad, E. (1962), *Legends and facts of early Roman history*. Lund.

Gjerstad, E. (1967), "The origins of Roman Republic", in *Les origines de la République romaine*. Vandoeuvres-Genève, 3-30.

Heurgon, J. (1969), *The rise of Rome*. Translated by James Willis. London.

Leão, D. e Brandão, J. L. (2012), *Plutarco. Vidas de Sólon e Publícola*. Tradução do grego, introdução e notas. Coimbra, CECH, 2012.

Lintott, A. 1999, *The Constitution of the Roman Republic*. Oxford, University Press.

Mazzarino, S. (1945/1992), *Dalla monarchia allo stato republicano*. Milano, Rizzoli.

Olgivie, R. M. (1976), *Early Rome and the etruscans*. Trowbridge, The Harvester Press.

Poma, G. (1984), *Tra legislatori e tiranni. Problemi storici e storiographici sull'età delle XII tavole*. Bologna, Pàtron Editore.

Raaflaud, K. A. (ed.) (2005), *Social struggles in Archaic Rome. New perspectives on the conflict of the orders*. Oxford, Blackwell.

Raaflaud, K. A. (1993), "Politics and society in fifth-Century Rome", in *Bilancio critico su Roma arcaica fra Monarchia e Republica*. Atti dei Convegni Lincei 100. Roma, Academia dei Lincei, 129-157.

Raaflaud, K. A. (2005), "The conflict of the orders in Archaic Rome: a comprehensive and comparative approach", in Raaflaud, Kurt A.(ed.) (2005), *Social struggles in Archaic Rome. New perspectives on the conflict of the orders*. Oxford, Blackwell, 1-46.

Rodrigues, N. S. (2005), *Mitos e lendas. Roma antiga*. Lisboa, Livros e Livros.

Scullard, H. H. (^{4}1980), *Roman world. 753 to 146 BC*. London, Methuen.

Voisin, J.-L. (1990), "Deux archetypes de la mort volontaire: lucrece et Horatius Cocles?", in Bloch, R. (org.) *La Rome des premiers siècles: legende et histoire*. Actes de la table en l'honneur de Massimo Pallontino (Paris 3-4 Mai 1990). Firenze, Olschki, 257-266.

Wiseman, T. P. (1998), "Roman Republic", *G&R* 14 19-26.

4. DOS "CONFLITOS DE ORDENS" AO ESTADO PATRÍCIO-PLEBEU

Nuno Simões Rodrigues
Universidade de Lisboa

Sumário: a problemática da formação das duas "ordens". Os *Patres*: sua origem, estatuto e prerrogativas. A *Plebs*: o movimento da plebe, a 1ª secessão e a criação das instituições da plebe. As reivindicações da plebe no campo do direito e da convergência das carreiras políticas: principais leis. O Estado patrício-plebeu. Os órgãos da República romana.

A história da formação do Estado patrício-plebeu é um dos temas que mais tem ocupado os investigadores que se interessam pela Roma Antiga. Com efeito, como assinalou já T. J. Cornell, «a História de Roma durante os dois primeiros séculos da República é dominada pelo conflito entre patrícios e plebeus.»[1]

Durante muitas décadas, a historiografia tradicional radicou no século VI a. C. o início desse processo. Enquanto fenómeno que se terá gerado no quadro da República romana, a constituição de um Estado patrício--plebeu teria vindo na sequência da chamada «expulsão dos Tarquínios» e da desagregação do domínio etrusco em Roma. Desde pelo menos o

---

[1] Cornell 1995 242.

século XVIII que os Etruscos eram entendidos como um povo e uma cultura de fundação essenciais para compreender a emergência de Roma. O essencial desta ideia não está desatualizado. Mas o papel que alguns especialistas deram aos Etruscos tem vindo a ser paulatinamente questionado por outros investigadores, designadamente Cornell, que em *The Beginnings of Rome* inclui um sintomático capítulo intitulado «O mito da Roma etrusca»[2], como se disse nos capítulos 2 e 3 deste volume[3]. Assim sendo, a emergência do Estado patrício-plebeu pode não ter sido consequência direta do «desmoronamento do domínio etrusco», mas antes de outras alterações no tecido sóciopolítico de então, que não excluem, todavia, o problema do afastamento de uma dinastia etrusca da governação romana.

Esta problemática é tão mais pertinente quanto o facto de a maioria das fontes de que dispomos para fazer o estudo do período serem sobretudo literárias. É evidente que possuímos dados da cultura material, mas esses nem sempre respondem às questões que lhes colocamos. Por outro lado, os problemas de hermenêutica inerentes aos textos são igualmente complexos e de difícil resolução. Na verdade, a maioria das fontes disponíveis para este período está empenhada em transformar em epopeia, relatos heroicos, tragédias apaixonadas e até comédias com protagonistas de nomes sonantes da oligarquia romana, especialmente conduzidos pela mão de Tito Lívio, os vários dados e elementos que contribuíram para a mudança e que constituem aquilo a que Cornell chamou, quiçá não inocentemente, de «conflito de ordens»[4]. As razões para este processo prendem-se, como é evidente, com o facto de os acontecimentos em causa terem ocorrido muito antes de os historiadores de Roma terem vindo à existência, o que também contribuiu para o recurso a esses processos retóricos, como se

---

[2] Cornell 1995 151-172. Em síntese, este autor reconhece que houve de facto um período de dominação etrusca na Campânia, mas que o mesmo não se pode afirmar para o Lácio. Não será por isso de desconsiderar a hipótese de a ascensão de Tarquínio Prisco ao trono romano ter sido consequência de um ato isolado ou individual e não necessariamente inserido num processo conjuntural que implique um efectivo domínio etrusco em Roma. Vide Rocha Pereira 2002 23.

[3] Vide atrás cap. 2, Leão & Brandão, §2.2, no final; e cap. 3. Brandão, § 6.

[4] Cornell 1995 242.

referiu no capítulo anterior[5]. Daí que alguns historiadores não hesitem em apelidar este período da História de Roma de «a noite do século V»[6]. A solução tem-se orientado, portanto, por uma análise equilibrada entre o que diz a literatura e o que a arqueologia mostra.

A história de Lucrécia é talvez, de toda essa tradição, a mais citada em todo o processo. Segundo a lenda, os começos da República explicam-se por um enredo passional que envolve o último rei de Roma, Tarquínio-o-Soberbo, o seu filho Sexto, uma matrona romana de nome Lucrécia, o marido desta, Lúcio Tarquínio Colatino, e um amigo deste chamado Júnio Bruto[7]. A fazer fé nesta versão, o que motiva a mudança de regime político em Roma (de um sistema de poder pessoal, ilimitado e vitalício para uma república de cidadãos, governada por dois deles com poderes temporários e limitados), no século VI a. C., é uma sucessão de acontecimentos em 509 a. C., motivados pela luxúria, o ciúme, a soberba e a vingança[8]. Apelativo e entusiasmante, sem dúvida, de um ponto de vista da poética aristotélica, mas pouco credível em termos de ciência historiográfica.

Com efeito, a Roma não bastou uma Lucrécia para tão grande mudança. Há vários fatores a levar em conta. Desde logo, a conjuntura externa à cidade. A Urbe localizava-se num espaço em que não era a única cidade-estado a começar a afirmar-se. O Lácio, como outras regiões da Itália, incluía várias comunidades de tipo *polis* que conhecemos também noutras áreas mediterrâneas, designadamente na Grécia e até mesmo na Etrúria. Aliás, o processo de passagem à República em Roma tem muito de comum com o que, para a mesma época, conhecemos em várias cidades-estado helénicas, nas quais se estabelecem normas jurídicas e afirma o direito, se organizam corpos governantes e instituições e se processam transformações económicas e sociais que acabarão por determinar o figurino do que conhecemos como *poleis* arcaicas, que estarão na base dos vários regimes políticos que definirão o classicismo grego. Roma é pois mais

---

[5] Vide Brandão, cap. 3 § 1 e 3.
[6] Roldán 1981 63.
[7] Ver Liv. 1.34-60; sobre a lenda e sua crítica, ver Rodrigues 2005a 167-178; sobre a função da heroína Lucrécia, ver Rodrigues 2005b 67-85.
[8] Roldán 1981 64.

uma cidade-estado mediterrânea em mudança e em afirmação. Além disso, estas alterações terão sido graduais e não abruptas. Como nota J. M. Roldán, «a permanência em Roma do *rex sacrorum* (...) ou da própria instituição do *interregnum* leva-nos mais a considerar uma perda gradual das funções político-militares, frente a uma aristocracia forte e unida, do que uma expulsão violenta do último representante de uma dinastia.»[9]

Paralelamente, há que considerar a conjuntura interna da cidade. O regime monárquico, que se existira também na maioria das cidades gregas dos chamados períodos micénico e homérico, fora fortemente beneficiado pelo sistema de direito consuetudinário, que dava coesão a uma pequena parte da sociedade: precisamente a que sustentava a figura do monarca. Por outro lado, esse pequeno grupo de famílias, ao dominar a memória jurídica, mantinha uma ascendência sobre uma parte significativa do resto da comunidade, identificada com a *plebs*, a que se juntava o facto de deter a maior parte da propriedade imobiliária e de reclamar para si o controlo das instituições religiosas. São estes precisamente os conhecidos como *patricii*, que progressivamente se foram destacando na sociedade como um grupo inacessível, uma verdadeira aristocracia. Com o rei, este grupo mantém uma relação ambígua: o monarca tenta controlá-lo e mantê-lo subordinado a si; mas por outro lado é a ele que recorre para sustentar a sua posição de soberania e garantir o apoio à manutenção do trono. Para isso, outorga-lhe privilégios e honras, que serão justamente usados para mais tarde o eliminarem do sistema organizacional da cidade.

Estima-se que, nos inícios do século V a. C., as famílias patrícias de Roma fossem cerca de 10% da população, i. e., cerca de 50 famílias[10]. Seriam estas, porém, as que teriam o predomínio sóciopolítico, claramente beneficiadas pelo ordenamento «jurídico-constitucional» da cidade de então. Esta realidade acabou por ser causa e ao mesmo tempo consequência da «queda da monarquia» romana. Desconhecemos as formas concretas desta transição ou processo. Seja como for, temos por certo que, se houve quem não fosse beneficiado pela mudança, foi a plebe.

---

[9] Roldán 1981 66.
[10] Roldán 1981 67.

Os plebeus ficaram excluídos de qualquer decisão ou de qualquer capacidade de gerir politicamente a nova *res publica*, como estavam, aliás, sob a monarquia. Num primeiro momento, portanto, a mudança apenas teve consequências sóciopolíticas para os patrícios. Mas a questão primordial nesta problemática é: como vieram a coexistir as duas realidades sociais que conhecemos como patrícios e plebeus?

1. Os *patres*

A generalidade das fontes antigas disponíveis aponta para a ideia de que a bipolarização da sociedade romana em patrícios e plebeus seria uma realidade permanente que remontaria às origens da Cidade. Cícero, Dionísio de Halicarnasso e Plutarco atribuem a Rómulo a divisão do povo romano nas duas ordens, que teria feito com que os plebeus se tornassem clientes dos patrícios, o que, enquanto etiologia social, de certo modo, concorria com a forma de explicação do próprio mito fundacional da cidade, que gira em torno da figura dos dois gémeos e em que um acaba subordinado ao outro[11]. Assim se formulava «oficialmente» e se institucionalizava uma relação que interessava a vários dos seus agentes: a dualidade inerente às figuras dos dois gémeos prenunciava a bipolaridade social de Roma[12].

Até ao século XIX, a ciência histórica praticamente apoiou sem reservas a ideia «sugerida» pela etiologia mítica da fundação de Roma, recorrendo a argumentos suplementares ou complementares, como por exemplo o que defendia a ideia de que patrícios e plebeus descendiam de grupos étnicos distintos, identificando os primeiros com os habitantes originais do Lácio e os segundos com os últimos imigrantes a terem chegado à região e por isso inferiorizados pelos que já lá se encontravam. Teses diferentes defendiam precisamente o contrário, na linha do que conhecemos em relação a outros modelos mediterrâneos antigos (e.g.

---

[11] Plu. *Rom.* 1-12; sobre o dualismo na interpretação do mito de Rómulo e Remo, ver Rodrigues 2005a 113-125.

[12] Carandini 2003 491-494; Grandazzi 2003; Grandazzi 2004.

o modelo que explica a realidade da Lacónia para o mesmo período), considerando que os plebeus correspondiam às populações autóctones mais antigas enquanto os patrícios seriam os descendentes dos invasores (eventualmente Sabinos, Etruscos ou Arianos) que teriam subordinado os primeiros. Alternativas a estas propostas foram sendo publicadas durante o século passado, recorrendo às mais variadas escolas e tendências historiográficas. A história economicista e antropológica, por exemplo, propôs a ideia de que os patrícios seriam originalmente pastores, enquanto os plebeus seriam agricultores. Outros avançaram com a ideia de que estes seriam matriarcais e os primeiros patriarcais. Mas praticamente todas elas apoiaram a ideia de uma sociedade bipartida *ab origine*[13].

Só muito recentemente este «dualismo primitivo» foi contestado pela historiografia. Entre as várias razões que suscitaram a crítica está a que considera que não é metodologicamente correto olhar para Roma como uma cidade com uma organização social estática. O facto é que a sociedade romana foi sempre dinâmica, esteve em constante mutação e em contínuo processo de absorção e integração de «novos» elementos, pelo que, o tal «conflito de ordens» de que fala Cornell é necessariamente um produto do desenvolvimento histórico[14]. Por conseguinte, a sociedade romana é hoje pertinentemente entendida por vários especialistas como o resultado de um processo gradual, que se terá prolongado até pelo menos ao século IV a. C., durante o qual o patriciado se transformou num grupo exclusivo e definido, detentor de privilégios reconhecidos[15].

Segundo Cícero, a designação *patres* radicava numa escolha atribuída a Rómulo, de um grupo de «cidadãos de primeira para um conselho régio – os quais, pela sua afeição, foram chamados *patres*»[16]. Esta é, obviamente, a leitura etiológica de um romano do século I a. C., todavia talvez não de todo despropositada.

---

[13] Para esta problemática, ver Cornell 1995 242-243.
[14] De Sanctis 1960 219-221; Cornell 1995 244.
[15] Cornell 1995 244.
[16] Cic. *Rep.* 2.14, trad. F. de Oliveira; ver Oliveira 2004 112.

O estatuto de «patrício» era hereditário, apesar de, aparentemente, não ser necessário que ambos os progenitores fossem patrícios[17]. Uma das principais prerrogativas de pertencer ao grupo dos *patres* era o prestígio, associado ao facto de se considerar que os patrícios eram os descendentes diretos da mais antiga aristocracia da cidade de Roma. Assim acontecia com famílias como as dos ilustres *Fabii, Cornelii* e *Aemilii*. Por outro lado, nem todas as famílias patrícias eram originalmente romanas, como os *Claudii*, que, segundo Suetónio, seriam sabinos que teriam vindo para Roma ainda no tempo de Rómulo ou, segundo Tito Lívio e Plutarco, após a expulsão dos reis[18]. Além disso, havia uma série de privilégios no exercício da vida pública que caraterizavam também o *status* patricial. Entre estes estava o direito ao uso do *calceus patricius*, um tipo especial de calçado cuja função era precisamente a de funcionar como marca distintiva na sociedade. Por outro lado, havia um conjunto de cargos, essencialmente sacerdotais e religiosos, como o ofício de *interrex*[19], que eram acessíveis em exclusivo aos patrícios (é pertinente que a tradição romana mantivesse a ideia de que em tempos recuados os patrícios haviam exercido o monopólio político e religioso[20]).

A ideia de que os patrícios constituíam uma ordem coesa está no uso da expressão *patriciae gentes*, frequentemente utilizada nas fontes latinas antigas. Mas, ao que parece, os *patres* e os *patricii* não constituiriam uma ordem fechada, uma vez que um patrício podia tornar-se plebeu, através de um mecanismo pouco claro, mas conhecido como *transitio ad plebem*[21]. Por conseguinte, um mesmo clã incluía em simultâneo

---

[17] Cic. *Rep.* 2.23 aponta uma distinção entre *patres* e *patricii*, considerando estes filhos daqueles.

[18] Liv. 2.16.4; Plu. *Publ.* 21.4-10; Suet. *Tib.* 1; Roldán 1981 128; Gaudemet 2002 141.

[19] Inicialmente, o *interrex* era alguém nomeado pelo senado para que no período que se seguia à morte de um rei ocupasse provisoriamente essa função, até que fosse designado um novo rei. Sob a República, o detentor do cargo ocupava o lugar de cônsul, no caso de os dois em exercício desaparecerem ou deixassem de exercer funções por alguma razão, até serem eleitos novos cônsules. Ver Gaudemet 2002 131, 152, 179.

[20] A estes processos não terá sido estranho, como causa e consequência, o facto de, em Roma, a religião e o Estado estarem intrinsecamente associados, servindo as diversas necessidades daí decorrentes.

[21] Cornell 1995 253.

linhagens patrícias e plebeias. Por outro lado, a constituição do patriciado define-se por um processo que terá encerrado algures no século V a. C., ao mesmo tempo que a plebe também se definia como tal[22]. Nessa época, pelo menos, a Lei das XII Tábuas regulamentava que não deveria existir *conubium* entre patrícios e plebeus (*qui duabus... ut ne plebi cum patribus essent, inhumanissima lege sanxerunt*[23]), sugerindo-se a formação de um autêntico regime de casta. Esta regulamentação, porém, veio a ser revogada pela *lex Canuleia*, em 445 a. C., que passou a permitir o casamento entre patrícios e plebeus, o que, associado ao facto de encontrarmos referências a casamentos contraídos entre indivíduos pertencentes a ambos os grupos[24], parece desacreditar a ideia de que a norma estabelecida nas XII Tábuas apenas regulamentaria aquela que seria sobretudo uma prática consuetudinária. Na verdade, o que encontramos nas XII Tábuas parece ter sido uma tentativa, malsucedida, de criar um regime social dessa natureza. Assim, há antes de mais que clarificar alguns aspetos, frequentemente afirmados como caraterísticas dos patrícios, que nem sempre são suportados pelas fontes. Note-se aliás que os patrícios também pertenciam ao *populus*. Com efeito, a julgar pelas fontes, este seria constituído pelos *patres* e pelos *plebei*[25].

E qual a relação dos patrícios com o senado? Tudo indica que o conselho senatorial nunca se tenha confundido com o patriciado. No início, esse órgão era constituído por dois grupos: os *patres* e os *conscripti*. Apesar de vários autores aceitarem como dado adquirido a ideia de que o segundo termo é meramente um adjetivo do primeiro, a verdade é que, como faz notar Cornell, a expressão original referia-se aos *qui patres quique conscripti*[26], denunciando a existência de duas categorias autónomas e independentes. Por conseguinte, o senado não era um

---

[22] Cornell 1995 255.

[23] *Tabula* 11.1; cf. Cic. *Rep.* 2.36.

[24] E.g. os casamentos de Cincinato e Racília, ele patrício, ela plebeia (Liv. 3.26.9); de Coriolano e Volúmnia, também ele patrício e também ela plebeia (na versão de Liv. 2.40.1); ver ainda a lenda de Lucrécia, na qual se sugerem casamentos mistos (Liv. 1.34-60; cf. DH 4.76-85); Cornell 1995 255.

[25] Gel. 10.20.5; Cornell 1995 245.

[26] E.g. Liv. 2.1.11 (os pais e os inscritos); Cornell 1995 247.

órgão exclusivamente patrício e não era necessário ser patrício para se ser senador. Do mesmo modo, o patriciado não pode ser definido como uma «ordem senatorial», pois é uma definição limitativa e que induz o engano. O que não significa que os patrícios, dado o seu estatuto privilegiado, não mantivessem relações especiais com o senado[27]. Alguns investigadores têm mesmo sugerido que os patrícios mantinham um direito hereditário de ocupar lugares no senado (os chefes das famílias dos clãs patrícios – *patres familiarum* – seriam automaticamente senadores), enquanto os *conscripti* seriam escolhidos *ad hominem*, o que é uma hipótese válida, mas não comprovada pelas fontes disponíveis[28].

Neste domínio, o que podemos mesmo afirmar é que ser patrício não era por si só um fator de elegibilidade para o senado e que os *patres* não se identificavam em absoluto com os senadores (que por tendência foram todavia maioritariamente patrícios), nem sequer com o conjunto dos patrícios, ainda que, no *De re publica*, Cícero sugira uma equivalência entre *patres/patricii* e o senado do tempo de Rómulo[29]. Mas, na verdade, nem sequer os cônsules foram sempre patrícios[30].

Os privilégios relacionados com as instituições do *interregnum* e da *auctoritas patrum*, bem como os associados às práticas religiosas, sugerem que o patriciado era um grupo já definido, detentor de privilégios, antes da implantação da República[31]. Neste contexto, os elementos religiosos são particularmente importantes, visto que estamos a tratar de uma sociedade em que o elemento religioso é fundamental para compreender o seu funcionamento. Os Romanos consideravam que os *auspicia* (comando ou autoridade sob o ponto de vista religioso ou divino que permitia entender

---

[27] Cornell 1995 247.
[28] Momigliano 1963 95-121; Richard 1978 233-235; Cornell 1995 247.
[29] Cic. *Rep.* 2.23; cf. 2.50; ver Gaudemet 2002 142; Cornell 1995 249; Oliveira 2004 110-112.
[30] Cornell 1995 252-254.
[31] Recordamos que os patrícios ocupavam os cargos de pontífice, áugures, *duumuiri sacris faciundis*, feciais, sálios, *rex sacrorum* e flâmines de Júpiter, Marte e Quirino. Com efeito, os principais sacerdócios romanos parecem ter estado reservados para os patrícios. A exceção parece ter sido a das Virgens Vestais, que incluíam elementos da plebe pelo menos desde 483 a. C. Cf. Liv. 2.42.11; Cornell 1995 251-252, 447 n. 39. Sobre o carácter sacerdotal do patriciado, ver Mitchell 1992. Sobre as vestais, ver Wildfang 2006.

os sinais divinos) pertenciam ao patriciado, que os outorgava aos reis e que os recebia de novo quando os monarcas morriam. Aliás, o patriciado parece ter sido de facto um grupo especialmente definido pelas suas prerrogativas religiosas e a sua atribuição deverá recuar até ao período da monarquia. Recorde-se que a tradição estabelece-os praticamente todos nesse período[32]. Este fator vinculava o patriciado a uma relação particularmente especial com os deuses, o que em termos de organização e de psicologia social tinha um impacte significativo. Como veremos, será esse mesmo fator psicológico-social próprio do comportamento religioso a revelar-se determinante na criação da figura do tribuno da plebe, ao revesti-lo com o conceito de *sacer*.

Mais difícil de aceitar é a tese de A. Alföldi, segundo a qual o patriciado romano se terá formado aquando da queda dos Tarquínios. Segundo este romanista, por essa ocasião, trezentos cavaleiros da guarda real teriam reclamado para si o governo de Roma e desse modo teriam ganhado o privilégio sacro-jurídico de outorgar e investir o direito de *imperium*, i. e., o direito exclusivo de consultar os deuses e de dar posse legal aos magistrados[33]. O processo de formação ter-se-á iniciado antes e continuado depois.

Na verdade, ao mesmo tempo que os *patres* se definiam e consolidavam como grupo, Roma assistia à definição da sua outra parte: os *plebei*.

2. A *plebs*

A propósito da emergência da plebe, escreve Cornell: «The plebeian movement was a remakable phenomenon, as far as we know, without parallel in the history of the ancient city-state»[34]. Com efeito, a formação do patriciado não terá sido um processo coincidente com a emergência da plebe. Se tivermos em conta que a plebe se define *grosso modo* como o conjunto de todos os cidadãos romanos não-patrícios, esta afirmação

---

[32] Cornell 1995 252.
[33] Cic. *Leg.* 3.9; Alföldy 1989; cf. a crítica de Cornell 1995 251.
[34] Cornell 1995 265.

revela-se paradoxal. Como nota Cornell, todavia, a dúvida está em aceitar uma definição de plebe como a que enunciámos[35].

Efetivamente, há dúvidas quanto à possibilidade de aqueles que estavam fora do grupo do patriciado terem constituído, entre os séculos VIII e V a.C., um corpo definido, com uma identidade própria, a que possamos chamar «plebe». As fontes apontam para que apenas durante a República esse processo se tenha encetado. E a investigação contemporânea sugere mesmo que ele se tenha desenvolvido não em consequência ou reação ao patriciado como grupo, mas de forma autónoma, com uma identidade positiva e específica e uma «agenda própria», cujo objetivo teria sido o de individualizar o grupo do resto da população[36]. Por conseguinte, no início, *plebs* não corresponderia a uma ideia necessariamente negativa ou pejorativa.

O já citado historiador britânico considera mesmo que é muito improvável que o objetivo original dos plebeus tivesse sido apenas o de desafiar a posição dos patrícios enquanto tais e não lutar pelos seus próprios interesses, que naturalmente teriam[37]. Considerar essa possibilidade é uma vez mais partir para uma perspetiva dualista da História em que o processo de vivência da sociedade romana estaria ao serviço de um mecanismo de tipo hegeliano pré-concebido no qual uma força se define por oposição à outra. A realidade é que o processo não se desenvolveu necessariamente dessa forma. Na verdade, o mais provável é que o objetivo primordial da plebe tenha sido o de se afirmar como mais uma força a levar em conta no processo social, ao mesmo tempo que se protegia e defendia[38]. Esta é uma conclusão que poderá não anular totalmente a perspetiva anterior, mas que ganha peso por si mesma.

---

[35] Cornell 1995 256.
[36] Cornell 1995 256.
[37] Cornell 1995 256.
[38] Raaflaub – Cornell 1986 243. Seja como for, é pertinente referir que algumas correntes historiográficas têm valorizado o facto de a sociedade romana parecer ser essencialmente constituída por forças binárias que atuam em articulação de opostos: patronos e clientes, *patres et conscripti, classis et infra classem, equites et pedites, seniores et iuniores, adsidui et proletarii*; como nota Cornell 1995 258, porém, esta dialética nem sempre coincide e representa contrastes entre grupos e circunstâncias distintos.

O termo latino *plebs* significa «massas» ou «multidão» e, como assinalámos, não é líquido que originalmente tivesse um sentido negativo ou pejorativo, como acabou por vir a ter[39]. Gaudemet sugere que a plebe não seria constituída por «pobres invejosos da fortuna dos patrícios», mas sim um grupo socialmente heterogéneo, no seio do qual se encontrariam artesãos, comerciantes, clientes afastados dos seus patrocinadores e escravos libertos atraídos pela vida urbana (sobretudo a chamada *plebs urbana*, portanto)[40]. É possível. Ainda assim, as fontes sugerem que aqueles que levaram a cabo a secessão de 494 a. C. teriam sido indivíduos socialmente desfavorecidos, pelo que, como nota Cornell, é bem provável que tenha sido o movimento plebeu a criar a *plebs* como grupo e não o inverso[41].

A plebe parece ter sido um grupo formado em tempos de crise. A tradição romana localiza o processo no tempo (494 a. C.) e no espaço (Aventino). Aquela que ficou conhecida como a *Secessio Montis Sacri*, porém, quando lida nos nossos dias, mais parece uma narrativa utópica, pouco verosímil e com fraca correspondência na realidade. Mas será mesmo assim? O grau de dificuldade em confirmá-lo ou em contradizê-lo é exatamente o mesmo[42].

O evento é contado por Tito Lívio[43]. Segundo a narrativa do historiador, o povo de Roma, sufocado por uma situação social que o conduzira a pesados endividamentos e a relações sóciopolíticas pouco benéficas para si, teria abandonado a cidade em massa e ocupado aquele que era conhecido como Monte Sagrado (que Cícero e Lívio identificam com a colina do Aventino). Uma vez instalados no Monte, os Romanos em fuga ter-se-iam organizado, criando uma espécie de estado dentro do Estado, com instituições e leis próprias. Os partidários da secessão teriam criado o *concilium plebis*, uma assembleia da plebe, e feito a eleição dos seus

---

[39] Cornell 1995 257. Como nota Oliveira 2004 118-119, e.g., para Cícero, no *De re publica*, apenas o texto registado em 5.2 sugere um sentido negativo para o termo *plebs*.

[40] Gaudemet 2002 141. Porém, talvez seja uma perceção demasiado simplista a ideia de Gaudemet 2002 151, segundo a qual, a plebe seria uma «massa desorganizada, sem assento territorial fixo, composta sobretudo de uma população urbana».

[41] Cornell 1995 257.

[42] Cornell 1995 258.

[43] Liv. 2.32.3.

próprios magistrados, doravante conhecidos como *tribuni plebis*. A julgar por Cícero, os tribunos da plebe começaram por ser uma força contra o poder consular, e por isso igualmente binária (2/2), o que está de acordo com a forma como todo este processo parece ter decorrido[44]. Mas não é de desprezar a hipótese de os tribunos da plebe terem surgido como fórmula meramente alternativa aos cônsules. Além disso, tal como o poder tribunício bicéfalo teria surgido como réplica de um poder consular dual, também a fundação da tríade Aventina, com expressão nos cultos de Ceres, Líbera e Líbero (deuses sintomaticamente associados a manifestações telúricas e agrárias do culto), terá sido réplica da tríade Capitolina, cujo epicentro religioso se definia pelo culto a Júpiter, Juno e Minerva (deuses essencialmente uranianos, o que facilitou as leituras dualistas que apostaram na dialética entre populações autóctones e populações imigradas, para explicar a génese da relação entre a plebe e o patriciado)[45].

Segundo a tradição, a criação e eleição dos tribunos da plebe teriam sido acompanhadas de uma autoridade a que os Romanos chamavam *lex sacrata*. Significa isto que os tribunos da plebe passavam a estar protegidos por uma resolução coletiva consolidada por um juramento de grupo, segundo o qual os plebeus juravam obedecer, defender e proteger os seus tribunos até às últimas consequências. Em contrapartida, quem fosse contra eles tornava-se *sacer* ou sagrado, termo que no âmbito da semântica de «consagrado» significava também «maldito» e que era aplicado a todos os que atentassem contra os deuses. Nestas circunstâncias, o transgressor era pronunciado sagrado ou votado a Júpiter e os seus bens tornavam-se propriedade de Ceres[46]. Significa, portanto, que também aqui parece estarmos perante uma réplica da organização sociopolítica: se os patrícios detinham poder religioso pelos auspícios,

---

[44] Cic., *Rep.* 2.58.

[45] Liv. 2.31-33; DH 6.17.2-4; 89-90; 94.3; ver Spaeth 1996 90-93.

[46] Cornell 1995 263. Sobre a relação de Ceres com esta problemática, apesar da tradicional e imediata associação agricultura/plebe, há que recordar que esta deusa é, na cultura romana, também associada à lei, sendo mesmo chamada por Vergílio de *legifera Ceres*, tradução latina do epíteto grego *thesmophoros* («portadora» ou «criadora» de leis); cf. Verg. *Aen.* 4.58; Aristoph. *Thesm.*, *passim*.

os plebeus passavam a tê-lo pelo estatuto de «sacralidade» daqueles que atentassem contra os seus magistrados. Em última análise, a *lex sacrata* outorgava aos tribunos da plebe um estatuto de prática inviolabilidade e imunidade que funcionava no quadro psicossocial da civilização romana.

Por outro lado, era precisamente graças à «sacrossantidade» que os tribunos da plebe tinham a capacidade de proteger os plebeus, garantindo-lhes assistência social e jurídica (*auxilium*). Como nota Cornell, o direito de auxílio acabou por ser uma «forma organizada de autoajuda da plebe, disfarçada de justiça divina»[47].

Uma vez definida a forma de organização da plebe, impunha-se a sua aceitação por parte dos parceiros sociais. Esse não foi um processo linear e implicou formas de negociação no quadro dos vários agentes envolvidos, quer patrícios quer plebeus. O mais provável é que só após esse reconhecimento social, político e jurídico, os tribunos da plebe tenham ganhado o direito de *intercessio* nas várias formas de estruturação do Estado romano[48]. Seja como for, esta terá sido, eventualmente, a arma mais poderosa que a plebe ganhou no processo da sua afirmação sociopolítica.

Uma das funções mais importantes dos tribunos da plebe era a de organizar as assembleias da plebe, o *concilium plebis*. É provável que esta instituição tenha sido modelada a partir do que então se conhecia da realidade política das cidades gregas. A partir de 471 a. C., o *concilium plebis* passou a organizar-se com base na antiga divisão administrativa tribal de Roma, sendo o voto estabelecido pelo sistema de grupo[49]. As resoluções feitas pela plebe passaram então a ser reconhecidas como *plebiscita*. Mas é provável que os plebiscitos levados a cabo no início do século V a. C. não tenham passado de meras resoluções unilaterais, reconhecidas apenas pelos plebeus. Há um relato de Tito Lívio que fortalece esta hipótese. Trata-se do passo em que o historiador refere que a plebe teria exigido

---

[47] Cornell 1995 260.

[48] A *intercessio* era o veto que um magistrado podia opor a uma moção apresentada por outro magistrado de estatuto igual ou inferior ao seu. Apenas o *dictator* estava isento das consequências da *intercessio*. Os tribunos da plebe podiam vetar os atos oficiais de todos os restantes tribunos. Ver Gaudemet 2002 151-152; Lintott 1999 32-33.

[49] Sobre as assembleias romanas, ver Lintott 1999 49-64.

o reconhecimento das *leges sacratae* como contrapartida para a aceitação do primeiro decenvirato[50].

Segundo as fontes, a criação da edilidade remonta igualmente à secessão do Monte Sagrado. Tratar-se-ia de uma magistratura anual, que acabou por se instituir com funções de manutenção dos espaços públicos – ruas e edifícios – e da ordem pública, supervisão dos mercados, organização de jogos e gestão do aprovisionamento de comida na cidade[51]. Mas o que interessa relevar aqui é que esta terá sido uma magistratura originalmente associada à plebe. É aliás provável que, no início, os edis estivessem ligados ao templo de Ceres, Líbera e Líbero no Aventino, sendo a sua função zelar pela manutenção do mesmo[52].

No decurso da afirmação da plebe, há que referir que se tratou de um processo de certo modo inovador, na medida em que, numa sociedade em que os fenómenos de associação eram controlados e entendidos como potencialmente perigosos, a união deste grupo viria inevitavelmente a enfrentar a oposição do Estado. A evidência de que o processo passou por essas idiossincrasias está na própria *lex sacrata*, que de certo modo funcionou como escudo da plebe e seus «magistrados». Ao mesmo tempo, há que recuperar a reflexão feita já por Mommsen, para quem o movimento plebeu se definiu sobretudo como a construção de «um estado dentro do Estado», apesar de em todo o processo terem faltado elementos essenciais à definição de «estado», como um conselho propriamente dito ou a organização de um exército[53].

Mas o facto é que o movimento não foi sem consequências. Antes pelo contrário. A sua importância certifica-se pelo facto de, em meados do século IV a. C., as instituições plebeias terem sido ou integradas na constituição romana ou então imitadas pelo chamado «Estado patrício». Cornell sugere mesmo que a eleição dos questores em 447 a. C., com o objetivo de assessorar os cônsules, poderá radicar no modelo dos dois

---

[50] Liv. 3.32-35.
[51] Sobre os edis, ver Gaudemet 2002 150, 172, 176, 238, 296; Lintott 1999 129-133, 228-229.
[52] Ver D.H. 6.17.2-4; Liv. 3.55.13; Cornell 1995 263-264.
[53] Cornell 1995 265.

magistrados eleitos pela plebe[54]. E as inovações promovidas pelo movimento plebeu não se terão ficado por aí[55].

É ainda de referir que o processo de formação da plebe deverá ter acontecido sobre um cenário de recessão económica, cujas principais manifestações terão sido a (desequilibrada) distribuição agrária e as dívidas que pesavam sobre os cidadãos[56]. A conjuntura histórica dos séculos V e IV a. C. comprova-o e Cícero dá conta do facto no tratado da *República*: «É que, encontrando-se a cidade agitada pela questão das dívidas, a plebe ocupou primeiramente o Monte Sagrado, depois o Aventino.»[57] Mas, como tem sido salientado, o facto impressionante é que a plebe parece ter-se «rebelado» e revelado por causa das dívidas e acabou não por resolvê-las mas por eleger tribunos, o que parece indicar que o principal problema de então não seriam as dívidas em si mesmas mas sim a articulação definida pelas relações sociais e institucionais, na qual se deveriam reconhecer formas de *deficit* ao nível da interação entre os agentes envolvidos, das formas de estes se organizarem e dos papéis por eles desempenhados no quadro da sociedade romana[58].

3. O «confronto» e a convivência patrício-plebeia

Abordar o problema da convivência de patrícios com plebeus no âmbito da História de Roma poderá facilmente resvalar para o risco da leitura eventualmente demasiado simplista do conflito dialético. A realidade histórica, porém, revela-se bem mais complexa do que aquilo que o modelo anuncia. Ainda assim, a fricção entre os dois grupos aconteceu e é nela que radicam alguns dos acontecimentos que acabaram por marcar e definir a República Romana.

---

[54] Cornell 1995 265; Lintott 1999 133.
[55] Cornell 1995 265.
[56] Cornell 1995 225-226, 265, 268; Roldán 1981 84-88.
[57] Cic. *Rep.* 2.58.
[58] Cornell 1995 267.

A secessão de 494 a. C. é, neste sentido, um momento decisivo e marcante em todo este processo histórico. Mas aquele que é talvez unanimemente reconhecido como um dos principais factos sóciopolítico-institucionais de todo o percurso é a chamada «redação da Lei das XII Tábuas». Segundo a tradição romana, em 462 a. C., um dos tribunos da plebe, G. Terentílio Harsa, encetou o processo de codificação legislativa em Roma, ao ser o primeiro a lançar a proposta de nomeação de uma comissão com o objetivo de redigir um código de leis, que deveria ser reconhecido quer por patrícios quer por plebeus[59]. O objetivo seria também proporcionar a todos os cidadãos romanos o acesso a leis escritas, que deixariam assim de estar reservadas a apenas uma elite social ou política – designadamente os pontífices – que, ao dominar o direito, monopolizaria o controlo social. Mas o processo não teve então o apoio necessário e só terá tido início de facto em 455 a. C., quando o senado ordenou que uma comissão de três cidadãos se deslocasse à Grécia com vista a recolher modelos legislativos a partir das leis solonianas[60]. Quatro anos mais tarde, em 451 a. C., teria sido eleito um colégio de dez patrícios, os *decemuiri legibus scribundis* que substituíram momentaneamente os cônsules, e cuja principal função teria sido a de redigir um código legislativo para Roma. Este colégio teria apresentado aos *comitia centuriata* (nome que as assembleias tomaram após a secessão do Monte Sagrado) um conjunto de leis inscrito em dez tábuas e que ali foram votadas. No ano seguinte, um segundo colégio de decênviros, agora constituído por patrícios e plebeus e no âmbito do qual Ápio Cláudio, um dos membros que transitou da comissão anterior, desempenhou um papel relevante, redigiu duas tábuas de leis complementares[61]. Foi este conjunto de XII tábuas, em bronze, que foi então afixado no foro, onde se mantiveram até 390 a. C., ano em que foram destruídas pelos Gauleses, durante o célebre saque de Roma, e que passaram a conter o essencial da constituição romana.

---

[59] Liv. 3.9-10.

[60] Liv. 3.31-32; alguns autores consideram esta referência uma alusão lendária, construída posteriormente, visto que nem Cic. *Leg.* 2.59-64, a refere, e.g. Bauman 1996 40. Sobre esta problemática, ver ainda Segurado e Campos 2004 297-350.

[61] Liv. 3.33-35.

O que sobra da Lei das XII Tábuas é fragmentário e sobretudo citado por fontes terceiras. Mas é o suficiente para percebermos que, durante o século V a. C., Roma teve leis de direito privado, público, criminal e sagrado, que radicaram, por certo, num direito anteriormente consuetudinário[62]. Pelo que conhecemos, é evidente a presença ainda de elementos arcaicos e de conceções jurídicas e morais tidas por alguns como primitivas, associadas ao direito gentilício, de que são exemplos a manutenção da vingança privada, o caráter patriarcal e o largo espectro de direitos do *paterfamilias*[63]. Mas ainda assim, como afirma Tito Lívio e, em sequência dele, praticamente todos os autores que escreveram sobre este assunto, as XII Tábuas foram a fonte de todo o direito público e privado de Roma: *fons omnis publici privatique iuris*[64].

Por outro lado, este código legislativo esteve longe de resolver os conflitos sociais e políticos entre o patriciado e a plebe. Antes deu resposta a problemas específicos do quotidiano de todos os Romanos. Não obstante, rasgou caminhos no longo percurso do reconhecimento de uma «igualdade social», ou pelo menos igualdade perante a lei, e representou um primeiro passo na clarificação dos papéis sociais desempenhados por cada um destes protagonistas. Com efeito, como nota Roldán, «o autêntico motor da legislação é constituído pela aspiração plebeia, seguramente animada por uma fação patrícia, de pôr um freio legal ao quase ilimitado poder executivo do Estado patrício»[65]. Assim se deve compreender, aliás, que o projeto previamente apresentado por G. Terentílio Harsa tenha sido rejeitado, bem como o facto de o modelo governativo de Roma ter sido momentaneamente suspenso e substituído por um colégio decenviral para levar a cabo a tarefa[66].

Apesar de importante e determinante em todo este processo, porém, a redação da Lei das XII Tábuas não encerrou em definitivo a questão

---

[62] Roldán 1981 80.
[63] Roldán 1981 81.
[64] Liv. 3.34.
[65] Roldán 1981 79.
[66] Roldán 1981 79-80.

patrício-plebeia. É verdade que os plebeus lograram impor limites às pretensões do patriciado em interpretar o direito e assim monopolizar a justiça em Roma. Mas equidade sociopolítica entre os dois grupos estava ainda longe de ser alcançada. A tradição em torno de Canuleio, tal como Tito Lívio a relata, mostra que as exigências da plebe eram ainda muitas assim como os obstáculos a ultrapassar. Segundo o historiador augustano, em 445 a. C., o tribuno da plebe Gaio Canuleio reivindicou a abrogação da proibição do *conubium* entre patrícios e plebeus, ao mesmo tempo que exigiu que um dos cônsules fosse de origem plebeia[67]. Os patrícios acabaram por ceder no primeiro ponto, mas mostraram-se reticentes em relação ao segundo. Para conseguirem manter o consulado em mãos patrícias, os *patres* transferiram o poder consular para os tribunos militares, solução que esteve em vigor até 367 a. C., ano das leis Licínio-Sêxtias.

Há ainda que referir que, em 443 a. C., o patriciado instituiu a *censura*, qual forma de aquele grupo controlar outra função essencial do Estado e que antes estava nas mãos dos pretores, i.e., a de registar todos os cidadãos e suas propriedades e por conseguinte adjudicar cada um deles às tribos e centúrias correspondentes[68]. Os censores passavam assim a deter o poder de controlar os recursos humanos e materiais do Estado, acabando por se transformar em autênticos administradores da propriedade estatal.

Ao mesmo tempo, outra forma que o patriciado encontrou para tentar neutralizar a importância crescente da plebe nesta «nova ordem social» romana foi a de se aproximar desse outro grupo social. Ou pelo menos de parte dele, da facção mais influente. É hoje indiscutível que uma parte significativa das famílias plebeias havia enriquecido e ganho influência social através da riqueza. Este é um facto que, aliás, contradiz a ideia simplista de que do lado dos patrícios estavam os endinheirados e do dos plebeus os depauperados. Esta é hoje uma ideia totalmente rejeitada pelos historiadores e que coloca sérios entraves à identificação básica, ideológica e eventualmente anacrónica de patrícios e plebeus como meras

---

[67] Liv. 4.1-6; Cic. *Rep.* 2.63.
[68] Roldán 1981 82.

«classes sociais», baseadas na ideia da oposição entre «ricos e pobres»[69]. Note-se, aliás, que as exigências da *lex Canuleia* em 445 a. C., muito certamente, apenas pretendiam regulamentar ou sancionar uma situação que já se verificaria *de facto* e não implementar uma «novidade» social de casamentos mistos entre patrícios e plebeus. Por outro lado, os plebeus mais abastados valem-se do chamado «censo timocrático» que determina os lugares no exército. Sabemos que a primeira das classes censitárias de Roma incluía plebeus que, em proporção dos seus recursos, contribuía para a milícia, dando assim força às suas aspirações sociopolíticas[70]. Como afirma J. M. Roldán, a história liviana do *eques* plebeu, mas endinheirado, Espúrio Mélio traduz precisamente esta realidade[71].

Durante este período, o tribunato da plebe consolidou-se. Mas já no século IV a. C., e na sequência das invasões gaulesas, a crise económica voltou a tomar conta da sociedade romana. As reivindicações feitas pelos tribunos são as recorrentes e derivam do endividamento popular, da fome, da carestia alimentar. É sobre estes problemas que caem as exigências políticas dos dois tribunos da plebe G. Licínio Estolão e L. Sêxtio, nos anos setenta do século IV. Há que referir que os dois tribunos aproveitam as dissensões que então se verificam no seio do patriciado e que o colocam numa posição de vulnerabilidade perante a plebe. Aparentemente, a narrativa que, uma vez mais, Lívio conta acerca de M. Fúrio Camilo e de Mânlio Capitolino refere-se a esta problemática[72].

Licínio Estolão e Sêxtio apresentaram aos Romanos uma proposta tripartida que pretendia solucionar aqueles que se considerava serem então os três principais problemas da sociedade romana: 1º o endividamento; 2º o problema agrário; 3º o acesso ao consulado[73]. As *leges Liciniae-Sextiae*

---

[69] Roldán 1981 82; ver e.g. Homo 1974 e o interessantíssimo artigo-debate de Miller – Platter – Rose 2005.

[70] Roldán 1981 82.

[71] Liv. 4.13-14.

[72] Liv. 5.15-55; 6.38; 7.1; Roldán 1981 84; Rodrigues 2005a 211-217.

[73] Liv. 6.35-36, 42; Col. 1.3.9; sobre a questão do endividamento e sobre o problema agrário, com os quais as leis Licínio-Sêxtias também lidam, ver Roldán 1981 86-88. Em síntese, podemos referir que este pacote legislativo tentou resolver o problema do sobreendividamento, ordenando que se subtraísse às quantias em dívida os montantes já pagos em juros,

foram aprovadas em 367 a. C. e sintomaticamente sancionadas com a dedicação de um templo à deusa Concórdia[74]. A primeira dessas leis dizia respeito ao terceiro problema e propunha precisamente que o consulado bicéfalo, ou «colégio consular binário» como lhe chama Roldán, se afirmasse como a mais alta magistratura do Estado romano e que um dos lugares fosse sempre reservado a um plebeu[75]. O ano de 367 a. C. marca assim um ponto de chegada de um longo processo que se terá iniciado com a queda da Monarquia (em 509 a. C., segundo a tradição romana) e que desemboca nesta proposta de chefia partilhada pelos dois grupos mais importantes da sociedade romana e que constitui um *collegium* de dois membros investidos de *imperium*, i.e., um grupo de magistrados detentores de poder de comandar a guerra e de interpretar e executar a lei, uma autoridade administrativa suprema em que cada um dos seus membros podia agir individualmente, mas que estava sujeito ao veto do seu colega[76]. O caráter dual desta magistratura acaba assim por se perceber melhor à luz deste processo de definição social, o que leva Cornell a afirmar que a divisão da sociedade romana em patrícios e plebeus acaba por ser mais o resultado do que a causa das leis Licínio-Sêxtias[77].

Apesar desta «redefinição» de tarefas e de competências, digamos assim, o patriciado conseguiu reter para si, como antes fizera com a censura, a administração da justiça, encarregando da mesma o *praetor urbanus*, magistrado igualmente detentor de *imperium*. Mas em 337 a. C., foi também empossado o primeiro plebeu com esta alta magistratura romana[78].

---

ao mesmo tempo que previa que o restante fosse pago num prazo alargado; relativamente ao *ager publicus*, as leis impediam a acumulação ou ocupação de mais de 500 jeiras (c. 125 ha) de terra pública nas mãos de um único indivíduo, tentando evitar assim a criação de *latifundia* e permitir a ocupação do *ager publicus* por parte dos plebeus, procurando uma maior equidade na distribuição de terra. Estes problemas tornaram-se recorrentes na sociedade romana, como sabemos, mas estas leis foram uma tentativa de solucioná-los.

[74] Dedicação que, segundo Plu. *Cam.* 42, teria sido feita por Camilo; cf. Ov. *Fast.* 1.637.
[75] Liv. 6.37-39; Roldán 1981 84.
[76] Sobre esta questão, ver Roldán 1981 84; Lintott 1999 92-107, 192-194, 226-228; Gaudemet 2002 192-199; 265-284; Cornell 1995 226-232. No processo de consolidação desta instituição, emergiram/revelaram-se outras, como as do *magister populi*, dos *praetores* e dos *tribuni militares*.
[77] Cornell 1995 244.
[78] Roldán 1981 85.

De igual modo, aos dois edis originalmente plebeus e encarregados de vigiar o templo do Aventino associaram-se dois *curules* de origem patrícia, que a partir de 336 a. C. tiveram a seu cargo a tarefa de vigiar, limpar e manter a ordem na cidade de Roma, bem como a de organizar os jogos públicos[79]. O Estado romano caminhava assim para o equilíbrio de forças e para a paridade política, não obstante o facto de também os cargos dos *aediles curules* virem a ser desempenhados por plebeus[80]. Esta abertura das instituições e das magistraturas à plebe acabou por se generalizar em Roma. Paulatinamente, todas elas acabaram por vir a ser ocupadas por plebeus. O mesmo aconteceu com os sacerdócios, mantendo-se como exceções apenas os cargos de *rex sacrorum*, *interrex* e *flamen*. Mas há também que referir que, apesar dessa abertura à plebe, as magistraturas romanas não passaram a ser ocupadas ao acaso. Na verdade, apesar da afirmação da plebe como grupo, o facto é que também no seu seio se revelou uma elite familiar ou número restrito de famílias que, aliado a determinadas fações do patriciado, passaram a controlar as magistraturas.

4. O Estado Patrício-Plebeu

Como regista Roldán, entre os séculos V e IV a. C. ocorreu, na sociedade romana, uma transformação assinalável: de um sistema em que a importância sócio-política se definia pelo nascimento, vinculando-se a um grupo predefinido, passou-se a um regime bem mais complexo e heterogéneo em que passou a dominar uma «oligarquia plutocrática patrício-plebeia»[81]. Por outro lado, e como continua a frisar o mesmo historiador, o acesso da plebe ao consulado traduz igualmente uma inovação assinalável, que traduz uma nova ideia de cidade e de sociedade, nas quais os direitos políticos começam a ser progressivamente reconhecidos. Esta reordena-

---

[79] Os magistrados *curules* tinham o privilégio de se sentar numa *sella curulis* ou cadeira curul, incrustada a marfim, qual representação da superioridade.

[80] Ver Roldán 1981 85; Lintott 1999 129-133.

[81] Ver Roldán 1981 85.

ção social é também visível no facto de patrícios e plebeus passarem a integrar as mesmas assembleias, que, como assinalámos, deixam de se chamar *concilia* para passarem a ser *comitia*, assembleias gerais dos cidadãos romanos ordenados segundo as tribos a que pertenciam, e que se especificaram nos *comitia curiata* e nos *comitia centuriata*[82]. Enquanto estes se fundavam nas centúrias legionárias e elegiam os principais magistrados, tinham o direito de declarar guerra e podiam legislar de acordo com as propostas feitas pelos cônsules ou outros magistrados detentores de *imperium*, aqueles não tinham poder legislativo, reunindo-se apenas para sancionar formalmente todas as decisões do Estado, como e.g. uma declaração de guerra, a atribuição de poderes aos magistrados superiores, a eleição de alguns sacerdotes ou a transferência de uma família patrícia para a plebe. Assim se constituíram os órgãos de expressão popular na cidade de Roma, num processo que rejeitou a eliminação das instituições preexistentes, preferindo em contrapartida adaptá-las, alargá-las e renová--las. Aliás, o mesmo aconteceu com o tribunato da plebe, que acabou por se transformar numa instituição ordinária.

A legitimidade das assembleias da plebe deverá ter passado pelo reconhecimento paulatino das decisões tomadas nas mesmas, conhecidas como plebiscitos, que assim se tornavam vinculativas para todo o Estado[83]. Os historiadores têm salientado três momentos como essenciais neste processo de reconhecimento das decisões das assembleias plebeias. São eles o da promulgação das *leges Valeriae-Horatiae* (449 a. C.), *Publiliae* (339 a. C.) e *Hortensia* (287 a. C.). Com estas leis, os *plebiscita* tornaram-se equivalentes a *leges* e as decisões tomadas nos *comitia* passaram a ser válidas para todo o *populus romanus*[84].

Esta «nova ordem social» é marcada pela emergência da chamada *nobilitas*, a nova aristocracia patrício-plebeia, que enceta o processo de

---

[82] Sobre os comícios, ver Lintott 1999 42-64.
[83] Roldán 1981 86.
[84] Lintott 1999 122; Cornell 1995 260. Enquanto a *lex Publilia* exigia que um dos censores fosse plebeu e abrangia todos os *quirites*, a *lex Hortensia* determinava que os plebiscitos do *concilium plebis* fossem válidos como leis para o *populus* e, por conseguinte, para todo o Estado romano.

ocupação dos lugares dirigentes do Estado romano. Com efeito, o mero facto de se desempenhar cargos como os de cônsul, pretor ou censor passa doravante a garantir o acesso a essa aristocracia. Além disso, há também os designados *homines noui*, ou homens novos, indivíduos que, embora não pertençam a nenhuma das famílias já «marcadas» pelo exercício dessas magistraturas superiores, exercem eles mesmos um desses cargos[85]. Ao exercerem essa função, os *homines noui* acabam por enobrecer as suas próprias famílias. Na verdade, estamos num processo de transição de uma antiga oligarquia para uma nova oligarquia. Mas será esta a nova realidade política de Roma, bem mais complexa do que a anterior, é certo, em que já não estão em causa apenas dois grandes blocos sociais, porém vários fatores (e.g. condição sócio e político-jurídica, nível económico, nascimento, redes familiares e clientelares), mas na qual acabará por germinar o Principado.

Roma tem agora um Estado que se define por uma *nobilitas* patrício-plebeia[86]. É este grupo que, a partir do século III a. C., controla a ordem social romana, impondo costumes e práticas sociais de acordo com os seus valores e interesses, reclamando para si a formulação de modelos de comportamento e de sociabilidade. Para isso, é agora esta elite que monopoliza os sacerdócios, através dos quais pretende estabelecer uma relação singular com a divindade, uma vez que se assume como intermediária privilegiada da mesma. Como nota J. M. Roldán, «a categoria ética que aglutinava esta consciência era o *mos maiorum*, o respeito pelos antepassados, i.e., da *nobilitas*, que com as suas ações heroicas haviam tornado possível a grandeza e a prosperidade de Roma e que o exemplo dos seus descendentes contribuía para manter»[87].

Ao lado do prestígio social está naturalmente o poder económico (principalmente agrário, como denunciam as contínuas leis agrárias, mas não em exclusivo, como mostra o progressivo aumento da importância de outros grupos, de que são exemplo aqueles que, a partir do século IV a. C.,

---

[85] Roldán 1981 122.
[86] Roldán 1981 129; Gaudemet 2002 154-155, 170, 316-317.
[87] Roldán 1981 129.

virão a designar-se como *equites* ou cavaleiros[88] e que, a partir do século II a. C., (se associarão aos *publicani*), que assegura também o domínio político deste grupo. É entre os membros deste grupo que se recrutam aqueles que exercem as magistraturas e os principais cargos deste novo Estado, ou *populus romanus*, patrício-plebeu, e nem o senado, a mais alta das instituições, nem os comícios escaparão a essa hegemonia.

5. As magistraturas

Em relação às magistraturas republicanas de Roma, retomamos agora algumas das questões abordadas, propondo uma síntese das ideias mais significativas, recorrendo para isso à bibliografia disponível mas também ao *De legibus* de Cícero, texto em que encontramos algumas das melhores definições dos ofícios estatais[89].

O termo «magistratura» deriva do advérbio *magis*, que significa «mais» e que por conseguinte outorga ao conceito a noção de superioridade de «aquele que pode mais». Assim, o *magister*/magistrado é mais um «portador e expoente do poder estatal» do que um servidor do mesmo[90]. Neste sentido, revela-se em oposição ao *minister*/ministro (do advérbio *minus*, «menos», e de onde «o que pode menos»)[91]. Diz Cícero que «o poder de um magistrado está em presidir e ordenar o que é justo e útil, conforme as leis. Tal como as leis se sobrepõem aos magistrados, estes sobrepõem-se ao povo; na verdade, o magistrado é a lei falante e a lei é o magistrado mudo.»[92] Mais refere ainda o autor do *De legibus*: «assim,

---

[88] A ordem equestre era constituída sobretudo por princípios plutocráticos. Sobre os cavaleiros, ver Nicolet 1966; Gaudemet 2002 154-155, 317-318.

[89] Nesta síntese, seguimos fundamentalmente os estudos de Roldán 1981 131-146; Gaudemet 2002 139-222; Lintott 1999 *passim*; e, claro, Cic. *Leg.* 3, levando em conta que se trata de um texto escrito em meados do século I a. C. e, por conseguinte, com as variações e leituras próprias dessa circunstância. Ainda assim, na sua essência, trata-se de um texto naturalmente válido para a nossa síntese.

[90] Roldán 1981 132.

[91] Sobre esta questão ver também Gaudemet 2002 142-143, 166-177; Cornell 1995 226-230.

[92] Cic. *Leg.* 3.2.

os magistrados são necessários e sem a prudência e a diligência que lhes é própria não há cidade e na atribuição dos seus poderes assenta a organização de toda a república... como diz o nosso Platão, os que se opõem aos magistrados são como os Titãs que se opõem aos próprios céus... Deves saber que a república assenta nas magistraturas e que pela sua organização se conhece o género dessa república.»[93]

Como nota Roldán, as magistraturas romanas nasceram da necessidade de encontrar uma substituição do poder real, desenvolvendo-se ao longo de vários séculos, mas definindo-se essencialmente entre os séculos V e III a. C. É com o sentido nesse processo evolutivo que vários autores as agrupam em «magistraturas patrícias» e em «magistraturas plebeias» (de acordo com a sua origem), ainda que, como vimos, esta acabe por ser uma sistematização falaciosa, visto que quer umas quer outras vieram a ser ocupadas tanto por patrícios como por plebeus[94].

É o Estado que outorga ao magistrado um poder, uma competência ou uma função. Essa autoridade abstrata leva o nome de *potestas* e constitui para muitos «o mecanismo fundamental de funcionamento do Estado»[95]. Já a autoridade concreta, «os direitos e prerrogativas que correspondem ao magistrado que o possui» é designado por *imperium*[96]. No entanto, esta prerrogativa está limitada às magistraturas superiores: o consulado e a pretura. Trata-se de um poder simultaneamente civil e militar, que se exerce de acordo com o espaço em que é exercido (âmbito civil ou âmbito militar). O poder de *imperium* emana sobretudo do domínio religioso, considerando-se que é o direito de receber e interpretar os *auspicia* ou a autoridade emanada pelos deuses. Assim, o possuidor de *imperium* converte-se num intérprete legítimo das vontades divinas, o que é um poder assinalável numa sociedade como a romana. De igual modo, só o detentor de *imperium* pode exercer determinados comandos na esfera militar (e.g. dirigir o exército em campanha, recrutar tropas, impor tributos) e só ele

---

[93] Cic. *Leg.* 3.5, 12.
[94] Roldán 1981 132.
[95] Roldán 1981 134.
[96] Roldán 1981 134.

pode receber o triunfo (entrada em Roma sobre um carro de guerra com os atributos de Júpiter Óptimo Máximo) e assim ser aclamado *imperator* pelas suas tropas[97].

Com as exceções do *interrex*, do *dictator* e do *magister equitum*, as magistraturas são eletivas. É o *populus* que elege os magistrados e ser eleito para o exercício de uma magistratura é considerado um *honos*: uma distinção ou uma honra. Por conseguinte, esse exercício é igualmente gratuito, o que desde logo condiciona o seu exercício, visto que é necessário possuir meios próprios de subsistência para que seja possível desempenhar estas funções. A maioria das magistraturas é anual, constituindo exceções os cargos de *dictator* e de *censor*. As datas de eleição e de início de funções, todavia, variavam de magistratura para magistratura. A mais importante de todas elas, por exemplo, entrava em funções nas calendas de março, situação que se alterou em 153, ano em que os cônsules passaram a iniciar o seu cargo nas calendas de janeiro[98]. As magistraturas eram também quase todas colegiais, sendo uma vez mais exceção, e por definição, o caso do *dictator*, visto que a essência desta magistratura está precisamente na concentração de poderes nas mãos de um único indivíduo. Desta caraterística decorria que os magistrados romanos detinham o poder de *intercessio* ou veto, que podiam aplicar aos seus colegas de ofício, prevendo-se mecanismos legais que tinham como objetivo evitar a eventual paralisação da vida pública (e.g. a *sortitio*, a *comparatio* e a *prouincia*)[99].

O consulado (*consulatus*) era, naturalmente, a principal das magistraturas romanas. A sua instituição assumiu uma forma definitiva em 367 a. C., com as leis Licínio-Sêxtias, que definiram o exercício do mesmo por um titular de origem patrícia e outro de origem plebeia. Os dois cônsules são epónimos (o ano leva o nome deles) e dirigem o Estado romano, sendo inclusivamente os dois comandantes do exército, detentores da

---

[97] Roldán 1981 134.

[98] Previa-se, porém, a *prorrogatio* da função para os magistrados que estivessem em funções, por exemplo, fora de Roma ou em trânsito de alguma negociação. Ver Roldán 1981 133.

[99] Sobre estas questões, ver os estudos acima mencionados e em especial a síntese apresentada por Roldán 1981 132-133.

autoridade militar e judicial, possuindo *imperium* na plenitude. Os cônsules eram eleitos nos comícios centuriatos. No caso de um cônsul se revelar incapaz de exercer a função para que fora eleito (ou de falecer), nomeava-se um *consul suffectus* ou substituto[100].

Em termos de hierarquia, a pretura (*praetura*) vinha logo a seguir ao consulado. O ano de 367 a. C. marcou também esta magistratura, ao definir o figurino que a mesma terá durante a maior parte da história romana. Como referimos, tal como os cônsules, os pretores eram detentores de *imperium* (aliás, começaram por ser os magistrados que substituíram o rei). Os pretores mantinham uma relação próxima com os comandos e os poderes militares, mas eram fundamentalmente os administradores da justiça. O exercício da pretura dividiu-se, por isso, pelo *praetor urbanus*, que tratava de administrar a justiça entre os cidadãos romanos, e pelo *praetor peregrinus*, que estava encarregado de gerir as questões legais que eventualmente surgissem entre Romanos e estrangeiros (*peregrini*). Com a expansão de Roma, o colégio dos pretores foi-se alargando, outorgando aos novos membros as questões de justiça relacionadas com os novos territórios. No tempo de Sula, eram já oito[101].

A edilidade (*aedilitas*) era a magistratura imediatamente inferior à pretura. O colégio edil era constituído por quatro membros, sendo que dois eram os edis patrícios ou *curules* e os outros dois eram os edis plebeus. As suas funções passavam pela guarda dos templos e dos arquivos plebeus (historicamente, essas funções terão sido as que justificaram a sua criação), mas também pelo policiamento da cidade, controlo das vias públicas, dos edifícios e dos mercados, incluindo o abastecimento dos mesmos. Mas uma das mais importantes tarefas de que estavam

---

[100] Roldán 1981 137; Gaudemet 2002 152, 175, 192, 199, 218, 295; Lintott 1999 9-10, 17-18, 21, 43, 104-107, 192-194. Cic. *Leg.* 3.8: «Que haja dois magistrados com poder régio (*regium imperium*) e que conforme presidam, julguem ou consultem, se chamem pretores, juízes ou cônsules. Que na guerra tenham a autoridade soberana e que não obedeçam a ninguém. Que o bem-estar do povo seja para eles a lei suprema.»

[101] Roldán 1981 137; Gaudemet 2002 152, 175-176, 238, 295, 476; Lintott 1999 11, 17-18, 36, 43, 56, 107-109, 147, 193-194, 200. Cic. *Leg.* 3.8: «Que o pretor seja o árbitro do direito e julgue ou faça julgar os assuntos particulares. Que seja o guardião do direito civil. Que tenha tantos iguais em autoridade como o senado tenha decretado ou o povo ordenado».

encarregados era por certo a de organizarem os jogos públicos estatais, visto que essas eram ocasiões particularmente importantes em termos políticos (eram aproveitadas para ações de campanha e propaganda eleitoral). Também por isso, esta era uma das magistraturas com maior potencialidade no domínio da angariação dos apoios populares e, por conseguinte, no acesso às magistraturas superiores[102].

Na base da carreira ou caminho das magistraturas estava a questura (*quaestura*). Os questores eram essencialmente os gestores do tesouro público (*aerarium*), os guardiães dos arquivos estatais que se conservavam no templo de Saturno e os representantes dos cônsules na administração da justiça criminal. Os questores começaram por ser dois, mas tal como aconteceu com outras magistraturas, o seu número aumentou ao longo do tempo e ao sabor das necessidades político-institucionais. No século I a. C., Sula, por exemplo, aumentou o seu número para vinte[103].

Estas quatro magistraturas organizavam-se hierarquicamente. O processo que os Romanos designavam por *cursus honorum*, que equivalia à carreira política e a que todos os cidadãos almejavam, passava precisamente pelo exercício destes cargos, após o serviço militar, sendo que, todavia, a edilidade era opcional (evidenciando talvez a sua origem plebeia) e a carreira deveria terminar com a censura (*censura*). Com efeito, esta era também uma magistratura superior, apesar de não incluir o direito e o poder de *imperium*. A censura deverá ter surgido em Roma no século V a. C., mais concretamente em 443, e os seus titulares formavam um colégio de dois membros eleitos de cinco em cinco anos. A sua principal função era a de organizar o censo e elaborar as listas de cidadãos, no Campo de Marte, tendo em conta o recrutamento militar e o pagamento de impostos (divisão em classes censitárias). Com a *lex Ovinia* (318 e 312 a. C.), os censores passaram a ter também a responsabilidade de elaborar as listas de senadores (excluindo os excedentários ou os não dignos desse estatuto

---

[102] Roldán 1981 138-139; Gaudemet 2002 150, 172, 176, 238, 296; Lintott 1999 15, 18, 34, 36, 43, 129-133, 228-229. Cic. *Leg.* 3.7: «Que haja edis para cuidarem da cidade, do abastecimento de pão, dos jogos solenes. Que este seja o primeiro degrau para ascender às honras mais elevadas.»

[103] Roldán 1981 139; Gaudemet 2002 151, 172, 177, 199, 296, 304; Lintott 1999 35, 133-137.

através da chamada *nota censoria*) e de cavaleiros (arrolando todos os que de entre os não-senadores possuíssem mais de 400 000 sestércios), supervisionar os costumes e a moral, bem como as finanças e obras públicas. Não raramente, o exercício desta magistratura era feito por ex-cônsules[104].

O tribunato da plebe (*tribunatus plebis*) acabou por se definir como uma magistratura paralela ao *cursus honorum*. Como vimos, este órgão começou por ser um colégio de dois tribunos, mas progressivamente o seu número aumentou para dez. As principais caraterísticas dos tribunos da plebe eram, como assinalámos, a *sacrossanctitas* e os direitos de *auxilium* e de *ueto*, que lhes permitia interditar a ação de qualquer magistrado. Os tribunos da plebe podiam ainda presidir aos *concilia plebis* ou assembleias da plebe, instituições em que, aliás, eram eleitos. Os tribunos da plebe eram obrigatoriamente plebeus, pelo que, os patrícios que desejassem desempenhar essas funções tinham de se fazer adotar por uma família plebeia[105].

Por fim, há que salientar a ditadura (*dictatura*). Esta era a mais excecional de todas as magistraturas romanas, fugindo aos requisitos de eleição, anualidade e colegialidade (aliás, como o *interregnum*). É possível que a origem da ditadura remonte à figura do *magister populi*, que substituiu o rei aquando da queda da monarquia, sendo a instituição que passou a concentrar todos os poderes do Estado. Mas esta figura, que aliás tinha *imperium* ilimitado – o que não deverá ter sido estranho à sua abolição –, desapareceu em meados do século V a. C. O *magister populi*,

---

[104] Roldán 1981 138; Gaudemet 2002 152, 174-175, 199, 295; Lintott 1999 12-13, 35, 51, 115-120, 228. Cic. *Leg*. 3.7, 11: «Que os censores registem as idades, os filhos, os escravos e as propriedades do povo; que zelem pelos templos, estradas, correntes de água, tesouro e impostos da cidade; que registem os membros da cavalaria e da infantaria; que impeçam o celibato e regulem os costumes do povo; que não consintam infames no senado. Que sejam dois; que a sua magistratura seja quinquenal, que os demais magistrados sejam anuais; e que esta magistratura subsista sempre... Que os censores sejam os guardiães das leis. Que o magistrado regressado à vida privada lhes dê conta dos seus atos, mas sem que, por isso, eles fiquem isentos da lei.»

[105] Roldán 1981 139; Gaudemet 2002 151-152, 171, 260-262, 296; Lintott 1999 5, 11-13, 15, 21, 26, 38, 68, 121-128, 202-211, 222, 229-232. Cic. *Leg*. 3.9: «Que o povo mantenha os dez tribunos que criou para a sua proteção contra a violência. E que as suas proibições e as propostas que fizerem ao povo sejam leis. Que sejam sagrados e que o povo nunca fique desprovido de tribunos.»

contudo, apenas deixou de existir enquanto órgão ordinário, passando a instituição extraordinária, sob o nome de *dictator*. Reposta em períodos de profunda crise política, militar, institucional ou social, a ditadura concentrava todos os poderes do Estado (anulando inclusive o direito de veto dos tribunos da plebe), com vista a uma ação mais eficaz, mas com limitação no tempo. Por conseguinte, o ditador não era eleito mas sim nomeado pelo cônsul, que por sua vez elege um *magister equitum*, cuja função é chefiar a cavalaria. A ditadura não podia ultrapassar os seis meses, tempo depois do qual se devia restaurar o consulado. Esta norma, porém, acabou por ser subvertida e a figura do ditador acabou por ser usada abusivamente, além dos parâmetros para que fora pensada, como mostrarão os casos de Sula e de César[106].

Uma vez mais no *De legibus*, Cícero sintetiza todas as funções atribuídas às magistraturas e aos magistrados de Roma: «Que o poder seja justo. Que os cidadãos lhe obedeçam com docilidade e sem contestação. Que o magistrado castigue o cidadão rebelde e culpado, com coimas, com a prisão, com açoites, caso alguma autoridade igual ou superior a isso se não opuser. Que para o cidadão haja o direito de apelação. Mas quando o magistrado o tiver julgado e condenado, que a aprovação da pena ou da coima pertença ao povo. Que o magistrado que decide da guerra o faça sem apelação. Que o magistrado que faz a guerra tenha força de lei. Que os magistrados inferiores, cuja autoridade é incompleta, atuem em determinado número. No exército, que mandem nos seus subordinados, que sejam seus tribunos. Na cidade, que guardem o tesouro público, que vigiem as prisões, que punam os crimes capitais, que marquem o bronze, a prata e o ouro com o selo público. Que julguem as contendas espoletadas. Que executem os decretos do senado.»[107]

---

[106] Roldán 1981 139-140; Gaudemet 2002 173-174, 264, 269; Lintott 1999 18, 32, 38, 43, 95-96, 109-113, 222. Cic. *Leg.* 3.9: «Sempre que houver uma guerra séria ou uma discórdia civil, que seja apenas um, se o senado assim o decretar, a ter o mesmo direito que o dos dois cônsules, mas por um período não superior a seis meses e que, nomeado sob bons auspícios, seja senhor do povo. Que tenha às suas ordens um chefe de cavalaria com jurisdição igual à do árbitro do povo. Sempre que houver este chefe do povo, que ele se sobreponha a todos os outros magistrados.»

[107] Cic. *Leg.* 3.6.

As magistraturas romanas conviviam com os comícios e o conselho conhecido como senado. Originalmente, o senado era composto de trezentos membros, devendo a sua origem radicar no conselho real dos tempos da Monarquia. Sula, porém, aumentou o número de senadores para seiscentos e, mais tarde, Júlio César elevou-o ainda para novecentos. Foi com Augusto que o número de senadores voltou às seis centenas. É bem provável que, na sua origem, o senado fosse constituído apenas por patrícios, mas a partir do século V a. C. passou a haver também senadores de origem plebeia. O cargo de senador era vitalício, cabendo aos censores (que sucederam aos cônsules nessa tarefa) escolher a lista senatorial. Ainda durante o período republicano, os magistrados que deixavam de exercer as suas magistraturas passavam a ocupar automaticamente um lugar no senado. Tal como outras magistraturas, este era um desempenho gratuito, o que, na prática, levava a que apenas indivíduos detentores de fortuna pessoal tivessem acesso a estas funções. No final da República, o senado tendeu a tornar-se hereditário. As decisões senatoriais recebiam o nome de *senatusconsulta* e entre as suas funções estavam a administração provincial, a outorga de províncias, a diplomacia e algumas funções religiosas. Na maioria das vezes, os senadores romanos reuniam-se num edifício conhecido como cúria, que se localizava num lugar consagrado da Urbe. O senador que presidia às sessões recebia o nome de *princeps senatus*, titulatura que fará história em Roma[108].

Em conclusão, o conflito de ordens foi determinante para o caráter dinâmico da constituição romana, para a consolidação dos órgãos do governo e para o equilíbrio de forças que caracterizava a República romana. São estes elementos que farão Cícero elogiar a excelência desta

---

[108] Roldán 1981 141-142; Gaudemet 2002 177-180, 200; Lintott 1999 13-14, 18-22, 29, 32, 65-93, 196-199, 213. Cic. *Leg.* 3.10: «Que as ordens do senado sejam isentas de erro; que sejam modelos para outras.» Não podemos deixar de deixar aqui expresso o nosso agradecimento à colega e Amiga Doutora Cláudia Teixeira, com quem discutimos algumas das ideias expressas neste artigo, o que contribuiu em muito para o resultado final.

"constituição mista"[109], que, nas palavras atribuídas a Catão o Censor, era obra não de um só legislador, mas de muitos varões ao longo dos séculos[110].

Tábua cronológica

494 a.c. – Secessão do Monte Sagrado
451 a.c. – 1º colégio de decênviros: redacção de X tábuas
450 a.c. – 2º colégio de decênviros: redacção de II tábuas
449 a.c. – *Leges Valeriae-Horatiae*
445 a.c. – *Lex Canuleia*
443 a.c. – Instituição da Censura
367 a.c. – *Leges Liciniae-Sextiae*
339 a.c. – *Leges Publiliae*
300 a.c. – *Lex Ogulnia*
287 a.c. – *Lex Hortensia*

Bibliografia

Alföldy, A. (1989), *História Social de Roma*, Lisboa, Editorial Presença.

Bauman, R. A. (1996), «The Interface of Greek and Roman Law. Contract, Delict and Crime», *Revue internationale des droits de l'antiquité* 43, 39–62.

Carandini, A. (1997, 2003), *La nascita di Roma. Dèi, lari, eroi e uomini all'alba di una civiltà*, Torino, Einaudi.

Cornell, T. J. (1995), *The Beginnings of Rome. Italy and Rome from the Bronze Age to the Punic Wars (c. 1000-264 BC)*, London, Routledge.

De Sanctis, G. ([2]1960), *Storia dei Romani* I-II, *La conquista del primato in Italia*, Milano/Torino/Roma, Fratelli Bocca.

Gaudemet, J. ([7]2002), *Les institutions de l'Antiquité*, Paris, Ed. Montchrestien.

Giardina, A., org. (1992), *O homem romano*, Lisboa, Editorial Presença.

Grandazzi, A. (2003), *Les origines de Rome*, Paris, PUF.

Grandazzi, A. (2004), *La fondation de Rome. Reflexion sur l'histoire*, Paris, Les Belles Lettres.

Homo, L. ([2]1974), *Lutas sociais na Roma Antiga*, Lisboa, Europa-América.

---

[109] Cic. *Rep.* 1.45; 1.69; 2.41; 2.65.
[110] Cic. *Rep.* 2.1.2. Cf. Plb 6.10.13-14.

Lintott, A. (1999), *The Constitution of the Roman Republic*, Oxford, University Press.

Miller, P. A., Rose, P. W., Platter, C. (2005), «Classical Studies: the Marxist Approach. Does Marxism remain a valid historical approach to the Ancient World?», *History in Dispute 20 – Classical Antiquity and Classical Studies*, 29-37.

Mitchell, R. E. (1992), *Patricians and Plebeians*, Ithaca, NY, Cornell University Press.

Momigliano, A. (1963), «An Interim Report on the Origins of Rome», *JRS* 53, 95-121.

Nicolet, C. (1966-1974), *L'ordre équestre à l'époque républicaine (312-43 av. J.-C.)*, Paris, Éd. de Boccard.

Oliveira, F. de (2004), «As formas de constituição em Cícero», *Máthesis* 13, 105-123.

Oliveira, F. de (2004a), «Taxonomia das formas de constituição em Cícero» *in* D. F. Leão, L. Rossetti, M. C. Fialho, eds., *Nomos. Direito e sociedade na Antiguidade Clássica*, Coimbra/ Madrid, Imprensa da Universidade de Coimbra, Ediciones Clásicas, 351-365.

Oliveira, F. de (2008), *Cícero. Tratado da República*, Lisboa, Círculo de Leitores, Temas & Debates.

Raaflaub, K. A., Cornell, T., eds. (1986), *Social Struggles in Archaic Rome: new perspectives on the Conflict of the Orders*, Berkeley, University of California Press.

Richard, J.-C. (1978), *Les origines de la plebe romaine. Essai sur la formation du dualisme patricio-plébéien*, Paris, Éd. de Boccard.

Richard, J.-C. (1992), «Quelques remarques sur les origines de la plèbe romaine», *Opus* 11, 57-67.

Rocha Pereira, M. H. (^{3}2002), *Estudos de História da Cultura Clássica*, vol. II – *Cultura Romana*, Lisboa, Fundação Calouste Gulbenkian.

Rodrigues, N. Simões (2005a), *Mitos e Lendas da Roma Antiga*, Lisboa, Livros e Livros.

Rodrigues, N. Simões (2005b), «A heroína romana como matriz de identidade feminina» *in* D. F. Leão, M. C. Fialho, M. F. Silva, coords., pref. M. Cláudio, *Mito clássico no Imaginário Ocidental*, Coimbra, Ariadne Editora, 67-85.

Roldán, J. M. (1981), *Historia de Roma*, tomo I – *La Republica Romana*, Madrid, Cátedra.

Segurado e Campos, J. A. (2004), «No tempo dos Decênviros: reflexões em torno da Lei das XII Tábuas e suas relações com o Direito Grego» D. F. Leão, L. Rossetti, M. C. Fialho, eds., *Nomos. Direito e sociedade na Antiguidade Clássica*, Coimbra/Madrid, Imprensa da Universidade de Coimbra, Ediciones Clásicas, 297-350.

Spaeth, B. S. (1996), *The Roman Goddess Ceres*, Austin, University of Texas Press.

Wildfang, R. L. (2006), *Rome's Vestal Virgins*, London, Routledge.

5. EXPANSÃO NA ITÁLIA

5.1. DA LIGA LATINA AO SAQUE DE ROMA

Fábio Faversani & Fábio Duarte Joly
Universidade Federal de Ouro Preto

Povos da Itália central - por Fábio Mordomo

DOI: http://dx.doi.org/10.14195/978-989-26-0954-6_5.1

Sumário: A Liga Latina: das origens, o tratado conhecido como *foedus Cassianum* e a fundação de colônias latinas. A conquista de Veios e as relações entre cidades latinas e etruscas. O saque gaulês e suas motivações. A rápida recuperação de Roma.

Introdução

O fim da Monarquia se deu com a expulsão do rei Tarquínio, apelidado de "o Soberbo". Mas o passado de dominação etrusca legou uma posição de proeminência que a aristocracia de Roma por certo não gostaria de perder junto com o poder centralizado de um rei. Deste modo, tão importante quanto construir uma saída política com uma nova forma de partilha do poder no interior da cidade – que resultou no longo processo de formação da República – foi articular um arranjo de poder para fora da cidade, particularmente com as demais comunidades políticas do Lácio.

Os primórdios da República, assim, são marcados por dois conflitos que estão ligados. Um deles, para dentro da cidade, ficou conhecido como as "lutas da plebe", de 494 a 287 a.C. Seu início é marcado exatamente por uma secessão da plebe, como visto no capítulo anterior, deixando claro o peso do elemento militar envolvido na disputa[1]. Este peso se deve ao fato de que o outro conflito que envolve a constituição da República Romana é a expansão do poder da cidade, e da própria cidadania, um longo processo que levou Roma a ser o Estado dominante na Península Itálica. Na medida em que novos territórios eram ligados a Roma, novas pessoas (ou mais propriamente famílias) passavam a fazer parte da cidade e de seu governo, no momento em que adquiriam a cidadania romana ou aspiravam a ela[2], mesmo sendo um escravo capturado em guerra, por exemplo. Um marco neste processo são as vitórias nas duas primeiras

---

[1] Vide atrás Rodrigues cap. 4.

[2] Uma boa expressão dessa expansão é dada por Ênio, que, em seus *Annales*, escritos no século II a.C., diz com certo exagero: "Os Campanianos foram então feitos cidadãos romanos" (5.157) (*Ciues Romani tunc facti sunt Campani*).

Guerras Púnicas (264-241 e 218-201 a.C.) que deram a Roma a hegemonia não só sobre praticamente toda a Península Itálica, mas também em vastas porções do Mediterrâneo Ocidental.

O processo de expansão, assim, dificilmente pode ser explicado como um povo, os Romanos, de *ethos* militarista e belicoso, irresistivelmente conquistando outros povos[3]. O processo de conquista, desde seus primórdios, talvez se explique melhor como um processo dirigido pelos interesses conflituosos e bastante instáveis de diversas aristocracias. Estas aristocracias, que dirigiam comunidades políticas mais ou menos autônomas, podiam se aliar a outras aristocracias ou ainda entrar em guerra com aquelas que, ainda há pouco, eram suas aliadas. Além disso, cada uma destas aristocracias tinha que manter seu poder sobre as comunidades políticas que dirigiam e ainda sobre as populações que não eram parte destas comunidades políticas, mas que estavam sob seu domínio (como os escravos e outros sujeitos sem direito à cidadania)[4]. Não teria existido, portanto, desde o princípio, uma centralidade inequívoca de Roma[5].

Neste capítulo, analisaremos os primórdios deste processo de expansão do poderio romano, isto é, de seu *imperium*.

1. A Liga Latina e o *foedus Cassianum*

É neste quadro complexo de lutas entre cidades e lutas no interior das cidades que podemos entender melhor a expansão inicial de Roma. Após a expulsão de Tarquínio, o Soberbo, os patrícios têm dificuldades para impor a ordem inicialmente desenhada para a República. O descontentamento alcançava vários espaços sociais no interior da cidade

---

[3] Como sustenta, por exemplo, o trabalho clássico de Harris 1979.

[4] O quadro que apresentamos, portanto, é bastante diferente de uma visão mais comum em que Roma coordena um conjunto de aristocracias que vão aderindo a seu império e se beneficiam por fazer parte dele. Para esta concepção, ver, dentre outros, Crawford 1992.

[5] É o que, por exemplo, A. M. Eckstein designou de "anarquia multipolar" como característica do sistema interestatal mediterrâneo, no sentido de que as tendências expansionistas desse sistema exerciam pressões significativas, ao longo do tempo, tanto sobre as culturas internas quanto sobre o comportamento interestatal de Roma e de outros Estados (Eckstein 2006 3-4).

e a insatisfação tocava os que eram escravizados por dívida e também os plebeus "ricos" que não podiam dirigir a cidade. Esta divisão interna enfraquecia a cidade, que se colocava em uma posição frágil frente a seus vizinhos.

A expulsão do rei Tarquínio, a nosso ver, não obedeceu a fronteiras étnicas, de uma rebelião de Romanos contra os Etruscos, como se salientou atrás[6]. Longe disto, a expulsão do rei não afastou os Etruscos que viviam na cidade e gozavam de grande prestígio[7]. Tito Lívio apresenta um grande conflito que teria ocorrido depois da queda do rei. Este teria procurado construir alianças para invadir Roma e retomar o poder. Os Romanos teriam vencido heroicamente em duas ocasiões, nas batalhas contra Porsena (507 a.C.) e especialmente em Lago Regilo (499 ou 496 a.C.)[8]. A ênfase de Tito Lívio recai neste confronto entre "monarquistas" e "republicanos", mas uma outra leitura destes episódios é possível. Se considerarmos, seguindo Tácito (*Hist.* 3.72) e Plínio, o Velho (*Nat.* 34.139) que os Romanos foram derrotados por Porsena[9] e aceitaram termos de paz desvantajosos, e que a batalha de Lago Regilo foi uma virada neste equilíbrio que desfavorecia Roma, a chave de leitura, então, passa a ser não um conflito étnico (Romanos x Etruscos) ou de formas de governo (monarquistas x republicanos), mas de disputa entre elites pela hegemonia do Lácio. Nesta disputa, estavam integrados, de um e de outro lado, Etruscos, Romanos e Latinos, monarquistas ou republicanos. Estas divisões que foram dadas posteriormente para explicar os conflitos de Roma em uma retrospectiva ampla, como produzida por Tito Lívio, poderiam não fazer sentido então.

---

[6] Vide Leão e Brandão, cap. 2 § 2.1, e Brandão, cap. 3 §6.

[7] Segundo Cornell (1989 262), "a presença de nomes etruscos entre os cônsules do início da República prova pontualmente que o fim da Monarquia não desenhou a expulsão como um todo dos Etruscos; o registro arqueológico mostra que a influência cultural etrusca continuou, sem ruptura, mesmo ao longo do século V".

[8] Vide Brandão, cap. 2. §2.

[9] A versão expressa por Tito Lívio de que Porsena estivesse tentando reinstalar Tarquínio no poder é especialmente inverossímil uma vez que Tarquínio era aliado dos adversários de Porsena na região. Sendo assim, é mais provável que Porsena tenha guerreado para destituir o rei romano do que para reabilitá-lo, como nos conta Tito Lívio.

É mais plausível pensar que, neste momento, para manter o poder sobre os plebeus internamente e se impor aos seus adversários fora da cidade na disputa pela hegemonia do Lácio, os patrícios romanos buscaram ampliar sua aliança com seus aliados-inimigos, ou seja, com os aristocratas latinos, com quem disputavam a hegemonia na região. Estabilizar estas lutas locais teria se mostrado fundamental para esta nova elite que emergiu com a República se consolidar no poder. Esta é a origem de um acordo que nos foi transmitido por Dionísio de Halicarnasso, um historiador de origem grega que escreveu sua obra *Antiguidades Romanas* em fins do século I a.C. Escrevendo cerca de quatrocentos anos depois do episódio que narra, ele diz que o *foedus Cassianum* (ou o acordo de Cássio), de 493 a.C., foi uma compensação dada pelos Romanos aos Latinos por eles não terem se aproveitado da primeira secessão da plebe em 494 a.C. para atacar a cidade. Pelo contrário, diz-nos Dionísio, eles estavam prontos a apoiar os governantes contra os rebeldes, se necessário. O texto do acordo como dado por nossa fonte tardia era o seguinte:

> Que se tenha paz entre os Romanos e todas as cidades latinas enquanto o céu e a terra permanecerem na mesma posição; que eles nem façam a guerra um contra o outro, nem chamem inimigos de outras partes, nem deem livre passagem àqueles que façam guerra, mas que ajudem uns aos outros com todo seu poder quando atacados, que tenham uma parte igual nos espólios e butins conquistados de suas guerras conjuntas e que facilitem que os contratos privados sejam julgados com dez dias e no lugar onde os contratos foram feitos. (6.95.2)

Mesmo considerando que o registro possa estar distorcido em razão do tempo decorrido, dando um papel exagerado a Roma neste tratado de ajuda mútua e não-agressão dos primórdios da República, alguns aspetos restam claros. Em primeiro lugar, trata-se mais de um acordo de guerra do que de um acordo de paz. As cidades se aliam para, seguras que não haverá guerra entre elas, poderem estar fortes e unidas para fazer guerras e conquistar saques e butins a serem divididos entre si. É um acordo que visa estabilizar a hegemonia no campo da região e no interior de cada uma das cidades. Os contratos devem ser respeitados e deve ser dado apoio ativo para que as querelas se resolvam sem interferências de outras cidades que poderiam se aproveitar da estabilidade decorrente de eventuais rebeliões internas. Pelo contrário, deveriam apoiar sua repressão, como afirma Dionísio ser a própria origem do *foedus Cassianum*.

Deste modo, ainda que a Liga Latina existisse de algum modo por alianças entre Roma e outras cidades latinas antes do *foedus Cassianum* (como, aliás, indica Liv. 7.12.7) e que se consolida com ele, devemos ler criticamente nossas fontes quando elas apresentam esta aliança como sinalizando uma diferença hierárquica gigantesca, em que os aliados fornecem seus exércitos a Roma que, em troca, concede-lhes uma condição privilegiada nos processos de conquista conduzidos pelos Romanos. Estas visões das fontes posteriores estão marcadas pela realidade da relação de Roma com suas colônias latinas durante os séculos III e II a.C., de modo que isto não nos deve levar a crer em uma ligação direta entre os dois momentos e ainda menos que o significado de latino neste contexto posterior (vinculado a comunidades e pessoas que gozavam de um status diferenciado) tenha equivalência com aquele dos princípios da República, quando designaria principalmente um conjunto de comunidades com vários traços culturais e políticos em comum no Lácio[10]. Ademais, parece difícil aceitar que, com o *foedus Cassianum*, tenha se formado uma liga que unificasse de forma homogênea os Latinos (Oakley 2004 22). O mais provável é que alianças diversas, com naturezas as mais díspares os reunisse, mais do que houvesse uma única aliança largamente dominada por Roma. Tal situação é sugerida, por exemplo, por uma passagem de Festus (276L s.v. *praetor*), que retoma Cincius Alimentus (século III a.C.):

> Os Albanos controlavam os eventos até o rei Tulo. Então, após a destruição de Alba, até o consulado de P. Decius Mus [340 a.C.] os povos

---

[10] Tito Lívio diz que os Latinos e os Romanos: "eram similares na linguagem, costumes e, sobretudo, nas instituições militares" (Liv. 8.6.15). Mas Cornell (1995 295-7) destaca também que essa unidade de caráter mais geral não deve nos levar a crer que houvesse uma Liga Latina que reunisse de modo uniforme todas as cidades do Lácio, especialmente Roma, em uma aliança militar e política que alinhasse de forma estável as elites destas cidades.

latinos estavam acostumados a deliberar em *Caput Ferentinae*, abaixo do Monte Alba, e a designar o comando [*imperium*] por comum acordo. Consequentemente, em um ano em que, por ordem da nação latina, os Romanos foram requisitados a enviar comandantes ao exército, muitos de nossos compatriotas costumavam observar os auspícios no Capitólio em direção ao sol nascente.

Em muitas ocasiões, portanto, outras comunidades, que não Roma, ficavam à frente dos exércitos. Um contexto, que, para Gary Forsythe (2005 188), provavelmente prevaleceu no século V a.C., no Lácio, diante das incursões dos Volscos e Équos. Parece importante estar atento às diferentes temporalidades imbricadas na formação da Liga Latina (Bringmann 2007 22). Há aquelas que marcam os relatos e levam para o passado elementos de uma hegemonia romana que ainda não existia, mas há também elementos de um passado mais remoto que parecem ter alguma permanência na constituição deste conjunto de alianças. Um elemento claro disto é a existência de comunidades associadas na região antes de sua urbanização, que é relativamente tardia (c. 630-580), e que pode ter facilitado tanto a existência de cultos comuns originários (como o de *Iuppiter Latiaris* no monte Albano, cf. Plin. *Nat.* 3.68-9) de um tempo em que a pecuária tinha uma predominância clara (e a fixação populacional não era tão rígida) quanto de direitos recíprocos concernentes à migração entre estas unidades políticas que vão surgindo e de casamentos e relações comerciais entre seus membros (*migratio, conubium* e *commercium*; cf. Liv. 8.14; Cic. *Caec.* 35). Insistimos que a constituição destas alianças provavelmente se concentrava nos extratos superiores das comunidades e não se referiam a características étnicas, mas às aristocracias que viviam na região e que tinham origem bastante diversificada (inclusive etrusca).

Ainda que a Liga Latina não tenha sido estabelecida pelo *foedus Cassianum* e mesmo que a Liga não representasse uma unidade clara e permanente, podemos dizer que ela foi muito ativa no período que sucede a assinatura do acordo entre Roma e as demais cidades latinas. Na primeira metade do século V a.C., os Latinos enfrentaram de forma articulada uma série de ameaças que os colocou praticamente em um estado constante de guerra. É neste quadro que se junta a esta aliança também os Hérnicos, população que conhecemos mal por não haver muitas informações sobre eles nas fontes e por não serem também muitas as informações que podemos ter acerca destas populações através da arqueologia. Eles correspondem a uma aliança de estados de origem sabina, independentes, que se uniu aos Latinos em 486.

2. Colônias latinas

Com as vitórias, esta Liga, reunindo Roma e estados independentes latinos e sabinos, precisou gerenciar uma multiplicidade de regimes jurídicos e formas políticas para realizar a distribuição dos espólios de guerra entre os vencedores. A apropriação das terras pelos vitoriosos engendrou a constituição de novas comunidades que eram como estados soberanos independentes, com sua própria cidadania e território (Cornell 1989 277).

Com isto, muitas colônias foram surgindo no território conquistado ou reconquistado, e estes novos estados eram associados desde o início à Liga e se obrigavam a contribuir para o esforço militar ao mesmo tempo em que gozavam de prerrogativas equivalentes aos estados membros[11]. Com isto, era possível não só garantir território novo aos vencedores, mas incorporar novas populações à aliança, uma vez que parte dos habitantes nativos era agregada à nova colônia por meio da concessão de cidadania e participação nos exércitos[12].

Desse modo, fica claro que a constituição do *imperium* se pautou pela articulação de mecanismos de submissão e cooptação, em que as elites aristocráticas de diversos centros políticos, com status diferentes, estavam vinculadas através do centro de poder representado por Roma

---

[11] Uma exceção é representada por Ferentino que originalmente pertencia ao território hérnico e gerou uma nova comunidade que se vinculou à Liga Hérnica, aliada, por sua vez, aos Latinos, como vimos. (Liv. 4.51.7-8).

[12] Cf. Bringmann 2007 20. Este é o caso documentado de Âncio, por exemplo. Em 467 a.C., uniram-se na nova colônia os antigos habitantes volscos, e também Romanos, Latinos e Hérnicos (Liv. 3.1.7 e D.H. 9.59.2).

e sua aristocracia, que seria cada vez menos da cidade de Roma e mais uma composição de elites das diversas partes dos territórios submetidos a seu *imperium*.

Contudo, é importante destacar que a existência das colônias não era sempre estável. Um bom exemplo é Fidenas (D.H. 5.60.4): fundada inicialmente por Rômulo, foi restabelecida em 498 a.C. e destruída em 426. Outras perderam seu status de colônia para assumir condições jurídicas diversas da sua inicial. Isto explica porque a lista das colônias que Tito Lívio nos diz existir em 209 a.C. nos parece incompleta (Liv. 27.9). Lívio não menciona em sua lista colônias que ele mesmo narrou sua fundação em momentos prévios de seu relato. Possivelmente tais colônias mudaram de status ou simplesmente desapareceram depois de algum tempo decorrido de sua fundação. Isto nos faz ressaltar mais uma vez que a manutenção das comunidades políticas era algo exposto a inúmeras instabilidades e era crítico para isto o quadro de alianças entre as cidades, incluídas aí as colônias.

As colônias se integravam em um quadro mais amplo de cidades e aristocracias articuladas por Roma, correspondendo em especial àquelas comunidades políticas que receberam a cidadania romana (ainda que mantivessem sua organização política própria) e outras que receberam diferentes formas de cidadania que as ligavam à cidade de Roma, mas as mantinham como entidades que gozavam de alguma autonomia, como é representado pelo caso das *civitates sine suffragio*, que mencionaremos adiante. Pensando nesse conjunto mais amplo, Crawford (1988 21) afirma que "as relações entre Roma e qualquer comunidade italiana eram conduzidas por meio de vínculos pessoais entre os estratos superiores das duas cidades, baseadas numa íntima comunidade de interesse e envolvendo contatos frequentes, inclusive por casamentos".

3. Guerras com Sabinos, Équos e Volscos

Neste contexto de expansão, percebe-se um aumento da tensão no Lácio uma vez que os Volscos controlavam a parcela meridional da região.

A área litorânea de Âncio a Tarracina, que fora controlada por Tarquínio, o Soberbo, o último rei de Roma, estava em mãos volscas. A parcela a oeste dos domínios dos aliados hérnicos, também. Movimentos populacionais ocorreram de forma mais ou menos simultânea, tendo como origem populações sabinas, que buscavam novas terras quando havia fome ou excesso de população. Um exemplo é o *uer sacrum* (primavera sagrada), ritual segundo o qual todos os nascidos em determinada primavera eram devotados ao deus Marte e, quando cresciam, deveriam seguir um animal selvagem e estabelecer uma nova ocupação no local em que ele parasse para repousar[13]. Estes movimentos, como se pode imaginar, geravam efeitos em cadeia para outras comunidades já estabelecidas na região.

Outro movimento importante se refere à ocupação da Campânia, ao sul do Lácio, pelos Samnitas. Isto levou a mudanças em algumas cidades, como no caso de Cápua, onde a aristocracia etrusca foi violentamente destituída pelos recém-chegados (Liv. 4.37.1). Estas movimentações, naturalmente, geravam novas pressões, com efeitos em cadeia uma vez mais. Mais a leste, os Équos, uma população assentada nas montanhas na direção dos Apeninos, exerciam pressão sobre as cidades localizadas nas porções mais baixas, como Tíbur, Pedo e Preneste.

Se no caso destes movimentos quem mais sofria eram as cidades nas fronteiras do Lácio, que acabavam por resguardar Roma de efeitos mais diretos, as movimentações de populações sabinas incidiam diretamente contra a principal cidade do Lácio de então. Os contatos entre estas duas populações eram intensos, como mostra a lenda do rapto das Sabinas, que se deu logo nos primórdios da história da cidade e, depois, com a presença de dois reis romanos de origem sabina (Numa Pompílio e Anco Márcio) e várias famílias importantes reclamando esta mesma origem (como os Valérios e os Póstumos). Cornell atribui a redução da atividade econômica em Roma no século V (quando comparada com a do século VI, bastante mais rica) a estes ataques constantes de populações sabinas postadas em terras mais altas contra áreas de interesse romano nas planícies e contra a própria cidade de Roma. Considerando também os

---

[13] *OLD* s.v. *ver sacrum*; Cornell 1989 284; 1995 305.

registros de fundação de templos – que, em geral, podem ser construídos por conta da obtenção de butins de guerra – nota-se um grande intervalo de cerca de cinquenta anos entre 484 (Castor) e 433 (Apolo), quando nenhum templo é fundado. Este dado é, para Cornell (1989 287), mais um sinal de que vitórias importantes não foram obtidas pelos Romanos neste período em que a pressão demográfica sobre o Lácio, especialmente a pressão direta exercida pelos Sabinos, foi um obstáculo para a expansão de Roma.

Quando pensamos na Roma vitoriosa, militarmente imbatível, que é a imagem que a maior parte dos nossos contemporâneos tem em mente, é difícil imaginar a Roma dos tempos da República com sua autonomia seriamente ameaçada por populações com uma organização militar que não era invejável, como os Sabinos. Dois episódios, cuja historicidade efetiva é difícil de aceitar – mas que os Romanos posteriores tinham como certos – fornecem uma ideia mais concreta destes tempos difíceis vividos por Roma no século V e que poderia ter levado a cidade a ser dominada, ou mesmo completamente destruída, como foram tantas outras na península Itálica.

O primeiro episódio nos leva de volta à guerra conduzida pelo dissidente Coriolano (Liv. 2.33.4-40.11; D.H. 6.92-8.62) que se aliou aos Volscos e obteve uma sucessão de vitórias contra populações que estavam em seu caminho para Roma. Chegando às portas da cidade, é demovido pela sua mãe e pela sua esposa em seguir com o ataque final (que parecia a todos o levaria à vitória; nas palavras de Tito Lívio [2.40.2]: "Uma vez que as armas dos homens não puderam defender a cidade, que as preces e as lágrimas das mulheres a defendessem"). Convencido por suas parentas a não destruir sua cidade de origem, Coriolano volta para viver entre os Volscos, que o mataram. Tito Lívio deixa claro que foi graças à fortuna que este iminente perigo foi afastado. As desavenças entre as tropas aliadas que já se preparavam para um novo ataque no ano seguinte levaram a que combatessem entre si, perdendo a oportunidade de submeter Roma (D.H. 8.14-36 e Liv. 2.39-40).

O segundo episódio nos leva de volta a um personagem paradigmático para a aristocracia romana: Cincinato. Em 458 a.C., este nobre romano arava os campos com as próprias mãos, quando é chamado a assumir a ditadura. As tropas romanas estavam cercadas pelos Équos em Algido e bastante próximas da derrota. Cincinato, então, reúne um contingente rapidamente, marcha sobre o inimigo e o derrota. Cumprida a missão, ele renunciou a seus poderes extraordinários para voltar a seu arado (Liv. 3.26-29). Mesmo que Tito Lívio nos diga que a vitória romana foi acachapante, resultando na humilhação dos inimigos cujas vidas foram poupadas desde que eles aceitassem literalmente o jugo romano, o fato de Roma ter visto o inimigo às suas portas novamente em 457 e 455 nos faz duvidar da exatidão do relato.

Mas o ponto que nos interessa aqui, como no episódio anterior, é que restava claro para os Romanos posteriores que a manutenção da cidade de Roma se deveu a um desfecho extraordinário. Para os Romanos, estava claro que Roma poderia ser submetida e destruída a qualquer momento. Os conflitos com os vizinhos Équos, Volscos e Sabinos levaram a guerras contra diferentes coalizões de forma quase que ininterrupta ao longo século V. Praticamente não se passava um ano sem que combates em defesa dos domínios de interesse de Roma não se dessem.

A batalha do Monte Algido (431 a.C.) sinaliza uma mudança neste quadro de equilíbrio militar que não permitia a emergência de uma comunidade política na região. A importância deste combate para os Romanos fica evidente quando percebemos a permanência de elementos épicos nos relatos deste conflito pelo historiador Tito Lívio. Além disso, depois deste conflito contra Équos e Volscos, só temos notícias de guerras contra eles novamente em 423 e 413 (Volscos) e 421, 418, 414 (Équos). Os Sabinos, por sua vez, já não aparecem mais mencionados em conflitos desde meados do século V. Quer porque Roma conseguiu impor alguma soberania neste contexto, quer porque estas populações tenham se estabilizado com relação aos movimentos migratórios mais frequentes vividos antes (ou provavelmente por uma associação entre estes dois fatores), o fato é que nossas fontes passam a dar mais ênfase aos conflitos que os Romanos terão com inimigos situados mais ao norte, especialmente os Etruscos de Veios.

Cabe ressaltar que as guerras entre Romanos, Volscos, Équos e Sabinos não representaram fronteiras tão claramente marcadas, sendo os aliados de hoje os inimigos de amanhã. Deste modo, não se pode confundir estes conflitos com aqueles que mais tarde serão vividos por Roma entre exércitos especializados e dedicados exclusivamente à guerra, com aparatos políticos mais claramente distinguíveis (Southern 2011 59). Talvez as expressões usadas por Tito Lívio para descrever os anos de 498-495 e um ataque sabino em 495 sejam úteis para clarificar esse ponto. O primeiro caso, ainda que Tito Lívio esteja se referindo aos combates com Veios, antes do início das três guerras de que trataremos adiante, parece se enquadrar bem à situação que queremos ilustrar. Ele diz *Triennio deinde nec certa pax nec bellum fuit* ("No triênio seguinte não houve nem paz nem guerra certa", 2.21.1), enquanto no segundo, afirma: *tumultus enim fuit verius quam bellum* ("Foi assim mais um tumulto do que verdadeira guerra", 2.26.1).

Logo, é preciso respeitar as particularidades de cada período da longa história de Roma, evitando reforçar uma ideia muito frequente de um poderio militar estável e irresistível, e que acaba por ofuscar a exata noção da posição de Roma no século V e as dificuldades que enfrentou para se afirmar como uma potência na área central da península Itálica.

4. Conquista de Veios

A cidade de Veios era a cidade etrusca mais próxima a Roma, distando cerca de quinze quilômetros. Os conflitos entre ambas vêm desde o tempo do fundador Rômulo. Mas no início da República, estes conflitos ganharam uma maior importância[14]. Podemos distinguir mais claramente três grandes momentos do conflito, normalmente designados como primeira guerra veia (483-474), segunda guerra veia (437-426) e terceira guerra veia (405-396). Diversamente do que ocorrera contra os Équos e Volscos, em que predominaram guerras de razia envolvendo desde confederações

---

[14] Se é verdade, como dizíamos antes, que as pressões de Équos e Volscos recaíam mais sobre os aliados latinos, a ameaça representada por Veios incidia diretamente sobre Roma. Cf. Oakley 2004 23.

de comunidades mais ou menos organizadas até famílias atuando isoladamente, entre Veios e Roma temos guerras entre dois estados, portanto, com combates mais claramente definidos[15].

Na primeira guerra veia temos uma vantagem para os Etruscos. Eles se saem vencedores e praticamente eliminam uma das *gentes* romana mais importantes, a *gens Fabia*[16]. O fim do conflito se dá em 474 com um acordo de paz que estabelece o controle etrusco sobre Fidenas, uma região fundamental para os interesses romanos, especialmente no que concerne ao controle do rio Tibre.

O início da segunda guerra veia se dá exatamente como uma tentativa romana de retomar Fidenas[17]. O conflito parece ter sido reaberto com a morte de quatro embaixadores romanos pelo tirano de Veios, Lars Tolúmnio. Esta guerra foi marcada pelo combate individual entre Lars Tolúmnio e Cornélio Cosso (tribuno ou cônsul de Roma, conforme polêmica que ainda perdurava à época de Augusto; cf. Liv. 4.20.5-11). O vencedor, romano, foi celebrado com honras antes dadas apenas a Rômulo. Os Romanos, na ofensiva então, cercam e tomam Fidenas. Depois de dominada, a cidade se rebela contra os Romanos que a destruíram, encerrando esta etapa do conflito com uma paz com Veios que selou seu controle sobre a área estratégica em disputa.

A terceira guerra veia corresponde ao cerco e conquista de Veios pelos Romanos. Trata-se de uma vitória importante, que levou à ocupação do extenso território da cidade rival, com a anexação de 562 km^2 como

---

[15] Não será o mesmo dizer que é uma guerra entre Latinos e Etruscos. Do lado etrusco, não houve uma unidade em favor de Veios uma vez que se os Tarquínios parecem ter apoiado essa cidade, Clúsio se manteve neutra nos conflitos e Cere esteve ao lado dos Romanos. Cf. Cornell 1995 313.

[16] Como as terras dos Fábios se localizavam na fronteira do território etrusco, eles movem por sua conta a ocupação de uma área estratégica no rio Cremera, em 497. Este rio é um afluente do Tibre que leva à cidade de Veios. Dois anos depois, um contra-ataque no qual 306 Fábios foram mortos selou a perda da posição romana. Houve apenas um sobrevivente que pôde perpetuar a *gens*. (Cf. Liv. 2.48.8-50.11) Para se ter ideia da importância desta derrota, vale destacar que entre os anos 485 e 479 um dos cônsules sempre foi um Fábio. Depois da derrota, os *fasti consulares* só voltam a registrar o nome de um *Fabius* em 467. Não por acaso, trata-se de Quinto Fábio Vibulano, o sobrevivente de Cremera. Cf. Cornell 1989 297.

[17] A região teria estado sob controle romano desde os tempos de Rômulo, que a conquistou e estabeleceu ali uma colônia.

ager publicus, incorporação de novos contingentes populacionais, com a criação de quatro novas tribos (Liv. 6.5.8), e a uma relativa estabilização da fronteira ao norte da cidade. Os relatos que nos restam dos episódios desta guerra estão marcados sempre por uma forte dose de misticismo e acontecimentos de caráter religioso. A proximidade com a épica, dada até mesmo pela informação de que o cerco de Veios teria se estendido por dez anos[18] (Liv. 5.22.8), perpassa todos os relatos e provavelmente deriva das fontes usadas pelos historiadores antigos – quer sejam elas os relatos etruscos quer sejam a própria poesia épica produzida pelos contemporâneos. Tito Lívio a saúda como a maior vitória romana até então (3.23.3).

As conquistas de Veios e, na sequência, de áreas que operavam como satélites dela (como Capena – 395 – e Faléria – 394[19]) podem ser vistas como um conjunto de ações militares romanas no final do século V com vistas a ampliar e consolidar seus domínios. Tito Lívio registra a de Bola (415 – Liv. 4.49.3-11), Ferentino (413 – Liv. 4.51.7), Carvento (410 – Liv. 4.53.3-10) e Artena (404 – Liv. 4.51.6-11), todas ao sul, sendo que, no litoral, se destaca a tomada de Tarracina (406 – Liv. 4.59.3-10).

Esta mudança de postura se relaciona com reformas no exército, especialmente com a instituição do pagamento das tropas através do *stipendium* (406) e o estabelecimento de um *tributum* sobre a propriedade com vistas a financiar as tropas e a imposição dos pagamentos de indenizações por comunidades derrotadas (a começar por Faléria, em 394; cf. Liv.. 5.27.15). Tais mudanças guardam relações com este cenário externo, mas também com mudanças internas, especialmente a reforma do sistema centuriato, com a introdução de classes censitárias no lugar das antigas *classes* "servianas".

---

[18] Não, por acaso, como no cerco de Troia.

[19] Ambas cidades situadas mais ao norte, seguindo o curso do rio Tibre. Estas cidades, tradicionais aliadas de Veios, tinham populações de origem latina, provavelmente. Trata-se de mais um indicativo de que as alianças não se orientavam segundo critérios étnicos e a guerra entre Roma e Veios não pode ser tratada como uma guerra entre Latinos e Etruscos, mesmo porque as demais cidades etruscas em momento algum vieram em socorro de Veios. Este fato procura ser explicado por Tito Lívio pela acusação de impiedade que pesava sobre governantes da cidade.

5. A invasão gaulesa

Como temos visto, Roma foi consolidando pouco a pouco a posição de principal cidade em sua região e se sobrepondo de forma bastante segura frente àquelas populações que ameaçavam sua autonomia nos princípios da República. Considerando este cenário, a invasão e destruição de Roma pelos Gauleses no início do século IV foi como uma tempestade caindo de um céu claro[20].

Em 390 (ou em 387 ou 386, a data não é segura[21]), um grupo de Gauleses do vale do rio Pó atravessou os Apeninos em direção à Etrúria setentrional. Avançando para o sul, pararam em Clúsio, no vale do rio Clânis (actual Chiana) e de lá partiram para o vale do rio Tibre, em direção a Roma. Um exército foi rapidamente reunido para confrontar os invasores gauleses. Os Romanos foram derrotados no rio Ália e dispersaram para Veios, deixando o caminho para Roma aberto para os invasores. Os Gauleses entraram na cidade, fizeram um saque e a destruíram em sua maior parte. Foi preservado apenas o Capitólio, defendido por uma pequena guarnição. Os Gauleses deixaram então a cidade, quer por terem recebido um resgate para ir embora, quer por terem sido expulsos por uma tropa formada pelos remanescentes derrotados no rio Ália e reorganizados por Camilo.

A movimentação gaulesa foi um evento de grande importância, sendo noticiada por fontes gregas do século IV[22]. É a primeira atividade relativa a Roma que é percebida por observadores gregos, até onde sabemos. Trata-se de um grande movimento populacional, e não simplesmente um desastre noticiado apenas pelos Romanos. Sendo assim, é importante investigar de onde veio esta invasão que parece inexplicável se temos

---

[20] Roma, como vimos, construía até esse momento um processo de expansão e afirmação na região que parecia ser seguro. Um dado apresentado por Cornell (1995 320) ajuda a dar contornos mais claros a esse crescimento do poderio romano até o ataque gaulês: "É possível calcular que o *ager Romanus* cresceu mais de 75% desde o início do século V a.C., de cerca de 900 km^2 em 495 para *c.* 1582 km^2 em 396".

[21] Segundo Políbio, a invasão se deu no mesmo ano da paz de Antálcidas e do cerco de Régio por Dionísio I de Siracusa. Se Políbio tem razão, a cronologia mais seguida para o evento, a "Varroniana", teria adiantado a data do saque de Roma em três ou quatro anos.

[22] Arist., fr. 568 Rose = Plu. *Cam.* 22.3-4; Theopomp.Hist., *FGrH* 115 = Plin. *Nat.* 3.57.

nossos olhos presos ao Lácio. Tito Lívio descreve a movimentações de povos gauleses, ao norte, como um deslocamento que se consolidou no início do século IV com a ocupação de uma faixa do Adriático que seria chamada pelos Romanos justamente de *Ager gallicus*. Foi esta população gaulesa que se fixou no Adriático, os Sénones, que teria atravessado os Apeninos e tomado Roma, segundo Tito Lívio (5.34.1-35.3). A invasão dos Gauleses teria por alvo os campos cultivados da Itália e, especialmente, seus vinhedos. A estabilidade trouxe alguma prosperidade e esta prosperidade atraía a cobiça de populações que estavam menos organizadas ao norte. Ainda que o relato de Tito Lívio não seja bastante preciso e possa ser questionado, ele nos parece suficiente, especialmente se consideramos que os registros arqueológicos não dão informações que possam claramente confrontar a narrativa liviana no que se refere à lenta penetração dos Gauleses na península Itálica e a fixação de parte deles no Adriático[23].

As razões que levaram os Gauleses a avançar através da península Itálica são difíceis de clarificar, contudo. Se eles procuravam terras, parecem ter penetrado bastante além do que seria necessário. Parece, pelo relato de Tito Lívio, que esta era a demanda inicial deles, colocada aos Clúsios. Mas não há explicação possível para o fato de, depois de eles terem derrotados estes, terem avançado para Roma e depois seguido em combate mais para o sul. Uma possibilidade para explicar esta trajetória é a pista dada por outras fontes de que os Gauleses atuariam como mercenários de Siracusa (Justin. 20.5.1-6; D.H. 14.117.7; Str. 5.2.3), buscando enfraquecer por terra a posição de Cere (*Caere*, actual Cervetere), cidade etrusca no Tirreno. O fato de Estrabão dizer que foram os Ceretanos que recuperaram o tesouro saqueado pelos Gauleses aos Romanos, e de Dionísio de Halicarnasso informar que os Gauleses foram derrotados pelos Etruscos de Cere na planície Trausiana (que é mencionada por Dionísio, mas que infelizmente não sabemos onde ficava) quando retornavam para sua área de origem, reforça esta hipótese e nos leva a ler de outra maneira a versão de Tito Lívio de

---

[23] Para uma discussão sobre estes problemas e bibliografia, ver Cornell 1989 303.

que Camilo teria reunido os remanescentes militares romanos e derrotado os Gauleses. É certo que havia um conflito entre Siracusanos e Ceretanos e talvez a invasão gaulesa se explique mais por este contexto do que pela busca de novas terras. Além disso, a vitória salvadora de Camilo, como relatada por Tito Lívio, não teria tido os contornos dados por esta fonte, mas se combinaria com uma reação de outras cidades invadidas, especialmente dos Etruscos ao sul, que teriam feito frente a estes mercenários gauleses aliados aos Siracusanos.

Podemos pensar, com Cornell (1989 307), que se pode tomar "a lenda de Camilo para substituir o papel histórico de Cere". Para concluir, então, cremos que é possível afirmar que a movimentação dos Gauleses não teve como motivação principal a busca de novas terras, mas ganhos mais imediatos – atuando como mercenários de Siracusa e promovendo saques. A derrota de Roma não implicou em perdas humanas tão expressivas – sendo que na prática houve no máximo dois enfrentamentos entre Romanos e Gauleses (a derrota no rio Ália e o combate para liberar Roma). Mesmo considerando que a derrota ficou marcada na memória romana como uma grande humilhação, como atesta Tito Lívio (5.48.8-9)[24], não há provas de destruição expressiva de edificações na cidade – não há remanescentes arqueológicos indicando incêndio ou qualquer outra destruição expressiva. Ademais, se o objetivo gaulês era mesmo como indicamos o saque, não teria razão de ser tal aniquilação. Aos ocupantes só interessava aquilo que pudesse ser levado, como o ouro pago para liberar a cidade. O melhor indício de que não houve uma destruição extensiva ou grandes perdas humanas é o fato de que a recuperação de Roma foi extremamente rápida e muito efetiva[25].

---

[24] Especialmente quando Tito Lívio afirma que o senado deliberou pagar "1000 pesos [*c*. 327 kg] de ouro como o preço da pátria que logo iria governar o mundo. Isso foi uma imensa desonra, mas outro insulto foi acrescido: os pesos trazidos pelos Gauleses eram mais pesados do que deveriam ser e, quando o tribuno protestou, o insolente gaulês [Breno, que os comandava] jogou sua espada junto aos pesos dizendo as palavras que os Romanos não suportariam ouvir: 'Ai dos vencidos!'."

[25] Michael Crawford (1992 32) avalia da seguinte maneira os efeitos mais imediatos do saque de Roma: "Há evidência irrefutável para a fundamental irrelevância do saque gaulês para a expansão romana e seu efeito desprezível sobre o poderio romano".

6. A recuperação de Roma

Políbio afirma que depois do saque de Roma liderado pelo gaulês Breno, passaram-se trinta anos para que eles retornassem ao Lácio e que neste período Roma teria retomado a hegemonia na região (11.18.5--6). Cremos que é possível afirmar que no momento em que Roma era derrotada, suas alianças tinham se perdido, e Latinos e Hérnicos não estiveram ao lado dos Romanos. O *foedus Cassianum* era letra morta então. Permitindo perceber claramente que os danos não foram tão grandes, logo depois da humilhante derrota para os Gauleses, os Romanos passam a obter seguidas vitórias uma vez mais, chegando à metade do século IV em uma posição mais forte do que aquela que tinham quando Breno levou o ouro romano.

Após resistir a ataques de Etruscos do norte em 389 e 386, os Romanos atacam interesses Etruscos no sul, no território de Tarquínios e ocupam novas áreas (Liv. 6.4.8-10). Para consolidar esta fronteira mais ao sul, estabelecem novas colônias. Para a construção desta posição importante foi fundamental a aliança com os Ceretanos[26]. Esta aliança parece ter acabado apenas com uma guerra entre as duas cidades que foi concluída com uma aliança feita em 353 na qual Cere é tratada de forma diferenciada por conta dos inúmeros serviços prestados a Roma antes (especialmente contra os Gauleses e Tarquínios), como nos informa Tito Lívio (7.20). Logo após sofrerem o saque, os Romanos também atacam os Équos, anexando a planície Pontina (de *Pomptinum*) e formando colônias ao longo da região (*Satricum*, em 385, e *Setia*, em 382). Isto pareceu neutralizar uma vez mais estes adversários que voltam a ser mencionados novamente nos registros romanos apenas em 304, em razão de uma revolta mal sucedida.

---

[26] Indicando mais uma vez que é exagerada a visão que coloca Roma em uma posição destacada desde sempre, importa notar que o acordo entre Roma e Cere (*Caere*) é marcado por uma certa simetria. Envolvia o que Tito Lívio (5.50.3) chamou de *hospitium publicum*, ou seja, o reconhecimento de cidadania entre as duas cidades (e não a absorção de Cere na cidadania romana, como erroneamente se poderia entender assumindo que Roma teria como impor uma superioridade inconteste a Cere, então). Importante destacar que o mesmo tipo de acordo havia sido feito antes com Massília, no contexto da guerra contra os Gauleses. Não parece ser, portanto, uma prática criada pelos Romanos, mas algo que já era corrente. Cf. Cornell 1995 321.

A retomada da estabilidade das alianças com Latinos e Hérnicos, ou dito de outro modo, a reabilitação do *foedus Cassianum*, aparece de forma algo confusa nas fontes, uma vez que ele parece não ter sido contestado. Tito Lívio (6.10.6) faz uma afirmação interessante: "No mesmo ano foi pedida reparação e explicação porque ao longo de anos não deram apoio militar como previa o acordo"[27]. Deste modo, ao que parece, a instabilidade afastou estes aliados e a retomada do controle da região os trouxe de volta, sem maiores conflitos entre Romanos, Latinos e Hérnicos.

Ainda assim, os conflitos com muitas cidades continuavam. Algumas cidades aliadas de Roma tenderam a se voltar para os Volscos na medida em que Roma tem uma política cada vez mais claramente expansionista, como ilustram os casos de Tíbur, Preneste e, ainda mais claramente, de Túsculo[28].

Depois de um período de relativa calma entre 376 e 363, que é marcado no relato de Tito Lívio por uma atenção quase exclusiva aos assuntos internos (com a exceção dos conflitos envolvendo a região Pontina, com sucessivas perdas e reconquistas da área), Roma retoma um ritmo ainda mais intenso na sua expansão: registra-se o impressionante número de nove triunfos entre os anos 361 e 354 contra apenas quatro após aquele celebrando a liberação da cidade de Roma em 390. A despeito das imprecisões e repetições da tradição analística, parece claro, em termos globais, que os Romanos, por meio dessas guerras, foram não apenas reconstruindo os acordos com os diversos estados na Itália central, mas também estabelecendo condições ainda mais assimétricas como resultado de suas vitórias contra Latinos, Hérnicos e Volscos. Além disso, consegui-

---

[27] *Eodem anno ab Latinis Hernicisque res repetitae quaesitumque cur per eos annos militem ex instituto non dedissent.* O motivo da reclamação romana era que Latinos e Hérnicos haviam lutado com Volscos. Segundo Lívio, ambos explicaram que faltas de uns jovens não deveriam ser imputadas a todos e que eles que foram para os Volscos não haviam voltado e que não vinham fornecendo soldados por temor destes mesmos Volscos que, como peste, os mantinham em guerras. O senado romano avaliou as explicações como suficientes e não lhes fez guerra (6.10.7-9).

[28] No caso de Túsculo, a cidade se rendeu antes de haver um ataque. Os Tusculanos foram então admitidos à cidadania romana (incluídas as mesmas obrigações como o pagamento de tributos e serviço nas legiões), passando a fortalecer o *imperium* romano (Liv. 6.25.6). É mais um exemplo (compare-se com a menção que fizemos anteriormente a Cere) de que a posição elevada de Roma se produziu com base em um quadro de múltiplas alianças de diferente matiz, coordenando um número crescente de aristocracias com os mais variados status.

ram neutralizar a ameaça gaulesa. Ainda que não houvesse um acordo de paz (o qual só é noticiado em 331 por Plb. 2.18.9), as frequentes incursões gaulesas (em 367, 361, 360, 358 e 357, segundo Tito Lívio) também deixaram de ocorrer. O olhar de Roma se espraiava agora para novos horizontes, como os acordos entre Roma e os Samnitas (354) e entre Roma e Cartago (348) deixam claro. Em 338, ao fim da guerra entre Romanos e Latinos, a Liga Latina deixa de existir uma vez que praticamente todos os homens livres são incorporados à cidadania romana (com as obrigações tributárias e de serviços militares correspondentes, mesmo que a administração local das cidades continuasse existindo e cada uma delas tenha sido tratada de forma diferenciada e individualizada, como relata Tito Lívio 8.14.1-12). Poucas cidades não foram incluídas nessa política, como é o caso de Tíbur e Preneste que seguiram independentes, mas não podiam conduzir uma política externa própria para afrontar os Romanos que os cercavam por todos os lados agora. Outras cidades itálicas, para além dos aliados latinos, são beneficiadas com a cidadania romana, mas sem o direito a voto (são as *civitates sine suffragio*), como é o caso de Cápua e suas aliadas, na Campânia (Oakley 2004 25).

Desse modo, Roma tinha desde meados do século IV uma importância não desprezível para os conflitos no Mediterrâneo Ocidental. Uma nova etapa se abria com as grandes guerras samnitas que viriam com a consolidação deste novo lugar que Roma ocupava no centro da Itália.

Conclusão

Como vimos, Roma constituiu através deste processo de expansão um verdadeiro "império de cidades" (Guarinello 2008). Como se tratava de um Estado em expansão, um ponto de tensão constante será qual a contribuição que será dada por cada uma dessas comunidades políticas para as guerras movidas por Roma e quanto cada cidade, e até mesmo cada setor da aristocracia e ainda cada aristocrata, se beneficiaria com essas guerras. As guerras traziam butins, mais terra, mais poder, mais glória e, eventualmente, mais aristocratas para o interior do Estado Romano.

Mediante acordos diversos e independentes entre si, Roma afirmou sua hegemonia e poderio sobre cada um dos setores aliados que se mantinham em separado por este processo, não constituindo uma aliança unificada ou uma federação. Podemos explicar esta hegemonia de Roma, então, pelo fato de Roma ser o centro de uma rede de alianças que não poderia existir sem a sua intermediação. As cidades desta aliança não estavam unidas entre si, mas estavam ligadas a Roma. Estar no centro de uma rede de alianças será um importante sinônimo de poder para a história de Roma tanto no que se refere à constituição do Império quanto da aristocracia que governou este Império. Cremos que esta dinâmica é como uma importante marca de nascença do Império Romano e vai se manter como uma categoria explicativa mesmo quando o poder se centralizar mais e mais em Roma, sob os imperadores.

A nosso ver, mesmo Roma sendo mais tarde o centro do Império, importa prestar atenção ao que se passa fora daquela cidade. Ainda que a elite romana governe o mundo, é decisivo estar atento a como se liga às demais elites e como se dá a sua renovação ao longo do tempo. Em outras palavras, é importante avaliar o poder eventualmente centralizado por Roma como o resultado de jogos de força e de interesses que sempre está se renovando em condições que nunca são exatamente as mesmas.

Tábua cronológica

499 ou 496 a.C. – Batalha do Lago Regilo, com vitória romana sobre Latinos.

493 a.C. – *Foedus Cassianum*.

431 a.C. – Batalha do monte Algido, empreendida pelos Romanos contra Équos e Volscos.

405-396 a.C. – Cerco e conquista de Veios pelos Romanos.

390 a.C. – Invasão de Roma pelos Gauleses.

Bibliografia

Eckstein, A. M. (2006), *Mediterranean anarchy, interstate war, and the rise of Rome*, Berkeley, University of California Press.

Forsythe, G. (2005), *A critical history of early Rome: from prehistory to the first Punic War*, Berkeley, University of California Press.

Bringmann, K. (2007), *A history of the Roman Republic*, Cambridge, Polity Press.

Crawford, M. (1988), "Early Rome and Italy", in J. Boardman *et alii*, eds., *The Oxford history of the Classical World*. The Roman World, Oxford, Oxford University Press 9-38.

Crawford, M. (^{2}1992), *The Roman republic*, London, Fontana Press.

Guarinello, N. L. (2008), "Império e Imperialismo: realidades antigas e conceitos contemporâneos", in A. Campos *et alii*, eds., *Os Impérios e suas matrizes políticas e culturais*, Vitória, Flor e Cultura 10-18.

Southern, P. (2011), *Ancient Rome*. The Republic - 753BC-30BC. Stroud, Amberley Publishing.

Oakley, S. P. (2004), "The early Republic", in H. I. Flower, ed., *The Cambridge companion to the Roman Republic*, Cambridge, Cambridge University Press 15-30.

Cornell, T. J. (1989), "Rome and Latium to 390 B.C.", in F. W. Walbank – A. E. Astin – M. W. Frederiksen, eds., *The Cambridge Ancient History*, vol. 7.2., Cambridge, Cambridge University Press 243-308.

Cornell, T. J. (1995), *The beginnings of Rome. Italy and Rome from the Bronze Age to the Punic Wars (c. 1000-264 BC)*, London, Routledge.

Harris, W. V. (1979), *War and Imperialism in Republican Rome*, Oxford, Oxford University Press.

5.2. DAS GUERRAS SAMNITAS AO CONTROLO DA ITÁLIA

Adriaan De Man
Universidade Nova de Lisboa

Fig. 1. Povos de Itália (400 a.C.) - por Fábio Mordomo

DOI: http://dx.doi.org/10.14195/978-989-26-0954-6_5.2

Sumário. Tensão entre as pretensões expansionistas romanas e os habitantes das montanhas do centro itálico. Conflitos regionais constantes e afirmação hegemónica: as três guerras Samnitas. Fim da Liga Latina. Guerra Pírrica e controlo de Itália. Resultados da conquista da Itália

1. Os Samnitas

Organizados em quatro tribos, os Samnitas ocupavam a zona montanhosa dos Apeninos centrais e meridionais. Neste vasto território acidentado, os Caracenos e os Pentros, no Centro e Norte, viviam numa lata confederação político-militar com os Caudinos e Hirpinos, cujas fronteiras, igualmente latas, acompanhavam os territórios gregos da baía de Nápoles. Salvo os Messápios, mais a sul e na costa adriática, todos os povos da região falariam provavelmente dialetos de raiz osca, aparentados à língua samnita, isto quando não existiam laços mais diretos. De facto, destacam-se importantes assentamentos entre as montanhas e a costa, pelo menos desde o século V precoce, de comunidades samnitas que buscavam zonas mais férteis, lidando em simultâneo com pressões demográficas internas que impeliam à migração. O território samnita em si era, tal como hoje, uma região árida com reduzidas potencialidades agrícolas, onde um vetor principal da economia consistia na pastorícia transumante, e onde escasseavam grandes investimentos urbanos. A arqueologia vai comprovando a diminuta presença de bens de importação mesmo nos sítios dominantes, e as emissões monetárias são uma raridade, além de corresponderem a um ou dois anos da guerra tardia, nos quais houve episódica cunhagem com indicação de *Safinim*, o nome osco de Sâmnio[1]. Do ponto de vista organizacional, portanto, não se tratava de uma sociedade com cidades-Estado, como eram as dos seus vizinhos romanos, gregos e etruscos. À moda celta, a sua estrutura fundamental consistia numa unidade tribal que, na língua osca, se designava por *touto*, mas por outro lado é interessante

---
[1] Salmon 2010 75-76.

constatar que esta unidade era governada por um governo republicano muito incipiente, através de um magistrado eleito todos os anos – o *medix tuticus*, transponível para Latim como *iudex publicus*. O cargo e as suas variantes surgem documentados nalguma epigrafia osca prévia à Guerra Social[2], assim como numa citação descontextualizada dos Anais de Énio (*Ann.* 298)[3] e em Lívio (26.6.13). As cidades não representavam porém *civitates* no sentido romano, entendidas como unidades cívicas centralizadoras de um território, e como aglomerações comunitárias distintivas. Até à sua integração final, e mesmo depois, Sâmnio continuou a funcionar de acordo com aquela ancestral unidade itálica a que se chamou *pagus*, num esquema que se mantinha fundamentalmente pré-urbano. Seriam em particular as aristocracias "pagãs" a perder proeminência económica e social, culminando numa situação estrutural de longa duração no seio das várias microeconomias itálicas. Três séculos após as primeiras guerras entre Romanos e Samnitas, registar-se-ia ainda um mínimo muito notório de famílias senatoriais provenientes destas mesmas áreas[4]. A rusticidade dos Samnitas, *montani atque agrestes* (Liv. 9.13.7), perduraria no imaginário romano, mesmo já em cronologia imperial[5].

2. A primeira Guerra Samnita (343-341) e a Guerra Latina (340-338)

A dinâmica expansionista romana, conformada no imediato na ocupação de Veios, viria a provocar em pouco tempo um contacto direto com as tribos samnitas. Lívio (7.19.4) e Diodoro (16.45.8) mencionam um tratado de 354 a.C. do qual nada se conhece, mas que tem sido interpretado como uma definição de territórios, provavelmente tendo o rio Líris, que atravessa as terras dos Marsos e dos Volscos, como orientador. Este pacto seria, no entanto, de curta duração.

---

[2] Buck 2005 239; 241; 247; 250.
[3] Skutsch 1985 95.
[4] Torelli 2000 10-11.
[5] Mahé-Simon 2008 73-75.

Se os termos de 354 giravam realmente em torno do Líris, o pretexto para a abertura de hostilidades deu-se na Campânia, a sul do rio e portanto na zona de influência de Sâmnio. Quando Teano, cidade-charneira dos Sidicinos, foi assaltada pelos Samnitas, procurou auxílio junto de Cápua, e esta, por seu turno, viu-se também ameaçada. Seguindo o relato liviano, os apelos iniciais a Roma não surtiram efeito, mas por fim o dramatismo dos embaixadores de Cápua convenceu o senado de que, apesar do acordo, seria necessário prestar assistência militar contra os Samnitas. Em menos de dois anos, terminaria o primeiro conjunto de embates com este povo, culminando numa vitória romana e num acordo de paz. Neste contexto, a Guerra Latina representa um segundo conflito regional, com justificações particulares mas, apesar até da troca de contendores, revela-se inseparável das permanentes altercações com os povos montanheiros, cuja inquietação primeira, no fundo, era partilhada com os que habitavam as terras baixas. Ela pode resumir-se ao crescimento do poder de Roma, e nas justificadas preocupações por parte dos restantes povos latinos, que conduziram à discórdia. De novo, os Samnitas atacaram os Sidicinos, cujos aliados latinos retaliaram, e a alegação nominal para a entrada de Roma no conflito, desta feita, radicaria num pedido samnita para que os Romanos controlassem os seus próprios vizinhos. O resultado final da guerra consistiu na incorporação de diversas cidades latinas no Estado Romano, assim terminando com a Liga Latina[6], e no enfraquecimento político de duas outras, Preneste e Tibur, que se manteriam aliadas, fornecendo tropas.

O desaparecimento da liga de Estados latinos não acarretou uma desagregação substantiva dos laços de solidariedade regionais. Pelo contrário, Roma efetivamente integrou os Estados latinos, fomentando até a ideia de um passado comum, em particular uma origem troiana ou albalonguense, dependendo da tradição. A promoção do festival latino anual, no Monte Albano, reflete um respeito pelos ancestrais costumes, e representa acima de tudo um mecanismo político de integração. Do ponto de vista legal, algumas comunidades do Lácio receberam uma cidadania limitada, a *civitas sine suffragio*, retirando dela reais benefícios, até em matéria de

---

[6] Sobre a Liga Latina, vide atrás Brandão, cap. 3 § 2, e Faversani e Joly, cap. 5.1 §1.

direito privado, acarretando por outro lado obrigações militares muito onerosas, cujo beneficiário principal era Roma. Em simultâneo, assistiu-se a uma série de novas fundações coloniais.

3. A Segunda Guerra Samnita (326-304)

Fica pouco claro até que ponto esta implantação territorial terá provocado intencionalmente o segundo grande conflito com os Samnitas. É um facto que a colónia de Fregelas em particular, na margem esquerda do Líris e controlando um importante acesso aos Apeninos centrais, fazia parte de uma estratégia inquietante para o lado samnita. As primeiras agressões partiram, no entanto, do terceiro grande ator itálico, através de uma série de assaltos a territórios na Campânia, conduzidos a partir da cidade de Palépolis, envolvendo rapidamente as demais, como Nápoles e a poderosa Tarento. Uma ligação inicial clara com os Samnitas é indestrinçável, dado que as cidades gregas eram habitadas por importantes comunidades falantes de osco. Ainda que muito transformadas desde aquelas migrações antigas, a solidariedade com os seus primos distantes era naturalmente maior do que com Romanos ou mesmo com as elites gregas locais, e não surpreende a rápida entrada em cena de contingentes samnitas, em defesa dos centros gregos. Na sequência de rejeições às pretensões romanas, o início da guerra é sintomático dos novos desafios que a expansão romana acarretava. Logo no fim de 327, Quinto Publílio Filão torna-se procônsul por decisão do senado e do povo, figura necessária devido a operações militares cada vez mais distantes. Em si, a prorrogação, e a subsequente promagistratura, tem o fundamento lógico da não interrupção das campanhas de um exército consular, mesmo perante a eleição dos dois novos cônsules em Roma. De forma análoga, o pretorado também evoluiria, como única magistratura revestida de império em Roma, na ausência dos cônsules[7]. Do cerco de Filão a Palépolis e Nápoles, esta retirou um acordo de rendição muito favorável e duradouro,

---

[7] Bergk 2011 68.

o que perturbou a posição samnita, por uma opulenta cidade comercial entrar na esfera romana[8]. Lúcio Cornélio Lêntulo, o outro cônsul de 327, dirigiu um segundo exército contra o território samnita. Recusadas as condições diplomáticas romanas, dar-se-ia início a cinco anos de campanhas periódicas nas montanhas do centro itálico.

A primeira fase da guerra terminou em 321 com uma derrota romana nas Forcas Caudinas, próximo de Benevento. Através de um estratagema, Gaio (ou Gávio) Pôncio convenceu o comando romano de que o seu exército estaria a cercar a cidade de Lucéria. O caminho mais direto, através de dois desfiladeiros separados por um espaço aberto, era favorável à armadilha. Quando os Romanos se deram conta da obstrução do segundo desfiladeiro, encontravam-se já encurralados pelos Samnitas, que tinham assumido posição no primeiro, e que portanto estavam em controlo total. Não se decidindo sobre o rumo a tomar, foi requerido o conselho de Herénio, pai de Pôncio, que apresentou duas alternativas, uma primeira em que os Romanos seriam libertados sem condições, ganhando-se a sua amizade, e uma segunda em que seriam chacinados, com obtenção de uma vitória robusta. Pôncio, porém, preferiu outro caminho, humilhando publicamente os cônsules e os soldados, mas libertando o exército e estabelecendo um acordo de paz, o que a longo prazo viria a revelar-se contraproducente. Esta opção viria a alimentar múltiplos *exempla* livianos[9], nos quais Cáudio surge como lição prática para os Romanos.

Entre 321 e 317, não houve combates, e durante a paz caudina ambos os lados reforçaram as suas posições, conscientes da situação temporária. A tomada samnita de Fregelas em 320 não foi um sucesso militar, mas terá feito parte dos termos de paz no ano precedente. As hostilidades foram retomadas quatro anos após a derrota caudina, e por iniciativa samnita, que consistiu no avanço de um grande exército, ao qual Roma contrapôs as suas tropas sob comando de Quinto Fábio Máximo Ruliano, eleito ditador. A batalha principal deu-se em Láutulas, sobre o mesmo caminho para a Campânia onde também a futura via Ápia viria a passar, num estreito

---

[8] Harris 1985 181.
[9] Chaplin 2000 47.

terreno entre mar e serra. Quinto Áulio Cerretano, *magister equitum*, caiu ao lado de muitos outros nesta tremenda derrota romana, que abriu os campos do Lácio à invasão, e que causou revoltas e volte-faces das pequenas cidades volscas e auruncas que se viam agora sob pressão samnita. A sua recaptura romana, ao longo dos anos seguintes, envolveu execuções públicas e outros ajustes de contas com fações consideradas pró-samnitas. Também na Campânia, Cápua foi palco de uma tentativa de sair da esfera romana, resolvida em última instância com o suicídio dos responsáveis, e com a normalização das relações. Nesta fase da guerra, porém, os combates em torno das cidades tornam-se por vezes muito violentos, com sucessivos massacres de guarnições, como em Lucéria e Clúvia.

Muito revelador da energia romana é a abertura de uma nova frente de batalha na Etrúria, entre 311 e 308, isto é, em plena guerra samnita. Apesar das justificações de Lívio, parece improvável que algumas cidades etruscas estivessem realmente interessadas num conflito com Roma, tendo problemas de sobra com os Gauleses a Norte. Encontrar-se-ia uma explicação alternativa à agressão etrusca na vontade de afirmação das novas elites romanas, e a condução simultânea de operações provaria um excecional vigor e autoconfiança do Estado. A longa Segunda Guerra Samnita assistiu a alterações estruturais nos dois exércitos consulares, o que se constata, por exemplo, na generalização de acampamentos de inverno, mantendo os cidadãos-soldados mobilizados durante mais tempo[10]. Outro indicador claro é a súbita multiplicação de tribunos militares, de seis em 362 para dezasseis em 311[11], o que faz sentido numa duplicação das legiões, e num aumento de três para quatro tribunos por legião. Do ponto de vista organizacional, a transição é já referencial: sessenta centúrias, formando trinta manípulos, entre *hastati*, *principes* e *triarii*, o que equivale à renúncia completa da falange. Uma antiga convicção atribuía a organização em manípulos, assim como a utilização do *pilum* e *scutum*, a uma inspiração samnita. Mas independentemente de sucessivas adaptações no seguimento de 326, é preciso recordar que a estrutura militar romana não tinha ficado

---

[10] Rosenstein 2004 31.
[11] Forsythe 2011 37.

estática. Nos cento e cinquenta anos que medeiam 415 e 265, apenas em treze não se registam confrontos[12], evidenciando-se um longo padrão de campanhas anuais, que era bem prévio à grande guerra samnita.

4. Do fim da Segunda à Terceira Guerra Samnita (298-290)

O fim da Segunda Guerra Samnita consistiu num rápido e simultâneo avanço romano em território dos Samnitas Pentros, dos Hérnicos e dos Équos, ao longo dos anos 306 a 304[13]. A estas conquistas seguir-se-iam outras a um ritmo acelerado, cujo desfecho convincente impeliu outros povos, até então hostis a Roma, a estabelecer alianças. E assim o século IV terminaria com a humilhação completa de Sâmnio e dos seus aliados. Impossível de ser efetivamente ocupada, a região manteve-se controlada mas autónoma, condição que em pouco tempo acabaria por redundar num terceiro conflito de grandes dimensões. Lívio (10.11.12–12.3) oferece a justificação habitual: Roma pretendeu assistir um povo inocente sob ataque, neste caso os Lucanos, e os seus feciais foram ofendidos por mensageiros samnitas. Na realidade, o reacendimento das hostilidades em 298 insere-se num processo expansionista romano, que no interlúdio após 304 não tinha ficado interrompido. Nesses seis anos, a Etrúria e a Úmbria foram palco de agressivas campanhas de afirmação, e os Équos e os Marsos ressentiam a imparável instalação de colónias, causa de tensões no vale do Líris e regiões próximas. Quanto à Lucânia, era o único território adjacente ao dos Samnitas que em 298 não tinha ligações formais com Roma. Terá sido essa a circunstância que levou aos avanços samnitas, inicialmente em termos amistáveis e, perante a rejeição, com uma incursão militar que viabilizou a intromissão romana. Restava aos Samnitas encontrar coligados mais distantes, como os Etruscos e os Umbros, e até algumas tribos gaulesas, que em conjunto formavam uma heterogénea e improvável, mas poderosa aliança antirromana. Os anos de 297 e 296 foram portanto de grande alarme, com

---

[12] Oakley 1993 15-16.
[13] Forsythe 2005 310.

mobilizações de considerável alcance, como o recrutamento de libertos e a reeleição dos cônsules Quinto Fábio Máximo Ruliano e Públio Décio Mure. A estratégia romana de enfrentar o inimigo combinado com o grosso das forças, enquanto unidades menores iam atacando a Úmbria e a Etrúria, levou a que Umbros e Etruscos acorressem de imediato aos seus próprios territórios, abandonando Samnitas e Gauleses. Mesmo assim, a batalha de Sentino foi muito equilibrada mas em favor dos Romanos, apesar das muitas baixas, incluindo o cônsul Décio. Derrotados e sem aliados, os Samnitas apostaram numa derradeira batalha em Aquilónia, em 293, onde foram aniquilados pelo cônsul Lúcio Papírio Cursor. Os recontros do ano seguinte serviram apenas para selar o destino samnita, o que se concretizou com a tomada de Cáudio, e com a exibição e execução pública em Roma de Gávio Pôncio, comandante vencedor nas Forcas Caudinas. A partir de 290, Sâmnio passou a integrar o leque de aliados romanos, com amplas partes do seu território convertidas em terras públicas. Além das evidentes vantagens indiretas, é digno de nota o encaixe imediato, como Lívio (10.46.5-7) refere em detalhe: dois milhões quinhentos e trinta e três mil libras de *aes grave*, resultantes das vendas de escravos, e mil oitocentos e trinta libras de prata, saque directo dos centros urbanos.

5. A Guerra Pírrica (280-275)

Esta sequência de eventos colocou Roma diante das várias cidades gregas que floresceram nas costas itálicas meridionais, e que ao longo dos séculos precedentes haviam conseguido lidar com os povos nativos, e com diversas lutas internas. O início do século III corresponde, no entanto, a uma fase de enfraquecimento da Magna Grécia perante os seus vizinhos imediatos. Em 285, ou nos meses seguintes, a cidade grega de Túrio requereu proteção romana contra ataques dos Lucanos e Brútios, ambos povos falantes de Osco. Este apelo demonstra com clareza o prestígio regional da hegemonia romana nos princípios do século III. Não se conhecendo em detalhe as movimentações diplomáticas correspondentes, é certo que um tribuno da plebe recebeu uma estátua no foro a expensas gregas, e que Caio Fabrício

Luscino conduziu em 282 uma bem-sucedida campanha terrestre em defesa de Túrio. Também fica evidente que parte do problema residia na oposição de fações locais, aristocráticas e democráticas[14], e que algumas destas últimas eram antirromanas e porventura mais próximas da sua própria rival Tarento. O modesto apoio naval ao exército de Fabrício acabaria por provocar um incidente sério com Tarento, violando um tratado que impedia os navios de guerra romanos de ultrapassarem o promontório de Crotona. O resultado imediato foi a destruição ou captura da frota romana, dando assim início a um novo conflito de grandes dimensões. O facto de Tarento também ter capturado a própria Túrio, onde entretanto tinha sido estacionada uma guarnição romana, faz entrever uma justificada preocupação com a expansão de colónias, que se iam aproximando cada vez mais da área de influência grega, como é o caso de Venúsia, estabelecida em 291. A reação tarentina à presença de uma frota de guerra nas suas águas deve ser entendida neste contexto, e não, como fica representado pela analística romana, como um ataque fútil a marinheiros inocentes. Quando uma embaixada liderada por Lúcio Postúmio Megelo não conseguiu uma resposta compensatória, supostamente sofrendo as mais vis humilhações, foi conduzido um exército consular contra o novo adversário, no ano de 281. Nos meses de entremeio, porém, os Tarentinos tinham antecipado a situação, através de pedidos de assistência entre potenciais aliados adriáticos, dirigindo-se em particular ao rei Pirro de Épiro. Um dos argumentos consistia na invocação da ascendência mítica do rei, que estabelecia uma ligação com Aquiles, e da pretensa origem troiana do povo romano, que os colocaria em campos opostos. Independentemente da efetiva força deste raciocínio, o afeto de Pirro pelos Romanos seria reduzido, e não ignorou o apelo de uma cidade aliada sob ataque iminente. A solidariedade do continente grego com as cidades na Itália era consistente e havia tido múltiplos antecedentes durante a segunda metade do século IV. Os reis Arquidamo de Esparta e Alexandre de Épiro, tio de Alexandre, o Grande, até encontraram a morte em expedições itálicas, precisamente em defesa de Tarento. Pirro, por seu turno, tinha dado provas de excelência militar, com um exército baseado

---

[14] Le Glay et al. 2009 67.

na falange macedónica. Plutarco (*Pyrrh*. 15.1) descreve a sua chegada a Tarento, com vinte e três mil homens de infantaria, três mil cavaleiros, dois mil arqueiros, quinhentos fundibulários, além de vinte elefantes, números que exprimem a seriedade da iniciativa. Numa extenuante batalha nas margens do rio Síris, que se desenrolou em 280 nas proximidades de Heracleia, os Romanos saíram vencidos, tendo perdido sete mil homens, e os adversários quatro mil, embora estes constituíssem a fina-flor das tropas gregas. Em todo o caso, o efeito direto da derrota romana consistiu na aproximação a Pirro de Lucanos e Samnitas, que até então tinham observado os desenvolvimentos de longe, e que aguardavam apenas um pretexto para se rebelarem de novo contra Roma. Pirro avançou de imediato para o Lácio, onde o recrutamento de proletários[15] espelha um desespero sem precedentes, antes de organizar o seu aquartelamento de inverno e de enviar para Roma o experiente emissário Cíneas, com o intuito de transmitir os termos da paz. Este tipo de procedimento diplomático, comum nas cidades orientais em sequência de uma grande derrota, incluía neste caso não apenas o respeito pela independência das cidades gregas, mas também pela autonomia de Samnitas, Lucanos e Brútios, confinando o poder romano ao Lácio, o que na prática equivalia a um recuo ao território controlado antes da Guerra Latina. A tradição, refletida por exemplo em Apiano (*Sam.* 10.3), pretende que o senado estaria disposto a sujeitar-se a estas condições, mas que Ápio Cláudio Cego, idoso e cego, provocou uma reviravolta nos ânimos graças a um discurso inflamado. Na realidade, o conjunto de senadores, apelidado de "assembleia de muitos reis" por Cíneas (Plu. *Pyrrh*. 19.5), não tinha um historial recente de submissão após derrotas, de modo que a rejeição da proposta pírrica terá conhecido contornos menos dramáticos. Nenhum dos aliados romanos se havia juntado ao lado pírrico, e nem Nápoles, nem Cápua abriram as portas, o que, sem domínio de uma grande base logística, reduziu o plano de operações a uma campanha na Apúlia[16]. Tendo entrementes mobilizado dois exércitos consulares, formando quatro legiões e igual número de auxiliares, os Romanos enfrentaram Pirro em Áusculo, onde combateram duas

---

[15] Forsythe 2005, 535.
[16] Bringmann 2007 62.

batalhas em dois dias consecutivos de 279. A inicial resistência romana foi quebrada pelas falanges macedónicas e pelos elefantes, resultando na morte de seis mil homens. De acordo com as próprias memórias de Pirro, ele perdeu mais de três mil e quinhentos. É neste contexto que Plutarco (*Pyrrh*. 21.9) refere a famosa resposta do rei a um cumprimento pelo seu sucesso: "Se formos vitoriosos em mais uma batalha contra os Romanos, estaremos completamente arruinados".

No imediato seguimento de Áusculo aparece no porto de Óstia um comandante cartaginês de nome Mago, oferecendo o auxílio de cento e vinte navios de guerra destinados a vencer Pirro[17]. É verdade que se regista uma prévia atividade diplomática amistosa com Cartago, incluindo delimitações de áreas de intervenção, que implicariam provavelmente um respeito pelas ambições cartaginesas na Sicília. O acordo de 306, mencionado por Filino de Agrigento mas negado na tradição polibiana[18], cuja posterior violação constitui provocação formal para a Primeira Guerra Púnica, seria disso prova. Mas fica claro que a especial disponibilidade militar de Mago se destinava mais a manter Pirro longe das costas norte-africanas, e também das sicilianas, do que a assegurar a sobrevivência de Roma. As fontes romanas pretendem que esta ajuda foi orgulhosamente recusada, mas na verdade Pirro viu-se de um momento para o outro obrigado a combater os Cartagineses no mar, e os seus aliados mamertinos em terras itálicas, o que sugere fortemente a concretização de um pacto romano-púnico que visasse as operações expedicionárias gregas. Além disso, existe uma referência direta de Diodoro (22.7.4) a um transporte de tropas romanas em navios cartagineses, com o intuito de atacar posições pírricas, tendo mesmo incendiado um depósito de madeira destinado à construção naval.

Apesar da vitória militar, o novo contexto itálico não era pois propício a Pirro, que rapidamente aproveitou um apelo das cidades gregas da Sicília para assisti-las contra os Cartagineses. Embora decifrável em termos estratégicos, na prática esta nova situação deixava os seus aliados muito vulneráveis ao recobro romano. Com efeito, entre 278

---

[17] Forsythe 2005 355.
[18] Hoyos 1985 92

e 275, ano do regresso episódico de Pirro, os avanços contra Brútios, Lucanos e Samnitas foram consideráveis mas obrigaram também a um desgaste generalizado, aparentemente acelerado por uma epidemia de peste. Por fim, em 275, as tropas pírricas procedentes de Tarento enfrentaram um dos exércitos consulares, sob Mânio Cúrio Dentato, que tinha sido posicionado em Malvento. Devido ao terreno muito irregular, fracassou a tentativa noturna de flanquear as posições romanas antes de amanhecer, e o destacamento foi detetado e aniquilado. O combate principal deu-se em terreno aberto, com avanços e recuos de ambas as partes. Os Romanos mataram dois elefantes e capturaram oito, que de resto viriam a constituir a apoteose do triunfo de Dentato (Plin. *Nat.* 8.16). Sem ter sofrido um malogro total, Pirro retirou-se em definitivo de terras itálicas, deixando apenas uma guarnição na cidade de Tarento. A despeito da sua inegável competência militar, o insucesso acompanhou-o numa sucessão de iniciativas, e viria a encontrar uma morte inglória durante uma rixa em Argos, quando um tijolo lhe atingiu a cabeça. O epílogo da guerra dar-se-ia em 272, quando Tarento por fim se rendeu a Roma, passando a integrar o vasto leque de aliados.

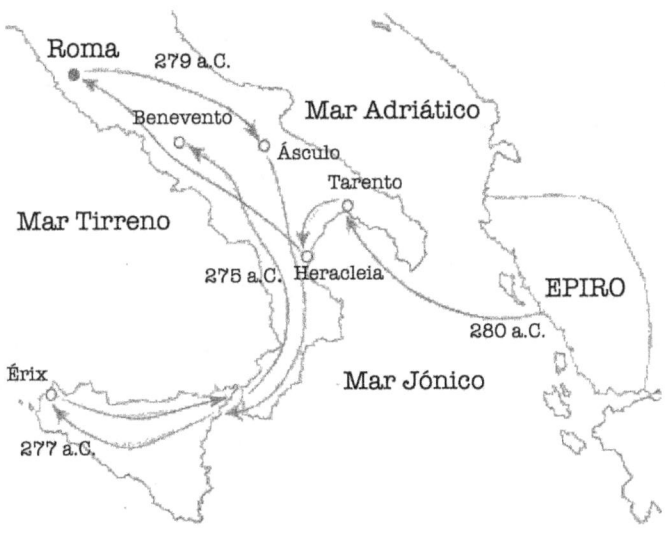

Fig. 2. Campanhas de Pirro - por Fábio Mordomo

6. Resultados da conquista de Itália

A desistência de Pirro encaminhou uma poderosa mensagem a outros atores, sobretudo orientais. Dionísio de Halicarnasso (20.14) refere que o primeiro a enviar embaixadores a Roma, em 273, foi Ptolemeu II Filadelfo do Egito, que recebeu em troca uma missão de altíssima dignidade, prova da seriedade com que a política romana encarava os palcos distantes. Durante os dez anos seguintes, a inteira Itália continental foi assimilada no Estado Romano, através de operações mais ou menos complexas no Sul, em particular contra os Salentinos, mas também em zonas supostamente estabilizadas, como a Etrúria e a Úmbria. A consecutiva absorção de Estados aliados que tinham servido de tampão levou a uma espécie de efeito dominó imparável, descrito pelas fontes clássicas como um processo homogéneo que, na realidade, correspondeu a realidades distintas, contudo difíceis de aferir. Continuaram a ser instaladas diversas colónias latinas neste curto período, todas em territórios estrategicamente interessantes para Roma. Pesto e Posidónia, na Lucânia, Arímino, no acesso ao vale do Pó, Firmo, no Piceno, ou Esérnia, em Sâmnio, são disso prova clara, entre outros casos, como o de Benevento, em que se alterou o topónimo samnita Malventum para uma versão latina mais auspiciosa, precisamente na sequência da guerra pírrica. É nesta dinâmica expansionista que se entende a expedição siciliana de Ápio Cláudio Cáudice de 264, acontecimento relativamente menor no quadro geral, mas que em retrospetiva constitui o arranque formal das colossais guerras com Cartago.

O período que entremeia a Primeira Guerra Samnita, a partir de 343, e a Primeira Guerra Púnica, com início em 264, assistiu a profundas mutações militares, políticas e sociais, nas quais é muito difícil colocar uma tónica demográfica. Certo é que na primeira metade do século III conviviam na esfera romana os seus cidadãos, os seus aliados independentes, que passaram a incluir as cidades gregas, e os habitantes dos estabelecimentos coloniais latinos, que mantinham fortíssimas ligações a Roma e às comunidades de origem. Pese embora a enorme diferença de natureza e estatuto, encontravam-se todos submetidos à autoridade centralizada de Roma, e na sua organização tinham portanto pouco em comum com associações de inspiração helenística, que se haviam desenvolvido do lado oposto do Adriático. É importante considerar que as migrações de colonos vão a par da sucessiva criação de novas tribos romanas, fenómeno iniciado já em finais do século IV e que conduziria às trinta e cinco documentadas no fim da Primeira Guerra Púnica. Assiste-se ao mesmo tempo à captação de enormes números de escravos provenientes das guerras de conquista, que terá de alguma forma compensado a falta de mão de obra causada pelo êxodo colonial do Lácio, facilitando até mudanças na própria organização produtiva. Os números de Lívio para os primeiros anos do século III remetem para milhares de escravizados samnitas, gauleses e etruscos, entre outros, mas o mesmo Lívio menciona a lei de 357 que impõe uma taxa de cinco por cento sobre a manumissão, numa passagem provavelmente imune à invenção analística[19]. Isto comprova por inerência a presença regulada de escravos, em quantidades suficientes para causar legislação sobre uma pequena percentagem deles, já antes das guerras com Samnitas. A simultânea complexificação comercial de setores como a construção pública, a agricultura, a manufatura ou o transporte provocou uma incipiente amoedação, sob a forma do *aes grave*. E a configuração administrativa evoluiu em conformidade, primeiro com o aumento do número anual de questores, de quatro para seis, e depois através da introdução de colégios como os *decemviri stlitibus iudicandis* ou os *tresviri capitales*.

As terras confiscadas passavam a integrar o *ager publicus*, que cresceu em conformidade ao longo dos séculos IV e III. A sua extensão era demasiado ampla para ser integralmente destinada a colónias ou a privados. O estrategicamente importante *ager Taurasinus*, no centro do território samnita, só viria a ser dividido a partir de 180, e mesmo assim terá sido usado como *ager scripturarius*, ou área de pastagem pública arrendada, devido à geografia acentuada sem terras aráveis, que o tornava desinteressante para implantações coloniais[20]. É ainda muito plausível que tanto estas como a própria redistribuição de terras representaram na verdade

---

[19] Oakley 1993 23.
[20] Roselaar 2010 48.

um processo muito menos traumático do que por vezes é assumido, com respeito pela propriedade privada de populações nativas[21]. Nesta geograficamente muito díspar Itália em vias de unificação, o fator agregante residiu acima de tudo na crescente perceção de que o benefício da submissão suplantava largamente as desvantagens associadas à perda de autonomia. O tratamento amiúde brutal de cidades reconquistadas, através de confiscações e execuções, representariam de facto um incentivo suplementar à lealdade. Mas na prática, as comunidades vencidas pelas armas acabavam incorporadas no Estado Romano, recebendo estatutos razoavelmente favoráveis, quase sempre a cidadania sem sufrágio, o que encorajava outros a preferir tratados sobre a derrota militar certa. Vantagens aliciantes eram a ausência de tributo direto, o desinteresse de Roma na gestão dos assuntos internos alheios, a participação nas guerras de conquista, e na repartição do respetivo lucro, bem como a própria conservação dos sistemas sociais em vigor. Na verdade, o senado foi defendendo sempre as aristocracias dos seus aliados, fabricando um sentimento de comunidade de dimensão itálica, e desse modo cultivou sólidas reciprocidades, como de resto se comprovaria, décadas mais tarde, perante Aníbal.

Em suma, são nitidamente estas circunstâncias da República primitiva que condicionaram os sucessos posteriores. Uma aristocracia enérgica e liderante, laços profundos entre elites e outros grupos sociais, e acima de tudo o estabelecimento e manutenção de alianças em vastos territórios conquistados são elementos tidos como fundamentais, não apenas à construção hegemónica romana, mas também às próprias origens remotas do poder imperial[22].

Tábua cronológica

343-341 – Primeira Guerra Samnita
341 – Início da Guerra Latina

---

[21] Terrenato 2007 144.
[22] Raaflaub 2007 142.

326 – Segunda Guerra Samnita

321 – Batalha das Forcas Caudinas

315 – Batalha de Lâutulas

305 – Batalha de Boviano

304 – Fim da "Grande Guerra" com os Samnitas

298-290 – Terceira Guerra Samnita

280-275 – Guerra com Pirro

Bibliografia

Fontes primárias

Apiano; Appian, The Foreign Wars, vol. 1, translated by Horace White, The Loeb Classical Library, Harvard University Press, Cambridge, 1912

Dionísio de Halicarnasso; Dionysius' Roman Antiquities, translated by Earnest Cary, The Loeb Classical Library vol. VII, Harvard University Press, Cambridge, 1950

Plutarco; Plutarch, The Parallel Lives, translated by Bernadotte Perrin, The Loeb Classical Library vol. IX, Harvard University Press, Cambridge, 1920

Tito Lívio; Livy IV, books VIII-X, translated by B. O. Foster, The Loeb Classical Library, Harvard University Press, Cambridge, 1963

Estudos

Bergk, A. (2011), "The development of the praetorship in the third century BC", in Beck, Hans; Duplá, Antonio; Jehne, Martin; Pina Polo, Francisco (eds.), *Consuls and Res Publica: Holding High Office in the Roman Republic*. Cambridge, University Press, 61-74

Bringmann, K. (2007), *A History of the Roman Republic*. Cambridge, Polity Press

Buck, C. D. (2005), *A Grammar of Oscan and Umbrian, with a Collection of Inscriptions and a Glossary*. Bristol, Evolution Pub & Manufacturing

Chaplin, J. D. (2000), *Livy's Exemplary History*. Oxford, University Press

Forsythe, G. (2005), *A Critical History of Early Rome, From Prehistory to the First Punic War*. Berkeley/Los Angeles, University of California Press

Forsythe, G. (2011), "The Army and Centuriate organization in Early Rome", in Erdkamp, Paul (ed.), *A Companion to the Roman Army*. Oxford, Wiley-Blackwell, 24-41

Harris, W. V. (1985), *War and Imperialism in Republican Rome: 327-70 B.C.* Oxford, University Press

Hoyos, B. D. (1985), "Treaties True and False: The Error of Philinus of Agrigentum", CQ 35 1 92-109

Le Glay, M. - Voisin, J.-L. - Le Bohec, Y. (2009), *A History of Rome*. Oxford, Wiley-Blackwell

Mahé-Simon, M. (2008), "Les Samnites existent-ils encore à l'époque d'Auguste?", in *Patria diversis gentibus una ? unità politica e identità etniche nell'Italia antica*. Pisa, Fondazione Niccolò Canussio, 73-87

Oakley, S. (1993), "The Roman Conquest of Italy", in J. Rich, G. Shipley (eds.), *War and Society in the Roman World*. London, Routledge, 9-37

Raaflaub, K. A. (2007), "Between Myth and History: Rome's Rise from Village to Empire (the Eigth Century to 264)", in N. Rosenstein, R. Morstein-Marx (eds.), *A Companion to the Roman Republic*. Malden/Oxford/Victoria, Blackwell Publishing, 125-146

Roselaar, S. T. (2010), *Public Land in the Roman Republic, A Social and Economic History of Ager Publicus in Italy, 396-89 BC*, Oxford, University Press

Rosenstein, N. (2004), *Rome at War: Farms, Families, and Death in the Middle Republic*. Chapel Hill, The University of North Carolina Press

Salmon, E. T. (2010), *Samnium and the Samnites*, Cambridge, University Press

Skutsch, O. (1985), *The Annals of Q. Ennius*. Oxford, Clarendon Press

Terrenato, N. (2007), "The Essential Countryside: the Roman World", in S. E. Alcock, R. Osborne (eds.), *Classical Archaeology*. Oxford, Blackwell Publishing, 139-161

Torelli, M. (2000), *Tota Italia, Essays in the Cultural formation of Roman Italy*. Oxford, University Press

6. Expansão no Mediterrâneo

6.1. As Guerras Púnicas

João Gouveia Monteiro
Faculdade de Letras da Universidade de Coimbra,
Centro de História da Sociedade e da Cultura

Sumário. Incidentes ocorridos em Siracusa (na Sicília) em 264 a. C. que levaram ao primeiro conflito de Roma fora da península itálica: uma guerra feroz pelo domínio do Mediterrâneo, entre Roma e Cartago, as duas maiores potências da região. As três fases das Guerras Púnicas, que se prolongariam até 146 a. C., a terminar na vitória absoluta de Roma e a destruição – física e política – do Estado de Cartago. A influência destes 120 anos na história futura de Roma (e da própria Europa).

1. O cenário

As "Guerras Púnicas" opuseram Roma a Cartago (cidade do Norte de África fundada por fenícios, a quem os Romanos chamavam *Poeni*) e configuraram uma disputa cerrada pelo domínio do Mediterrâneo. Geralmente, divide-se este confronto – um dos mais prolongados do mundo antigo – em três etapas: a Primeira Guerra Púnica sucedeu entre 264 e 241 a. C. e centrou-se sobretudo na Sicília; a Segunda Guerra Púnica – a mais espetacular de todas, associada à figura do lendário general cartaginês Aníbal Barca – decorreu entre 218 e 201 a. C. e a Itália foi o seu palco principal; por fim, a Terceira Guerra Púnica circunscreveu-se a uma pequena região do Norte de África, tendo demorado apenas três anos – de 149 a 146 a. C.

As Guerras Púnicas constituem um marco importantíssimo na história de Roma. Em 264 a. C., no início do conflito, Roma era uma potência exclusivamente itálica, mas 118 anos mais tarde tinha-se guindado a uma posição de domínio de toda a bacia do Mediterrâneo e avançava a passos largos para a criação de um império. Se Cartago tivesse triunfado, a história de Roma teria sido completamente diferente, e, muito provavelmente, a Europa em que hoje vivemos seria – ao nível da sua cultura, da sua língua, da sua tradição jurídica ou mesmo da sua religião – bem distinta.

Ao despertar nos Romanos a consciência do seu imenso potencial, as Guerras Púnicas incitaram-nos também a escrever a sua própria história; por isso, este é um dos conflitos mais bem documentados do mundo antigo. Todavia, os relatos que subsistiram até aos nossos dias são exclusivamente gregos ou romanos, não havendo nenhuma narrativa que nos forneça o ponto de vista cartaginês dos acontecimentos.

A fonte mais importante é a "História" de Políbio (c. 203-c. 120 a. C.), um grego que combateu contra Roma durante a Terceira Guerra Macedónica; tendo sido feito prisioneiro, Políbio foi um dos reféns enviados para Roma, em 167 a. C.; aqui, tornou-se íntimo de Cipião Emiliano, que acompanhou nas campanhas de África, da Hispânia e do Mediterrâneo Ocidental. A "História" de Políbio, de que sobreviveu apenas uma parte (até à batalha de Canas, em 216 a. C., com alguns fragmentos posteriores) visa explicar ao público de língua grega como é que Roma tinha conseguido dominar o Mediterrâneo; para escrever esta obra, bastante sóbria e analítica, o autor, que nutria grande admiração pelo povo romano, serviu-se de documentação variada, para além de ter podido falar com muitos participantes diretos na guerra contra Aníbal Barca.

Já Tito Lívio (59 a. C.-17 d. C.) escreveu a sua "História de Roma" muito mais tarde, com intenso sentido patriótico; a sua obra, de cunho mais dramático e sem a mesma exigência com as fontes, nem a mesma qualidade de informação técnica (Lívio não possuía a experiência militar de Políbio), também não nos chegou completa; porém, tem a vantagem de nos oferecer o relato mais longo da guerra contra Aníbal, até porque Tito Lívio teve acesso à obra completa de Políbio.

Para a Terceira Guerra Púnica, que não está coberta pelos relatos disponíveis de Políbio ou de Lívio, a fonte principal é Apiano (c. 95-c. 170 d. C.), um autor de origem grega, que escreveu em Roma na época do imperador Antonino Pio; a sua "História Romana", organizada em 24 livros, parece ter-se baseado na narrativa perdida de Políbio.

Outras fontes, menos relevantes para o nosso propósito, são Díon Cássio (c. 163-235 d. C., um senador romano da região oriental da Grécia, que escreveu uma "História de Roma", parcialmente perdida, que se prolonga até à época em que viveu), Plutarco (c. 46-120 d. C., escritor grego e autor das célebres "Vidas Paralelas") e Cornélio Nepos (um autor de finais do séc. I a. C., que escreveu umas breves biografias de Amílcar Barca e do seu filho Aníbal).

Tanto quanto se sabe, foram alguns fenícios oriundos da cidade de Tiro (no atual Líbano) que, nos finais do séc. VIII a. C., fundaram a urbe de Cartago. Graças ao seu talento comercial, nos séculos seguintes a comunidade cartaginesa prosperou, em ambiente de concorrência com as colónias gregas, que iam surgindo um pouco por toda a parte (na Sicília, no sul de Itália, nas costas da Hispânia ou no sul da Gália). Na Sicília, Cartagineses e Gregos conheceram sucessos alternados, que ajudam a explicar a repartição de áreas de influência na ilha e a afirmação de capitães mercenários, ou de "tiranos" como Dionísio ou Agátocles.

A partir do séc. V a. C., o poderio dos Púnicos aumentou também em África, graças ao facto de Cartago ter deixado de pagar subsídios aos governantes líbios, ao controlo das urbes fenícias da área (como Útica ou Adrumeto), à realização de viagens de exploração ao longo da costa norte-africana, à travessia do estreito de Gibraltar e à implantação de novas feitorias. Com estes feitos, e ainda com o desenvolvimento de colonatos no sul da Hispânia, a cidade de Cartago conquistou posições costeiras cruciais, assegurou o domínio de bons portos e construiu uma armada poderosa, por meio da qual começou a controlar as principais rotas comerciais de acesso ao Mediterrâneo ocidental.

A riqueza de Cartago não assentava, porém, apenas no comércio: tinha uma forte base agrícola, resultado da exploração dos férteis terrenos norte-africanos, que ajudavam à prosperidade de uma aristocracia fundiária, enriquecida com o cultivo de muitos cereais, de uvas, de figos, de azeitonas, de amêndoas e de romãs, em quantidades que permitiam a obtenção de excedentes destinados à exportação.

Por volta do ano 300 a. C., estima-se que Cartago controlasse já metade do atual território da Tunísia, ou seja, aproximadamente a mesma superfície territorial que Roma e os seus aliados dominavam (embora as terras sob o domínio púnico possuíssem um índice de produtividade mais elevado). Ao contrário dos Romanos, os Cartagineses não tinham por hábito estender a cidadania e os direitos políticos aos povos das áreas que ficavam sob o seu controlo; por isso, em Cartago, a guerra era sobretudo praticada por mercenários contratados pelo Estado, e não pelos seus abastados cidadãos.

Pensa-se que, inicialmente, Cartago terá sido uma monarquia de pendor religioso, mas sabemos que, no séc. III a. C., tinha já lugar a eleição anual de dois "sufetas", que eram os principais funcionários executivos do Estado e que possuíam o poder civil e religioso, embora não detivessem o comando militar. Um Conselho de 30 anciãos (ou "Gerúsia"), com funções de assessoria e talvez extraído do "Conselho dos 104", que o supervisionava, assim como uma Assembleia do Povo (dominada por um número restrito de famílias nobres) completavam o sistema político cartaginês, a quem os historiadores reconhecem hoje um equilíbrio interessante entre "monarquia" (sufetas), "aristocracia" (Conselho dos 104) e "democracia" (Assembleia do Povo). Certo é que, na década de 280 a. C., Cartago se impunha como uma cidade riquíssima, controlando o comércio no Mediterrâneo ocidental e dominando as costas de África e da Hispânia, assim como as ilhas da Sicília, da Sardenha e da Córsega, entre outras.

Quanto a Roma, como foi explicado nos capítulos anteriores, debelara na segunda metade do séc. IV a. C. a última grande rebelião das outras urbes latinas, pusera fim à Liga Latina[1] e estendera amplamente a cidadania

---

[1] Vide atrás De Man, cap. 5.2 §2.

romana – gerando cidades aliadas, que perdiam independência política, mas que obtinham grandes benefícios e que continuavam a poder gerir os seus assuntos internos. Até inícios do séc. III a. C., a expansão romana conheceu um ímpeto assinalável, devido também à submissão das colónias gregas da Itália peninsular. Os recursos humanos da República e a capacidade integradora de Roma potenciavam um crescimento assinalável da escala da guerra e pareciam anunciar que, em breve, a cidade deixaria de ser uma potência meramente peninsular. O conflito com Cartago tornava-se iminente, e nada mais lógico do que ser a ilha da Sicília – situada entre as duas potências rivais e um território estratégico para o controlo do comércio mediterrânico – a constituir o palco dos primeiros confrontos.

Fig. 1. Guerras Púnicas - por Fábio Mordomo

2. A Primeira Guerra Púnica (264-241 a. C.)

Em 289 a. C., a morte de Agátocles, o tirano grego de Siracusa (a principal cidade do sudeste da Sicília), abriu uma crise política na ilha. Agátocles conquistara Siracusa entre 315 e 312 a. C. e, para afirmar o seu poder, para conseguir enfrentar os Cartagineses – que dominavam as partes sul e ocidental da Sicília – e para alargar o domínio da sua cidade, apoiara-se em forças mercenárias. Entre estas, contava-se um bando de soldados da Campânia, descendentes das tribos montanhesas que, nos finais do séc. V a. C., se tinham estabelecido nas planícies desta fértil região do sul da Itália.

À morte de Agátocles, os mercenários da Campânia, desmobilizados, deslocaram-se para Messina, a principal urbe do nordeste da Sicília, que os acolheu, mas eles começaram a provocar danos, massacrando cidadãos, raptando mulheres, roubando diversos bens e utilizando a cidade como base para incursões contra alguns territórios vizinhos, aos quais iam impondo tributos e outros encargos. Por esta altura, os mercenários da Campânia terão começado a designar-se a si próprios por "mamertinos" (*mamertini*), ou seja, "filhos de Marte", o deus romano da guerra.

Pouco tempo depois (em 280 a. C.), Roma iniciava a sua guerra contra Pirro, o rei grego do Epiro (atual Albânia), que tinha sido contratado por uma cidade grega da Calábria, Tarento, para combater os Romanos e as suas intenções de domínio do sul da Itália. A guerra contra Pirro, que se prolongou até 275 a. C. (data da vitória final dos Romanos, arrancada a ferros na batalha de Malvento), obrigou Roma a acautelar a proteção de algumas cidades suas aliadas[2]. Uma dessas cidades foi Régio, localizada no lado oriental do estreito de Messina, onde os Romanos instalaram uma guarnição de 4000 homens, chefiada por um oficial chamado Décio. Esta força era composta sobretudo por soldados da Campânia, facto que contribuiu para a sua revolta, em jeito de imitação dos seus parentes e vizinhos de Messina... Os homens de Décio logo começaram a maltratar os cidadãos de Régio, e Roma, absorvida pelo esforço da guerra contra Pirro e a cidade de Tarento, não teve condições para responder de pronto a este ato de traição.

Em 276 a. C., Pirro, animado pelos seus sucessos iniciais na guerra contra os Romanos (vitórias na batalha do rio Síris, em 280, e na batalha de Ásculo, em 279), tentou a sua sorte na Sicília, correspondendo a um apelo de Siracusa para que defendesse as cidades gregas da ilha.

---

[2] Vide De Man, cap. 5.2 §5.

Apesar de espetacular, a investida do rei epirota acabou em fiasco, com uma derrota naval frente à poderosa frota de Cartago. No ano seguinte, Roma derrotou Pirro em Malvento e, três anos mais tarde (em 272 a. C.), Tarento caiu também nas suas mãos, confirmando o domínio romano sobre o sul de Itália. Assim, em 271 a. C., os Romanos puderam finalmente ocupar-se de Régio, cidade que conquistaram depois de um longo cerco; a vingança foi cruel e os 300 soldados campanos capturados com vida foram executados no *Forum* de Roma.

Enquanto isso, na Sicília – território ainda estranho aos Romanos –, a situação dos mamertinos ia-se tornando cada vez mais difícil. Tanto mais que, em Siracusa, havia agora um novo líder, eleito pelo exército: Hierão, um soldado grego, experiente nas guerras contra as incursões italianas e um bom político, que casara com a filha de um dos notáveis da cidade. À frente do exército de Siracusa, Hierão venceu os mamertinos em duas batalhas travadas em data incerta, entre 271 e 265 a. C., primeiro junto ao rio Ciamosoro e, depois, de forma mais categórica, perto do rio Longano.

Neste contexto, em 265 a. C., os mercenários da Campânia em Messina pediram ajuda a Cartago e a Roma. Bem implantada no sul e na parte ocidental da Sicília, Cartago acorreu rapidamente, através de um oficial chamado Aníbal, que comandava a esquadra púnica ao largo das ilhas Líparis (a nordeste da Sicília). Aparentemente, os Cartagineses terão tentado ganhar algum tempo na sua posição perante Hierão, ao mesmo tempo que tentavam uma aliança com os mamertinos, o que lhes permitiu ocupar uma parte da cidade de Messina; perante isto, Hierão, indisponível para fazer a guerra contra Cartago, retirou para Siracusa. Quanto aos Romanos, parece que o senado hesitou na posição a tomar: recusar a aliança com os mamertinos, apoiantes recentes do traidor Décio e dos rebeldes de Régio? Ou avançar para essa estranha aliança, tendo em conta o interesse em defender a supremacia de Roma no sul de Itália, tanto mais que se tratava de uma região de conquista recente e precária, devido às ligações entre as cidades helenísticas da Calábria e as comunidades gregas do sul da Sicília?...

Perante a hesitação do senado, foram os cônsules eleitos em 264 (Ápio Cláudio Cáudice e Marco Fúlvio Flaco) que persuadiram o povo, nos

Comitia Centuriata, a pronunciar-se a favor de uma expedição siciliana; a perspetiva de bons despojos deve ter atraído os cidadãos mais ricos e decidiu a votação. Deste modo, Ápio Cláudio tornou-se o primeiro líder romano a atravessar o mar com um exército (o outro cônsul ficou na Etrúria, vigiando os Volsínios). Provavelmente, os Romanos esperariam um confronto relativamente fácil com Hierão de Siracusa, e não propriamente uma guerra contra Cartago, assunto que a assembleia não deve sequer ter votado. No fundo, como lembra Políbio, tratava-se de aproveitar uma boa oportunidade, juntando uma campanha lucrativa e prestigiante ao interesse subliminar (realçado por Díon Cássio) de travar Cartago, que após a queda de Tarento estava praticamente face a face com Roma.

Em 264 (ou 263) a. C., os mamertinos expulsaram a pequena guarnição cartaginesa de Messina, e o tribuno Gaio Cláudio atravessou o estreito por duas vezes, durante a noite, para entabular negociações. Concretizada a aliança entre os Romanos e os mercenários, o cônsul Ápio Cláudio avançaria mais tarde, também de noite, para iludir a vigilância marítima da frota cartaginesa. Ao mesmo tempo, Roma enviou embaixadores a Siracusa e a Cartago, justificando a sua decisão de apoiar os mamertinos (em 279-278 a. C., Roma e Cartago haviam assinado um tratado de apoio mútuo contra o rei Pirro, onde se regulavam as esferas de influência das duas potências e se prometia o desenvolvimento de relações amistosas entre ambas...).

Em resposta, Cartago e Hierão uniram-se para conquistar Messina e travar os Romanos. O líder de Siracusa cercou a cidade, mas o assédio fracassou, graças a um ataque bem-sucedido de Cláudio ao acampamento grego e a uma vitória romana numa escaramuça contra os Púnicos; com isto, a aliança contra Roma desfez-se. Pouco depois, Cláudio devastou os arredores de Siracusa, regressando depois a Roma.

Os cônsules eleitos para 263 (Mânio Valério Máximo e Mânio Otacílio Crasso) avançaram então para a Sicília, cada qual à frente de duas legiões e de duas "alas" de tropas auxiliares (ao todo, seriam cerca de 40 000 soldados). Os sucessos romanos não se fizeram esperar, e Valério Máximo acabou por vencer Hierão, que se rendeu e se tornou aliado de Roma. Este facto seria decisivo para a vitória romana, devido às dificuldades de abastecimento de que o exército já sofria, em resultado do bloqueio do estreito de Messina pelos Cartagineses. Hierão continuou à frente da cidade de Siracusa e, até ao final dos seus dias, permaneceria leal a Roma. Segundo Diodoro Sículo, na sequência dos acontecimentos de 263 a. C., 67 cidades sicilianas passaram-se para os Romanos. Roma entrara com o pé direito na guerra e, em perto de dois anos, conseguira garantir uma posição fortíssima na ilha até então dominada por Gregos e Púnicos!

Do outro lado, Cartago, cuja presença na Sicília era já secular e que há muito se esforçava por dominar toda a ilha, via-se agora confrontada com um novo desafio. Porém, confiantes na sua experiência e no seu poderio naval, os Púnicos contavam vencer Roma nesta primeira disputa direta entre as duas potências e não terão sequer sonhado com uma guerra tão arrastada e tão renhida quanto aquela que veio a acontecer.

O primeiro episódio militar relevante da Primeira Guerra Púnica, após a aliança entre Roma e Hierão de Siracusa, foi a disputa pela cidade de Agrigento, situada a meio da costa sul da Sicília (isto é, bem frente a África) e que Cartago queria utilizar como sua base principal. No verão de 262, os Romanos (através dos cônsules Lúcio Postúmio Megelo e Quinto Manúlio Vítulo) cercaram Agrigento, defendida pelo general cartaginês Gisgão, à frente de uma pequena guarnição armada e de uma massa de habitantes e refugiados, que atingiria as 50 000 almas. O bloqueio romano, facilitado pelo facto de Agrigento não possuir um porto (ficava situada a alguns quilómetros da costa, num planalto), implicou a instalação de dois acampamentos fortificados, a construção de fossos e de fortins e o levantamento de uma linha de circunvalação e de outra de contravalação, para impedir o acesso à cidade. Os Cartagineses resistiram como puderam, através de surtidas e beneficiando de um socorro que lhes chegou por meio de Hanão, graças ao qual conseguiram atacar o abastecimento romano e cortar as linhas de comunicação adversárias. Durante algum tempo, Romanos e Cartagineses mantiveram-se acampados a cerca de 2 km de distância, com os Púnicos a resistirem à ideia de travar uma batalha decisiva. No entanto, a situação dentro da cidade tornou-se de tal forma desesperada que Hanão foi forçado a combater: a vitória sorriu aos Romanos e, assim, sete meses depois do início do cerco, ou seja, já em 261 a. C., Agrigento capitulou.

Esta importante vitória romana (que não teria sido possível sem o bom aprovisionamento garantido pela aliança com Hierão de Siracusa) animou o senado a avançar para a tentativa de expulsão dos Cartagineses da Sicília. A guerra ganhava, pois, uma nova dimensão! Ciente de que não poderia alcançar o seu objetivo sem conquistar vantagem nos mares, o senado romano tomou então uma decisão relevante: decidiu construir uma esquadra de guerra, que seria composta por cem embarcações "quinquerremes" (isto é, próprias para grupos-base de cinco remadores) e vinte "trirremes" (pensadas para grupos-base de três remadores). Os antecedentes romanos na guerra naval eram pouco expressivos, pelo que se optou por copiar um modelo de "cinco" (ou quinquerreme) cartaginês capturado perto de Régio. Em cerca de dois meses, a esquadra ficou pronta, tendo-se recrutado e treinado perto de 30 000 remadores (os "cincos" levavam 300 homens, dos quais 20 marinheiros, e os "três" levavam 200 homens, entre eles 30 marinheiros, oficiais e soldados) no seio dos cidadãos pobres, dos aliados navais e de outros povos itálicos. Quando se iniciou o ano de 260 a. C., Roma estava apta a manobrar nos mares que envolvem a Sicília, com os navios equipados com robustos esporões para perfurar os cascos dos barcos adversários e as tripulações habilitadas a executar as manobras de abalroamento e de abordagem então praticadas.

Assim, enquanto o cônsul Gaio Duílio ficava ao comando das forças terrestres na Sicília, o outro magistrado eleito em 260, Gneu Cornélio Cipião, zarpou para a ilha à frente dos primeiros 17 navios. Chegado a Messina, preparou a logística para a restante armada, mas não evitou cair numa cilada naval em Lípara (ilhas Líparis), o que lhe valeu um dissabor e a alcunha de Cipião "Asina" ("burra"). Com o colega aprisionado, Duílio assumiu, em Messina, o comando da jovem armada. Terá sido por esta altura que os Romanos introduziram nas suas embarcações uma importante inovação, o chamado "corvo", que lhes seria muito útil nos primeiros combates navais: trata-se de uma ponte para abordagem com cerca de onze metros de comprimento e um pouco mais de um metro de largura, munida de parapeitos laterais, a qual encaixava num mastro de cerca de sete metros instalado no convés; a ponte era içada ou rebaixada através de um sistema de roldanas, e o nome "corvo" advém do facto de a extremidade posterior do pontão estar equipada, na parte de baixo, com um poderoso espigão em forma de bico; o engenhoso sistema permitia girar a ponte de acordo com a direção do ataque do inimigo e possibilitava ao "corvo" ferrar o convés da embarcação adversária; depois, bastava aos soldados romanos atravessarem a ponte e invadirem a embarcação adversária, tirando partido da sua maior capacidade no combate corpo a corpo.

Graças a este dispositivo, Duílio tornou-se o primeiro general romano a vencer os Cartagineses no mar: foi na batalha naval travada em 260 a. C., ao largo de Milas, junto às ilhas Líparis, na costa nordeste da Sicília. Os Púnicos, liderados por Aníbal, tentaram evitar os "corvos", flanqueando a linha romana e atacando pela popa, mas a esquadra latina manobrou a preceito e conseguiu vencer; os Cartagineses perderam 40 a 50 navios, e Duílio pôde comemorar o primeiro triunfo naval romano.

Seguiram-se combates na Córsega, na Sardenha e na Sicília, durante o consulado de Lúcio Cornélio Cipião e de Gaio Aquínio Floro, em 259 a. C. Neste ano, Lúcio Cipião ocupou a Córsega, dando início a um domínio romano, que se prolongaria por vários séculos. No ano seguinte, os Romanos venceram um combate naval perto de Sulci, mas mais relevante e renhida foi a batalha naval travada ao largo de Tíndaris (perto de Milas), em 257 a. C. Neste confronto, algo fortuito, o cônsul Gaio Atílio Régulo venceu com dificuldade, tendo visto nove dos seus navios abalroados e afundados, contra dez navios púnicos capturados e oito afundados.

Em 256 a. C., Roma decidiu mudar de estratégia e invadir a África cartaginesa. Os dois cônsules desse ano, Mânlio Vulsão Longo e Marco Atílio Régulo, partiram do cabo Paquino (no extremo sudeste da Sicília) com uma imensa esquadra de 330 navios e 140 000 homens, a que Cartago se opôs com uma frota de guerra composta por 350 navios e equipada com 150 000 homens (os números de Políbio estarão algo inflacionados, mas dão uma ideia da magnitude das forças em presença). Os Romanos desejavam desembarcar em África (levavam 500 cavalos a bordo e muitos navios de transporte, rebocados por navios de guerra), mas os Púnicos tentaram gorar este plano, forçando os adversários a travar um combate ao largo da Sicília.

Tal foi o cenário para a grande batalha naval de Écnomo (perto de Agrigento), provavelmente um dos maiores combates navais da história do Ocidente. Os Romanos dispuseram-se em três linhas, formando um triângulo com uma fila de reserva posicionada mais atrás; Régulo comandava a ala direita e Vulsão a ala esquerda. Quanto aos Cartagineses, com Amílcar liderando ao centro, organizaram uma linha perpendicular à costa e um flanco esquerdo disposto em diagonal com terra; na direita, Hanão chefiava os navios mais rápidos, tratando de ultrapassar o flanco esquerdo romano para facilitar o envolvimento. O plano púnico consistia em fragmentar a compacta formação romana, para que as alas pudessem depois abater-se sobre a retaguarda e os flancos adversários; através de muitos pequenos recontros, tentar-se-ia evitar os ataques frontais dos Romanos, por causa do "corvo", ao mesmo tempo que se privilegiaria a superioridade púnica nas manobras de abalroamento. O plano era bom, mas a vitória sorriu a Roma: depois de derrotarem Amílcar, ao centro, os cônsules conseguiram reunir navios suficientes e conduziram-nos em socorro do resto da armada; os Cartagineses não encontraram antídoto para os "corvos" e, apesar de terem logrado dividir a frota adversária, não foram felizes na hora de abordar e capturar os navios romanos, talvez por levarem menos soldados a bordo.

Depois desta grande vitória, a frota romana regressou à Sicília, para reparar os navios e recuperar as embarcações capturadas. Feito isso, Vulsão e Régulo zarparam para África, tendo desta feita conseguido alcançar sem dificuldade o cabo Bom (a norte de Cartago) e desembarcado nas proximidades da cidade de Áspis (a que os Romanos chamariam Clúpea), que ficava a leste da capital púnica. Áspis foi cercada e tomada pelos Romanos, seguindo-se alguns saques e outras conquistas menores na região (como Kerkouane, ligeiramente a norte), posto o que Vulsão regressou a Itália com o grosso da frota, enquanto Régulo permanecia em África com o exército terrestre (c. 15 000 infantes e 500 cavaleiros), apoiado por 40 navios. Ameaçada de perto, Cartago organizou a sua própria defesa, sob o comando de Asdrúbal (filho de Hanão), de Bostar e de Amílcar (o comandante supremo da Sicília, que veio também apoiar). Desconhecemos os efetivos às ordens deste comando púnico tripartido, mas sabemos que dispunham de uma cavalaria numerosa e de muitos elefantes.

Confiante, Régulo avançou e, em finais de 256 a. C., cercou Adis (a sul de Cartago). Os Púnicos reagiram e empreenderam a construção de um acampamento fortificado numa colina sobranceira à cidade, num terreno acidentado (pouco conveniente para a cavalaria e para os elefantes). Perante a relutância dos comandantes cartagineses para arriscar uma batalha, Régulo optou por forçar o combate, organizando um ataque de surpresa ao acampamento inimigo, de madrugada. A ousadia foi recompensada, e a vitória coube aos Romanos, que avançaram logo para a captura de Tunes, que, por estar situada ligeiramente a sudoeste de Cartago, se tornou uma bela base de operações. Cartago estava agora à beira do colapso, tanto mais que travava simultaneamente uma luta renhida contra os reinos númidas!

Em finais de 256 e inícios de 255 a. C., Régulo tentou negociar a paz, de modo a sair em ombros ainda antes do termo do seu mandato consular (as eleições realizavam-se em março). Contudo, as condições que exigiu aos seus adversários foram de tal forma leoninas que Cartago as rejeitou e optou por reconstruir o seu exército durante o resto do inverno. Foi nessa altura que chegaram à capital africana 50 a 100 mercenários gregos, entre os quais Xantipo, um chefe treinado em Esparta, muito experiente na arte da guerra, que tratou de renovar o exército púnico e conduziu depois as suas forças (12 000 infantes, 4000 cavaleiros e 100 elefantes) em busca de Régulo.

Foi assim que se deu a batalha de Tunes, em 255 a. C., que veio a constituir a única vitória cartaginesa em terra durante a Primeira Guerra Púnica. Os Púnicos acamparam a escassos 2 km dos Romanos, e, crendo-os debilitados, Régulo optou por atacá-los sem cuidar de proteger a sua cavalaria (posicionada nos flancos e muito menos numerosa do que a adversária). Este erro, assim como a boa prestação dos elefantes, alinhados ao centro, explicam a estrondosa derrota romana: só 2000 soldados conseguiram escapar e o próprio Régulo foi aprisionado e torturado.

A vitória cartaginesa em Tunes operou uma reviravolta na guerra, que se estendeu à Sicília e à Numídia, onde Cartago reforçou as suas posições. A partir daqui, e até ao fim da Primeira Guerra Púnica, Roma não mais tentaria desembarcar um exército em África, limitando-se à realização de algumas incursões costeiras. Para agravar a situação, ainda em 255 a.

C., depois de uma bem-sucedida operação de resgate dos sobreviventes romanos de Tunes (com uma vitória naval no cabo Hermeu, a norte de Áspis), a esquadra romana sofreu um desastre no seu regresso à Sicília: desejando atemorizar as cidades da costa sudoeste da ilha, favoráveis a Cartago, como forma de induzir a defeção de algumas, a esquadra foi apanhada por uma tempestade nas proximidades de Camarina (no sul da Sicília); de entre 364 navios, só se salvaram 80!

Roma reagiu e, em apenas três meses de 254 a. C., reconstruiu a sua frota. Assim, 220 navios (provavelmente já não equipados com o "corvo", que, devido ao peso excessivo que causava na proa, pode ter contribuído para o desastre de Camarina) partiram de Itália para Messina, onde se juntaram aos 80 barcos sobreviventes; depois, atacaram e conquistaram Palermo – antiga Panormus, a cidade mais importante do noroeste da Sicília. Nesse ano, eram cônsules Cipião "Asina" e Aulo Atílio Caiatino, e a bem-sucedida operação panormitana (as defesas foram penetradas no ponto mais próximo do mar e a cidade foi tomada de assalto) animou os Romanos. No ano seguinte (253 a. C.), organizou-se uma razia da costa de África, que terminou em desastre devido à ocorrência de uma nova tempestade, que apanhou a esquadra no seu regresso à Sicília (perto do cabo Palinuro, em Itália), o que levou à destruição de 150 navios...

Para compensar este novo dissabor, em 252 a. C., os Romanos conseguiram conquistar Lipara, negando assim aos Cartagineses o controlo das importantes ilhas Líparis; no mesmo ano, Roma apoderou-se também de Termas (a sudeste de Palermo). Em 251 a. C., os Cartagineses reforçaram o seu exército na Sicília e, em finais de 250, Asdrúbal decidiu avançar sobre Palermo, contra Lúcio Cecílio Metelo, o comandante romano da praça. Metelo, que fora cônsul no ano anterior, organizou bem a defesa e, simulando relutância em combater, atraiu os Cartagineses para junto da muralha; a manobra causaria o desastre das tropas de Asdrúbal, com os elefantes massacrados por tiros disparados a partir das muralhas, com a realização de surtidas letais e com o destacamento de *velites* (infantaria ligeira) no exterior dos muros, fustigando os soldados púnicos. Foi o último grande combate terrestre desta guerra, e o seu resultado encorajou os Romanos, que, ainda em 250 a. C., decidiram cercar Lilibeu, uma importante praça na zona ocidental da Sicília, perto das ilhas Égates.

Este assédio foi aparatoso, tendo envolvido dois exércitos consulares e uma esquadra de 200 navios. Os cônsules desse ano eram Gaio Atílio Régulo e Lúcio Mânsio Vulsão Longo, dois repetentes. A operação envolveu diversas obras de cerco e a construção de aríetes, com especialistas fornecidos a Roma por Hierão de Siracusa. Os Cartagineses defenderam-se bem, sob a liderança de Himilcão, fazendo surtidas bastante eficazes contra o acampamento e as máquinas de guerra romanas; nestas circunstâncias, o cerco arrastou-se. A marinha romana conseguiu bloquear o porto, mas Aníbal ludibriou o bloqueio e abasteceu Lilibeu com mantimentos e com 10 000 mercenários. Um outro Aníbal, conhecido por "o Ródio", também enganou diversas vezes a marinha inimiga e garantiu contactos com Cartago e algum aprovisionamento. Por fim, o exército romano conseguiu selar Lilibeu com rochas e entulho e bloqueou uma passagem que conduzia ao porto; na altura, um veloz "quatro" púnico que ali se encontrava encalhado foi apreendido e passou a servir de navio patrulha, tendo acabado por aprisionar o próprio "Ródio". O cerco prosseguia, mas a vantagem romana era evidente, apesar das baixas; para consolidar posições, o senado enviou mais 10 000 remadores para a Sicília.

Como forma de pressionar a resistência cartaginesa em Lilibeu, no ano seguinte (249 a. C.) o cônsul Públio Cláudio Pulcro decidiu atacar a base púnica de Drépano (a norte de Lilibeu), e daqui veio a resultar uma nova batalha naval, que terminou com a vitória cartaginesa. Adérbal, o almirante de Cartago, apercebendo-se da aproximação dos Romanos, acelerou e fez-se ao mar, para não ser encurralado no porto; conseguiu o seu objetivo por um triz, circulando a remos, com os barcos em fila indiana, enquanto os adversários entravam no porto pelo lado sul... A manobra, de todo inesperada, lançou a confusão no seio da esquadra romana, que reagiu e acabou por conseguir formar uma linha de batalha, com os esporões apontados ao mar alto; contudo, Adérbal flanqueou a posição romana e obrigou os inimigos a combater de costas para terra. Esta foi a única derrota significativa da marinha romana em toda a guerra; ao todo, devem ter estado envolvidos no combate de Drépano 100 a 130 navios, de cada lado.

A derrota romana deve ter-se ficado a dever ao facto de os barcos terem sido forçados a combater numa posição muito ingrata, com as popas perto da costa, sem poderem evitar o combate e ganhar velocidade; além disso, os navios romanos já não deviam dispor do "corvo", um grande dissuasor dos ataques frontais. Assim, pela primeira vez, Cartago pôde pôr em campo a sua perícia no abalroamento, com os barcos atingindo os adversários e, depois, recuando sem risco de serem enganchados. Os navios romanos não tiveram espaço para manobrar e para evitar os esporões inimigos, ou para se auxiliarem mutuamente: muitas embarcações foram ao fundo, encalharam ou foram simplesmente abandonadas, e só trinta conseguiram escapar, incluindo o navio almirante de Cláudio Pulcro (que seria mais tarde julgado em Roma, por alta traição).

Ainda em 249 a. C., registou-se um outro desastre romano no mar: o parceiro consular de Pulcro, Lúcio Júnio Pulo, comandava um comboio de 800 cargueiros escoltados por 120 navios de guerra, que transportava cereais para o cerco de Lilibeu; a caminho da Sicília, este comboio desorganizou-se, tendo uma parte dele sido atacada pelos Cartagineses (comandados por Cartalão) enquanto a outra, com o cônsul Pulo, foi apanhada por uma tempestade surgida depois do cabo Paquino, tendo-se despedaçado contra a costa. Depois destes acontecimentos infelizes, o senado suspendeu durante algum tempo a opção pela guerra naval e nomeou Aulo Atílio Caiatino como ditador, tendo este antigo cônsul assumido pessoalmente o comando do exército da Sicília.

O ano de 248 a. C. conheceu a continuação dos assédios romanos a Lilibeu e a Drépano. Em 247, entrou em cena Amílcar Barca, na opinião de Políbio o comandante mais talentoso de toda a Primeira Guerra Púnica. Amílcar instalou-se perto de Palermo, na colina de Hercte, uma base bastante segura e que dominava um bom ancoradouro. Durante três anos (até 244 a. C.), combateu rijamente os Romanos na Sicília, tendo obtido uma série de vitórias, mas de pequena escala e sem influência decisiva. No ano de 244 a. C., Amílcar Barca tomou a cidade de Érix (na zona ocidental da Sicília, muito perto de Drépano), graças a um ataque de surpresa. Até ao termo da guerra, aguentaria esta posição, com pequenos sucessos obtidos em incursões pontuais: o facto de Cartago estar também em guerra com as tribos indígenas do Norte de África deve ter privado Amílcar dos efetivos necessários a manobras mais ambiciosas.

Aos poucos, as operações terrestres na Sicília tornaram-se quase irrelevantes e, perante o arrastar do conflito, em finais de 243 ou já em 242 a. C., Roma decidiu reconstruir a sua frota. Foram fabricados 200 "cincos", copiados (com adaptações) do navio de Aníbal "o Ródio" capturado em Lilibeu. Isto permitiu a um dos cônsules de 242, Gaio Lutácio Cátulo, acompanhado pelo pretor Quinto Valério Faltão, atuar com sucesso na Sicília: apoderaram-se do porto de Drépano e isolaram a vizinha Lilibeu por mar, impedindo também que Amílcar Barca continuasse a ser abastecido por via marítima. Ao mesmo tempo, investiram no treino da esquadra, numa fase em que Cartago tinha a sua marinha meio adormecida e parece ter levado demasiado tempo a reunir equipagens para 250 navios, que foram finalmente enviados para a Sicília a fim de abastecer as guarnições púnicas e de, sob o comando de Hanão, enfrentar o inimigo.

No primeiro trimestre de 241 a. C., as duas frotas rivais estavam posicionadas ao largo das ilhas Égates, na região mais ocidental da Sicília. Os Cartagineses, agrupados na ilha mais a poente (a "Sagrada"), aguardavam vento favorável para poderem rumar a Érix sem serem notados, mas Catulo, avisado, deslocou-se para outra das ilhas. A 10 de março, Hanão dispôs por fim do vento ocidental que tanto desejava e decidiu avançar. Coube então a Catulo tomar uma decisão difícil: intercetar a esquadra púnica (navegando contra a ondulação e expondo-se a mais um desastre natural) ou protelar o ataque e permitir, com isso, que Hanão e Amílcar Barca reunissem as suas forças? Catulo decidiu arriscar, e daí resultou a famosa batalha naval das ilhas Égates, que terminaria com a vitória da esquadra romana, composta por embarcações mais rápidas e mais facilmente manobráveis, logo mais bem preparadas para o abalroamento. Tanto quanto se sabe, os Romanos afundaram 50 navios púnicos (20 dos quais com a tripulação toda a bordo) e capturaram outros 70; do lado romano, registaram-se 30 embarcações afundadas e outras 50 danificadas. Especialmente impressionantes foram os números dos prisioneiros púnicos: Políbio calcula-os em 10 000, enquanto outras fontes os situam entre os 4000 e os 6000; ao que parece, não foram mais porque, a meio da batalha, o vento virou para leste e permitiu que muitos navios cartagineses escapassem.

Obtida esta vitória, Cátulo insistiu no cerco a Lilibeu. Nesse momento, porém, desprovida de navios de guerra e sem recursos humanos para prosseguir a luta, Cartago pediu a paz, que seria negociada entre o cônsul romano e um oficial de Amílcar Barca, de nome Gisgão. Estava-se ainda em 241 a. C. e Cátulo queria concluir a guerra o mais depressa possível, antes de o seu mandato acabar, motivo que terá facilitado a conciliação das partes, que depressa acordaram em quatro cláusulas principais: abandono da Sicília pelos Cartagineses; compromisso entre os dois opositores de não fazerem a guerra aos aliados do outro; libertação gratuita dos prisioneiros romanos e resgate dos detidos cartagineses; e pagamento, por Cartago, de uma indemnização de 2200 talentos. Todavia, em Roma, os *Comitia Centuriata* acharam as cláusulas brandas e agravaram a indemnização para 3200 talentos (dos quais 1000 pagos a pronto), além de obrigarem Cartago a evacuar todas as pequenas ilhas existentes entre a Sicília e África...

Roma não só vencera a guerra como alcançara o seu objetivo mais ambicioso: expulsar os Cartagineses da Sicília! Cartago deixava de poder dominar o Mediterrâneo ocidental, embora se mantivesse forte em África, na Hispânia e na Sardenha. Roma não tentou integrar Cartago na sua rede de "aliados", mas cerca de 227 a. C. seria nomeado um governador para a Sicília, que assim se tornou a primeira "província" romana.

Com o termo da Primeira Guerra Púnica, a situação política em Cartago deteriorou-se, e em 240 eclodiu a "Guerra Mercenária", que se prolongaria por três anos. Os veteranos sicilianos de Amílcar Barca sentiram-se traídos por Cartago (que tentou reduzir o soldo inicialmente acordado) e revoltaram-se. Eram cerca de 20 000 mercenários, liderados por um líbio, por um escravo fugido da Campânia e por um gaulês, e conseguiram recolher fortes apoios no seio do campesinato líbio (farto de impostos e do recrutamento militar cartaginês) e entre os príncipes da Numídia. A revolta alastrou e levou mesmo ao bloqueio de Cartago: a cidade viu-se e desejou-se para travar a insurreição, e valeu a força e o talento de Amílcar Barca para sanar o coflito. Finalmente, em 237 a. C., a rebelião foi esmagada com inusitada crueldade.

Durante esta crise, Roma começou por não se aproveitar da situação e até ajudou Cartago, proibindo os mercadores romanos em África de abastecer os mercenários e autorizando a devolução gratuita dos prisioneiros púnicos ainda retidos. Porém, em 240-239 a. C., os mercenários púnicos da Sardenha também se revoltaram, acabando por ser expulsos da ilha em 238 ou em 237; fugiram para Itália e abordaram o senado, solicitando o seu auxílio. Então, Roma não resistiu e enviou uma expedição militar para ocupar a Sardenha. Perante os protestos de Cartago, os Romanos ameaçaram com uma nova guerra, que os Púnicos, obviamente, não estavam em condições de travar...

Deste modo, poucos anos depois da paz de 241 a. C., Cartago foi obrigada a capitular uma segunda vez: aceitou a conquista romana da Sardenha e da Córsega e comprometeu-se ao pagamento de uma indemnização adicional de 1200 talentos. Como seria de esperar, este oportunismo romano gerou um intenso rancor em Cartago. Enquanto isso, Roma entregou-se, na década de 230, à conquista da Sardenha, que se revelaria bastante árdua, devido à forte resistência sarda.

Com a Sicília, a Sardenha e a Córsega perdidas, Cartago virou-se então para a Hispânia. Amílcar Barca foi enviado para administrar esta província púnica – no início, uma pequena província, que cobria apenas uma pequena área no sul, com o seu coração em Gades, na foz do rio Bétis. Até 229 a. C., Amílcar – que partira, talvez, saturado da incompetência da velha aristocracia púnica e desejoso de exercer um comando militar ilimitado – promoveria uma expansão assinalável da presença cartaginesa na Hispânia. Mas, em 229 a. C., foi morto numa emboscada perpetrada pela tribo celtibérica dos Oretanos, e a liderança cartaginesa passou para as mãos do seu cunhado e vice-comandante, Asdrúbal. Este prosseguiu o programa expansionista (embora com mais diplomacia: chegou mesmo a casar-se com uma princesa hispânica), mas acabou por ser assassinado, em 221 a. C. Neste contexto, o exército cartaginês da Hispânia entregou o comando ao filho mais velho de Amílcar: Aníbal Barca, que contava então 26 anos de idade. Em Cartago, a Assembleia do Povo ratificou esta eleição, que mudaria por completo o curso do conflito entre Romanos e Cartagineses.

Os Barcas construíram na Hispânia uma espécie de principado semi-independente, assente num exército bem preparado e leal à sua família, que governava em proveito próprio mas sem nunca perder de vista a ideia de uma desforra sobre os Romanos. Nesta Hispânia distante, onde os Celtiberos se haviam instalado a norte, os Iberos ao centro e a sul, e os Lusitanos a oeste, os Barcas fundaram cidades importantes, entre as quais Nova Cartago (a atual Cartagena), na costa sudeste da península.

Roma observava com apreensão o expansionismo púnico na Hispânia e procurava impor-lhe limites. Em 226 a. C., o senado, talvez preocupado com a sua velha aliada Massília (Marselha), impôs a Asdrúbal a promessa de não se expandir para além do rio Ebro, que passa em Saragoça e desagua a sul de Barcelona. Ao mesmo tempo, Roma, enquanto procurava expandir-se para fora da península itálica (cf. as guerras de 228 e 219 a. C., na Ilíria, a pretexto da pirataria), assumia como principal preocupação o controlo do Norte de Itália, onde as tribos gaulesas viviam em tensão permanente com as colónias latinas aí instaladas à força, em especial depois da lei agrária do tribuno da plebe Gaio Flamínio, aprovada em 232 a. C.

Em 225 a. C., uma grande revolta tribal encabeçada pelos Boios e pelos Ínsubres conduziu à invasão da Etrúria por 70 000 guerreiros, obrigando Roma a um esforço suplementar, que seria recompensado pela vitória obtida na batalha de Télamon pelos cônsules Lúcio Emílio Papo e Gaio Atílio Régulo. Nos anos seguintes, deram-se mais vitórias consulares no Norte de Itália, e o próprio Flamínio venceu os Ínsubres e os Cenomanos, em 223 a. C. Um ano depois, o senado rejeitou a paz com os Gauleses e Marco Cláudio Marcelo forçou o levantamento do cerco de Clastídio e matou em combate singular o rei gaulês Britomaro, enquanto, pelo seu lado, Gneu Cornélio Cipião tomava de assalto Milão – a capital dos Ínsubres. Estes sucessos levaram a uma rendição tribal generalizada e à instalação de novas colónias romanas no Norte de Itália: Cremona e Placência, nas margens do rio Pó, ambas pensadas para 6000 colonos. O que o êxito militar romano não aplacou foi o ressentimento profundo dos Gauleses, obrigados a ceder a Roma terras de primeira qualidade. Talvez isto nos ajude a compreender melhor os episódios da primeira fase da Segunda Guerra Púnica e o lendário sucesso da campanha itálica de Aníbal Barca...

3. A Segunda Guerra Púnica (218-201 a. C.)

Aníbal Barca entregou-se por completo à ideia de construir na Hispânia um exército capaz de cumprir o sonho mais ambicioso do seu pai: fazer de novo a guerra contra os Romanos. Na Hispânia, os Cartagineses acederam a metal precioso em quantidade suficiente para financiar este plano e para recrutar um elevado número de bons guerreiros tribais.

Por isso, em 220 a. C., quando eclodiu um conflito entre a cidade de Sagunto (perto de Valência), que seis anos antes se tinha tornado aliada de Roma, e uma tribo vizinha que era amiga de Cartago, Aníbal sentiu-se em condições de forçar o confronto: apesar dos protestos de Roma, cercou Sagunto, que acabou por capitular em finais de 219 ou já nos inícios de 218 a. C., ao fim de oito meses de assédio. A população foi reduzida à escravatura e o senado, furioso, exigiu que Cartago castigasse a ousadia do jovem Barca. Nos inícios de 218 a. C., os dois cônsules em final de mandato (Lúcio Emílio Paulo e Marco Lívio Salinator) integraram uma embaixada ao Norte de África, chefiada pelo prestigiado senador Quinto Fábio Máximo. As fontes contam que Fábio levava nas dobras da sua toga a paz e a guerra, e que deixaria cair aquela que os Cartagineses escolhessem; o sufeta púnico, em ambiente de grande exaltação, exortou Fábio a que fosse ele a decidir, e o líder da delegação romana optou pela declaração de guerra, que os Púnicos aceitaram, acalentando a esperança de uma desforra exemplar.

Neste contexto, Aníbal começou a preparar a grande expedição. A ideia consistia em invadir a Itália por terra, a partir da Hispânia, atravessando o rio Ebro (o limite expansionista que havia sido imposto a Asdrúbal), entrando na Gália, cruzando os Alpes e atingindo, por fim, o Norte de Itália. O projeto era temerário, mas não deixava de ser compreensível, tendo em conta que o destroço naval sofrido por Cartago, assim como a perda das ilhas mediterrânicas mais importantes e a ausência de boas bases marítimas tornariam difícil conduzir uma nova guerra por mar. Além disso, Aníbal contaria com o apoio de muitas tribos gaulesas do Norte de Itália, ressentidas com Roma.

No final da primavera de 218 a. C., tendo deixado o seu irmão Asdrúbal à frente da província cartaginesa da Hispânia, Aníbal Barca partiu de Nova

Cartago com um exército de mais de 100 000 homens (c. 90 000 peões e 12 000 cavaleiros) e 37 elefantes. A maior parte destes homens, de diversas nacionalidades, provinha da península hispânica, incluindo muitos Iberos, Lusitanos e Celtiberos. Tratava-se da maior hoste jamais reunida por Cartago, e a sua deslocação implicava um esforço logístico gigantesco e uma preparação minuciosa, que deve ter demorado perto de dois anos.

Não conhecemos o itinerário exato da hoste cartaginesa, que terá percorrido um pouco mais de 500 km até alcançar o rio Ebro, marchando em três colunas, para não congestionar as rotas e para facilitar o abastecimento. A partir daqui, e até aos Pirenéus, que cruzaria sagazmente no tempo das colheitas e já sem a sua bagagem mais pesada, Aníbal teve de enfrentar numerosos perigos e múltiplos ataques de tribos variadas. A determinada altura, o general optou por reduzir a sua hoste, mandando perto de 10 000 soldados hispânicos regressar a casa, o que, somado às baixas e às deserções, fez com que entrasse na Gália com 'apenas' 50 000 peões e perto de 9000 cavaleiros.

A travessia do rio Ródano, que desagua em Marselha, não foi fácil, devido à largura deste curso de água e à oposição de algumas tribos gaulesas que houve que ludibriar para concretizar a passagem (dos homens e dos elefantes!). Superado este obstáculo, Aníbal entrou em negociações com representantes das tribos gaulesas transalpinas, cuja colaboração seria essencial para a invasão do Norte de Itália.

Provavelmente, foi nesta altura que Aníbal teve notícia das movimentações militares dos Romanos. Esperando uma sequência de ataques na região mediterrânica, o senado distribuíra os dois cônsules eleitos em 218 a. C. de uma forma lógica: Tito Semprónio Longo fora enviado para a Sicília, com o objetivo de invadir o Norte de África e pressionar a capital púnica; e Públio Cipião fora mandado avançar para a Hispânia, de forma a atacar diretamente Aníbal, em resposta ao cerco e tomada de Sagunto. Cipião viajou por mar de Pisa até Marselha, onde tencionava embarcar o seu exército para a península ibérica; porém, quando aqui chegou, recebeu a informação de que os Cartagineses já haviam cruzado os Pirenéus e atravessado o rio Ródano, a caminho dos Alpes! A notícia apanhou de surpresa os Romanos, habituados a uma postura bélica mais defensiva dos Púnicos, mas Cipião reagiu depressa e alterou os seus planos, tentando ir de imediato em busca do adversário. Tarde demais: prevenido da chegada da esquadra romana a Marselha, Aníbal acelerou a marcha e escapou por três dias... Com a bagagem principal já a bordo dos navios e com escasso aprovisionamento, os Romanos nada mais conseguiram do que travar pequenas escaramuças com alguns destacamentos de batedores ao serviço de Aníbal Barca.

Perante esta situação, Cipião, contactado o senado, entregou o comando da maioria das suas tropas ao irmão Gneu (que as conduziria depois, por via marítima, de Marselha até à Hispânia), regressando ele próprio a Itália, para assumir o comando das tropas do vale do Pó, em luta contra os Gauleses. Ao mesmo tempo, o senado contactou o cônsul Semprónio Longo, dando-lhe ordens para abandonar a Sicília e para se vir juntar às forças de Públio Cipião, de modo a que Aníbal tivesse uma receção adequada...

Os Cartagineses, porém, foram mais rápidos do que os Romanos previam: no início de novembro de 218 a. C., já eles iniciavam a travessia dos Alpes, beneficiando de um forte apoio logístico (cereais, armamento, botas e roupas quentes) proporcionado pelo líder de uma tribo gaulesa, Braneu, que Aníbal ajudara a firmar no trono. Na subida dos Alpes, o general foi obrigado a enfrentar a ameaça dos Alóbroges (repelindo ataques perigosíssimos em zonas de desfiladeiro e outras investidas, com os elefantes a desempenharem um papel de relevo) e a suportar a neve e o frio; as tropas estiveram à beira do colapso, e Aníbal viu-se e desejou-se para manter os níveis anímicos; a descida dos Alpes, já com a Lombardia à vista, foi ainda mais difícil, sobretudo para os animais, devido ao risco das avalanches. Finalmente, duas a três semanas após o início da travessia, isto é, em meados ou finais de novembro de 218 a. C., o exército cartaginês alcançou as planícies a sul das montanhas e entrou no Norte de Itália, pela região da atual cidade de Turim. Nessa altura, já seriam apenas 20 000 peões e 6000 cavaleiros, ou seja, uma quarta parte dos que haviam partido de Nova Cartago, cinco meses antes. O destroço fora grande, mas pode bem dizer-se que Aníbal conseguira a sua primeira vitória, logo tratando de engrossar a sua hoste (repleta de soldados experientes e leais aos Barca) com um grande número de guerreiros gauleses em luta contra Roma.

Como os cônsules tinham demorado demasiado tempo a concretizar as manobras ordenadas pelo senado, Aníbal pôde enfrentar as forças de Públio Cipião ainda antes de estas serem reforçadas pelas de Semprónio Longo. Foi junto ao rio Ticino, em novembro de 218 a. C., que se deu o primeiro combate, travado sobretudo por forças de cavalaria. Os Cartagineses venceram de forma categórica e Cipião só escapou de ser morto graças ao socorro que lhe foi prestado, em desespero de causa, pelo seu filho Públio Cornélio, a quem a Fortuna reservaria um futuro grandioso.

Os sobreviventes romanos fugiram para Placência, onde as tropas do cônsul Longo se lhes juntaram poucas semanas depois. Foi perto desta cidade, junto ao rio Trébia, que, a 22 de dezembro, se deu uma nova batalha, opondo as forças de Aníbal (que já aumentara os seus efetivos para 28 000 peões e 10 000 cavaleiros) ao exército conjunto dos dois cônsules romanos, estimado em 36 000 a 38 000 infantes e 4000 cavaleiros. Neste segundo combate, Aníbal pôde ocupar previamente o terreno e conseguiu esconder cerca de 2000 homens numa vala de drenagem, sob o comando do seu irmão Magão Barca; nas alas, o general cartaginês colocou a sua melhor cavalaria, enquanto 32 elefantes foram dispostos como reforço lateral da infantaria púnica. Quando a batalha começou, a infantaria legionária romana, posicionada ao centro, conseguiu alguma vantagem sobre a sua opositora direta; porém, nas alas, o combate foi desequilibrado, com os Cartagineses (em superioridade numérica) a ganharem vantagem desde muito cedo; liberta dos seus adversários, a cavalaria de Aníbal pôde depois envolver o exército inimigo pelos flancos, enquanto Magão saía da sua emboscada e se lançava sobre a retaguarda romana, assegurando a segunda vitória cartaginesa em Itália.

Aníbal estava imparável, e o senado romano tremia perante a humilhação da sua arrancada para sul, devastando o país e atraindo cada vez mais gauleses, que reforçavam a hoste púnica com efetivos e com provisões. Chegou o inverno de 218-217 a. C. e a guerra acalmou um pouco. Mas, logo a seguir, Aníbal preparou-se para atravessar os Apeninos, o que levou o senado a enviar os novos cônsules para controlar os dois possíveis itinerários cartagineses: Gneu Servílio Gémino foi estacionado em Arímino (atual Rimini), enquanto Gaio Flamínio se colocou mais a poente, na Etrúria, junto às montanhas de Arécio. Todavia, Aníbal (que parece ter perdido um olho nesta operação) ludibriou uma vez mais os planos romanos: acelerou a marcha, seguiu por uma estrada imprevista (através dos terrenos pantanosos da Toscana, em torno do rio Arno) e, quando os cônsules deram por isso, já ele havia passado e se encontrava bem mais a sul do que o esperado... Em resposta, Flamínio ensaiou uma perseguição da hoste inimiga, numa manobra que lhe seria fatal: informado pelos seus batedores, Aníbal, ao alcançar as margens do lago Trasimeno e já com os Romanos à vista, aproveitou a noite e o nevoeiro para voltar um pouco para trás e emboscar Flamínio junto à estrada principal. O ataque deu-se a 21 de junho de 217 a. C., e dele resultou a chacina do exército de Gaio Flamínio (entre 25 000 e 30 000 homens) e a morte do próprio cônsul! A cavalaria do outro magistrado, Gémino, apareceu pouco depois, mas nada pôde fazer e ainda foi, ela própria, massacrada. É certo que os Cartagineses também sofreram baixas relevantes (1500 a 2000 homens), mas o saldo foi extremamente positivo e a operação revelou o génio militar de Aníbal, que colocou o senado à beira de um ataque de nervos...

Foi então que Roma decidiu nomear um ditador por seis meses. O escolhido foi Quinto Fábio Máximo, que já fora cônsul duas vezes e que, do alto dos seus quase 60 anos, tinha grande experiência política e militar. Para auxiliar Fábio Máximo, como "mestre de cavalaria", o senado escolheu um outro antigo cônsul: Minúcio Rufo. Os dois recrutaram e organizaram rapidamente um novo exército romano, aproveitando o que restara das legiões de Gémino e acrescentando novas unidades. Assim, Fábio e Rufo passaram a dispor de quatro legiões (um pouco menos de 20 000 homens, dos quais cerca de 7% a cavalo) e de quatro "alas" de tropas auxiliares (em número aproximado de soldados). Embora numeroso, tratava-se de um exército pouco experiente e frágil em cavalaria, devido também ao desastre sofrido no lago Trasimeno; por isso, Fábio Máximo optou por uma estratégia prudente, que lhe valeu a alcunha de *Cunctator* ("hesitante" ou "protelador"): acompanhou os movimentos de Aníbal no centro e sul de Itália, pressionou-o, acossou-o, fustigou a coluna cartaginesa com ataques cirúrgicos (nomeadamente a batedores e a destacamentos de angariação de forragens e alimentos), mas evitou sempre travar uma batalha campal.

A certa altura, no final do verão de 217 a. C., na região do *ager Falernus*, na planície da Campânia, Fábio, um general arguto, vislumbrou uma boa oportunidade para emboscar Aníbal, quando este se preparava para atravessar uma passagem estreita. Porém, o general cartaginês teve um improviso brilhante: durante a noite, enviou 2000 bois transportando umas tochas atadas aos cornos para o desfiladeiro, simulando tratar-se da principal coluna cartaginesa, e baralhou os Romanos, que precipitaram um ataque pela encosta abaixo; na confusão que se gerou, produto também do pânico das cabeças de gado, a passagem ficou temporariamente desimpedida e o grosso do exército cartaginês, devidamente formado em coluna de marcha e atento à oportunidade, atravessou incólume a garganta estreita... Quando, no fim do outono de 217 a. C., chegou ao fim o mandato de Fábio Máximo, já o exército de Aníbal estava estacionado em Gerónio, na Apúlia (no sudeste de Itália), onde organizou os seus aquartelamentos de inverno. O exército romano foi então confiado de novo ao cônsul Servílio Gémino e a Marco Atílio Régulo, que substituíra o cônsul Flamínio, morto no lago Trasimeno.

Como seria de esperar, o senado passou grande parte do inverno de 217-216 a. C. a preparar uma grande campanha militar, capaz de acabar de vez com a ousadia da invasão púnica. Decidiu-se que os novos cônsules (Lúcio Emílio Paulo e Gaio Terêncio Varrão) deveriam avançar juntos desde o início, comandando alternadamente um imenso exército. Ambos os magistrados tinham experiência militar e política (Paulo já fora cônsul e fizera a guerra na Ilíria, e Varrão fora questor, edil e pretor) e pareciam capazes de desempenhar bem o seu papel. Ao seu dispor, teriam o maior exército jamais reunido por Roma: oito legiões ligeiramente aumentadas (cerca de 5000 infantes por cada legião, em vez dos habituais 4200, mais os 300 cavaleiros do costume) e oito "alas" de tropas auxiliares (com as mesmas forças de infantaria, mas um pouco mais de cavalaria: cerca de 450 homens montados em cada "ala"); ao todo, perto de 80 000 peões e 6000 cavaleiros! Uma parte desses homens provinha das forças reunidas e treinadas por Fábio e por Rufo, mas pelo menos quatro das legiões terão sido recrutadas apenas em finais de 217 ou em inícios de 216 a. C., pelo que teriam escassa experiência. Este enorme exército recebeu ordens expressas do senado para enfrentar Aníbal e derrotá-lo em batalha campal; por isso, seguiu diretamente para a Apúlia, em busca do inimigo, que entretanto se deslocara pela costa do Adriático e alcançara a povoação de Canas, onde se apropriara de um imenso depósito de provisões.

A 28 de julho, já depois da junção das forças militares dos novos cônsules às de Gémino (que permaneceu integrado no exército, como procônsul) e de Régulo (que pediu para regressar a Roma), Emílio Paulo e Varrão alcançaram as imediações de Canas. Tratava-se de um lugar protegido a sul por uma linha montanhosa, mas bastante aberto e plano a norte, com muita área cultivada e sem árvores; foi aí que os dois magistrados traçaram o seu plano. Segundo explica Políbio, Paulo teria preferido combater numa região mais montanhosa, para contrariar a superioridade da cavalaria púnica, mas Varrão, atento ao problema do abastecimento e da deslocação de uma hoste tão numerosa, optou por uma batalha quase imediata. Assim, a 29 de julho, dia em que era ele que comandava, Varrão avançou na direção do acampamento púnico, provocando alguma confusão e originando as primeiras escaramuças. No dia seguinte, Paulo mandou o exército romano aproximar-se um pouco mais e, a 30 de julho, Varrão ordenou a instalação de dois acampamentos: o maior na margem norte do rio Ofanto, o outro na margem sul, a cerca de 1,5 km de distância.

Aníbal observou atentamente as movimentações romanas e respondeu transferindo o acampamento púnico para junto do principal arraial dos Romanos. A mensagem era clara: também o general cartaginês queria travar batalha! A 1 de agosto, Aníbal chegou mesmo a dispor o seu exército em linha de combate, mas Paulo declinou o convite; os Cartagineses retiraram, não sem antes a cavalaria númida fazer um raide relâmpago contra o pequeno acampamento romano instalado do outro lado do rio, lançando o pânico e desmoralizando as tropas aí acantonadas.

Finalmente, chegou o dia do combate de Canas (2 de agosto), uma das maiores batalhas do mundo antigo e a maior derrota da história de Roma. Com Varrão no comando, o exército romano formou as suas linhas para lutar; cerca de 10 000 homens (talvez uma legião e uma "ala") ficaram de guarda ao acampamento principal, enquanto outros 3000 (porventura não combatentes, semiarmados) guardavam o pequeno acampamento da margem sul do Ofanto. O resto das tropas foi disposto entre o curso de água (que protegia o flanco direito romano) e o sopé da montanha de Canas (que defendia o flanco esquerdo). O espaço era acanhado (a frente romana, virada para oeste teria só 2 ou 3 km), mas a solução encontrada por Varrão tinha a vantagem de dificultar o envolvimento pelos flancos. A distribuição das tropas obedeceu ao esquema tradicional: infantaria pesada ao centro (sete legiões e sete alas, c. 70 000 homens, sob o comando de Gémino); cavalaria romana à direita (2400 homens, liderados por Paulo) e cavalaria aliada à esquerda (3600 homens, chefiados por Varrão).

O plano de batalha romano consistia em apostar tudo no centro e atribuir às alas um papel de resistência: ou seja, a infantaria legionária decidiria o combate na zona nuclear do campo de batalha, enquanto as alas poderiam soçobrar, sim, mas o mais tarde possível, para manietar a poderosa cavalaria inimiga e proibi-la de atuar noutras zonas do terreno até a infantaria legionária completar o seu trabalho. O ponto mais fraco do dispositivo tinha que ver com a profundidade anormal das linhas romanas (entre 140 e 160 metros), em resultado da estreiteza do campo de batalha, que obrigava a encurtar os intervalos entre os manípulos (os corpos de 120 homens em que se decompunha cada uma das três linhas de uma legião: os *hastati*, os *principes* e os *triarii*); esta disposição facilitaria o amalgamamento das tropas durante o combate, dificultaria o comando das unidades e roubaria flexibilidade tática. Porém, mesmo essa profundidade trazia vantagens: estando, na sua maioria, distantes da linha da frente, os homens sentir-se-iam mais seguros, e também avançariam de forma mais organizada, sem se deixarem afetar pelas irregularidades do terreno.

A esta tática respondeu Aníbal com um dispositivo genial, que ainda hoje é estudado nas academias militares. Na ala esquerda, colocou a sua cavalaria pesada, hispânica e gaulesa, sob o comando de Asdrúbal: 6000 homens, a quem caberia enfrentar, em condições de grande superioridade, os 2400 cavaleiros de Paulo; na ala direita, chefiada por Maárbal (ou por Hanão), posicionou a cavalaria ligeira: 3 a 4 mil númidas, que se oporiam, de forma equilibrada, aos 3600 cavaleiros itálicos ao serviço de Varrão; ao meio, Aníbal dispôs 32 000 peões: 24 000 hispânicos e gauleses ficaram sob o seu comando direto e o de Magão, e dispuseram-se no veio central do terreno, em forma de meia-lua, com o centro avançado e formando uma cunha na direção da infantaria legionária romana, como que convidando-a a atacar; os restantes 8000 peões (a forte infantaria líbia) foram dispostos de forma sublime, em dois corpos de 4000 homens colocados nas zonas laterais do centro, mas em posição recuada e, provavelmente, sem possibilidade de serem avistados pelos Romanos na fase inicial do combate!

Quando a batalha começou, depois das habituais escaramuças entre os corpos de infantaria ligeira (*velites* romanos contra dardeiros líbios, escudeiros hispânicos e fundibulários das ilhas Baleares ao serviço de Aníbal), Asdrúbal, no flanco esquerdo, atacou de imediato a cavalaria romana de Paulo e depressa a varreu do campo de batalha; esta manobra fez ruir, logo no início, uma parte do plano de batalha romano e obrigou Paulo, ele próprio ferido, a escapar com os homens que pôde para a zona central do terreno, onde se juntaram às forças de Gémino. Liberta de oposição direta, a cavalaria de Asdrúbal foi juntar-se ao corpo chefiado por Maárbal, que travava já, no outro flanco, uma luta renhida com os cavaleiros aliados de Roma, comandados por Varrão. A chegada deste reforço desequilibrou a contenda nessa ala e forçou o cônsul romano a fugir. Nesse momento, Asdrúbal ordenou aos númidas – cavaleiros muito ágeis e velozes – que perseguissem os adversários e os impedissem de reagrupar e de regressar ao campo de batalha; enquanto isso, continuou a sua manobra e foi atacar pela retaguarda o corpo central do dispositivo romano!

Entretanto, ao centro, os legionários de Gémino, atraídos pela cunha adversária e confiantes na sua superioridade no combate corpo a corpo, atiraram-se contra a infantaria de Aníbal e de Magão; ganharam vantagem e obrigaram-na a recuar. Com esta movimentação, a cunha avançada inverteu-se e ganhou, aos poucos, a forma de um U, resultado da pressão dos poderosos legionários romanos e, quiçá, de uma manobra intencional dos Púnicos, visando aplicar o famoso golpe de "tenaz". Quando a infantaria pesada romana parecia já cantar vitória, abateu-se sobre ela um verdadeiro pesadelo: os dois corpos de infantaria líbia, escondidos nas zonas laterais do centro, atacaram os Romanos, um de cada lado, ao mesmo tempo que Asdrúbal surgia na retaguarda e fechava o cerco! Envolvidos por todos os lados, sem espaço para manobrar, com os manípulos já misturados uns com os outros e o famoso vento vulturno soprando fortes rajadas de sudeste, que parece terem levantado muita poeira e incomodado bastante os soldados romanos, os legionários lutaram o melhor que puderam, venderam cara a derrota, mas não escaparam à chacina: neste campo de batalha, onde naquela tarde de calor intenso se defrontaram perto de 130 000 homens e cavalos em menos de sete ou oito quilómetros quadrados (!), pereceram 50 000 soldados romanos (mais de metade do maior exército jamais reunido por Roma), incluindo o cônsul Lúcio Emílio Paulo, o procônsul Servílio Gémino, o antigo mestre das milícias de Fábio Máximo, Minúcio Rufo, dois questores dos cônsules, 29 dos 48 tribunos militares e ainda 80 personalidades de alto gabarito (entre as quais numerosos senadores). Do lado cartaginês, Políbio refere 5700 mortos (c. 11,5 % dos efetivos), enquanto Lívio fala em 8000 baixas (16 %). Dos que sobreviveram, muitos escaparam para Canosa, localidade onde, por iniciativa de Varrão e de quatro tribunos (entre os quais o jovem Públio Cornélio Cipião e o filho de Fábio Máximo), se concentrou o reagrupamento romano. Ao fim de alguns dias foi, por isso, possível formar duas novas legiões, cada qual com 5000 homens, o que evitou males maiores.

Claro que a notícia do desastre de Canas caiu como uma bomba em Roma. Ao sentimento de humilhação e ao luto público pelos falecidos (algo que o senado depressa limitou a 30 dias), somava-se a angústia sobre o que Aníbal iria fazer a seguir: pretenderia atacar Roma? E, se o fizesse, estaria a capital em condições de lhe resistir?

Mas Aníbal, apesar de pressionado por alguns dos seus oficiais, optou por se manter no Sul de Itália. Roma ficava a mais de 400 km, os homens estavam exaustos, não dispunha de máquinas de cerco, e a sua intenção não era conquistar a capital: Aníbal pretendia 'apenas' alargar o seu número de aliados em Itália, de modo a isolar Roma e a obrigá-la a assinar um tratado claramente favorável a Cartago, apagando a nódoa do acordo de 241 a. C. Portanto, depois de enterrar os seus mortos e de cuidar dos seus feridos, Aníbal mandou uma embaixada a Roma, com 10 dos 8000 cidadãos romanos capturados, para negociar os resgates e, se possível, a paz. Mas enganou-se: Roma, consultado o oráculo de Apolo em Delfos, castigadas duas virgens vestais e feitos alguns (raros) sacrifícios humanos, recusou receber o emissário cartaginês e tão-pouco se interessou pelo resgate dos prisioneiros... A decisão desapontou Aníbal, que no entanto beneficiou da submissão de uma boa parte do Sul de Itália em finais de 216 a. C., facto que lhe permitiu começar a praticar um outro tipo de guerra, com diversas bases operacionais, embora também com mais aliados para proteger.

Entretanto, em Roma, multiplicavam-se as medidas de reação à crise. Varrão foi mandado regressar e Marco Júnio Pera foi nomeado ditador, cabendo-lhe (e a Tibério Semprónio Graco, seu "mestre de cavalaria") iniciar o processo de reconstrução do exército. Confirmando os enormes recursos humanos da República, rapidamente foram recrutadas duas novas legiões, incorporando jovens de 17 anos e escravos libertados e recorrendo a armamento invulgar, como troféus da guerra contra os Gauleses ou peças retiradas dos templos. No entanto, no imediato, não foi possível mobilizar mais de 1000 cavaleiros, dada a sangria sofrida pela ordem equestre em Canas.

Nas eleições consulares de 215 a. C., o voto recaiu em Lúcio Postúmio Albino e em Tibério Graco. Todavia, o primeiro depressa se deixou apanhar numa emboscada na Gália Cisalpina e acabou morto, juntamente com uma parte importante do seu exército. Por isso, foi substituído por Marco Cláudio Marcelo, o experiente pretor que já havia sido cônsul e que tinha combatido na Sicília e na Gália Cisalpina. Em 214 a. C., Fábio Máximo e Marcelo foram eleitos novamente cônsules e, nos anos seguintes (em que foram sendo, intermitentemente, reeleitos), geriram o melhor possível, com êxitos e com derrotas secundárias, a guerra contra Aníbal, centrada na Apúlia e na Sicília.

Aníbal permaneceu em Itália até 203 a. C., tendo obtido sucessos importantes e alguns reveses amargos. Por um lado, conseguiu que uma cidade como Cápua passasse para o seu partido (ao contrário de Nápoles e da maioria das cidades aliadas de Roma) e, em 215 a. C., tomou Casilino (na costa oeste) após um cerco difícil, tendo entregado depois a cidade aos Campanos, com uma guarnição reforçada; em 212 a. C., tomou Tarento, na sequência de uma traição interna, e venceu os Romanos em Herdónia, na Apúlia central, contra o pretor Gneu Fúlvio Flaco e usando um estratagema do tipo utilizado no lago Trasimeno; em 210 a. C., repetiu o triunfo em Herdónia, à custa do pretor Gneu Fúlvio Centumalo e com grandes baixas romanas; e, em 208 a. C., emboscou mortalmente os cônsules Marco Cláudio Marcelo e Tito Quíncio Crispino.

Por outro lado, Aníbal viu Hanão sofrer dois desastres, o primeiro em 214 a. C. (no rio Calor, no centro de Itália, diante do cônsul Graco) e o outro em 212 a. C. (em Benevento, a leste de Cápua); além disso, em 214 a. C., não pôde travar a reconquista de Casilino por Fábio Máximo, apoiado por Marcelo, seguindo-se-lhe a captura de Arpos; fracassou também na região de Nola e, sobretudo, não conseguiu evitar a capitulação de Cápua em 212 a. C., às mãos dos cônsules Ápio Cláudio Pulcro e Quinto Fúlvio Flaco, mau grado ter marchado sobre Roma em 211, para obrigar as legiões a dispersar. Dois anos mais tarde, viu Tarento ser reconquistada pelos Romanos, na última campanha militar de Fábio Máximo.

De uma forma geral, podemos dizer que Aníbal Barca teve razões para lamentar o fraco empenhamento dos seus aliados na guerra contra os Romanos: cada cidade opositora de Roma atuava por si própria, sem coordenação com as restantes, contando com o 'guarda-chuva militar' proporcionado pelo exército cartaginês, o que fez com que tudo dependesse demasiado da intervenção do núcleo duro de Aníbal, que não podia acorrer a todos os perigos. Para ser inteiramente bem-sucedido, o general cartaginês teria precisado de receber reforços significativos, e Magão Barca bem que os foi solicitar a Cartago, em finais de 216 a. C. Porém, devido à falta de portos ou de bases navais sob controlo púnico, e à presença dominadora dos Romanos na Sicília, isso só sucedeu por uma vez, em 215 ou 214 a. C., quando Bomílcar e uma esquadra púnica conseguiram desembarcar tropas, elefantes e provisões em Lócrida, na Calábria. Assim, Aníbal foi ficando cada vez mais encurralado no Sul de Itália, vendo os Romanos aumentar o seu poderio militar (as legiões atingiram o número recorde de 23 em 212-211 a. C., o que permitiu a existência de quatro a sete exércitos do tipo consular operando em Itália) e assistindo impotente à defeção de muitos antigos aliados.

Em nosso entender, as dificuldades de Aníbal ficaram também a dever-se a alguns fatores 'externos', muitas vezes ignorados pelos historiadores. Os Cartagineses contariam com uma segunda invasão de Itália a partir da Hispânia, protagonizada por Asdrúbal Barca, que estaria prevista para 216 a. C., mas teve de ser adiada. Com efeito, em finais de 217, após recuperar do ferimento sofrido no rio Ticino, Públio Cipião foi juntar-se ao irmão Gneu, que na Hispânia tinha já obtido alguns sucessos importantes (na região nordeste e na batalha de Cissa, perto de Tarragona, tendo capturado Hanão e a bagagem pesada que Aníbal deixara para trás antes da passagem dos Pirenéus). Assim, as posições romanas na península ibérica tinham avançado bastante, a norte do Ebro, o que manietou Asdrúbal. Na primavera de 217 a. C., este reagira com um ataque anfíbio que partira de Nova Cartago e que chegara à linha do Ebro, mas o almirante cartaginês, Amílcar, fora derrotado por Gneu numa batalha naval na foz daquele rio e, na sequência desta derrota, os Romanos tinham ampliado os seus aliados ibéricos, enquanto os Celtiberos devastavam o território cartaginês.

Em finais de 217 a. C., Gneu e Públio Cipião (que levava ordens do senado para atacar e que se fazia acompanhar por 20 a 30 navios de guerra e por cerca de 8000 homens, com elevado número de provisões) cruzaram o Ebro e reconquistaram Sagunto. Em 216 a. C., Cartago reforçou a posição de Asdrúbal com o envio de tropas, para que este enfrentasse os Romanos na Hispânia e, depois, se juntasse ao irmão em Itália. Porém, na primavera de 215, Gneu e Públio Cipião derrotaram Asdrúbal perto da cidade de Ibera (a sul do rio Ebro), travando uma segunda invasão cartaginesa da Itália.

A guerra hispânica entre Cartagineses e Romanos atingiu então um ponto alto, com Cartago a reforçar a sua posição através de Magão Barca (com forças inicialmente destinadas a Itália) e com Roma a instigar as rebeliões antipúnicas e a avançar inexoravelmente para sul. Nesta altura, os Cartagineses dispunham de três exércitos na Hispânia (o de Asdrúbal

Barca, o de Magão e o de Asdrúbal Gisgão), mas a coordenação entre eles parece ter deixado a desejar. Ainda assim, aquando de uma grande ofensiva romana ocorrida em 212 (ou já em 211) a. C., Asdrúbal Barca conseguiu aliciar os Celtiberos para a sua causa, enquanto o seu irmão Magão, juntando as suas forças às de Asdrúbal Gisgão e contando também com o apoio do jovem príncipe númida Masinissa (e da sua excelente cavalaria), derrotaram e mataram Públio Cipião em batalha. Depois, os três generais cartagineses juntaram-se e perseguiram Gneu Cipião, que acabou por tombar também, depois de uma resistência heroica. Assim, num só mês, os exércitos romanos da Hispânia tinham sido destruídos, tendo cabido a Lúcio Márcio (um tribuno ou centurião *primus pilus*) juntar os destroços e acantonar-se algures a norte do rio Ebro, até receber algum reforço de Roma...

O senado, ciente da necessidade de travar Asdrúbal e Magão Barca na Hispânia, reagiu depressa e enviou Gaio Cláudio Nero como novo comandante, que logo na primavera de 210 a. C. obteve uma pequena vitória sobre Asdrúbal Barca. No entanto, a reviravolta ocorreu sobretudo a partir de finais de 210 a. C., quando o comando foi entregue a Públio Cornélio Cipião (o filho mais velho do cônsul de Ticino e Ibera), que tinha então 26 anos, mas já dispunha de muita experiência militar (como vimos, combatera em Ticino e em Canas); terá partido na qualidade de procônsul, sendo acompanhado por um forte exército de 28 000 infantes e 3000 cavaleiros. Durante o inverno de 210-209 a. C., começou a preparar meticulosamente o seu grande projeto: nada mais nada menos do que atacar Nova Cartago! Na primavera de 209, avançou por terra, enquanto o seu legado Gaio Lélio viajava por mar; o ataque à capital púnica na Hispânia foi bem-sucedido e esta rendeu-se após uma grande matança. Cipião continuou a treinar as suas tropas e, na primavera de 208 a. C., bateu Asdrúbal Barca na batalha de Bécula (na margem direita do Guadalquivir): apesar da superioridade posicional púnica, forçou o adversário a combater, envolvendo depois o seu exército pelos dois flancos.

Asdrúbal escapou com vida desta batalha, e foi então que decidiu sair da Hispânia em direção a Itália com o seu exército, servindo-se provavelmente da mesma rota utilizada pelo irmão Aníbal. Sucede, todavia, que os de Marselha preveniram os Romanos de que Asdrúbal pretendia passar os Alpes e entrar em Itália na primavera de 207! Após algum pânico, estes organizaram-se e o cônsul Marco Lívio Salinator, apoiado pelo pretor Lúcio Pórcio Lícino (com duas legiões colocadas perto de Arímino) e por Gaio Terêncio Varrão (o comandante romano de Canas, que liderava duas legiões na Etrúria) postaram-se à espera de Asdrúbal Barca no Norte de Itália...

Asdrúbal chegou e cercou Placência, sem êxito; a partir daqui, enviou mensagens ao irmão, a quem esperava juntar-se na Úmbria (na Itália central). Todavia, estas missivas foram intercetadas pelos Romanos, que juntaram forças na zona de Senegália, no nordeste de Itália (perto da região do Piceno). O cônsul Gaio Cláudio Nero subiu então, com grande audácia e magnífica organização logística, desde a Apúlia até ao Piceno, sem que Asdrúbal Barca (acampado bem perto) desse pela manobra, e começou a preparar uma batalha campal, mas Asdrúbal, nessa altura, desconfiou e retirou-se para o rio Metauro (entre Arímino e Senegália). Os Romanos perseguiram-no e apanharam-no a montar o seu acampamento, tendo-se então travado a batalha do rio Metauro (207 a. C.). O combate terminou com a vitória romana (graças também a uma manobra de Nero, que se deslocou por trás da linha de batalha e envolveu o flanco direito inimigo) e com a morte de Asdrúbal Barca. Nesta batalha, os Cartagineses terão sofrido perto de 10 000 baixas (os Romanos apenas 2000) e tudo isto deitou por terra os planos de Aníbal, que confiava num bom reforço vindo da Hispânia.

Para mitigar as dificuldades cartaginesas, dois anos mais tarde (em 205 a. C.) Magão Barca desembarcou perto de Génova, com 2000 cavaleiros e 12 000 infantes (alguns deles recrutados durante o inverno, nas Baleares), tendo depois recebido um reforço de 7 elefantes, 800 cavaleiros e 6000 peões, assim como fundos para recrutar tropas entre as tribos lígures do noroeste de Itália. Aníbal decerto que ansiaria por este reforço, mas também ele não chegou ao seu destino: em 203 a. C., o pretor Públio Quintílio Varo e o procônsul Marco Cornélio Cetego, à frente de quatro legiões, forçaram Magão a combater no território dos Ínsubres; desse combate, resultou a derrota e a morte do mais novo dos irmãos Barca.

Um outro cenário exterior à península itálica que deve ser considerado é a Sicília. Recuemos um pouco na cronologia: quando começou a Segunda Guerra Púnica, Roma dominava a ilha a oeste e a norte, e Hierão de Siracusa (o velho aliado dos Romanos) a leste e a sul. Em finais de 216 a. C., a guarnição romana era formada pelos sobreviventes da batalha de Canas; no ano seguinte, Cartago quase conseguiu reconquistar a Sicília, valendo a intervenção do cônsul Tito Mânlio Torquato; nos inícios desse ano de 215 a. C. (ou ainda no ano anterior), faleceu também Hierão de Siracusa, tendo-lhe sucedido o neto, Jerónimo, ainda muito novo. Este facto abriu uma crise na ilha, e Jerónimo chegou a negociar com Aníbal, mas parece ter-lhe feito exigências incomportáveis para se opor a Roma; não por acaso, Jerónimo foi assassinado ao fim de escassos 13 meses, e a sua família também.

Neste contexto, deu-se a ascensão na Sicília, em 214 a. C., dos irmãos Hipócrates e Epicides, dois descendentes de um exilado siracusano que se fixara em Cartago; ambos se mostraram favoráveis a Cartago e depressa tomaram a praça de Leontinos (uma das cidades controladas por Siracusa), atacando as bases romanas. Roma reagiu através do cônsul Marco Cláudio Marcelo, que no mesmo ano recuperou Leontinos. Então, os dois irmãos apoderaram-se de Siracusa, enganando os soldados locais, e isso desencadeou uma guerra cruel entre Siracusa e Roma.

Na primavera de 213 a. C., Marcelo (designado procônsul) e Ápio Cláudio Pulcro (propretor) atacaram Siracusa, com engenhos (pontes "sambucas") instalados nos navios ao largo, para atacar as muralhas. Porém, em Siracusa vivia um geómetra genial, o famoso Arquimedes, que inventou uma série de dispositivos engenhosos que frustraram os planos romanos. Marcelo tratou então de bloquear a cidade e devastou os seus arredores. A este ataque respondeu Cartago com o envio de um grande exército (25 000 infantes, 3000 cavaleiros e 12 elefantes), chefiado por Himilcão: desembarcaram em Heracleia Minoa (na costa sul) e ocuparam Agrigento; Marcelo já não chegou a tempo de evitar esta manobra, apenas tendo conseguido derrotar Hipócrates no caminho.

Mais tarde, Hipócrates e Bomílcar (à frente da esquadra púnica) conseguiram romper o bloqueio romano a Siracusa, e Roma enviou reforços para Marcelo, mas ninguém ousava travar a batalha decisiva. Enquanto

Cartago aliciava deserções a Roma (como no caso de Hena, no centro da ilha), os Romanos perdiam o seu grande depósito de provisões de Murgância (no centro-leste), mas insistiam no cerco a Siracusa.

Em inícios de 212 a. C., perante o arrastamento da situação, Marcelo optou por um assalto-surpresa a Siracusa, que foi bem-sucedido; apesar disso, o bloqueio teve de prosseguir na zona da cidadela e do porto. Himilcão e Hipócrates, que tinham juntado as suas forças, ainda acorreram com um exército de socorro, mas chegaram tarde demais; além disso, uma epidemia devastou o acampamento púnico no outono de 212 a. C., matando os dois líderes! A situação melhorava para os Romanos, mas, ainda assim, a esquadra púnica, sob Bomílcar, continuava a conseguir abastecer Siracusa.

Neste contexto, e depois de os Cartagineses terem recusado uma batalha naval iminente no cabo Paquino, Epicides deu Siracusa por perdida e fugiu para Agrigento. Em finais de 212 a. C., Marcelo conseguiu, pois, tomar Siracusa, tendo Arquimedes sido morto na mesma ocasião. Na sequência deste sucesso, Roma pôde ampliar a sua rede de alianças na Sicília, ficando a resistência cartaginesa polarizada em torno de Agrigento, sob a liderança de Hanão e de Epicides. Más notícias para Aníbal, que enviou para a ilha um bom reforço: o general Mutines.

Em 211 a. C., Marcelo conseguiu derrotar Hanão e Epicides numa batalha junto a Agrigento, regressando depois a Roma com um grande espólio. Mas a guerra prosseguia na Sicília, agora sob a liderança de Mutines, reforçado por tropas enviadas por Cartago. Nesta altura, a forças romanas (basicamente as duas legiões sobreviventes de Canas) sentiram--se algo abandonadas, pelo que, em 210 a. C., o cônsul Marco Valério Levino assumiu o comando na ilha, tendo obtido uma vitória decisiva em Agrigento (ao que parece, com a cumplicidade de Mutines, que Hanão desprezara e demitira). Na sequência disto, Hanão e Epicides fugiram, o que facilitou o reforço da posição romana na Sicília: deram-se então 40 capitulações de cidades, 20 traições e 6 assaltos, tudo em favor da cidade do Lácio! Roma puniu os inimigos e recompensou os seus aliados, incluindo Mutines e Moérico – que tinha entregado a cidadela de Siracusa.

A vitória obtida na Sicília foi extremamente importante para o triunfo de Roma na Segunda Guerra Púnica: se Cartago aqui tivesse vencido, a história do conflito teria sido outra. Aliás, os Cartagineses, cientes da importância da Sicília (como fornecedora de cereais e como base naval), bem que investiram nesta guerra, mas a escassa agressividade dos seus comandantes, a peste que grassou no acampamento púnico em Siracusa e a deserção de Mutines goraram completamente os planos de Aníbal. Por outro lado, a maioria das cidades italianas não quis trair Roma, e, com a aristocracia siciliana muito dividida, as infidelidades beneficiaram sobretudo os Romanos.

Uma última observação 'externa' que temos de fazer conduz-nos à Macedónia. É sabido que, possivelmente em 215 a. C., Aníbal entabulou negociações secretas com o rei Filipe V, no sentido da assinatura de um tratado púnico-macedónico contra Roma. Com este acordo, Aníbal pretenderia provocar uma pressão adicional sobre a República romana, enquanto Filipe, que dois anos antes fizera a paz com a Etólia (na Grécia central) e que estava preocupado com o expansionismo romano, ficaria com melhores condições para expulsar os Romanos da Ilíria.

Roma estava alerta relativamente a uma possível invasão macedónica da Itália e, no outono de 215 a. C., enviou o pretor Marco Valério Levino para Brindisi (no extremo sudeste da península itálica), para proteger a costa do mar Adriático e fazer a guerra à Macedónia. Levino respondeu eficazmente ao ataque naval macedónico a Apolónia e Órico (a norte do Epiro), tendo defendido os aliados ilírios de Roma. Em 211 a. C., Roma assinou com a Liga Etólia um tratado contra Filipe V; a aliança (que permitiria à Etólia alargar o seu território e a Roma obter algum saque para financiar as suas operações) demorou a funcionar, mas acabou por se alargar a Élis, a Esparta e a Pérgamo; em resposta, a Liga Aqueia (no Peloponeso) aderiu à causa de Filipe V. Esta repartição de forças e de alianças (sempre precárias na região) levou os Romanos, os Etólios e os seus aliados a atacar Filipe V em várias frentes, mas o jovem rei macedónio respondeu com talento e energia e, em 207 a. C., atacou a Etólia, enquanto a Liga Aqueia esmagava Esparta na batalha de Mantineia. Esta situação levou a Etólia a ceder e a assinar uma paz com a Macedónia, em 206 a. C.

No ano seguinte (205 a. C.), os Romanos reforçaram a sua presença na região, através do procônsul Públio Semprónio Tuditano, com um exército de 11 000 homens e 35 quinquerremes. Os combates foram algo inconclusivos e acabaram por levar à assinatura da Paz de Fenice, mediada pelos Epirotas. O acordo consagrou uma situação de equilíbrio, com base em cedências mútuas, e Roma reconheceu a Macedónia como potência independente. Para os padrões romanos, foi uma paz que soube a pouco, mas teve pelo menos uma grande vantagem: privou Aníbal Barca de um forte aliado e, nesse sentido, contribuiu para a vitória romana na Segunda Guerra Púnica.

Aníbal Barca via, pois, cada vez mais portas a fecharem-se à sua volta. Tanto mais que, na Hispânia, Públio Cornélio Cipião ia acumulando êxitos e ameaçava tornar-se um perigo para Cartago. Depois de bater Asdrúbal Barca em Bécula (em 208 a. C.), Cipião venceu igualmente Asdrúbal Gisgão na batalha de Ilipa (em 206 a. C.), usando uma tática genial, em que trocou de dispositivo à última hora, retendo o centro e organizando uma manobra envolvente com as duas alas. Esta vitória conduziu, praticamente, à dissolução do exército púnico na Hispânia e ao domínio esmagador dos Romanos, que organizaram uma série de expedições punitivas contra os chefes tribais rebeldes. Tendo sobrevivido a uma doença grave (durante a qual ocorreu a revolta de Indíbilis contra o cônsul Cecílio Metelo, assim como a rebelião da guarnição romana de Sucro, por soldos em atraso), Cipião conseguiria ainda a rendição da cidade de Gades, o que pôs um ponto final em vários séculos de presença cartaginesa na Hispânia.

Em 205 a. C., Cipião regressou a Itália e foi eleito cônsul. Provavelmente, logo nessa altura terá começado a conceber o plano de passar ao Norte de África e atacar Cartago! Alguns senadores (entre os quais Fábio Máximo) opuseram-se ao projeto, mas Cipião forçou um compromisso favorável e foi autorizado a instalar-se na Sicília, com permissão para passar a África se tal fosse do interesse de Roma...

Na Sicília, Cipião contava com cerca de 25 000 a 30 000 homens (incluindo as duas legiões de Canas e duas "alas" de tropas auxiliares); apesar de não dispor de mais do que 10% de cavaleiros, era um bom exército, e o cônsul tratou de o treinar, ao mesmo tempo que preparava o seu ataque a Cartago. Enquanto isso, Gaio Lélio, novamente o legado principal de Cipião, realizava pilhagens navais na costa africana.

Na segunda metade de 205 a. C., rebentou um escândalo entre os soldados romanos de Lócrida, devido aos abusos do legado Quinto Plemínio, o que quase comprometeu a posição de Cipião. Mas este já havia conseguido a sua nomeação como procônsul e resistiu, beneficiando também do relatório favorável de uma comissão do senado que foi inspecionar a marinha e o exército sicilianos.

Assim, na primavera de 204 a. C., com uma logística bem organizada, o exército de Cipião zarpou da Sicília e, ao fim de dois dias, alcançou sem embaraço o Norte de África. Desembarcaram perto de Útica (a norte de Cartago), derrotaram 500 cavaleiros cartagineses que os vieram fustigar e obtiveram uma adesão importante: a do príncipe númida dos Massilos, chamado Masinissa, que carecia urgentemente do apoio romano porque tinha sido derrotado pelo seu rival Sífax (o rei númida dos Massessilos).

Depois de emboscar uma força cartaginesa de reconhecimento, Cipião cercou Útica, que constituía uma excelente base e que dispunha de um porto. O assédio foi vagaroso e ocupou o inverno de 204-203 a.C., sendo a operação observada à distância por Asdrúbal Gisgão e por Sífax, acampados a uma dúzia de quilómetros. Na primavera de 203 a.C., Cipião optou por atacar estes acampamentos durante a noite, conseguindo um sucesso expressivo, o que lhe permitiu um maior à-vontade na continuação do cerco a Útica (e também a realização de grandes saques de vestuário e de alimentos, que foram guardados em grandes celeiros, no acampamento romano).

Os Cartagineses, depois de alguma hesitação, decidiram então juntar as forças de Sífax às de Asdrúbal Gisgão (reforçado por tropas hispânicas), conseguindo reunir 30 000 homens no acampamento das chamadas "Grandes Planícies". Decidido a cortar o mal pela raiz, Cipião partiu em busca dos adversários e derrotou-os em batalha campal (203 a. C.), recorrendo novamente a uma manobra original: os *principes* e os *triarii* (as tradicionais segunda e terceira linhas do *triplex acies* romano) saíram de trás dos *hastati* (a primeira linha, formada por combatentes mais jovens) e flanquearam o centro adversário, composto pelos fortes e fiáveis Celtiberos; beneficiando também da vantagem romana nas alas de cavalaria (onde o apoio númida era crucial), Cipião obteve nas Grandes Planícies uma vitória extremamente importante. Depois disso, devastou a região circundante, enquanto Gaio Lélio tratava de restaurar Masinissa no trono dos Massilos. Neste ambiente, muitos líbios mostraram interesse em render-se a Roma, e tudo isso animou Cipião a ameaçar diretamente a cidade de Cartago.

Foi nesta altura, ainda em 203 a. C., que Cartago, preparando a sua defesa, mandou Aníbal Barca sair de Itália e regressar ao Norte de África. Quinze anos após a épica travessia dos Alpes, Aníbal embarcou em Crotona (no Brútio, no sudeste de Itália) e regressou à sua terra. As expetativas não seriam as melhores, pois os Romanos tinham ganho vantagem em todas as frentes (Itália, Hispânia, Sicília, Macedónia) e ameaçavam agora, com um exército poderoso, o coração do Estado púnico!

Cipião começou por ocupar Tunes (25 km a sudoeste de Cartago) e por proteger a esquadra romana em Útica. Depois, Lélio e Masinissa derrotaram Sífax em batalha. A tenaz apertava-se, e em finais de 203 a. C. Cartago optou por negociar a paz. Cipião fez uma série de exigências que os Cartagineses pareceram aceitar, talvez para ganhar algum tempo (as fontes aludem por vezes à "manha púnica"), tendo enviado uma embaixada a Roma para confirmar o tratado. O inverno de 203-202 a. C. correspondeu, pois, a um tempo de armistício, e foi justamente durante este período que se deu o regresso de Aníbal Barca – a grande e, talvez, a única esperança da velha cidade fenícia para derrotar Público Cornélio Cipião...

Mais animada, logo na primavera seguinte (202 a. C.), Cartago apreendeu alguns cargueiros romanos carregados de cereais, que tinham dispersado devido aos ventos; Cipião exigiu a devolução dos navios, mas os Cartagineses recusaram: com Aníbal em casa, Cartago queria de novo a guerra! Neste clima, o senado, pressionado pelo povo e por alguns notáveis (como Quinto Cecílio Metelo), prolongou o *imperium* de Cipião; ao mesmo tempo, atribuiu ao recém-eleito cônsul Tibério Cláudio Nero a tarefa de o apoiar por mar. A grande e decisiva batalha entre Aníbal e Cipião, um verdadeiro duelo de titãs, tornara-se inevitável...

Aníbal era cada vez mais pressionado por Cartago para enfrentar Cipião. Tentou ganhar algum tempo e reforçar o seu exército com tropas númidas (2 000 cavaleiros, sob o comando de Tiqueu, um parente de Sífax), e depois avançou para Zama, situada cinco dias a oeste de Cartago. Alguns emissários púnicos foram enviados ao acampamento de Cipião (instalado a uns 6 km de distância), sendo bem acolhidos, tanto mais que as forças de Masinissa ainda não tinham chegado (o que terá induzido em erro os espiões púnicos). Aníbal e Cipião ter-se-ão mesmo encontrado pessoalmente, mas não chegaram a acordo e a batalha de Zama (202 a. C.) não pôde ser adiada.

Foi um combate quase sem preliminares, ao contrário do habitual, e os dispositivos táticos não parece terem sido muito distintos, muito embora os Romanos tenham organizado uns corredores para contrariar as investidas dos elefantes, enquanto Aníbal optou, quiçá pela primeira vez, pelo uso de reservas, à maneira romana. Muito mais fracos em cavalaria (ao contrário do que sucedera em Canas), os Púnicos apostavam em romper ao centro, depois de os elefantes fazerem estragos na primeira linha romana; assim – acreditava Aníbal –, Cipião seria obrigado a gastar os *hastati* e os *principes* relativamente cedo, sendo o final da contenda travado entre os *triarii* (a terceira linha, menos numerosa e mais velha, dos Romanos) e os portentosos veteranos de Aníbal. Tal parece ter sido o plano de batalha cartaginês para criar embaraços ao exército de Cipião, mais coeso e mais bem treinado – visto que Aníbal pouco tempo tivera para adestrar o seu exército, grande parte do qual fora recrutado em África.

Em Zama, os elefantes atacaram antes do tempo, julga-se que devido ao ruído, e os flancos da cavalaria púnica tiveram uma prestação bastante pobre. Ao centro, a contenda entre as duas infantarias pesadas foi muito mais equilibrada, mas a segunda linha púnica, composta por Líbios e por Cartagineses, parece ter ajudado pouco (ao contrário da segunda linha romana, a dos *principes*, que injetou seiva nova na altura ideal). Na fase final da batalha, Aníbal foi obrigado a travar os seus veteranos, pois os cadáveres e o sangue que inundavam o terreno provocavam um risco elevado de as tropas escorregarem. Enquanto isso, Cipião alargou a sua frente, colocando os *hastati* e os *principes* nos flancos dos *triarii*, para evitar ser envolvido pela larga frente púnica. Deu-se então o choque dos núcleos duros dos dois exércitos, tendo a peleja, bastante equilibrada, acabado por ser decidida quando a cavalaria de Cipião, que perseguira os seus adversários em debandada, regressou ao campo de batalha, envolveu o exército de Aníbal por trás e perpetrou uma chacina com sabor a vingança, catorze anos depois de Canas...

Na sequência da sua primeira derrota em batalha campal, Aníbal fugiu para Adrumeto (na costa leste), enquanto Lélio levava a Roma a boa nova. A seguir, guardados os prisioneiros e concretizadas as pilhagens da praxe, Cipião reforçou o abastecimento do seu arraial (o local ficaria conhecido por *castra Cornelia*) e protagonizou uma manifestação de força naval em frente de Cartago, cidade que não quis cercar, pois preferia a celebração da paz antes da sua substituição.

Desalentada, Cartago aceitou um novo tratado de paz leonino: os prisioneiros e os desertores romanos foram entregues sem qualquer resgate; os elefantes de guerra foram confiscados; a armada púnica foi limitada a dez barcos de "três"; Cartago perdeu todas as suas possessões ultramarinas e reconheceu Masinissa como rei de um território alargado; estipulou-se uma indemnização de 10 000 talentos de prata, a pagar anualmente e durante 50 anos; Cartago foi proibida de fazer a guerra, dentro ou fora de África, sem a autorização de Roma; os vencidos teriam ainda de alimentar a hoste de Cipião durante três meses e de pagar o respetivo soldo até à ratificação do tratado; e haveria ainda lugar a uma compensação pelo desvio dos cargueiros romanos. Como garantia deste humilhante tratado, Cartago entregou uma série de reféns nobres.

Sem alternativa (como lembrou Aníbal aos seus conterrâneos), Cartago sujeitou-se a este acordo, que o senado romano ratificaria na primavera de 201 a. C. A vitória de Cipião fora total, justificando a celebração espetacular de um triunfo em Roma e, claro está, o cognome por que o herói ficou doravante conhecido: "o Africano".

Terminava assim a Segunda Guerra Púnica (218-201 a. C.), uma guerra muito mais intensa, variada e equilibrada do que a anterior, e durante a qual esteve em disputa não apenas o domínio de um território específico, mas a supremacia de uma das duas potências rivais. Com esta vitória, a posição dominadora de Roma no Mediterrâneo consolidou-se, o que permitiu à cidade do Lácio começar a pensar noutras aventuras.

Quanto a Aníbal Barca, manteve-se ainda durante alguns anos em Cartago, tendo chegado a ser eleito como sufeta, em 196 a. C. Porém, acusado pelos seus adversários políticos de conspirar com Antíoco III, rei da Síria, contra os interesses de Roma, e denunciado por esses inimigos ao senado, foi obrigado a fugir e a exilar-se, em 195 a. C., na corte do rei sírio, vendo os seus bens confiscados e a sua casa destruída.

Aníbal deve ter permanecido ao serviço de Antíoco III durante a "Guerra Síria" de 192-189 a. C., tendo comandado uma esquadra, que foi derrotada pelos Romanos em 190 a. C. Depois, quando Roma venceu mais esta guerra, Antíoco foi pressionado a entregar Aníbal aos seus adversários, que não esqueciam a tragédia de Canas; por isso, em 183 a. C., este teve de fugir para a Bitínia (na parte norte da Ásia Menor), sendo acolhido na corte de Prúsias; contudo, também ele pressionado por Roma para que entregasse o seu 'hóspede', mandou cercar a casa onde vivia Aníbal, que acabou por se suicidar com veneno, para que os Romanos não o apanhassem vivo. Assim terminava a saga de um dos maiores generais da história do mundo antigo.

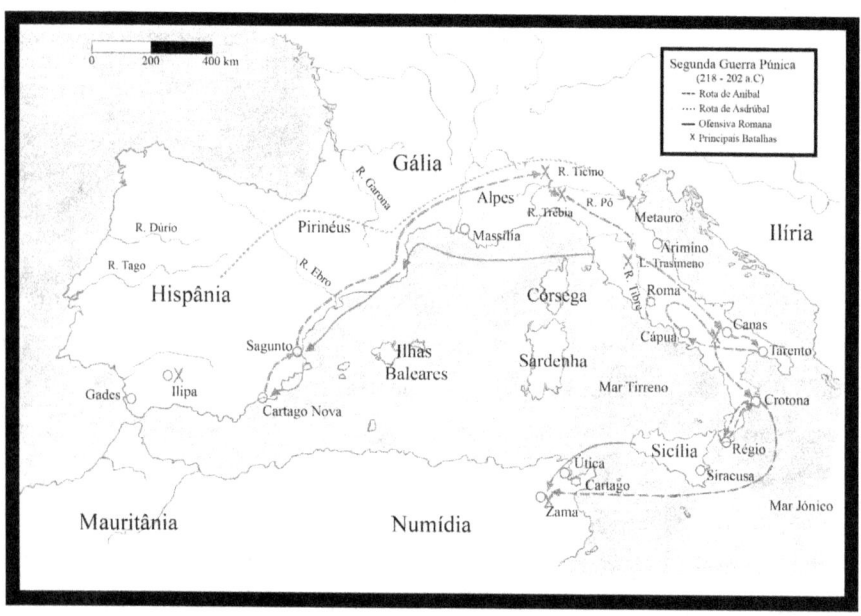

Fig. 2. 2ª Guerra Púnica - por Fábio Mordomo

4. A Terceira Guerra Púnica (149-146 a. C.)

Ao contrário dos conflitos anteriores, a terceira guerra entre Roma e Cartago durou apenas três anos e circunscreveu-se a uma pequena região do Norte de África. A reconstituição deste último confronto permite perceber que Roma não se satisfizera com o duro tratado imposto em 201 a. C. e ambicionava a aniquilação da sua arquirrival.

Cartago cumprira com tudo aquilo a que fora obrigada após a vitória de Cipião "o Africano" sobre Aníbal Barca: fornecera cereais ao exército romano, enviara uma pequena frota contra Antíoco III, pagara todas as prestações da pesada indemnização e sujeitara à arbitragem de Roma os seus conflitos em África (designadamente contra os Massilos). Em 151 a. C., meio século depois do tratado de rendição, Cartago tinha liquidado a sua dívida de 10 000 talentos de prata a Roma e voltara a prosperar. É possível que a velha urbe fenícia se tenha, entretanto, rearmado, mas nada que ameaçasse o poderio romano ou que fizesse prever uma nova guerra: Cartago era uma cidade de mercadores, que pensavam sobretudo na obtenção de lucros.

Mesmo assim, ao lermos os relatos de Apiano, percebe-se que Roma assistia inquieta ao renascimento cartaginês. Em 153 a. C., uma embaixada a Cartago, motivada pelo conflito entre esta cidade e o príncipe Masinissa, ficou impressionada com a prosperidade cartaginesa. Catão "o Antigo" (ou "o Censor"), personagem de referência da cultura romana, integrava essa embaixada e, a partir daí, passou a aconselhar sistematicamente, no final dos seus discursos, a destruição de Cartago: *delenda Carthago...* De acordo com Plutarco, Catão foi o mais influente dos notáveis de Roma na estratégia senatorial de aniquilar a cidade, mas seria, ao mesmo tempo, um fiel intérprete daquela que era já a *vox populi*.

Entre 153 a. C. e 151 a. C., Roma terá começado a pensar seriamente numa nova guerra púnica, e a decisão deverá ter sido tomada pouco depois. No entanto, era preciso um pretexto para iniciar a guerra, e a solução veio de Masinissa, o velho aliado númida. Em 152 ou 151 a. C., as autoridades de Cartago expulsaram da cidade os membros do partido pró-Masinissa, em reação ao facto de o rei númida – aproveitando a ambiguidade do tratado de 201 a. C. e o facto de contar quase sempre com uma arbitragem favorável de Roma – exigir cada vez mais território a Cartago. A cidade terá ficado dominada por um partido 'democrático', que exprimia sobretudo os interesses dos cidadãos pobres, sob a liderança de Aníbal "o Samnita" e de Cartalão. Os filhos de Masinissa (Gulussa e

Micipsa) ainda foram enviados em embaixada a Cartago, mas a cidade não os deixou entrar e eles até foram atacados durante o seu regresso a casa.

Em 150 a. C., os Númidas retaliaram e devastaram o território cartaginês, pondo cerco à cidade de Oroscopa. Foi na sequência deste acontecimento que Cartago cometeu o erro que daria origem à Terceira Guerra Púnica: respondeu à agressão sem ter consultado Roma... Reunido um exército forte, sob o comando de Asdrúbal e de dois chefes númidas desertores (Asasis e Suba), os Púnicos venceram uma primeira escaramuça e perseguiram os adversários; esta manobra acabou por conduzir a uma batalha inconclusiva entre Masinissa e Asdrúbal. Por coincidência, nessa ocasião, estava no Norte de África um tribuno militar, que se vinha distinguindo na guerra na Hispânia, sob o comando do cônsul Lúcio Licínio Luculo: chamava-se Cipião Emiliano e era neto de Emílio Paulo (o cônsul romano abatido na batalha de Canas), tendo sido adotado por um filho de Cipião "o Africano". O jovem tribuno era também 'parente' de Masinissa e estava em África para tentar obter do rei númida um pequeno corpo de elefantes, que pudessem ser úteis a Luculo na guerra contra os Celtiberos e os Lusitanos.

Assim, acabou por ser Cipião Emiliano a mediar as negociações entre Masinissa e Asdrúbal, mas a arbitragem não resultou, e o conflito prolongou-se. Encurralado no seu acampamento e sem possibilidade de obter reforços ou provisões, Asdrúbal acabaria por se render, e Cartago comprometeu-se ao pagamento de uma indemnização e a deixar regressar os aristocratas favoráveis a Masinissa que tinham sido expulsos da cidade.

Roma aproveitou este episódio e cavalgou a onda: o senado concluiu que Cartago violara o acordo de 201 a. C. e decidiu preparar uma invasão do Norte de África. Ao saber disto, Cartago (agora sob a influência do partido pró-romano liderado por Hanão "o Grande") procurou travar o processo: responsabilizou Asdrúbal, Cartalão e outros oficiais e enviou embaixadores a Roma; mas as respostas do senado foram enigmáticas: foi-lhes dito que Cartago devia "dar explicações" ao povo romano... Entretanto, a cidade de Útica aliou-se de novo a Roma, que em 149 a.C. achou estarem reunidas as condições para que o senado declarasse a guerra, obtida a aprovação dos *Comitia Centuriata*. Os dois cônsules do ano (Mânio Manílio e Lúcio Márcio Censorino) foram enviados para África, o primeiro com o exército terrestre, o outro à frente da esquadra; a concentração de forças deu-se em Lilibeu, na Sicília.

Alarmados, os Cartagineses enviaram uma outra embaixada a Roma, onde o senado lhes exigiu a entrega de 300 reféns nobres no espaço de 30 dias e lhes fez algumas promessas minimalistas, sem referir o que pretendia fazer com a cidade de Cartago. Já em Útica, num ambiente dramático, de parada militar, os dois cônsules receberam uma nova embaixada púnica; na ocasião, Lúcio Censorino exigiu aos emissários o desarmamento de Cartago, que aceitou a imposição e entregou 200 000 armaduras de guerra, 2000 engenhos de torção e bastantes dardos e flechas, além de muitos projéteis de catapulta! Não contente, Censorino reclamou a evacuação de Cartago, declarando que a cidade seria arrasada (exceto os santuários e os cemitérios) e que era intenção de Roma erguer uma nova urbe, a um mínimo de 15 km do mar...

Claro que esta última exigência representava um golpe de tal forma violento para Cartago que, quando os embaixadores regressaram, o Conselho dos 104 rejeitou de pronto a pretensão romana. Em ambiente de fúria contra os simpatizantes de Roma e os seus aliados (muitos dos quais foram linchados, incluindo alguns mercadores itálicos), Cartago decidiu aceitar a guerra e tratou de improvisar um exército: foram libertados muitos escravos, outorgou-se o perdão a Asdrúbal e atribuiu-se o comando das tropas a um neto de Masinissa, também chamado Asdrúbal. Todos os cidadãos se empenharam na organização da defesa da capital, que os Romanos prometiam destruir.

Roma ficou surpreendida com a decisão cartaginesa: depois de tantas cedências e da entrega de uma imensa quantidade de armamento, não era expectável que a cidade quisesse lutar. Ainda assim, tudo parecia indicar que a campanha seria fácil. Mas não foi. Uma das explicações para a surpreendente resistência púnica tem que ver com a qualidade das defesas de Cartago: além de ser de aproximação difícil, a cidade dispunha de mais de 30 km de muralhas e de mais do que um porto. O istmo de ligação à cidade tinha 3 a 5 km de largura e estava protegido por uma linha tripla de defesas fortes, parcialmente assentes numa muralha com

15 a 20 m de altura e 9 m de largura, antecedida de um fosso com 20 m de largo e de uma paliçada! No interior desta espessa muralha, tinham--se rasgado dois andares com acomodações para centenas de elefantes e cavalos e com alojamentos para milhares de peões e de cavaleiros. Em 149 a. C., Cartago não dispunha de animais de guerra, mas contou com a boa vontade de um elevado número de cidadãos e de populares, que se ofereceram para a guarnição da cidade. Desta feita, Cartago não travaria a guerra com um exército de mercenários...

Do lado romano, é provável que a força militar dos dois cônsules atingisse os números habituais: quatro legiões e outras tantas "alas" de auxiliares, num total de 40 000 a 50 000 efetivos. Em Roma, o entusiasmo era grande, pois antecipava-se uma conquista fácil e altamente lucrativa; no entanto, a verdade é que o exército de Manílio e de Censorino tinha escasso treino militar (a paz com Cartago adormecera a vitalidade militar da República), e a logística também parece ter sido um pouco negligenciada.

O primeiro ataque dos cônsules a Cartago deu-se em 149 a. C., por mar e por terra, sendo colocadas escadas nas muralhas e nos navios. Tendo fracassado, fez-se uma segunda tentativa, que foi igualmente mal sucedida. Os Romanos instalaram os seus acampamentos fortificados tradicionais, mas não evitaram que, durante uma operação de forragens nas redondezas, para obtenção de alimentos e lenha, Himilcão Fameias emboscasse 500 soldados, provocando uma primeira chacina. Uma terceira tentativa de assalto, de ambos os lados da cidade, também fracassou, posto o que Censorino ordenou a construção de dois aríetes e de um passadiço para os aproximar (o que implicou o enchimento de uma parte do lago de Tunes). As duas máquinas de 'marrar nos muros' conseguiram abrir dois buracos, mas os defensores repeliram os assaltantes e, durante a noite, tentaram colmatar as brechas; uma surtida noturna bem organizada acabaria, mais tarde, por anular os dois aríetes. Os Romanos ainda insistiram por uma das fendas, que permanecia por tapar: investiram com força, mas, por falta de organização, acabaram por falhar, tendo valido a intervenção do tribuno Cipião Emiliano para cobrir a retirada.

O cerco não estava a correr bem, e Censorino decidiu mudar o seu acampamento para um lugar mais a sul, com menos problemas de insalubridade. Nesta fase, os sitiados atacaram a esquadra romana com projéteis incendiários e realizaram algumas surtidas noturnas eficazes contra o acampamento de Manílio, posicionado na zona do istmo. Em resposta, o cônsul ergueu um forte junto à costa, para cobrir a aproximação dos navios que transportavam as provisões para o arraial dos sitiadores.

No inverno de 149-148 a. C., Censorino deslocou-se a Roma, e Manílio aproveitou para organizar uma expedição contra a área envolvente de Cartago, para intensificar a pressão e obter alimentos e lenha. Aí, de novo Himilcão Fameias aproveitou a inexperiência dos forrageadores e concretizou uma emboscada mortífera. Manílio decidiu então atacar o acampamento de Asdrúbal, que estava instalado perto da cidade de Neféris (30 km a sudoeste de Tunes). A descrição de Apiano sugere que esta operação foi mal planeada, tendo Asdrúbal aproveitado o inevitável recuo romano para chacinar a força atacante, que na retirada ainda sofreu um novo ataque de Himilcão e, ao chegar ao seu acampamento, uma investida dos defensores de Cartago! O fiasco foi de tal ordem que o senado enviou uma comissão a Cartago para averiguar os pormenores da operação; o relatório elogiaria a prestação de Cipião Emiliano, que de novo terá evitado males maiores.

Em 148 a. C., morreu Masinissa, já com perto de 90 anos de idade. Na sua qualidade de descendente adotivo de Cipião "o Africano" (seu protetor e patrono), coube a Cipião Emiliano dispor dos seus assuntos, tendo o governo númida sido repartido pelos três filhos legítimos. Na ocasião, Cipião aproveitou para convencer Gulussa a juntar-se a Manílio, com uma força de cavalaria ligeira.

Na primavera de 148 a. C., desejoso de terminar com brilho o seu mandato consular, Manílio atacou novamente Neféris. Desta feita, a expedição foi bem preparada, mas ainda assim fracassou, com os Romanos a terem de retirar devido à fome. Valeu a deserção de Himilcão Fameias para o partido romano, conseguida por Cipião Emiliano e que mereceu ao desertor a atribuição de uma grata recompensa pelo senado.

Pouco depois, ocorreu a eleição dos novos cônsules; votou-se em Lúcio Calpúrnio Pisão Cesónio e Espúrio Postúmio Albino Magno, mas apenas o primeiro foi enviado para África, acompanhado pelo legado (ou propretor) Lúcio Mancino. Cartago permaneceu sob bloqueio (embora não muito cerrado), enquanto os Romanos tentavam subjugar outras cidades, como Áspis ou Hipagreta, tendo fracassado em ambos os casos.

Animados, os Cartagineses negociaram uma aliança com Andrisco da Macedónia (um rival de Perseu, o descendente de Filipe V), que já derrotara uma vez o exército romano. Nesta fase do conflito, Cartago beneficiou também da deserção de um dos chefes de Gulussa, acompanhado por uma força de 800 cavaleiros, tendo igualmente sido substituído o comandante de Cartago (linchado por planear uma traição com o filho de Masinissa) por um outro Asdrúbal.

Chegou-se então, no primeiro trimestre de 147 a. C., à fase crucial do conflito: os *Comitia Centuriata* elegeram como cônsul Cipião Emiliano, apesar de este não ter ainda idade para tal (tinha 36 ou 37 anos, menos cinco do que o mínimo exigido); de acordo com o relato de Apiano, a lei foi suspensa para permitir a exceção. Perante o interesse do outro magistrado eleito (Gaio Lívio Druso) em ser ele o cônsul enviado para África, o *Concilium Plebis*, por pressão de um tribuno, impôs a escolha de Cipião Emiliano para essa missão; o jovem cônsul foi também autorizado a recrutar e a levar consigo os voluntários que se apresentassem.

Quando Cipião Emiliano chegou a África, estava Lúcio Mancino (que ainda comandava a esquadra) a tentar uma escalada de Cartago a partir da praia. Os defensores haviam feito uma surtida, mas os Romanos tinham ido em sua perseguição e tinham conseguido penetrar na praça, tomando posse de uma pequena fração da cidade. A situação, porém, era muito precária, e Mancino enviou mensagens ao cônsul Pisão Cesónio e a Útica, onde Cipião Emiliano acabara de desembarcar. Compreende-se a aflição: os Cartagineses atacavam em força os Romanos, que tinham conseguido penetrar na cidade, e valeu a chegada de Cipião Emiliano e da sua esquadra para os salvar.

O novo cônsul tomou conta da situação e começou por restaurar a disciplina no seio do exército romano, procedendo a algumas expulsões. Depois, com Asdrúbal acampado a apenas um quilómetro, decidiu atacar Mégara, o grande subúrbio da cidadela de Cartago: foi feita uma incursão noturna, com dois comandos separados, tendo-se tomado uma torre e feito penetrar cerca de 4000 homens; os sitiados entraram em pânico e refugiaram-se na cidadela, mas Cipião Emiliano acabou por retirar, por prudência, devido à escuridão. A situação agravava-se para os Cartagineses, e deve ter sido nessa altura que Asdrúbal executou uma série de prisioneiros romanos no cimo dos muros, à vista de todos, com isso passando aos mais próximos uma mensagem clara – a de que já não haveria rendição possível. Perante os protestos de alguns membros do Conselho dos 104, o general mandou também executar alguns destes notáveis...

Cipião Emiliano tratou então de apertar o cerco à praça, tendo incendiado um acampamento adversário que havia sido abandonado e aproximando-se do istmo. Foram concretizadas, ao longo de três semanas, diversas obras de engenharia, tais como fossos, uma paliçada e diversas torres; porém, Cartago continuava a ser abastecida por mar, pelo que Cipião Emiliano mandou construir um molhe através do canal, assim controlando a estreita entrada dos navios nos grandes portos da cidade.

A resposta dos Cartagineses foi sublime: de noite e em sigilo, construíram um novo canal de ligação do porto militar ao mar e fabricaram uma nova esquadra, composta por 50 trirremes e por algumas embarcações mais ligeiras! Porém, não atacaram de imediato a desprevenida frota romana, uma vez que a tripulação cartaginesa carecia de uns dias de treino. Feito isso, deu-se uma batalha naval junto da costa. O combate foi renhido, pois os navios cartagineses eram mais pequenos e mais ágeis. Quando a superioridade romana se começou a manifestar, os barcos púnicos tentaram retirar, mas entupiram o acesso ao porto (o novo canal estaria, porventura, mal acabado, ou então houve alguma atrapalhação na manobra); por isso, as galés africanas refugiaram-se num cais junto às muralhas, com os esporões virados para fora. Era o momento de os navios romanos atacarem em força, mas sofriam muitas baixas na hora de recuar; a solução acabou por vir dos seus aliados de Side (na Ásia Menor, terra de excelentes marinheiros): os barcos passaram a lançar a âncora de popa antes de atacarem com o esporão, puxando depois à corda em vez de recuarem a remos, como até então. A vitória romana foi total, e os Cartagineses sofreram pesadas baixas, tendo as embarcações sobreviventes conseguido escapar para o porto quando a noite caiu.

Nesta altura, a vitória romana já era apenas uma questão de tempo. Cipião Emiliano continuou a atacar, a partir do molhe: os aríetes abriam brechas na muralha e a artilharia bombardeava de forma inclemente. Alguns cartagineses, nus, atravessavam o porto de noite, a nado, com tochas e com materiais para as acender, ateando depois muitos incêndios e lançando o pânico na zona dos engenhos romanos; ao mesmo tempo, os defensores iam tentando reparar os muros danificados e acrescentando torres de madeira, para arremesso de projéteis; os Romanos respondiam com novos engenhos e com rampas de assalto. Tomado o cais, Cipião Emiliano ordenou que erguessem um muro de tijolos em frente da muralha principal da cidade e com a mesma altura desta; o muro ficou pronto no início do outono de 147 a. C. e foi logo ocupado por 4000 homens, equipados com dardos e com muitos outros projéteis.

Para consolidar a posição romana em Cartago e evitar dissabores, Cipião Emiliano foi a Neféris e tomou o acampamento púnico e a cidade, recorrendo ao uso de reservas e a um ataque envolvente. Depois disto, à volta de Cartago, tudo se rendeu aos Romanos. Restava concretizar o assalto final, que aconteceu na primavera de 146 a. C., a partir do cais. Gaio Lélio (filho do legado principal de "o Africano") manobrou com destreza no porto interior, conseguindo uma infiltração. Já muito fragilizados e sem esperança, os sitiados viram os soldados romanos avançarem até à ágora (onde, para irritação de Cipião Emiliano, se detiveram a descascar o ouro que revestia o templo de Apolo). A seguir, os assaltantes avançaram por três ruas que ligavam a ágora à cidadela; muitos dos prédios tinham seis pisos e bons pátios centrais, e as vias, com cinco a sete metros de largo, apresentavam uma inclinação acentuada. Foi preciso tomar os edifícios quase um a um e suportar uma resistência inusitada, com uma chuva de projéteis arremessados dos telhados e das janelas dos prédios. Com esforço, os Romanos alcançaram a cidadela, mas precisavam de espaço para a instalação das máquinas; foi então improvisada uma rampa de assalto, com os escombros das casas, os cadáveres que jaziam nas ruas e até os corpos de alguns feridos a servirem de material de construção.

Finalmente, Cartago rendeu-se: uma delegação dos sitiados abandonou a cidadela munida de ramos de oliveira, o sinal convencional da capitulação. Cerca de 50 000 pessoas (homens, mulheres e crianças) foram então enviadas para o cativeiro e a escravatura. Apenas prosseguiu a resistência dos que não tinham salvação possível: Asdrúbal e a sua família, mais os perto de 900 desertores romanos e itálicos. Muitos acabaram por se suicidar em grupo, no templo de Esculápio, incluindo a trágica esposa de Asdrúbal, depois de insultar o marido e de matar os seus próprios filhos.

Retido o ouro, a prata e as oferendas votivas, a cidade foi saqueada à discrição, tendo parte dos despojos sido objeto de repartição (Cipião Emiliano aproveitou para penalizar aqueles que tinham saqueado o templo de Apolo antes da hora). As armas e os navios cartagineses foram destruídos, e Roma comemorou efusivamente a sua terceira vitória sobre os Púnicos. A seguir, a cidade de Cartago foi arrasada por Cipião Emiliano, sob a supervisão do senado. O relato de Apiano mostra-nos Cipião chorando ao lado de Políbio, que presenciou quase todos os acontecimentos que evocámos e a quem se deve, com alta probabilidade, o retrato (excessivamente) generoso do herói desta conquista.

Cipião Emiliano celebraria mais tarde um aparatoso triunfo em Roma, tendo depois cumprido aí uma bem-sucedida carreira política: em 134 a. C., foi novamente eleito cônsul, tendo-se distinguido outra vez na Hispânia, na guerra contra os Celtiberos, durante a qual conquistaria a cidade de Numância (junto ao rio Douro), que mandaria também arrasar.

A Terceira Guerra Púnica trouxe o fim do Estado de Cartago, física e politicamente destruído, e a criação da província romana de África. O conflito foi muito mais breve, desequilibrado e circunscrito do que os anteriores, mas as suas consequências foram devastadoras: Roma triunfara em todas as frentes, Cartago não mais poderia erguer-se das cinzas.

5. Comentário final

As Guerras Púnicas tornaram Roma a força dominante no Mediterrâneo, a partir de 146 a. C. Nesta data, a cidade já dispunha de seis províncias ultramarinas – Sicília, Sardenha e Córsega, Hispânia Citerior, Hispânia Ulterior, África e Macedónia – e todas elas (com exceção da Macedónia) tinham sido criadas na sequência da guerra contra Cartago, que foi a sua última grande rival.

Deste modo, as Guerras Púnicas aceleraram o imperialismo romano, habituando a cidade do Lácio a esforços de guerra prolongados e promovendo a adaptação do sistema político às novas circunstâncias – que exigiam a existência de mais pretores, a nomeação de mais governadores de província, uma avaliação mais rigorosa das necessidades terrestres e navais e uma diplomacia mais intensa, entre outros aspetos.

Roma habituou-se a manter soldados em teatros de operações cada vez mais distantes, e isso exigiu a canalização de recursos financeiros importantíssimos e uma intervenção cada vez maior do Estado em matéria logística. Ao mesmo tempo, foram as Guerras Púnicas que compeliram Roma a tornar-se uma potência naval: estima-se que, entre 260 e 241 a. C., tenham sido construídos perto de 1000 navios de guerra, na sua maioria "cincos", o que obrigou a um enorme investimento do Estado e até ao recurso ao empréstimo de particulares. Sem isso, a guerra na Sicília nunca teria sido ganha.

A vitória nas três guerras contra Cartago mostra também a tenacidade romana: mesmo quando tudo parecia perdido, como após a tragédia de Canas, o senado reagia, recusava negociar a paz e conseguia superar a situação! Para isso, foi preciso um esforço financeiro brutal, uma organização logística minuciosa e, claro, uma grande solidariedade entre as várias classes sociais, bem como uma fidelidade assinalável por parte dos aliados. A verdade é que ninguém levava a guerra tão a sério quanto os Romanos, e ninguém era tão implacável na forma de a executar – e, ao mesmo tempo, tão competente na maneira de absorver os povos conquistados.

Com a vitória final na guerra pelo domínio do Mediterrâneo, Roma ganhou consciência do seu enorme potencial e dos seus vastíssimos recursos financeiros e humanos (estes últimos, muito superiores aos de Cartago). Mas claro que as Guerras Púnicas (em especial a Segunda) também tiveram efeitos perversos: ao devastarem o território itálico e ao suscitarem exigências de mobilização militar inéditas, provocaram uma intensa psicose de guerra, causaram o empobrecimento e o declínio do pequeno campesinato, fomentaram o proletariado urbano e os latifúndios e contribuíram decisivamente para a criação de exércitos privados de generais, capazes de capitalizar aquelas forças armadas mais 'profissionais', que se constituíam para as grandes ocasiões e que, depois de desmobilizadas, ficavam à disposição dos notáveis, que as podiam remunerar em proveito próprio. A história dos graves conflitos internos do último século e meio da República romana – assunto de que se falará mais à frente – não é, certamente, estranha a tais desenvolvimentos...

Tábua cronológica

264-241 – Primeira Guerra Púnica, entre Roma e Cartago.
220-219 – cerco de Sagunto (Hispânia) por Aníbal Barca.
218-201 – Segunda Guerra Púnica.
218 – Batalhas de Ticino (novembro) e de Trébia (dezembro).
217 – Batalha do lago Trasimeno.
216 (2 de agosto) – Batalha de Canas.
202 – Batalha de Zama.
183 – Suicídio de Aníbal Barca, na Bitínia.
149-146 – Terceira Guerra Púnica (cerco e destruição de Cartago).

Bibliografia

Fontes principais

Apiano, *História Romana* («Guerras Púnicas», caps. 10 a 20, § 67 a 135). Utilizámos a tradução inglesa de Horace White: *Appian, Roman History*, Loeb Classical Library, 4 vols., 1912.

Políbio, *Histórias* (Livro III, 113-118). Utilizámos a tradução inglesa de Ian Scott-Kilvert: *Polybius, The Rise of the Roman Empire*, Penguin Books, 1979.

Tito Lívio, *História de Roma* (Livro XXII, 43-61). Utilizámos a tradução inglesa de Aubrey de Sélincourt: *Livy, The War with Hannibal*, Penguin Books, 1972.

Leituras-base recomendadas

Goldsworthy, Adrian (2009), *A Queda de Cartago. As Guerras Púnicas, 265-146 a. C.* Trad. port. (ed. orig.: 2000).

Brizzi, Giovanni (2007), *Moi Hannibal... Mémoires d'un conquérant hors du commun*. Trad. franc. Paris, Les Éditions Maison (Ed. It. origin. 2003).

Leituras complementares

Goldsworthy, Adrian (2001), *Cannae*. Londres.

Brizzi, Giovanni (2008), *Il guerriero, l'oplita, il legionario. Gli eserciti nel mondo classico*. Bolonha, Il Mulino.

Brizzi, Giovanni (^{2}2010), *Scipione e Annibale. La guerra per salvare Roma*. Bari, Laterza.

Monteiro, João Gouveia (2012), *Grandes Conflitos da História da Europa. De Alexandre Magno a Guilherme "o Conquistador"*. Coimbra 73-108.

Lazenby, J. (1978), *Hannibal's War*. Warminster.

Connolly, Peter (1989), "The Roman army in the age of Polybius" in Sir John Hackett, ed., *Warfare in the Ancient World*. Nova Iorque, Oxford, Sidney, Facts on File 149-168.

Cornell, T. - Rankov, B. - Sabin, Ph. (1996), *The Second Punic War: A Reappraisal*. Londres.

6.2. O ORIENTE MEDITERRÂNICO E A HISPÂNIA

Amilcar Guerra

(Universidade de Lisboa)

Fig. 1. Macedónia e Egeu c. 200 a.C. - por Fábio Mordomo

Sumário. A política romana no Mediterrâneo oriental. As guerras ilíricas e macedónicas. A situação dos reinos helenísticos e da Grécia. Guerra com Antíoco III. Efeitos da batalha de Pidna. A evolução na política imperialista Romana. A progressiva subjugação da Grécia. A política romana na Hispânia: guerras com os Lusitanos e Celtiberos.

O processo de expansão do domínio romano revelou-se muito prolongado no tempo e as suas vicissitudes são bastante complexas. Embora o progresso da conquista romana não tenha obedecido a uma lógica de natureza geográfica, a melhor forma de o compreender reside na sua apresentação diferenciada consoante as regiões. É natural, pois, que neste capítulo a sequência cronológica seja quebrada. Deste modo, expõem-se separadamente as principais etapas da conquista romana em três áreas distintas (Ilíria; Grécia, seguida de Ásia Menor; e Hispânia) apresentando, em cada um destes apartados, uma breve síntese das vicissitudes da expansão romana nessas regiões, começando pela área ilírica.

Quando se tratam as motivações da intervenção romana nesta área, parte-se dos principais relatos[1] que as fontes antigas proporcionam e das diferentes perspetivas que a historiografia sobre elas construiu. De um lado uma perspetiva construída sobre a óptica polibiana, cujo principal defensor é Holleaux (1930); do outro a visão de Apiano que encontra em Walser (1954) um dos mais conhecidos representantes. No essencial estas duas abordagens tradicionais opõe-se quanto à existência ou não, nesta fase inicial do processo, de uma política romana expansionista em relação ao mundo grego e ao Oriente[2]. Isto é, se os conflitos ilíricos se limitavam a resolver um problema prático que se traduzia na ameaça à segurança e aos interesses dos itálicos nessa região; ou se visava objetivos mais amplos e ambiciosos, que mais tarde se tornam patentes[3].

Nas páginas que se seguem não se encontra uma resposta unívoca a esta questão, mas podem vislumbrar-se os diferentes matizes da política externa

---

[1] As fontes clássicas essenciais correspondem a Plb. 2.2-12; 3.16; 3.18-19 e App. *Ill.* 2.7-8, apresentando substanciais discordâncias. Para uma análise comparativa destas duas fontes, v. Derow 1973.

[2] Para uma síntese das perspetivas mais recentes sobre o imperialismo romano, v. Matingly 2011 13-22

[3] Sobre a questão v. Walbank, 1963.

romana em mudança, por força dos condicionalismos históricos muito variados que marcam a sua história.

1. As Guerras Ilíricas

No período que medeia entre a 1.ª e 2.ª Guerras Púnicas, Roma orienta a sua atenção para os territórios do outro lado do Adriático[4], para a costa dálmata, área tradicionalmente afetada pelo flagelo da pirataria. Nesta região, onde vigorava uma fragmentação política consubstanciada na autonomia de pequenos poderes tribais, veio a constituir-se, na segunda metade do séc. III, um poder centralizado, de cariz monárquico ao qual presidia o rei Ágron. Esta unificação conferiu a esse reino ilírico um considerável poder militar sobre o qual se alicerçou uma política expansionista que afetou particularmente as vizinhas cidades gregas da Península Balcânica e quase todas as ilhas mais próximas. A situação tornou-se ainda mais preocupante para os estados da região quando a tradicional atividade da pirataria se incrementou, recebendo uma proteção desse reino, o que afetou fortemente o comércio e pôs em causa a segurança das cidades numa área cada vez mais extensa, não apenas as da Península Balcânica, mas também as da costa itálica[5]. Os perigos desta ameaça eram acrescidos pelo facto de o vizinho reino da Macedónia, tradicionalmente antagónico, ter optado, sob Demétrio II (239-229), por uma estratégia de amizade com o soberano ilírico, o que lhe valeu o apoio nos conflitos do reino macedónio contra a Liga Etólia.

Primeira Guerra Ilírica

Com a morte de Ágron (231), tomou a regência e deu continuidade à postura expansionista do seu marido Teuta (Plb 2.4.7), à qual o Estado

---

[4] Genericamente, v. Austin et alii ed. 1989 85-94; Gruen 1984 359-373.
[5] Plb. 2.8.1-3; Harris 1979 195-197.

Romano enviou uma embaixada (229)[6] a fim de pedir explicações sobre alguns dos efeitos concretos dessa política. Essa missão teria sido confiada, segundo a versão polibiana (Plb. 2.8.3), a dois irmãos Coruncânios, Gaio e Lúcio.

De qualquer modo e embora os relatos das fontes clássicas divirjam no que toca a vários aspectos concretos, atribui-se geralmente à morte de um embaixador romano[7] a decisão de Roma enviar contra Teuta uma frota de 200 navios (Plb 2.11.1), entrando em conflito aberto com a monarquia ilíria e dando origem à 1.ª guerra ilíria (229-228).

Estas forças navais prestaram auxílio a algumas cidades gregas do canal de Otranto (Corcira, Epidamno, Apolónia), que contavam apenas com um diminuto apoio das ligas etólia e aqueia, mas já não conseguiram impedir que a primeira delas tivesse sido tomada, ficando às ordens do grego Demétrio de Faros, aliado de Teuta. O advento da armada romana veio, todavia, ditar uma alteração radical da situação. Demétrio entregou Corcira e pôs-se do lado itálico, abandonando Teuta (Plb. 2.11.4), e esta retirou os seus navios sem combater, após a *deditio* a Roma das três cidades referidas. A intervenção romana foi concluída com a libertação do domínio ilírio de outras cidades gregas da região, entre elas Issa. Esta fase do conflito encerrar-se-ia com pedido de paz da rainha Teuta, o reconhecimento do protetorado romano na região de conflito e a aceitação de um limite para a ação ilíria, fixado na cidade de Lisso (atual Lezhë, Albânia) (Plb. 2.12.3). Desta forma, uma intervenção romana na região travou a pirataria e trouxe mais segurança, especialmente às cidades gregas dessa área que, sem o apoio de outros gregos e incapazes de enfrentar sozinhas o poder ilírio, passaram a depender da proteção da Urbe.

---

[6] Na sua origem estaria, segundo a versão de Apiano (*Ill.* 2.7), um pedido de ajuda de Issa, ou mesmo a *deditio* desta (D.C. 12.33). Sobre a questão, v. Derow 1973; Gruen 1984 361.

[7] Segundo Plb. 2.8.12-13, teria sido assassinado um dos dois enviados romanos. No entanto, as fontes divergem sobre o número e a natureza das pessoas envolvidas. Sobre esta questão e a possibilidade de esta(s) morte(s) ter(em) sido uma invenção posterior v. Derow 1973 122-123; Gruen 1984 360-362.

Segunda Guerra Ilírica

Se a intervenção de Roma tinha agradado a algumas cidades gregas, provocou uma reação oposta em outras, em particular no reino da Macedónia. Antígono Dóson, sucessor de Demétrio II, não viu com bons olhos a intervenção externa numa área estrategicamente importante para o seu reino e que constituía o acesso tradicional ao mar Adriático. Esta atitude não se devia apenas à sua aliança com os ilírios, mas também ao facto de ele ter retomado o conflito com as ligas etólia e aqueia, as quais tinham aceitado a intervenção dos romanos na região. Esta posição macedónia veio a contar igualmente com o apoio de Demétrio de Faros, o qual, por um conjunto de circunstâncias, assumiu o controlo do reino ilírico, pelo que essa comunhão de interesses se veio a materializar numa aliança entre ambos. Aproveitando o facto de Roma estar envolvida no conflito com os Gauleses e mais despreocupada com o que se passava nesta região, a Macedónia retomou, após a batalha de Selásia (222), o controlo sobre as cidades gregas e os ilírios voltaram às suas pretensões expansionistas e alargam o exercício da pirataria e do saque por todo o mar Adriático, desrespeitando o tratado de 228[8].

Resolvida a questão gaulesa, Roma desencadeia várias ações destinadas a pôr cobro a esta situação. Numa primeira fase (221) restabelece o seu domínio no fundo do Adriático, combatendo a pirataria e garantindo o controlo da Ístria. Mais tarde (219) atacou diretamente Demétrio[9], o qual, não podendo contar com o apoio da Macedónia, envolvida em sérios problemas sucessórios, foi derrotado. Depois de um ataque vitorioso à localidade ilírica de Dimalo, os Romanos dirigiram-se contra a ilha e cidade de Faros (atual Hvar, Croácia), que acabou por ser destruída (Plb. 3.19.12). A potência itálica retoma, desta forma, o seu domínio na região, nas vésperas da segunda guerra púnica.

---

[8] Plb. 3.16.2 aponta como causa próxima da guerra o facto de Demétrio ter passado a linha de Lisso com 15 navios. Sobre a muito discutida questão das origens deste conflito v. Eckstein, 1994.

[9] Plb 3.18-19; Gruen 1984 170-173;

2. As Guerras Macedónicas e a anexação da Grécia

A ação romana na região ilíria pôs em evidência um conflito de interesses entre Itálicos e Macedónios e provavelmente só problemas internos destes últimos impediram que eles atingissem um ponto de rutura. No entanto a questão ficou apenas adiada. Alguns anos mais tarde, Filipe V, conhecendo os problemas que o ataque de Cartago colocava ao mundo itálico, considerou que esse seria um momento adequado para fazer valer as suas pretensões na região. Deste modo, em 215 chegou a um acordo com a potência púnica[10], garantindo-lhe o seu apoio militar como contrapartida a uma posição favorável na causa ilírica. Ao tomar conhecimento deste acordo, Roma enviou uma frota para o canal de Otranto, a qual venceu facilmente Filipe quando este atacou as cidades costeiras da região, dando origem ao primeiro conflito aberto entre ambas partes.

Primeira Guerra Macedónia

A situação descrita revela-se complicada para Roma, pelo facto de se encontrar envolvida na guerra com Cartago[11], que exigia um contingente superior, deixando deste modo espaço de manobra a Filipe, especialmente em terra. Perante estas dificuldades, a potência itálica desenvolveu igualmente uma ação diplomática junto da Liga Etólia, empenhando-a na continuação da disputa contra um inimigo comum, a Macedónia, oferecendo no início um apoio naval, mas aliviando progressivamente a sua comparticipação. Em consequência das muitas dificuldades que enfrentava, a Liga Etólia, vencida, aceitou um pacto com Filipe. Uma vez que lhe faltavam os meios para alimentar mais um conflito secundário, Roma acabou por trilhar o mesmo caminho, celebrando a paz

---

[10] Discute-se a autenticidade da notícia que afirmava ter sido capturado Xenófanes com uma cópia deste acordo (Liv. 23.33.9-12; Plb 7.9) que geralmente se toma como verdadeira (Austin et alii 1989 96-97).

[11] Vide atrás Monteiro, cap. 6.1 §3.

de Fenice (205), através da qual cedia uma parte substancial da sua influência na região[12].

O conteúdo deste tratado, bem conhecido das fontes literárias, envolvia outras partes para além de Roma e da Macedónia: pelo lado desta, elementos da sua *symachia*; pelo lado itálico, alguns *amici*, a saber, Átalo de Pérgamo, Esparta, Élide, Messénia, o príncipe ilírico Pleuroto e, segundo Lívio, também Atenas e Ílion[13]. A historiografia tem sublinhado que esta relação de *amicitia*, embora não constituísse um vínculo que obrigasse a ajuda militar entre os estados, acabará por ser relevante no processo de conquista da Grécia, como se verá.

A situação na Grécia e no Oriente antes da 2.ª guerra Macedónia[14]

Importa sublinhar previamente que, com a vitória sobre Cartago, Roma muda de forma significativa a sua política expansionista: altera a sua perspetiva, o seu horizonte de domínio ganha uma outra configuração, uma outra dimensão geográfica, apontando de forma cada vez mais evidente para o controlo de todo o Mediterrâneo. Mas, se na sua parte ocidental o afundamento do poderio púnico deixava um campo aberto, aparentemente fácil, à expansão romana, na sua vertente oriental a realidade parecia mais complexa.

O que restava do "império de Alexandre" era uma realidade muito diversa e fragmentada, na qual emergiam claramente algumas entidades políticas dominantes: o poderoso Egito ptolemaico, com uma ampla área de influência que se estendia ao norte de África e à Ásia Menor; o reino selêucida, sucessor do império persa, que disputava com os Ptolomeus a Síria e as costas da Ásia Menor; e, por fim, a Macedónia, cujos interesses no Egeu entravam também em conflito com as pretensões egípcias.

---

[12] Liv. 29.12.11-16; Baldson 1954 32-34; Austin et alii 1989 103-106.
[13] Para uma explicação sobre a presença destes contratantes v. Baldson 1954 32-33.
[14] V., em geral, Baldson 1954; Austin et alii 1989 244-261.

Nos finais do séc. III, todavia, esta situação de algum equilíbrio, mas também de alguma tensão latente, foi alterada por um conjunto de perturbações internas que afetaram o Egito, acentuadas com a morte de Ptolomeu IV (204). Esta maior fragilidade do novo soberano lágida ocorria numa altura em que Antíoco III conferia maior solidez ao reino selêucida e acalentava a ideia de subtrair a Ásia Menor ao domínio egípcio. Por seu lado, a Macedónia já conseguira, com a paz de Fenice, uma situação de maior desafogo, o que lhe permitia retomar as suas tradicionais pretensões sobre o Egeu.

Uma vez que ambas potências (reino selêucida e Macedónia) partilhavam a mesma vontade de atacar o poderio lágida, acabou por se materializar esta ideia num acordo[15] que previa uma repartição do domínio sobre as áreas até aí controladas por este inimigo comum. De um lado Antíoco veio satisfazer as suas ambições, conseguindo o domínio da Celessíria na passagem do séc. III para o II. Ao contrário, no caso da Macedónia o plano não se realizou da forma imaginada. Desde logo porque as ações empreendidas (tanto na parte setentrional do Egeu, na Trácia e na área dos estreitos, como no âmbito mais meridional, atacando a cidade de Samos) afetavam profundamente o comércio na região e prejudicavam fortemente os habitantes de Rodes, que do exercício dessa atividade no Egeu e no Mar Negro retiravam consideráveis proventos. Perante esta situação, os Ródios encetaram uma ação diplomática com a qual obtiveram o apoio de Átalo I, de Pérgamo, reino que se sentia também muito afectado pelas movimentações macedónias: Filipe atacou Samos, foi derrotado em Quios, assediou Mileto, foi bloqueado em *Bargylia*[16]. Precavendo futuras complicações da situação, as duas aliadas tomaram a iniciativa de pedir ajuda a Roma, envolvendo-a nesta questão.

O senado decidiu não entrar imediatamente no conflito, mas preferiu enviar uma delegação de três elementos à Grécia para analisar a situação, de forma a tomar depois a atitude mais adequada. Aparentemente, a sua missão era tentar que o conflito entre as partes se não desenvolvesse ou

---

[15] A existência deste "pacto secreto" foi contestada por Magie 1939. Para uma breve síntese sobre a questão, com bibliografia anterior, v. Grainger 2002 20-21.

[16] Para uma síntese destas movimentações v. Austin et alii 1989 252-254.

então, se esse plano falhasse, participar na guerra. Por isso, quando se confrontou com um conflito declarado entre a Macedónia e Atenas (esta apoiada por Pérgamo) os enviados de Roma expuseram a Filipe o conteúdo da decisão do senado[17]. Os termos em que este "pedido" foi feito não são muito claros, mas podem ter revestido um caráter de intimação, o que teria provocado uma reação adversa, conduzindo de imediato ao ataque a Atenas, mas também à cidade asiática de Abido (201), importante porto da zona estreita do Helesponto.

Um membro da missão romana enviada a Abido teria apresentado, em vão, um ultimato aos Macedónios, impondo o cumprimento de uma série de exigências, em especial: não atacar as cidades gregas nem os interesses egípcios; reparar os prejuízos causados a Pérgamo e aos Ródios. Na realidade, a decisão de Roma entrar em guerra era inevitável. De qualquer modo, a diplomacia itálica teve de agir com habilidade de forma a garantir uma neutralidade do reino selêucida, o que lhe permitia uma vantagem considerável neste conflito, uma vez que, na prática, isolava Filipe, dado que a maioria dos estados gregos preferiu aguardar pelo desenvolvimento das hostilidades para tomar abertamente posição.

A historiografia questiona-se sobre os reais motivações de Roma ao envolver-se directamente nesta região. A decisão, no plano jurídico, assentava nos termos da paz de Fenice (205), na qual se consagrava Pérgamo como *amicus et socius*, o que justificava, o envio de auxílio militar. Mas esta explicação está longe de ser totalmente satisfatória, tendo em conta a amplitude da intervenção que ultrapassa em muito o simples apoio a Pérgamo e aos seus interesses. A explicação da historiografia é diversificada: o respeito pelos acordos ou a admiração e simpatia pela cultura grega confrontam-se com o reconhecimento de uma vontade de domínio, de um sentimento imperialista de matizes diversos, desde o mais disfarçado (de natureza preventiva), ao mais declarado e agressivo, movido pela sede de poder e de dinheiro da elite[18].

---

[17] O seu conteúdo é resumido em Plb 16.27.2-3. Sobre as movimentações prévias ao ataque a Abido v. Austin et alii 1989 255-259.

[18] Sobre as diferentes perspetivas tradicionais na abordagem historiográfica do tema v. Scullard 1980 224-226.

Segunda Guerra Macedónica

Roma atacou diretamente uma Macedónia isolada e simultaneamente pressionada por outros (em especial pela Liga Etólia), sem os seus tradicionais apoios, com um exército inicialmente comandado pelo cônsul Sulpício Galba, depois pelo impreparado Vílio e, por fim, por Tito Flamínio, que entrou com sucesso em território inimigo (198). A pressão de Roma conduziu progressivamente as cidades gregas a aceitarem, pela via diplomática, um pacto de amizade, o que veio inclusivamente a acontecer com a própria Liga Aqueia, aliada de Filipe. Deste modo, o soberano macedónio é pressionado a um entendimento com Roma, mas as condições propostas por esta não obtêm o acordo da outra parte, pelo que tudo se encaminha para novo confronto, numa altura em que se assumem como pró-romanas cada vez mais cidades gregas, entre elas Esparta. O recontro decisivo acabou por se dar na Tessália, nas colinas com o sugestivo nome de Cinoscéfalas, a respeito do qual se costuma sublinhar a superioridade da estratégica concebida por Flamínio[19].

Perante esta derrota, Filipe teve de aceitar condições de paz bem mais gravosas, que implicavam, entre outras cláusulas, a perda da sua influência nos territórios gregos (balcânicos, insulares ou asiáticos) por ela antes controlados. Na perspetiva que interessava a Roma, os Gregos tinham-se livrado da opressão macedónia e restituídos à sua condição de livres, dispensados do tributo e, como o senado pretendia e a tradição jurídica romana gostava de sublinhar, regulados «pelas suas próprias leis»[20]. Esta circunstância, formalmente anunciada pelo próprio Flamínio nos Jogos Ístmicos (196)[21], não representava necessariamente uma maior autonomia das cidades gregas, condicionadas pela vontade e poder dos grandes reinos helenísticos, ou limitadas pelas obrigações decorrentes da sua associação em ligas. No entanto, o tratado com a Macedónia implicava que esta prescindisse do controlo militar sobre as cidades

---

[19] Liv. 33.7-10; Plb. 18.20-32; sobre o tema v. Hammond 1988.
[20] Estes são os termos em que se exprime o *senatus consultum* de 196 (Liv. 33.32.5).
[21] Sobre o valor propagandístico desta ato v. Wash, 1996.

gregas e a presença romana visava garantir a proteção dos gregos contra este reino ou qualquer outro. Modificava-se, deste modo, a tradição de conflituosidade interna que marcou a História da Grécia e conseguia-se uma liberdade garantida por uma potência exterior, circunstância que encerrava em si algo de contraditório.

Colocava-se neste momento ao Estado Romano uma questão pertinente que decorria da precária estabilidade que oferecia a situação política na Grécia: se Roma deixasse os gregos entregues à sua liberdade, tornava-se claro, mesmo para os maiores admiradores da sua história e cultura, como Flamínio, que o ressurgimento de interesses particulares reconduziria a uma situação de conflito e mergulharia a região no caos. Por isso parecia mais sensato, na perspetiva de uma política exterior realista, manter uma presença efetiva que assegurasse uma pacificação geral, ainda que forçada, pelo menos até que os perigos de instabilidade se considerassem afastados.

Efetivamente, nem tudo correu da forma mais tranquila. Pouco tempo após a derrota de Filipe gerou-se um conflito com Nabis de Esparta[22] que conduzirá a nova etapa das relações com o mundo grego. Nos últimos tempos, este tirano tinha alterado, de acordo com as suas conveniências imediatas, o alinhamento com Filipe, a quem antes oferecera Argos, aceitando agora a proteção de Roma. Naturalmente, perante a derrota da Macedónia recolocou-se o problema da situação de Argos, a qual foi também reclamada, pela Liga Aqueia, que nunca aceitara o domínio de Esparta e da Macedónia sobre ela, posição que Roma apoiou. A questão foi discutida em âmbito pan-helénico com a presença romana, tendo-se decidido mover guerra a Esparta, que não pôde resistir às forças associadas do mundo grego (em que participou inclusivamente a Macedónia) e romano. Na celebração da paz, em que interveio Roma, esta beneficiou a Liga Aqueia, ao atribuir-lhe Argos e o controlo de toda a costa lacónia (Liv. 34.24.6.). Muitos dos gregos, e particularmente a Liga Etólia, questionaram, com alguma pertinência, as decisões de Flamínio, que tratava de forma muito diferenciada as distintas partes gregas, intervindo, com manifesta parcialidade, nos

---

[22] Sobre as pretensões de Esparta e as suas consequências v. Gruen 1984 448-455.

assuntos internos gregos. Deste modo parecia pouco credível a vontade romana de contribuir para uma verdadeira libertação da Grécia.

Por isso, constitui uma surpresa para muitos gregos, o facto de a cidade latina ter ordenado, em 194, a retirada de todas as suas forças militares da Grécia[23], tal como tinha defendido com convicção a próprio Flamínio, um dos que tinham sustentado com mais consistência uma linha política de respeito pela autonomia grega. Com esta orientação da diplomacia e política exterior, Roma recuperava o desgaste que tinha sofrido com a sua contínua intervenção na região e contrariava a ideia de que a sua intervenção era interesseira e constituía uma forma de preparar a futura anexação da Grécia. Recuperava, com isso, o respeito de muitos gregos e dava nova vida à sua diplomacia na região. Mas a situação iria mudar em breve, não apenas devido aos crónicos conflitos dos estados gregos, mas também em consequência da política romana na Ásia Menor, em especial dos conflitos em curso com o reino selêucida.

Roma e Antíoco[24]

No jogo político e diplomático, tanto Roma como Antíoco III, encararam os seus interesses como coincidentes no que se referia à posição perante o poder do reino Macedónio. Este soberano oriental alimentava a ideia de substituir esta última potência na região, dando cumprimento a um desejo de restaurar o antigo poder de Seleuco I, o fundador do seu império. Roma, por seu lado, procurou evitar um conflito com este monarca[25], mantendo-se distanciada tanto perante as disputas dele com a Macedónia, como na sua intervenção na Celessíria.

Esperando a mesma atitude, o selêucida empreendeu algumas campanhas que afetaram aliados de Roma: primeiro atacou territórios controlados pela

---

[23] Austin 1989 277; Grainger 2002 125-127.

[24] As fontes clássicas essenciais são Liv. 33.19-20, 31, 34, 38-41, 43-45; 34.57-60. Plb. esp. livros 18, 21, 26-31. Para uma análise historiográfica mais recente v. Grainger 2002.

[25] Sobre as relações entre Roma e Antíoco antes do conflito v. Grainger 2002 5-30.

Macedónia e Egito e depois os interesses de Rodes, tendo esta reclamado junto do monarca pelos prejuízos que lhe causava essa ação militar (Liv. 33.20). Apesar disso, Antíoco conseguiu evitar que estas operações conduzissem a um conflito, talvez porque Roma estava mais empenhada em resolver a situação na Grécia. No entanto, quando se constatou que, celebrada a paz com Filipe da Macedónia, cidades que este prometeu libertar foram ocupadas pelo reino selêucida e algumas delas se puseram sob a proteção de Roma[26], algo se alterou. A posição desta a respeito da acção de Antíoco manifestou-se, de forma algo enviesada, através da proclamação de Corinto, no qual se impunha explicitamente a libertação das cidades gregas da Ásia Menor e se proibia qualquer ação em território europeu, e o mesmo se fez saber aos enviados do rei selêucida. Este, assumindo a exigência como um ato provocatório, respondeu instalando-se em Lisimaqueia[27], uma cidade da Trácia. A atitude de Roma confinou-se nesta fase ao envio de uma delegação a esse soberano asiático[28], confirmando as exigências do senado, mas estas não alteraram a posição de Antíoco. Para além de não reconhecer legitimidade à potência ocidental no que tocava a decisões sobre as duas áreas em causa, respondeu com uma série de ações diplomáticas e argumentos favoráveis ao seu ponto de vista. Ainda que nenhuma das partes desejasse entrar em conflito aberto, a tensão aumentava, mas foi visivelmente atenuada nesta fase pela decisão de Roma retirar as suas tropas da Grécia, o que foi interpretado pelo soberano selêucida como um ato de recuo ou pelo menos de desanuviamento nesta guerra de argumentos. No entanto, a linha defensora de uma atitude mais musculada no Oriente viu o seu representante, Cipião Africano, ser eleito para o consulado (194), resultado para o qual contribuiu certamente o facto de Antíoco ter acolhido Aníbal na sua corte. Apesar disso, o conflito jogava-se apenas no plano diplomático: enquanto os Romanos aumentavam as suas exigências, o soberano oriental

---

[26] Sob a atividade diplomática de Esmirna e Lâmpsaco e as suas consequências v. Grainger 2002 58-68.

[27] Antíoco encontrou *desabitada e quase todo em ruínas* (Liv. 33.10), tendo mesmo promovido a sua reconstrução (Liv. 33.38.10-14; 33.40; Grainger 2002 70-72).

[28] O encontro das partes dá-se precisamente em Lisimaqueia (Liv. 33.39.2). Sobre os múltiplos aspetos relacionados com ela v. Grainger 2002 76-97.

reafirmava a sua vontade de chegar a um acordo aceitável para ambas as partes, o qual, no entanto, foi sendo protelado.

Este frágil equilíbrio veio a alterar-se com o evoluir da situação na Grécia, onde a Liga Etólia alimentava os sentimentos antirromanos, contando com o apoio de Nábis, Filipe e Antíoco. Destes, todavia, apenas o primeiro se dispôs logo a uma ação concreta. Entretanto, na Urbe os embaixadores sírios foram informados de uma nova formulação das exigências que demonstraria a boa vontade do povo romano: o monarca selêucida deveria optar entre renunciar à sua influência na Europa, fazendo o mesmo Roma em relação à Ásia; ou, em caso contrário, aceitar que a potência ocidental desenvolvesse as suas relações de amizade com as cidades gregas desta região. A resposta traduziu-se na decisão de Antíoco intervir na Grécia em apoio da Liga Etólia, a quem prestou o seu auxílio. Abre-se, desta forma, o caminho a um conflito direto entre as duas partes, numa situação em que ambas se sentiam obrigadas a defender os seus aliados.

O monarca selêucida, ao enviar uma pequena força militar, parece ter avaliado mal a dimensão das forças antirromanas, que se manifestaram incapazes de suster o poderoso exército que representava a Liga Aqueia, a Macedónia e Roma. O primeiro recontro deu-se na famosa passagem das Termópilas e, perante o fracasso da sua resistência em Naupacto, a Liga Etólia acabou por se render.

Estes acontecimentos vieram dar argumentos à fação romana mais dura, associada aos Cipiões, e justificaram, depois dos primeiros recontros vitoriosos, a recusa de um tratado de paz com Antíoco nos termos propostos em 196, exigindo-se, neste momento, a sua retirada para lá do Tauro. Ao recusá-la, o monarca sírio fazia depender a decisão dos confrontos militares, que acabaram por ser favoráveis aos Romanos, comandados por Gneu Domício Aenobarbo e apoiados por Pérgamo, em Magnésia de Sipilo[29]. A paz celebrou-se no ano seguinte, na cidade frígia de Apameia, sendo as suas condições bem conhecidas[30]: no essencial o reino selêucida ficava limitado pelos rios Tauro e Halis e punha-se termo,

---

[29] Sobre este conflito v. Liv. 38.37-44; App. *Syr.* 30-36; Grainger 2002 307-327.
[30] Liv. 38.38-39; Plb. 21.45; App. *Syr.* 39; MacDonald 1967.

com uma série de exigências, a qualquer pretensão deste ao controlo do mundo helenizado e do Mediterrâneo oriental.

Estes sucessos não implicaram de imediato o controlo de Roma sobre os territórios conquistados, mas foram Pérgamo e Rodes, os seus aliados, a retirar deles um benefício direto. Cada uma delas aceitou o acordo estabelecido com o Estado Itálico sobre a administração da parte que lhes tocava, porém a mais favorecida era a primeira delas, que herdava uma boa parte do domínio selêucida ocidental e passava a receber tributo das cidades que dele fizeram parte.

Enquanto isto se passava na Ásia Menor, na Grécia os Romanos e seus aliados venciam e impunham duras condições à Liga Etólia, privando-a da autonomia na condução da política externa; ao passo que a Liga Aqueia passava a ocupar um papel preponderante.

Desta forma, a paz de Apameia desenhava uma nova configuração política desta região, emergindo não apenas o protetorado romano estendido à Ásia Menor, mas também o peso das novas potências que se consolidavam[31] sob a sua proteção: a Liga Aqueia, Rodes e Pérgamo. Este reino, onde pontificava Eumenes, conduziu uma política expansionista[32] contra Prúsias da Bitínia que contou, inicialmente, com o apoio de Roma; no entanto, ao solicitar ajuda para enfrentar o Ponto, recebeu uma resposta negativa. Algo de similar aconteceu quando o Estado Itálico deu razão às cidades lícias que se queixavam de Rodes[33].

Na Grécia a situação revelou-se mais grave, uma vez que a Liga Aqueia depois de anexar todo o Peloponeso, abafou brutalmente as revoltas de Esparta e da Messénia, perante a impotência das embaixadas romanas que solicitavam o fim desta violência. Constata-se, deste modo, que a potência itálica procura desenvolver a sua política que nem sempre coincide com os interesses particulares dos seus aliados, os quais, em algumas circunstâncias, constituem um verdadeiro motivo de preocupação para o Estado Romano.

---

[31] Liv. 37.56.1-6; Plb 24.45; 24.48.
[32] Sobre a política de Eumenes II nesta fase v. Austin 1989 324-328.
[33] As cidades lícias reclamavam a condição de aliadas de Rodes e não de submetidas, pretensão à qual Roma, sem fundamento, terá dado resposta favorável (Austin et alii 1989 302 cfr. Plb 25.4.5 e Plb 21.46.8; 22.5.4).

Terceira Guerra Macedónia

Entretanto, na Grécia, são os problemas causados pela Macedónia que assumem maiores proporções. Sonhando reconstituir o seu antigo poderio, Filipe V anexou primeiro, com o beneplácito de Roma, territórios do norte da Grécia e, logo de seguida, por sua iniciativa, as cidades de Aino e Maroneira, na Trácia[34]. Este último movimento militar suscitou uma reclamação de Pérgamo perante o Estado Romano, uma vez que esses territórios lhe tinham sido atribuídos pela paz de Apameia. Embora tivesse retirado por pedido do senado, acabou por massacrar os habitantes de Maroneia, o que teve consequências na sua imagem perante Roma. Através do seu filho, Demétrio, que desenvolvera uma amizade com círculos políticos da Urbe, o soberano macedónio procurou demonstrar a sua fidelidade, mas um conjunto de intrigas conduziu ao assassinato[35] daquele que os Romanos gostavam de ter visto como seu sucessor. Esta circunstância levou ao trono o filho mais velho de Filipe, Perseu, o qual deu seguimento a uma política de afirmação do seu reino no contexto grego, aproveitando as dificuldades por que muitas cidades passavam. Mesmo que não fosse essa a sua intenção, acabou por assumir o papel de representante da corrente antirromana, situação para a qual contribuiu igualmente a ação de Eumenes, em manifesto antagonismo ao novo rei da Macedónia. O soberano de Pérgamo, depois de várias queixas, chegou a expor ao senado (172) o rol de agravos infligidos por Perseu[36], o que terá constituído um elemento importante para decidir uma atuação do Estado Romano, guiada pela nova orientação da política romana para o Oriente, mais interventiva.

Roma iniciou as hostilidades com um exército impreparado, acabando por ser derrotada, o que lançou muitos gregos na incerteza quanto à atitude a tomar. Alguns dos tradicionais aliados de Roma, chegaram a

---

[34] Liv. 39.24.6-9; 39.27.7-10; Hammond; Walbank 2001 456-457.

[35] Sobre episódio, que suscitou diversas considerações sobre o ambiente palaciano da Macedónia e o comportamento de Filipe v. Liv. 40.24.4; Plb. 23.10.12; D.S. 29.25; Hammond; Walbank, 2001 471-472.

[36] O discurso, transmitido em Liv. 42.11-13, e que teria impressionado os senadores, considera-se genericamente credível (Hammond; Walbank 2001 498).

propor uma reconciliação entre os contendores, o que foi mal interpretado por Roma. Esta, convicta da sua superioridade, organizou em 168 uma nova expedição mais consistente, comandada por Emílio Paulo, que acabou por derrotar Perseu em Pidna.

Roma altera substancialmente, a partir daqui, a sua postura em relação ao Oriente: enquanto até agora procurava manter-se como um estado protetor e regulador, mas que dava margem a uma grande liberdade das entidades sob o seu controlo; passa agora a assumir uma atitude imperialista, em que a sua hegemonia se orienta para a defesa dos interesses de Roma, eliminando os antigos centros de poder que com o seu consentimento e apoio se tinham desenvolvido. Por isso, todas as regiões e reinos do Oriente viram a sua situação alterar-se de forma mais ou menos substancial[37].

A mais sacrificada foi, naturalmente, a Macedónia, que perdeu a sua identidade ao ser fragmentada em várias entidades forçadas ao isolamento. Mas também a Ilíria e o Epiro, que se tinham posto do lado desse reino agora desfeito, foram duramente castigados. O resto da Grécia passou momentos difíceis, em especial devido a um clima de delação que lançou uns gregos contra o outros e motivou represálias de Roma sobre muitas regiões e pessoas, agravando as situações de miséria e de disputas internas. Uma exceção ganha corpo em Atenas, que viu compensado o seu alinhamento com Roma com o controlo do porto de Delos, famoso como plataforma do mercado escravo.[38]

Por outro lado, a circunstância de Rodes ter apelado a um entendimento entre Roma e a Macedónia foi invocada como motivo da hostilidade por parte da Urbe. Viu, por isso, os seus territórios desmembrados e assistiu ao desenvolvimento de um porto-franco em Delos, o que conduziu ao progressivo afundamento da prosperidade comercial ródia[39], para além das consequências no aumento da pirataria. Pérgamo não só viu recusada ajuda no combate à sublevação dos Gálatas como sofreu

---

[37] Para as transformações na política e estratégia expansionista romana nesta fase v. Austin et alii 1989: 46

[38] Str. 10.5.4; Rauh 1993: 43-52.

[39] Para uma análise do declínio de Rodes após 164 e da ascensão de Delos v. Berthold 2009² 202-212.

uma ofensiva diplomática contra os seus interesses, situação difícil de prever alguns anos atrás.

Por fim, as relações com o reino selêucida sofreram uma evolução substancial: Antíoco IV, que tinha sido educado em Roma, contando aí com alguns amigos, desenvolveu algumas ações militares que o colocaram na situação de controlar o Egito; e ainda que o senado não tenha interferido até aí, decidiu responder a um pedido do soberano lágida, enviando Popílio Lenas. Estas duas personagens, velhos amigos, dão corpo a um episódio famoso[40], no qual se percebe como um ultimato romano força o soberano sírio a abandonar o Egito. A partir daí vai-se acentuando o declínio do reino selêucida, cada vez mais longe do seu antigo esplendor, cada vez mais perto do fim.

A orientação que a política externa romana vinha a seguir desemboca inevitavelmente, mais tarde ou mais cedo, na submissão efetiva de todos estes territórios. Começa, naturalmente, pela Grécia, onde alguns acontecimentos vieram demonstrar a instabilidade crónica deste território sob o seu controlo, justificando um domínio de perfil bastante mais duro. A Macedónia proporcionou a razão para uma nova intervenção militar quando Andrisco, um personagem aventureiro que se faz passar por elemento da família real, conduz uma rebelião[41] que concitou alguns apoios. Este breve episódio, que acabou em derrota, motivou a criação da província romana da Macedónia e significou o fim do reino e da sua já muito frágil autonomia.

Os últimos acontecimentos que põem termo à pouca margem de manobra de que os gregos ainda gozavam manifestam-se na dissensão gerada no âmbito da Liga Aqueia. Um conflito de fronteiras entre Esparta e Megalópole levou Roma, em última instância e já cansada dos constantes problemas a que tinha de acorrer, a decretar a independência de importantes cidades integradas nessa confederação, conduzindo-a ao seu fim. A raiva dos Aqueus acabou por se voltar contra Esparta, mas o exército romano submeteu os revoltosos, saqueou e destruiu Corinto (146)[42], encarando essa ação mais brutal como um exemplo para outros.

---

[40] Liv. 45.10; Plb. 29.27; Austin 1989 344-345.
[41] Vell. 1.11.1-2; Flor. *Epit.* 1.30.3; D.S. 32.15.1-2.
[42] Plb. 38.3-5; 39.13; Str. 8.6.23; Paus. 7.15.1-16.8; Gebehard; Dickie 2003 261-265.

Com este episódio se assinala habitualmente o fim do processo de submissão da Grécia. Exceção feita à Macedónia, manteve-se aqui uma situação de alguma autonomia política, sempre sob o patrocínio, mais ou menos tolerante, de Roma. O seu estatuto mudará quando se reconstruir Corinto, em 44, que se converterá na capital da nova província da Acaia.

3. A conquista da Hispânia

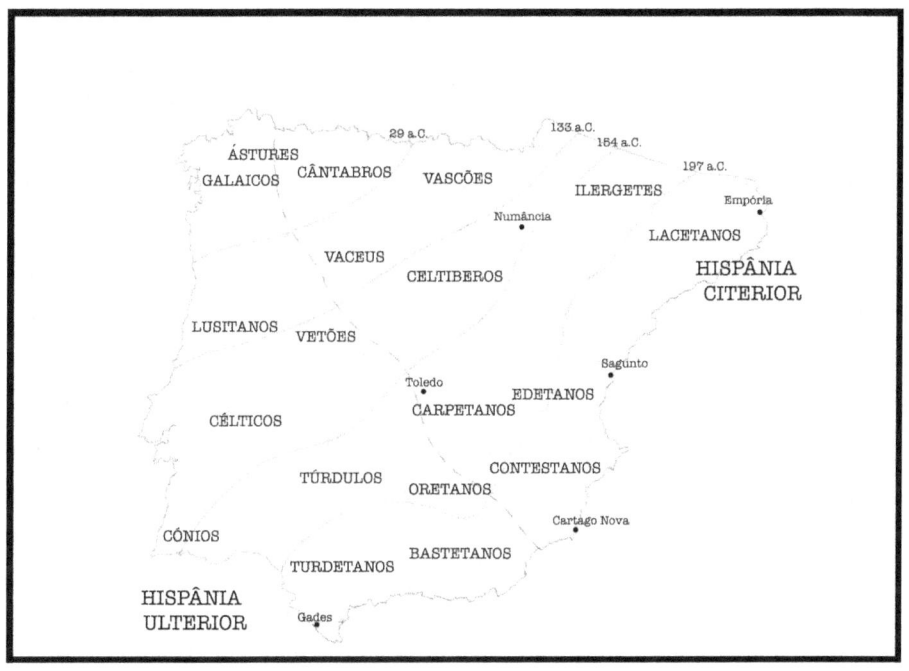

Fig. 2. Fases da conquista da Hispânia - por Fábio Mordomo

A expansão romana no lado oposto do Mediterrâneo é indissociável da segunda guerra púnica e dos conflitos que opõem Roma a Cartago[43],

---

[43] Vide atrás Monteiro, cap. 6.1 §3.

a potência que controlava o extremo ocidente da Europa[44]. Este domínio da potência norte-africana, corolário de uma presença precoce de fenícios nesta região, foi seriamente ameaçado ao longo daquele conflito. No entanto, a forte presença militar e a iniciativa diplomática dos Bárcidas mantiveram-se bem ativas na Hispânia, mesmo quando Aníbal decidiu passar os Alpes[45]. Por seu lado, estratégia de Roma compreendia, para além da defesa da Itália, o ataque aos interesses inimigos na Península, sob o comando de Gneu Cornélio Cipião, que desembarcou em *Emporion* nos finais do verão de 218[46]. No ano seguinte juntou-se-lhe o seu irmão Públio, com um novo contingente, desenvolvendo ambos uma ação destinada a consolidar o domínio de Roma a norte do Ebro, na qual obtiveram sucesso[47]. No entanto, na continuidade destas operações mais para sul, apesar de progressos até terras turdetanas, acabaram por ser vencidos e mortos[48] (211), o que obrigou a recuo das posições romanas até àquele mesmo rio. No final do ano seguinte, é enviado outro distinto membro da influente família dos Cornélios Cipiões, filho e homónimo do Públio que perdera a vida em campanha.

Depois de se informar sobre a situação no terreno, empreendeu um audacioso e bem-sucedido ataque ao centro do poder púnico em território hispânico, *Carthago Nova*[49], debilitando seriamente a posição inimiga. As fontes sublinham a inteligente medida tomada pelo general romano de libertar os reféns indígenas capturados, ganhando desta forma um considerável prestígio perante as gentes locais[50]. Uma outra vertente da estratégia residiu no ataque a uma das grandes fontes de rendimento

---

[44] Para as questões relacionadas com esta primeira fase da conquista v., em geral, Richardson 1986; Roldán Hervás, 1988; Keay 1988; Roldán Hervás 2001; Quesada 2009.

[45] Roldán Hervás 1988 36-37.

[46] Plb 3.76.1; Liv. 21.60.1-2; Roldán Hervás 1988 37.

[47] Normalmente não se considera credível a versão de Lívio (22.20.3-6), segundo a qual as incursões romanas teriam atingido *Carthago Nova* e *Loguntica* e até o interior da Hispânia (Kahrsted 1916 425; Roldán Hervás, 1988 38-39; contra Schulten 1935 66). Também o ataque vitorioso a Sagunto, narrado em Plb. 3.97-99, seria devido a uma antecipação indevida de factos (Roldán Hervás 1988 39).

[48] Liv. 25.36.12-14; Flor. *Epit.* 1.22.36; App. *Hisp.* 16.

[49] Para uma síntese atual sobre esta ação militar v. Fernández Rodriguez 2005 40-71.

[50] A narrativa polibiana centra-se em particular no sugestivo caso do régulo *Andobales*, a quem Cipião devolve as filhas e com o qual celebra um pacto (Plb. 10.38), tomando-o como exemplo da sua ação diplomática.

dos Cartagineses, os recursos mineiros. Depois de garantir o controlo das importantes minas de prata próximas de *Carthago Nova*, os exércitos foram apontados à região do Alto Guadalquivir, visando o acampamento de Asdrúbal, que segundo Políbio, «se encontrava na região de Cástulo, junto à cidade de Baecula[51], não longe das minas de prata» (Plb. 10.38.7).

As dificuldades dos cartagineses em suster o avanço romano foram acentuadas ainda pelos pedidos de auxílio vindos de Itália, ao qual se respondeu com o envio de um contingente às ordens de Asdrúbal. O apoio aos generais cartagineses na Hispânia advinha agora especialmente de Lusitanos e Celtiberos, insuficiente para travar o avanço de Públio Cornélio Cipião sobre o vale do Guadalquivir, ou de Silano, seu lugar-tenente, sobre a Celtibéria. A pressão de Cipião acentuou-se e conduziu a um confronto decisivo com as forças púnicas (207), ocorrido em *Ilipa*[52] (Alcalá del Río, Sevilha). Como último sinal, Gades, a mais importante plataforma comercial do Atlântico, antes ponto de apoio dos Cartagineses, decidiu entregar-se aos Romanos sem resistência (206). Desta forma Roma teria "libertado" a Península Ibérica dos Púnicos, assegurando o controlo de toda a faixa costeira levantina e meridional.

Um dos segredos de Cipião residiu na sua grande habilidade diplomática, aproveitando-se da circunstância de Cartago submeter as comunidades locais a duras condições. No entanto, com o fim da ameaça púnica na Hispânia e com o aumento das dificuldades de guerra em outros cenários, o chefe romano regressou a Itália e sua experiência nem sempre foi seguida pelos seus sucessores. Implanta-se, em geral, uma política repressiva e de exploração das populações e dos seus recursos, cujos contornos se conseguem entrever em casos como o de Lêntulo[53], que se apresenta em Roma com ingentes despojos.

---

[51] Sobre a localização deste acampamento e o local da batalha v., mais recentemente, Bellon et alii 2009 253-265.

[52] Assim se interpreta geralmente o nome registado em Plb. 11.20.1 como *Iligga* e em Liv. 28.12 como *Silpia*.

[53] Esta personagem, procônsul na Hispânia entre 205 e 201, acumula, segundo Liv. 31.20, o montante de 43000 libras de prata e 2450 de ouro, celebrando o triunfo que a tradição reservava a *dictatores,* cônsules e pretores.

Em 197, com a criação de duas províncias na Hispânia, a Citerior e a Ulterior[54], dá-se início a um novo capítulo da presença romana neste território, agora com um outro estatuto e governado por magistrados regulares. Apesar disso, o clima de instabilidade foi-se acentuando nestas regiões só parcialmente controladas e em que a multiplicidade étnica e a sua tradição bélica, bem como as disputas territoriais tornavam mais crítica a situação. A gravidade desta conjuntura fica demonstrada pela chegada à Península de um dos cônsules, Catão, à frente de um exército considerável (195)[55].

Na realidade a sua intervenção consistiu numa demonstração de força perante as populações locais, fragmentadas e sem possibilidade de oferecerem resistência a um poderio militar com esta envergadura. Catão, um tradicionalista, embora sem relegar a diplomacia, apresenta-se como um defensor de uma atuação dura. A sua estratégia não assegurou uma maior estabilidade no futuro, mas garantiu uma precária submissão de povos, enquanto a sua ação no domínio fiscal e da exploração mineira[56] permitiu a Roma colher proventos de dimensão inédita.

Dos anos subsequentes conhecem-se algumas campanhas destinadas a consolidar a linha do Tejo, com ataques aos Carpetanos e seus aliados, que culminam com a tomada de *Toletum* (Liv. 35.22.5), e confrontos com os Lusitanos na Baixa Andaluzia. A cidade de Asta aparece várias vezes no centro dos conflitos com os Lusitanos: num deles perdeu a vida o pretor C. Atínio (Liv. 39.21.2-3); um ano antes, também o procônsul Emílio Paulo[57] os deverá ter enfrentado, com sucesso[58]. A situação mantém-se crítica também na Citerior, província em que se deve assinalar especialmente a passagem de Tibério Semprónio Graco (180-179). Nela obteve alguns sucessos militares e diplomáticos, em particular no território celtibérico, conjugando as

---

[54] Sobre o processo da organização administrativa deste período v. González Román 1981 61-64.

[55] Para a análise das fontes sobre as campanhas de Catão na Hispânia v. Martínez Gázquez 1992.

[56] Martínez Gázquez 1992 75.

[57] Da ação desta personagem nesta cidade conservou-se um interessante e precoce documento epigráfico (CIL II.5041) que concede a liberdade aos *escravos de Hasta que habitarem na Torre Lascutana* (/.../ *quei Hastensium servei in Turri Lascutana habitarent* /.../).

[58] Chic García 1980 19.

suas ações com o legado da Ulterior, L. Postúmio Albino[59]. A informação de que dispomos a respeito das movimentações militares nas próximas décadas é muito reduzida, pressupondo-se que, durante este período, Roma se preocupou mais em resolver outros problemas (internos ou de conflitos com outras regiões), mantendo-se a instabilidade, em particular entre Celtiberos e Lusitanos. Esta circunstância justifica que o senado lhe vá dedicar, a partir de determinado momento, uma maior atenção.

A historiografia antiga, seguida muitas vezes pela moderna, adota uma perspetiva romana, justificando geralmente todas as ações dos conquistadores e os seus fundamentos, passando com frequências para povos a responsabilidade pelos conflitos ou lamentando a falta de respeito por tratados, fronteiras e um conjunto de regras e tradições que, na sua perspetiva, distinguiam muitos hispânicos do "mundo civilizado". Este padrão de base greco-latina, todavia, não é compatível com tradições culturais hispânicas nem a sua perspetiva sobre a responsabilidade das guerras. Na base das ações romanas só pontualmente se apresentam explicitamente as suas intenções expansionistas, prevalecendo mais uma ideia de que os Romanos procuram garantir apenas a sua segurança e a dos seus aliados. O seu comportamento pauta-se pelas suas normas jurídicas e pela sua forma de entender as relações externas. Afasta-se, naturalmente, qualquer sentimento de que são intrusos num território de que se apropriam pela força das armas, subvertendo não apenas a geografia política, mas forçando igualmente a adaptação das populações às suas exigências.

É compreensível que autores gregos ou romanos, ciosos da superioridade da sua cultura, encontrassem justificação para a sua perspetiva; mas também se explica que a historiografia atual ensaie uma postura diferente, compreendendo as tradições locais e as graves consequências que a uma presença externa agressiva e não solicitada tinha para a sua estabilidade.

Estas questões, válidas de uma forma geral para todo o território, colocam-se a determinado momento a Lusitanos e Celtiberos, os quais, cada um a seu modo, se vêm confrontados com uma guerra total, movida por uma grande potência do Mediterrâneo.

---

[59] Liv. 40.35.7 ss.; 40.36.1-12; 40.39-40; 40.47-50; App. *Hisp.* 43.

As Guerras Lusitanas e Viriato

A resistência lusitana começa a ter um representante na figura de Púnico, um nome sugestivo[60], que não pode desligar-se de uma tradição de presença de Cartagineses no sul da Hispânia e do facto de os interesses destes serem coincidentes com os das populações que se opunham aos Romanos. Apiano dá breve conta da sua ação vitoriosa sobre os pretores Marco Manílio e M. Calpúrnio Pisão, «matando 6000 homens entre eles o questor Terêncio Varrão» (App. *Hisp.* 56). Sucedeu-lhe Césaro que venceu Múmio, governador da Ulterior em 153, quando este «o perseguia de forma desordenada» (App. *Hisp.* 56). O mesmo historiador refere-se, de seguida, a Cauceno, chefe dos Lusitanos «do outro lado do Tejo» (App. *Hisp.* 57), que terão empreendido uma campanha que os conduziu ao território dos Cónios[61] (sul de Portugal) e à sua principal cidade, *Conistorgis,* tendo daí passado ao norte de África, onde foram destroçados por Múmio.

Desta forma, Apiano apresenta uma breve sequência dos chefes que precederam Viriato, o caudilho lusitano que vai marcar a resistência deste povo. A sua história, começa, segundo a tradição literária que nos foi transmitida por esse historiador grego, em 151, quando Galba, governador da Ulterior, procurava pôr termo às ações do "bandolerismo" lusitano, que tantos comentários negativos suscita nas fontes clássicas. Com uma ilusória promessa de terras, este teria dividido a população em três grupos, desarmados, aproveitando-se da boa fé deles para os massacrar[62]. Alguns escaparam, entre eles Viriato (App. *Hisp.* 60).

Depois de uma aparente acalmia, os conflitos reacenderam-se, já sob o seu comando, quando era pretor da Ulterior Gaio Vetílio (147), o qual

---

[60] Parece estranho que fosse este o nome de uma personagem lusitana, pelo que seria viável admitir que o apelativo corresponderia a uma origem étnica, atribuível a um chefe militar, cartaginês, em cuja experiência e saber militar a entidade hispânica confiava.

[61] Esta é uma das poucas situações em que as fontes clássicas associam as guerras lusitanas a território atualmente português, uma vez que o teatro das operações se centra essencialmente no que vem a ser a futura província da Bética, *grosso modo* correspondente à atual Andaluzia (Chic García 1980; Pérez Vilatela 1989; Guerra 2001 85-89).

[62] Em Suet. *Gal.* 3.2 refere-se que ele matou *perfidamente 30000 lusitanos,* naturalmente um número simbólico.

foi capturado e morto, dando início a um período em que Roma perde o controlo da situação na província. Só em 145, com a chegada do cônsul Fábio Máximo, foi possível obter alguns sucessos militares e reduzir a instabilidade. Mas quando o exército consular retirou, os Lusitanos alargaram a sua influência a muitas cidades e territórios meridionais, até à Bastetânia. Depois do sucesso de Viriato contra Quíncio, governador da Citerior, em *Ituci* (143) e da derrota de L. Metelo (142), o exército consular, comandado por Q. Fábio Máximo Serviliano (141-140), procurou atacar os apoios de Viriato, inicialmente com bastante sucesso, mas seguindo-se uma derrota em *Erisane*, cidade que se toma como pátria do caudilho lusitano[63]. Este, desejoso da paz, aproveitou o momento para celebrar um pacto, tornando-se deste modo «amigo dos romanos» (App. *Hisp*. 69). O tratado foi, contudo, recusado pelo sucessor de Serviliano que, como sublinha Apiano, era o seu próprio irmão, Q. Servílio Cepião, autorizando o senado que este provocasse o inimigo «secretamente» (App. *Hisp*. 70).

Reacendeu-se o conflito e o general romano tomou *Arsa*, obrigando os Lusitanos e o seu chefe a empreenderem uma fuga para a Carpetânia[64]. Torna-se claro que Viriato foi sendo empurrado progressivamente para norte e já não possuía grande apoio, pelo que se viu obrigado a negociar. Os seus três representantes nestas negociações, segundo a tradição (D.S. 33.21) naturais de *Urso* (atual Osuna, Sevilha), deixaram-se corromper e assassinaram Viriato, pondo-se termo ao conflito desta forma inglória. Estes acontecimentos e a heroica resistência do caudilho lusitano alimentaram a literatura clássica, em especial Possidónio[65], que o converteu num modelo, segundo os princípios da filosofia cínica[66].

---

[63] O texto (App. *Hisp*. 69) refere-se-lhe como *a sua cidade (Erisanen autou polin)*, que alguns aa. (v. g. Schulten 1937 119, contra García Moreno 1989 38) identificam com *Arsa*, centro de operações lusitano em vários conflitos subsequentes.

[64] Não deixa de causar alguma perplexidade a quem, seguindo a interpretação tradicional de que Viriato e os lusitanos teriam a sua origem no centro de Portugal, busquem refúgio num território tão distante. Há naturalmente, que afastar qualquer ligação entre Viriato e a Serra da Estrela, sem sustento em qualquer informação fiável (Guerra - Fabião1992 14-16).

[65] A sua obra, em geral perdida, estaria na base do texto de Diodoro Sículo, que se dedica a descrever longamente as suas qualidades morais (Lens Tuero 1986)

[66] Sobre esta perspetiva, v. Lens Tuero 1986.

Os Celtiberos e a conquista de Numância

Se bem que já antes tivessem ocorrido alguns recontros com os Celtiberos, o início dos conflitos sistemáticos, que conduzem à conquista definitiva do seu território, tem o seu primeiro episódio em Segeda, «uma cidade dos Celtiberos chamados Belos, grande e poderosa» (App. *Hisp.* 44). Segundo a narrativa de Apiano, o pacto rompeu-se porque Roma entendia que Segueda o desrespeitava ao construir uma muralha mais extensa, destinada a albergar as cidades vizinhas, integrantes de uma liga celtibérica[67]; ao mesmo tempo o senado reclamava os impostos antes acordados e solicitava homens que reforçassem o seu exército (App. *Hisp.* 44). Os Segedanos procuram explicar a sua interpretação dos tratados, mas, porque os Romanos temiam o seu fortalecimento, não conseguiram evitar o início das hostilidades[68]. A campanha foi conduzida por M. Fúlvio Nobilior, o qual apanhou a cidade desprevenida, levando os seus habitantes a procurarem refúgio entre os Arévacos. Depois de acolhidos em Numância, «a cidade mais poderosa» (App. *Hisp.* 46), os Celtiberos prepararam um exército conjunto e obtiveram uma vitória, ainda que nessa ação perecesse o seu chefe, Caro. Um posterior ataque de Nobilior não foi mais feliz, devido, segundo a explicação de Apiano (*Hisp.* 46), ao descontrolo dos elefantes por ele envolvidos no ataque.

No ano seguinte as operações foram confiadas a Marcelo que adotou uma estratégia diferente e bem-sucedida frente a *Ocilis* e *Nertobriga*. Apiano (*Hisp.* 49) mostra que Marcelo privilegiou a diplomacia ao propor-se renovar o tratado de Graco, mas atribuiu-lhe igualmente cartas dirigidas ao senado recomendando a continuação do conflito, por desejar a fama. Independentemente disso, esta decisão põe em evidência o peso da fação mais belicista do senado, a qual deve ter sido já responsável pela orientação dada à questão de Segeda. Ao mesmo tempo, o historiador grego torna patente a sede de riqueza e prestígio, tanto de Marcelo como do seu sucessor. Foi esta que levou Marcelo a celebrar a paz com

---

[67] Salinas 1996 99-102.
[68] Arce 1988 80.

os Celtiberos (App. *Hisp.* 50) antes de chegar L. Licínio Lúculo (151). Foi também ela que justificou o alargamento da guerra aos Vaceus[69]; o seu pérfido comportamento em Cauca[70]; a reclamação, sem resultado, de elevados montantes de ouro e prata aos de *Intercatia* (App. *Hisp.* 53-54); o assédio a *Pallantia*, porque «era muito rica», acabando sem honra nem glória (App. *Hisp.* 55)[71].

A situação em toda esta região manteve-se inalterada até 143, altura em que o apoio destes povos a Viriato (App. *Hisp.* 66 e 76) terá motivado o envio do cônsul Q. Cecílio Metelo Macedónico, episódio que dá origem ao que se designa como a "guerra de Numância"[72]. Depois de um início fulgurante com uma campanha vitoriosa contra os Vaceus, teriam restado por dominar apenas *Numantia* e *Termantia*[73]. Sucedeu-lhe Q. Pompeio Aulo (141-140), que se revelou incapaz de obter resultados positivos sobre estas duas belicosas cidades (App. *Hisp.* 76-78; D.S. 33.17). Depois de falhadas as diferentes estratégias para as submeter, procurou obter um acordo com Numância, que pudesse atenuar a dimensão do seu insucesso, mas o pacto viria a ser negado por Roma (App. *Hisp.* 79). O cônsul M. Popílio Lenas (139-138), não obteve melhores resultados (App. *Hisp.* 79) e, pior ainda esteve G. Hostílio Mancino (cônsul em 137), o qual, após sucessivas derrotas, foi obrigado a assinar uma paz que o senado mais uma vez não quis reconhecer[74]. Durante os três anos subsequentes as hostilidades contra Numância cessaram. No entanto, Emílio Lépido (137-136) atacou os Vaceus, contra as ordens do senado, e tendo posto cerco a *Pallantia*, foi derrotado. Foi, por isso, destituído do seu cargo e multado[75].

---

[69] Apiano comenta que esta guerra contra os Vaceus não foi sequer sancionada por Roma e *Lúculo nem sequer foi julgado por isso* (App. *Hisp.* 55).

[70] App. *Hisp.* 51-52; Arce 1988 86-87.

[71] Roldán 2001 156-157

[72] Sobre os conflitos v. Dobson 2008.

[73] App. *Hisp.* 76. Esta cidade tem sido identificada com *Termes* (Tiermes, Soria) v. Schulten 1937 33, cujos habitantes se referem em Liv. *Per.* 54 como *Termestinos*.

[74] App. *Hisp.* 83; Cic. *Off.* 3.109; *Rep.* 3.28; Oros. 5.4.21; Eutr. 4.17; Flor. *Epit.* 1.34.4. Sobre o tratado v. Wikander 1976.

[75] App. *Hisp.* 83; Arce 1988 91.

A vergonhosa incapacidade dos Romanos perante Numância conduziu ao envio de P. Cornélio Cipião Emiliano para a Hispânia. Este começou por selecionar o exército, impor-lhe disciplina (App. *Hisp.* 85) e cortar as possibilidades de abastecimento da cidade com alguns ações em território vaceu, em particular nas áreas de *Palantia* e de *Cauca*.[76] Aplicou-se igualmente numa atividade diplomática destinada a contar com o apoio de outras populações locais. Insistindo na ideia de que era preferível vencer os Numantinos pela fome do que combater com aqueles que provocavam confrontos esporádicos, foi poupando as suas energias e tornando cada vez mais crítica a situação da cidade. Para obter este resultado contribuiu a construção de um extenso fosso e uma paliçada que circundavam completamente o inimigo (App. *Hisp.* 86); cortou a passagem do rio, de forma a evitar o abastecimento e a passagem de pessoas[77]. As fontes descrevem a situação cada vez mais desesperada dos sitiados e as tentativas, nem sempre bem vistas, de alguns representantes numantinos negociarem a rendição[78]. Por fim, acabam por depor as armas e entregar-se, embora muitos tenham optado por pôr termo à vida. Os que se entregaram foram vendidos, depois de escolher cinquenta de entre eles, para a celebração do triunfo; as suas terras foram repartidas entre as cidades vizinhas que se juntaram à causa romana.

Mesmo que se exponha nos textos que nos chegaram uma visão parcial com intuitos propagandísticos e laudatórios[79], transparece neles a admiração pelas qualidades de gente bárbara, que demonstra excecional bravura e preza, acima de tudo, a sua liberdade. Na perspetiva historiográfica das fontes clássicas, eleva-se a dignidade e o valor dos Numantinos, tornando mais sublime quem os venceu.

---

[76] Wattemberg 1959.

[77] Sobre o cerco Cipião e os seus acampamentos v., mais recentemente, Dobson 2008 e Jimeno Martínez 2001.

[78] App. *Hisp.* 95-98; Flor. *Epit.* 1.34.14-17; Oros. 5.7.11-18 Sobre o impacto na tradição historiográfica desta resistência v. Jimeno; Torre, 2005.

[79] Na base destas narrativas encontra-se, em boa parte, o texto de Políbio, admirador e protegido de Cipião, mas também um historiador que procura distanciar-se desse facto (Green 1990 277-285). Para uma perspetiva sobre a presença deste autor grego nesta campanha v. Sancho Royo 1973.

Portanto, num curto espaço, Roma passa do controlo da Península Itálica ao domínio do Mediterrâneo. Torna-se patente uma evolução da sua política imperialista que começa por uma atitude que visava antes de mais garantir da segurança e proteção dos aliados, de acordo com os ditames da guerra justa, avança depois para um maior interesse pelo controlo, deixando embora uma certa autonomia no Oriente, para culminar na subjugação efetiva e aniquilação das resistências, como mostra a destruição de Cartago, de Corinto e de Numância.

Tábua cronológica

229 – 1ª guerra ilíria
219 – 2ª guerra ilíria
215 – 1ª guerra macedónia
205 – Acordo de paz de Fenice
200-197 – 2ª guerra macedónia
197 – Batalha de cinoscéfalas
196 – Acordo de paz de Tempe
192-189 – Guerra contra Antíoco III
189 – Batalha de Magnésia
188 – Acordo de paz de Apamea
171-168 – 3ª guerra macedónica
168 – Batalha de Pidna
154-133 – Guerras contra os Lusitanos e Celtiberos
148 – Criação da província da Macedónia
146 – Destruição de Corinto e Cartago
139 – Assassínio de Viriato
133 – Destruição de Numância

Bibliografia

Arce, J. (1988), Las guerras celtíbero-lusitanas in Blázquez, J. M. et alii, *Historia de España antigua*. Madrid, Cátedra, 79-98.

Austin, A. E. et alii ed. (1989), *Cambridge Ancient History, volume VIII - Rome and the Mediterranean do 133 B. C.. 2nd edition*. Cambridge, University Press.

Berthold, R. M. (1984), *Rhodes in the Hellenistic Age*. London, Cornell University Press (rep. 2009).

Derow, P. S. (1973), "Kleemporos", *Phoenix*, 27 118-134

Dobson, M. J. (2008), *The Army of the Roman Republic. The Second Century BC, Polybius and the Camps at Numantia, Spain*. Oxford, Owbow.

Eckstein, A. (1994), "Polybius, Demetrius of Pharus and the Origins of the Second Illyrian War", *CPh* 89 46-59.

Fernández Rodríguez, D. (2005), "Toma de *Carthago Nova* por Publio Cornelio Escipión: leyenda o realidad?", *Polis*, 17 31-72.

García Moreno, L. (1989), "La Hispania anterior a nuestra era: verdad ficción y prejuicio en la historiografía antigua y moderna", *Actas del VII CEEC*, Vol. III, Madrid 1989 17-43.

Gebehard, E. R. – Dickie, M. W. (2003), "The view from the Isthmus ca. 200 to 44 B. C." in Williams, Ch. K. II & N. Bookidis eds., *Corinth, the centenary 1886-1996*. Athens, American School of Classical Studies at Athens, 261- 278.

Grainger, J. (2002), *The Roman War of Antiochos the Great*. Leiden - Boston, Brill.

Green, P. (1990), *Alexander to Actium: The historical evolution of the Helenistic age*. Berkeley / Los Angeles, California University Press.

Gruen, E. S. (1984), *The Hellenistic World and the Coming of Rome*. Berkeley - Los Angeles, University of California Press.

Guerra, A. – Fabião, C. (1992), "Viriato: genealogia de um mito", *Penélope*, 8 9-23.

Guerra, A. (2010), "Acerca dos conceitos de 'lusitano' e 'Lusitânia'", *Serta Palaeohispanica J. de Hoz: Palaeohispanica*, 10 81-98.

Hammond, N. G. L. – F. W. Walbank (1988), *History of Macedonia, vol. III, 336-167 B. C.* New York, Oxford University Press (rep. 2001).

Hammond, N. G. L. (1968), "Illyris, Rome and Macedonia 229-205 b.C.", *JRS* 58 1-21.

Hammond, N. G. L. (1988), "The Campaign and Battle of Cynoscephalae (197 B. C.)", *JHS*, 108 60-82.

Harris, W. V. (1979), *War and Imperialism in Republican Rome*. Oxford, University Press.

Holleaux, M. (1930), *Cambridge Ancient History: Rome and the Mediterranean; 218-133 B.C., (1st edition) Vol VIII*. Los Angeles, Cambridge University Press.

Jimeno Martínez, A. – de la Torre Echevarria, J. A. (2005), *Numancia, símbolo e historia*. Madrid, Akal.

Jimeno Martínez, A. (2002), "Numancia: campamentos romanos y cerco de Escipión", *AEA*, 75 159-176.

Kallet-Marx, M. (1995), *Hegemony to Empire. The Development of the Roman Imperium in the East from 148 to 62 B.C.* Berkeley, University of California Press.

Lens Tuero, J. (1986), "Viriato, heroe y rey cínico", *Estudios de Filología Griega* 2 253-272.

MacDonald, A. H. (1967), "The Treaty of Apamea (188 B. C.)", *JRS* 57 1-8.

Magie, D. (1939), "The 'Agreement' between Philip V and Antiochus III for the Partition of the Egyptian Empire", *JRS* 29 32-44

Matingly, D. J. (2011), *Imperialism, Power and Identity*. Princeton , University Press.

Pérez Vilatela, L. (1989), "Procedencia geográfica de los Lusitanos en las guerras del siglo II a. de C. en los autores clásicos, *Actas del VII de CEEC*. Vol. III. Madrid, 1989 257-262.

Rauh, N. K. (1993), *The Sacred Bonds of Commerce: Religion, Economy, and Trade Society at Hellenistic Roman Delos. 166–87 B.C.* Amsterdam, J. Gieben.

Richardson, J. S. (1986), *Hispaniae: Spain and the Development of Roman Imperialism, 218-82 BC.* Cambridge, University Press.

Roldán Hervás, J. M. – Wulff Alonso, F. (2001), *Citerior y Ulterior: Las provincias romanas de Hispania en la época republicana.* Madrid, Istmo.

Roldán Hervás, J. M. (1988), "Cartago y Roma en la Península Ibérica; Las províncias romanas de Hispania hasta las guerras celtíbero-lusitanas" in J. M. Blázquez et alii, *Historia de España antigua.* Madrid, Cátedra, 15-77.

Salinas de Frías, M. (1996), *La conquista y romanización de Celtiberia.* Salamanca, Universidad.

Sancho Royo, A. (1973), "En torno al *bellum Numantinum* de Apiano", *Habis*, 4 23-40

Schulten, A. (1937), *Fontes Hispania antiquae, IV.* Barcelona Librería Bosch.

Scullard, H. H. (^{4}1980), *A History of the Roman World.* London. Routledge (rep. 2007)

Walbank, F. W. (1963), "Polybius and Rome's eastern policy", *JRS* 53 1-13.

Walser, G. (1954), "Die Ursachen des ersten römisch-illyrischen Krieges", *Historia* 2 308-317.

Walsh, J. J. (1996), "Flamininus and the Propaganda of Liberation", *Historia,* 45 344-363

Wattemberg, F. (1959), *La Región Vaccea, Celtiberismo y romanización en la cuenca media del Duero.* Madrid, CSIC.

Wikander, O. (1976), "Caius Hostilius Mancinus and the foedus Numantinum", *ORom*, 11 85-104.

7. CONSEQUÊNCIAS DA EXPANSÃO ROMANA

Francisco de Oliveira
Universidade de Coimbra
Centro de Estudos Clássicos e Humanísticos

Sumário: A visão romana sobre o imperialismo e a expansão através de Itália e do Mediterrâneo. Consequências ideológicas, económicas, sociais, políticas e culturais da expansão. A cidadania como meio de integração dos povos do Lácio e da Itália e a diversidade de estatutos. A escravatura, o comércio, as sociedades de publicanos, o sistema monetário. O latifúndio e a afluência de riquezas. O reforço do aparelho militar, incremento do papel do senado, ascensão dos cavaleiros e empobrecimento das classes mais baixas. Emancipação da mulher. Filelenismo e anti-helenismo em Roma. Formação de uma cultura greco-latina no que diz respeito ao quotidiano e à arquitetura pública e privada, à educação e à ciência, à retórica e à filosofia, aos géneros literários, ao teatro e à religião.

1. Preâmbulo: conceito de império e imperialismo

Na história de Roma, falar em consequências das conquistas implica ter presente que a afirmação do poderio romano foi uma necessidade constante, correspondente a um aumento progressivo do território em resultado de guerras defensivas e ofensivas. E, embora o conceito de imperialismo romano seja geralmente remetido para os sécs. III-I aC (ver OLD s.v. *imperialism, Roman*), mesmo durante o período monárquico Roma estendeu progressivamente o seu território, a ponto de a sua demografia suplantar qualquer outra cidade do Lácio[1]. Nessa época, a empresa guerreira, tomada como reivindicação de território, espelha-se na caraterização da figura de reis como Tulo Hostílio e Sérvio Túlio, que estabelecem as regras da guerra justa, as quais exigiam o cumprimento de normas de direito internacional baseadas na *fides* 'cumprimento da palavra dada, boa-fé negocial', bem como a intervenção tanto de decisores políticos como de colégios sacerdotais especializados, os Sálios e os Feciais[2]. Do mesmo modo, como instrumento de expansão, assiste-se a uma reformulação da base de recrutamento do exército, originariamente um exército censitário, especializado em armas tanto mais caras e nobilitantes quanto mais alto era o censo, com a cavalaria no topo; à alteração do armamento e à própria organização militar, que virá a centrar-se na legião e no manípulo, unidade tática base constituída por duas centúrias de 60 homens cada, sob o comando de um centurião. Esta organização haveria de se mostrar superior à da falange grega, por exemplo nas batalhas de Cinoscéfalas (197) e de Pidna (168)[3].

O alargamento e a consolidação do território faz-se também, nessa fase antiga, em termos de zelo pela função produtiva, com a fundação da colónia de Óstia pelo rei Anco Márcio, no seguimento de conquistas.

O próprio domínio etrusco sobre Roma veio a incluir a cidade num movimento expansionista em direção à Campânia e a estabelecer contactos

---

[1] Cary – Scullard 1975 54-55; Crawford 1989 15 (Roma e Veios eram as maiores cidades do baixo Tibre); Cornell 1995 204-208; para o ano de 225, a capacidade de mobilização é contabilizada por Políbio, 2.24, em mais de 500.000 homens, incluindo aliados.

[2] Ver Grimal 1975 52; Hinard 2000 290-292 (critérios puramente formais) e sobretudo 443-453 e 480 (reafirmação desses valores na época de Catão); Roldán Hervás 2005 88-91; Roman 2000 (análise do imperialismo romano guiada pelos conceitos de *fides* e de *maiestas populi Romani*). Sobre os Feciais e a evolução das suas práticas, fórmulas e intervenção, e ainda sobre guerra justa (*bellum iustum*), ver Harris 1992 166-175.

[3] Cary – Scullard 1975 84, 159; Perrin – Bauzou 1997 61-62; Hinard 2000 450-453.

com Cartago que remontam ao séc.VI, com o tratado de 509 a afirmar «a soberania de Roma sobre o Lácio»[4].

No período republicano, Roma, torna-se uma potência regional desde o séc. IV, com a conquista de Veios em 396[5], a *deditio* 'rendição' de Cápua em 343 e o domínio sobre o Lácio em 338[6]. Com a anexação da Campânia por volta de 326-304 no quadro da III Guerra Samnita, com a ocupação da Etrúria em 312-310[7] e a conquista de Tarento em 272 – onde esta cidade helénica teve a ajuda de Pirro, rei do Epiro[8], enquanto a urbe itálica fora provavelmente favorecida por Cartago –, Roma afirma-se claramente num mundo que se abre ao Mediterrâneo oriental e ocidental. O surgimento da nova potência, militar, marítima, demográfica e comercial é indiciado pela renegociação do tratado com Cartago, que em 348 consagra a internacionalização de Roma, mesmo se as suas cláusulas não eram as mais favoráveis[9].

As Guerras Púnicas são o corolário desse movimento expansionista, que coloca Roma em contacto com terras, culturas e tradições longínquas e bem diferentes, na Sicília, nas Hispânias e na África[10]. No seguimento do ajuste de contas com os aliados de Aníbal, Roma entra na Macedónia de Filipe V, vencido em Cinoscéfalas em 197 (II Guerra da Macedónia), e intervém na Ásia de Antíoco III, com o qual celebra a paz de Apameia em 188[11]. Em consequência, Roma fica senhora ou com

---

[4] Hinard 2000 128 e 169; Grandazzi 1991 241-242; Cornell 1995 210-214; Cary – Scullard 1975 48 e 65.

[5] Vide atrás Faversani e Joli, cap. 5.1.

[6] Perrin – Bauzou 1997 51; Grandazzi 1991 179-180; Hinard 2000 242: «a partir de meados do séc. IV «Roma desenvolveu claramente um política de expansão imperialista» (cf. p.290); p.261: na anexação do Lácio em 338, e ao contrário do que fizera no *foedus Cassianum* de 493 (tratado entre Roma e a Liga Latina depois da batalha do lago Regilo), Roma decide «tratar separadamente com cada cidade latina».

[7] Hinard 2000 283 referindo-se às circunstâncias da *deditio* de Cápua e do ataque à Etrúria: «Parfois, Rome ne semble même pas avoir avancé de prétexte pour entrer en guerre ... Rome a certainement, dans des cas précis comme celui-ci, fait preuve d'une volonté d'expansion, et s'est comportée en puissance impérialiste».

[8] Vida atrás De Man, cap. 5.2.

[9] Perrin – Bauzou 1997 51-52; Cary – Scullard 1975 89 e 106; Crawford 1989 37 enfatiza a importância desse convívio pacífico traduzido em três tratados, o primeiro logo do primeiro ano da República.

[10] Vide atrás Monteiro, cap. 6.1.

[11] Vide atrás Guerra, cap. 6.2.

influência numa vastidão de território que engloba os três continentes então conhecidos: Europa, Ásia e África. Inicia assim a construção de um império universal e provavelmente assume essa função imperialista. Podemos por conseguinte admitir que «II Guerra Púnica está na origem do grande imperialismo romano e de todas as evoluções dos dois últimos séculos da República»[12].

Fig. 1. Macedónia e Egeu c. 200 a.C. - por Fábio Mordomo

Na verdade, o que se seguiu à II Guerra Púnica, a qual deu a Roma o predomínio no Mediterrâneo ocidental, foi uma espécie de movimento inexorável de conquista de territórios do ocidente e do oriente, onde se devem assinalar: a derrota definitiva da Macedónia em 168 (III Guerra da Macedónia) e a sua transformação em província em 147-146, decisão cimen-

---

[12] Perrin – Bauzou 1997 71.

tada com a construção da via Egnácia; a destruição de Corinto, arrasada em 146, sendo os seus habitantes vendidos como escravos e a Acaia organizada em província; o aniquilamento de Cartago também em 146, transformada na província de África; a vitória sobre Numância em 133; a incorporação do reino de Pérgamo, que o rei Átalo deixa em testamento aos Romanos, originando a criação da província da Ásia (133). «O resultado foi Roma tornar-se, em pouco mais de meio século (sc. entre 200 e 133), a potência dominante em toda a área do Mediterrâneo, onde os Romanos introduziram uma influência ecuménica unificadora pela primeira vez na história»[13].

Em relação à expansão romana, tem-se distinguido entre imperialismo defensivo e imperialismo ofensivo[14]. Pode pensar-se que, no geral, na expansão no Lácio e na Itália, e mesmo nas duas primeiras guerras púnicas, Roma foi levada a expandir-se para se proteger de inimigos. Já, por exemplo, a II Guerra da Macedónia (200-196) dificilmente se justifica como *casus belli* o motivo da defesa da liberdade da Grécia; mais verosímil seria considerar, com Cary – Scullard, que o móbil foi o conhecimento, através dos aliados de Rodes e de Pérgamo, de um pacto celebrado entre Filipe V da Macedónia e Antíoco III da Síria. É que, a ter efeitos práticos, tal aliança significaria uma ameaça real e muito perigosa para Roma[15].

A discussão sobre o conceito de império parece ter sido sentida de forma viva em Roma pelo ano 155, quando Carnéades defendeu, em dias consecutivos, que o império romano se devia basear na injustiça, na guerra e na conquista (Cic. *Rep.*3.20):

> «Por outro lado, a distância que vai da utilidade à justiça, ilustra-a o próprio povo romano, que para si obtém a posse de todo o orbe

---

[13] Cary – Scullard 1975 138-139.

[14] Para esta problemática, ver Harris 1992. Rawson 1989 44-55 considera a sociedade romana militarista, baseada no conceito militar de *virtus* 'coragem, valentia', e inclui as motivações comerciais; Hinard 2000 283-292 enfatiza o conceito de glória, «antes de mais militar»: a duração anual do consulado levaria os detentores ansiosos de glória a uma «política agressiva, eventualmente a provocar guerras em que pudessem ilustrar-se» (p.286; cf. p.293 ss. para a justificação polibiana da hegemonia romana na Itália); breve súmula em Perrin – Bauzou 1997 104-106 e Roman 2000 124-125.

[15] Cary – Scullard 1975 150-168, e esp. 153: «the dominant cause of the Second Macedonian War was the Romans' defensive imperialism»; Rawson 1989 44; Harris 1992 212.

declarando a guerra através dos feciais, praticando injustiças com base na legalidade, cobiçando e rapinando sempre o alheio». (Lactâncio, *Inst*.6.9.2-4)

Mas o mesmo Carnéades viria a explanar a teoria contrária (Cic. *Rep*.3.25):

«São injustas as guerras que sem uma causa se empreendem. De facto, a não ser para vingar ou repelir o inimigo, não se pode fazer uma guerra justa ... Nenhuma guerra é tida por justa se não for anunciada, se não for declarada, se não houver reivindicação de bens».

Na verdade, parecendo do senso comum afirmar que «nenhuma cidade é tão estulta que não prefira imperar de forma injusta a servir de forma justa» (Cic. *Rep*.3.28), vem a defender-se, pela boca do sábio Lélio, a justiça e o direito como bases do império (Cic. *Rep*.3.41):

«Se este costume e este abuso começarem a espalhar-se mais largamente e arrastarem o nosso império do direito para a força, de modo que aqueles que até agora nos têm obedecido livremente sejam obrigados pelo terror, então, apesar de nós, que somos desta idade, nos termos dedicado sem descanso, eu vou sentir-me inquieto em relação aos nossos descendentes e à referida imortalidade do Estado».

Estes propósitos corresponderiam a discussões muito vivas na entourage dos Cipiões, no pressuposto de que, ao discutir as bases para uma hegemonia e um império universal, Políbio daria voz ao pensamento vigente nesse círculo, ao qual se oporiam Catão e os seus correlegionários[16]. Segundo Nicolet, a fraseologia da ideia de império universal e de que os Romanos eram senhores da οἰκουμένη (lat. *orbis terrarum*) teria surgido no séc. II em relação com Tibério Graco e com Cipião Emiliano[17].

---

[16] Hinard 2000 503: «il traduit sans doute assez fidèlement le débat philosophiques qui animaient la communauté romaines des hommes de pouvoir»; cf. Perrin – Bauzou 1997 105-106.

[17] Nicolet 1988 44; Harris 1992 106 e 116-117.

Um século depois da visita de Carnéades e pela época de composição do tratado ciceroniano, também em Lucrécio se adivinha uma controvérsia clara sobre os mesmo temas da ambição política e do belicismo imperialista, que se contrapõem aos princípios morais epicuristas do quietismo, da aponia e da ataraxia, no âmbito da condenação da ambição política e do imperialismo belicista. Essa ideia é logo lançada na invocação a Vénus Genitriz com que abre o poema didático *Sobre a Natureza*, na écfrase de pintura de um quadro mitológico onde Marte, vencido pelo amor, certamente despe todos os atavios guerreiros para se reclinar no amável regaço de Vénus (Lucr. 1.28-37). Esta milícia erótica não impedirá que, na guerra justa, isto é, defensiva, qualquer epicurista defenda a pátria (Lucr. 1.41--43). E, para além da condenação da ambição na política interna, Lucrécio verbera de modo específico a ambição imperialista com a expressão *rerum potiri* 'apoderar-se dos bens, alcançar a supremacia' (Lucr. 2.13).

Esta controvérsia, que também se encontra delineada na expressão de Catulo (cf. carme 29, contra César e Pompeu e seus desmandos e conquistas; carme 31, que celebra a alegria do regresso à terra natal por oposição às agruras de campanhas militares em terras longínquas), nos poetas elegíacos e na historiografia, não esconde a realidade existente – uma expansão assente em interesses políticos e num quadro ideológico que atribui a Roma uma superioridade carismática sobre outros povos traduzida na ideia de missão civilizadora.

A ideia de superioridade da própria Roma pode ser rastreada no elogio da Romana *maiestas*, da própria Roma, incluindo no plano urbanístico (*laudes Romae*), da Itália (*laudes Italiae*) e do *Genius Populi Romani* 'o Génio do povo romano'; na iconografia da *Victoria*, que surge em moedas como os *Quadrigati* e os *Victoriati*[18]; na cerimónia do triunfo; na representação de Roma com divindade (*dea Roma*); na imagética do globo, que se pode relacionar com os conceitos de οἰκουμένη, *orbis terrarum* e *alter orbis*; na teoria das zonas climáticas[19], que coloca Roma na zona

---

[18] Harris 1992 123-124.

[19] Ver Cic. *Rep*.6.21 para as zonas climáticas e Nicolet 1988 50-53 para a imagética do globo. Para a superioridade sobre outros povos, cf. Políbio, 6.52.10.

temperada norte, lugar de excelência produtiva e antropológica, e no seu centro, vocacionado para fácil acessibilidade a todo o orbe; e, finalmente, na teoria do vicariato de Júpiter[20]. Estas duas últimas ideias estão presentes nos dois texto que transcrevo, da autoria de Plínio o Antigo, da época flávia, onde se faz o elogio da Itália e do poderio romano[21]:

> «(...) tantos mares, tantos portos e o seu regaço por todos os lados aberto ao comércio, avidamente avançando para o mar como para ajudar os mortais! 42. E nem sequer recordo os talentos e os costumes e os varões e os povos suplantados pela sua língua e pela sua força».

> «Ver a erva da Cítia ser transportada desde a lagoa Meótis e a eufórbia desde o monte Atlas e de além das Colunas de Hércules e do exato sítio onde a natureza termina; e, em outra parte do globo, a erva britânica ser trazida de ilhas do oceano situadas para além das terras; e de igual modo a etiópica, desde a zona (sc. tórrida) queimada pelos astros; e outras ainda, de todas as partes, de um lado para o outro, em todo o orbe, serem transportadas para o bem estar da humanidade, com a imensa majestade da paz romana a mostrar, uns aos outros, não apenas homens de terras e nações tão afastadas entre si, mas também montanhas e cumes que se projetam para além das nuvens, com os seus produtos e plantas. Eterna seja, eu imploro, esta dádiva dos deuses! Na verdade, eles parecem ter oferecido os Romanos como uma segunda luz para a humanidade!».

Por sua vez, a predestinação de grandes líderes a serem construtores de impérios, dominadores universais (κοσμοκράτορες em grego) concretiza-se na atribuição de um destino pessoal carismático a grandes personalidades, generais e conquistadores, por vezes equiparados a

---

[20] Harris 1992 123: "Believing that their empire had been bestowed by the gods, they naturally turned to the gods when they wished to express thei desire for still greater dominion".

[21] Plin. *Nat*.3.41-42 e 27.2-3; ver Liv. 37.45.8-14, o discurso de representantes sírios derrotados em Magnésia: «nesta vitória que vos tornou senhores do orbe terráqueo (...) Findos os combates contra todos os mortais, fica-vos bem agir de feição não diferente da dos deuses, e perdoar ao género humano». Observe-se que, no registo linguístico, fica implícito que os Romanos não são mortais, mas imortais.

Hércules, Dioniso e Liber Pater e vocacionados para grandes empresas guerreiras, particularmente em terras do oriente[22]. Assim, o epíteto de Sula, *Felix* 'Feliz', implica a crença numa predestinação carismática, num favorecimento dos deuses em relação à personagem que já se encontra em Cipião Africano[23]. De igual modo, o cognome *Magnus* 'Magno, Grande', que era específico de Alexandre Magno, assinala nos generais e imperadores romanos um desejo de emulação (*Alexandri imitatio*) que os fez realizar feitos que eram propagandeados, pelos próprios ou pelos seus cantores oficiais, como justificativos desse mesmo título. Pompeu Magno (*Magnus Pompeius*), que imita Alexandre até no penteado, é um exemplo notório (Plin. *Nat*.7.95-99; 8.4; 37.14-15). Podemos todavia supor que desde a época dos Cipiões estaria subjacente tal ideia, a qual poderia ter sido veiculada pelo contacto com Pirro ou com Antíoco III da Síria[24], e transparecerá em monumentos triunfais (ver os arcos de Lúcio Estertínio, de 196), troféus militares e inscrições de generais vencedores, em iconografia vária, incluindo a numismática, e até nas *laudationes* fúnebres e nos epitáfios.

2. Consequências da expansão: ideológicas, económicas, sociais e políticas, culturais

De acordo com o exposto, a análise das consequências da expansão vai abarcar um período lato, mas especialmente entre os sécs. IV e II, com ênfase no período entre 264 e 133, «o mais importante patamar na carreira romana de conquista de território estrangeiro»[25]. Para este

---

[22] A relação entre Alexandre, Hércules e Liber Pater pode ver-se em Séneca, *Ben*.1.13.2 («seguindo os passos de Hércules e de Liber») e 7.3.

[23] Hinard 2000 476 enfatiza a sua valorização do prestígio pessoal, o seu cognome de Africano – uma inovação como recompensa do mérito –, e vê nele uma prefiguração do cesarismo; Perrin – Bauzou 1997 173: «acredita que é filho de Júpiter e que as suas vitórias decorrem de proteção divina».

[24] Cf. Cary – Scullard 1975 153 (campanha de Antíoco no oriente seguindo os passos de Alexandre) e 161; Rawson 1989 45 para Cipião.

[25] Citação de Cary – Scullard 113.

período, as principais fontes antigas são Políbio e Tito Lívio. Não deixaremos, todavia, de ter em conta os antecedentes e os desenvolvimentos subsequentes até ao final da República.

2.1 Consequências ideológicas: o imperialismo romano e os seus instrumentos e contingências

2.1.1 A hegemonia de Roma no Lácio e na Itália

A expansão de Roma no Lácio e na Itália utiliza, pelo menos desde a conquista de Túsculo em 381 e o tratado renegociado com os Latinos em 338, dois instrumentos de integração que muito irão servir para a consolidação do império: a atribuição de cidadania e a celebração de tratados que garantiam aos indivíduos e povos conquistados, integrados ou aliados, um grau de autonomia suficiente para manter a ideia de alguma independência e respeito pelas suas identidades. O tratado de 338 é um «modelo para o futuro desenvolvimento da expansão romana na Itália ... um ponto de viragem da história romana ... que estabeleceu uma hierarquia de relações na qual os povos submetidos entravam nas categorias de cidadãos completos, cidadãos *sine suffragio*, latinos e aliados»[26]. Baseando-se no princípio do tratamento diferenciado de cada povo, esses tratados permitiam geralmente a manutenção de instituições próprias especialmente consagradas no estatuto de *municipium*[27]. Em troca, esses povos ficavam geralmente obrigados ao pagamento de *tributum*, a servir ou fornecer tropas auxiliares, a prescindir de política externa, açambarcada pela potência romana. Não deixavam, porém, de partilhar do saque e do território conquistado, o que tornaria a empresa guerreira uma vantagem e um elo de união entre Roma e os aliados. Desse modo, como escreve Cornell, a beligerância romana, base do seu

---

[26] Cornell 1995 348 e 365; Dench 1995 14: «an important turning-point in the history of Roman expansion».

[27] Cornell 1995 323 e 351.

império, encontra explicação «na natureza das relações de Roma com os seus vizinhos, desde os tempos mais remotos»[28].

Dotada de tais instrumentos de conquista, assimilação e contacto, quanto mais se fortalecia militarmente, mais se adivinhava que a nova potência iria aumentar a sua interação com outras potências em solo itálico: tratados com Cere por 390 e 353, no seguimento de relações estreitas anteriores; com os Samnitas em 354 e 290, um exemplo entre os cerca de 150 celebrados com cidades itálicas até cerca de 264; com Tarento por alturas de 334 e 303; com Túrio por 282, livrando a cidade do assédio de povos lucanos e instalando aí uma guarnição militar.

Outro aspeto a ter em conta é que Roma soube encontrar forma de intervir nas dissensões internas dos povos e cidades que entravam ou podiam entrar na sua órbita ao apoiar sistematicamente as classes favorecidas e as oligarquias ou elites locais, cujos interesses eram comuns aos da oligarquia romana. Foi o caso, para citar escassos exemplos, de Nápoles durante a Guerra Samnita (327 aC), ou de Túrios na iminência da Guerra contra Tarento, cuja conquista em 272 selou o completo domínio da Itália central e do sul, depois de com ela ter celebrado um tratado em 303, ou virá depois a ser o caso de Corinto[29].

Por esta época, e especificamente por 300 aC, como opina E. Dench, «torna-se visível a mais antiga ideologia da conquista através da incorporação de território», quando Sabinos e Samnitas são enquadrados no conceito de povos bárbaros e Roma vê as guerras com os Italianos nos moldes do imperialismo ateniense e macedónico[30]. Tal posicionamento concretiza-se no estabelecimento de uma rede de relações centrada em Roma e na aplicação de vários mecanismos de absorção e contenção dos

---

[28] Cornell 1995 365; cf. Carey – Scullard 1975 184: a partir de 177 só recebiam metade do que recebia um cidadão romano. Sobre as motivações económicas da expansão, ver Harris 1992 55-104 (p.58-59: «Plundering was a normal part of Roman warfare, and this was so in the period of the Italian wars».

[29] Cornell 1995 363 e 366-367; Crawford 1989 21, referindo-se à unificação da Itália: «Systematically Rome sought out and privileged their upper classes»; Hinard 2000 265 e 267; sobre os interesses comuns entre a elite romana e as regionais da Itália, ver Cary – Scullard 1975 105; Salmon 1982 67 e 69 (relativamente aos aliados itálicos); Rawson 1989 53-55: como regra em territórios conquistados; Harris 1992 133. Vide neste volume De Man, cap. 2.

[30] Dench 1995 13-16.

vencidos, de consolidação e romanização[31]: tratados de natureza específica; fundação de colónias de direito latino ou cidadania plena, tanto na Itália central e meridional como na Gália Cisalpina depois da batalha de Clastídio em 222[32]; criação de municípios[33]; criação de novas tribos para inscrever novos cidadãos[34], abertura de vias comerciais e militares, como as vias Ápia em direção à Campânia e ao Sul; a Aurélia e a Flamínia em direção à Ligúria e à Cisalpina; ou a Valéria nos Apeninos Centrais[35].

A expansão de Roma na Itália foi, como recorda Políbio (6.50.6), um projeto inicial que em pouco tempo levou Roma a dominar a οἰκουμένη, supremacia que se tornou «um acontecimento para o qual não existe paralelo na história antiga»[36].

Durante a campanha contra os Tarentinos, apoiados pelo rei Pirro do Epiro, Roma terá percecionado algumas realidades novas: organização e logística militar apuradas, uso de filósofos como embaixadores políticos; *imitatio Alexandri* na personagem de um Pirro com ambições imperiais; o teatro como lazer. Por acréscimo, terá sido levado para Roma, acaso como escravo de guerra, o futuro fundador de literatura latina, Lívio Andronico.

2.1.2. Cidadania Romana como instrumento de integração

A concessão da cidadania torna-se um instrumento de integração dos aliados, criando uma Roma descontínua numa Itália multifacetada, diversa e desigual, dir-se-ia mesmo de acordo com uma hierarquia balizada pelo grau

---

[31] Também aqui se aplica o que Inglebert afirma como princípio geral: «L'*imperium Romanum* était donc un condition nécessaire à la romanisation».

[32] Ver Salmon 1982 75 (antes); 78 (depois da batalha de Clastídio, antes da invasão de Aníbal); 81 (importância de tais colónias na guerra contra Aníbal). Ver também Cary – Scullard 1975, esp. 100-103, 116; e Inglebert 2005 165-171 sobre as colónias mais antigas. O princípio de criação de colónias teve seguimento durante toda a República e em particular no Alto Império.

[33] Cary – Scullard 1975 90, 105; Inglebert 2005 171-175 sobre a municipalização da Itália.

[34] Cary – Scullard 1975 122: em 241 criam duas novas tribos para englobar Sabinos e Picentinos.

[35] Perrin – Bauzou 1997 63-64; ver Cary – Scullard 1975 92-93 (vias e colónias durante as Guerras Samnitas) e p.183: em 180 Cumas pede para usar o latim como língua oficial; Salmon 1982 99-100 (vias no séc. II).

[36] Cary – Scullard 1975 99.

de resistência ou adesão ao poderio romano, com estatutos e privilégios entre comunidades vencidas, as quais, para os defenderem, mais depressa se aliavam a Roma do que a outros povos submetidos. A atribuição de cidadania a indivíduos interessa aqui menos do que a concessão em bloco a uma comunidade e podia ter formas diversas e componentes separáveis: cidadania romana plena (*civitas optimo iure*) para Latinos; *civitas sine suffragio* para não latinos, novidade que permitia «aumentar o número de cidadãos continuando a manter a caraterística essencial de Roma enquanto cidade--Estado e a integridade das suas instituições políticas»[37]. Assim reduzido a simples estatuto jurídico, sem qualquer marca étnica, o *ius Latii* aparece como um mecanismo pronto a ser usado na organização política do espaço conquistado, independentemente da localização geográfica, como será o caso das cidades samnitas subjugadas no seguimento da batalha de Sentino, e se repetirá na época imperial, quando Vespasiano generaliza o *ius Latii* a toda a Hispânia (Plin. *Nat*.3.30). Uma tal prática revela, da parte de Roma, uma capacidade de improvisação e de encontro de soluções inclinada a respeitar alguma especificidade dos povos conquistados ou absorvidos.

Colónias e municípios foram importantes mecanismos de integração e romanização: «A colónia é uma projeção da *Vrbs*. Os seus varões são cidadãos romanos completos (mas têm que se deslocar a Roma para votar). Por outro lado, autogovernam-se no quadro de instituições decalcadas sobre as de Roma»[38].

A extensão da cidadania romana a toda a Itália só vem a ser alcançada depois da Guerra Social (91-87), promovendo a unificação política do península em fase tardia.

2.1.3 Um império ecuménico no seguimento das Guerras Púnicas

Quanto ao interesse por potências não itálicas, esse já vinha dos recuados tempos das alianças com Marselha e com Cartago, esta logo nos alvores da

---

[37] Cornell 1995 351: «the most important innovation of the whole settlement»; Cary – Scullard 1975 184: estatuto de *civitas sine suffragio* haveria de evoluir para cidadania plena.
[38] Perrin – Bauzou 1997 63. Sobre organização dos municípios, ver *Tabula Heracleensis*.

República e provavemente herdada dos Etruscos, que nos Púnicos encontravam aliados contra o inimigo comum, as colónias gregas das costas da Itália e da Sicília. Dos séculos IV-III, recordem-se a renovação da aliança com Cartago em 348 e em 278; o tratado de amizade com Ptolomeu II do Egito em 273; com Hierão II de Siracusa no início da I Guerra Púnica (264--241), em 263; o estabelecimento de laços de *amicitia* 'amizade' na Ilíria entre 230 e 219; com Sagunto, por 223; com a Liga Etólia, por 212-211. Esta tendência para, nos territórios ultramarinos, antepor a guerra e consequente anexação do território dos vencidos, e privilegiar a diplomacia, teve continuidade no séculos II[39], como foi o caso dos tratados com Pérgamo, por alturas de 190-189 (batalha de Magnésia contra Antíoco III da Síria e depois nas Guerras contra a Macedónia); com Rodes, em 165/164; com a Palestina de Judas Macabeu, em 161. Trata-se de sinais evidentes de que «a República romana estava a ganhar reconhecimento como uma das 'Grandes Potências' e haveria de por largo tempo ocupar uma posição de liderança na política mediterrânica»[40]. Essa liderança mediterrância desenha-se de forma particular durante os confrontos com Cartago.

Na verdade, as Guerras Púnicas, logo desde a I (264-241) marcam sem dúvida um novo patamar na expansão romana e na mudança das mentalidades[41]. Logo no termo da I Guerra Púnica, Roma vê-se «irrevocavelmente arrastada para dentro do bastante largo campo da política mediterrânica» e, sob o ponto de vista cultural, recebe o impacto da cultura helénica de que Siracusa há muito era expoente[42]; no termo da II Guerra Púnica (218-201), que pode ser descrita como «a Guerra Mundial da antiguidade, devido à larga extensão das suas operações», Roma transforma-se em potência imperial que abarca todo o orbe terreno, a saber, os três continentes então conhecidos: Europa, África e Ásia. Não admira, pois,

---

[39] Cary – Scullard 1975 168-185: a diplomacia era prejudicada pela ausência de representações permanentes, mas tornava-se desnecessária com a transformação de muitos estados-clientes em províncias.

[40] Cary – Scullard 1975 96, também para a fundação de colónias.

[41] Vide atrás Monteiro, cap. 6.1.

[42] Cary – Scullard 1975 121; Rawson 1989 55: «The sack os Syracuse in 212 marked for Polybius the start of a taste for Greek art».

que Roma, senhora incontestada do Mediterrâneo, se torne rapidamente capaz de actos de pura destruição e conquista de território alheio, de «comportamento soberbo para com outros povos»[43], quando, por 146, anexa a Macedónia, destrói Corinto, transforma a Acaia em província romana e arrasa Cartago; segue-se o aniquilamento de Numância em 133, no mesmo ano em que o reino de Pérgamo é legado a Roma por testamento[44].

O impacto causado por tão rápido e lato movimento de conquista, verdadeiramente ímpar, foi bem sentido pelo grego Políbio (±200-118), que fora levado para Roma como refém aquando da transformação da Acaia em província e que, para além de historiador da grandeza de Roma, se iria tornar em amigo, companheiro e colaborador de Cipião Emiliano, formando um primeiro exemplo da nova paideia grego-romana[45]. Políbio tem plena consciência de que os Romanos «dominam todo o universo e têm uma incomparável supremacia» (6.1.6), e que Roma se transformou numa potência mundial ao conquistar um império unificado (μίαν ἀρχὴν τὴν Ῥωμαίων) sobre quase todo o mundo habitado (σχεδὸν πάντα τὰ κατὰ τὴν οἰκουμένην) no curto espaço de 53 anos, entre 220 e 167. O conhecimento e compreensão desse facto é o objetivo da narrativa polibiana[46]. Não é despiciendo observar que a recorrência do verbo κρατεῖν 'dominar, subjugar pela força' transmite a ideia de que o império romano se baseou no poder militar assente no valor de um exército de cidadãos apoiado por aliados (Plb. 6.52.4-7), com uma organização eficiente e uma disciplina severa bem regulada por castigos e recompensas – e este é, congruentemente, a par do equilíbrio da constituição e da força anímica dos Romanos, um dos motivos da superioridade romana sobre os restantes impérios (Plb. 6.19-42). Além disso, como escrevem Cary – Scullard, «a caraterística mais notória da capacidade militar romana era o zelo com que estudavam o resultado das operações anteriores e a prontidão com que aprendiam com o inimigo, mesmo se derrotado ... Cipião, por seu

---

[43] Dench 1995 81 fala de 'hybristic behaviour'.

[44] Vide neste volume A. Guerra, cap. 6.2 §1 e 2.

[45] Cary – Scullard 1975 113 sobre a importância de Políbio como fonte para o cohecimento da história de Roma entre 264 e 133.

[46] Plb. 1.1.5; cf. 6.2.1-3.

lado, era um imitador de Aníbal: em todas as suas grandes batalhas ele seguiu as linhas gerais do plano púnico de Canas»[47].

O conceito de supremacia e excelência de Roma, que segundo Políbio (6.11.1) teria alcançado a perfeição na época de Aníbal e antes da batalha de Canas em 216, implica, na analogia biológica da evolução das sociedades na mentalidade clássica, a ideia de corrupção e decadência no seguimento do auge[48]. Por conseguinte, acredita-se que a coesão nacional existe quando um inimigo exterior se perfila e que desaparece com a eliminação desse motivo de medo (gr. φόβος, lat. *metus*[49]). Políbio assinalava a destruição do império macedónico, em 168, como o momento chave do imperialismo romano, destinado a decair a partir daí (Plb. 31.25).

As palavras de Políbio colocadas mesmo no final do livro VI parecem premonitórias do que virá a acontecer depois da vitória sobre Aníbal, onde os fatores internos de corrupção, com a transformação do governo em oclocracia (Plb. 6.57.9), se aliam aos fatores externos (Plb. 6.57.5-6):

«Quando, depois de ter repelido muitos e grandes perigos, uma constituição vem a alcançar uma supremacia e um predomínio incontestáveis, é evidente que, nela se instalando por muito tempo a felicidade, daí decorre que o modo de vida se torna muito mais sumptuoso, os homens mais ambiciosos de poder e de outras formas de afirmação do que é adequado».

O vislumbre de que Roma sofreria a mesma triste sorte de outros grandes impérios não impede dizer-se que um dos grandes resultados da invasão anibálica foi a coesão política resultante de uma resistência comum, mas guiada por Roma, da grande maioria dos aliados e povos itálicos, que aceitaram a liderança de Roma nesse evento tão determinante nos mais diversos domínios económicos, sociais e políticos[50].

---

[47] Cary – Scullard 1975 100 e 137.

[48] Nessa analogia biológica, as fases de desenvolvimento, auge e decadência (infância, maturidade, envelhecimento) são designadas por Plb. 6.51.4 por *auxesis, akme, phthisis*; cf. Dench 1995 82: início da corrupção dos costumes; 85: «declínio associado a império».

[49] Cf. Plb.6.18.2; Dench 1995 80-81: *metus punicus*; Harris 1992 128: *metus hostilis*.

[50] Salmon 1982 83-84 (sobre Aníbal): «His hammer blows did not destroy, but actually strenghtened Rome's hegemony and removed it even further from challenge ... The enormity

2.2. Consequências económicas da expansão

2.2.1. Aumento do trabalho escravo

Fig. 2. Cativos em Roma - Por Charles Bastlett (1888)
http://commons.wikimedia.org/wiki/File:Charles_Bartlett_-_Captives_in_Rome,_1888.jpg

Pelo séc. IV, Roma conhece a escravização de prisioneiros de guerra, como na III Guerra Samnita, quando teriam sido vendidos mais de 50.000 inimigos, ou 25.000 no saque de Agrigento em 262, 30.000 na reocupação de Tarento após a defeção na II Guerra Púnica, 65.000 na campanha da Sardenha em 177. Esta novidade, que já era conhecida

---

of the menace imposed passive acceptance of Rome's orders (...). Thus, far from splitting Romans and Italians apart, Hannibal helped to bring them together, and he left behind him more 'national Italian patriotism' than he found». Sobre as consequências referidas, veja-se a súmula de Bradley 1990 196-208.

no mundo grego, irão os Romanos utilizá-la também na Grécia quando, de uma assentada, escravizam 150.000 prisioneiros em 167, no Epiro. A generalização desta prática e a sua amplitude deixam pressupor falta de mão de obra livre e necessidades acrescidas de mão de obra servil, ou, dito de outra forma, sugerem uma grande dependência económica do trabalho escravo[51], que também passou a ser fornecido pelo florescente comércio de escravos, particularmente centrado em Delos, que os Romanos transformaram em porto livre no ano de 166[52]. A contraprova desta afirmação encontra-se na relevância da questão dos direito dos filhos dos libertos, de que Gneu Flávio, que viveu por 300 e foi secretário de Ápio Cláudio Cego, é exemplo notório[53]. Não podemos todavia esquecer que a Lei das Doze Tábuas já contemplava a questão dos escravos e da sua manumissão, a qual se vulgarizara já em 357, quando foi imposta uma taxa de 5%[54]. Como se sabe, os libertos tenderão, no final da República e início do Principado, a assumir papel relevante no comércio e na burocracia imperial.

Sobretudo após a II Guerra Púnica (218-201), os grandes proprietários tiravam proveito da ruína ou desinteresse e afastamento dos pequenos agricultores e da abundância de mão de obra imigrante e servil, a qual oferecia vantagens de preço, organização e supervisão[55], inclusive por estar dispensada do serviço militar.

As más condições oferecidas aos escravos que trabalhavam nos campos vieram a originar revoltas ou formas passivas de resistência[56].

---

[51] Cornell 1995 333 e 393-394, onde comenta a ideia comum de que só depois da invasão da II Guerra Púnica se desenvolvem latifúndios baseados em mão de obra servil.

[52] Hinard 2000 540-543: o apagamento dos reinos helenísticos levou à multiplicação de piratas; estes escravizavam tanta gente que os preços baixaram 2/3 (p.541).

[53] Hinard 2000 289 e 331 ss.; Roldán Hervás 2005 87-88.

[54] Cary – Scullard 1975 78 109.

[55] Os agrónomos romanos deixam transparecer que o *vilicus* estava obrigado a obediência estrita ao senhor, podendo este castigá-lo fisicamente (cf. Cic. *Rep*.1.59: «Pelo contrário, imito o conhecido Arquitas de Tarento, o qual, ao visitar uma quinta e deparar com tudo diferente do que ordenara, exclamou para o feitor: «Ai de ti, desgraçado, eu mato-te à chicotada se não estivesse irado!»).

[56] Ver Dench 1995 94 ss; Carey – Scullard 1975 187-190; relação latifúndio / escravatura; migração de camponeses para as cidades; 188: resistência passiva; Hinard 2000 542; Roldán Hervás 2005 158-159.

Já os escravos domésticos, que se podiam encontrar por toda a Roma, geralmente gregos (cf. Pl. *Cur.*288: «estes Gregos que com seu manto deambulam de cabeça tapada») beneficiavam de um estatuto especial que os tornava íntimos da família e seus cooperantes como secretários e como educadores dos filhos enquanto *paedagogi* 'acompanhantes' ou *nutrices* 'amas' respetivamente para as crianças do sexo masculino e feminino. E este é um facto educativo muito peculiar – serem as crianças da elite romana acompanhadas na educação por escravos ou terem escravos como professores e precetores, a via mais segura para a helenização.

No mundo romano era permitida aos escravos a posse de bens (*peculium*), que podiam usar para comprar a liberdade ao *dominus* 'dono, senhor' e se tornarem libertos e clientes do *patronus* 'patrono'[57]. Esses escravos, se vocacionados para a apoio técnico, podiam inclusive receber formação na escola privada para os escravos (*paedagogium*) do *dominus* e preparar-se assim para a possibilidade de enriquecimento no caso de se tornarem libertos[58].

2.2.2. Incremento do comércio, indústria e artesanato e criação de sistema monetário

No período em causa, o território romano sofre um aumento substancial, com as terras conquistadas e incorporadas no domínio público (*ager publicus*) a serem redistribuídas em especial pelos habitantes das colónias então fundadas. Por sua vez, a cidade de Roma continua a crescer e a afirmar-se como uma das mais importantes metrópoles da época, com um urbanismo e obras públicas correspondentes à sua grandeza e riqueza[59]. É de admitir, também, que comércio e artesanato se começassem a desenvolver com uma qualidade que é atestada pela arqueologia,

---

[57] Crawford 1989 16: «To the astonishment of Greek observers, a slave freed by a Roman citizen became a Roman citizen».

[58] Carey – Scullard 1975 191-192; Hinard 2000 539.

[59] Sobre a extensão de Roma já por 500, cf. Cornell 1995 96; para o novo urbanismo no seguimento da expansão, ver Hinard 200 508-515 (p.509: «sur les trente-sept temples dont la construction est attestée entre 345 et 190, trente-deux sont liés à des opérations militaires»).

embora as dificuldades e o custo do transporte terrestre fossem um impeditivo para uma produção de nível industrial, favorecendo-se o itinerário aquático e em especial o marítimo. Sobretudo, Roma vai transformar-se no grande centro de confluência de um comércio de importação vindo de todo o mundo e provavelmente num grande produtor de artesanato para consumo local. Para isso desenvolveu infra-estruturas adequadas para tráfego fluvial e armazenamento[60].

A conquista da Campânia, que se tornou o maior centro industrial da Itália no séc. II, põe Roma em presença de uma sociedade altamente voltada para o comércio e habituada a trocas com base na moeda[61]. Para além das razões comerciais, questões de prestígio ou necessidades militares poderão ter levado Roma a sentir a necessidade de cunhar moeda e de criar um sistema monetário, sobretudo aquando da Guerra contra Pirro, e não a limitar-se a uma peça de bronze que valia o seu peso (*aes grave*, *aes rude*); por 289 são criados os *tresviri monetales*, um triunvirato responsável pelas emissões oficiais, com sede junto do templo de Juno Moneta; inaugura-se a cunhagem do asse em bronze (*aes signatum*), que pesaria 324 gr., com subdivisões; depois de cunhagens anteriores no sul da Itália, especialmente em 326, na cidade de Nápoles, com a legenda grega ROMAION, inicia-se em 269 em Roma, no seguimento da Guerra contra Pirro, a cunhagem de moeda de prata, com didracmas de 7,4 gr de imitação grega que tinham como motivos Hércules e a loba a aleitar os gémeos, e posteriormente Roma ou Vitória, com a legenda ROMANO(RVM); entre 241 e 235, ou pouco depois, esses didracmas dão lugar aos *quadrigati* com a imagem de Jano no anverso e a legenda ROMA sob a quadriga guiada por Júpiter na outra face; no reverso do asse, em contraposição ao Jano do anverso, figura a proa de um navio; em 213, em plena II Guerra Púnica e por dificuldades financeiras decorrentes do esforço de guerra, o *quadrigatus* dá lugar ao *victoriatus* de prata, com Júpiter no anverso

---

[60] Martin, Chauvot, Cébeillac-Gervasoni 2010 134-135.

[61] Cary – Scullard 1975 106-107 e 189; segundo Crawford 1989 45, na sua maioria, os comerciantes presentes no Mediterrâneo durante o séc. II eram, até à Guerra Social, não cidadãos, mas aliados itálicos e especificamente da Campânia, onde o porto de Pozzuoli se torna «a placa giratória» de toda a Itália (Martin, Chauvot, Cébeillac-Gervasoni 2010 134).

e, no reverso, iconografia de *Victoria* com palma e a legenda ROMA; o *aureus* é cunhado por 209. O sistema metrológico surge em 214-211 com o fim do *quadrigatus* e a criação do denário de prata e suas subdivisões, e a equivalência ao bronze: 1 denário de prata = 10 asses de bronze; 1 quinário = 5 asses; 1 sestércio (IIS) = 2,5 asses[62]. Este sistema metrológico, baseado no asse de bronze de 54 gramas, veio facilitar as transações e teve aceitação em todo o Mediterrâneo.

Plauto atesta a presença dos primeiros cambistas no *forum*[63]. O denário de prata, acaso conjugando a imagem de Roma com a dos Dioscuros, tornou-se rapidamente a moeda dominante em toda a Itália, com várias cidades a cessarem as suas emissões autónomas, a ponto de Roma dispensar o gentilício como legenda numismática[64]. A credibilidade da moeda romana na Itália e no Mediterrâneo será garantida pela manutenção do peso e do teor da liga, por isso virá a servir para tesaurização mesmo em países longínquos, como a Taprobana[65].

E suma, a história da moeda romana evidencia a assimilação de modelos gregos da Campânia, tornando-se uma moeda civilizada, com uma progressão que substitui o gentilício à maneira grega pela legenda ROMA, com uma iconografia de modelo grego mas consteúdo cívico nacional, comercial e imperial visível tanto nos motivos como nas legendas.

2.2.3 Criação de uma agricultura virada para o lucro

Durante a II Guerra Púnica, as devastações provocadas pela invasão de Aníbal com as suas deambulações por território itálico provocaram avultadas perdas de camponeses em combate e em razias, desabituação do

---

[62] Le Glay 1991 72-73; Cary – Scullard 1975 106-107; Salmon 1982 70-71 e 85-87.

[63] Pl. *Cur.*480: «Junto das Tabernas Velhas, é onde se encontram os que emprestam e os que pedem dinheiro a juros»; recordar a figura de Licão em *Cur.*345, 420, 559, 618, 712, 721-722; do usurário em *Mos.*532-689; ver também *Ep.*143 e *Capt.*193 e 449.

[64] A retoma de emissões itálicas não romanas só se dará na Guerra Social (91-87)e mesmo então o modelo é o denário.

[65] Plin. *Nat.*6.85; e 33.44 ss. sobre a moeda em Roma, em relação explícita com as Guerras Púnicas.

cultivo dos campos por ausência prolongada em campanhas, incluindo as posteriores à vitória sobre Cartago, e falta de liquidez para novas culturas que exigiam investimento de capital vultuoso e sem retorno rápido, levando ao desaparecimento da pequena propriedade[66]. Ora, capital era o que não faltava à elite romana graças às conquistas. E «uma vez que a classe superior romana retirava a maior parte do seu rendimento normal de terras, um aumento geral da sua riqueza era necessariamente acompanhado pela formação de grandes propriedades»[67], até porque a lei Cláudia de 218 limitava os senadores à riqueza fundiária e vedava-lhes o grande comércio marítimo, o que não significava que o comércio lhes não interessasse[68].

Agravando a situação, a cultura do trigo, mais barato quando importado especialmente da Sicília e da Hispânia, ou se limita ao autoconsumo ou é abandonada, mostrando-se a Itália incapaz de alimentar a população cada vez maior de Roma, que aumentava tanto mais quanto «a subsistência era barata e o divertimento não custava nada»[69].

Por mais tentativas de restrição, como nas leis *Liciniae Sextiae* de 367, provavelmente renovadas posteriormente, tentassem limitar a extensão de terra apropriada em domínios públicos (*ager publicus*), surgem latifúndios baseados em novas culturas do azeite e do vinho e na pecuária em larga escala e com transumância entre propriedades. Muitos desses grandes domínios, particularmente na Itália central e do sul (na Gália Cisalpina

---

[66] Sobre a matéria, ver Hinard 2000 456-458 e 538: «la guerre d'Hannibal avait marqué une césure capitale dans l'histoire économique et sociale de la cité romaine»; todavia, Salmon 1982 84 enfatiza as vantagens tiradas por Roma de tais devastações: «The ultimate beneficiary was Rome, for it fell upon her as the directing state to play the leading role in preventing an economic collapse». Ver também Cary – Scullard 1975 186-187; Roldán Hervás 2005 156-158; Martin, Chauvot, Cébeillac-Gervasoni 2010 121-123.

[67] Hopkins 1978 48.

[68] Cary – Scullard 1975 122 e 189-190 (além da agricultura, a classe senatorial enriquecia com o saque e a administração das províncias); Rawson 1989 47: «Italian exports were largely in agricultural produce ... great landowners may have traded in the name of freedmen»; Roldán Hervás 2005 161-162.

[69] Carey – Scullard 1975 186 e 178. Sobre a transição da autossuficiência da Itália em trigo para a sua importação das províncias, ver Varrão, *RR* 2. *praef.* 3: I «Então, porque agora os pais de família quase sempre se insinuaram intramuros depois de deixarem a foice e o arado e preferiram mover as mãos no teatro e no circo a fazê-lo nas searas e nos vinhedos, pagamos quem nos traga trigo da África e da Sardenha para saciarmo-nos com ele e (...) navios provenientes de Cós e de Quios» (trad. M. Trevizam); Columela, 1. *praef.*19-20; Plin. *Nat.* 18.15 («quando nenhuma província alimentava a Itália»).

houvera distribuição de terras por pequenos agricultores), pertenciam a proprietários absentistas que, até por terem várias propriedades em regiões diferentes, deixavam a sua gestão nas mãos de um intendente escravo (*vilicus*). Foi para eles que Catão o Censor propôs uma nova teoria económica, baseada numa agricultura racional e científica de autossuficiência e lucro[70].

Mas a dependência do trigo importado por via marítima e fluvial, com as suas contingências, é suscetível de causar problemas de abastecimento (*annona*), com carestia, flutuação de preços, açambarcamento e especulação. Em consequência, vêm a impor-se medidas de caráter providencial por parte do Estado, o qual, à míngua de um sistema de segurança social, exerce a caridade pública através da curadoria da *annona*, benemerência iniciada com as distribuiçoes de trigo a baixo preço (*frumentationes*) previstas na *lex Sempronia frumentaria* de 123, de Gaio Semprónio Graco, e possíveis graças aos recursos povenientes da expansão[71].

2.2.4. O enorme afluxo de riqueza e o capitalismo romano

Por outro lado, a ocupação, pilhagem e exploração dos territórios conquistados, incluindo minas de materiais preciosos, como em Espanha e na Macedónia, cujo precedente já se encontra na conquista de Veios em 396, juntamente com a imposição de indemnizações de guerra e de contribuições várias que provocam grande afluxo de capital, «levaram os Romanos a um nível material de prosperidade que excedia o de qualquer outro povo do Mediterrâneo»[72]. A importação de artigos de luxo provoca o aumento

---

[70] Dench 1995 83-84; Carey – Scullard 1975 186-187; Martin, Chauvot, Cébeillac-Gervasoni 2010 131-133. A importância da figura do *vilicus* no domínio da gestão é de tal monta que é uma das analogias para designar a ação do governante ideal em Cícero, *Rep.*5.5; ver Catão, cap. 7 e 152, onde refere os deveres da *vilica*, como acontecerá com Columela e Varrão.

[71] Harris 1992 73: «It could only be sustained by the treasury of an empire».

[72] Cary – Scullard 1975 190 e 182; Crawford 1989 31; Harris 1992 67 (a relação entre expansão e riqueza teria sido percebida desde as vitórias sobre os Sabinos); Hinard 2000 289 («os Romanos podiam ser tidos como um povo predador, à imagem da loba que aleitara os gémeos»). Sobre a imposição de tributos em prata aos vencidos, logo desde a II Guerra Púnica, e depois em ouro, e sobre a riqueza e o luxo decorrentes da expansão, ver Plin.

do custo de vida, com diferenciação social agravada pela enorme fortuna de alguns magnates, cujo fausto, além de luxo, correspondia a uma mentalidade típica, que exigia ostentação como prova de estatuto social[73].

Reflexo de tal situação encontra-se nas leis sumptuárias emanadas pelos censores, que, além da razão moral e social[74] e de tentarem refrear os gastos da elite[75], procuravam evitar a saída de divisas sobretudo em direção ao oriente, fornecedor dos mais caros produtos de comércio: perfumes exóticos, que já teriam sido proibidos por 190[76], sedas, tecidos coloridos, especiarias, vinhos, mármores e materiais de construção, decoração e mobiliário, gemas, sem esquecer as obras de arte[77].

Simultaneamente, e já desde as dificuldades financeiras no início da II Guerra Púnica, a ausência de um sistema público de cobrança fiscal leva à adjudicação dos impostos a sociedades de publicanos, também capazes de assegurar empréstimos (embora aqui também atuassem *negotiatores*,

---

*Nat.*33.51, 55-57 (em 167, depois da vitória sobre Perseu, o povo romano deixou de pagar tributo), 138, 141-144, 147-150; 34.36; Gruen 1996 69 (produto do saque entre 194 e 187 (triunfos de Tito Flamínio, Acílio Glabrião, Lúcio Cipião, Fúlvio Nobilior), 133-134, 138 ss. (reflexos em Plauto).

[73] Esta equação é registada por Plin. *Nat.*22.14: «Os prazeres refinados e o luxo fizeram aumentar o custo de vida»; Gruen 1996 72; «the ostentation and excesses that could be associated with Hellenism».

[74] Enquanto fator de afirmação política, até por nem todos terem a mesma possibilidade de ostentação, a riqueza individual, já constante do elogio fúnebre de Lúcio Cecílio Metelo pronunciado em 221, colidia com os valores tradicionais que preferiam enfatizar o património coletivo, sendo por isso uma das pedras de toque na divergência ideológica entre Catão e os Cipiões: cf. Hinard 2000 475 ss., 506-507 («l'afflux d'argent combiné au désir d'exalter les réussites personnelles ... certains membres de l'aristocratie sénatoriale avaient transformé leur richesse en moyen de pouvoir politique»), 538-540.

[75] Ver Gruen 1996 170-173 para a inserção deste tipo de legislação na resistência ao helenismo.

[76] Cf. Plin. *Nat.*13.24: «Indubitável é que, depois da vitória sobre o rei Antíoco e a Ásia, os censores proibiram a venda de perfumes exóticos».

[77] Para a época que nos interessa mais diretamente, a *lex Metilia de fullonibus*, de ?217, regulava o luxo no vestuário; a célebre *lex Oppia sumptuaria* de 215, depois revogada pela *lex Valeria Fundania* de 195, interditava às matronas o uso de vestuário multicolor, de mais de uma libra em ouro, de carros de dois cavalos em Roma; a *lex Orchia de coenis*, de 181, limitou o número de convivas; a *lex Fania cibaria*, de 161, regulou a despesa por conviva, fixou em três o número de convidados, vedou o consumo de aves, exceto galinhas de engorda, e provavelmente de vinho importado; a *lex Didia sumptuaria*, de 143, estendeu a *lex Fannia* aos aliados itálicos, restrições depois prosseguidas pela *lex Aemilia sumptuaria* de 115 e pela *lex Licinia sumptuaria*, anterior a 103. César e Augusto seguirão o mesmo caminho em 46 e 18. Ver Rotondi 1996 passim; Hinard 2000 506-508.

nomeadamente Gregos e orientais, a título individual) ou avanços de capital, arrematação de fornecimento de fardas para o exército (como na Hispânia em 215, supostamente a primeira sociedade de publicanos; ver Lívio, 25.3.8-11), grandes obras e explorações mineiras, necessidades financeiras públicas, do Estado e até de províncias[78]. Aqui, tais práticas cedo se transformam em motivo de contenda com governadores e com os próprios provinciais[79].

Significa isto que, graças à acumulação de ouro, prata e riquezas de todo o Mediterrâneo em suas mãos[80], os Romanos, mais do que dedicar-se diretamente ao comércio, se especializaram em grandes operações financeiras, seguros e resseguros, sociedades de publicanos organizadas para a cobrança de taxas e impostos, adjudicação dos mais diversos contratos, sistemas de pagamento desmaterializado imitados dos Gregos, mas com o espírito legal romano a criar a respetiva personalidade jurídica[81].

Tal realidade não causará admiração se se tiver em conta o que Cícero, avatar do pensamento tradicional, escreve em *Tratado dos Deveres*.1.151, depois de desprezar todo o trabalho manual e antes de exaltar acima de tudo a agricultura:

> «O comércio, sendo de pequena monta, deve ser considerado sórdido; se é comércio grande e de monta, trazendo muitas mercadorias de todas as partes e distribuindo-as por muita gente sem enganar, não só não merece censura como até (...) parece poder ser louvado pelos melhores motivos».

---

[78] Harris 1992 95: «In the provinces it was probably the *publicani* who benefited most, since they possessed some cohesive political strenght, especially after their admission to the *repetundae* juris».

[79] Os abusos nas províncias foram objeto de legislação por parte de Gaio Semprónio Graco; cf. Cary – Scullard 1975 173-176; 189-190; Hinard 2000 480. Tac. *Ag*. 15, 20 e 31 relaciona os abusos de poder na Britânia com revoltas locais, mas desde a ocupação da Sicília que são conhecidos os desmandos de governadores como Verres. Uma forma específica de abuso eram os empréstimos a potentados locais e cidades de província, praticados por indivíduos ou sociedades mas também por personalidades como Bruto, Pompeu, Cláudio ou Séneca, por vezes com juros ilícitos ou pressões para pagamento fora do aprazado. Como escreve Harris 1992 77: «The opportunities for self-enrichment open to provincial governors and their immediate subordinates were very extensive even in peaceful conditions»; ver também p.159-160.

[80] Cary – Scullard 1975 189-190.

[81] Hinard 2000 519-520.

Observe-se, finalmente, que se gerou na antiguidade uma equação entre luxo e decadência, fixando-se o período mais crítico por 189-132, sem prejuízo de momentos anteriores, como a tomada de Siracusa em 212[82]. A relação direta entre expansão e decadência é um lugar comum que encontramos bem expresso em Plin. *Nat*.14.5: «A extensão do território e a imensidão dos bens materiais causou dano às gerações vindouras». É que, como escreve Grimal 1975 236, «Les richesses affluaient, en même temps que les idées et les modes».

2.3 Consequências sociais e políticas

2.3.1. Reforço do aparelho militar

Durante as **Guerras Púnicas**, em especial a II, as necessidades de comandos prolongados, o contacto direto dos comandantes com as populações e potentados locais, que nalguns casos se tornam clientes da sua pessoa (é o caso de algumas populações da Hispânia e, por exemplo do rei Masinissa na África), bem como o aparecimento de líderes carismáticos, como Públio Cornélio Cipião – comandante aos 24 anos graças a um proconsulado extraordinário e proclamado rei pelos Hispânicos em 207[83] –, e, mais tarde Mário, Sula, Pompeu e César, originam um reforço das lideranças pessoais que abre portas a uma conceção de chefia política centrada na figura de personalidades eminentes, mormente militares.

Esta evolução já se adivinhava quando, em 326, foi prorrogado o mandato proconsular de Publílio Filo em relação com o cerco de Nápoles[84]. Também nos anos 296-295, por ocasião da III Guerra Samnita, da campanha

---

[82] Liv. 25.40; Tito Lívio enumera as riquezas estrangeiras trazidas da Ásia por Lúcio Cornélio Cipião Asiático após a vitória sobre Antíoco em 189 (37.59.3-5) e de Gneu Mânlio Vulsão sobre os Gálatas em 188-187 (39.6.7: «a origem do luxo estrangeiro foi trazida para a cidade pelo exército Asiático ... eram as sementes do luxo futuro»); cf. Plin. *Nat*.33.148-150: entre 189 e 133, incluindo a destruição de Cartago; ver Oliveira 1992 64-77.

[83] Roman 2000 122.

[84] Cary – Scullard 1975 81 e 91; Cornell 1995 370.

contra a Lucânia e da vitória de Sentino – «o maior enfrentamento militar alguma vez concretizado em solo itálico ... selou o destino da Itália»[85] –, houve necessidade recorrer a prorrogação e a comandos extraordinários.

Este reforço das lideranças habituou os grandes generais a agirem fora do quadro constitucional (como sucedeu com Cipião Africano, supremo comandante entre 210 e 201, e se repetirá com Pompeu), ou até por iniciativa própria[86], e virá a acentuar-se com a reorganização militar de Mário, iniciada em 107[87].

Mas não há caudilhos militares sem exércitos, e, na época, Roma teve de jogar em cenários de guerra distantes e múltiplos, implicando um aparelho militar sólido, com uma base de recrutamento alargada e uma logística apurada. Mas rapidamente irão surgir problemas de recrutamento pela pauperização da base da pirâmide social, pela recessão demográfica causada pelas enormes perdas de homens durante as guerras, e, finalmente, durante o século II, pelo próprio desinteresse dos cidadãos pelo serviço militar[88]. O exército de cidadãos é mais do que duplicado pelas tropas auxiliares, aumento especialmente notório no caso da cavalaria e na marinha, o que não impede que haja necessidade de proceder ao referido alargamento da base de recrutamento, que tanto Tibério Graco como Mário, embora por vias diferentes, irão tentar solucionar. No caso de Mário, que alistou proletários em regime de voluntariado, a sua reorganização irá reforçar ainda mais as lideranças militares, de quem os soldados dependiam para o pagamento e reforma, e dessa maneira o exército romano torna-se «a professional force for which the property qualification was first reduced and finally (in 107) abolished and whose proletarian soldiers served for years on end in far distant lands»[89].

---

[85] Cornell 1995 359-363.

[86] Exemplo notório é o de Gneu Mânlio Vulsão na sua campaha contra os Gálatas em 187.

[87] Cf. Carey – Scullard 1975 164, 181; Hinard 2000 456: «entorses à legalidade» na altura da II Guerra Púnica.

[88] Carey – Scullard 1975 185 e 216; Harris 1992 46; o desinteresse pelo serviço militar ecoa em Lucr. 1.42-43.

[89] Salmon 1982 119; Crawford 1989 31 (profissionalização dos soldados romanos e itálicos); Hinard 2000 460-461: depois a invasão anibálica a militarização do Estado romano é visível na criação de um exército permanente de quatro legiões afetas à defesa de Roma;

2.3.2. Incremento do papel do senado

Apesar de no séc. IV se assistir como que a um bloqueamento da elite senatorial, recrutada em famílias de antigos cônsules e periodicamente limitada pela iteração dos mesmo nomes na lista das magistraturas, particularmente em momentos críticos, a evolução tende para uma maior rotação dentro de uma elite mais alargada, o que, com o não recurso à ditadura em favor da prorrogação de mandatos, sinaliza uma oligarquia senatorial com função tendencialmente vitalícia e capacidade para absorver mesmo os senadores de origem plebeia[90], abrindo-se ainda aos cidadãos dos territórios itálicos integrados. Estes magnatas de origem municipal mantinham laços com o seu município de origem, de que frequentemente eram beneméritos (evergetismo municipal)[91]. Ainda assim, nos séculos III-II, entre 264 e 134, a nova elite, a *nobilitas* resultante da junção do patriciado com a casta senatorial de origem plebeia regressa a um certo fechamento promovido pelo próprio sistema, com menor aporte de novas famílias[92]. Por outro lado, pela época de Catão e dos Gracos surge forte competição entre os nobres, com divisões, afrontamento do senado e perseguições muitas vezes motivadas por questões relacionadas com a expansão e a governação das províncias.

No período das Guerras Púnicas, o sistema de rotação anual das magistraturas durante um período de campanhas militares tão prolongadas, onde era necessário assegurar planeamento de ação e de orientação política plurianuais, encontra no senado o único órgão capaz de o fazer, com essa circunstância consagrando Roma como república de caráter

---

Cary – Scullard 1975 184-185: após a III Guerra da Macedónia Roma descurou a cavalaria e a marinha e confiou cada vez mais em tropas auxiliares de reinos clientes, com os Romanos a fugir do serviço militar; 216; 221 (erro do senado ao desobrigar-se de proteger os legionários veteranos, confiando essa tarefa aos generais).

[90] Cornell 1995 371-373; Y. Perrin – Th. Bauzou 1997 55.

[91] Y. Perrin – Th. Bauzou 1997 157: «on assiste simultanément, sur l'espace de deux ou trois générations, à la romanisation de l'Italie et à l'italianisation de Rome».

[92] Cary – Scullard 1975 179: «uma casta governativa exclusiva»; Y. Perrin – Th. Bauzou 1997 90; Hinard 2000 459: até 146 só quatro *homines novi* chegaram ao consulado; os restantes cônsules pertenciam a uma vintena de famílias; Roman 2000 135 relaciona com a *lex Claudia* o fechamento da elite entre 218 e 179.

oligárquico[93]. Tal evolução – que teria um marco importante na *lex Ovinia* (por 318), promotora da independência do senado e da condição vitalícia dos senadores –, torna-se bem visível no séc. II, quando «o senado dominava todos os aspetos da vida pública. De acordo com Políbio, tinha completo controlo das finanças públicas, da política militar, dos negócios estrangeiros e da lei e da ordem»[94]. Pode pensar-se que essa supremacia senatorial também se fundava em razões técnicas, uma vez que, sendo os senadores antigos magistrados, esse órgão «tornou-se um reservatório de capacidade política, pois a grande maioria dos seus membros havia recebido treino nas responsabilidades administrativas». Ou, dito de outra forma, «a consolidação do seu poder era um resultado inevitável das conquistas ultramarinas, que contribuíram altamente para a esfera de ação e complexidade da administração e tornaram mais premente a necessidade de um órgão de coordenação»[95].

2.3.3. Ascensão da ordem equestre (*equites*)

Por outro lado, embora sem grandes feitos na indústria e no artesanato, beneficiando da sua capacidade de organização e das prerrogativas do grande comércio, da banca e da adjudicação de grandes obras públicas e do empréstimo de dinheiro ao próprio Estado – áreas onde os Romanos, muitas vezes organizados em sociedades comerciais, ultrapassaram os restantes concorrentes[96] –, assiste-se a uma afirmação da ordem equestre, designada pelas expressões *equites, equester ordo*, que no século II engloba todos os detentores de uma fortuna mínima de 400.000 sestércios. Especializado-se nas atividades lucrativas do comércio acima referidas, apesar de alguns episódios de entrada na política, com a criação de tribunais permanentes especiais com foro sobre abusos de governadores (*quaestiones perpetuae*) em 149, pela *lex Calpurnia*, e sem prejuízo dos laços até

---

[93] Ver Roldán Hervás 2005 151-154; Martin, Chauvot, Cébeillac-Gervasoni 2010 127-128.
[94] Cornell 1995 369; cf. Cary – Scullard 1975 130 e 178-180; Plb. 6.13-18 e 6.51.6-8.
[95] Cary – Scullard 1975 99 e 179.
[96] Cf. Carey – Scullard 1975 189.

familiares com a ordem senatorial[97], os *equites* vêm a alhear-se da política e a afirmar-se pela riqueza, pela cultura e pelo mecenatismo cultural e artístico. Esta evolução, «paralela ao desenvolvimento dos interesses romanos no mundo mediterrânico»[98], é um das factos mais significativos da época, com reflexos inclusive na futura organização da administração imperial.

2.3.4. Pauperização das camadas mais baixas da sociedade

Mas o enriquecimento das camadas privilegiadas e o aumento do custo de vida implicavam a pauperização das camadas mais baixas, particularmente na cidade de Roma, onde a plebe enfrenta carestia de vida, falta de trabalho e competição no mercado de trabalho com escravos e estrangeiros. Nas franjas dessa plebe destaca-se uma plebe urbana *infima* 'da mais baixa condição' e parasita, uma espécie de *Lumpenproletariat*. Para obviar à situação, foram tentadas várias medidas, desde a contenção da atribuição de cidadania ao envio de cidadãos pobres a fundar colónias e à subvenção dos bens alimentares e distribuição de trigo *(frumentationes)* como forma de caridade pública, à míngua daquilo que hoje chamamos estado social ou providência. A situação cria em Roma, ainda, a necessidade de preenchimento do tempo, isto é, torna-se necessário oferecer atividades de lazer, com aumento do número de festivais *(ludi)*[99], para obviar às consequências sociais da falta de ocupação e preencher o lazer. Necessidades tanto mais prementes quanto se dera um aumento enorme da população de Roma, com uma plebe cosmopolita suscetível também de ser usada e manipulada para fins políticos, por meio de distribuições de vinhos e víveres *(congiaria)*, festivais, que se multiplicaram em número e em duração entre 220 e 173, e corrupção eleitoral *(ambitus)*[100].

---

[97] Martin, Chauvot, Cébeillac-Gervasoni 2010 128: «até 133 não existe uma ordem equestre claramente separada da ordem senatorial».

[98] Grimal 1975 237 n.1.

[99] Sobre os festivais romanos, ver Balsdon 1967, em esp. cap. «VIII Holidays at Home: Public Entertainment»; Cary – Scullard 1975 178.

[100] A atração por Roma foi de tal ordem que, em 187, o Lácio recambiou 12.000 aliados latinos que se haviam inscrito no censo de Roma.

2.3.5. Emancipação feminina

Fica implícito que, particularmente durante as Guerras Púnicas, a ausência e morte de maridos ajudou a um movimento de emancipação da mulher que, embora mais reportado ao séc. I, encontra já aqui evidente prova[101]. Tal emancipação implicava acesso à riqueza – que a referida *lex Voconia* tentou limitar e de que são indício as *uxores dotatae* ou mulheres com dote da comédia plautina[102] –, à educação, à facilitação do divórcio e ao casamento *sine manu*, isto é, consórcio sem submissão à tutela do marido.

Esta evolução encontra eco no satirista Lucílio (180-102/101)[103], onde, e esquecendo os traços misóginos mais tradicionais e as figuras de meretrizes, são recorrentes as referências ao adultério de mulheres casadas, ao desinteresse pela procriação, à lubricidade feminina, aos excessos de toilette, sobretudo quando recebem visitas, a mulheres capazes de saídas suspeitas e de recorrer a intermediárias para amores escusos, até de se venderem como prostitutas, com ou sem maridos complacentes, e, finalmente, prontas a pôr o marido a dormir em quarto separado (fr.684-685 M):

> «Não lhe vou sequer dar em ferro quanto me pede em ouro;
> se dormir à parte, também não vai conseguir o que me está a pedir».

Tal imagem de mulher lúbrica e sexualmente agressiva é bem marcada no epíteto *virosa* 'corredora de homens' que, no fr. 282-283 M, retoma a expressão de um autor da comédia *togata*, de ambiente itálico, Afrânio (*Divortium*, fr.62 Ribbeck). Ora, neste tipo de comédia, o estudo das obras de Titínio (primeira metade do séc. II), Afrânio (fl. 104-94) e Ata (m.77) mostra uma mulher que enfrenta o marido com boas ou más artes, que é soberba, que usa o dote para submeter o cônjuge ao seu capricho

---

[101] Cary – Scullard 1975 191.

[102] Recorde-se *Os dois Menecmos* (*Men.*766-777), onde uma pai qualifica a própria filha como daquelas «que querem pôr a pata em cima dos maridos: fiadas no dote, são mesmo umas feras»; cf. *Mos.*702-713.

[103] Ver F. Oliveira 2009, esp. p.28-32.

(Titínio, *Prilia*, 68: «Pois além de engodados com o dote, ainda são escravos das esposas!»), que gosta de tomar as rédeas (Titínio, *Setina* 'A mulher de Sétia', 107-109 e 111), que é capaz de tomar a iniciativa do divórcio (Afrânio, *Vopiscus*, 362-364)[104], que não se compraz em ficar em casa à espera do marido (Afrânio, *Incendium*, 199-200). Situações que evocam peripécias cómicas como as do *Truculento* de Plauto ou do *Eunuco* de Terêncio, onde é a mulher que conduz o jogo.

E, em relação ao casamento, tal como no enredo do *Estico* de Plauto, é clara a ideia de contenção do poder de o *paterfamilias* promover o divórcio das filhas casadas *sine manu* (Afrânio, *Divortium*, 56-58):

> «Grande patifaria! Duas jovens excelentes
> em boa harmonia, em concórdia com os maridos,
> de repente obrigadas a separar-se pela javardice de um pai!»

Em suma, como escrevi alhures, «a mulher da *togata* apresenta claras vozes de liberdade, independência, insubmissão e até de reivindicação de um estatuto mais igualitário, o que suscita no homem verdadeira apreensão, perplexidade e até temor. Essa dualidade é especialmente visível quanto ao relacionamento marital, que reflete atitudes antagónicas por parte do masculino, a oscilar entre o repúdio do casamento e a nobilitação do amor conjugal numa perspetiva de cooperação (Afrânio, *Privignus*, 250) e de mútua afeição, incluindo laivos de amor-paixão»[105].

E constitui prova indireta da emancipação da mulher o facto de, na época, começarem a aparecer mulheres com acesso a uma cultura superior que não escondiam: é o caso de Cornélia, a mãe dos Gracos[106].

---

[104] Em qualquer caso, assistimos a uma banalização do divórcio, que provavelmente tendo existido desde Rómulo e sendo tratado na Lei das XII Tábuas, na verdade só deixou a primeira notícia segura em 230, com o caso de Espúrio Carvílio Ruga. Que a iniciativa do divórcio podia partir da mulher, já se encontra em Plauto inclusive com a fórmula legal (*Anfitrião* 928: «Passa bem. Fica com as tuas coisas, entrega-me as minhas»; *Os dois Menecmos*, quando uma filha chama o pai para a levar de casa do marido, pois que, sendo casada *sine manu*, deve o pai sancionar o divórcio, v.782: «trata de me levar desta casa»).

[105] Oliveira 2010 367.

[106] Vide à frente Mantas, cap. 8 §3.

2.4 Consequências culturais: helenismo e anti-helenismo em Roma

2.4.1. Perspetivas de análise teórica

Com frequência se ouve dizer que a cultura romana não existe ou não é mais do que um produto do helenismo. Ora é um facto que a afirmação de Roma se dá num mundo genericamente colorido por uma tonalidade helenística, incluindo Cartago, mas também não se pode negar que o próprio helenismo é desde muito cedo herdeiro de influências orientais muito claras e não é de excluir que também se tenha aberto a trocas culturais com o mundo ocidental onde implantou colónias.

Acresce que Romanos e Gregos partilhavam quadros ideológicos provenientes quer da herança cultural indo-europeia comum – fenómeno que tem sido estudado tanto sob o ponto de vista da mitologia e da ideologia como na vertente linguística –, quer de um substrato mediterrânico onde se multiplicavam sagas que transparecem ao longo da história, por exemplo as ligadas à pervivência de registos de matriarcado.

Assim sendo, não é de admirar que, por mais brilhantes e com desenvolvimento anterior, certos aspetos do helenismo tenham colorido a cultura romana de uma forma mais notória que o inverso.

Mas comecemos por discutir esse fenómeno da helenização da cultura romana enquanto fenómeno de aculturação. Para isso, teremos de introduzir alguns conceitos teóricos que permitam analisar esse processo de trocas culturais onde, à primeira vista, «a Grécia vencida acabou por vencer o feroz vencedor»[107].

Antes de mais, em vez de helenização deve falar-se em helenizações. Isto é, não houve um movimento contínuo e geral de adoção, pelos Romanos, dos produtos culturais gregos. Os contactos e trocas existiram mesmo antes de Roma existir, pois na zona da civilização lacial, e na península itálica em geral, a arqueologia pôs a descoberto

---

[107] Ver Hor. *Ep.* 2.1.156 sobre a influência grega: *Graecia capta ferum victorem cepit*; e Cornell 1995 159 para o influxo de uma civilização mais avançada, a etrusca, sobre Roma.

artefactos que provam a presença de Aqueus desde o séc. XIII. E não é por acaso que, também neste ponto, a arqueologia só vem confirmar a lenda da presença de Gregos e Troianos desde os tempos da Guerra de Troia[108] ou da mais longínqua memória dos inícios de Roma evocados pelo culto de Hércules na Ara Máxima[109]. Cornell enfatiza a chegada de colonos gregos a partir de 770 – com fixação na ilha de Ísquia ou Pitecusas antes de fundarem a colónia de Cumas por 750 –, como «o mais importante fator de mudança e desenvolvimento na história de Roma (e da Itália)»[110]. Não admira, pois, que no próprio sítio de Roma se multipliquem, mesmo no período monárquico, as provas de influência grega, reportada por Cícero à época de Anco Márcio[111], e inferível na lenda de Demarato e de seu filho Lúcio (Plb. 6.11a7). Por essa altura, a influência ligar-se-ia sobretudo à formação do Estado, isto é, teria caráter político e militar, com a reforma das centúrias e das tribos por Sérvio Túlio[112], mas também religioso[113], visível no próprio nascimento do Estado e no fenómeno de urbanização, aparecendo os Etruscos porventura como intermediários. Uma evolução notória e comum a áreas contíguas do Lácio e da Etrúria implica a construção de templos em honra de divindades de origem grega, um movimento do final da monarquia e inícios da República que, sob influência grega mediada pelos Etruscos[114], substitui a tríade primitiva (Júpiter, Marte, Quirino) pela tríade capitolina (Júpiter, Juno, Minerva) no culto oficial. Essa mesma fase final de monarquia, com a colagem de Tarquínio o Soberbo à

---

[108] Recordar a visita de Eneias ao reino de Evandro no canto VIII da *Eneida*; cf. Dench 1995 70, 79.

[109] Cf. Cornell 1995 40.

[110] Cornell 1995 92.

[111] Cic. *Rep.*2.34, sobre a chegada de Demarato a solo itálico: «Mas nesse momento pela primeira vez a nossa cidade parece ter-se tornado mais douta graças a conhecimentos transplantados. Efetivamente, correu da Grécia para esta urbe, não um ténue riacho, mas o caudaloso rio daquelas suas disciplinas e artes» (trad. F. Oliveira).

[112] Cornell 1995 194; sobre as implicações militares da reforma, ver Hinard 2000 123-126.

[113] Recordar a identificação de Vulcano com Hefestos em achados arqueológicos de 580--570, bem como a presença de estátuas de Minerva e de Hércules na zona de Sant'Omobono; cf. Cornell 1995 162-163.

[114] Cf. Cornell 1995 159 ss. para a discussão crítica sobre a influência etrusca.

imagem do tirano grego e a coincidência do seu derrube com a queda dos Pisístratos em Atenas, permite afirmar que «os derradeiros reis de Roma tinham plena consciência do que faziam os tiranos gregos seus contemporâneos», e «procuravam definir a sua posição em termos de modelos de realeza grega e do próximo oriente»[115].

Assim, e para concluir, desde as mais remotas origens Roma abria-se à influência grega de forma direta e indireta, e isso é visível de forma particular na religião.

De qualquer modo, desde as origens até inícios da República, vemos Roma conviver com influências e presença de estrangeiros, inclusive nos mais altos postos políticos, a começar por reis, como Tito Tácio e os próprios monarcas etruscos, e sem perda de identidade[116]. Que Roma era uma cidade aberta a estrangeiros, di-lo Políbio ao contar a história da imigração do filho de Demarato de Corinto, Lúcio Tarquínio, que, com o conselho da mulher, compreendeu que em Roma facilmente receberia o direito de cidadania e veria abrirem-se-lhe as portas do poder supremo (Plb. 6.11a7). Mas tal facto não era específico de Roma.

Sirva esta introdução para aclarar a distinção helenização / helenizações. Em sentido lato, deve entender-se a expressão "helenização da cultura romana" como um movimento geral de trocas culturais entre Roma e o helenismo inseridas numa tendência geral da época, quando o helenismo, como cultura superior, tendia a criar uma espécie de cultura comum, chamada *koine* cultural, no Mediterrâneo. O conceito de helenizações tem a ver tanto com as fases cronológicas em que essas trocas se iniciaram, se deram e, porventura, se intensificaram, como com os domínios das trocas. Quanto às fases, para além do que foi dito, torna-se bastante claro, por exemplo, que nos séc. IV-II, durante os confrontos com Samnitas e a intervenção na Campânia, a conquista de Tarento e o contacto direto com a Grécia e com a Ásia helenística, houve uma política deliberada de «autopromoção de Roma dirigida tanto às cidade gregas do sul da Itália como ao mundo helenístico em geral ...

---

[115] Ver Cornell 1995 145 e 148 respetivamente.
[116] Cornell 1995 157.

ostentando as suas credenciais como amiga das cidades gregas»[117], sinal de uma intensificação da abertura ao helenismo. No séc. IV, por alturas da III Guerra Samnita e da aliança com Nápoles em 326, Roma não só derrotava os bárbaros inimigos das colónias gregas como respeitava as tradições das cidades gregas aliadas: mostrava-se, pois, senão protetora do helenismo, pelo menos uma «cidade filelénica»[118].

E nesta fase se verifica, de forma para nós muito clara, pois a memória está bem preservada em fontes literárias e arqueológicas credíveis, que Roma comandava o fluxo das novidades a que se abria, e fazia-o certamente para colmatar necessidades que sentia. Isto é, não era o vencido que dominava o vencedor, era o vencedor que procurava escolher, como sempre tinha feito ao longo da sua história, aquilo que de mais útil o vencido lhe podia fornecer. Assim se compreende que foi esta a época da chegada da grande literatura grega a Roma; a tragédia e a épica, com Lívio Andronico; a comédia, que lhe fazia contraponto e respondia à introdução de um teatro literário de que Roma sentiu necessidade logo quando entendeu oferecê-lo nas grandes festividades comemorativas do fim da I Guerra Púnica; o verso adequado a uma linguagem poética mais dúctil e variada – o hexâmetro dactílico introduzido por Énio. Nessa ocasião, o teatro literário era aceite com uma função política, mostrar a Hierão de Siracusa, o grande aliado contra os Púnicos, que culturalmente Roma não ficava atrás da brilhante metrópole siciliana. E talvez respondesse também, acautelando o perigo da teatrocracia, à necessidade de lazer que aprendera com os Tarentinos, grandes apreciadores de teatro. Por essa mesma altura, assoma em Roma o interesse pela filosofia, sendo ainda legítimo pensar que também a retórica grega começou então a ser apreciada. Olhando para outros campos, como a historiografia e a lírica, verificamos que tais domínios da cultura só vieram a ser procurados mais tarde, nalguns casos só com Catulo, Horácio e Ovídio, já na I metade do

---

[117] Dench 1995 68-69.

[118] Hinard 2000 305 e 335; cf. 323 para as cidades gregas do sul da Itália após a capitulação de Tarento, com Roma a mostrar-se «ostensivamente como a nova protetora dos Gregos da Itália»; Heraclides do Ponto, fr.103, considerava Roma uma cidade grega (πόλιν Ἑλληνίδα Ῥώμην) aquando da invasão gaulesa de 390.

séc. I e no início da era cristã, quando a mentalidade romana se começou a abrir à necessidade de dar vazão à expressão do eu.

O que acabei de expor permite, pois, reafirmar, que eram os Romanos que comandavam o influxo da cultura grega. E é nisto que se pode perceber que o fenómeno da helenização não impede a proclamação da originalidade da cultura romana, a qual, utilizando a imagética da cristalogorafia, contra as leis da química, absorveu a cultura grega sem perder a sua forma, fenómeno inesperado a que se chama pseudomorfose, por o resultado ser contrário ao resultado mais esperado e que canonicamente seria o verdadeiro, a alteração da forma. A originalidade de Roma é, pois, a capacidade de sintetizar outras culturas sem perda de identidade, e isso foi o que a Urbe aprendeu a fazer desde as origens, como sociedade que sempre foi aberta e que transformou essa abertura em capacidade de assimilação, incorporação e tolerância, em instrumento de dominação e aceitação do seu poderio. É isso o que nos diz Políbio quando recorda a adoção do gládio ibérico pelos *hastati* romanos (Plb. 6.23.6) e a adoção de armamento de tipo grego pelos cavaleiros (Plb. 6.25.8): «Depois de isso observarem, trataram imediatamente de imitar. De facto, se é que outros existem, os Romanos são especialistas em mudar as suas práticas e em porfiar pelo melhor» (Plb. 6.25.11; cf. 1.20.15).

A postura psicológica dos Romanos perante as culturas estrangeiras é, pois, seletiva e pragmática, como observa Políbio quando elogia a forma como os mesmos organizam os acampamentos militares, de modo oposto ao dos Gregos (Plb. 6.42), ou o comportamento dos Romanos perante os dinheiros públicos, onde revelam uma boa-fé e uma ausência de corrupção que contrasta com o comportamento dos Gregos (Plb. 6.56.13-15).

Podemos assim dizer que, perante uma cultura estrangeira, os Romanos utilizavam modalidades de contacto que podemos seria como *interpretatio* 'tradução', como nas comédias de Plauto, que mesmo assim não deixavam de inserir cor local; *imitatio* 'imitação', a postura clássica da veneração do modelo; e *aemulatio* 'emulação', o desejo de rivalizar e fazer melhor do que o modelo. Esta última postura, que não nega a valia do modelo, carateriza-se por ser extremamente fecunda. Assim, tal como sucederá com o humanismo vernáculo na época do Renascimento, foi a *aemulatio* que fez nascer a historiografia em latim, criada por Catão o Censor, ou a literatura filosófica na língua mãe, de que Cícero é o grande propugnador e representante. Dois nomes que ilustram a mesma postura, apesar de o primeiro ser frequentemente qualificado como anti-helénico e o segundo ser indubitavelmente filelénico.

Melhor: se quiséssemos procurar em Cícero ataques contra os Gregos, o material seria abundante: é que, no exame do fenómeno de helenização há que fazer intervir uma dupla perspetiva cronológica. No plano diacrónico, havia admiração pela Grécia clássica, a verdadeira Grécia, dos grandes trágicos, de Platão e de Aristóteles. Na perspetiva sincrónica, sentia-se nojo e repugnância pelos Gregos que eram incapazes de se governar, como haviam feito depois de os libertarem do jugo macedónico; que eram indulgentes com o vício e só queriam lazer, como os Tarentinos; que eram submissos, viciosos e de grão na asa, como os escravos e imigrantes com os quais os Romanos conviviam no dia a dia e a quem chamavam despetivamente *graeculi* 'gregozinhos' (Pl. *Cur*.288), reservando o termo *pergraecari* 'viver à grega' para um modo de vida de luxo e devassidão (Pl. *Mos*.22-24, 64-65 e 959-961). Assim, podemos falar de uma espécie de *love-hate relationship*, uma relação de amor e ódio que, como veremos, terá reflexos até na receção da filosofia grega em Roma.

Passando agora aos que trouxeram a cultura grega para Roma, e centrando-nos na fase de helenização generalizada nos sécs III-II, podemos considerar que a helenização chegava a Roma através de veículos diversos: pela presença de Gregos em Roma: reféns, escravos, imigrantes de numerosas profissões, embaixadores; pela passagem de Romanos pela Magna Grécia, pela Grécia e pelo mundo helenístico: militares, viajantes, comerciantes, embaixadores, jovens estudantes que aperfeiçoavam os seus estudos em grandes centros culturais, como Alexandria, Atenas, Nápoles, Pérgamo e Rodes. Nesta fase merece particular destaque a atração de intelectuais gregos por Roma: professores, médicos, retores, filósofos, geógrafos, historiadores e artistas.

É também nesta, e em particular no seguimento das grandes conquistas e da enorme influência política de duas grandes famílias romanas – os

Cipiões e os Metelos –, que na sociedade romana se agudizam antagonismos políticos com consequentes clivagens culturais relacionadas com o contacto direto com a Grécia e o oriente helenístico.

A expressão cultural dessa clivagem é traduzida em conceitos correntemente aplicados a esta época: filelenismo e anti-helenismo. Quanto ao filelenismo, é costume centrá-lo no chamado "Círculo dos Cipiões", um grupo de amigos e clientes que gravitavam em torno de Cipião Emiliano (185-129): o comediógrafo Terêncio, o filósofo Panécio, o historiador Políbio, o cientista e também filósofo Posidónio, o sábio Lélio, os jovens oradores e juristas Fúrio Filo e Rutílio Rufo, o satirista Lucílio. A este propósito, três observações merecem ser consignadas: primeiro, a abertura dos Cipiões à cultura grega não se cinge ao referido Círculo dos Cipiões, pelo contrário, ela encontra-se atestada nos seus membros entre meados do séc. III e meados do séc. II, levando Grimal a preferir falar em "Século dos Cipiões", título do seu livro *Le siècle des Scipions*; segundo, a abertura aos valores do helenismo não impede a defesa dos valores mais tradicionais do *mos maiorum* romano, como se vê na sua coexistência nos epitáfios da família dos Cipiões; terceiro, ao fundirem valores romanos e gregos, ao gerarem a cooperação sistemática entre Gregos e Romanos, os Cipiões são os pioneiros da nova paideia greco-romana, simbolizada, como já referimos, pela emblemática amizade e frutuosa cooperação entre Cipião Emiliano (185-129) e Políbio (c.200-c.118).

Quanto ao designado anti-helenismo em Roma, que saiu favorecido pela deserção de algumas colónias gregas durante a invasão de Aníbal, o centro do conceito é Catão o Antigo ou o Censor (234-149). Ora, é certo que ele aparece como o grande defensor dos valores romanos tradicionais e que desenvolve uma vontade de *aemulatio* 'emulação, rivalidade' com os Gregos que se torna culturalmente muito inovadora, em particular quando inaugura a historiografia em latim, com *Origines* 'Origens', e quando desenvolve a prosa filosófica com *Praecepta paterna* 'Preceitos paternos' ou *Carmen de moribus* 'Poema sobre os costumes'. Mas também é certo que Catão nos oferece uma produção oratória e literária que durante pelo menos 54 anos vive da coexistência e da utilização pragmática de influências gregas, particularmente no *De agri cultura* (tratado técnico de agricultura). Assim, tanto filelénicos como anti-helénicos aprofundaram o diálogo com a cultura grega: uns de forma mais aberta e sem questionar; os outros buscando uma aproximação mais cautelosa e tradicional, isto é, mais pragmática e sem excessivo aprofundamento especulativo. «Ele (sc. Catão) é partidário de um filtro para o helenismo, mais do que um oponente sistemático»[119]. Que melhor prova do que ter sido ele o introdutor da basílica grega em Roma? Malhas que o império tece!

Em suma, quando nos questionamos sobre a existência de uma cultura romana, isto é, quando queremos saber se, de tão helenizada, a cultura romana não passou de uma variante do helenismo, devemos aplicar o referido conceito de pseudomorfose: a verdadeira caraterística de Roma é a sua capacidade de absorver elementos exógenos sem perder a sua forma, isto é, enriquecendo-se sem perda de identidade.

E uma prova evidente da capacidade de utilização de elementos exógenos já encontra nas próprias lendas da fundação. De facto, «o acolhimento, no Lácio e em Roma, da lenda de Eneias, antes de mais informa-nos sobre os Romanos, sobre a sua abertura ao mundo e a sua capacidade de assimilação, que foram, sabemo-lo agora, uma das maiores caraterísticas da sua cidade desde a época arcaica e que refletem, na sua tradição, as indicações sobre a diversidade de origem dos companheiros de Rómulo»[120].

Tal identidade procuravam-na os Romanos com frequência na afirmação de valores próprios que corporizavam em lendas axiológicas e em exemplos retóricos (*exempla Romana*) que propunham para imitação ou recusa: *virtus, fides, gloria, gravitas, honor, dignitas, mos maiorum, pietas, auctoritas, maiestas, iustitia, concordia, clementia, libertas, humanitas, simplicitas, frugalitas*[121].

---

[119] Perrin – Th. Bauzou 1997 157; Roman 2000 131: «les citoyens de l'Urbs voulaient-ils être des philhellènes en privé et des Romains rigoureux, profondément respectueux des traditions (*mos maiorum*), en public?»; Gruen 1996 78 sobre o episódio das Bacanais: «increasing tension between private assimilation of Hellenism and public distancing from it».

[120] Grandazzi 1991 255.

[121] Para uma perspetiva geral e conteúdo destes conceitos, ver M. H. Rocha Pereira 2013 331-436.

2.4.2. Domínios da helenização da cultura romana

2.4.2.1. Vida quotidiana (alimentação, higiene e adornos)

As consequências da expansão fizeram-se sentir a todos os níveis da sociedade, incluindo a vida familiar e quotidiana, a habitação e a decoração. Em jeito de breviário ilustrativo de tal leque de influências, cito a notícia de Tito Lívio (39.6.7-9) sobre o triunfo de Gneu Mânlio Vulsão sobre os Gálatas no ano de 187:

> «7. De facto, a origem do luxo estrangeiro foi importada para a cidade pelo exército da Ásia. Foram esses soldados que pela primeira vez trouxeram para Roma leitos de mesa em bronze, tapetes preciosos, tecidos pintados e outros têxteis e objetos que eram considerados magníficos como mobiliário – mesas de pé de galo e ábacos. 8. Foi então que nos jantares apareceram tocadoras de cítara e de sambuca e outros prazeres lúdicos para os convivas; e as próprias iguarias começaram a ser preparadas com maior requinte e sumptuosidade. 9. Foi então que um cozinheiro, um bem de pouca valia para os antigos, começou a ser apreciado e valorizado, e o que tinha sido uma função, começou a ser ser considerado arte. E o que então se via com admiração, não passava das sementes do luxo futuro».

Pormenorizando alguns domínios, refira-se que o primeiro relógio foi trazido de Catânia por Valério Messala em 263, durante a I Guerra Púnica (Plin. *Nat*.7.214).

E sem prejuízo de os barbeiros terem sido importados da Sicília anteriormente, o hábito de se barbear só começou a generalizar-se durante a II Guerra Púnica, e foi Cipião Emiliano quem o assumiu como hábito diário (Plin. *Nat*.7.211). «Se trata de un insignificante pormenor de toilette masculina y que, sin embargo, se hace entrar en el gran cuadro de las influencias helenísticas en Roma»[122].

---

[122] Paoli 1990 152; Cary – Scullard 190.

No domínio do vestuário, os Romanos tentaram, naturalmente com pouco sucesso, limitar alguns dos efeitos da invasão do luxo estrangeiro promulgando leis censórias, das quais a primeira foi a *lex Oppia* contra o luxo feminino do vestuário e jóias, do ano 215. Esta proibição causou indignada reação das matronas visadas, que começavam a acumular riqueza que a *lex Voconia* de 169 procura limitar. No vestuário masculino e feminino sobressai a importação de uma variedade de seda (*bombyx*), que vinha da Assíria e da ilha grega de Cós (Plin. *Nat*.11.75-78); as vestes atálicas introduzidas após as vitórias Lúcio Cipião e de Gneu Mânlio sobre Antíoco III, em 189 e 188 respetivamente (37.12); o uso de unguentos exóticos, que teriam invadido Roma depois dessa mesma vitória[123]; ou as jóias, com a primeira dactilioteca a ser pertença de Escauro, genro de Sula, depois ultrapassada pela que Pompeu dedicou no Capitólio como parte do saque apresado a Mitridates (*Nat*.37.11). Essa mesma vitória foi responsável pela chegada de pérolas e jóias diversas (*Nat*.37.12).

As leis censórias afetavam outro domínio da vida quotidiana, a alimentação e banquetes. Na verdade, na sua origem a alimentação romana era essencialmente vegetariana e o pão praticamente não tinha levedura, pelo que os Romanos recebiam o epíteto de *pultiphagonides* 'comedores de papas'[124]. Ora um dos motivos que levou à modificação dos hábitos alimentares foi exatamente a abertura a novas técnicas de exploração agrária intensiva conhecidas pelos livros de Magão sobre agricultura, escritos após a II Guerra Púnica e depois traduzido para latim, com aclimatação de novas plantas[125] e animais. Outro foi o contacto direto com

---

[123] Plin. *Nat*.13.24: «Não me é fácil dizer quando é que eles chegaram a Roma pela primeira vez; certo é que, depois da derrota do rei Antíoco e da Síria, no ano 565 da fundação da cidade, os censores Públio Crasso e Júlio César lançaram um edito para que ninguém vendesse unguentos exóticos – era assim que lhes chamavam».

[124] Expressão de Pl. *Poen*.54; cf. *Mos*.828 (*pultifagus*). Ver Roman 2000 126-127.

[125] O percurso de aclimatação do plátano é exemplar, segundo Plin. *Nat*.12.6 ss.: da Grécia passou à Sicília e daí a Régio da Calábria e à Itália, seguindo depois para a Hispânia. A origem estrangeira de certos frutos é sinalizada logo pelo nome, como o pêssego e o alperce (Plin. *Nat*.12.14: «Estrangeiros são também as cerejas e os pêssegos e todos os que têm nomes gregos ou estranhos»), ou a romã, chamada *malum Punicum*; ver 15.47, sobre a cidra, dita *Medica* 'dos Medos' pelos Gregos. Magão é bem referido em Plin. *Nat*.18.22, onde afirma que a tradução dos seu tratado sobre agricultura para latim foi feita por decisão do senado.

a culinária grega e oriental após a intervenção na Sicília, na Macedónia e na Síria. Assinalo quatro alterações importantes: primeiro, o interesse por iguarias e condimentos exóticos e o início da verdadeira panificação, cuja origem exterior, além de assinalada pelas fontes literárias[126], é revelada pela designação estrangeira de algumas variedades de pão: o *parthicus* 'pão da Pérsia', o *artolaganus* 'pão fino com ingredientes vários' e o *artopticus*, nome decorrente da forma de cozedura, e ainda pela *puls punica* 'papas púnicas'; segundo, a importação e aluguer de cozinheiros, *coquus* ou *cocus* em latim (μάγειρος em grego)[127], já referidos em Plauto e certamente destinados a satisfazer o novo gosto dos Romanos por banquetes privados, *convivia* e *comissationes* correspondentes aos συμπόσια gregos (cf. Pl. *Mos*.313-310); terceiro, a preferência da elite por iguarias exóticas, luxuosas e caras, no geral importadas, incluindo vinho grego[128], ou produzidas em Roma com novas técnicas: a melhoria de espécies como o rábano; as *piscinae* para aquicultura de peixes variados, da ostra à moreia; a engorda de gansos e de galinhas, esta iniciada em Delos e trazida para Roma por 161 (Plin. *Nat*.10.139); os *vivaria* ou parques de javalis inventados por Fúlvio Lipino (*Nat*.8.211), onde a origem grega do método de criação de caça é atestada pela designação grega dada por Varrão – *quod non leporarium, sed therotrophium apellabat* 'a que não chamavam criação de lebres, mas 'criação de animais ferozes''); quarto – e talvez o ponto mais importante, em ligação com o acréscimo da população urbana desligada de uma agricultura de subsistência –, o aumento, a partir de 200, do consumo per capita de trigo, com diminuição da dieta vegetal em favor da carne e do peixe, os quais, devido à técnica de confeção, pediam uso acrescido de especiarias, muitas vezes

---

[126] Plin. *Nat*.18.107 situa em 171 a chegada dos primeiros padeiros, todavia já referidos em Pl. *As*.200, e em contexto de influência lexical grega com os helenismos *pistor* e *oenopolium*: *a pistore panem petimus, vinum ex oenopolio* «vamos buscar o pão ao pasteleiro, o vinho ao vendedor de vinho».

[127] Cf. Juv. 9.109: helenismo *archimagiri* 'cozinheiros-chefe'; e Plin. *Nat*.33.157: *cocos magiriscia appellatos* «os cozinheiros, chamados *magiriscia*».

[128] Sobre a história dos vinhos itálicos e a importação de vinhos gregos pelo ano 121, ver Plin. *Nat*.14.94-96: termo grego *apotheca* para adega; referência ao vinho importado do ultramar no termo *transmarina*; insistência na moda do vinho grego (*Graeco vino gratia*) e no apreço especial pelo de Quios; memória da proibição, pelos censores, da venda de vinho grego.

importadas. Todas estas inovações tinham a ver tanto com a influência externa decorrente da expansão, como com a satisfação, de forma lucrativa, dos novos gostos, requintados e caros: se havia exploração é porque se conseguia lucro (cf. Plin. *Nat*.9.168-171).

2.4.2.2. Arquitetura, habitação, decoração, mobiliário e baixela

Fig. 3. O triunfo de Emílio Paulo (pormenor), - Por Carle Vernet (1789)
http://commons.wikimedia.org/wiki/File:The_Triumph_of_Aemilius_Paulus_(detail).jpg

A arquitetura pública abriu-se a novos edifícios de função social muitas vezes múltipla: os pórticos típicos das cidades helenísticas, o primeiro dos quais surge em 193 na zona do porto do Tibre (*porticus Aemilia*); o *porticus Octavia*, de 168, a introduzir colunas e capitéis coríntios em bronze; as basílicas, cujo primeiro exemplo – a basílica Pórcia, de 184 – é construído no foro pela mão de Catão o Antigo[129]; os primeiros templos em mármore,

---

[129] Ver Grimal 1975 186-189 e 236 (sobre a basílica): «une forme architecturale empruntée à l'Orient». A popularidade de tal inovação vê-se no surgimento de uma segunda basílica

como os de Júpiter *Stator* ou Juno *Regina*, de 146; e, mais tarde, os grandes complexos arquitetónicos de função social e estrutura sólida: anfiteatros, teatros, termas, aquedutos (o de *Aqua Marcia* data de 144), etc.[130]

No domínio do lazer, depois da construção do Circo Flamínio em 220, a primeira tentativa de erigir um teatro de pedra deu-se por 155, mas saiu gorada e só se veio a concretizar em 55, sob influência grega, embora com adaptações, com o teatro de Pompeu, com capacidade para 40.000 espetadores. As grandes construções romanas, caraterizadas pela robustez e pela monumentalidade – templos, teatros, anfiteatros, pontes, aquedutos, arcos do triunfo –, beneficiaram do uso do arco, da abóbada e do cimento, que, sendo conhecidos dos Gregos, só foram amplamente utilizados pelos Romanos, provavelmente desde o *porticus Aemilia* de 193.

Nos séc. III-II, também a arquitetura doméstica sofre influência helénica, ao substituir o átrio tradicional por uma colunata ou peristilo de tipo grego à volta do qual os principais aposentos se dispunham. Essa evolução vai transformar as vilas suburbanas, que podemos imaginar pelo exemplo da Vila dos Papiros em Herculano, e as mansões romanas (*domus*) em verdadeiros palácios helenísticos por vezes maiores do que as fontes de inspiração macedónicas e de Pérgamo: multiplicam-se os peristilos, pórticos, colunatas de ordens gregas diversas, *tablina* 'salas de jantar', jardins, bibliotecas, coleções de pintura e escultura helenística, mosaicos, como se se tratasse de um museu alexandrino. Mansões como a *domus* de Escauro no Palatino associam «salas privadas, bibliotecas, pinacotecas, basílicas e jardins ... um palácio onde as atividades públicas são tão importantes como a vida privada»[131]. E, neste último aspeto, como

---

logo em 179 e de uma terceira em 170. A sua introdução enquadra-se na reestruturação do foro romano (cf. Hinard 2000 512-513). Harris 1992 70-72 enfaiza a importância dos recursos públicos provenientes da expansão e a sua aplicação em obras públicas, especialmente a partir de 184.

[130] O urbanismo de Roma tornou-se uma marca civilizacional imitada em todo o império: «a urbanização caminhava de mão dada com a conquista romana e a aculturação e era parte integral da expansão romana» (Lomas 2001 64).

[131] Y. Perrin – Th. Bauzou 1997 168-169; como também se nota, a Casa do Fauno, de Pompeios, reveladora da evolução sofrida, tinha 3.000 metros quadrados, mais do que o palácio real de Pérgamo. Mas já em Plauto, *Mos.*754-756, 816-828, 908-911 se depreende o luxo da habitação com influência grega, e em especial um pórtico maior do que qualquer pórtico público.

escreve Grimal, tal transformação indicia uma importante mudança dos costumes, com a elite romana a reservar para os jardins e moradias particulares uma parte do *otium* que os Gregos fruíam em lugares públicos[132]. Também a decoração das casas começa a abrir-se a materiais gregos, como mármores e colunas que, depois de usados em edifícios públicos, se viam transferidos para o domínio privado[133], opulência estrangeira que se generalizou em Roma no espaço de 53 anos de forte intervenção no oriente helenístico, entre 189, data da vitória de Lúcio Cornélio Cipião sobre Antíoco III em Magnésia, e a herança do reino de Pérgamo, legado por Átalo III a Roma em 133[134]. As referências de Plínio o Naturalista a algumas dessas mansões[135], conjugada com a análise dos seus registos dos primeiros contactos de Roma com luxuosos materiais de decoração, mobiliário e baixela, dá-nos uma ideia de pormenor muito impressiva das mudanças operadas por influência da expansão:

- *laquearia inaurata* 'lambris dourados' introduzidos no templo capitolino depois da queda de Corinto passam para as residências privadas (*Nat.* 33.57; 34.13 sobre soleiras e capitéis de colunas em bronze, também usurpados pela opulência privada);
- 6 colunas de mármore do Himeto colocadas na sua casa do Palatino pelo orador Lúcio Crasso, cônsul em 95 (33.7); quantidade muito inferior às 360 colunas de mármore estrangeiro postas por Emílio Escauro, edil em 58, na cena do seu teatro provisório e depois desviadas para o átrio da sua própria casa (*Nat.* 36.5-6); caberia a

---

[132] Grimal 1975 272.

[133] Vell.2.1.2: «o luxo privado imitou a magnificência pública'». Plin. *Nat.*36.5: «De que melhor maneira os vícios se insinuam do que por via pública?»; ver Oliveira 1992 73-74 n.110.

[134] Plin. *Nat.* 33.148-149, referindo-se à posse do reino de Pérgamo em 133, por herança de Átalo III: «Desde a sua primeira derrota, a Ásia exportou o luxo para a Itália, pois que Lúcio Cipião, no seu triunfo, apresentou 1.400 libras de prata cinzelada e 1.500 libras de vasos de ouro, no ano 565 da fundação de Roma. Mas a Ásia que foi oferecida ainda prejudicou mais os bons costumes e a herança recebida do rei Átalo foi mais prejudicial do que a referida vitória»; sobre a relação entre decadência de costumes e luxo e sobre a cronologia de entrada, ver Oliveira 1992 64-77.

[135] Ver 17.2-6 sobre as habitações de vários magnatas; 34.13-14 sobre decoração e mobiliário; 36.48-50 sobre mármores decorativos; 36.109-112 sobre a continuação de tal luxo na época imperial.

Mamurra, ligado a Júlio César, ser o primeiro a cobrir as paredes da sua casa com mármore, neste caso importado de Caristo (*Nat.* 36.48); soleiras em mármore foi a invenção de Marco Lépido, cônsul em 78, que usou pela primeira vez mármore da Numídia; o mármore negro foi introduzido por Licínio Luculo, cônsul em 56, que deu o nome a essa variedade (36.49: *primusque Romam invexit*);

- pavimentos, designação que inclui mosaicos, expressamente ditos de origem grega, introduzidos em Roma após o início da III Guerra Púnica, isto é, depois de 149, e vulgarizados após a Guerra contra os Cimbros, em 103-101; leitos de mesa, aparadores e mesas pé de galo em bronze foram trazidos por Gneu Mânlio em 118 (*Nat.*34.14; cf. 37.2); nesta rubrica insere-se todo o mobiliário e decoração em bronze de Corinto, naturalmente saqueado por Lúcio Múmio em 146 (*Nat.* 37.12) e que provocava em Roma uma verdadeira paixão, sendo inclusive usado em candelabros e baixela (34.6-7; cf. 34.12). Não se pense, todavia, que o luxo se limitava a metais preciosos, pois no final da República as mesas de cidreira ou tuia da região do Atlas, montadas sobre pés de marfim, valiam fortunas (*Nat.*13.91-95).
- *vasa argentea* 'vasos de prata', que se tornarão uma verdadeira loucura na baixela romana, depois ultrapassada pela das mesas (cf. *Nat.*33.141), e cujo preço aumentava exponencialmente quando cinzelados, chegam a Roma após a vitória sobre Antíoco III em 189, juntamente com vasos em ouro (33.148), e também após a vitória sobre Perseu da Macedónia em 168 (*Nat.* 33.142). Vasos de valor incomensurável eram os chamados *myrrhina*, importados com a vitória de Pompeu sobre Mitridates e rapidamente transitados de usos religiosos para simposíacos (*Nat.*37.18);
- *lances* 'travessas, centros de mesa' de grande dimensão e peso, conhecidos antes da Guerra de Sula, em 83-82, cuja origem estrangeira é anotada no nome grego original *magis* (*Nat.*33.145 *lances, quas antiqui magides vocaverunt*);
- *vasa potoria* 'vasos para bebida' de diversas formas e materiais, muitas vezes ricamente trabalhados, como os cântaros usados por Mário após a vitória sobre os Cimbros em 102-101; ou as taças cinzeladas

à mão por Mentor na posse do orador Lúcio Licínio Crasso, cônsul em 95 (*Nat*.33.147);

- objetos de decoração em ouro e prata, de origem grega visível até nos nomes, como os vasos em forma de golfinho, comprados por Gaio Graco (*Nat*. 33.147);
- estatuária e pintura importadas a partir do saque de Corinto em 146[136] (*Nat*.33.149: «por ocasião da vitória sobre a Acaia, momento importante na evolução dos costumes, vitória que, neste intervalo de tempo, também nos trouxe estátuas e quadros pintados, no ano de 608 da fundação da cidade»; cf. 34.34, sobre estátuas trazidas após a vitória sobre a Ásia, fonte do luxo; 34.36: depois de derrotar a Acaia, Múmio encheu a cidade de estátuas; *Nat*.37.12); trazidas da Ásia pelos Luculos em 74-73 (34.36) e por Pompeu, no seu triunfo sobre Mitridates, rei do Ponto, em 63 (33.151); estátua colossal importada por Marco Luculo de Apolónia, no Ponto, já precedida pelas provenientes de Tarento em 209 (34.39-40)[137].
- a pintura era uma arte antiga na Itália, recordando-se o pintor aristocrata Fábio Pictor; começou a estar ligada à expansão quando Mânio Valério Máximo Messala, cônsul em 263, expôs na Cúria Hostília um quadro a representar a vitória que na Sicília alcançara sobre os Cartagineses e sobre Hierão (*Nat*.35.22); Lúcio Hostílio Mancino expôs no foro um quadro com o assalto a Cartago, que ele explicava aos interessados, com isso alcançando o consulado (34.24); o primeiro quadro estrangeiro em exposição pública em Roma – um Liber Pater trazido da Grécia por Lúcio Múmio, destruidor de Corinto em 146

---

[136] Não se trata aqui da antiga estatuária etrusca e itálica em cerâmica sobretudo de natureza religiosa ou dedicada pelo Estado. Recordem-se as 2.000 estátuas saqueadas em Volsínios (*Nat*. 34.34) e a colocação, no comício, de estátuas de Pitágoras e Alcibíades, cerca de 343 (*Nat*.34.26; recorda Hinard 2000 129 e 325, que logo no início da República fora enviada uma embaixada a Delfos, e uma cratera de ouro depois da conquista de Veios); ou a primeira estátua pública oferecida por uma cidade estrangeira, Túrios, em 285 (*Nat*.34.32).

[137] De qualquer forma, o contacto com a estatuária já se dera aquando da queda de Volsínios em 264 e de Siracusa em 212. Ver Inglebert 2005 233: «L'art romain a en fait évolué au rhytme des conquêtes de Rome, avec un échange permanent entre le centre et la périphérie de l'Empire»; e p.240-243 sobre «O imperialismo e a pilhagem de obras de arte».

– foi exposto no templo de Ceres[138]. A estatuária e a pintura e respetivos artistas[139] introduzem motivos e figuras gregas, como Pitágoras ou Alcibíades, e ajudam a desenvolver o verismo como caraterística muito própria da produção romana. Podemos fazer uma ideia do que era essa pintura através dos mosaicos e da pintura parietal, como a do I estilo pompeiano, de influência grega, já atestado desde o séc. III nas Casas de Salústio e do Fauno[140].

2.4.2.3. Ciência e educação

O espírito pragmático romano nunca foi dado a especulação ou aprofundamento teórico excessivo, preferindo dedicar-se a ciências cuja utilidade fosse visível, imediata e real. Por isso, os autores mais abertos a uma vida especulativa têm o cuidado de justificar o estudo de matérias cuja utilidade fosse discutível. Utilizando Cícero como fonte, vejamos uma troca de opiniões antagónicas – utilidade prática vs especulação teórica –, que o mesmo situa no Círculo dos Cipiões (Cic. *Rep*.1.19):

> «(LÉLIO): Estás a falar a sério, Filo? Acaso já explorámos o que diz respeito às nossas casas e ao Estado, para estarmos a investigar o que se passa no céu?
>
> E ele (FILO): Será que tu consideras que não diz respeito às nossas casas saber o que se passa e o que acontece em casa? Não me refiro àquela que as nossas paredes cingem, mas a todo este mundo, que é o domicílio, que é a pátria que os deuses nos deram, comum a eles! Se tal ignoramos, muitas e grandes coisas serão por nós ignoradas! Ora a mim e, por Hércules, também a ti próprio, Lélio, e a todos os que são ávidos de sabedoria, deleitam-nos o próprio conhecimento e a contemplação das coisas!»

---

[138] *Nat*.35.24: «creio que foi a primeira pintura estrangeira exposta em Roma; depois disso, encontro que também foram expostos pinturas no foro, para o grande público»; cf. 33.149: invasão de estátuas e pintura sobre madeira; 37.12: pintura sobre madeira.

[139] Inglebert 2005 243-244 enfatiza «a chegada de artistas gregos, que em alguns decénios tansformaram a Itália já romanizada num dos centros de produção artística mais ativos do mundo de então».

[140] Y. Perrin – Th. Bauzou 1997 169.

A matéria em questão, a astronomia, e apesar de no mesmo Círculo dos Cipiões ela ser estudada por Panécio (Cic. *Rep*.1.15), tem dificuldade em ser aceite na sociedade romana, dado o seu caráter absolutamente teórico e vazio (*supervacuum* 'absolutamente estéril, incerto, inútil e sem préstimo', cf. Plin. *Nat*.17.9), mesmo quando se logra dizer que algum proveito dela se poder retirar, como a capacidade de afastar o temor supersticioso quando se dá um eclipse. Assim acontecera aquando da batalha de Pidna, em 168, como nos conta Cipião Emiliano (Cic. *Rep*.1.23):

> «Recordo-me de que, sendo eu um jovenzinho, quando meu pai, então cônsul, estava na Macedónia e nos encontrávamos num acampamento militar, o nosso exército foi perturbado por superstição e medo pelo facto de, numa noite serena, a Lua cheia e brilhante se ter eclipsado subitamente. Então ele (sc. Gaio Sulpício Galo), que era nosso legado, aproximadamente um ano antes de ser proclamado cônsul, não hesitou, no dia seguinte, em publicamente explicar, no acampamento, que não se tratava de nenhum prodígio e que o que então acontecera também iria acontecer no futuro, a intervalos regulares, quando o Sol estivesse colocado de maneira a não poder atingir a Lua com a sua luz».

Como vemos, todas estas citações se relacionam com um ambiente grego e com personagens e factos ligados à expansão romana. E também foi do mundo grego que, entre 263 e 159, os Romanos trouxeram os primeiros relógios e conhecimento que lhes permitiram ajustar o calendário. E não é de olvidar que os Romanos admiravam os grandes cientistas, se é verdade que o general Marcelo deu ordem, infelizmente não cumprida, de poupar Arquimedes durante o cerco de Siracusa (212)[141]. Mas pode pensar-se que a admiração se fundava na grande utilidade prática, e até militar, da aplicação dos seus conhecimentos, sem prejuízo de a sua esfera ser conhecida no Círculo dos Cipiões[142].

---

[141] Vide Monteiro, cap. 6.1 §3.
[142] Cic. *Rep*.1.21: «Ora, apesar de eu ter ouvido com muita frequência o nome dessa esfera, por causa da fama de Arquimedes, não fiquei muito admirado com a sua aparência.

O facto de os Romanos importarem médicos desde a chegada de Arcágato a Roma por 219, e também retores e outros profissionais, ou de tais profissionais emigrarem para Roma e aí exercerem essas profissões, também não ajudou à afirmação de certos ramos do saber em latim, uma vez que por longo tempo foram praticados e / ou ensinados por Gregos ou com base em modelos gregos: é o caso da retórica, da filosofia, da matemática ou da medicina (Plin. *Nat*.29.17: «esta é a única das artes gregas que a gravidade romana ainda não exerce»).

O próprio sistema de educação, que na tradição romana se fazia dentro da família sob orientação do *paterfamilias* e era essencialmente destinada a inculcar valores morais, desprezando música, ginástica e dança[143], e com o Estado a alhear-se da questão, veio a modificar-se profundamente por influência grega nos séc. III/II, sendo a controvérsia existente visível na comédia de Plauto (ver *Comédia do fantasma*) e de Terêncio (ver *Os dois irmãos*). Uma demonstração prática da evolução dá-se na dança, que os Romanos só conheciam ligada a cultos e em especial cultos guerreiros. Ora, em oposição à tradicional aversão romana à dança, «A fines del siglo II a. de J.-C- la cultura griega introdujo en Roma formas de danzas más refinadas; en la alta sociedad se danzaba a la griega»[144].

Foi o contacto com o mundo helénico na Magna Grécia e depois na própria Grécia que favoreceu grandes alterações: com a chegada a Roma dos primeiros professores de ensino médio, Lívio Andronico de Tarento e Énio da Calábria (o primeiro vem como escravo antes de se tornar liberto; o segundo como militar aliado que depois se torna cidadão romano); com a introdução de textos escolares traduzidos do grego (a *Odisseia*, por Andronico); e com o acompanhamento das crianças por um escravo (*paedagogus*) ou a sua entrega a um precetor, frequentemente escravo ou liberto, onde irão sobressair os reféns aqueus trazidos depois da queda da Macedónia em 168. Gerou-se, deste modo, um sistema de ensino

---

É que existia uma outra, mais bela e mais famosa, da autoria do mesmo Arquimedes, que o mesmo Marcelo havia exposto no templo da Virtude para o vulgo».

[143] Ver resumo geral em Inglebert 2005 348-359.

[144] Paoli 1990 316; p.318: a dança generalizou-se depois da II Guerra Púnica, com escolas de dança para homens e mulheres.

baseado em escolas privadas pagas[145], decalcado sobre o grego até nas designações (*grammaticus* para o nível intermédio; *rhetor* para o ensino superior). O bilinguismo da elite foi uma das consequências e objetivos deste sistema, num momento em que o latim se afirmava sem complexos na generalidade da Itália, onde destronaria inclusive o etrusco, o osco e até o grego[146].

Um dos exemplos mais marcantes da educação da juventude no séc. II é o dos filhos de Emílio Paulo, que triunfara em Pidna em 168, momento a partir do qual «a educação da juventude romana ficou quase inteiramente nas mãos de gramáticos, intelectuais e educadores»[147]. Sobre a formação do futuro Cipião Emiliano, e naturalmente também do seu irmão, para além de lhes reservar a biblioteca do rei da Macedónia, rica em clássicos gregos, «Paul-Émile avait entouré le jeune homme non seulement de grammairiens, de 'sophistes' (entendez sans doutes des philosophes) et de rhéteurs, mais aussi de sculpteurs, de maîtres d'équipages et de meutes, de maîtres de vénerie – tous des Grecs»[148]. Outro exemplo célebre é o dos Gracos, para cuja educação sua mãe Cornélia contratou como preceptores Diófanes de Mitilene, grande orador, e Blóssio de Cumas, filósofo. Para a elite, virá mesmo a generalizar-se o hábito de os jovens completarem a sua formação superior nos grandes centros culturais helenísticos (Alexandria, Atenas, Nápoles, Pérgamo, Rodes).

No caso específico do ensino da retórica, e sem prejuízo da existência anterior de oradores latinos, como Ápio Cláudio Cego (censor em 312) e Lúcio Metelo (m. 221), temos alguns fragmentos da extensa obra de Catão o Antigo (234-149)[149], o qual, por mais que proclamasse que o dom de falar

---

[145] A primeira escola primária paga foi aberta pelo liberto Espúrio Carvílio na segunda metade do séc III.

[146] Salmon 1982 121-127 sobre a questão da política linguística e da romanização; Cary – Scullard 1975 194: «By 150 practically every Roman who wished to pass for an educated person was bilingual».

[147] Gruen 1996 173.

[148] Grimal 1975 252.

[149] Segundo Plin. *Nat.*7.139-140, no elogio fúnebre de Lúcio Metelo, pronunciado em 221, eram-lhe atribuídos dez títulos de glória, entre eles ser ótimo orador; esta qualidade aparece estilizada num cânone vigente na época de Catão, logo antes de 149, segundo Plin. *Nat.* 7.100: «Considera-se que Catão, o primeiro da *gens* Pórcia, se notabilizou pelas

era um desenvolvimento natural, não era imune à influência dos modelos gregos. E era em grego que, no séc. II, se ensinava retórica. A primeira escola de retórica em latim para formar *latini rhetores* 'oradores latinos' aberta por Lúcio Plócio Galo em 93, foi fechada em 92 provavelmente por reação da aristocracia, a quem não interessava a vulgarização de um ensino aberto a um espetro mais alargado de estudantes, aqueles que não sabiam grego ou não podiam pagar a mestres de retórica gregos[150]. Restou, porém, um fruto, o primeiro manual de retórica em latim, conhecido como *Retórica a Herénio*, onde aflora a polémica contra a retórica grega.

Mas não foi esse o caso do direito e da jurisprudência, que costumamos imputar aos Romanos como especial título de glória. Cultivaram-no certamente porque o direito era extremamente necessário à regulação das relações entre indivíduos, entre indivíduos e o Estado e entre Estados. Era, pois, um mecanismo de harmonização na política interna e de afirmação na política externa. E isso é sensível logo quando houve necessidade de responder à agitação social criando, por 450, o primeiro código de leis escritas, a Lei das Doze Tábuas, que abarcava todas essas matérias, incluindo o *ius gentium* ou direito internacional. Ora, sendo reconhecidamente a grande marca da romanidade, nem por isso deixaram os Romanos de colher ensinamentos na Grécia – fosse em Atenas, fosse na Magna Grécia, fosse através de algum imigrante grego – para cimentarem essa recolha de leis anteriores consuetudinárias aprimoradas com novos articulados e coloridas com alguma influência grega, logo visível nas ideias de afixação pública e de consolidação do Estado, sem deixar de ser disciplina caracteristicamente romana.

---

três coisas supremas num ser humano: o facto de ser o melhor orador, o melhor general, o melhor senador». Para Kennedy 1972 37-38, a capacidade oratória começou a figurar na lista das virtudes tradicionais nos finais do séc. III; Inglebert 2005 373 «a eloquência republicana era política e militar».

[150] Suet. *Rhet.* 25: o edito dos censores Gneu Domício Aenobarbo e Lúcio Licínio Crasso justificava assim a proibição: «Estas novidades, que acontecem fora da tradição e dos costumes dos antepassados, não são do nosso agrado». Assim, o arrazoado considerava que fazia parte da tradição aprender retórica em grego; cf. §26, sobre os obstáculos que Cícero sentiu para não frequentar essa escola: «Mas é que eu era refreado pela autoridade de homens doutíssimos, que consideravam que o talento se desenvolvia melhor com exercícios em grego». Ver Gruen 1996 179 ss.: «Substitution of Latin for Greek in rhetorical education democratized the process» (p.184).

Nesse código estava já a preocupação de garantir a proteção jurídica dos estrangeiros de passagem por Roma e, em vista da expansão, o desiderato de assegurar o direito na relação com inimigos no caso de se interpretar que as XII Tábuas distinguem entre 'estrangeiro' (X.5.b *bellicam peregrinamque mortem* 'morte em combate ou no estrangeiro') e *hostis*, termo que oscila entre inimigo e estrangeiro (II.2.a, VI.4.a; IX.6, que fixa a pena capital para quem incitar um inimigo ou entregar um cidadão ao inimigo). Essa preocupação aumentou nos séc. III e II como consequência de maior crescimento do império e traduziu-se, por 242, na criação de um *praetor peregrinus* ou *inter peregrinos* encarregado de regular os litígios que envolvessem estrangeiros, particularmente os decorrentes do comércio internacional crescente, vindo o pretor a poder ter em conta o direito não romano nos seus inquéritos, isto é, a incluir o *ius gentium* no direito civil romano[151].

Todavia, nem escravos nem estrangeiros lograram alcançar uma igualdade de tratamento em termos penais, pois eram castigados de forma mais gravosa do que os cidadãos.

2.4.2.4. A Literatura Latina na sua génese

Na história literária romana dá-se o curiosíssimo caso de a literatura latina ter nascido com uma tradução e com um autor que era grego de nascimento, o que simultaneamente prefigura o bilinguismo que há-de ser uma caraterística da sociedade e do império romanos. E pode dizer-se, com Inglebert, que «se os Romanos se inspiraram em modelos gregos para criar uma literatura latina, desde 240 aC, fizeram-no num contexto romano e ao serviço de valores romanos»[152].

O fundador da literatura latina foi o grego Lívio Andronico (fl. 240--207). Levado de Tarento por 272, com baixa idade, como escravo de guerra, Andronico viria a assumir como *praenomen* o gentilício do seu *dominus* Marco Lívio Salinator, que cedo o terá libertado e certamente

---

[151] Cf. *lex Aebutia (de formulis)* de c.150; Carey – Scullard 1975 182-183 (Roma como capital cosmopolita nos sécs. III-II) e 197; Rotondi 1966 304-305; Inglebert 2005 114-116.

[152] Inglebert 2005 335.

protegido como cliente. Só esta hipótese torna compreensível a facilidade com que Andronico assume funções de poeta oficial com a incumbência de representar peça(s) de teatro em 240 e de compor um canto religioso para cerimónia pública de purificação, em 207. Com a(s) peça(s) de teatro, Andronico participava no objetivo de Roma se mostrar ao nível cultural de Siracusa, cujo tirano, Hierão II, fora o grande aliado de Roma na I Guerra Púnica e era convidado oficial para as celebrações da vitória[153]. Mas dessa(s) peça(s) de teatro nada resta. O primeiro texto de que há memória é a tradução da *Odisseia* para latim, em versos satúrnios, considerados de cariz itálico, embora com provável influência helénica. Tal tradução revela o objetivo pedagógico de escolha do melhor, para motivar os alunos a que ia servir de texto escolar, e ao mesmo tempo elege um poema mais consentâneo com a mentalidade romana e cujos heróis eram tidos como fundadores de muitas cidades na Itália. Este desiderato denuncia a visão de uma Itália cultural e linguisticamente destinada à unificação linguística e cultural. Com tais contributos para a glória de Roma, Andronico recebeu um reconhecimento oficial concretizado na liderança que lhe foi reconhecida na corporação dos *scribae* (*collegium scribarum histrionumque*), os intelectuais e artistas a quem, com este gesto, o Estado romano concedia proteção oficial, consentindo até que se reunissem ao abrigo do templo de Minerva[154]. Todavia, Andronico não ousou assumir completo helenismo. De facto, além de usar o verso satúrnio em lugar do hexâmetro dactílico do original, invocou como fonte de inspiração, não as Musas gregas do original, mas as Camenas itálicas.

Pela mesma época, o poeta e dramaturgo Névio (c.270-200) também revela um forte sentimento do valor da sua arte. Sem prejuízo da sua abertura ao helenismo, o poeta vai escolher um assunto nacional e coevo com o poema épico *Bellum Punicum*, sobre a I Guerra Púnica,

---

[153] Gruen 1996 82 sobre as circunstâncias da representação: «a link from the outset between artistic creation and state policy ... the poet, we may presume, was commissioned for the purpose, a man who had already established his reputation. Rome's officialdom made the decision, shaped the event, and selected its man».

[154] Para Gruen 1996 89: a autorização do associativismo dos artistas ou trabalhadores intelectuais (gr. τηχνῖται) significou «the appropriation of Hellenic traditions for Roman national purposes».

onde recordava a passagem de Eneias por África, um dos mais icónicos mitos sobre as origens de Roma. Significativo é também o facto de ter criado a tragédia de assunto nacional, que assume o nome de *fabula praetexta(ta)*, tirado da orla purpúrea da toga usada pelos senadores. Além disso, é controverso se o poeta intentou ou não usar a sua arte para intervenção política, mormente tomando partido contra a poderosa família dos Metelos, que por isso o teriam feito condenar à prisão. Se tal aconteceu, o insucesso da sua sátira pessoal criou um precedente para a ausência de invetiva nominal e matéria política ostensiva na dramaturgia romana. De resto, tal restrição já se encontraria indiciada nas Leis das Doze Tábuas (Cic. *Rep*.4.12):

> «Pelo contrário, as nossas Doze Tábuas, apesar de pouquíssimos delitos sancionarem com a pena capital, entre esses entenderam que também deviam sancionar o facto de alguém cantar ou compor carmes que a outrem causassem má fama e desonra. Coisa notável, pois é nos tribunais dos magistrados, em averiguações de acordo com a lei, que devemos ter a nossa vida exposta, não em invenções de poetas! E não devemos ouvir agravos a não ser de acordo com a lei que permite responder e defender-se em tribunal».

Falemos agora de Énio (c.239-169). Pela qualidade da sua escrita e por ter introduzido o hexâmetro dactílico grego na literatura latina, metro que permitia novas formas de expressão, alargamento do vocabulário poético e uma ductilidade muito superior ao do verso satúrnio, Quinto Énio torna--se o verdadeiro fundador da literatura latina, o primeiro grande clássico latino até Virgílio, com isso merecendo o título de *pater Ennius*[155]. Nele é ostensiva a influência grega, como se se houvesse perdido o medo de assumir essa influência: a invocação das Musas adota o espaço geográfico mítico grego da inspiração poética[156]; o hexâmetro dactílico transpõe esse

---

[155] Gruen 1996 107: «an exponent of Greek classics and a creator in the Latin language».
[156] Gruen 1996 118: «not a rejection of the Camenae but their absortion into a larger Greco-Roman concept».

consagrado metro grego para a literatura latina, logo nos seus *Anais*, uma narrativa épica ou historiografia versificada[157], que cantava a história de Roma em toada de exaltação nacional bem servida por um grego adaptado à linguagem poética latina. A especialização do artista de acordo com o seu caráter, como consta da teorização aristotélica, tende a reservar para os escritores os estilos que lhes correspondem. Ao contrário dos seus antecessores Andronico e Névio, Énio e os seus sucessores ou escrevem épica e tragédia, como o próprio Énio, ou limitam-se à comédia, como Plauto, Cecílio e Terêncio. Énio, um originário da Messápia que obteve a cidadania romana em 184, revela também forte consciência do valor do génio literário e soube relacionar-se com grandes famílias romanas, isto é, representou a existência de mecenatismo ou patronato literário particulares, de que poderá ser indício a sua amizade com Catão e a controversa tradição da presença da sua estátua no túmulo dos Cipiões.

Pelas implicações literárias e sociológicas, e também por envolver o domínio da escrita e do espetáculo público, vamos deter-nos com algum pormenor na dramaturgia latina. A existência de uma tradição itálica de teatro, especialmente com a *fabula atellana* e com os dançarinos etruscos a que Roma recorreu oficialmente em 364 (cf. Liv. 7.2.1-13), tais expressões dramáticas não souberam guindar-se ao plano literário.

Na verdade, o teatro literário vem a nascer sob a égide da imitação de originais gregos diversamente tratados, incluindo pela contaminação (*contaminatio*) de mais do que um modelo grego para fazer uma peça em latim e permeáveis à infiltração de fraseologia, tonalidade e alusões locais. Trata-se da chamada *fabula palliata*, comédia e tragédia, em que o vestuário grego e até a declaração explícita de utilização de originais gregos, com respetivos ambientes, personagens e nomes geográficos, retratam um mundo buscado na época dos três grandes trágicos atenineses do sec. V, quanto à tragédia, e na comédia nova ateniense nascida nos finais do séc. IV, quanto à comédia.

---

[157] Grimal 1975 217: «son poème devient plus une historiographie versifiée qu'une épopée».

Da tragédia de modelo grego da época, pouco mais resta do que numerosos títulos de Andronico (fl.240-207), Névio (c.270-200), Énio (c.239-169), do reputado Pacúvio (220-130) e de Áccio (170-86), nos quais parece haver preferência por Eurípides e pela temática troiana; haverá que esperar por Séneca para sobreviverem peças na íntegra.

Especial singularidade se atribuirá à tragédia *praetexta(ta)*, assim designada pelo uso da toga orlada de púrpura própria de magistrados romanos. É que esse subgénero dramático, cultivado por Andronico, Névio, Énio, Pacúvio e Áccio – e de que só sobrevive a pseudo-senequiana *Otávia*, provavelmente dos inícios da época flávia –, para além do vestuário e da temática romana, surge muitas vezes por encomenda de magnatas e patronos e, consequentemente, celebra feitos próprios ou glórias da família do patrono, sendo representada em ocasiões políticas tão caraterísticas como os funerais romanos – caso provável da *Clastídio* de Névio, em 208, nos funerais de M. Cláudio Marcelo; da *Ambrácia* de Énio, que celebrava o vencedor dessa batalha, o seu protetor M. Fúlvio Nobilior; do *Paulo* de Pacúvio, que poderia referir feitos de Lúcio Emílio Paulo, o pai natural de Cipião Emiliano; de *Bruto* e *Enéades* ou *Décio* de Áccio, relativos à queda dos Tarquínios, a que a família do seu protetor estava ligada, e à batalha de Sentino em 295, respetivamente.

No domínio da comédia designada como (*fabula*) *togata*, e sem prejuízo do ambiente romano e itálico e do vestuário nacional que a carateriza e lhe dá o nome, não deixa a mesma de seguir passos da comédia grega. Não tendo chegado até nós nenhuma peça completa, os fragmentos sobrevivos, de autores como Titínio (?primeira metade do séc. II), Afrânio (coevo de Terêncio) e Ata (m.77), indiciam uma grande riqueza temática e uma linguagem não menos sugestiva, cheia de helenismos.

Quanto à comédia latina de modelo grego (*fabula palliata*), dela restam comédias na íntegra, de Plauto (254-184) e de Terêncio (c.195-c.159).

São características gerais de Plauto a vivacidade, o gosto pelos cânticos, a mordacidade e o vernáculo da linguagem, de uma riqueza incrível, desde o coloquialismo, o provérbio, os chorrilhos de insultos e as interjeições castiças até às numerosas linguagens técnicas; o propósito do riso desbragado não esconde a presença de preocupações sociais e a atenção às mudanças de costumes, com uma riqueza de carateres onde abundam cortesãs e alcoviteiras, jovens apaixonados sem vintém e militares fanfarrões de bolsa farta, marinheiros e comerciantes, usurários e cambistas, maridos velhos e lúbricos e castigadoras esposas defendidas pela sua fortuna pessoal, mas também matronas púdicas, velhas ébrias e escravos cheios de ardis, verdadeiros reis da festa, que muitas vezes se faz em triângulos amorosos e com muitos cantos e banquetes regados com bom vinho. E se é certo que nele não se encontram verbalizações diretas de natureza política, a sua comédia não deixa de refletir «preocupação quanto aos efeitos da expansão»[158].

Já Terêncio, um ex-escravo aficano que se tornou íntimo de Cipião Emiliano, oferece uma linguagem mais normativa, um tom filosofante e sóbrio, figuras variadas que, como as cortesãs e as sogras, conseguem ascender à dignidade, uma acção mais articulada do que a de Plauto, temática de grande relevância social, como a da educação e a relação pais / filhos. O facto de ambos recorrerem aos mesmos autores gregos como modelos mostra como a imitação não impedia a criatividade[159].

Estes apontamentos tornam claras duas ideias: os dramaturgos romanos souberam adaptar os moldes do teatro grego à temática romana e até coeva, evitando a matéria mítica; e também estabeleceram uma relação com a camada dirigente romana, os seus protetores, que assim ajudaram a nobilitar os produtos culturais perante a sociedade.

Para além das breves considerações já feitas sobre a dramaturgia, devemos considerar também o aspeto de *performance* e a sociologia do espetáculo. Antes de mais, refira-se que os antecedentes do teatro estão bastante ligados a cultos agrários e a rituais religiosos e apotropaicos que tiveram vida longa em solo itálico e em Roma, particularmente em festividades como os jogos Florais (*ludi Florales*) e o culto de Ana Perena,

---

[158] Gruen 1996 140; consequências várias, como a distribuição do saque, a competição por honras entre os generais, a arrogância das matronas ricas, o luxo feminino, os perigos e ridicularias do helenismo, a devassidão dos cultos de Baco.

[159] Brown 1989 60-72 apresenta uma síntese das caraterísticas de ambos os comediógrafos, incluindo a liberdade no tratamento dos originais.

e uma expressão importante nos chamados mimos[160]. Assim, quando são mandados vir dançarinos da Etrúria em 364 (dança e música são consabidas linguagens do teatro)[161], o objetivo era estabelecer a paz com os deuses – uma função do teatro eminentemente política, já presente, sob o aspeto de política externa, quando o Estado romano encarrega Lívio Andronico de fazer representar uma peça para a celebração da vitória sobre Cartago na I Guerra Púnica, em vista da presença de Hierão II de Siracusa.

Desde as origens, a representação fazia-se em momentos cívicos e até sob responsabilidade de magistrados, em jogos ou festivais oficiais (*ludi*) tão solenes como os *Ludi Romani* 'Romanos', *Plebei* 'da Plebe', *Megalenses* 'em honra da Grande Mãe', *Apollinares* 'em honra de Apolo'; mas também eram oferecidos a título particular, por exemplo nos funerais de grandes senhores, como é o caso de *Os dois irmãos* de Terêncio, apresentados em 160 nos jogos fúnebres em honra de Lúcio Emílio Paulo; mais tarde haverá mesmo espetáculos privados.

Se atentarmos na história do edifício destinado ao teatro, logo veremos que a abertura ao helenismo era claramente seletiva, pois não recusando a dramaturgia inspirada nos modelos gregos, Roma vai tardar em consentir na implantação de teatros permanentes, isto é, de pedra, sob pretexto de que não convinha permanecer tanto tempo sentado a ver espetáculos, forma que provavelmente escondia o receio de que o lugar do espetáculo se tornasse lugar de manifestação política. Assim, a primeira tentativa de erigir um teatro de pedra, por 155, foi obstaculizada e só por 55 se conseguiu erigir o Teatro de Pompeu, e graças a um subterfúgio: a escadaria de acesso ao templo de Vénus Vencedora servia de *cavea* ao teatro, não podendo portanto, por motivos religiosos, ser destruída.

Resta finalizar com uma referência às convenções cénicas, que são de origem grega: prólogo inicial ou retardado, máscaras, adereços, entradas, rubricas de cena verbalizadas, mudanças de cena, apartes, entradas centrais e laterais, pedido final de aplauso (*plaudite / plodite* 'venham os aplausos').

---

[160] Ver Hinard 2000 520-529 para as diversas ocasiões e cerimónias com componente lúdica e cénica, pré-literária ou literária.

[161] Notícia de Liv. 7.2.1-13.

Na vida de lazer em Roma, de que o teatro era uma componente, várias caraterísticas nos impressionam: o número de dias consagrados a festivais, que foi aumentando exponencialmente, com o objetivo de ocupar a crescente população de Roma, em especial a plebe urbana; a diversidade de espetáculos, que se foram abrindo, como os jogos cénicos, a influência exógenas, etruscas (caso dos *munera* ou jogos de gladiadores) e gregas (incluindo jogos atléticos); a grandeza dos espaços lúdicos, que condicionavam o planeamento das cidades, como se verá se atentarmos no Circo Máximo, no Coliseu, nas termas e nos numerosos teatros e anfiteatros existentes.

De facto, Roma foi-se tornando uma civilização do espetáculo e do lazer, e esse estádio civilizacional – que já herdava tradições antigas como os *Consualia* ligados ao Rapto das Sabinas e por aí às origens de Roma – foi alcançado graças à conquista de um império que lhe ofereceu os meios e condicionou o desenvolvimento. Uma das facetas mais evidentes da relação entre império e espetáculo consiste na apresentação de animais exóticos nos cortejo triunfais e nas *venationes* 'caçadas', onde os generais vencedores competiam em mostrar animais mais exóticos ou em maior número, trazidos de todas as partes do império. Limitemo-nos aos elefantes, uma das mais temíveis armas militares que os Romanos tiveram de enfrentar: foram vistos pela primeira vez em Roma em 275 aquando do triunfo de M. Cúrio Dentato após vitória contra Pirro; foram introduzidos no circo pela primeira vez em 252, e em número de 140, para celebrar o triunfo de Cecílio Metelo sobre Cartago (Plin. *Nat.*8.16-17); em 167, Emílio Paulo utilizou-os para trucidar desertores, como fará Cipião Emiliano em 146 (V. Max. 2.7.13-14); em 99 foram inaugurados os combates entre elefantes.

A mais antiga *venatio* de animais exóticos ter-se-á dado em 186 nos jogos triunfais de Marco Fúlvio Nobilior (Liv. 39.22.2), e foi a partir de então que o circo começou a ser o lugar privilegiado para o efeito, sem prejuízo de o próprio espaço teatral também para isso ter sido adaptado. Ao fornecimento de animais ferozes não eram alheios a diplomacia e o clientelismo: pelo ano 100 o rei Boco da Mauritânia oferece 100 leões a Q. Múcio Cévola; Cleópatra envia uma girafa para os jogos de

César em 46; embaixadores da Índia trazem a Augusto o primeiro tigre no ano 11[162].

Mas a literatura latina em fase arcaica não se limitou à dramaturgia e à narrativa épica. Merece enorme relevo, até pela influência posterior, a sátira de Lucílio (c.180-c.102), um cavaleiro e latifundista amigo dos Cipiões, com uma linguagem rica, por vezes crua, e cheia de helenismos, com a verve da invetiva de Arquíloco, que utiliza tanto contra altas personalidades quanto contra personagens do quotidiano, incluindo mulheres, numa toada autobiográfica que ora aborda temática amorosa onde já se adivinha tonalidade elegíaca ora visa questões literárias e filosóficas[163].

Na historiografia, e não incluindo os já referidos poemas épicos no género, a influência helénica revela-se nas primeiras histórias gerais de Roma escritas em prosa, mas em língua grega e sob influência grega, e na analística pontifical romana, com Fábio Pictor e Cíncio Alimento no período da II Guerra Púnica, momento em que a divulgação internacional da história de Roma em grego, a língua de cultura do Mediterrâneo, podia servir os objetivos expansionistas de Roma. É o caso das *Histórias* de Políbio e em especial do seu livro VI, que apresenta a excelência da constituição romana como explicação para a sua vocação imperial, ao mesmo tempo exaltando um dos construtores do império, Cipião Emiliano, de quem Políbio fora refém antes de se tornar amigo, servidor e cantor[164].

Foi Catão o Censor (234-149) quem, sem romper com a infuência grega, quebrou essa tradição de escrita em grego ao oferecer ao público romano uma obra com o título de *Origens*, onde abordava a história remota e a sua própria época e assim valorizava a prosa latina, que exerceu numa obra enciclopédica de que conhecemos o tratado técnico sobre agricultura. Simultaneamente, abria a porta a uma série de historiadores de tradição analística (L. Calpúrnio Pisão, L. Cássio Hémina, Gneu Gélio e Célio Antipater; este, mais monográfico, versou a II Guerra Púnica).

---

[162] Ver Balsdon 1967 302-303 e 307.

[163] Sobre Lucílio, ver Oliveira 2009 21-32.

[164] Antes dele, já o grego Timeu de Taormina (325-256) se interessara pela história de Roma.

2.4.2.5. A filosofia em Roma

A história da entrada da filosofia grega em Roma ilustra bem o que teorizámos acerca do fenómeno de aculturação. De facto, na matéria, os Romanos tiveram uma posição ambivalente, com uma ambiguidade implícita que favorecia, em casos pontuais, o acolhimento ou a rejeição de certas correntes filosóficas e seus representantes[165].

A mais antiga referência ao contacto de Roma com a filosofia grega reporta-se à lenda do pitagorismo de Numa Pompílio. Lenda anacrónica, como diz Cícero (*Rep*.2.28-29), mas que pode esconder o provável conhecimento, em época muito antiga, do sucesso do pitagorismo no sul da Itália. De facto, Plínio recorda a colocação, no comício, de estátuas de Pitágoras e Alcibíades, por ordem do oráculo de Delfos, cerca de 343[166].

Um segundo encontro deu-se quando Pirro, na sua aventura no sul da Itália, pelo ano de 279, enviou o filósofo epicurista Cíneas a negociar com os Romanos, que ficaram com a ideia de que a filosofia se podia imiscuir na política, se é que a filosofia de que Cíneas era partidário não poderá ter criado alguma aversão. Certo é que, por 173, uma ordem de expulsão recai sobre os epicuristas Alceu e Filisco, e logo em 161 são banidos de Roma filósofos e retores. Célebre ainda é a expulsão da embaixada de filósofos atenienses que em 155 foram enviados a pedir a intermediação de Roma num diferendo relativo à cidade de Oropos, no cenário, portanto, da dominação de Roma sobre a Grécia[167]. Esses filósofos aproveitaram o tempo livre para fazerem conferências. Entre eles sobressaiu Carnéades, então o chefe da Nova Academia platónica, em fase de ceticismo probabilista (Cic.*Rep*.3.9):

---

[165] Sobre a problemática geral da receção da filosofia grega em Roma, recomendo André 1977.

[166] Plin. *Nat*. 34.26; Gruen 1996 161 fala em fascinação por Pitágoras, que relaciona com a presença romana no sul da Itália a partir do séc. IV; em 163 recorda a descoberta, no ano de 181, de livros pitagóricos no túmulo de Numa Pompílio, livros queimados por ordem do senado.

[167] Tratava-se do estóico Diógenes da Babilónia; do peripatético Critolau e do académico Carnéades, assunto discutido em Gruen 1996 174 ss.; já Crates de Malos fora embaixador de Êumenes II por 169 e de Átalo II por 159.

«... enviado a Roma pelos Atenienses como embaixador, defendeu a justiça com muita abundância, tendo como ouvintes Galba e Catão o Censor, os maiores oradores de então. Mas, no dia seguinte, o mesmo Carnéades, com uma argumentação contrária, subverteu aquela sua argumentação e derrubou a justiça que louvara no dia anterior, não com a gravidade de um filósofo, cujo pensamento deve ser firme e estável, mas com uma espécie de exercitação oratória da capacidade de discorrer sobre ambas as causas».

Obviamente que tal capacidade de tipo sofístico foi sentida como verdadeiro terramoto (ou vendaval, como lhe chama Plutarco, *Cat.Ma.*23) que abalava os alicerces de uma sociedade habituada a valores seguros.

Os epicuristas eram um dos alvos preferidos nos momentos em que os Romanos sentiam necessidade de purgar a casa. Assim, o poeta Lucílio satiriza Tito Albúcio como *perfectus epicureus* numa época em que se dará, por inícios do séc. I, com Quinto Amafínio, a divulgação de resumo da filosofia epicurista, sistema que haveria de ter a sua grande fonte de conhecimento com a publicação do poema *Da natureza das coisas*, de Lucrécio (c. 94-55 ou 51), o qual sente necessidade de matizar alguns dos aspectos do epicurismo mais avessos à mentalidade romana (aceitação do matrimónio e dos deuses tradicionais, defesa da lei, patriotismo em caso de guerra defensiva, elogio da capacidade humana), e até de justificar o estudo do epicurismo (Lucr. 1.41-43 e 50-53). É que a doutrina, além de difícil compreensão, ofendia o imperialismo romano agressivo e a ambição de poder que era caraterística tradicional dos Romanos e tinha a riqueza como importante fator, sem prejuízo de se ter adaptado à elite romana que prezava a ação, como foi o caso dos círculos cesaristas[168].

Também o estoicismo, comummente considerado congénito à mentalidade romana, sentiu necessidade de se adaptar, para ser aceite, no momento em que o seu chefe, Panécio (c.185-109), enquanto refém aqueu, se enquadrou no círculo de Cipião Emiliano. Nessa fase, conhecida

---

[168] Lucr. 2.13: «acumular as maiores riquezas, chegar ao poder absoluto»; 2.37-39.

como estoicismo médio, a teoria da unicidade da virtude (cf. *Tratado do dever*, de Panécio, que Cícero viria a imitar escrevendo um *Tratado dos deveres*), foi adaptada à perceção mais corrente da existência de virtudes ou nuances específicas da virtude. Ao distinguir entre virtudes subjetivas, como a sabedoria e a temperança – cujas vertentes inteletuais e especulativas quadravam menos com a mentalidade romana –, e virtudes de relação, como a coragem e a justiça (conceito de Relationsbegriffe), Panécio adequou o estoicismo aos ideais e à mentalidade prática dos Romanos, para quem um ideal teórico de *sapiens* ou *rex* sem o exercício prático da política era desprovido de sentido. Além disso, as teorias do instinto social inato e da simpatia universal também eram complacentes com um sentimento da natureza e um ideal de solidariedade do género humano que se torna visível no apoucamento da noção de bárbaro, no tratamento mais humano dos escravos, na teoria de um império universal e benfazejo, no apreço pela constituição mista, que Políbio e Cícero dirão ter-se concretizado na constituição republicana romana. No seguimento de Panécio, o seu discípulo Posidónio (c.135-51), naturalista, historiador e filósofo, também se dedicou a estudos de geografia e antropologia e desenvolveu a analogia homem/animal, domínios que muito agradavam aos Romanos. Não admira, por isso, que o estoicismo se afirmasse em Roma, mas fê-lo também porque percebeu que os Romanos não estavam dispostos a aceitar produtos culturais que não tivessem capacidade de dar resposta aos seus próprios problemas e segundo princípios que não ofendessem os seus valores tradicionais. Por isso, depois de na época republicana ter ajudado a legitimar a ideia de um império benfazejo, na época imperial o próprio estoicismo virá a reformatar-se à realidade romana de um regime monocrático, regressando à valorização inicial de uma constituição monárquica que era proposta a nível teológico (Júpiter governava os deuses como monarca) e da natureza (sociedade das abelhas, governada por um *rex*). Não admira que, nessa senda de pragmatismo e realismo, Séneca observasse que o ideal teórico de *sapiens* é isso mesmo, um ideal; e que, na época de Nero, Musónio Rufo desse voz à emancipação feminina ao defender que as mulheres deviam estudar filosofia e, por aí, chegar à virtude (frs 3 e 4).

Não é costume enquadrar num escrito como o presente uma referência à chamada filosofia popular, logo pela simples razão de não ser uma filosofia sistemática e de ter privilegiado o ensino oral em lugares públicos de passagem, na sua ânsia de democratização da moral e de proselitismo lançando aos transeuntes máximas curtas de filosofia prática, num estilo forte, apelativo e parenético. Todavia, a sua influência em Roma, assinalada desde Plauto[169], foi grande e teve a capacidade de transitar pela literatura latina e tornar aceitáveis muitas das suas teses, que, no mundo romano, também logrou despojar do extremismo congénito. Assim, defendeu uma via de contenção ascética condizente com o princípio da autarcia ou autossuficiência, que muito quadrava com as virtudes romanas tradicionais de *simplicitas* e *frugalitas*, de aversão ao luxo; e, na sua defesa da misantropia, sem prejuízo da aparência de sustentar teses anti-sociais, acabou por bafejar um cosmopolitismo apátrida que tanto permitia mitigar temas tradicionais como o do exílio quanto abrir portas a uma aceitação do império universal romano, a pátria comum que tornava desnecessário acirrar nacionalismos.

Tal como em relação às restantes filosofias, também aqui os Romanos souberam abrir-se a uma corrente de pensamento de origem grega, digerindo-a de acordo com o seu modo de percecionar o que tal filosofia lhes podia trazer de útil, retirando-lhe os excessos e assim matizando o helenismo especulativo com o pragmatismo romano[170].

Em suma, a história da entrada da filosofia em Roma, muito ligada às etapas da expansão romana, mostra como, apesar dos perigos que nela intuía – uma doutrina estrangeira (*doctrina adventicia*) capaz de provocar agitação social e a até revolução política enquanto novidade (*res novae*), mas também fornecedora de normas de conduta prática, o que

---

[169] Oltramare 1926 68: «Plaute ... nous offre de très nombreux exemples de l'utilisation indirecte des thèmes et des procédés diatribiques».

[170] Como escrevem Cary – Scullard 1975 198 sobre o intercâmbio filosófico entre Gregos e Romanos: «From the Greeks they obtained a reasoned justification of their traditional code of behaviour, and a cosmopolitan outlook which placed a wholesome check upon the natural arrogance of a conquering people. To the Greeks they imparted some of their practical common sense».

compensava a tendência para a especulação teórica[171] –, a filosofia podia ser útil e não pura inutilidade (*supervacuum*), capaz de transformar em *negotium* os momentos de lazer (*otium*)[172].

2.4.2.6. Religião

A abertura de religião romana à influência helénica vem dos tempos mais recuados e, na fase republicana, fosse por influência direta, fosse por mediação etrusca ou das cidades latinas, campanas e itálicas incorporadas, assistimos à criação ou reformatação de festividades por influência exógena, como no caso das Saturnais, em 217; e à transferência de cultos de matiz helénico na condição de não perturbarem a *pax deorum* ou a estabilidade social: Ceres (em 496), Castor e Pólux (por 486, mas já antes venerados em Lavínio), Apolo (em 433), Hércules (culto reorganizado em 312), Esculápio (em 293), o *lectisternium* ou banquete dos deuses (em 399 e 217).

Interessante é verificar que estas inovações, supervisionadas oficialmente por um colégio de quinze magistrados criados para o efeito, os *quindecimviri sacris faciundis*, frequentemente se davam em situações de crise nacional, para cuja resolução contribuíam, não admirando que a II Guerra Púnica fosse um dos momentos de maior avanço de misticismo, astrologia, adivinhação e práticas supersticiosas e irracionais[173]. Deu-se então a entronização oficial em Roma de Vénus Ericina, em 217, e em 205-204 foi acolhida a Magna Mater ou Cíbele, deusa anatólica da fertilidade e protetora na guerra, mas também orago de rituais selváticos oficiados por sacerdotes orientais, a qual foi «a primeira divindade exógena introduzida no coração da Urbe, onde recebeu jogos oficiais, os *ludi Megalenses*»[174]. Mas Roma também sabia reprimir os cultos introduzidos

---

[171] Sobre a questão, ver em especial André 1975.

[172] Exemplo é o aproveitamento das férias latinas para uma discussão sobre a melhor forma de constituição no *Tratado da República* de Cícero.

[173] Salmon 1982 87; Roman 2000 133 enfatiza a profundidade das alterações religiosas a partir da II Guerra Púnica.

[174] Y. Perrin – Th. Bauzou 1997 171; 1996 29: «The goddess would give external sanction to Rome's crusade against Carthage and the final push to eliminate Hannibal».

sem supervisão oficial, como em 242, na oposição ao oráculo da Fortuna Primigénia de Preneste; no célebre caso das Bacanais, em 186, sob pretexto de perturbação da ordem social[175]; e quando expulsou os Judeus em 139. Uma das formas mais simples de acolhimento das divindades exógenas era simplesmente dar-lhe o nome latino de uma divindade local similar (*interpretatio Romana*). Outra era o convite ou chamamento (*evocatio*) dirigido a uma divindade de um inimigo em momento de guerra para vir morar em Roma, cerimónia solene que ocorreu em 396, quando Juno Regina, divindade de Veios, foi convidada a mudar-se para Roma, deixando assim o inimigo sem proteção, ou quando a deusa púnica Tanit, assimilada a Juno, foi invocada por Cipião Emiliano na conquista de Cartago. Este processo relaciona-se com o sincretismo religioso que atribuía feição romana ou grega a divindades locais – e o caso do culto e assimilação de divindades indígenas na Lusitânia encontra-se bem documentado. Este fenómeno favorecia o imperialismo romano, quer por facilitar a adesão dos súbditos aos nomes romanos dos deuses, quer por sinalizar a tolerância romana em relação às divindades dos provinciais e subjugados.

Importância foi também assumida pelos Oráculos Sibilinos, da Sibila de Cumas. Afirma uma tradição que Tarquínio o Soberbo trouxe de Cumas uma coleção de livros ou oráculos sibilinos que só podiam ser consultados por ordem do senado – um exemplo mais de aceitação de matéria estrangeira que em tempo de crise podia eventualmente remediar situações, mas controlando-a por via oficial. Isto é, os «Sibylline Boks acted as a resource, examined through Greek rituals but interpreted by Roman priests ... serving state interests»[176]. Foi o que aconteceu em várias ocasiões, como em 293, quando levaram à introdução de Esculápio, ou em 216, quando ordenaram sacrifícios humanos, que há muito tinham deixado de ser prática em Roma.

Em suma, o politeísmo romano – e falamos essencialmente de religião pública –, na medida em que era aberto ao sincretismo religioso através de

---

[175] Sobre a questão, ver Gruen 1996 34-78 e a sua interpretação quanto à importância do evento nas relações entre Roma e Itália; p.57 ss. sobre as implicações sociais.
[176] Gruen 1996 7-8.

vários mecanismos de assimilação supervisionada de divindades exógenas, soube servir a causa da expansão romana. Mas mesmo no domínio da política interna, Roma logrou usar a religião como fautor político de coesão social ao favorecer certos cultos da plebe e ao criar festivais cuja feição religiosa facilmente os transformava em intrumento de lazer e controlo de uma numerosa plebe que, em consequência da expansão, se agigantara em Roma. Mais do que isso, surgiu mesmo uma teologia da vitória depois da conquista do oriente, quando Fúlvio Nobilior, depois de vencer Antíoco II em Ambrácia, em 187, decide consagrar um templo a Héracle, «le précurseur héroique et le modèle des généraux victorieux», divindade a quem Lúcio Múmio destina uma parte do espólio depois do saque de Corinto em 146[177].

3. Conclusões

Roma surgiu como cidade numa região onde havia outras cidades, como Ficana ou Veios, que com ela rivalizavam em ordem de grandeza e localização privilegiada. Todavia, seria Roma a cidade aglutinadora de povos e terras. Asim sendo, é lícito pensar que a vontade de afirmação e a capacidade de liderança constituíam uma caraterística congénita do génio romano. Dito por palavras de Énio, transmitidas por Cícero (*Rep*.5.1), o fator humano e a qualidade moral foram determinantes para o poderio de Roma: "Nos costumes antigos se firma o Estado Romano e em seus varões!".

Assim, Roma começou a alargar o território e a consolidar a sua vocação aglutinadora de povos praticamente desde as origens, o que veio a acentuar-se sob a dominação etrusca e com a hegemonia sobre os povos latinos. A posterior absorção de outros vizinhos e o domínio sobra a Itália central e do sul foram consolidados pela resistência comum à invasão de Aníbal e pelas empresas ultramarinas, onde as vantagens eram partilhadas, mas sob a liderança de Roma. Desta maneira, Roma viu tacitamente aceite e solidificado o seu ascendente sobre toda a Itália, a base de um império e a mãe de todos os povos (conceitos de οἰκουμένη e de *orbis terrarum*).

---

[177] Grimal 1975 277.

Desde os tempos mais remotos, a afirmação da vocação imperial de Roma, esteada numa ideologia da vitória e na ideia de missão civilizadora, fazia-se através de trocas de todo o género, e particularmente culturais, entre as partes envolvidas, podendo falar-se tanto de romanização da Itália como de italianização de Roma. E pois que a Itália continha povos não gregos mas helenizados a par com os colonos gregos, nesta italianização incluo a abertura à cultura etrusca medianeira do helenismo, o qual, já em parte cogénito e originário, seria diretamente assimilado no avanço para sul e depois no contacto com a própria Grécia e com todo o oriente helenístico. Nessa medida, pode afirmar-se que o império é condição tanto da romanização da Itália como da helenização da cultura romana. E o mesmo se poderá dizer a propósito da expansão por todo o Mediterrâneo.

No seu caminho para um império universal, Roma elaborou vários mecanismos de domínio e conservação de territórios e povos diversos: poder militar capaz de se adaptar a novas táticas, armamento e logística; diplomacia baseada em tratados condizentes com as circunstâncias e funcionando como instrumento ancilar de supremacia; conceito de cidadania aberto, atrativo e hierarquizado (cidadania plena, direito latino, cidadania sem sufrágio ou *civitas sine suffragio*); soluções políticas maleáveis para responder às limitações da anualidade das magistraturas e comandos militares (ênfase do papel do senado, prorrogação de magistraturas e comandos, promagistraturas); enquadramento da expansão em quadros ideológicos de cariz nacional (elogio das virtudes nacionais e do *mos maiorum*; *maiestas* e Génio do povo romano; *Roma dea*) e internacional (*Alexandri imitatio*, teoria das zonas climáticas); tolerância étnica e religiosa favorecida por uma religião politeísta (*interpretatio* e *evocatio*); aberturas de vias militares e comerciais; criação de colónias e municípios para consolidação do território conquistado; lançamento de um sistema monetário capaz de responder a novos interesses e realidades comerciais e de afirmar o poderio internacional e a centralidade da potência romana (sistema do denário, controlo das emissões monetárias, moeda internacionalmente credível); adaptação da economia agrária e comercial às exigências de um mercado competitivo e complexo (agricultura científica, importância do *vilicus*, personalidade jurídica de sociedades, pagamentos desmaterializados); promoção de soluções alternativas e de supervisão, à falta de uma máquina administrativa e fiscal (sociedades de publicanos, *quaestiones perpetuae*); capacidade de responder às exigências sociais com mecanismos de mobilidade, ocupação do lazer e abastecimento alimentar (*peculium*, libertos, *ludi, frumentationes*); iniciativas legislativas e éticas de contenção do luxo importado (leis sumptuárias, elogio das virtudes de tipo sabino, lendas e exemplos axiológicos de frugalidade e simplicidade); formas de controlo estatal das novas doutrinas filosóficas e movimentos religiosos; abertura cultural às sabedorias bárbaras (adoção do gládio hispânico; tradução dos livros de Magão; imitação da tática militar de Aníbal em Canas); desenvolvimento de uma paideia greco-romana baseada na assimilação seletiva do helenismo, mas sem perda de identidade, em todos os domínios da vida quotidiana, científica, educativa, política, artística e intelectual (filelenismo e anti-helenismo, pseudomorfose, faseamento das trocas, diversificação dos veículos). É que, como escrevem Cary – Scullard (1975 199), os Romanos «adotaram a cultura grega, mas a sua imitação era seletiva; o tronco itálico foi preservado, mas foi revigorado com uma enxertia de vergônteas gregas. De entre os numerosos discípulo dos Gregos, os Romanos eram os mais eficientes: não eram demasiado orgulhosos para aprender e aprendiam com os olhos bem abertos».

Um dos aspectos mais relevantes do génio romano foi o bilinguismo que se generalizou desde o séc. III e se consagou no império romano. Esta abertura linguística, que marca uma diferença abissal em relação aos Gregos, pode ser favoravelmente contrastada com as modernas potências anglo-saxónias e constituiu certamente uma dos maiores instrumentos de consolidação e aceitação do império romano no mundo helenístico, que era então o padrão civilizacional aceite tanto no oriente como no ocidente.

Com a transformação de Roma em centro do mundo mediterrânico, que abarcava então todos os continentes conhecidos, não admira que todos os produtos materiais e culturais fossem então carreados para Roma, em especial através do fenómeno da helenização da cultura romana. Como observam Perrin – Bauzou (1997 156), «O imperialismo produz dois efeitos que se conjugam: Roma transfere para a Itália butins 'culturais' consideráveis, descobre, no decurso das suas expedições, cidades, arquiteturas, obras de arte que se lhe impõem como outros tantos modelos. Isto é: o helenismo reflete as etapas do imperialismo».

E foi isso mesmo que, para além da identidade da cultura romana, tentámos demonstar através da análise da expansão romana em suas consequências, incluindo as trocas materiais e culturais consequentes, do direito ao armamento e técnica militar, da religião à filosofia, da vida quotidiana em todos os seus aspetos à literatura, da vida social à educação, da arquitetura, urbanismo, arte e decoração ao lazer.

Foram essas caraterísticas ideológicas, servidas por uma forte capacidade de resistência, organização militar e determinação, que transformaram Roma na capital do mundo civilizado, fator que, por si mesmo, tornou Roma o modelo e o polo de atração de tantos povos que, com maior ou menor grau de romanização, integraram um império capaz de, mesmo despois da sua queda política, continuar a ser uma referência civilizacional.

Tábua cronológica

séc. XV-XIII – Presença de Aqueus em solo itálico

c.770 – Presença grega em Ísquia ou Pitecusas

750 – Fundação da colónia grega de Cumas

753 – Data tradicional da fundação de Roma

715-673 – Reinado de Numa Pompílio

c.655 – Demarato emigra de Corinto para a Etrúria

642-617 – Reinado de Anco Márcio; fundação da colónia de Óstia

616-509 – Domínio etrusco sobre Roma

509 – Início da República Romana; tratado com Cartago

496 – Batalha do lago Regilo; introdução do culto de Liber, Libera e Ceres

493 – *Foedus Cassianum*

c.486 – Construção do templo de Castor e Pólux

474 – Derrota dos etruscos em Cumas

451-450 – Lei das XII Tábuas

433 – Templo de Apolo

399 – Introdução do lectistérnio ou banquete dos deuses

390 – Saque de Roma pelos Gauleses

390-353 – Tratados com Cere e sua rendição

396 – Conquista de Veios; *evocatio* de Juno Regina

381 – Conquista de Túsculo
367 – Leis *Liciniae Sextiae*
364 – Dançarinos etruscos em Roma
357 – Criação de taxa de 5% sobre manumissões
354-290 – Tratados com os Samnitas
348 – Renegociação do tratado com Cartago
343 – Estátuas de Alcibíades e Pitágoras no comício, por ordem de Delfos
343 – Tratado com Cápua
343-341 – I Guerra Samnita
338 – Domínio sobre o Lácio; dissolução da Liga Latina
334-303 – Tratados com Tarento
332 – Criação de 2 novas tribos
327-304 – II Guerra Samnita
326 – Prorrogação do comando de Publílio Filão (1° exemplo)
326 – Aliança com Nápoles
326-304 – Domínio sobre a Campânia
325-256 – Vida de Timeu de Taormina, historiador
c. 318 – Lei Ovínia
– 2 tribos criadas no norte da Campânia
312 – Oficialização do culto de Hércules
– Censura de Ápio Cláudio Cego; lançamento da via Ápia
312-310 – Ocupação da Etrúria
311 – Criação de *duoviri navales*
303 – Tratado com Tarento
299 – Criação de 2 novas tribos
298 – Sliança com Picentinos
298-290 – III Guerra Samnita
296-295 – Prorrogação de comandos militares na III Guerra Samnita
295 – Batalha de Sentino, contra Samnitas, Gauleses e Úmbrios
293 – Introdução do culto de Esculápio
289 – Criação dos *tresviri monetales*
282 – Tratado com Túrios
280-275 – Guerra contra Pirro
±279 – Pirro envia o filósofo Cíneas a negociar com os Romanos
278 – Tratado com Cartago
275 – Elefantes vistos pela 1ª vez em Roma, no triunfo de Cúrio Dentato
273 – Tratado com Ptolomeu II do Egito
272 – Conquista de Tarento; Lívio Andronico é levado para Roma
c.270-200 – Vida de Névio

269 – 1ª emissão romana de moeda de prata
264 – Conquista de Volsínios, última cidade independente da Etrúria
264 – Aliança com Mamertinos
264-241 – I Guerra Púnica; ocupação da Sicília
263 – Valério Messala traz de Catânia o 1º relógio
263 – Exposição de uma pintura triunfal na Cúria Hostília
263 – Tratado com Hierão II de Siracusa
262 – Saque de Agrigento
260 – Batalha de Milas, primeira vitória naval romana
252 – Elefantes mostrados pela 1ª vez no circo, no triunfo de Cecíio Metelo
254-184 – Vida de Plauto
242 – Oposição ao oráculo de Fortuna Primigénia, de Preneste;
– Criação do *praetor peregrinus*
241 – Criação das 2 últimas tribos (no Piceno)
241-235 – Cunhagem de *quadrigati*
240 – Lívio Andronico inaugura a literatura latina com peça de teatro
fl.240-207 – Vida literária de Lívio Andronico
c.239-169 – vida de Énio
234-149 – Vida de Catão o Antigo ou o Censor
230 – Divórcio de Espúrio Carvílio Ruga
230-219 – Tratados e guerra com a Ilíria
227 – Criados 4 pretores
226 – Tratado do Ebro
225 – Roma tem capacidade de mobilizar 500.000 tropas, diz Políbio
223 – Tratado com Sagunto
222 – Batalha de Clastídio, sobre os Gauleses
221 – *Laudatio* fúnebre de Lúcio Cecílio Metelo
220 – Construção do Circo Flamínio e da via Flamínia
220-167 – Roma cria um império universal em 53 anos, segundo Políbio
220-130 – Vida de Pacúvio, autor de tragédia *palliata*
±219 – Chega a Roma o 1º médico grego, Arcágato
218 – Lei Cláudia
218-201 – II Guerra Púnica
217 – Reformatação das Saturnais
217 – Introdução do culto de Vénus Ericina
?217 – Lei *Metilia de fullonibus*
216 – Batalha de Canas, maior derrota romana
216 – Sacrifícios humanos ordenados pelos Oráculos Sibilinos
215 – Surge provavelmente a primeira sociedade de publicanos

215 – Lei Ópia contra o luxo feminino
214-211 – Cunhagem do denário; surge um sistema metrológico
214-205 – I Guerra Macedónica
?213 – *Victoriatus* de prata substitui *quadrigatus*
212 – Tomada de Siracusa; morte de Arquimedes
212 – Criação dos Jogos Apolinares
212-211 – Tratado com a Liga Etólia
209 – Cunhagem da 1ª moeda romana de ouro (*aureus*)
209 – Estátua colossal levada de Tarento para Roma
208 – Representação da *Clastídio* de Névio nos funerais de Cláudio Marcelo
207 – Públio Cornélio Cipião tratado como rei pelos Hispanos
204 – Introdução do culto de Magna Mater ou Cíbele
203-202 – Pacto entre Filipe V da Macedónia e Antíoco III
201 – Tratado com Pérgamo no seguimento do de 212-211
200 – Aumento do consumo de trigo per capita
200-196 – II Guerra Macedónica
200-133 – Roma torna-se a potência dominante em todo o Mediterrâneo
±200-118 – Vida de Políbio
197 – Batalha de Cinoscéfalas
197 – Criação de 6 pretores; Hispânia dividida em 2 províncias
196 – Arcos do triunfo de Lúcio Estertínio
195 – Lei *Valeria Fundania* revoga lei Ópia
c.195-c.159 – Vida de Terêncio
193 – *Porticus Aemilia*, o 1º pórtico em Roma
192-189 – Guerra contra Antíoco III
±190 – Proibição de perfumes exóticos
190-189 – Vitória de Magnésia, sobre Antíoco III
189 – Tratado com Pérgamo
189 – Marco Fúlvio Nobilior vence Etólios e Ambrácia
— Chegada a Roma dos vasos de ouro e de prata
189-132 – Período de maior invasão do luxo
188 – Paz de Apameia
187 – Mânlio Vulsão celebra triunfo sobre os Gálatas
187 – Marco Fúlvio Nobilior consagra o templo de Hércules e das Musas
187 – Expulsão de aliados inscritos irregularmente em Roma
186 – Escândalo das Bacanais
186-185 – Mais antiga *venatio* de animais exóticos, dada por Fúlvio Nobilior
185-129 – Vida de Cipião Emiliano
c.185-109 – Vida de Panécio, do estoicismo médio

184 – Basílica Pórcia, a 1ª em Roma
181 – Lei *Orchia de coenis*
181 – Queima de livros pitagóricos descobertos no túmulo de Numa
180 – Cumas pede para usar latim como língua oficial
180-102/101 – Vida de Lucílio, poeta satírico
177 – 65.000 escravos trazidos da Sardenha
177 – Aliados passam a receber metade do saque recebido por um romano; Latinos recambiados de Roma
173 – Expulsão dos epicuristas Alceu e Filisco
172-167 – III Guerra Macedónica
171 – Tribunal temporário *de repetundis*
170-86 – Vida de Áccio, autor de tragédia *palliata*
169 – Lei Vocónia restringe riqueza feminina
169-159 – Filósofo Crates de Malos como embaixador de Pérgamo em Roma
168 – Batalha de Pidna; auge do imperialismo romano, segundo Políbio
168 – *Porticus Octavia*
167 – Romanos deixam de pagar tributo
   – Biblioteca de Perseu trazida para Roma
167 – Escravização de 150.000 prisioneiros de guerra no Epiro
167-150 – Retenção de 1.000 reféns aqueus em Roma
166 – Delos torna-se porto livre
165-164 – Aliança desigual com Rodes
161 – Tratado com Judas Macabeu, da Palestina
161 – Banimento de filósofos e retores
161 – Lei *Fania cibaria*; introdução da engorda de gansos e galinhas
160 – Representação de *Os dois irmãos* nos jogos fúnebres de L. Emílio Paulo
155 – Conferências de Carnéades; expulsão da embaixada de filósofos gregos
155 – Tentativa falhada de construir o 1º teatro de pedra
149-146 – III Guerra Púnica
149 – Lei Calpúrnia cria *quaestiones perpetuae de repetundis*
   – Introdução de pavimentos e mosaicos
147-146 – Macedónia transformada em província
146 – Sniquilamento de Cartago; África província romana
146 – Destruição e saque de Corinto; Acaia transformada em província
   – Generalização dos bronzes de Corinto
   – Divulgação da estatuária e pintura gregas
   – Primeira exposição de pintura estrangeira em Roma
146 – Primeiros templos de mármore (Júpiter Stator e Juno Regina)
144 – Aqueduto *Aqua Marcia*

143 – Lei *Didia sumptuaria*

139 – Expulsão de Judeus e astrólogos

135-132 – Guerra dos Escravos na Sicília

c.135-51 – Vida de Posidónio

133 – Queda de Numância

133 – Roma herda o reino de Pérgamo; criação da província da Ásia;
– Tribunado de Tibério Graco

123 – Primeiro tribunado de Gaio Graco
– Lei *Sempronia frumentaria* cria as *frumentationes*

120-63 – Vida de Mitridates VI, rei do Ponto

118 – Gneu Mânlio introduz leitos de mesa, aparadores e mesas pé de galo

115 – Lei *Aemilia sumptuaria*

107 – Mário inicia a sua reforma militar

104-100 – II Guerra dos Escravos na Sicília

<103 – Lei *Licinia sumptuaria*

102-101 – Vasos para bebida cinzelados, após a vitória sobre os Cimbros

±100 – Cultos de Ísis e Serápis

95 – Roma ordena a Mitridates que abandone Paflagónia e Capadócia

95 – Lúcio Crasso introduz colunas em mármore do Himeto

c. 94-55/51 – Vida de Lucrécio

93 – Lúcio Plócio Galo abre a 1ª escola de retórica em latim

92 – Censores fecham a escola de Lúcio Plócio Galo

91-87 – Guerra Social

86-85 – Sula derrota Mitridates; tratado com Mitridates

78 – Marco Lépido introduz soleiras em mármore e mármore da Numídia

67 – Lei Manília dá a Pompeu o comando da Guerra contra Mitridates

62 – Pompeu organiza o oriente, cria a província da Síria

61 – 3º triunfo de Pompeu, sobre Mitridates; pérolas e jóias no desfile

58 – Teatros provisórios de Emílio Escauro, com 360 colunas de mármore

56 – Licínio Luculo introduz o mármore negro

55 – Teatro de Pompeu, 1º teatro de pedra

Bibliografia

André, J.-M. (1977), *La philosophie à Rome*. Paris.

Balsdon, J. P. V. D. (1969). *Life and Leisure in Ancient Rome*. Toronto.

Boardman, J. – Griffin, J. – Murray, O. (1989), *The Roman World*. Oxford (1986 repr.; trad. esp.: *Historia Oxford del mundo clasico. 2. Roma*. Madrid, Alianza, 1988).

Bradley, P. (1997), *Ancient Rome. Using Evidence*. Rydelmere.

Brown, P. G. M^cC. (1989) "The First Roman Literature", in Boardman, J. – Griffin, J. – Murray, O., *The Roman World*. Oxford (1986 repr.), 61-75.

Cancic, H. – Schneider, H. eds, *Brill's Encyclopädia of the Ancient World. New Pauly. Antiquity*. Leiden-Boston.

Cary, M. – Scullard, H. H. (^{2}1975), *A History of Rome down to the Reign of Constantine*. London (^{2}1954 repr).

Citroni, M. et alii (2005), *Literatura de Roma Antiga*, trad. M. Miranda e I. Hipólito, revisto por W. S. Medeiros (original it.: *Letteratura di Roma Antigua*. Roma-Bari, 1997). Lisboa.

Cornell, T. J. (1995*)*, *The Beginnings of Rome. Italy and Rome from the Bronze Age to the Punic Wars (c. 1000-264 BC)*. London.

Crawford, M. (1989), "Early Rome and Italy" in Boardman, J. – Griffin, J. – Murray, O., *The Roman World*. Oxford (1986 repr.), 9-38.

Dench, E. (1995), *From Barbarians to New Men. Greek, Roman, and Modern Perceptions of Peoples from the Central Apennines*. Oxford.

Le Glay, M. – Voisin, J.-L. – Le Bohec (1991), *Histoire romaine*. Paris.

Grandazzi, A. (1991), *La fondation de Rome. Réflexion sur l'histoire*. Paris.

Grimal, P. (^{2}1975), *Le siècle des Scipions. Rome et l'hellénisme au temps des guerres puniques*. Paris.

Gruen, E. S. (1996), *Culture and National Identity in Republican Rome*. Ithaca (1990).

Harris, W. V. (1992), *War and Imperialism in Republican Rome 327-70 BC*. Oxford (1979).

Hinard, F. coord. (2000), *Histoire Romaine. Tome I. Des origines à Auguste*. Paris.

Inglebert, H. coord. (2005), *Histoire de la Civilisation Romaine*. Paris.

Hopkins, K. (1978), *Conquerors and Slaves*. Cambridge.

Hornblower, S. – Spawforh, A. (^{3}2003), *The Oxford Classical Dictionary*. Oxford.

Kennedy, G. (1972), *The Art of Rhetoric in the Roman World 300 B.C. – A.D. 300*. Princeton.

Laurence, R. (2001), "Territory, Ethnonyms and Geography, in R. Lawrence and J. Berry, *Cultural Identity in the Roman Empire*. London 95-110.

Lomas, K. (2001), "Roman imperialism and the city in Italy", in R. Lawrence, J. Berry, *Cultural Identity in the Roman Empire*. London 64-78.

Martin, J.-P. – Chauvot, A. – Cébeillac-Gervasoni, M. (2010), *Histoire romaine*. Paris.

Nicolet, C. (1976), *Le métier de citoyen dans la Rome républicaine*. Paris.

Nicolet, C. (1988), *L'inventaire du monde. Géographie et politique aux origines de l'Empire romain*. Paris.

Oliveira, F. (2010), "Misoginia na Comédia Togata", in: *Identidade e cidadania. Da antiguidade aos nossos dias*, edd. Mª L. Santa Bárbara et alii. Porto 349-368.

Oliveira, F. (1992), "Amor na sátira de Horácio e seus predecessores", in Rocha Pereira, M. H. – Ribeiro Ferreira, J. – Oliveira, F. (coords), *Horácio e a sua perenidade*. Coimbra 21-53.

Oliveira, F. (1992), *Les idées politiques et morales de Pline l'Ancien*. Coimbra.

Oltramare, A. (1926), *Les origines de la Diatribe Romaine*. Genève.

Paoli, U. E. (1990), *Urbs. La vida en la Roma antigua*. Barcelona.

Perrin, Y. – Bauzou, Th. (1997), *De la cité à l'Empire: histoire de Rome*. Paris.

Rawson, E. (1989), "The expansion of Rome" in Boardman, J. – Griffin, J. – Murray, O., *The Roman World*. Oxford (1986 repr.), 39-59.

Rocha Pereira, M. H. (^{5}2013), *Estudos de História da Cultura Clássica. II. Cultura Romana*. Lisboa.

Roldán Hervás, J. M. (^{3}2005), *Historia de Roma*. Salamanca.

Roman, D. (2000), *Rome: la république impérialiste 264-27 av. J. – C.* Paris.

Rotondi, G. (1966), *Leges publicae populi Romani. Elenco cronologico con una introduzione sul' attività legislativa dei comizi romani*. Hisdesheim (repr. 1912, Milano).

Salmon, E. T. (1982), *The Making of Roman Italy*. London.

Sherwin-White, A. N. (^{2}1973), *The Roman Citizenship*. Oxford.

Stroup, C. S. (2010), "Greek Rhetoric Meets Rome: Expansion, Resistance, and Acculturation" in Dominik, W. – Hall, J. (eds), *A Companion to Roman Rhetoric*. Oxford 23-37.

8. CONFLITOS CIVIS EM ROMA: DOS GRACOS A SULA

Vasco Gil Mantas
Universidade de Coimbra
Centro de Estudos Clássicos e Humanísticos

Sumário. Análise introdutória da situação decorrente da vitória definitiva sobre Cartago e das atitudes políticas dos *optimates* e *populares*. Tentativas reformistas dos Gracos, da intervenção de Mário e das reformas que este grande militar e menor político introduziu no exército romano. Rivalidade com Sula. A Guerra Social: causas e consequências - unificação da Itália. Os conflitos entre Mário e Sula: violação de Roma como episódio dramático central, com repercussões por quase todo o território da República. A degradação do Estado a um ponto de impossível retorno à boa ordem do passado, real ou mítica. A tarefa que Sula se impôs: proscrições e ditadura. Resultado. Guerra Sertoriana, passo importante na romanização da Hispânia.

Os anos da história romana que se escoam entre a destruição de Cartago e de Corinto e a morte de Sertório caraterizam-se pelo deflagrar de numerosos conflitos, em parte resultantes das tensões introduzidas ou agravadas pela expansão imperial da República Romana. No centro da maior parte dos conflitos civis que se desenvolvem nos séculos II e I a.C. encontra-se o problema do acesso às terras do *ager publicus* e os efeitos perversos da concentração do poder económico num grupo relativamente reduzido, gradualmente afastado do respeito pelos valores tradicionais, mesmo quando os utilizava como manifesto político. Durante décadas de acelerada expansão fora de Itália, quando Roma se transforma em superpotência mediterrânica, *optimates* e *populares* defrontam-se pela palavra e pelas armas, chefiados ou inspirados por idealistas, demagogos, aventureiros ou simples cidadãos convencidos da possibilidade da reforma do Estado.

Dotada de instituições capazes de governar uma cidade-estado, através do senado e dos comícios, fórmula de feliz expressão através da sigla SPQR, a Urbe foi arrastada pela ineficiência do modelo para gerir um Império, sobretudo quando a influência dos exemplos helenísticos se torna poderosa, facilitando o caminho aos ambiciosos, sempre presentes em momentos de crise. Entre a insatisfação interna, os perigos militares externos, protagonizados quer por grandes estados, quer por povos bárbaros, a ameaça sombria de massas de escravos e uma economia instável, Roma caminha para a solução habitual quando se instala a anarquia: o poder pessoal dos generais do novo exército semimercenário surgido no final do século II.

1. A República e os homens

O período da longa história de Roma de que nos ocuparemos seguidamente pode causar sentimentos contraditórios e até incómodos a todos os que cultivarem uma visão romântica da extraordinária aventura romana, desligando-se, voluntária ou involuntariamente, das realidades quotidianas que constituem muito mais do que simples pano de fundo da história. Todavia, é um período decisivo, pois das lutas que opõem os diversos grupos sociais e os seus chefes, em Roma e na Itália, surgiu uma estrutura política na qual a *Res publica* mudou de essência. Recordamos o que o historiador Will Durant escreveu a propósito das lutas sociais que se desenrolaram ao longo dos séculos II e I a.C., quando a expansão se afirma na Itália e além-mar apesar de todas as perturbações internas e em parte também por isso: *La guerre de classes que les Gracques livrèrent au Sénat, les competitions entre Marius et Sylla, entre César et Pompée, entre Antoine et Octave, mais ce sont celles--là même qui consument les intervalles où nous sommes en "paix", et l'effort désespéré de l'âme méditerranéene pour mantenir quelque liberté alors que s'instaure le despotisme, voilà bien l'augure de ce qui, sous peu va nos incomber. De nobis fabula narratur; cette histoire romaine, c'est nôtre histoire* (Durant 1949 6).

Estamos, portanto, bem longe de deparar com uma vivência política ideal, nem por isso menos inspiradora de pensadores de épocas mais recentes, marcadas por grandes transformações, como esta que corresponde aos dois últimos séculos da República. Os conflitos sociais, violentos e prolongados, que acompanharam o declínio da velha Roma republicana foram consequência direta de um processo de expansão que elevou à posição de superpotência mediterrânica uma pequena cidade do Lácio. Não se trata de um processo de crescimento interno das estruturas políticas, antes deve ser visto como um efeito perverso da expansão territorial e das alterações socioeconómicas que induziu, o que não deixou de ser pressentido nas suas consequências a longo prazo por Catão-o-Velho em resultado das quais as instituições políticas herdadas da cidade-estado se tornaram obsoletas (Oliveira Martins 1965 419; Astin 1978).

Assim, vamo-nos defrontar com décadas de paixões incontidas, frequentemente estimuladas por chefes políticos cujas intenções foram, muitas vezes, claramente egoístas, não obstante numerosas tentativas para obter consensos pacificadores. Não se trata já da oposição arcaica entre patrícios e plebeus, pois agora confrontam-se conceitos semi--ideológicos opondo num longo e penoso processo revolucionário e contrarrevolucionário *populares* a *optimates*, com a particularidade de não haver mudança de fundo na organização do Estado, uma vez que uns e outros utilizam as magistraturas constitucionais, ainda que não poucas vezes de forma descaradamente ilegal, o que permite que alguns historiadores prefiram ao termo revolução o de crise (Alföldy 2012 97-101). O resultado destas tensões, que envolvem cidadãos romanos, aliados itálicos e, finalmente escravos, ressalta numa crua passagem do historiador bisontino Jean Cousin: «Senadores e magistrados trespassados por um punhal ou uma espada, perseguidos pelas proscrições, os exílios, as lapidações, as pauladas, bandos combatendo-se no *forum* ou nas ruas, incêndios, pilhagens e quase sempre exércitos em marcha! Apesar de tudo monumentos grandiosos, uma majestade de pedra e de mármore, um apelo soberbo à sobrevivência quase à eternidade» (Bloch / Cousin 1964 453-454).

Salva-nos do desespero esta última frase, que, de alguma forma, não deixa de sugerir a solução encontrada para eliminar a anarquia e a violência generalizada que ocupou grande parte do período entre 146 e 30. Não esqueçamos que esta primeira data viu dois acontecimentos igualmente decisivos e simbólicos, como foram a destruição de Cartago e a de Corinto, confirmando o novo estatuto de Roma no mundo mediterrânico, potência para a qual se abria definitivamente o ciclo interminável daquilo a que Mommsen e Scullard chamaram o imperialismo defensivo, retomando de certa maneira o pensamento de Catão quanto aos perigos de uma expansão para além das fronteiras naturais da Italia (Freeman 1997 29-35). Na verdade, República e Império tornaram-se gradualmente incompatíveis. As lutas sociais de que a Itália e um pouco mais tarde algumas das províncias vieram a ser palco podem ser vistas, em parte, como resultado de uma expansão incontrolada, que parece ter tido em conta apenas os interesses de alguns homens ou grupos.

A desapiedada exploração a que as províncias foram submetidas e os desequilíbrios sociais crescentes em solo italiano não permitem dúvidas quanto à ética dos responsáveis pela coisa pública, ou pelo menos de muitos deles, destacando-se neste contexto de oposições internas e externas a teimosia conservadora da *nobilitas* e o voluntarismo radical dos que se lhe opunham. Como tantas vezes sucedeu na história do Mediterrâneo, o problema central da crise da República foi, uma vez mais, a desigualdade no acesso à terra, um problema agrário, se quisermos, e o empobrecimento crescente daqueles que tinham constituído a base do Estado Romano, o cidadão agricultor e soldado (Nicolet 1967 83-115, 199-205. O processo que impôs a hegemonia romana foi relativamente rápido e não menos inesperado, o que levou muitos a procurarem-lhe uma explicação plausível, como o fez Políbio: «O que os leitores encontrarão de mais belo e ao mesmo tempo de mais útil no nosso relato, é discernir e compreender como por efeito de que de regime quase todo o mundo habitado foi conquistado e passou, em menos de 53 anos, para uma única autoridade, a de Roma, feito sem precedentes conhecidos» (Plb. 6. 2. 2).

Políbio referia-se ao período entre 220 e 167, quando o sucesso romano ainda não levara outros contemporâneos, como depois sucedeu, a considerarem a existência de uma espécie de destino manifesto aceite e concretizado através de um plano gizado e executado pelo senado oligárquico (Bloch 1991 9-11), como outros defenderão a existência de uma grande estratégia imperial, não sem contraditores (Luttwak 1976; Whittaker 1989 23-50). Seja como for, a repetição dos êxitos conduz, naturalmente, a uma inelutável sensação de superioridade, imune aos percalços e geradora de novas intervenções, como realmente aconteceu, com custos sociais e humanos muito elevados, ainda que gozando pontualmente de indiscutível popularidade (Pl. *Epid.* 158-160). As guerras que deram a Roma o controlo de grande parte do Mediterrâneo foram decerto rentáveis, mas essa riqueza não produzida, antes obtida dos vencidos, conheceu uma muito desigual distribuição, agravando clivagens económicas, a que o extraordinário desenvolvimento da escravatura não foi alheio, e alterando profundamente os comportamentos cívicos e sociais (Alföldy 2012 121-130).

Parece todavia não haver dúvidas quanto ao empobrecimento do Estado face ao enriquecimento de alguns, apesar da suspensão a partir de 167 do *tributum ex censu*. O estudo da evolução da moeda e dos preços em Roma durante o período que nos interessa, bem como a análise das negociatas dos banqueiros de então, emprestando aos inimigos de ontem para que estes paguem a Roma as indemnizações exigidas pelos tratados, mostram claramente um caminho desastroso, fortemente dominado por operações especulativas sensíveis a acontecimentos ocorridos fora da Itália, em particular episódios bélicos (Andreau 1999 9-63). A ausência de verdadeiras teorias económicas não deixou de contribuir, aliada ao liberalismo do Estado, para agravar uma situação que se tornou incontrolável e para a qual Roma só encontrou solução através do conflito e do autoritarismo.

Roma defronta-se também, a partir de finais do século II a.c., com uma crise demográfica grave, provocada pelas sangrias da II Guerra Púnica e suas sequelas, as quais teriam levado a manifestações de desagrado perante a duração do serviço militar, devido a duas razões fundamentais: a diminuição do número de cidadãos mobilizáveis e as prolongadas campanhas fora do solo italiano, campanhas que deram o golpe de misericórdia no tipo de exército camponês que permitira conquistar a Itália e derrotar os Cartagineses (Crawford 1988 100-102). O recenseamento de 233 inscrevera 270713 homens mobilizáveis (*assidui*), cifra que tombou em 204 para 214000, só voltando a recuperar em 169 o primeiro valor indicado, quando são contados 312805 cidadãos aptos para o serviço legionário. Recordamos que os *proletarii* permaneciam regularmente isentos do serviço nas legiões, onde acabaram por ser integrados duas gerações mais tarde, por Mário, e não apenas por razões de ordem política.

Que a questão era complicada e grave demonstra-o o abaixamento significativo do valor mínimo do censo fiscal que garantia a inscrição entre os *assidui*, o qual, no século II a.C. desceu de 4000 asses para apenas 1500 asses, quando havia sido, até cerca de 212, de 11000 asses. Se considerarmos que, em 217 o asse foi desvalorizado, passando a valer menos de metade, compreendemos melhor o que de dramático se passava (Nicolet 1963 417-436; Bloch / Cousin 1964 130-133). Na verdade, o caminho para a famigerada proletarização das legiões abriu-se muito cedo, ao mesmo tempo que os aliados itálicos ganhavam peso e preenchiam as fileiras, agora como auxiliares imprescindíveis, embora nem sempre tratados como convinha, o que acabou por ter consequências dramáticas.

Por outro lado, o problema não se resume apenas a uma quebra demográfica, que ia sendo compensada, mal ou bem, por uma exigência cada vez menor em termos de barreira censitária, sugerindo que os *proletarii* eram muito numerosos, constituindo uma reserva mobilizável que não deixaria de vir a ser utilizada a breve trecho. Devemos ter em conta que o período de cerca de século e meio que se estende entre o final da II Guerra Púnica, ou Grande Guerra como as fontes da época lhe chamam, e o consulado de Pompeio assistiu a alterações significativas no padrão de povoamento italiano, não só devido à guerra mas também graças à instabilidade que as perturbações de ordem política acarretaram. Apesar dos programas de colonização, nem sempre bem conseguidos, que o Estado desenvolveu, não faltam referências a uma mobilidade populacional diretamente relacionada com os referidos fatores, nem sempre contrariada com êxito pelo poder romano (Bloch / Cousin 1964 90-96; Hinard 1994 73). A concentração na cidade de Roma de numerosos camponeses, por falta de meios de subsistência depois de perderem as terras ou, simplesmente, por recusa da vida rural, representou um fenómeno potencialmente perigoso, cujas possibilidades foram rapidamente reconhecidas pelos chefes de fação (Alföldy 2012 82-85).

Para agravar a situação, se faltam homens livres nos campos e no exército, não é menos verdade que multidões de escravos se concentram nas cidades e se dispersam, como rebanhos, no dizer de Diodoro (D.S. 34. 25), pelos campos da Itália, onde o *ager publicus* é paulatinamente açambarcado e a pequena propriedade vai sendo absorvida no processo de desenvolvimento dos *latifundia*. É esta a situação que impressionou Tibério Graco, quando, a caminho da Hispânia, atravessou o território toscano, como nos referiu Plutarco (Plu. *TG* 8). Quanto aos escravos, que entram na Itália às centenas de milhar em consequência das consecutivas vitórias romanas, tornando em muitos casos inútil o trabalho livre, não tardarão a levantar problemas que não se resolvem com simples operações de polícia sempre que encontram um chefe capaz, como o célebre Euno, que parece ter sido inspirado por utopias igualitárias helenísticas (Mantas 2008 177-184), ameaça que os responsáveis políticos consideravam seriamente, como se deduz de um discurso atribuído por Apiano a Tibério Graco (App. *BC* 1. 9. 35-36). Em resumo, o cenário para as lutas entre *optimates* e *populares* está montado e o pano não tardará a subir para a tragédia (Fig.1)[1].

---

[1] Vide Oliveira, cap. 7. §2.2; 2.3.

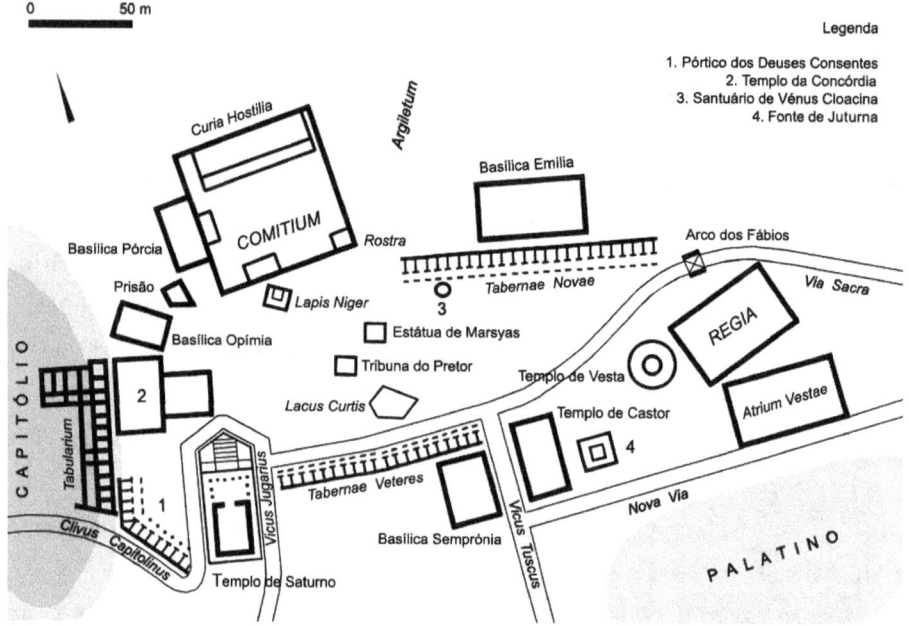

Fig.1 – Planta do *Forum Romanum* no período tardo-republicano.
Por José Luís Madeira

2. Optimates e Populares

Assim como é necessário acautelar uma interpretação moderna da democracia romana, muito diferente do que hoje se considera apanágio do que é, ou deveria ser, um regime democrático (Lançon 2003 44-46), a oposição entre *optimates* e *populares* também não pode ser avaliada de forma simplista, considerando-a apenas como uma luta entre ricos e pobres, embora este aspeto tenha alguma importância na questão. Basta recordar que uma das figuras de proa dos *populares*, aquela que em determinada altura os levou ao triunfo, Júlio César, era um membro da *nobilitas* que pela lógica classista deveria ter-se mantido no seio dos *optimates*. Se as questões económicas têm um papel evidente nas origens da revolução romana, como em tantas outras ao longo da história, não é menos verdade que os problemas políticos e de justiça social, determinantes numa sociedade que valorizava a comunidade em detrimento do indivíduo, não podem ser abafados apenas pelo clamor por terra daqueles que a não tinham. Mais uma vez é preciso cuidado com as generalizações, pois a ideia de justiça social antiga pouco tem a ver com a dos nossos dias, deformada pelo mito da igualdade perante a lei. Em Roma, sociedade de ordens por excelência, a revolução manteve-se frequentemente dentro de limites constitucionais, através de medidas legislativas destinadas a contemplar os que se consideravam qualificados para receber as atenções do Estado, o que explica, descontando o fator humano das ambições, a razão de aparentes desfasamentos políticos desta ou daquela figura.

Que distingue, afinal, os *optimates* e os *populares*? Na República Romana a fortuna era essencial para assegurar uma carreira política, uma fortuna da qual a terra, até por força da lei, era o sustentáculo principal. Daí que muitos dos grandes políticos dos dois últimos séculos republicanos tivessem sido, igualmente, grandes devedores e, pelas mesmas razões, açambarcadores do *ager publicus*. Não se trata de uma questão entre nobres e plebeus, como as que marcaram a agonia do *Ancien Régime* europeu, mas fundamentalmente um problema agrário e de hierarquia social. A *nobilitas*, que concentrava a maior parte dos *optimates* mais do que uma aristocracia de sangue era uma aristocracia de serviço, no seio da qual importavam tanto os cargos desempenhados pelo próprio indivíduo, como o historial da família ao serviço do Estado (Alföldy 2012 74-76). Na verdade, famílias e chefes de famílias dominavam a cena política, controlando vastas clientelas, parte delas, a partir das grandes guerras do século II a.C., constituída por militares licenciados, entre os quais vão crescendo os aliados (*socii*). Estes, por volta de meados de século II a.C. representavam qualquer coisa como 62% das forças alinhadas por Roma, sem retribuição razoável e submetidos ao *stipendium* (Hinard 1994 99-100).

Voltando à *nobilitas*, se é verdade que muitos dos magistrados de topo do Estado, em especial os consulares, não possuíam antepassados próximos com a mesma categoria, representando os *homines novi* regularmente integrados no senado (Brunt 1982 1-17), não é menos verdade que se verificou uma concentração do exercício do consulado por algumas famílias, como as cinco que, entre 233 e 133, detiveram 52 consulados (Christol / Nony 1995 77-78). A função da *nobilitas* consiste, portanto, no exercício das magistraturas, correspondendo o senado ao instrumento através do qual exerce o seu poder. Não faltavam, neste grupo privilegiado, gritantes contradições, muitas vezes ocasionadas por manobras políticas que prejudicavam uma espécie de *Junkertum* regida por valores como *virtus*, *dignitas* e uma cada vez mais necessária e difícil *concordia* (Rocha Pereira 2009 350-357, 373-377). Não esqueçamos que ao senado incumbia a direção da política externa, largamente expansionista nesta época, o que não foi seguramente alheio à importância gradualmente adquirida pela corporação face ao poder das assembleias populares que conferiam as magistraturas com *Imperium*.

Optimates e *populares* refletem, antes de mais, duas conceções diferentes da política (Seager 1972 328-338), não tanto como partidos com ideologias perfeitamente demarcadas (Morstein-Marx 2003 204-205), mas pelas posições assumidas a favor ou contra as reivindicações expressas por aqueles que se afastaram, fundamentalmente por razões relacionadas com o acesso às terras públicas, da política imobilista do senado. Por isso, não é de estranhar o papel desempenhado nos acontecimentos pelos tribunos da plebe, caso dos Gracos, pertencentes como tantos outros à *nobilitas*, mas sensibilizados pelas dificuldades que uma parte importante do corpo de cidadãos romanos sofria, sem fim à vista e, pior, à margem da boa ordenação política da *Res publica*, perdida a capacidade de adaptação de que o senado dera provas anteriormente. Desta forma, há uma corrente de opinião popular, que se vai radicalizando ao longo do século II a.C., acabando por ser assumida como causa, de forma populista, por figuras reformadoras ou revolucionárias, quase sempre votadas a um fim violento, mas cuja ação transformou irreversivelmente a República.

O que unia os *populares* era, simplesmente, a sua declarada hostilidade ao senado e àqueles que observavam a sua orientação política e os seus valores, naturalmente assentes no *mos maiorum*, caminho obrigatório do conservadorismo. Devemos, porém, prestar alguma justiça aos *optimates*, pois este grupo cimeiro da sociedade romana republicana defendia princípios sobre os quais Roma ascendera da modesta situação de pequeno burgo ameaçado a centro incontestável do mundo mediterrânico (Heurgon 1980 261-349). Que eles se considerassem os melhores não nos deve causar admiração. O problema foi que Roma mudou e os *optimates* não quiseram, ou não puderam, evoluir de acordo com as realidades novas, deixando assim vasto campo para os *populares* desenvolverem as suas manobras, nem sempre ditadas por razões verdadeiramente democráticas, com exceção de algumas figuras notabílissimas, manobras frequentemente pouco pacíficas e com repetido apelo à populaça, sobretudo urbana (Brunt 1966 3-27), sempre disposta a apoiar os demagogos. No fundo, os problemas que opuseram *optimates* e *populares* resultaram em parte dos aspetos peculiares da democracia romana, oligárquica e censitária, um dos quais consistia na organização das votações nos comícios, onde as centúrias da primeira classe, afetas aos *optimates* e que constituíam a maioria, votavam em primeiro lugar, sistema que apesar de alterado pelos finais do século III a.C., transferindo parte do peso eleitoral para as restantes classes, teve poucos resultados na *praxis* política, a não ser contribuir para a instabilidade social crescente.

3. Os Gracos

Alguns anos antes da II Guerra Púnica, em 232, aconteceu um facto que só muito mais tarde voltaria a conhecer o mesmo impacte, quando o tribuno Gaio Flamínio propôs e conseguiu fazer aprovar uma lei, com oposição do senado, naturalmente, determinando distribuição de terras a cidadãos necessitados no *Ager Gallicus* e no *Ager Picenus*, na costa do Adriático, a título individual. Outra lei, por ele inspirada e votada pelo tribuno Quinto Cláudio apenas com o apoio de Flamínio no senado, a célebre *lex Claudia*, proibia aos senadores possuirem navios de capacidade superior a 300 ânforas, o que, em teoria, os excluía do comércio marítimo, exatamente no ano em que teve início a II Guerra Púnica, 218. Não cremos, na eminência da necessidade de grandes transportes logísticos por via marítima, numa guerra em que o uso do mar foi decisivo (Mantas 2011 16-18), que esta medida fosse ditada apenas por pretensas razões relacionadas com a *dignitas* dos senadores. Apesar das preocupações democráticas de Flamínio, que ganhou um segundo consulado graças à referida lei, o jogo das clientelas e dos interesses socioeconómicos não terá deixado de pesar nesta legislação, como Políbio e Tito Lívio sublinharam a seu tempo (Plb. 2. 27; Liv. 21. 63). Flamínio morreu no desastre do lago Trasimeno e um outro cônsul também eleito por pressão popular, Terêncio Varrão, foi um dos protagonistas da tragédia de Canas, em 216. Tais acontecimentos pareciam dar razão aos defensores da proeminência senatorial e não deixaram de contribuir para travar a dinâmica reinvidicativa, atenuada também pelas restrições impostas pela luta contra os Cartagineses. Mas é também neste período que Públio Cornélio Cipião passa a ostentar, na Hispânia, o título de *imperator* (Crawford 1988 60- -61), destinado a um tão auspicioso futuro.

Sobre os Gracos podemos dizer que já se escreveu tudo, não faltando avaliações extremadas das iniciativas que tomaram enquanto defensores e inspiradores dos *populares*. Como é natural, a tónica dos historiadores varia de acordo com as suas opções políticas, como já sucedera na Antiguidade, onde a maior parte das poucas fontes escritas disponíveis não são particularmente favoráveis aos tribunos (Flor. *Epit*. 2. 1). Mesmo entre os historiadores marxistas, evidentemente simpáticos para com as tentativas dos Gracos, não deixa de ecoar alguma crítica, por razões de coerência ideológica: «Assim terminou o primeiro período, reformista, do movimento popular em Roma, votado ao fiasco pela tática prudente demais e moderada demais dos seus chefes e pela sua política de compromissos e de conciliação. Ao contrário dos chefes dos movimentos servis, os que se punham à frente do povo eram homens de escaramuças, amigos dos caminhos de qualquer espécie, saídos da nobreza e que não tinham rompido completamente com a sua ideologia. Em vez de darem impulso ao movimento, refrearam-no» (Diakov 1976 178).

A palavra reforma define bem a questão: para alguns era pouco, para outros, demasiado. Ou seja, entre imobilismo e revolução não havia, verdadeiramente, lugar para os Gracos. Cremos que a hipótese de optar pela revolução não tinha cabimento no pensamento dos Gracos, não tanto pelo facto de pertencerem à *nobilitas*, mas sobretudo pela formação que receberam da célebre Cornélia, filha de Cipião, o Africano, uma das figuras femininas mais notáveis da Roma do século II a.C., elemento destacado do chamado Círculo dos Cipiões, particularmente ativo na difusão do helenismo, filosófico e político, entre a elite romana (Grimal 1975; Rocha Pereira 2009 58-62). Cornélia, viúva ainda jovem, teria sido pretendida pelo rei egípcio Ptolomeu VII, recusando o pedido para se dedicar à educação dos filhos e da filha e ao seu envolvimento cultural em Roma, segundo testemunho de Plutarco (Plu. *TG* 1-2). Tibério e Gaio foram também muito influenciados pelo filósofo Blóssio de Cumas, futuro apoiante de Aristónico na rebelião asiática, que lhes inculcou uma visão liberal da política, contemplando um certo evergetismo do Estado, comum nas monarquias helenísticas da época (Becker 1964 125-134; Lévêque 1992 62-75).

Esta questão de definir a cronologia da revolução romana também não é pacífica, pois nem todos os historiadores concordam com seu calendário, pois enquanto alguns a situam de forma geral entre os Gracos e César, outros, preferindo classificá-la como crise da República, entendem que a verdadeira revolução se desenvolveu entre os Gracos e Sula ou no decurso dos episódios mariano e cesariano, culminando com a ação de César, o qual não só aplicou medidas de há muito exigidas pelos *populares*, como orientou decisivamente a solução da crise política no sentido monárquico, o que levou Ronald Syme a considerar que a revolução corresponde sobretudo à ação de César e de Augusto (Syme 1968 1-27,509-524). Por muito admiradores dos modelos políticos helenísticos que os Gracos fossem, e não estamos muito convencidos que pretendessem imitá-los ao ponto de sonharem um regime monárquico, era ainda muito cedo para as experiências radicais que vão marcar o período final da República, o que não contribuiu para limitar a violência que acabou por se abater, ao longo de século I a.C., sobre a Itália e as províncias. Assim, a revolução romana contempla fases diferentes, uma reformista, outra radical, ambas caminho inelutável, ainda que para alguns, inesperado, do Império (Alföldy 2012 90-121).

Quando Tibério Graco foi eleito tribuno da plebe, em 133, tinha perfeito conhecimento da difícil situação social da República, tanto mais que decorria a grande revolta servil da Sicília e, no ano da eleição rebentou outro movimento na Ásia, chefiado por Aristónico, um pretendente ao trono do anexado reino de Pérgamo, sublevações que estimularam outras, na Itália e na Grécia (D.S. 35. 2. 19). Para estes casos a solução era simples, pois não havia outra a não ser uma brutal repressão dos revoltados, tanto mais que estes, normalmente, também não primavam pelo respeito pelos vencidos. Quer isto dizer que as preocupações de Tibério Graco se centravam no grande núcleo de cidadãos empobrecidos, cuja recuperação económica era vital para salvaguardar o modelo político republicano assente no pequeno proprietário rural, ou seja, no que podemos considerar uma classe média, então em vias de rápido desaparecimento, como vai sucedendo no mundo ocidental atual.

A solução proposta pelo tribuno para resolver o problema, consistia em restabelecer uma proibição constante das leis Licínias, de 367, que estipulava que nenhum cidadão pudesse usufruir de mais de 500 *iugera* de terra pública (uns 126 hectares), lote que podia ser duplicado no caso da existência de filhos, propondo uma comissão de três homens para assegurar a recuperação das muitas terras estatais usurpadas e para organizar a sua redistribuição pelos cidadãos pobres. Tibério Graco não estava só ao iniciar a sua ação, pois contava com personalidades de peso político significativo a seu lado (Crawford 1988 109-110). Para evitar surpresas desagradáveis, Graco levou a sua proposta diretamente aos *comitia tributa*, sem passar pelo senado, garantindo assim forte apoio popular, com grande afluência de votantes vindos dos campos. A prática não era normal, embora não infrigisse a lei, mas a destituição do único tribuno que se opôs à lei e cujo veto podia impedir a sua passagem, já se afastava por completo das práticas políticas da época, abrindo um precedente, aliás assente na soberania popular.

Aprovada a lei, foi constituída a comissão vitalícia, contrariando o princípio da anualidade dos cargos, destinada a executar a reforma agrária e a atribuição de lotes de 30 *iugera* a todos os cidadãos pobres que o desejassem (Fig.2). Esta comissão integrava os dois Gracos e o sogro de Tibério, Ápio Cláudio, circunstância que demonstra claro nepotismo, tanto mais que os novos colonos rurais entrariam diretamente nas clientelas da família, fortalecendo-a politicamente. Mas Tibério Graco ainda fez mais para irritar o senado, ao fazer reverter o tesouro real de Pérgamo a favor dos custos da reforma agrária, mediante a concessão de apoio pecuniário aos cidadãos que recebessem lotes, isto depois de o senado ter estabelecido para cada triúnviro o irrisório subsídio diário de três asses, ou seja, o que recebia um simples soldado (Plu. *TG* 13-14). Iniciados os trabalhos, a oposição dos usurpadores do *ager publicus* ao programa de Tibério Graco aumentou rapidamente, atingindo níveis que não eram, talvez, esperados pelo tribuno (App. *BC* 1. 38).

Fig.2 – Cipo cadastral dos Gracos achado em Atina, na Lucânia (CIL I^2 709).
Por José Luís Madeira

A gravidade da situação tornou-se clara quando os intuitos de vingança da facção senatorial se afirmavam, na expetativa do retorno de Tibério à condição de simples cidadão. Para contornar o perigo os seus partidários mais chegados propuseram que procurasse manter o cargo através de nova eleição, o que aceitou. Porém, muitos dos que o haviam apoiado anteriormente, principalmente camponeses que se haviam deslocado a

Roma para votar, já não se encontravam na cidade, enfraquecendo-lhe a possiblidade de ser reeleito, perdendo também o apoio de alguns senadores favoráveis à reforma. Em consequência os seus inimigos senatoriais, chefiados pelo pontífice Cipião Nasica, que proclamava ser desejo de Tibério restaurar o *regnum*, boicotaram duas assembleias e acabaram por trucidar o tribuno e muitos dos seus seguidores, abrindo o caminho para o assassinato político de magistrados até aí considerados invioláveis, como sublinhou Apiano (App. *BC* 1. 17). Todavia, para tentar acalmar a situação, o senado pôs em vigor as leis agrárias, às quais se pode atribuir, pelo menos em parte, o aumento de 76000 cidadãos entre 131 e 125, e de cuja aplicação restam vestígios arqueológicos (Carcopino 1928 237-238; Chouquer 1983 217-218).

Seja como for, ou os interesses dos que se lhe opunham, ou as dificuldades práticas em aplicar a reforma, em especial a questão da recuperação do *ager publicus*, usurpado ou revendido, levou à sua suspensão em 129, depois dos poderes da comissão terem sido transferidos para um cônsul, por iniciativa de Cipião Emiliano, o então reconhecido homem forte de Roma, misteriosamente assassinado nesse mesmo ano. Não faltaram rumores sobre os autores do atentado, aliás nunca descobertos, enquanto a memória de Tibério Graco era cada vez mais exaltada pelos *populares*. Neste cenário conturbado desenvolveram-se outras questões de extrema gravidade, como era a da situação dos aliados e dos Latinos, esquecidos nas reformas de Tibério Graco (Cic. *Rep.* 3. 41). Falhada a proposta do cônsul Fúlvio Flaco no sentido de conceder a cidadania aos Latinos, a colónia latina de *Fregellae* revoltou-se e foi destruída em 125 por Lúcio Opímio, não obstante ter um notável historial de fidelidade a Roma (Coarelli 1981; Erdkamp 2007 70-71)[2]. Tudo isto mostra a necessidade de encontrar soluções para uma crise estrutural que se agravava. A nova tentativa coube a Gaio Graco.

---

[2] Tivemos a feliz oportunidade de visitar demoradamente as ruínas e o museu local na companhia de F. Coarelli. Ficámos surpreendidos com o elevado grau de helenização atingido pela cidade antes da destruição.

A experiência do sucedido ao irmão tornou Gaio Graco mais cuidadoso, procurando obter uma base de apoio mais vasta para os seus projetos, bastante mais ambiciosos que os de Tibério, projetos que tentou implementar durante os seus dois tribunados, em 123 e 122. A cronologia dos acontecimentos é um tanto confusa, assim como a própria legislação proposta ou executada também não está isenta de pontos obscuros. Essas medidas cobrem aspetos muito diversos, que vão desde a retirada aos senadores da escolha dos governadores provinciais, assim como da sua exclusão do tribunal destinado a julgar as queixas dos provinciais (*quaestio repetundarum*), atribuído aos cavaleiros, que também passaram a controlar o imposto asiático, recebido pelos *publicani*, fundamental para as finanças estatais.

Outras medidas, como a *lex frumentaria*, pela qual se garantia a distribuição de trigo a preços subsidiados aos cidadãos pobres, enquanto outra lei garantia o pagamento aos militares do seu equipamento, estabelecendo a idade mínima de 17 anos para os recrutas, denotam evidentes preocupações sociais. O princípio da soberania popular parece subjacente a todas estas medida, que incluiam também uma lei que determinava que nenhum cidadão podia ser condenado sem julgamento em casos que implicassem pena capital. Uma política de obras públicas de interesse geral, como a abertura de estradas dotadas de miliários e a construção de armazéns (*horrea*) para os cereais ultramarinos, contribuiu para ocupar muita mão-de-obra livre, enquanto avançava lentamente o programa de distribuição de terras inspirado na legislação de Tibério Graco (Plu. *CG* 7; Crawford 1988 118-123; Salway, 2001 48-50).

Talvez Gaio Graco tivesse conseguido sobreviver política e fisicamente se não tivesse intentado as reformas que falharam, por razões que ainda se discutem, mas que, mais uma vez, esbarraram com forte oposição senatorial e, pior, com a oposição ou, no melhor dos casos, o desinteresse por parte dos apoiantes do tribuno. Trata-se da questão da fundação de colónias fora da Itália e da concessão da cidadania aos Latinos e aos *socii*. No primeiro caso a escolha de Cartago foi um erro estratégico (Fig.3), logo aproveitado pelo senado para invocar a impiedade do ato, uma vez que o solo da destruída cidade púnica tinha sido alvo de uma *damnatio* em forma. Mas o problema não foi apenas religioso, pois a apetência de terras por parte dos cidadãos pobres visava a sua obtenção na Itália, não tanto por razões de ordem política, mas por comodidade natural. Esta reticência de colonizar fora de Itália, onde as terras disponíveis eram escassas, ia de encontro à ideologia senatorial, contrária à fundação de colónias ultramarinas, como sublinha Veleio Patérculo (Vell. 2. 7).

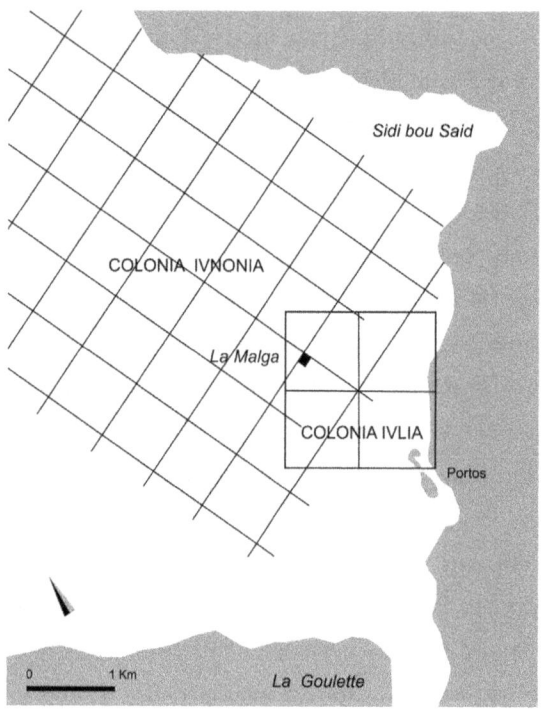

Fig.3 – A centuriação da planeada *Colonia Iunonia*, em Cartago.
Por José Luís Madeira

Foi na ausência da Gaio Graco em África que um outro tribuno, Marco Lívio Druso, propôs uma série de leis demagógicas, que incluíam a fundação de uma dúzia de colónias em solo italiano, contribuindo para desacreditar Graco e apoiando claramente a política senatorial (Plu. *CG* 10-11). Com sempre acontece, o demagogo ganhou rapidamente vantagem. Quando Gaio Graco propôs a concessão da cidadania aos Latinos e direitos limitados aos aliados voltou a falhar, pois um seu apoiante, o cônsul Fânio, instigou o povo a votar contra, alegando que a concessão da *civitas* aos Latinos prejudicaria os Romanos nas distribuições frumentárias e que aqueles poderiam controlar as assembleias, sendo mais numerosos (*ORF* 32. 1. 3). Finalmente, os cavaleiros, satisfeitos com as vantagens já obtidas, retiraram cautelosamente o seu apoio a Graco, o qual não conseguiu ser reeleito para um terceiro tribunado, em 121, ano em que a fundação da colónia cartaginesa foi suspensa.

Graves perturbações de ordem pública levaram o senado a estabelecer o estado de sítio (*senatusconsultum ultimum*), ilegal, pois não havia ameaça externa. O cônsul Lúcio Opímio foi investido de poderes excecionais e o Aventino, onde Fúlvio Flaco se barricara com muitos *populares*, foi atacado. Na violência que se desenvolveu este foi morto com várias centenas de partidários e Gaio Graco foi alcançado em fuga e suicidou-se com o auxílio de um escravo, enquanto milhares foram eliminados por decreto na repressão que se seguiu. A reforma agrária sobreviveu de forma letárgica até que uma lei agrária de 111 eliminou o que restava das suas vantagens (App. *BC* 1. 27; *FIRA* 1. 8; Nicolet 1967 119-131). Recordamos o que Will Durant escreveu sobre o fim trágico de Gaio Graco: *La populace qu'il avait si bien soutenue n'emit pas la moindre protestation lorsque son cadavre fut jeté au fleuve avec ceux de ces amis. Sa maison se vit livrer à un complet pillage* (Durant 1949 167-168).

Aparentemente, a oligarquia tradicional ganhara em toda a linha. Na verdade, tal não passou de uma ilusão que durou apenas uma vintena de anos. Havia agora uma clientela distinta daquela que tradicionalmente devia o *obsequium* aos aristocratas, à qual brevemente se juntará uma outra, a dos veteranos dos generais vitoriosos, como Mário, dedicada apenas aos seus antigos chefes. O século II a.C. foi, portanto, um período de transformações decisivas na estrutura política e social da Roma republicana, em grande parte graças aos Gracos.

4. Os consulados de Gaio Mário

Gaio Mário nasceu perto de *Arpinum* em 155, de família relativamente modesta. Não muito instruído e de modos algo rudes, ou francos, se quisermos, enveredou pela carreira das armas e distinguiu-se na Guerra Celtibérica, terminada pela destruição de Numância. A sua carreira política começou relativamente tarde, com o apoio de famílias poderosas em Roma, nomeadamente a dos Herénios e a dos Metelos. Tribuno da plebe em 119, as suas posições políticas não permitiam dúvidas quanto à sua simpatia pelos *populares*, como comprova a lei que fez aprovar sobre o voto nos comícios (Cic. *Leg.* 3. 38), destinada a impedir a manipulação das votações (Fig.4), apesar de falhar na tentativa de suster o fim da distribuição de terras do *ager publicus*. Assim, foram sobretudo os seus dotes militares, confirmados na complicada guerra contra Jugurta, rei da Numídia (111-105 a.C.), guerra caraterizada por episódios de corrupção e de incapacidade muito para além do admissível (Sal. *Jug.* 31-35; La Penna 1959 45-86, 243-284), que lhe abriram o caminho para o exercício repetido do consulado, num momento em que Roma necessitava de um grande chefe militar, não para assegurar conquistas, mas para sua própria sobrevivência, ameaçada pela invasão de Cimbros e Teutões, em marcha imparável na Narbonense e na Gália Cisalpina.

Fig.4 – Denário de *P. Licinius Nerva* (113 a. C.) com cena de votação (RRC 292/1).

Mário, eleito cônsul em 107, decidiu a guerra africana com duas batalhas em 106, tendo o seu questor Lúcio Cornélio Sula capturado o próprio Jugurta no ano seguinte. Nessa mesma altura os Romanos sofriam uma derrota esmagadora, infligida pelos Cimbros, perto de *Arausio* (Orange), com um número de baixas que alguns calculam superior ao da malfadada batalha de Canas. Felizmente para Roma, os bárbaros desviaram-se para a Hispânia, regressando à Gália apenas em 102, o que deu tempo para Mário resolver uma série de problemas, sobretudo a nível da organização militar e treino das tropas (Plu. *Mar.* 14-16). Contrariando tudo o que a lei determinava, Mário foi reeleito cônsul consecutivamente entre 104 e 100, exercendo assim seis consulados, cinco deles consecutivos. A história do que se passou durante e depois levam-nos a crer que as intenções revolucionárias tantas vezes atribuídas a Gaio Mário devem ser meditadas e matizadas (Christol / Nony 1995 91-93), pois a sua atividade foi sobretudo a de um militar responsável, para o qual a sobrevivência da República estava acima de outras motivações, não hesitando, quando foi chegada a altura, em atuar contra os radicais do seu próprio grupo. Todavia, parece possível distinguir entre as posições moderadas que assumiu até à tragédia com que culminou o seu último consulado, em 100, e o seu enfrentamento com os *optimates* de Cornélio Sula, anos depois.

Mário foi eleito para o segundo consulado quando a Itália estava sob a ameaça iminente da invasão dos Cimbros e Teutões, após as gravíssimas derrotas que os exércitos romanos haviam sofrido. Para a salvar era necessário um exército novo, e não só novo, mas diferente. Essa foi a grande tarefa de Mário, através de uma reorganização cujas consequências políticas foram inegáveis, mesmo que tivessem sido involuntárias, o que não é seguro. Na verdade, o momento era indicado para consolidar medidas de excepção, como a inclusão dos *capite censi* no recrutamento legionário, iniciada já em 107 para a campanha africana, uma vez que a base de recrutamento já não permitia a dispensa dos cidadãos pobres, situação agravada pela sangria provocada pelas batalhas perdidas na Gália. Assim, o que muitas vezes é apresentado como um ato revolucionário não foi mais do que a solução possível no momento, assumida por um militar realista, irrecusável pelo senado, tanto mais que as dificuldades não se limitavam a Itália.

A resposta de Nicomedes, rei da Bitínia, quando Gaio Mário lhe solicitou auxílio contra os invasores nórdicos, respondendo que todos os homens em condições de servir tinham sido capturados por piratas ou vendidos como escravos aos romanos (D.S. 36. 3. 1), ilustra perfeitamente o estado catastrófico em que se encontrava a sociedade mediterrânica controlado por Roma, ou seja, pelos *publicani* e seus protetores, estado que podemos alargar à própria Itália após o falhanço das reformas intentadas pelos Gracos. A gravidade da situação levou a tomar medidas legais no período final dos mandatos consulares de Mário, no sentido de combater a pirataria e devolver à liberdade os naturais dos povos aliados que se encontrassem em servidão em território da República, criando expetativas que, não concretizadas, levaram à segunda guerra servil na Sicília (Crawford 1988 134-135).

Como é evidente, a chamada às armas da última classe dos cidadãos romanos não agradou ao senado, por três razões fundamentais. Em primeiro lugar porque contrariava um princípio constitucional antigo, que a tradição atribuía a Sérvio Túlio, embora fosse realmente mais recente, não anterior ao século IV a.C., como parece (Ellul 1963 268-269; Heurgon 1980 247-257). É certo que tal opção não era uma novidade absoluta, pois já tinha ocorrido antes, na guerra contra Pirro, no século III a.C., ainda que de forma limitada, empenhando os *proletarii* sobretudo como tropas de guarnição e de polícia urbana (Enn. *Ann.* 183). A questão agora era a do caráter permanente da medida, abrindo perspectivas sociais novas aos que nada tinham. Por outro lado, os *optimates* sentiam-se directamente ameaçados pelo facto de o grupo social onde se apoiavam os seus opositores principais, em especial os tribunos da plebe, ter agora acesso permanente ao serviço militar como uma alternativa profissional, no que consiste a segunda razão da desconfiança senatorial, pois os *populares* estão agora armados e organizados.

Finalmente, como soldados profissionais, estes militares esperavam, no termo do seu longo serviço, uma recompensa em terras, o que contribuiu para agravar a velha questão agrária e relançar os planos de colonização fora da Itália, contra os quais o senado sempre levantara objeções. Como, a par deste recrutamento voluntário dos *capite censi*, continuava a existir o recrutamento legionário normal, assim como o de contingentes aliados, cada vez maiores, alterou-se o sentimento do serviço militar à medida que o exército se transformava gradualmente numa força permanente, com unidades atribuídas ao mesmo cenário de operações durante anos e sob o comando do mesmo chefe, ao qual prestavam juramento (*sacramentum*) e de quem, mais do que do senado, os soldados esperavam a retribuição adequada por altura do licenciamento. Esta mudança essencial, desejada ou não, revelou-se decisiva e selou a sorte da República (Alföldy 2012 113). Foi com este novo exército semivoluntário que Mário enfrentou vitoriosamente os Cimbros e os Teutões. Introduziu uma organização tática diferente, baseada na coorte composta por 600 homens (10 coortes por legião), cabendo aos soldados de infantaria o soldo, agora pago regularmente, de 1200 asses por ano, sendo o equipamento, na linha da legislação graquiana, fornecido pelo Estado. Calculando de forma geral e considerando os centuriões e a limitada cavalaria legionária, a manutenção de cada legião custava, só em soldos, qualquer coisa como uns nove milhões de asses, ou seja, 900000 denários por ano. O equipamento também foi melhorado e uniformizado, generalizando-se o uso do *pilum*. Como bom chefe militar, Mário conhecia o valor do *esprit de corps* e dos símbolos que o reforçam, introduzindo estandartes para as unidades, entre os quais devemos destacar as águias legionárias prateadas, insígnia militar de tão extraordinária história (Töpfer 2011; Zanker 1992 225)[3].

Mário atacou os Teutões em 102, perto de Aix-en-Provence, dizimando-os numa batalha de dois dias, tão mortífera que, segundo Plutarco, os restos mortais abandonados no solo contribuíram para fertilizar a terra de tal forma que na estação seguinte permitiram uma colheita sem precedentes (Plu. *Mar.* 37). Após algum repouso conduziu o seu exército para o norte da Itália, encontrando os Cimbros em Vercelas, não muito longe de Milão, onde os derrotou por completo, com a colaboração do colega de momento Lutácio Cátulo, capturando uns 60000. Pouco depois, em 101, o novo colega de Mário no consulado, Mânio Aquílio, esmagou a segunda revolta de escravos na Sicília, restabelecendo a ordem na ilha.

---

[3] A perda de insígnias em combate era considerada uma suprema afronta à *maiestas* romana, pelo que a sua recuperação mereceu sempre particular destaque político, como se verifica através do célebre episódio representado na couraça da estátua de Augusto de Prima Porta.

Parecia que a República podia respirar, aliviada de duas perigosíssimas ameaças por um homem providencial e por um novo exército. Mas este exército já não é a milícia camponesa do passado, é um força constituída em grande parte pelos que antes eram afastados do serviço militar, enquanto os que tinham a obrigação legal de se alistarem procuravam eximir-se desta ou daquela forma. Só que o novo herói romano, Gaio Mário, não era ainda o homem político providencial, apenas um grande militar, agora muito rico e casado com uma tia de Júlio César.

O drama social voltou rapidamente à primeira linha das preocupações e com ele a luta entre *optimates* e *populares*. Mário foi eleito para um sexto consulado em 100 a.C., tendo como colega Lúcio Apuleio Saturnino, um revolucionário defensor das ideias dos Gracos, por qualquer via, de preferência violenta. A Saturnino juntou-se outro ativista, Gaio Servílio Gláucia, ambos muito audazes, como bons demagogos, nas medidas propostas, caso da fundação de colónias na Gália, em África e na Grécia, destinadas não só a premiar os veteranos de Mário, mas também a receberem deduções de contingentes da plebe romana e dos aliados italianos. Os lotes de 100 *jugera* eram invulgarmente grandes (Aur. Vict. *De viris ill.* 73), não se conhecendo outros anteriores com tal dimensão. O próprio Mário defendera a concessão da cidadania a parte dos seus veteranos itálicos, problema que continuava sem resolução a nível geral, e apoiara o abaixamento do preço de venda do trigo distribuído pelo Estado para cerca de um oitavo do custo anterior, deixando-se de alguma forma manobrar por Saturnino e Glaucia. Mais uma vez este tipo de propostas causou divisões entre os *populares*, em especial entre os partidários urbanos e os rurais, cujos interesses não coincidiam (App. *BC* 1. 29-30).

A violência rebentou de novo por altura das eleições para 99, nas quais Mário se viu substituído por Glaucia, sucedendo-se os confrontos e os assassinatos, entre os quais o do candidato senatorial Gaio Mémio. Bandos armados chefiados por Saturnino e Glaucia ocuparam o Capitólio, contra o que o senado expediu um *senatus consultum de re publica defendenda*, ordenando aos cônsules em exercício, Mário e Valério Flaco que reprimissem a revolta, o que estes fizeram. Rendidos os amotinados com a promessa da vida salva, Mário mandou encerrá-los no edifício do senado, onde foram atacados por um grupo de *optimates* que os lapidou a partir do telhado. Gaio Mário perdeu definitivamente a popularidade por ter cumprido um dever constitucional, o que ajuda a explicar alguns dos seus comportamentos posteriores. Não recebeu a condução da guerra no Oriente, como esperava, afastando-se cautelosamente da vida pública durante algum tempo (Fig.5).

Fig.5 – Retrato dito de Mário, achado em Roma (Glyptothek, Munique).

5. Guerra Social

A situação de descontentamento que se foi desenvolvendo na Itália entre os aliados dos Romanos (*socii*), Latinos e Federados, encontra-se bem resumida numa passagem de Veleio Patérculo: «O destino dos Itálicos era tão cruel como justa era a sua causa. Os povos da Península pediam a cidadania num Estado cujo Império tinham defendido com as suas próprias armas. Em cada ano e em cada campanha serviam com o dobro de infantes e cavaleiros que os Romanos e nem assim tinham obtido o direito de cidadania dentro do mesmo Estado que, graças aos seus esforços, tinha chegado a tão elevada posição, permitindo-se olhar com desprezo homens da mesma raça e do mesmo sangue, como se fossem intrusos e estrangeiros» (Vell. 2. 15). Assim era, de facto, há muito, há demasiado tempo. Mesmo aquelas cidades que se mantiveram fiéis a Roma durante as enormes dificuldades criadas pela invasão da Itália conduzida por Aníbal poucas vantagens obtiveram, vencida a crise.

As coisas chegaram ao ponto de, em 95, um decreto determinar a expulsão de Roma dos cidadãos itálicos aí residentes. As perturbações que marcaram o último terço do século II a.C. não podiam deixar de acelerar uma dinâmica reinvindicativa por parte dos Itálicos, esmagados por obrigações e mantidos à margem dos benefícios. A situação era tanto mais insustentável quando muitos dos aliados tinham atingido notável desenvolvimento material, não ficando atrás de Roma em muitos aspetos (Zanker 1992 19-24). A questão social reside, neste caso, no problema da concessão da cidadania romana aos Itálicos, ainda que a denominação possa hoje induzir em erro, apesar dos aspetos sociais não se encontrarem ausentes do conflito, caraterístico de uma sociedade onde se afirmavam princípios de tipo capitalista e onde prevalecia a promiscuidade entre política e economia. A cidadania pressupunha o acesso não apenas ao direito de voto em Roma, o que para a maioria era extremamente difícil de exercer, mas também ao acesso às benesses materiais garantidas pelo estatuto.

Em 91 foi eleito tribuno M. Lívio Druso, filho do Druso, um moderado que se opusera a Gaio Graco, relançando alguma da legislação dos irmãos tribunos, agora no intuito de apaziguar a conflitualidade que recrudescia. A ação de Druso não deixa de refletir algumas ambiguidades, que talvez lhe tenham custado a vida (Christol / Nony 1995 93-94). Começou por propor distribuições frumentárias a baixo custo e a retomada dos loteamentos do *ager publicus*, tornando-se popular. Passou depois a assuntos mais complicados, como a reforma do senado, que deveria ser alargado para perto de 600 membros, incluindo cavaleiros que não se dedicassem a negócios. Ocupou-se também da modificação dos tribunais, reintroduzindo os senadores nos júris que julgavam queixas sobre má administração provincial, que continuavam numerosas atendendo a que as províncias mantinham a situação de *praedia populi romani*, votadas à exploração.

Mas o que parece ter decidido a sorte do tribuno foi a proposta de alargamento da cidadania romana aos *socii* italianos, num momento em que a exasperação entre estes aumentava, pois não só não tinham sido incluídos entre os novos senadores, naturalmente, nem beneficiados pela distribuição de terras, que aliás os prejudicava não poucas vezes. A lei não chegou a ser votada, pois muito oportunamente Druso foi vítima de assassinato, seguindo-se a anulação pelo senado das leis já aprovadas, recorrendo para isso a um pretexto religioso. As leis propostas por Druso procuravam favorecer os interesses dos aliados, da plebe, dos cavaleiros e dos senadores, como as fontes antigas reconheceram (Aur. Vict. *De viris ill.* 66. 4), o que desde logo sublinha a dificuldade na sua aceitação pacífica por elementos tão distintos em valores e objectivos. O problema dos aliados era particularmente complicado, tanto mais que a romanização se ia fazendo em grande parte com elementos itálicos emigrados, considerados como *Romanos* pelos indígenas das terras onde se instalavam, por vezes com graves inconvenientes para a sua segurança, sobretudo em períodos de revoltas ou perturbações sociais. Alguns são representantes das oligarquias itálicas, possuindo censos equestres, como Q. Vário Híbrida, tribuno da plebe em 91 oriundo da Hispânia, onde a colonização italiana, apesar do travão oposto pelo senado, se desenvolvia rapidamente (Diaz 1988 47-168).

A morte de Druso foi pelos *optimates* atribuída aos Itálicos, o que contribuiu para estimular um movimento, mais ou menos clandestino, que unia os aliados numa espécie de confederação. A violência explodiu na cidade de *Asculum* (Ascoli), no Piceno, onde foi morto um alto magistrado romano que tentava controlar a situação com pouco tato, seguindo-se a morte indiscriminada de todos os romanos e seus apoiantes que lá se encontravam (D.S. 37. 12. 2; App. *BC* 1. 38), transformando-se o motim num movimento generalizado que se espalhou pela Itália como uma mancha de azeite, excluindo de início regiões como a Etrúria e a Úmbria, em parte seguras posteriormente pela concessão do direito de cidade. O conflito depressa atingiu grande intensidade, como autêntica guerra civil, muito violenta de ambos os lados, incluindo o massacre dos que não aderiam à revolta, nomeadamente quando os Samnitas ocuparam *Nola, Stabiae, Pompeios* e outras cidades campanienses. Os insurretos conseguiram mobilizar forças muito importantes, que alguns calculam em 100000 homens, com a agravante que havia entre eles muitos veteranos das guerras romanas, bons conhecedores das táticas dos que eram agora seus inimigos. Os rebeldes, cujos chefes principais pertenciam a famílias provinciais ricas, criaram uma federação italiana, com a capital em Corfínio, rebatizada como *Italica* ou *Italia*, sede de um senado representativo, cunhando moeda própria, parte da qual ostentando a legenda *Italia* (D.S. 37. 2. 4-5; Crawford 1988 139-144).

A guerra arrastou-se entre 90 e 89, ainda que bandos armados e fugitivos diversos, nomeadamente escravos e camponeses, tivessem continuado a constituir ameaça em determinadas zonas mais isoladas, para além do término oficial das operações militares. De início os rebeldes conseguiram retumbantes vitórias, colocando Roma numa situação muito difícil, tanto mais que na Ásia o ativo Mitrídates Eupator desencadeava um movimento antirromano de grande envergadura, aparentemente em combinação com os rebeldes itálicos. Um dos episódios mais dramáticos deste movimento foi o massacre generalizado dos italianos, romanos ou não, cujo número de vítimas poderá ter atingido 80000, residentes em muitos locais da Ásia e da Grécia (Memnon *Hist. Heracl.* 31). Não nos devemos admirar deste paroxismo de violência considerando a atitude romana para com os dominados que assim se vingavam, estimulados por Mitrídates que considerava os Romanos como *inimigos do género humano* (Welles 1934 74).

Depois de um período de vitórias que levou os rebeldes itálicos às proximidades de Roma, estes começaram a ceder, quando a direção da guerra recaiu sobre generais mais capazes, como Gaio Mário, regressado à vida ativa, e Cornélio Sula, dispondo ambos de forças muito numerosas, que chegaram a atingir 18 legiões constituídas segundo o modelo de recrutamento instituído por Mário em 107. Este aspeto não foi irrelevante para o grau de violência que o enfrentamento atingiu por todo o lado (App. *BC* 1. 46-53). Os Samnitas foram dos mais difíceis de dominar, mesmo depois da queda de *Bovianum* (Pietrabbondante), a segunda capital da federação, tomada por Sula, continuando a resistir, com os Lucânios e Marsos, até 87. A manobra política foi bem desenvolvida após o primeiro momento de resposta violenta, de que a *lex Varia* é um bom exemplo, tentando conseguir a submissão dos revoltados mediante concessões ao encontro, pelo menos em teoria, das suas reinvindicações. Nesta luta entre Italianos os *optimates* e os *populares* foram obrigados a unir-se, ou pelo menos, a adiar as suas divergências para um momento mais oportuno.

Três leis contribuíram para alterar a situação a favor de Roma. A *lex Iulia*, em 90, a *lex Plautia Papiria* e a *lex Pompeia*, ambas em 89. A primeira determinava a concessão do direito de cidade todos os aliados italianos fiéis e a todos aqueles que os chefes militares achassem dignos da distinção. Foi seguramente graças a este diploma que trinta cavaleiros ibéricos da *turma salluitana* receberam a cidadania latina após a tomada de *Asculum* (*CIL* I^2 709 = *CIL* VI 37045). As duas leis seguintes concediam o mesmo direito aos que se rendessem e às cidades da Gália Cisalpina. Estas leis, emanadas do senado, estabeleciam diferenças, pois enquanto aos Cispadanos era concedido o direito romano, aos Transpadanos cabia apenas o direito latino. Também a inclusão nas tribos foi muito discutida, pois anulava em parte os ganhos políticos dos Itálicos, inscritos em tribos recentes, oito ou dez, consoante as fontes, e que pouca ou nenhuma intervenção tinham no resultado das votações. Fosse como fosse, pela astúcia política e pelo terror da repressão, sobretudo contra os Samnitas, Roma conseguiu restabelecer a situação, terminando uma guerra que teria causado entre 100000 a 300000 mortos, em solo italiano, e devastou regiões inteiras (Fig.6).

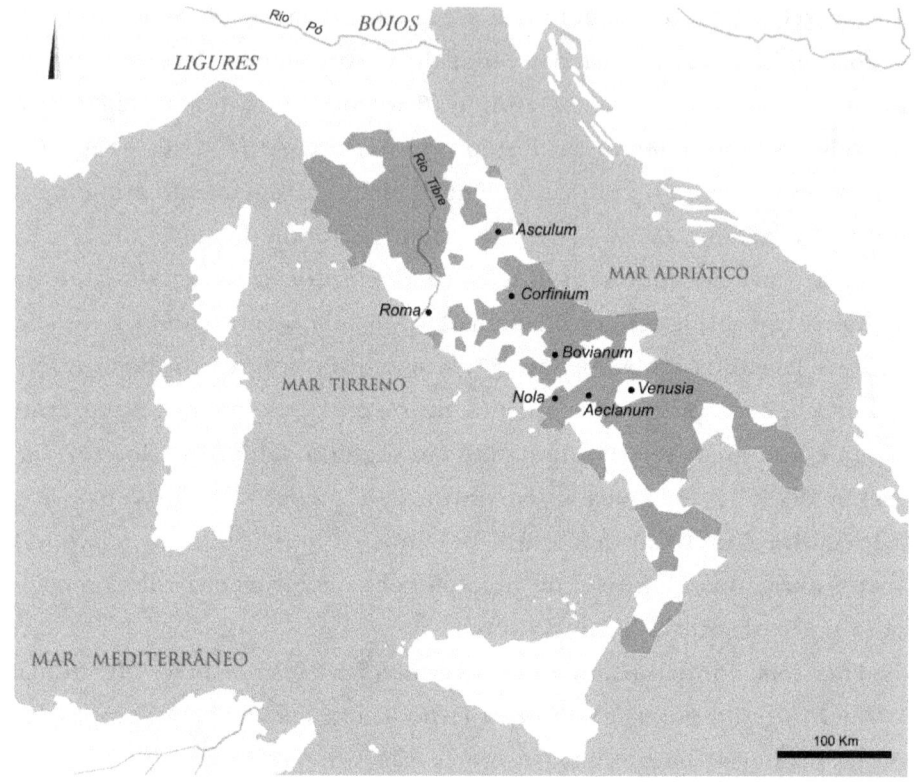

Fig.6 – Os principais focos de sublevação itálica da Guerra Social.
Por José Luís Madeira

Anda assim, é certo que a Guerra Social modificou por completo a Itália, conferindo-lhe a unidade que lhe faltava ao associar na mesma estrutura política, ainda que com as diferenças que lhe eram próprias, Romanos, Latinos e Federados (Hinard 1994 100-102). Vai permitir igualmente, o que não é menos importante, experimentar modelos políticos de gestão local que mais tarde serão exportados para as províncias, nomeadamente para as Hispânias a partir dos últimos tempos da República, com inegável sucesso. Todavia, a paz não significou pacificação, parecendo antes uma trégua, determinada pelo cansaço de uns e pela necessidade urgente de Roma enfrentar Mitrídates. Mas *optimates* e *populares* retomaram as suas diferenças, numa Itália assolada pela insegurança social e onde subsistiam importantes focos rebeldes, tudo agravado por uma enorme desvalorização do asse de 27,9 gramas para 11,6 gramas, que deixou aos credores a possibilidade legal de exigirem a liquidação das dívidas pelo valor antigo. Em breve a Guerra Social dará lugar à Guerra Civil, durante a qual Roma assistirá a eventos impensáveis até então.

6. Conflitos entre Mário e Sula

Terminadas as grandes operações na Itália, o senado ordenou a concentração das forças disponíveis na Campânia, onde Nola ainda resistia, para em seguida as deslocar para combater o rei do Ponto e reprimir as revoltas na Grécia e na Ásia. A questão do Oriente despertava vivo interesse em Roma, pois os aspetos económicos e financeiros envolvidos eram da maior importância, dividindo *optimates* e *populares*, estes últimos muito ligados aos cavaleiros e que tinham recebido um contributo importante, do ponto de vista numérico, das cidades agora integradas na ordem jurídica romana. A maior parte das tropas preparadas para a ofensiva oriental tinham pertencido ao exército de Sula, o que facilitou a escolha deste para o comando, sendo eleito cônsul em 88. Mas os *populares* tentaram contrariar a escolha senatorial, através do tribuno Públio Sulpício Rufo que começou por fazer aprovar uma lei que integrava os novos cidadãos itálicos dispersos pelas trinta e cinco tribos, alterando a relação de forças até aí existente (*lex Sulpicia*), apesar das tentativas dos cônsules em exercício para travar a reunião da assembleia destinada a aprovar a lei. Como muitos eleitores não tinham boas recordações de Sula e outros pouco tinham a esperar dos *optimates*, não foi difícil, num segundo passo, retirar-lhe o comando e conferí-lo a Mário, agora com sessenta e nove anos de idade e saúde debilitada. Este, depois do êxito que tivera na guerra italiana, apesar das dificuldades físicas sentidas (Plu. *Mar.* 58-59), desejava voltar a exercer um grande comando, que lhe daria oportunidade de recrutar tropas entre os grupos contrários aos *optimates* e garantiria seguramente grandes lucros materiais e prestígio político.

Cornélio Sula, todavia, não era homem para desistir, tanto mais que de há muito mantinha rivalidade com Mário, quer por razões de ordem política, quer como militar, desde o episódio da captura de Jugurta. Oriundo de uma família nobre mas modesta, o início da sua fortuna começou de forma estranha, através de legados testamentários duvidosos, fortuna alargada depois pelas guerras. Muito ambicioso e seguro de si póprio não hesitou em sublevar as tropas reunidas em torno de Nola, entre as quais se contavam numerosos veteranos das suas campanhas. Seguiu-se aquilo que os historiadores denominam o primeiro *Coup d'État* de Sula (Christol / Nony 1995 103), ainda que a classificação do que se passou possa suscitar dúvidas. Se é verdade que Sula estava legalmente investido, também não é menos verdade que a sua destituição tinha sido votada e aprovada. No fundo, falar de legalidade nesta fase da história romana é, no mínimo, difícil, vagueando o poder entre as decisões de um eleitorado volúvel e as pressões cada vez mais fortes de soldados e veteranos, pouco preocupados com a *Res publica* (Alföldy 2012 118-121).

O que há de novo na marcha contra Roma empreendida por Sula com as forças destinadas à guerra oriental é um sinal da total perda de respeito pelos valores romanos, curiosamente assumida por alguém que, pelo menos depois, se afirmou o mais vigoroso e implacável defensor da tradição. Assim, as forças de Sula entraram em Roma (Plu. *Sull.* 9), violando o *Pomerium*, vencendo em combates de rua as poucas forças improvisadas que Mário e Sulpício lhe opuseram. Ocorre-nos perguntar a razão deste ato de impiedade tão criticado ao longo de todos os tempos até aos nossos dias, naturalmente ditado pela preocupação de Sula em restabelecer a ordem rapidamente e a qualquer custo e que levantou objeções à maioria dos seus oficiais. Ora sucede que a entrada em Roma se fez pela Porta Colina, situada na velha muralha atribuída a Sérvio Túlio (Fig.7), a qual dava entrada a uma área da cidade, o Esquilino, inicialmente fora do *Pomerium* e onde, na época imperial, será estabelecido, talvez pelas mesmas razões, o aquartelamento da Guarda Pretoriana. Sem pretendermos defender hipóteses difíceis de comprovar não cremos ser impossível que Sula assim tivesse tentado contornar uma situação muito delicada do ponto de vista do *mos maiorum*. Talvez esperasse a fuga imediata dos *populares* marianistas, o que teria evitado a luta no interior da cidade, o que acabou por não acontecer. Mário conseguiu fugir, primeiro para Óstia e depois para África, numa fuga rocambolescamente descrita por Plutarco (Carney 1961 98-121), mas Sulpício e muitos outros foram liquidados.

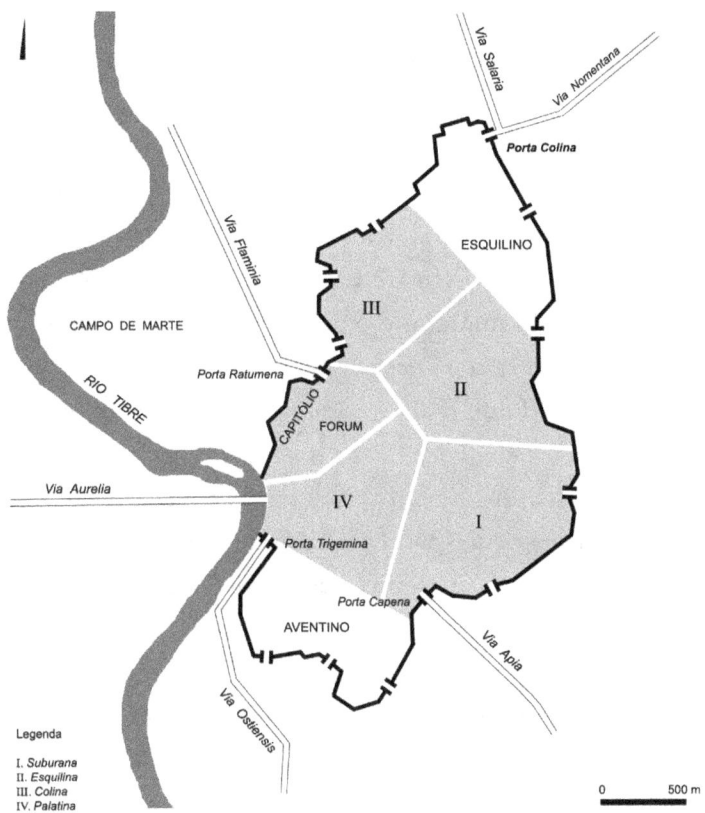

Fig.7 – A muralha dita de Sérvio Túlio e o *Pomerium* das quatro regiões de Roma.
Por José Luís Madeira

A obra legislativa de Sula nesta fase é mal conhecida, mas adivinha-se já o que viria a impôr mais tarde. As leis de Sulpício foram abolidas, os Itálicos voltaram a ser concentrados nalgumas tribos, o poder tribunício foi desvalorizado pela perda do direito de veto, os comícios centuriais foram os únicos a subsistir, além de que qualquer proposta devia ser aprovada primeiro no senado, aumentado por um número considerável de partidários de Sula. Mas as coisas não ficaram resolvidas, e a posição de Sula não parece ter sido a melhor em termos políticos, uma vez que os candidatos que apresentou para o consulado do ano seguinte foram derrotados, sendo eleitos políticos que pouco lhe agradavam, como forma de retaliação dos Romanos (Plu. *Sull*. 14): Gneu Octávio e Cornélio Cina. É possível que a urgência da guerra contra Mitrídates tivesse influenciado a aparente ligeireza com que Sula encarou a situação, que em breve conheceria alterações, devido ao antagonismo dos novos cônsules, partindo para a Grécia com cinco legiões e deixando uma na Itália.

Em breve o conflito recomeçou. Cina foi deposto pelo senado e condenado à morte, depois de tentar retomar a lei de Sulpício que previa a repartição dos Itálicos pelas trinta e cinco tribos. Fugido de Roma e conseguindo atrair para o seu lado a legião que Sula deixara na Itália, a que se juntaram muitos samnitas e outros italianos ainda em revolta, Cina passou à ofensiva. Contra o parecer de Sertório, Mário regressou de África, bloqueou Óstia, impedindo o abastecimento a Roma e, em consequência, o senado capitulou e reconheceu Cina e Mário como cônsules para o ano 86. Seguiram-se as habituais retaliações, agora contra os *optimates* partidários de Sula, entre as quais Octávio. Entretanto a violência e a anarquia instalaram-se de tal forma em Roma que foi preciso tomar medidas drásticas, inclusive contra os escravos que tinham sido libertados em grande número para auxiliar na luta contra os apoiantes de Sula, escravos que depois de admoestados sem resultado por Cina, acabaram massacrados por tropas gaulesas comandados por Sertório, morrendo uns quatro mil (App. *BC*. 1. 8; Plu. *Sert.* 5). Mário faleceu pouco depois, doente, sendo substituído por Valério Flaco, mas o quadro de violência que permitiu e estimulou iria pesar fortemente nos acontecimentos posteriores. A toga nada valia perante as armas dos *imperatores*.

Cina foi eleito cônsul três vezes, até ter sido eliminado em 83. Rapidamente livre de Flaco, enviado ao encontro de Sula com duas legiões para lhe retirar o comando, com as previsíveis consequências, Cina, Papírio Carbão e o filho de Mário controlaram Roma até ao regresso daquele (Lovano 2002). O domínio exercido no topo por Cina contou, todavia, com o apoio de senadores moderados, prestando-se a compromissos, inevitáveis no quadro de hecatombe económica em que se encontrava a República, privada das contribuições asiáticas. O julgamento da ação dos marianistas tem sido quase sempre severo, atribuindo-se mais valor ao que fizeram de mau do que àquilo que fizeram bem, ou com boa intenção. Para além da restauração dos comícios tributos procederam à integração plena dos *socii* nas tribos romanas, tal como tinha sido decidido anteriormente, atraindo os Samnitas e os Lucânios ainda em armas, pondo fim definitivamente à Guerra Social e consagrando a unidade italiana. Estas medidas acrescentaram, através de um recenseamento extraordinário, 463000 novos cidadãos ao corpo cívico, num total de perto de 900000. Sobre o verdadeiro significado deste facto lembramos o que escreveu Claude Nicolet: *À la fin d'une longue évolution, le chiffre de la population libre italienne coïncide avec le chiffre de sa population civique: dans un monde où il n'est d'homme que de citoyen, c'est le nombre aberrante de ses citoyens qui fait de Rome, et de très loin, la première puissance de son temps* (Nicolet 1979 90).

Os problemas económicos, todavia, atrapalharam seriamente a ação dos marianistas, apesar das tentativas que fizeram para encontrar soluções, algumas perigosas ou irrealistas, como as de Valério Flaco diminuindo o valor dos alugueres e das dívidas a um quarto do total. Retirou-se de circulação muito do dinheiro desvalorizado emitido pelo senado, substituindo-se por novas moedas, por iniciativa do pretor Mário Gracidiano, o qual terá também promovido uma remissão parcial das dívidas, pelo que será lembrado por Cícero. Há a registar igualmente a fundação de uma colónia em Cápua, em 84 por iniciativa de Júnio Bruto, o Velho, sugerindo o prosseguimento italiano do programa de colonização dos *populares*. Finalmente, referimos um facto nem sempre lembrado pelos historiadores, o restabelecimento do ensino da retórica latina, interdito desde 92, o qual reputamos significativo da situação que se vivia em Roma sob um governo que, embora autoritário, procurava os equilíbrios possíveis. O regresso de Sula mergulhará de novo a Itália na violência desenfreada, graças às posições assumidas pelas duas partes em confronto numa guerra civil que, em verdade, já tinha começado há muito.

7. Ditadura de Sula

Sula conduziu uma brilhante campanha na Grécia e na Ásia, ainda que manchada por desacatos, em parte motivados pela falta de suporte vindo da Itália, uma vez que os marianistas consideravam ilegal o seu *imperium* e também porque o saque era olhado pelas tropas como o prémio mais desejado da vitória (Coudry / Humm 2009). Assim, Sula pilhou os principais santuários gregos, incluindo o de Delfos, e após a tomada de Atenas entregou a cidade a sangrentas represálias e a um saque generalizado (Plu. *Sull.* 31-33), de tal forma grave que a cidade só voltou a recuperar verdadeiramente no tempo de Adriano. A chegada de Flaco obrigou Sula, em 85, a concluir a paz com Mitrídates em condições consideradas desfavoráveis em Roma. Agregando ao seu exército as legiões de Flaco, entretanto vítima de um pronunciamento militar, Sula preparou-se para regressar a Itália com 40000 homens e um tesouro enorme[4], proveniente dos saques e dos impostos extraordinários lançados sobre amigos e inimigos. Desembarcou em *Brindisi* em 83 para tomar o poder.

A campanha na Itália prolongou-se por dois anos, em grande parte devido a resistência renovada dos Samnitas. Com efeito as forças reunidas pelos *populares*, chefiadas por Mário-o-Jovem, foram rapidamente obrigadas a recuar e este ficou bloqueado em Palestrina (*Praeneste*), onde se suicidou quando a cidade foi tomada e entregue à pilhagem e ao massacre (Crawford 1988 149-150). É possível que a reconstrução do extraordinário santuário de *Fortuna Primigenia* situado no topo da cidade, por iniciativa de Sula (Bandinelli 1969 146-151; Boethius 1978 168-174), tenha sido decidido por razões religiosas, ou de superstição, deste general, que se considerava bafejado pela Fortuna e que poderá ter sido filho primogénito, de onde a adoção do *agnomen*, rapidamente popularizado, Félix. Se considerarmos a existência de um santuário de Fortuna nas proximidades da Porta Colina, em Roma, esta hipótese parece-nos razoável. Foi exatamente na Porta Colina que se decidiu a sorte da guerra, depois de Roma ter sido ocupada sem resistência pelos *optimates*, pois aí se travou a batalha decisiva contra as poderosas forças samnitas comandadas por Pôncio Telesino, batalha muito violenta que

---

[4] Como produto dos saques entraram em Roma inúmeras obras de arte gregas, assim como outras preciosidades. Sublinhamos a importância da biblioteca de Apellicon, trazida de Atenas, que continha obras de Aristóteles e de Teofrasto, fundamentais para a difusão das doutrinas peripatéticas em Roma. Os navios naufragados achados em Anticítera (Grécia) e ao largo de Mahdia (Tunísia), transportariam para Itália materiais provenientes dos saques de Sula.

terminou, após a vitória de Sula, com o massacre de milhares de prisioneiros (Plu. *Sull*. 29-30).

A estes eventos propriamente militares seguiu-se um período de terríveis proscrições, não anárquicas e descontroladas como até aí, mas cuidadosamente preparadas e publicadas no *forum*, em listas disponíveis para consulta pública. Começou por depurar o senado dos elementos considerados abertamente comprometidos com os marianistas ou apenas inseguros. Os números que nos foram transmitidos variam, mas mesmo considerando apenas o mais baixo, 520 senadores e cavaleiros executados legalmente podemos ter uma ideia do terror e das consequências resultantes de tais medidas (Hinard 1994 104; Christol / Nony 1995 105), das quais uma das mais importantes foi a fuga de opositores capazes, como Sertório, que prolongaram fora de Itália a resistência ao novo regime. A condenação e execução sumária dos proscritos implicavam a perseguição aos familiares, com proibição dos descendentes ocuparem magistraturas e confiscação dos bens. Para acelerar a purga, dificultando a fuga dos visados, foi estabelecido um prémio de 12000 denários para quem matasse ou capturasse um desses indiciados (Hinard 2011 19-162).

Com este historial de terror organizado não é de admirar que os autores antigos e os nossos contemporâneos tracem, na maior parte dos casos, por vezes por razões contrárias, uma imagem negativa de Sula, para uns um homem que queria ser rei e falhou essa oportunidade, como pretendeu Carcopino, ou um tirano implacável, segundo Badian ou Diakov (Carcopino 1950; Badian 1970; Diakov 1976 200-213). Outros autores procuraram, todavia, traçar-lhe um perfil mais positivo ou equilibrado, como Keaveney ou Hinard (Keaveney 1983; Hinard 1985). Talvez estas diferenças de opinião, afinal, reflitam as contradições de um homem que viveu um tempo complicado e que considerou a salvação da *Res publica*, como aliás Cícero sublinha num discurso onde ataca as proscrições (Cic. *S. Rosc.* 45), através de um regime autocrático, ainda que, mais uma vez, recorrendo às magistraturas constitucionais, ditadura e consulado. Ao tentar restaurar a República do *mos maiorum*, ferida de morte, Sula indicou, claramente, o caminho a seguir.

A legislação de Sula é numerosa, comprovando uma atividade intensa, embora nem sempre bem conhecida. Nomeado ditador, em 82, cargo caído em desuso depois da Segunda Guerra Púnica, o próprio título esclarece quais as intenções políticas de Sula: *Dictator legibus scribundis et rei publicae contituendae* (Fig.8). O senado foi renovado com a inclusão de trezentos cavaleiros, parte dos quais de origem não romana, duplicando o número de questores de forma a garantir o recrutamento de vinte novos senadores anualmente. Os projectos de lei deviam passar pelo senado, para aprovação, antes de presentes aos comícios tributos, enquanto os tribunos da plebe perderam o direito de ser eleitos para qualquer outra magistratura. Por outro lado, Sula reintroduziu o princípio legal de que a repetição de um consulado pelo mesmo homem devia ter um intervalo de dez anos, medida integrada numa série de determinações que reorganizavam o *cursus honorum*, procurando moralizá-lo. A legislação penal foi também objeto de medidas diversas, em parte com prejuízo dos cavaleiros. Os tribunais permanentes (*quaestiones*), especializados, deram origem a uma classe de jurisconsultos que paulatinamente harmonizou a legislação. Uma lei de majestade, muito rigorosa, e leis visando os costumes fizeram igualmente parte da panóplia de medidas legais promulgadas pelo ditador. Finalmente, determinou que nenhum exército estacionasse na Itália a sul do Rubicão e reorganizou a administração das províncias, em número de dez a partir desta época, atribuídas a procônsules ou propretores (Christol / Nony 1995 105-107).

Um dos grandes problemas que Sula foi obrigado a resolver foi o dos itálicos recentemente naturalizados, contra os quais declarou logo em 83, nada ter contra (App. *BC* 1. 77). Assim, a integração destes novos cidadãos foi resolvida de acordo com a lei e tal como eles desejavam, dispersos pelas 35 tribos. Mais complicado, mas também resolvido, em parte por meio das exações contra os inimigos vencidos na Itália, foi o problema de encontrar terras para os 120000 soldados das vinte e duas ou vinte e três legiões licenciadas. Uma extensa política colonizadora levou à fundação de numerosas colónias no Lácio, na Campânia e na Etrúria, criando assim uma enorme clientela, na qual, e nos 10000 *Cornelii* seus libertos, assentava, segundo alguns historiadores (Chouquer 1983 248-249; Alföldy 2012 119), a segurança que aparentou quando abandonou a ditadura para continuar como cônsul, em 80, até à passagem à vida privada no ano seguinte. Podemos atribuir-lhe também o início da monumentalização da cidade de Roma (Tac. *Hist.* 3. 72; Bandinelli 1969 146-151; Moatti 1993 70), nomeadamente através da reconstrução do Capitólio e do Tabulário, sem esquecer a importância simbólica do alargamento do *Pomerium* (Homo 1971 93-98), efetuado por um homem que se pretendia protegido dos deuses, em particular da deusa Vénus, divindade cujo culto, ligado às origens míticas de Roma, possuía relevante valor político, daí o título Epafróditos usado em terras gregas, valor que não será esquecido por César e por Augusto.

Fig.8 – Inscrição de Roma (CIL I^2 721) em honra do ditador *L. Cornelius Sulla*, dito *Felix* (Museu Nacional de Nápoles).

A vida e as ações de Sula obrigam a refletir sobre as suas verdadeiras intenções. Homem pobre tornado todo-poderoso, ciente do seu valor e do valor dos seus feitos militares, injustiçado em determinada altura, tudo nele parece complexo, misterioso, para alguns. Grande general, restaurador autoritário de um sistema político em crise e no qual acreditava, conhecedor das forças que se opunham à República interna e externamente, Sula foi uma figura de transição, talvez sem se aperceber. Todos os seus esforços e todas as suas vítimas se tornaram inúteis uma década depois de uma morte terrível (Plu. *Sull*. 36. 1; Bondeson 1998 329)[5], acontecida apenas um ano após ter abandonado o poder para se instalar numa luxuosa *villa* no Golfo de Nápoles, em 78. Razões desta retirada, a que por vezes se chama abdicação? Já se apontaram todas, ou quase todas, e na falta das memórias que escreveu nesse último ano, perdidas quase na totalidade mas seguramente tendenciosas como todas as memórias políticas que se prezam, restam-nos as conjeturas.

Júlio César, que lhe ficou a dever a vida, disse que Sula, ao abandonar a ditadura, mostrou nada perceber de política, circunstância que, pelo contrário, provará que o general não desejava um regime de tipo monárquico, terminando a sua ação onde o futuro Augusto começaria. O próprio título de *Felix*, ao qual se atribui frequentemente uma conotação monárquica, através de exemplos helenísticos, pode apenas refletir a autoconsciência de uma proteção providencial que assumiu até ao fim (Plu. *Sull*. 38. 1; Keaveney 1983 44-79). Finalmente, atendendo às caraterísticas da doença que vitimou Sula em 80, por que não ver no afastamento do ex-ditador apenas o desejo do homem, provavelmente conhecedor do que o atingia, viver os seus últimos tempos rodeado daquilo que lhe agradava e na fruição à distância do resultado dos trabalhos e dos dias de uma vida bem preenchida?

8. Sertório e os Lusitanos

Quinto Sertório é mais uma figura típica dos tempos que preludiaram o fim da República em Roma (Schulten 1949). Nascido numa família equestre de provável origem sabina, cedo demonstrou simpatia pelos *populares*, ilustrando-se nas campanhas contra os Cimbros e Teutões. Em 97 serviu como tribuno militar na Hispânia, mais uma vez com distinção, fazendo a sua aprendizagem da terra e das gentes hispânicas, ainda pouco propensas à submissão ao domínio romano na maior parte da Península.

---

[5] Para alguns investigadores, como Bondeson, existe a possibilidade da descrição da morte de Sula corresponder a um *topos*.

Anos depois, em 91, vamos encontrá-lo como questor na Gália Cisalpina recrutando tropas para a Guerra Social. A sua atuação futura ficou decidida quando apoiou Cina contra Sula, destacando-se pela sua preocupação em limitar as perseguições desenvolvidas em Roma, por Cina e Mário, ao regresso do qual se opusera. Nomeado pretor por Papírio Carbão, em 83, abandonou a capital pouco antes da entrada de Sula em Roma. A missão de Sertório consistia em segurar a Hispânia, controlada por pretores que facilmente poderiam aderir à ordem sulana. Não correu bem o intento, pois as tropas de C. Ânio conseguiram atravessar os Pirenéus em 81, obrigando Sertório a retirar-se para Cartagena e desde esse porto, para a Mauritânia, onde, após alguns episódios aventurosos se envolveu em lutas locais que colocaram no trono Ascális, até ser chamado pelos Lusitanos para os chefiar na sua luta (Vell. 2. 90. 3). Contra quem?

Antes de nos embrenharmos nas operações militares de Sertório na Península Ibérica contra as forças dos *optimates*, a Guerra Sertoriana, para a qual as fontes são relativamente numerosas e ricas de pormenores (Blázquez 1986 217-231; Frías 2006 153-176), devemos sublinhar que a Hispânia, onde durante décadas estacionaram importantes efetivos militares romanos, conhecera uma colonização intensa, sobretudo na Bética e no Levante, ainda que esta colonização não fosse oficial, no sentido restrito do termo, pois se verificou, para além do estabelecimento voluntário de veteranos, natural após as longas campanhas hispânicas, a vinda de muitos imigrantes, sobretudo itálicos (Wilson 1966 24; Neila 1988 291-306), a quem Emilio Gabba atribui os melhores apoios a Sertório (Gabba 1973 289-299). Devemos, pois, considerar a Hispânia como uma terra de fronteira, mas de fronteira em parte indefinida, dinâmica, uma frente de colonização que se supõe vir a ser ampliada consecutivamente (Webb 1953 2-31), apesar das duas províncias hispânicas, Citerior e Ulterior, se encontrarem delineadas nos limites comuns.

A visão tradicional de um território absolutamente bárbaro, um espaço apenas frequentado por negociantes aventureiros e aberto aos azares de operações militares que se alongavam sem solução à vista deve, portanto, ser mitigada, pois de outra forma torna-se impossível compreender a capacidade de resistência demonstrada por Sertório e a forma como foi possível sustentá-la durante quase uma década. Devemos, evidentemente, acautelar-nos da tradição que apresenta Sertório como um sucessor de Viriato, um herói nacional peninsular e, menos ainda, considerá-lo relacionado com um qualquer «movimento de libertação nacional da província» (Diakov 1975 233). Embora a sua figura tenha suscitado menos interesse literário que a de Viriato, talvez por apresentar dificuldades de nacionalização, não deixou de merecer a atenção de romancistas, como João Aguiar, destacado renovador do romance histórico em Portugal (Aguiar 1994).

A Hispânia era, desde o começo das lutas civis, um refúgio tanto para *optimates* como para *populares*, consoante as circunstâncias em Roma (Blázquez 1986 217-218). A ditadura de Sula contribuiu com um caudal significativo de fugitivos, vindos por terra e por mar, parte dos quais integraram o senado que Sertório organizou, constituindo assim um verdadeiro governo no exílio (App. *BC* 1. 108; Plu. *Sert.* 22-23). Não cremos, portanto, que alguma vez Sertório tivesse ponderado a secessão da Hispânia, menos ainda os seus partidários, que viam naquela assembleia o governo legítimo da República (Alföldy 2012 116-117). Se foram os Lusitanos a chamá-lo de África, em 80, e se inicialmente as operações militares se desenrolaram no ocidente peninsular, como as fontes claramente indicam ao referirem como bases de Q. Cecílio Metelo, chegado à Península em 79, *Metellinum* (Medelin), *Castra Caecilia* (Cáceres) e *Caeciliana* (algures no Baixo Tejo) e ações em *Lacobriga* (Monte Molião / Lagos), *Dipo* (Talavera la Real) e *Conistorgis*, ainda não identificada (Alarcão 2001 335-338), a atividade bélica deslocou-se depois para a Celtibéria e vale do Ebro, onde no inverno de 76 se lhe juntou, contra vontade, M. Perpena com forças significativas, falhado o golpe de M. Emílio Lépido, em Roma.

Quer uma tradição erudita que Sertório tenha estabelecido a sua capital em Évora, onde o Padre Manuel Fialho lhe atribuiu a construção do templo, desde então dito de Diana, devido ao episódio da corça branca que acompanharia o chefe rebelde. É evidente que o templo nada deve a Sertório, nem o aqueduto, nem a torre a que se concede o seu nome. A verdade é que as fontes antigas da Guerra Sertoriana nunca referem a cidade, à qual André de Resende procurou dar relevo no episódio sertoriano (Fig.9), seguindo uma prática habitual na época (Fonseca 1728 23-25; Encarnação

1991 198-216; 2009 98-109). Diana era uma divindade particularmente ligada aos Latinos e às camadas populares da população romana, contando com um templo antiquíssimo no Aventino, centro por excelência da plebe (Schilling 1979 371-388; Merlin 1906 203-226, 252-256). Cremos, por isso, que é possível interpretar a presença da corça, para além da mensagem de protecionismo divino que pretendia transmitir, sobretudo aos indígenas, como uma referência política nitidamente itálica. O apoio dos hispânicos, que treinou e equipou, pelo menos em parte, à romana, foi facilitado pelo de há muito normal recrutamento de mercenários e de auxiliares entre os povos peninsulares, notavelmente fiéis, até em condições extremas, como sucedeu em *Calagurris* (Calahorra), no vale do Ebro (Sal. *Hist.* 3. 86-87), em parte devido à chamada *devotio ibérica* (Étienne 1958 75-81, 97-101). A disciplina destas tropas, todavia, não seria a melhor (Plu. *Pomp.* 19), o que terá salvado a vida a Pompeio na batalha de *Sucro* (Júcar).

Fig.9 – Inscrição "sertoriana" (CIL II 12*) mandada gravar por André de Resende (Museu de Évora. Foto de G. Cardoso).

A vinda de Pompeio, em 77, alterou a relação de forças na Hispânia. Embora Sertório preferisse uma estratégia baseada em ações de guerrilha, que julgamos ter sido exagerada, uma vez que não faltam referências a grandes efetivos e a autênticas batalhas, como, em 75, a de *Sucro*, dada não muito longe de Valência, cidade que Sertório perdeu no ano seguinte e onde alguns dos vencidos foram cruelmente trucidados (Lacomba 1998 35-37). Ocorrem também relatos numerosos de ações envolvendo centros populacionais fortificados, como no caso da celtibérica *Pallantia*, tomada em 74 por Pompeio, defendida por uma muralha que parece corresponder ao *murus gallicus* descrito por César (Piggott 1981 274-280). Os progressos no terreno de Metelo e Pompeio levaram novamente Sertório a centrar as atenções na Lusitânia, onde em 74 Perpena tomou *Cale* (Porto), talvez para tentar abrir uma nova frente e recrutar forças entre os *Callaeici* (Tranoy 1981 130). Seja como for, não faltam testemunhos numismáticos da atividade bélica deste período, ao longo dos caminhos que virão a ser os principais eixos viários da Lusitânia ocidental (Alarcão 1999 1-8). A aventura sertoriana acabou mal, devido às derrotas sucessivas, à amnistia promulgada a favor dos partidários de Lépido em 73, e ao cansaço generalizado por uma guerra interminável e que começara a envolver, em 75, inimigos históricos de Roma, os piratas e o celebérrimo Mitrídates, ganhando tonalidades próprias de um conflito externo (Plu. *Sert.* 23-24; Sal. *Hist.* 2. 98. 5; Morá 1991 365).

Aproveitando a situação, e face a uma personalidade que se desagregava (App. *BC* 1. 113; Plu. *Sert.* 25), a ponto de determinar a morte dos reféns familares de chefes indígenas que detinha em Huesca, o que nos faz suspeitar um tanto das suas intenções *hispanistas*, Perpena, com quem sempre tivera relações difíceis, organizou uma conjura que levou ao assassinato de Sertório num banquete. Depois deste desfecho a guerra foi rapidamente terminada por Pompeio, que venceu e mandou executar Perpena. Os sertorianos dispersaram-se, com sorte diversa, até que no ano 70 a *lex Plautia*, de César, permitiu o regresso a Roma destes *populares* ainda exilados (Suet. *Jul.* 5).

Para além dos exageros que a tradição e algumas fontes mais simpáticas atribuem a Sertório, é indiscutível que os inícios do século I a.C. marcam avanços significativos na dinâmica da romanização e que Sertório teve, tal como Metelo e Pompeio, importante influência na aceitação da hegemonia romana pelas populações indígenas, sem esquecer o forte apoio que uma cada mais numerosa presença de imigrantes itálicos e romanos facultou à mudança de situação na Hispânia, onde nomes como Crasso, Pompeio, César ou os Balbos gaditanos (Neila 1992), preludiam o fim de um mundo velho e o advento triunfante do Império. Talvez uma reflexão de Cícero nos ajude a compreender mais facilmente o que se passou com a evolução da República, naturalmente erodida pelas consequências sociais de intermináveis triunfos militares: «As nossas tradições produziram outrora grandes homens, que mantiveram as tradições. Presentemente, já perdemos as cores e, mesmo os contornos desse quadro. As tradições foram esquecidas por falta desses homens. É por nossa culpa que o Estado se ergue apenas nominalmente» (Cic. *Rep.* 6. 1). Será a consideração do Arpinate destinada apenas aos homens do seu tempo, ou, reconhecendo afinal a validade das velhas teorias de Spengler e de Toynbee, devemos nós alargá-la aos dias de hoje?

Tábua Cronológica

154-133 a.C. – Guerras Lusitanas e Celtibéricas.
146 a.C. – Destruição de Cartago e de Corinto.
133 a.C. – Tib. Graco eleito tribuno da plebe.
132 a.C. – Assassinato de Tib. Graco.
133-129 a.C. – Rebelião de Aristónico na Ásia.
134-132 a.C. – Primeira Guerra Servil na Sicília.
125 a.C. – Revolta e destruição de *Fregellae*.
123-122 a.C. – C. Graco tribuno da plebe.
121 a.C. – Assassinato de C. Graco e F. Flaco.
119 a.C. – C. Mário tribuno da plebe. Lei sobre o voto secreto.
111 a.C. – A lei Tória restringe os efeitos da reforma agrária dos Gracos.
107 a.C. – C. Mário cônsul. Reforma do recrutamento militar.
106 a.C. – Vitória sobre Jugurta, rei da Numídia. Nascimento de Cícero.
105 a.C. – Invasão dos Cimbros e Teutões.
102 a.C. – Mário e Sula esmagam os Cimbros e os Teutões.
90-89 a.C. – Guerra Social, iniciada em *Asculum*, no Piceno. Termina com a concessão da cidadania aos aliados itálicos e a outros.
88 a.C. – Revolta geral antirromana na Grécia e na Ásia estimulada por Mitrídates.
88 a.C. – Mário e Sula em conflito pelo comando do exército oriental. Tomada de Roma por Sula.

86 a.C. – Mário e Cina controlam Roma através do terror contra os *optimates*.
85 a.C. – Vitórias sucessivas de Sula na Grécia, onde saqueia Atenas, e na Ásia. Paz de Dárdanos.
83 a.C. – Sula controla a Itália e esmaga os Samnitas na Porta Colina, em Roma. Início das proscrições e da Ditadura.
83 a.C. – Sertório na Hispânia.
78 a.C. – Morte de Sula.
79 a.C. – Metelo na Hispânia opera na Lusitânia.
77 a.C. – Pompeio na Hispânia.
73 a.C. – Assassinato de Sertório. Derrota de Perpena.

Bibliografia

Fontes Antigas

Apiano, *Appian's Roman History*, E. W. White, ed. (²1902). Londres.

Aurélio Vítor (?) *De viribus ilustribus Romae*, F. Pichlmayr, ed. (1911). Lípsia.

Cícero, *Tratado da República*, F. de Oliveira, ed. (2008). Lisboa.

Cícero, *Pro Sextio Roscio Amerino oratio*, J. C. Nicol, ed. (²1923). Cambridge.

Cícero, *De Legibus*, K. Ziegler, ed. (1950). Heidelberga.

Diodoro, *Library of History*, O. Father-Walton, ed. (1936). Londres.

Énio, *The Annals of Quintus Ennius*, O. Skutsch, ed. (1985). Nova Iorque.

Floro, *Histoire romaine*, J. Pal, ed. (1967). Paris.

Lívio, *Livy*, F. Gardner Moore, ed. (1966). Londres.

Memnon, *Historiarum Heracleae Ponti Excerpta*, J. C. Orelli, ed. (1816). Lípsia.

Plauto, *The Comedies of Plautus*, H. Thomas Riley, ed. (1912). Londres.

Plutarco, *Plutarch's Lives*, B. Perrin, ed. (1959). Londres.

Políbio, *Histoires*, R. Weill / Cl. Nicolet, eds. (1977). Paris.

Salústio, C. *Sallusti Crispi Catilina Iugurtha. Fragmenta Ampliora*, A. Kurfess, ed. (1968). Lípsia.

Suetónio, *Vie des douze Césars*, H. Ailloud, ed. (1931). Paris.

Tácito, *Histoires*, H. Goeltzer, ed. (1965). Paris.

Veleio Patérculo, *Compendium of Roman History*, F. W. Shipley, ed. (1924). Harvard.

CIL = *Corpus Inscripcionum Latinarum*, Berlim.

FIRA = *Fontes Iuris Romani Anteiustiniani*, S. Riccobono, ed. (1941). Florença.

ORF = *Oratorum Romanorum Fragmenta Liberae Rei Publicae*, H. Malcorati, ed. (1955). Turim.

RRC = *Roman Republican Coinage*, M. H. Crawford, ed. (1974). Cambridge.

Estudos e obras literárias

Aguiar, J. (1994), *A hora de Sertório*, Lisboa.

Alarcão, J. (1999), "O contexto histórico dos tesouros republicanos romanos em Portugal" in R. Centeno / M. P. García-Bellido / G. Morá, eds. *Rutas, Ciudades y Moneda en Hispania*. Madrid 1-8.

Alarcão, J. (2001), "Novas perspectivas sobre os Lusitanos (e outros mundos)", *Revista Portuguesa de Arqueologia*, 4 (2) 293-349.

Alföldy, G. (2012), *Nueva historia social de Roma*. Sevilha.

Andreau, J. (1999), *Banking and Business in the Roman World*. Cambridge.

Astin, A. E. (1978), *Cato the Censor*. Oxford.

Badian, E. (1970), *Lucius Sulla, the Deadly Reformer*. Sidney.

Bandinelli, R. B. (1969), *Rome. Le centre du pouvoir*. Paris.

Becker, J. B. (1964), "The influence of Roman Stoicism upon the Gracchi economic land reforms", *La Parola del Passato* 19 125-134.

Blázquez, J. M. (1988), *La romanización*, I. Madrid.

Bloch, R. / Cousin, J. (1964), *Roma e o seu destino*. Lisboa.

Bloch, L. (^{2}1991), *Lutas sociais na Roma antiga*. Lisboa.

Boethius, A. (1978), *Etruscan and Early Roman Architecture*. Londres.

Bondeson, J. (1998), "Phthiriasis: the riddle of the lousy disease", *Journal of the Royal Society of Medicine* 91 (6) 328-334.

Brunt, P. A. (1982), "Nobilitas and Novitas", *Journal of Roman Studies* 72 1-17.

Brunt, P. A. (1966), "The Roman Mob", *Past and Present* 35 3-27.

Carcopino, J. (1928), *Autour des Gracques*. Paris.

Carcopino, J. (1950), *Sylla ou la monarchie manqué*. Paris.

Carney, T. F. (1961), "The Flight and Exil of Marius", *Greece and Rome*, 8 (2) 98-121.

Chouquer, G. et alii (1987), *Structures agraires en Italie centro-méridionale. Cadastres et paysages ruraux*. Roma.

Christol, M. / Nony, D. (1995), *Rome et son Empire*. Paris.

Coarelli, F. (1981), *Fregellae*. Roma.

Coudry, M. / Humm, M. (2009), *Praeda. Butin de guerre et société dans la Rome républicaine. Kriegsbente und Geselschaft im Republikanischer Rom*. Estugarda.

Crawford, M. (^{2}1988), *La Republica romana*. Madrid.

Diakov, V. (1976), *História de Roma*. Lisboa.

Durant, W. (1949), *Histoire de la Civilisation*, VII, *Rome*. Paris.

Ellul, J. (1963), *Histoire des institutions dans l 'Antiquité*. Paris.

Encarnação, J. d' (1991), "Da invenção de inscrições romanas pelo humanista André de Resende", Biblos 67 193-221.

Encarnação, J. d' (2009), "Sertório, general romano: guerrilheiro e mito?", *CEAMA* 3 98-109.

Erdkamp, P. (2007), "Polibius and Livy on the Allies in the Roman Army" in Blois, L. / Gascio, E. eds. *The Impact of the Roman Army (200 BC-AD 476)*. Leida 47-74.

R. Étienne (1958), *Le culte impériale dans la Péninsule Ibérique d'Auguste à Dioclétien*. Paris.

Fonseca, F. (1728), *Evora gloriosa. Epilogo dos quatro Tomos da Evora illustrada, que compoz o R. P. M. Manoel Fialho*. Roma.

Frías, M. S. (2006), "Geografía ficticia y geografía real de la epopeya sertoriana" in Andreotti, G. – Le Roux, P. – Moret, P., coords. *La invención de una geografía de la Península Ibérica*. Málaga 153-176.

Freeman, P. M. (1997), "From Mommsen to Haverfield: the origins of studies of Romanization in late 19th-c. Britain" in Matingly, D. J., ed. *Dialogues in Roman Imperialism*. Portsmouth (RI) 27-50.

Gabba, E. (1973), *Esercito e società nella tardo Republica romana*. Florença.

Grimal, P. (^{2}1975), *Le siècle des Scipions. Rome et l'hellénisme au temps des guerres puniques*. Paris.

Heurgon, J. (^{2}1980), *Rome et la Mediterranée occidentale jusqu'aux guerres puniques*. Paris.

Hinard, F. (1985), *Sylla*. Paris.

Hinard, F. (^{2}1994), *La République Romaine*. Paris.

Hinard, F. (2011), *Rome. La dernière République: recueil d'articles*. Talence.

Homo, L. (^{2}1971), *Rome impériale et l'urbanisme dans l'Antiquité*. Paris.

Keaveney, A. (1983), "Sulla and the Gods", *Studies in Literature and Roman History* 3 44-79.

La Penna, A. (1959), "L'interpretazione sallustiana de la guerra contra Giugurtha", *Anali della Scuola Superior di Pisa* 28 45-86,243-284.

Lacomba, A. R. (1998), "La fundación y los prímeros años de Valencia" in A. R. Lacomba, coord. *50 años de viaje arquelógico en Valencia*. València 23-37.

Lançon, B. (2003), *O Estado romano.Catorze séculos de modelos políticos*. Mem Martins.

Lévêque, P. (^{2}1992), *Le monde hellénistique*. Paris.

Lovano, M. (2002), *The Age of Cinna: Crucible of the Late Republican Rome*. Estugarda.

Luttwak, E. N. (1976), *The Great Strategie of the Roman Empire*. Baltimore.

Mantas, V. (2008), "As cidades do Sol" in Fialho, M. C. –Alvar, J. – Encarnação, J. d', coords. *O Sol Greco-Romano*. Coimbra 61-92.

Mantas, V. (2011), "O valor do poder naval na Antiguidade Clássica: o exemplo romano" in *Actas do XI Simpósio de História Marítima: O Poder do Estado no Mar e a História*. Lisboa, Academia de Marinha 1-41.

Marín Diaz, M. (1988), *Emigración, colonización y municipalización en la Hispania republicana*. Granada.

Merlin, A. (1906), *L'Aventin dans l'Antiquité*. Paris.

Moatti, C. (1993), *Archives et partage de la terre dans le monde romain (IIe siècle avant - Ier sièle après J.-C.)*. Roma.

Morá, F. G. (1993), "Sertório frente a Metelo (79-78 a.C.)" in Actas do 2º Congresso Peninsular de História Antiga. Coimbra 375-398.

Morstein-Marx, R. (2003), *Mass Oratory and Political Power in the Late Republic*. Cambridge.

Neila, J. F. (1988), *Historia de Cordoba*, 1. Córdova.

Neila, J. R. (1992), *Confidentes de César. Los Balbos de Cádiz*. Madrid.

Nicolet, Cl. (1963), "A Rome pendant la deuxième guerre punique, techniques financières et manipulations monétaires", *Annales* 18 417-436.

Nicolet, Cl. (1967), *Les Graques. Crise agraire et révolution à Rome*. Paris.

Nicolet, Cl. (^{2}1979), *Rome et la conquête du monde mediterranéen*. Paris.

Oliveira Martins, J. P. (^{2}1965), *História da República Romana*, 2. Lisboa.

Piggott, S. (1981), *A Europa Antiga*. Lisboa.

Rocha Pereira, M. H. (2009), *Estudos de História da Cultura Clássica*, II, *Cultura Romana*. Lisboa.

Salway, B. (2001), "Travel, Itineraria and Tabellaria" in Adams, C. / Laurence, R., eds. *Travel and Geography in the Roman Empire*. Londres - Nova Iorque 22-66.

Seager, R. (1972), "Cicero and the Word Popularis", *Classical Quarterly* 22 328-338.

Schilling, R. (1979), *Rites, cultes, dieux de Rome*. Paris

Schulten, A. (1949), *Sertorio*. Barcelona.

Syme, R. (^{2}1968), *The Roman Revolution*. Oxford.

Töpfer, K. M. (2011), *Signa Militaria. Die römischen Felzeichen in der Republik und im Prinzipat*. Mogúncia.

Tranoy, A. (1981), *La Galice romaine. Recherches sur le Nord-ouest de la péninsule Ibérique dans l'Antiquité*. Paris.

Welles, B. (1934), *Royal Correspondence in the Hellenistic Period*. Londres.

Whittaker, C. R. (1989), *Les frontières de l'Empire Romain*. Besançon.

Webb, W. P. (1953), *The Great Frontier*. Austin.

Wilson, A. J. (1966), *Emigration from Italy in the Republican Age of Rome*. Manchester.

Zanker, P. (1992), *Augusto y el poder de las imágenes*. Madrid.

9. DE SULA AO "1º TRIUNVIRATO": O LEGADO DE CRASSO E POMPEIO MAGNO

Rui Morais
Universidade do Porto
Centro de Estudos Clássicos e Humanísticos

Sumário: Os antecedentes herdados do período de Sula: ascensão de Crasso e Pompeio. A guerra de Sertório na Hispânia. A revolta servil de Espártaco. O 1º consulado de Pompeio e Crasso em 70 a.C. e a alteração da legislação de Sula. As campanhas de Pompeio no Oriente: os poderes de Pompeio; guerras contra a pirataria e contra Mitridates. A conjura de Catilina. O regresso de Pompeio e a ascensão de César. Apêndice sobre o fim de Crasso e de Pompeio.

1. Os antecedentes herdados do período de Sula

Após a morte de Sula[1], os anos seguintes contemplaram a ascendente carreira política de Marco Licínio Crasso, um milionário ambicioso, protetor dos senadores e cavaleiros, e de Gneu Pompeio, um jovem arrogante e versátil (Grant 1960 27), que contava apenas 23 anos quando ofereceu os seus serviços ao ditador, tornando-se um dos seus mais reconhecidos oficiais.

---

[1] Sobre a ditadura de Sula, vide Mantas, cap. 8 §7

Marco Licínio Crasso, membro de uma destacada família da *nobilitas*, filho de um dos cônsules do ano 97 a. C., distinguiu-se pelo seu apoio incondicional às classes dirigentes (Ward 1977). Exerceu os mais altos cargos da República, tendo ocupado duas vezes o consulado (em 70 e 55 a. C.) e uma vez o cargo de censor (em 65 a. C.). O seu pai e o irmão mais velho, apoiantes de Sula, foram mortos durante o cerco sanguinário perpetrado por Mário e os seus apoiantes (Bringmann 2011 193). Ele próprio apoiou o ditador, o que lhe permitiu granjear prestígio político, obter avultados lucros económicos, e ainda participar como comandante na batalha de Porta Colina, conseguindo assim chegar a membro do senado em 81 a. C.. Durante as prescrições de Sula, Crasso obteve grandes benefícios no ramo imobiliário ao comprar a baixo preço propriedades confiscadas aos proscritos, e convertendo-as rapidamente em enorme fortuna (Goldsworthy 2007 204). Mas foi-se afastando gradualmente da contenção conservadora do regime de Sula, assumindo posições mais moderadas, promovendo patrícios e plebeus ricos para cargos políticos, emprestando-lhes dinheiro em troca de favores políticos e garantindo assim que a esmagadora maioria do senado lhe fosse devedora (Goldsworthy 2007 207). Um dos visados terá sido César, ao usufruir de um avultado empréstimo de 830 talentos, pouco antes de ter assumido o cargo de governador da Hispânia Ulterior (Goldsworthy 2008 196). Apesar da sua riqueza, Crasso levou uma vida relativamente frugal, dedicou-se ao aumento da sua fortuna, mantendo ligações estreitas com os *publicani* e outras companhias ativas nas províncias e com centenas de hábeis escravos para a construção de edifícios em Roma. Possuía ainda grandes propriedades e minas de prata (Goldsworthy 2008 151- -153). Era seu entendimento que apenas um homem rico poderia reunir exércitos (Bringmann 2011 197).

Quanto a Pompeio, recorrendo à sua fortuna e sobretudo às populações do Piceno (onde tinha vastas propriedades familiares), recrutou uma, e depois mais duas legiões de soldados. Tratava-se de um procedimento ferido de legalidade, pois Pompeio nunca ocupara nenhum cargo que lhe outorgasse o *imperium*, ou seja, o direito de recrutar ou comandar tropas, pois era um simples cidadão privado.

De acordo com Plutarco[2], sempre que Pompeio se aproximava, Sula levantava-se ou removia o seu capuz, em sinal de respeito. Ele fazia-o apenas para um número reduzido de pessoas, por isso todos no seu círculo imediato aperceber-se-iam que aquele jovem era tido em grande consideração e estava destinado a grandes feitos. Ainda antes de se fixar permanentemente em Roma, Pompeio usa os seus exércitos em várias campanhas a favor de Sula, inicialmente em Itália e na Sicília (82 a.C.). Mas acabaria por receber uma carta de Sula, reiterada por um decreto do senado, dando-lhe ordens para que se deslocasse para o norte de África, na Numídia, a fim de pôr termo à resistência dos apoiantes do partido de Gaio Mário, aí liderados pelo comandante romano Gneu Domício Aenobarbo. Ao comando de seis legiões, Pompeio desembarcou em Útica, mesmo junto de Cartago, onde obteve uma vitória decisiva. Desobedece a uma mensagem de Sula que lhe ordenava que permanecesse com uma legião naquela província e enviasse as restantes de volta a Itália.

No final da breve incursão vitoriosa ao norte de Árica as suas tropas atribuem-lhe o título de *imperator*, mas também, pela primeira vez, lhe atribuem o cognome de "Magno" (*Magnus* 'o Grande'). Entusiasmado, e simultaneamente calculista e confiante, Pompeio recusa licenciar as suas quatro legiões e tenta celebrar um triunfo em Roma. Mas depara-se com as naturais objeções do ditador: para além de seis anos mais jovem do que seria necessário, ele ainda pertencia à carreira equestre, faltando-lhe ascender ao senado para poder usufruir de tal prerrogativa. Mas o jovem Pompeio não desiste e, para surpresa de todos, insiste publicamente, reiterando perante o ditador que as pessoas adoravam mais o nascer do que o pôr do sol. Fez-se um silêncio absoluto. Após uns breves momentos de reflexão, Sula exclamou: "deixai-o triunfar, deixai-o triunfar!". Sula permitiu assim as honras do triunfo ao jovem Pompeio e concedeu-lhe usar, certamente de modo irónico, o cognome que lhe havia sido dado pelos exércitos.

O triunfo, celebrado no dia 12 de março de 81 ou 80 a.C., teve algo inusitado. Para o celebrar o jovem Pompeio tentou algo inovador para a época: atravessar a porta triunfal com um carro transportado não por

---

[2] Plu. *Pomp.* 5-8.

quatro cavalos brancos (como mandava a tradição) mas antes por quatro elefantes. Tratou-se, efetivamente, de um jogo simbólico extremamente perigoso, levado até ao limite, pois esta iniciativa era vista como uma intenção de forjar um confronto direto com os príncipes helenísticos, incluindo o próprio Alexandre Magno. Os senadores romanos suspiraram de alívio quando os elefantes não conseguiram passar pela Porta Triunfal; esta era demasiado estreita para a proeza!

Plutarco[3] dá-nos o seguinte retrato de Pompeio, nesta fase:

> «Na sua juventude, Pompeio tinha um semblante muito atraente, que falava por si antes de ele abrir a boca. Mas esse seu aspeto gracioso não era desprovido de dignidade, o que, com a sua juventude florescente, lhe conferia um ar venerável e principesco. O cabelo era ligeiramente ondulado, o que, com a humidade brilhante e a vivacidade do seu olhar, produzia uma semelhança, mais falada do que manifesta, com as estátuas do rei Alexandre. Assim, alguns deram-lhe formalmente o nome de Alexandre e ele não o recusou».

Apesar da glória que acumulou ao longo desses anos, Pompeio não evitou a fama de cruel, sendo conhecida em Roma as histórias associadas à forma como ele tinha um prazer mórbido na execução de distintos senadores quando os capturava. Para alguns não se tratava de Pompeio "o Grande", mas antes do "jovem carrasco".

Mas, voltando a Sula. Como vimos no capítulo anterior, após a sua abdicação, este deixou em testamento, contrariando os costumes da família, a vontade de ser incinerado. A intenção foi clara: evitar que o seu corpo fosse profanado, pois na estrutura política legada apenas poderia contar com o apoio de alguma aristocracia. Durante a Ditadura, tinha-se derramado demasiado sangue e criado sementes de ódio, difíceis de superar. Muitas fortunas tinham sido expropriadas e o exército havia sido utilizado contra o poder civil. A própria aristocracia, silenciada pelo temor, pelas proscrições, sentia-se submetida ao ditador. E, na verdade, Sula

---

[3] Plut. *Pomp.* 2.1-2.

tinha razões para ter ordenado a cremação do seu cadáver. Nas eleições de 78 a.C., ainda ele era vivo, a oposição já se começava a manifestar. No momento em que a pira ainda consumia o seu cadáver, no ano de 78 a.c., rebenta uma rebelião organizada pelo cônsul Marco Emílio Lépido, pertencente a uma velha família patrícia e apoiante do ditador durante a guerra civil. Este homem, conhecido pela ambição, tentava agora deitar por terra as disposições de Sula, contando com o apoio dos camponeses despojados da Etrúria que passaram a assassinar os veteranos de guerra das colónias de Sulanos. Mas Lépido acabou por ser declarado inimigo público através de um *senatus consultum ultimum*, e, em 77 a.C., foram encarregues de o combater Quinto Lutácio Cátulo, na qualidade de procônsul, com veteranos de Sula, e Pompeio, a quem o senado atribuíra um comando especial, com os seus próprios veteranos. Cátulo faz recuar as tropas de Lépido que, às portas de Roma, já tinham alcançado a ponte Mílvia, e Pompeio acabará por derrotar os partidários daquele patrício em Mútina (atual Módena) e na Ligúria. Lépido morre na Sardenha, após breve doença, depois de frustrada a sua intenção de entrar em Roma.

Mas outros problemas iam consumindo a República: o reavivar das hostes do partido popular, com a atuação de Quinto Sertório na Hispânia; a revolta dos escravos, comandados por Espártaco; a ação dos piratas no Mediterrâneo, que afetava o precário abastecimento de Roma; e, no Oriente, a guerra indeterminável contra Mitridates, rei do Ponto. Caberá a Pompeio solucionar todos estes problemas.

2. A ameaça na Hispânia: a guerra de Quinto Sertório[4]

Quinto Sertório, um antigo partidário de Mário e um dos proscritos de Sula, havia-se feito nomear pretor da Hispânia Citerior e representava uma verdadeira ameaça. Sertório era conhecido pelo seu espírito arrojado e pela confiança que transmitia às suas tropas, faculdades que lhe permitiram um considerável sucesso em campo de batalha. A ele se aliam os líderes

---

[4] Sobre Sertório e os Lusitanos, vide atrás Mantas, cap. 8 §8.

rebeldes Celtiberos e Lusitanos e os sobreviventes da guerra civil contra Sula. Inicialmente, o conflito na Hispânia ocorre como fazendo parte da guerra civil e não como qualquer tentativa para ganhar uma independência face a Roma. Mas a situação haveria de mudar e Sertório acabará por passar a inimigo de Roma. Uma das razões invocadas por Sertório estava relacionada com a crueldade inútil perpetrada em 98 a.C. por um general romano chamado Dídio, que seguindo o exemplo do seu antecessor, Sulpício Galba, atraiu para o seu acampamento uma tribo inteira com a promessa de lhes distribuir terras, mas contrariamente à promessa a chacinou. Durante oito anos Sertório foi bem-sucedido, pois era um bom conhecedor das gentes e dos povos hispânicos e representava para estes a esperança de uma certa liberdade, sobretudo para aqueles ainda pouco romanizados, os Lusitanos e os Celtiberos. Em 80 a.C. os Lusitanos chamaram-no para que os apoiasse contra o jugo de Roma, mas ele fê-lo com um propósito que eles não suspeitaram, o de educar os Hispanos na civilização romana e fundar com eles uma nova república. Daí ter fundado escolas em que se ensinava o grego e o latim: em Osca (provavelmente, a moderna Huesca), destinada a ser a nova Roma, nomeia, entre os seus companheiros de exílio, um senado de 300 romanos (Bertolini 1999 267). Vale a pena citar um passo de Plutarco (*Sert.* 14.3-4) a propósito da importância da educação, citando a atitude de Sertório quando manda instruir jovens da Hispânia com o intuito de no futuro servirem os outros com o seu saber:

> «Mas o que mais os cativou foi o que dizia respeito aos filhos deles. Pois reuniu os mais nobres daqueles povos em Huesca, uma grande cidade, e contratou mestres de letras gregas e romanas. Na prática, eram reféns, mas em teoria mandava-os ensinar a fim de, quando fossem homens, participarem na administração e no poder. Os pais sentiam um prazer espantoso, ao verem os filhos irem à escola tão bem vestidos com as suas togas bordadas, e Sertório a pagar as respetivas custas, a mandá-los muitas vezes fazer exames, a conceder prémios aos que os mereciam e a dar-lhes de prenda aqueles colares a que os Romanos chamam bulas»[5].

---

[5] Trad. Rocha-Pereira, *in* Morais 2010 133.

A responsabilidade máxima para acabar com a revolta de Sertório coube, como vimos, ao procônsul Q. Metelo. Mas as dificuldades e o poder cada vez mais ameaçador dos exércitos de Sertório permitiram a intervenção de Pompeio que, com o apoio de um exército fiel, decide apoiar aquele procônsul. O senado dificilmente podia recusar tal tarefa. Efetivamente, com receio da preponderância de Sertório na Hispânia e das suas ligações à Gália, que poderiam implicar uma intervenção direta na própria Península Itálica (como aquela que tinha sido perpetrada por Aníbal), o senado decidiu aceitar a oferta de Pompeio, concedendo-lhe, em finais de 77 a.C., quando tinha apenas 28 anos, o governo da Hispânia Citerior e o *imperium* proconsular. Com ironia, um senador que o apoiou disse que Pompeio não ia como procônsul mas antes como *pro consulibus* – "em vez dos dois cônsules".

É assim que, em 76 a.C., Pompeio, apenas com 29 anos, cumpre o proconsulado, ainda que de modo irregular, pois não detivera os cargos intermédios. Ainda que os preparativos do jovem procônsul tivessem sido céleres, demorou alguns meses até chegar à Hispânia, pois se retivera na Narbonense para controlar a revolta de algumas tribos célticas e proceder à construção de uma via no Monte Cocio (Monginebra), necessária para a vigilância daquela região (Bertolini 1999 268). Com os mesmos exércitos que havia usado no confronto com Lépido, cerca de 30. 000 legionários e 1. 000 cavaleiros, Pompeio partilha com Metelo uma campanha contra Sertório. Nestes primeiros confrontos, Sertório teve oportunidade de apreciar as capacidades bélicas do jovem procônsul, chegando a afirmar que se Metelo era um inimigo respeitável, Pompeio era muito mais temível[6]. Os confrontos durarão de 76 a 72 a.C., mas não sem antes Pompeio solicitar ao senado (no inverno de 75 ou 74 a.C.) mais reforços de homens e bens, dizendo que se não lhe enviassem seria o seu próprio exército a invadir Itália, se antes não o fizesse o de Sertório![7]. Os confrontos terminaram graças ao assassinato traiçoeiro de Sertório em 72 a.C., perpetrado por Marco Perpena Ventão, ávido de o poder substituir

---

[6] Vell. 2.29.
[7] Sal. *Hist.* 2.98.

no comando (Cornell & Matthews 1991 66). Sem alma, o exército de Perpena não resiste a Pompeio. Depois de terminado este conflito, Pompeio consagrou um considerável esforço à reorganização provincial, fundando cidades como *Pompaelo* (a atual Pamplona), de acordo com um modo de vida "mais civilizado". No seu regresso vitorioso a Roma depois de 71 a.C., o jovem procônsul faz erigir um monumento, no Vale de Pertus (nos Pirinéus), e segundo Plínio[8], fez contar que havia submetido 876 cidades na Hispânia, desde os Alpes até às fronteiras da *Hispania Ulterior*.

3. A rebelião dos escravos conduzida por Espártaco

Como referimos, outros conflitos, desta vez no interior da própria Península Itálica, consumiam os Romanos. Tratava-se da rebelião dos escravos, a maior do género na antiguidade. O primeiro ato da revolta ocorre quando, em 73 a.C., um grupo de setenta e oito gladiadores da principal escola dirigida pelo *lanista* Lêntulo Batiato, em Cápua, decidiu lutar pela sua liberdade. O chefe desta revolta chamava-se Espártaco, homem de qualidades notáveis, de provável origem trácia, cujo nome parece indicar uma linhagem aristocrática[9].

Nesta escola, com cerca de 200 gladiadores (na sua maioria escolhidos entre os prisioneiros de guerra trácios, gauleses e alguns germanos), comete-se a imprudência de concentrar escravos recentemente privados da sua liberdade e desesperados para escapar ao destino que os esperava. Armados de gládios e punhais mataram os guardas e forçaram as portas da escola gladiatória, refugiando-se nas vertentes escarpadas do monte Vesúvio.

Para combater estes desordeiros o senado decidiu enviar para sul *coortes* auxiliares de 3 000 homens comandados pelo pretor Cláudio Glabro. Graças a um estratagema eficaz, Espártaco consegue saquear o acampamento romano, levando à derrota humilhante dos exércitos romanos que, aterrorizados, fogem em debandada. Esta vitória retumbante,

---

[8] Plin. *Nat.* 3. 18.

[9] A partir do século V a.C. vários reis trácios tinham o sobrenome de *"Espartokos"*.

sem confronto em campo de batalha, galvaniza os escravos e equipa-os com novas armas. Com o tempo, acabariam por montar as suas próprias oficinas para fabricar armas, obtendo ferro, bronze e estanho em troca dos saques que iam realizando nas ricas propriedades. Rapidamente esta revolta se entende a quase toda a Península. Aos poucos e à medida que atravessavam a Campânia, a eles se juntam milhares de escravos que esperavam escapar à sua condição.

Embora não fosse a primeira vez que se fazia sentir em Roma a rebelião dos escravos (como aquelas ocorridas na Sicília em 140/139 e 104 a.C.), esta agora tinha crescido em número e em violência chegando mesmo a ser constituída por vários exércitos de amotinados e de grupos armados hostis, estimados em cerca de setenta mil homens sedentos de liberdade e de vingança, incluindo agora, para além dos escravos, pastores e pequenos proprietários arruinados que nada tinham a perder.

O Estado Romano não podia admitir esta derrota. Como resposta envia dois outros pretores, Varínio e Cossínio, desta vez com um maior número de tropas. Mas, rapidamente, Varínio é derrotado com os cerca de 3 000 homens que o acompanhavam e Cossínio acabará por ser capturado. Mais uma vez as tropas fogem em debandada e o acampamento é de novo saqueado.

Estamos agora em 72 a.C., e Roma, perante tal humilhação, vê-se obrigada a reagir com vigor. Desta vez envia dois cônsules, Gélio Publícola e Cornélio Lêntulo Clodiano, à frente de duas legiões com cerca de 10 000 homens. Mas o agrupamento dos rebeldes ia sendo facilitado pela incompetência dos cônsules e pela forte instabilidade política e social que se vivia em Itália e, em particular, em Roma.

Os rebeldes, comandados por Espártaco e apoiados por mais dois líderes de origem gaulesa, Crixo e Enómao, atravessaram praticamente toda a Itália e desafiaram os exércitos de dois cônsules, pondo em risco a segurança da própria cidade de Roma. Umas a seguir às outras, as cidades caíam sob os assaltos dos amotinados e eram saqueadas. O objetivo de Espártaco era a o de transpor os Alpes e estabelecer-se na Gália, e enviar cada um de regresso à sua pátria como homens livres. Mas a ação dos cônsules, reforçados por tropas do procônsul da Gália Cisalpina,

Cássio, haviam de barrar essa passagem. Espártaco decide então mudar de estratégia e, no outono de 72 a.C., ruma de novo para sul de Itália, com o objetivo de alcançar a ilha da Sicília. Para tal, contava com o auxílio das embarcações de piratas que os haveriam de transportar para Oriente, longe da ameaça direta dos romanos. Este novo revés perpetrado pelo exército de revoltosos permite-lhes a conquista de uma das cidades do sul da Península, a colónia costeira de Túrio. Pela primeira vez os rebeldes fixaram-se numa cidade.

Esta ameaça fez com que em 72 a.C. o senado tomasse uma medida excecional: retira os exércitos aos cônsules e confia as operações a um procônsul. Esta tarefa, que havia de se revelar providencial, foi entregue a Marco Licínio Crasso. Este empreende uma ação enérgica e decisiva: às quatro legiões consulares que participaram na batalha de 72 a.C. acrescenta mais seis, ficando à frente de cerca de 45 000 mil homens. Desobedecendo a Crasso, um dos seus lugares tenentes, Múmio, decide avançar contra Espártaco com duas legiões e sofre uma humilhante derrota, levando, mais uma vez, à debandada dos exércitos que o acompanhavam. Furioso, Crasso, pune os fugitivos aplicando uma prática bárbara e arcaica, conhecida por *decimatio*[10].

Ao que parece a solução revelou-se eficaz dado que no segundo encontro, Espártaco encontrou uma forte resistência e optou por bater em retirada para Sul, em direção a Brútio (*Brutium*) (perto do estreito de Messina), pensando atravessar as suas forças para a Sicília e dali para África.

A situação era de tal forma difícil de controlar, que Crasso acabaria por solicitar ao senado um reforço com as legiões de Pompeio, que após a derrota de Sertório ainda chegaram a tempo de acabar com os últimos redutos do exército rebelde, aniquilando vários milhares de escravos que tinham escapado à derrota de Espártaco (Grant 1960 27). Crasso seguiu-os na sua marcha para Sul e alcançou-os, destruindo as suas retaguardas. A sábia prudência de Crasso começava a dar frutos (12 300 escravos

---

[10] Esta prática consistia na morte de soldados por sorteio. Depois de alinhados em grupos de dez, um de cada grupo era vitimado: depois de despido, era açoitado no chão com uma vara e, em seguida, decapitado com um machado, segundo rituais religiosos e diante de todo o exército.

foram mortos). Com uma ação combinada, em março de 71 a.c., seriam aniquilados todos os bandos rebeldes e, com eles, Espártaco e outro grande herói desta guerrilha, Pôncio Telesino.

De modo impiedoso, Crasso deu um fim trágico a estes homens, crucificando cerca de 6 000 prisioneiros do confronto de Brundísio (atual Brindisi) ao longo da *via Appia*, a estrada que fazia a ligação entre Cápua e Roma. Apesar desta ação combinada, o extermínio de cerca de 5 000 fugitivos na Etrúria por parte de Pompeio fez com este se atribuísse, sem escrúpulos, o papel decisivo nesta contenda, minimizando o papel crucial que havia tido Crasso. Desse modo, escreveu ao senado orgulhoso da sua proeza dizendo que se Crasso tinha destroçado Espártaco, ele, Pompeio, havia extirpado as raízes do mal. Por ter esmagado a revolta, Crasso esperava uma recompensa que lhe traria vantagem quando se apresentasse aos eleitores. Mas o senado em vez de lhe permitir celebrar um triunfo apenas lhe consagra o direito a uma honrosa ovação, sem os atributos de Júpiter e sem o ceptro, a toga e coroa, usados nos desfiles triunfais. Em vez de desfilar em cima de um carro puxado por quatro cavalos e escutar a ovação do povo ao longo da via triunfal, limitou-se a desfilar a pé ou a cavalo. Como sabemos, a honra do triunfo coube a Pompeio. No dia 29 de dezembro de 71 a.C. celebra o seu segundo triunfo, com apenas 35 anos, como reconhecimento da vitória contra Sertório e Perpena, e, no dia seguinte, deixa a carreira equestre para formalmente tomar posse como cônsul (Southern 2002 53).

4. O 1º consulado de Pompeio e Crasso

No ano de 72 a. C., Pompeio e Crasso saíram vitoriosos das guerras para as quais tinham sido escolhidos: os seus exércitos podiam portanto ser licenciados, como obrigava a tradição e era ensejo do senado. Como vimos, Pompeio não o fez. Crasso, que poderia ter apoiado o senado com os seus exércitos, também não o fez, certamente para não correr riscos desnecessários. Era-lhe mais vantajoso estar ao lado de Pompeio e, à semelhança daquele, solicitar ao conselho a sua eleição para o consulado. Na verdade, ainda que fossem reconhecidamente inimigos, ambos eram demasiado ricos e ambiciosos para evitar uma união de interesses, e colocaram de lado as suas divergências pessoais (Goldsworthy 2008 127). Estavam, assim, criadas as circunstâncias para que se apresentassem conjuntamente às eleições para o consulado no ano de 70 a. C., apoiados pelo partido popular, e sem que nenhum cumprisse as condições necessárias, já que Crasso só levava seis meses como pretor e Pompeio nem sequer tinha ocupado aquele cargo.

O senado, abalado pela derrota do pretor M. António, desconsiderado pelo escândalo de C. Verres, propretor prevaricador da Sicília, não conseguiu evitar que Pompeio e Crasso se candidatassem *in absentia* e ganhassem as eleições. Crasso é apoiado pelo partido senatorial e Pompeio (que passou de uma posição filossenatória para uma posição filopopular!) obteve o apoio do partido popular. Vale a pena enfatizar a diferença entre as suas respetivas situações: Crasso, oito anos mais velho, tinha preenchido todos os requisitos técnicos e legais – tinha sido pretor em 73 a.C. e os seus feitos contra Espártaco, assim como os seus antecedentes familiares, faziam dele o candidato óbvio para o cargo; Pompeio, por seu lado, era demasiado jovem para o consulado e não tinha nenhum dos cargos preliminares necessários. Mas o senado aprovou um decreto isentando Pompeio das condições impostas pela ancestral *lex Cornelia annalis* permitindo-lhe candidatar-se, apesar de não possuir os pré-requisitos obrigatórios. A popularidade de Pompeio e o dinheiro de Crasso, combinados com os seus sucessos militares e, certamente, o medo dos seus exércitos, foram os ingredientes fundamentais para a vitória esmagadora que obtiveram (Goldsworthy 2007 205; id. 2008 128; Bringmann 2011 210-211). Nesta união, Crasso, contava com a sua enorme fortuna e com a sua influência nos circuitos senatoriais, muito especialmente junto da ordem equestre. O entendimento de ambos reentregaria o sistema democrático, ao abolir as leis de Sula. Apenas chegados ao poder, apressaram-se a cumprir a promessa que haviam feito ao tribuno M. Lolio no ano de 71 a. C., restituindo os antigos poderes de veto (*intercessio*) sobre qualquer ato dos magistrados, nomeando censores (que haviam sido suprimidos 19 anos antes) e destituindo 64 senadores designados arbitrariamente por Sula.

Ambos, com o apoio dos seus exércitos, foram abolindo as reformas de Sula, através da restauração do poder do tribunato e da aprovação de uma lei que acabava com o controlo do senado sobre aquele órgão, readmitindo nele os cavaleiros. Procederam ainda a um novo censo da ordem equestre (*ordo equitum*), agora reforçados no seu poder judicial e na cobrança de impostos das províncias. Não mais o senado pôde subjugá-los. Foi Pompeio, mais do que qualquer outro, que com a ajuda do poder tribunício completamente restaurado desencadeou uma série de acontecimentos que acabaram por conduzir à queda da República.

Por essa altura, Pompeio (que legalmente não estava qualificado para o cargo, pois tinha apenas 36 anos e não exercera qualquer outra magistratura) era já uma figura poderosa e popular, quer entre os soldados e o povo, quer nas províncias, onde dera provas de moderação e respeito pelas populações autóctones (Cornell & Matthews 1991 66). Mas a Pompeio faltava a experiência e o instinto político. À medida que o tempo passava, cada vez mais se mantinha afastado do senado, preferindo conservar-se fora da vida política ativa de modo a tentar preservar o seu prestígio. Esta situação foi, contudo, minando a sua posição e ao longo dos anos foi-se sentindo frustrado pois ia-se apercebendo que os seus feitos não eram suficientes para lhe granjear a devida proeminência pública. Mas também Crasso não cumpria as condições exigidas para o cargo já que levava apenas seis meses de pretor. Estava aberta a porta para a entrada de um terceiro interlocutor no jogo político: Júlio César.

5. O "teatro" das campanhas de Pompeio no Oriente: a luta contra a pirataria e Mitridates VI

Depois da vitória no Ocidente, contra Sertório e Espártaco, logo após a anexação das províncias de Bitínia e Cirene em 74 a.C., Roma viu-se envolvida em vários conflitos no Oriente. Um dos maiores problemas era na luta contra a pirataria, ameaça que desde há mais de uma geração impedia as comunicações no Mediterrâneo oriental. A derrota da

Macedónia e do Império Selêucida pelos Romanos, associada à perda gradual do poderio ptolemaico, foi minando o poder das armadas que controlavam esta zona do Mediterrâneo. Mas esta ameaça também se fazia sentir a ocidente. Sertório entendeu-se com eles na Hispânia e muitos dos proscritos ou perseguidos após a derrota refizeram a sua vida como piratas. A ameaça dos piratas fazia-se sentir na própria capital, pois estes estavam igualmente presentes junto à costa italiana, e, como tal, impediam os fornecimentos cerealíferos[11] da Sicília, da Sardenha, do Egito e do norte de África. No mar ou na costa, barcos de piratas, difíceis de vencer, perpetravam o saque de *uillae* costeiras e até mesmo o rapto de viajantes na *via Appia*. A brutalidade dos piratas aumentava exponencialmente. Organizados em verdadeiras esquadras, informavam-se sobre os pontos de partida e destino dos navios, e faziam numerosos prisioneiros que vendiam como escravos, chegando mesmo a capturar uma frota ancorada no porto de Óstia (Carcopino 1993 92). Os mais numerosos e com tácticas bem organizadas estavam porém nas costas da Cilícia, no Bósforo e no Ponto Euxino.

Este era o momento por que Pompeio esperava. Aproveita uma *rogatio* introduzida na Assembleia Popular (em janeiro de 67 a.C.) por um tribuno da plebe chamado Aulo Gabínio (*Lex Gabinia*), que solicitava a intervenção de um almirante com poderes extraordinários por três anos para acabar com a pirataria sobre todos os mares, desde o Bósforo e a Síria até às Colunas de Hércules, e sobre todas as costas, até cinquenta milhas (70 quilómetros), (Carcopino 1993 93). Esta iniciativa foi apoiada por dois jovens, Júlio César, acabado de chegar da Hispânia, e Cícero, então ainda pretor. Cícero, contrariando alguns oligarcas, entre os quais Lutácio Cátulo e Hortênsio, fez o primeiro discurso político, intitulado *De imperio Gnei Pompei*, fortemente aplaudido em Roma (Bertolini 1999 275). Em 68 a.C. decretou-se então uma medida que noutra ocasião teria sido entendida como um atentado político, o *imperium* proconsular, não somente sobre todo o Mediterrâneo, mas também sobre uma

---

[11] Cic. *De imp. Gn. Pomp.* 12.33; 18.55; Liv. *Per.* 90; Plut. *Pomp.* 24 e 25.1; D.C. 36. 22.2 e 36.23.2. Apud Carcopino 1993 93.

faixa de cerca de 80 quilómetros a partir das linhas de costa. Apesar da inflamada oposição no senado, esta missão contra a pirataria acabou por ser confiada a Pompeio. Na verdade, as esperanças depositadas em Pompeio não falharam, pois este revelou uma organização e tática excecional, conseguindo, no prazo de três meses (a partir de maio de 67 a.C.[12]), acabar com a ameaça dos piratas, desde as Colunas de Hércules ao Helesponto, e rapidamente empreender uma guerra vitoriosa contra Mitridates. Pompeio, com um exército de 120 000 infantes e 5 000 cavaleiros, 500 barcos de guerra e cento e cinquenta milhões de sestércios (Montanelli 1997 157; Bertolini 1999 277), dividiu o Mediterrâneo em treze zonas – seis no ocidente e sete no oriente - entregues a legados com meios militares e navais ao seu dispor, mas por ele supervisionadas[13]. A vitória contra os piratas foi a maior glória de Pompeio, não só possível pelas gigantescas forças sob o seu comando, mas também graças ao seu génio de organizador. De tal forma que havia quem perguntasse se não teria a guerra acabado antes de terem começado os combates[14]. Nas suas acções, Pompeio foi suficientemente inteligente para não levar os piratas ao desespero, deixando-lhe uma alternastiva escapatória: aqueles que se rendessem voluntariamente podiam manter as suas vidas e liberdade pessoal. No leste da Cilícia, alegadamente Pompeio estabeleceu 20. 000 mil antigos piratas nas cidades de Malo (Karatach), Adana e Solos, esta última refundada com o nome de *Pompeiopolis* (Mezethi) em sua honra.

Mas, para além dos piratas, Roma sentia-se ameaçada por Mitridates VI, rei do Ponto, aliado de Tigranes da Arménia e apoiante dos piratas, permitindo-lhes refazer os seus refúgios[15] e aumentar as suas frotas para que o auxiliassem na sua guerra contra Roma. Embora Mitridates tivesse subscrito, ainda no governo de Sula, a paz de Dardânia (que não passou de um armistício imposto pelas circunstâncias), não se mostrou afetado pelas posteriores intervenções de Murena e Sabino, continuando uma política

---

[12] Plut. *Pomp*. 28.2.

[13] Plut. *Pomp*. 25; App. *Mith*. 94-95; Flor. 1.41; Vell. 2.35.2; D.C. 36.23.4; 36-37.1-2; Zonar. 10.3; Apud Carcopino 1993 93 e 95.

[14] D.C. 36.37.4; Plut. *Pomp*. 26.4.

[15] Apian. *Mith*. 91 apud Carcopino 1993 92.

de intrigas contra Roma. Assim, quando Nicomedes rei da Bitínia legou, no ano de 75 a.C., o seu reino ao povo romano, Mitridates não hesita em ocupar aquele reino, aproveitando as fragilidades de Roma, como vimos, à época ocupada nos confrontos contra Sertório e a pirataria. Apenas em 74 a.C., o poder deste monarca foi verdadeiramente ameaçado, graças à intervenção de Lúcio Licínio Luculo que durante seis anos, praticamente sem a ajuda de Roma, conseguiu a proeza de se tornar senhor da Bitínia e encurralar o monarca para um canto do seu reino, situação que lhe permitiu conquistar a capital e assenhorear-se de faustos tesouros (Cornell & Matthews 1991 68). Mas a embriaguez das vitórias perpetradas por Luculo, que o levam à tentativa falhada de conquistar a Arménia, e a notícia de que o senado o teria substituído por Pompeio no comando das tropas no Oriente, fazem com que este empreenda a retirada, permitindo que Mitridates retomasse as terras do Ponto, e o seu genro Tigranes, dono do poderoso reino da Ásia Anterior, procedesse à reocupação da Capadócia.

Ainda estava Pompeio na Cilícia (nos começos de 66 a.C.) quando soube que, sob proposta do tribuno Gaio Manílio (*Lex Manilia*), lhe tinha sido concedido um novo comando extraordinário, desta vez contra Mitridates. Depois de breves confrontos, Pompeio consegue encurralar o velho monarca no Ponto. Este pede de novo ajuda a Tigranes, mas desta vez enganou-se, pois o seu genro preferiu evitar um confronto com os Romanos, ainda que na condição de lhes prestar vassalagem. A vitória contra Mitridates e, mais tarde, contra o próprio Tigranes permitiu a Pompeio a subsequente pacificação da Judeia com a tomada de assalto das cidades de Jerusalém e de Jericó. No outono de 63 a.C., acaba com aquela que tinha sido a grande monarquia Selêucida e torna a região num protetorado romano. No mesmo ano, ainda a expedição à Palestina decorria, Pompeio soube da notícia do suicídio de Mitridates aos 68 anos, motivada por uma rebelião perpetrada por um dos seus filhos, Fárnaces[16]. Antes de seguir para Itália, Pompeio ainda empreendeu a anexação dos populosos reinos anárquicos da Síria, mantendo a autonomia das suas cidades-estado, e avançou até à Arábia Petreia de modo a poder assegurar o comércio tradicional das rotas das

---

[16] Plu. *Pomp.* 41.4. Apud Carcopino 1993 118.

caravanas, das prósperas indústrias de tecidos de lã e de linho, das tinturarias de púrpura e do fabrico de vidro. Após esta última expedição, em 62 a.c., Pompeio decidiu dar por concluídas as suas operações no Oriente, deixando duas legiões na Síria a cargo de M. Emílio Escauro.

Com estas conquistas, Pompeio ligou a costa sul do Euxino à costa da Ásia Menor com novas províncias: Ponto, Bitínia, Ásia, Cilícia e Síria. Ele podia realmente afirmar que estabeleceu novas fronteiras na Ásia, deixando-a no centro do império. Levou ainda à proteção dos territórios que se encontravam diretamente sobre a alçada de Roma da ameaça de uma possível invasão da parte dos Partos, criando para tal um *limes* de protetorados (reinos clientes) que defenderiam Roma em caso de necessidade e estavam obrigados a pagar tributos, aumentando, segundo as suas afirmações, os rendimentos provinciais do Estado romano em 70 por cento.

Como consequência destas ações no Oriente, Pompeio foi designado em Roma como "rei dos reis", como alusão ao facto de ter atuado como um verdadeiro distribuidor de coroas no Oriente, pois contava com poderes delegados pelo povo, acima da intervenção do senado. Nas palavras de Jérôme Carcopino (1993 1289), "nenhum *imperator* reunira mais territórios; nenhum tinha juntado mais riquezas. O seu êxito legitimava o seu despotismo".

6. A conspiração de Catilina

Durante a ausência de Pompeio no Oriente (que durou mais de quatro anos) dá-se a famosa conspiração de um patrício desacreditado e sem escrúpulos chamado Lúcio Sérgio Catilina, que apenas conhecemos através das descrições dos seus inimigos e, em particular, de Salústio e de Cícero. O retrato traçado por Cícero é avassalador: refere-se a ele como "um indivíduo perturbado, em perpétuo litígio com deus e com os homens, que não conseguia ter paz, nem a dormir nem acordado; essa a causa da sua cor térrea, dos seus olhos injetados de sangue, das suas atitudes de epilético: em resumo, do seu aspeto de louco" (apud Montanelli 1997 157). Podemos aceitar que os excessos desta imagem inflamada possam estar relacionados com uma questão pessoal, de caráter familiar: consta que Catilina tinha violado uma vestal, sua cunhada pelo lado da mulher. Sabemos que tinha acumulado riquezas nos confiscos de Sula, mas que, depois de ter sido questor, edil e pretor de África, havia fracassado na sua candidatura ao consulado. Ainda que num primeiro momento tivesse obtido o apoio de César e Crasso, a constante ameaça presente nos discursos de propaganda de Catilina mostrava o seu ódio, não só contra o partido dos nobres, como contra todos os ricos, sem distinções ideológicas. Nessa primeira candidatura, já sem o apoio de César e de Crasso, Catilina, tentou mobilizar um grupo de pessoas das suas relações e de proprietários de terras afogados em dívidas, para apoiar um programa político de cancelamento das dívidas e posterior revolução à mão armada, nem que para isso fosse necessário reduzir a cidade a escombros. Esta ameaça levou a uma união temporária das famílias mais prósperas que apoiaram o candidato rival, M. Túlio Cícero, que apesar de ser um "homem novo" era conhecido pela sua grande eloquência (Cornell & Matthews 1991 68). Quando em 63 a.C. Catilina volta a falhar nas eleições, Cícero, com a aprovação do senado, revela a conspiração que Catilina pretendia empreender (que consistia no assassinato dos cônsules para se apoderar do governo), levando à prisão de seis dos seus apoiantes, sem julgamento prévio. César, que à data ainda era pretor, apenas propôs que eles fossem detidos separadamente e que se lhes confiscassem os bens[17]. Este pronunciamento fez-se em pleno senado num famoso discurso, depois publicado no texto chamado *As Catilinárias*, que serviram de modelo para a eloquência romana. A réplica de Catilina, na qual reconhecia o seu direito à conspiração por ter sido injustamente tratado na época das ditaduras, não obteve efeito. Flagelado pela eloquência de Cícero, saiu do senado pronunciando palavras ameaçadoras e durante a noite rumou sem demora para a Etrúria com alguns amigos, entre os quais Mânlio, formando aí duas legiões. Nos inícios do ano seguinte, Catilina morria combatendo contra um exército da República nas proximidades de Pistoia, na Etrúria (Grant 1960 28).

---

[17] Suet. *Jul.* 14.

7. O regresso de Pompeio e a ascensão de Júlio César

Enquanto decorriam as peripécias de Catilina, Roma ia tomando conhecimento da morte de Mitridates e do eminente regresso de Pompeio. Sem a menor precipitação, Pompeio vai-se detendo sem causa aparente em Amiso, Lesbos, Rodes, Éfeso e Atenas. Consta que em Éfeso teria coberto de dádivas os seus militares e teria entregue ao Estado a soma avultada de 20.000 talentos. No começo do inverno de 62 a.C. Pompeio desembarca em Brundísio e aí dispensou as tropas, para alívio de todos, em particular do senado. Aí fez um discurso agradecendo aos seus soldados pelos serviços prestados e pede-lhes para assistirem em Roma à celebração do seu triunfo.

Segundo Veleio (2.29), Pompeio acreditava que os seus feitos lhe dariam suficiente autoridade nos destinos da República. Ainda que tenha regressado a Roma sem intenções ditatoriais, tinha-se comportado como um monarca absoluto, agindo por iniciativa própria e sem a prévia consulta do senado. Assim, apesar dos seus êxitos terem trazido um tesouro de suma importância para o Estado, o senado não lhe conferiu grande protagonismo. A aristocracia senatorial ainda tentava manter as suas prerrogativas tradicionais e evitar ceder às classes populares e às aspirações dos Itálicos e de muitos outros cidadãos romanos que viviam nas colónias e municípios de todo o império.

Chegado a Roma em 61 a.C., Pompeio celebrou um triunfo espetacular, durante os dias 28 e 29 de Setembro, um período de tempo curto tendo em conta o grande número de objetos e prisioneiros de guerra que trazia do oriente. No segundo dia do triunfo celebrou 45 anos. Na inscrição que recordava a dedicação do espólio à deusa Minerva, fez enunciar o nome de catorze povos conquistados e enumerou cerca de 500 cidades e fortalezas, para além de todos os bens, incluindo 850 embarcações capturadas aos piratas, e a conquista de vastas terras que iam desde o Lago Meótis até ao Mar Vermelho. O triunfo foi de tal forma magnífico que as pessoas o recordaram durante muitos anos. Como comenta Plutarco[18],

---

[18] Plu. *Pomp.* 45-46.

Pompeio atingiu neste momento o zénite da sua carreira e teria sido preferível que tivesse morrido nessa fase da sua vida[19], diríamos nós, sem ter de sofrer o posterior tumulto da sua carreira política e a derrota nas guerras civis que se seguem.

Mas Pompeio tinha evidentemente subestimado a oposição dos *optimates* para poder realizar um dos seus principais projetos políticos: a celebração faustosa do triunfo não foi suficiente para diminuir o poder da oposição. O senado frustrou durante algum tempo os seus desejos, nomeadamente o cumprimento dos acordos que tinha obtido no Oriente e a redistribuição de parcelas de terras aos seus veteranos de guerra. Mas, apesar desta circunstância e contrariamente ao que se temia, Pompeio não mostrou pretensões à monarquia e nem sequer à ditadura; procurou antes tentar demonstrar que pretendia despojar-se das suas honras e não ser mais do que um simples cidadão. Mandou construir uma casa no centro da cidade e uma sumptuosa *uilla* fora de Roma, no Monte Albano (hoje Castel Gandolfo). Mas também se responsabilizou pela construção de grandes obras públicas, dotando a cidade Roma do primeiro teatro permanente e da construção pórticos e de uma cúria para as reuniões do senado.

A falta de reconhecimento por parte do senado foi aliás a causa principal para a queda da República, que se inicia em julho do ano 60 a.C., fruto da aliança informal de Pompeio com dois novos chefes do regime democrático, os já referidos Crasso e Júlio César. Este pacto, sugerido por César, a que se convencionou chamar Primeiro Triunvirato, era de caráter não oficial, sem reconhecimento do senado[20]. De modo a consolidar esta aliança, Júlio César casa (em abril de 57 a.C.) a sua filha Júlia com Pompeio[21].

O pacto celebrado entre estes três homens, qualificado por Tito Lívio como de "conspiração permanente", era, na verdade, irresistível: unia a imensa popularidade de Pompeio, à riqueza de Crasso e a habilidade política e inteligência de César. Segundo M. Grant (1960 28-29), o ideal ciceroniano da "harmonia das duas ordens", que dependia do livre

---

[19] Plu. *Pomp.* 46.2.
[20] Sobre o 1º triunvirato, vide à frente Brandão, cap. 10 §1.
[21] Suet. *Jul.* 21.

funcionamento das instituições republicanas, tinha sido frustrado. Este pacto foi renovado em 56 a.c. num encontro celebrado no convénio de Luca, na Gália Cisalpina, a convite de César. Após este encontro Pompeio e Crasso foram nomeados cônsules (55 a.c.) e cada um recebeu, por plebiscito, um comando especial por cinco anos[22]. César permanece na Gália. Pompeio recebeu o governo das províncias hispânicas por cinco anos, mas exerceu-o por delegação desde Roma, rodeado por um inusitado esplendor e imensos parentes ("clientes"). Crasso, por sua vez, ficou com a Síria.

8. Ocaso de Crasso e Pompeio

Para completar a informação biográfica relativa a Crasso e Pompeio, cabe aqui uma secção sobre a morte destes dois generais, que viram o curso das suas vidas, das suas missões e das suas ambições, cerceado de forma trágica e inesperada.

A campanha infrutífera contra os Partos

O pacto celebrado em 56 a.C. não será de longa duração. Em setembro de 54 a.c., Júlia, morreu durante o parto, e com ela uma das melhores garantias dos laços pessoais que ligavam Pompeio a César. A situação agudiza-se em 53 a.c. quando Crasso decide exceder-se na sua ambição e decidiu confrontar-se com os Partos, que para além de excelentes guerreiros tinham um vasto império que se estendia do Eufrates, a ocidente, até à Índia, a leste, ao Oxo, ao norte.

Perto de celebrar sessenta anos, Crasso estava ansioso por empreender uma gloriosa campanha militar (Goldsworthy 2008 381). Os Partos eram conhecidos por ser excelentes guerreiros, em particular os arqueiros, hábeis no manuseamento do arco e a disparar setas mortíferas contra

---

[22] Suet. *Jul.* 24.

os seus perseguidores. Como governador da Síria, e em substituição de Gabínio, Crasso tentou fortalecer a sua posição política mediante um triunfo contra aqueles povos, tentando com isso equiparar-se em *dignitas* e *auctoritas* com os seus colegas triúnviros, Pompeio e César. Infelizmente, Crasso teve maior ambição militar do que capacidade para realizar tão difícil tarefa. Sem anunciar uma declaração oficial de guerra, sem que para isso houvesse razão justificada ou prévia rutura com os pactos celebrados por Pompeio, as legiões romanas invadem o território dos partos no ano de 54 a. C.. Sem a preparação de Pompeio ou César, Crasso, em vez de atacar o inimigo, apanhado de surpresa, atravessou o Eufrates e ali deixou uma guarnição de 7000 homens, dirigindo-se novamente para a Síria. Aqui ocupou-se de saquear e despojar os templos, principalmente os de Jerusalém e de Hierápolis. Mas esta retirada prematura permitiu que os inimigos se organizassem. Assim, quando na primavera do ano 53 a. C., os exércitos romanos voltam a fazer a difícil travessia do Eufrates, por Zeugma, com apenas 40.000 homens, foram atacados a cerca de 30 km a sul da cidade de Carras (a Harran da Bíblia), região situada entre os rios Tigre e Eufrates. Neste confronto, pereceram milhares de soldados romanos perante o imponente exército parto, entre eles o jovem filho do triúnviro, P. Crasso, junto com 1000 cavaleiros de eleição. Os romanos sobreviventes retiraram-se para Carras, para se protegerem temporariamente. Já sem saída, Crasso tenta negociar com os Partos, mas acabaria por ser assassinado juntamente com a sua escolta, e a sua cabeça é levada ao rei parto (Goldsworthy 2007 343). Apenas alguns sobreviventes, comandados pelo questor Cássio Longino, escaparam da Síria. Internamente, a morte de Crasso havia de quebrar o difícil equilíbrio de forças entre Pompeio e César (Seager 2002 131).

O fim inglório de Pompeio

Estavam pois criadas as condições para afetar o entendimento entre César e Pompeio. A cidade de Roma mergulhou numa profunda anarquia.

Pompeio, de modo a enfrentar o seu rival bem-sucedido, muda mais uma vez de partido político e passa para o partido senatorial. Quando César anuncia a sua candidatura ao consulado, o senado ordenou-lhe que regressasse como um simples cidadão. Nem a derradeira tentativa de César de manter novos laços familiares (propondo a sua sobrinha-neta, Otávia, em casamento e predispondo-se a casar com uma das filhas de Pompeio) foi considerada[23]. César contava agora com uma forte presença em Roma, graças às vitórias militares na Gália.

O entendimento de César e de Pompeio foi quebrado também pelas dificuldades da Guerra das Gálias e pelas perturbações políticas que se viviam em Roma, onde os bandos armados de Clódio, a soldo de César, e de Milão se defrontavam. O assassinato do primeiro pelo segundo levou o senado a nomear, em 52 a.C., Pompeio como cônsul único, sem colega, um precedente que mais tarde levaria à proclamação dos imperadores. Recebe como tarefa quinquenal as duas províncias hispânicas e as suas guarnições, ainda que autorizado a permanecer em Roma e a governá-las através de legados. Como resultado desta nomeação, Pompeio foi influenciado pelos senadores a romper com César, com o objetivo de limitar o desempenho deste último no governo das Gálias (Grant 1960 29-30), pois estavam conscientes do perigo se este pretendesse ser de novo reeleito cônsul. Efetivamente, César fez saber que pretendia ir directamente do seu comando nas Gálias para o segundo consulado, apresentando-se à eleição *in absentia*.

Após uma tentativa falhada de César no primeiro dia de janeiro de 49 a.C., solicitando por carta a Pompeio a renúncia mútua e simultânea ao mandato proconsular, abriram-se as hostilidades entre ambos e, embora César não o desejasse, inicia-se a guerra civil[24]. Às primeiras horas do dia 11 de janeiro daquele ano César invadiu a Itália, em direção a Roma, atravessando o rio Rubicão, que delimitava a fronteira entre a Gália Cisalpina e a Península Itálica, com sua legião preferida, a *Legio XIII*, e um corpo auxiliar gaulês selecionado com 300 cavaleiros.

---

[23] Suet. *Jul*. 27.

[24] Sobre a guerra civil entre César e Pompeio, vide à frente Brandão, cap. 8 §4.

Em 49 a.C., César partiu para o Oriente em perseguição de Pompeio e acabou por sair vitorioso num lugar chamado Farsalo, na Tessália, no verão de 48 a.c., dizimando os conservadores, devido ao valor dos seus veteranos que resistiram à carga da cavalaria, apesar de numericamente inferiores[25]. Pompeio, com alguns familiares e amigos, foge para o Egito, depois de uma paragem em Lesbos, onde embarcou a mulher e o filho. O Egito era o único reino helenístico que ainda não tinha caído em mãos romanas, apesar de ser semi-independente de Roma. No Egito reinava o jovem Ptolemeu Dionísio, cujo pai Ptolemeu Auletes ("o tocador de flauta"), tinha sido colocado no trono por Pompeio. Influenciado por Potino, um homem degenerado e meio néscio que estava no poder como *vizir* e que já sabia dos acontecimentos de Farsalo, o jovem Ptolomeu decide-se pela morte de Pompeio. O rei envia uma carta amigável (mas traiçoeira) solicitando a Pompeio que o visite. Ao chegar com uma grande embarcação a Alexandria, os Egípcios, com o pretexto de que não havia profundidade para um barco daquelas dimensões, convidaram-no a mudar-se para uma pequena embarcação, tipo chalupa. Cumpria Pompeio 59 anos. À vista dos familiares e amigos foi apunhalado pelas costas por Lúcio Septímio, um antigo centurião romano que tinha servido o general na guerra contra os piratas mas que tinha sido colocado ao serviço do governo do Egito (Bertolini 1999 324). A cabeça foi decapitada e metida num jarro e o corpo foi deixado na costa sem sepultar, até que o liberto do general, Filipo, procedeu aos rituais fúnebres e enviou as cinzas à esposa de Pompeio, Cornélia, para o sepultar na sua *uilla*[26].

César chega poucos dias depois a Alexandria. Aí recebe a notícia da morte do seu rival, acontecimento que muito o perturbou. Antes de desembarcar apresentou-se-lhe o retórico Teódoto, um dos ministros de Ptolomeu, levando-lhe como oferenda a cabeça e o anel do desafortunado Pompeio; César, horrorizado, nem quis olhar e desfez-se em lágrimas[27]. Aceitou o

---

[25] Suet. *Jul.* 35.
[26] Plu. *Pomp.* 80.
[27] Liv. *Per.* 92; Caes. *Civ.* 3.106. 3-5; D.C. 42.7.3 e 42.8.1 ; Plut. *Caes.* 48.2, *Pomp.* 80.5; Apud Carcopino 1993 429).

anel e fez queimar a cabeça, construindo no sítio da fogueira um altar à deusa vingadora Némesis. Quando este pretendeu castigar os criminosos, os Alexandrinos cercaram-no dentro do palácio real.

***

Pompeio ficou para a posteridade como uma das figuras mais brilhantes do Império romano. A sua glória ficou bem espelhada neste breve passo lapidar de Plínio[28]:

> «Mas será tão relevante para a glória do Império Romano como para a de um só homem, mencionar agora todos os nomes e triunfos de Pompeio o *Magno*, porque eles igualam em brilho as explorações de Alexandre o *Grande* e por fim as do próprio Hércules».

Tábua cronológica

82-72 a.C. Campanhas de Sertório na Hispânia.
82-79 a.C. Ditadura de Sula.
73-70 a.C. Rebelião dos escravos, conduzida por Espártaco.
74-66 a.C. Derrota de Mitridates do Ponto.
70 a.C. I Consulado de Pompeio e Crasso.
67 a.C. Pompeio recebe um poder extraordinário para libertar o Mediterrâneo de piratas.
67 Pompeio recebe um comando extraordinário para ultimar a guerra contra Mitridates.
65-61 a.C. Conjuras de Catilina por ocasião do regresso de Pompeio.
59 a.C. Formação do Primeiro Triunvirato com Crasso, Pompeio e César.
55 a.C. II consulado de Pompeio e de Crasso.
53 a.C. Crasso é derrotado e morto pelos Partos, em Carras.
49-45 a.C. Início da Guerra Civil entre César e Pompeio e derrota dos Pompeianos na Hispânia.
48 a.C. Derrota de Pompeio em Farsália e fuga deste general para o Egito, onde é assassinado.

---

[28] Plin. *Nat.* 7.95.

Bibliografia

Bertolini, F. (1999), *Historia de Roma. Desde los orígenes itálicos hasta la caída del Imperio de Occidente* (trad. esp. de Salvador López Guijarro). Madrid, 259-329.

Bringmann, K. (^{3}2011), *A History of the Roman Republic*. Cambridge.

Carcopino, J. (1993), Júlio César (trad. port. de Ana Rabaça). Mem Martins.

Goldsworthy, A. (2007), *Generais romanos. Os Homens que construíram o Império Romano* (trad. port. de Carlos Fabião). Lisboa.

Goldsworthy, A. (2008), *César. A vida de um colosso* (trad. port. de Francisco Paiva Boléo). Lisboa.

Seager, R. (2002, 2ª ed.), *Pompey the Great: A political Biography*. Oxford.

Southern, P. (2002), *Pompey the Great*. Charleston.

AA.VV. (1983), Manual de Historia Universal. Roma. Vol. IV. Madrid, 143-170.

10. A PRIMAZIA DE CÉSAR: DO "1º TRIUNVIRATO" AOS IDOS DE MARÇO

José Luís Brandão
Universidade de Coimbra
Centro de Estudos Clássicos e Humanísticos

Sumário: A *societas* entre Pompeio, César e Crasso. O consulado de César. As fases da conquista da Gália. Os cenários da guerra civil. A ditadura de César: medidas políticas. Os idos de março, causas e consequências. Cultura e literatura no tempo de César: principais figuras literárias.

Na altura em que Pompeio regressava do Oriente coroado de glória[1], uma outra figura se agigantava no panorama político romano: um homem cheio de ambição, determinado, enérgico; um líder carismático, capaz de arrastar multidões ou de mover a devoção incondicional dos soldados, e ao mesmo tempo um político hábil e bastante culto, que se movimentava igualmente bem entre as armas e a toga. Trata-se, pois, de Júlio César, um comandante incontornável da antiguidade, admirado por tantos ao longo da história, entre os quais Napoleão Bonaparte; possuidor de qualidades de grande estadista, como salienta Gelzer; um "ditador democrático" segundo Canfora; enfim, uma "figura colossal", nas palavras de Goldsworthy. Um homem desta tarimba causava já

---

[1] Vide atrás Morais, cap. 9 §7.

apreensão entre muitos senadores seus contemporâneos. Receavam-no como perigoso rival e pela sua ligação à política popular: toda a carreira das honras de César se fizera em conflito com aquela aristocracia conservadora que saíra reforçada da ditadura de Sula. Segundo este, em César escondiam-se muitos Mários[2]. Com efeito, era sobrinho de Júlia, esposa de Mário[3]. Dela proferiu um elogio fúnebre, no qual reclamara a origem real e divina da família, fazendo-a entroncar no rei Anco Márcio e na própria deusa Vénus (Suet. *Jul.* 6) e nem a pressão de Sula o fez divorciar de Cornélia, filha de Cina, o aliado de Mário, 4 vezes cônsul[4]. Por outro lado, a sua mãe, Aurélia, pertencia aos Cotas, poderosos aliados de Sula, que lhe facultaram ascensão política e proteção. O desafio ao regime de Sula continua depois da morte do ditador (ocorrida em 78 a.C.), através da perseguição judicial a sequazes dele: Dolabela e António Híbrida. Se no funeral de Júlia, expôs as máscaras de Mário, quando edil, em 65 a.C., restaurou os troféus do general vencedor de Jugurta e dos Cimbros e Teutões[5].

César apresenta-se ao mesmo tempo como homem de ação, um político implacável e influente e um bom orador: ainda jovem pratica feitos notáveis que lhe valeram a coroa cívica na tomada de Mitilene[6]; raptado por piratas, persegue-os, depois de pago o resgate, e inflige-lhes o castigo com que os tinha ameaçado; arrola de moto próprio tropas auxiliares para expulsar da província da Ásia um general de Mitridates (Suet. *Jul.* 4.2). O rapto por piratas deu-se quando se dirigia para a ilha de Rodes, a fim de receber lições de retórica de Apolónio Mólon[7]. Fez a carreira das honras com sucesso e à custa de liberalidades: na eleição para tribuno militar (em 72) ficou em primeiro; foi questor (em 69) e

---

[2] Suet. *Jul.*1; Plu. *Caes.* 1.4.
[3] Sobre Mário, vide Mantas, cap. 8 §4 e 6.
[4] Vell. 2.41.2; Suet. *Jul.* 1.1-2; Plut. *Caes.* 1.1.
[5] Vell. 2.43.4; Suet. *Jul.* 11; Plut. *Caes.* 6.
[6] Suet. *Jul.* 2.
[7] *Jul.* 4.1. Plutarco (*Caes.* 1.8) situa o rapto no regresso da Bitínia, em 78 a.C. Suetónio, ao situá-lo na viagem para Rodes, em 75-74, é mais plausível. Segundo Plutarco (*Caes.* 2.6) e Veleio (2.42.3) o governador da Ásia, a quem César pede autorização para castigar os piratas, era Iunco. Este governou a Ásia em 74. Vide Butler & Cary 1927 46-47; Canfora 2000 9-14.

depois também pretor (em 61) na Hispânia Ulterior, onde estabeleceu uma rede de relações. Já como edil (em 65) ofuscara o colega, Bíbulo, concentrando em si o mérito da munificência. O facto de ser cético não era impedimento pessoal ou legal para os cargos religiosos: é *flamen Dialis* (em 87), integra o colégio dos pontífices (em 73) e, sobretudo, é eleito pontífice máximo (em 63) contra adversários poderosíssimos. Contou com empréstimos de Crasso para saldar dívidas de tais campanhas; e o apoio à concessão de poderes especiais a Pompeio para o combate da pirataria no Mediterrâneo, em 67, e do comando na guerra contra Mitridates do Ponto, bem como às honras que lhe foram concedidas em 63, terá contribuído para o sucesso estrondoso de César nas eleições para aquele cargo religioso de topo.

1. A aliança entre Pompeio, César e Crasso

Em 60, César regressava da Hispânia Ulterior, onde governara como propretor, e tinha de esperar fora do *pomerium* pela celebração do triunfo. Como queria apresentar-se ao consulado para 59, e o senado, graças às famosas manobras dilatórias de Catão, não atendeu o seu pedido de se candidatar *in absentia*, teve de desistir do triunfo em favor da candidatura. César foi então eleito cônsul juntamente com o candidato dos adversários, Bíbulo, com quem já partilhara os cargos de edil e de pretor. Não é claro se Pompeio e Crasso apadrinharam já César, mas este logrou reconciliar aqueles dois em proveito dos três.

Desde a antiguidade que se atribui à aliança entre Crasso, Pompeio e César o princípio do fim da República: Plutarco (*Caes.* 13.5) dirá que não foi a inimizade entre César e Pompeio que conduziu às guerras civis, mas aquela amizade. Esta coligação foi impropriamente designada por 1º triunvirato: não se tratava de uma instituição formal, como mais tarde o triunvirato de Otávio, António e Lépido em 43 a.C. Tratava-se mais de um acordo de cavalheiros para lograrem atingir objetivos que não alcançariam sozinhos: uma espécie de «conspiração» levada a cabo pelos três *principes*, segundo Tito Lívio (*Per.* 103); ou um «monstro de três cabeças» satirizado por Varrão[8]. Constituíram tal aliança (*societas*) para que se não fizesse nada na *res publica* que prejudicasse qualquer um deles, como diz Suetónio[9]. Pompeio esperava ver ratificadas pelo senado as mudanças administrativas que operara nas províncias do Oriente e dos estados clientes. Além disso, precisava de providenciar terra para estabelecer os veteranos de guerra que com ele tinham servido, uma vez que as propostas anteriores nesse sentido tinham sido frustradas pela oposição senatorial, temerosa do excessivo poder que tal base de apoio lhe iria conferir. Crasso representava os interesses dos *equites,* que esperavam renegociar o contrato para a coleta dos impostos na província da Ásia. A César era bastante útil o apoio do Magno e do riquíssimo Crasso no seu esforço de implementação de reformas sociais e cívicas durante o consulado, bem como a garantia de um província rentável quando deixasse o cargo.

É difícil dizer quando foi feita esta aliança que os próprios ocultaram enquanto puderam[10]; pode ter sido a causa ou a consequência do estrondoso sucesso da candidatura de César ao consulado para 59[11]. Plutarco (*Caes.* 14.1) sugere que está na base de tal triunfo. Suetónio (*Jul.* 19.2) diz que a aliança se fez quando foram atribuídas como províncias aos cônsules de 59 «as florestas e os pastos», sorteio que acontecia antes de conhecidos os resultados eleitorais. Em dezembro de 60, Cornélio Balbo, agente de César, veio pedir a Cícero[12] apoio para as reformas durante o consulado de César, com a garantia de que este iria seguir sempre o conselho do arpinate e de Pompeio, além de que tentaria uma aproximação entre Pompeio e Crasso. Tal parece sugerir que o acordo entre os três não se terá tornado público antes de janeiro de 59. Para reforçar os laços contribuiu também o casamento de Pompeio com a filha de César, Júlia, já em 59; e do próprio César com Calpúrnia, filha de L. Calpúrnio Pisão Cesónio, que seria um dos cônsules do ano seguinte por acordo do trio.

---

[8] *Tricaranos* - expressão recolhida por Apiano (*BC* 2.9).
[9] Suet. *Jul.* 19.2. Uma *potentiae societas* («aliança de poder») para Veleio Patérculo (2.44.1).
[10] Como nota Díon Cássio (37.58.1).
[11] Vide Carcopino 1950 717-718; 1968 203-205; Canfora 2000 69-79.
[12] Segundo este confidencia: Cic. *Att.* 2.3.3-4.

2. O consulado de César

Durante o seu consulado (59 a.c.), César levou a cabo um programa de reformas em conflito aberto com a classe senatorial e com o apoio eficaz do tribuno Vatínio, que, por sua vez, tinha interesses políticos e económicos. Começou, no entanto, por dar mostras de respeito para com o senado e o seu colega Bíbulo, apesar da fricção que existia entre eles[13]. Fez tornar públicas as atas do senado, uma medida emblemática que, teoricamente, expunha os possíveis subterfúgios. Propôs uma primeira lei agrária que, não se preocupava apenas com os veteranos, mas visava instalar os pobres em terras compradas pelo Estado a quem as quisesse vender; deixando, no entanto, de fora desta distribuição o rico campo estatal da Campânia. Os beneficiários não poderiam alienar as terras por vinte anos. Para o efeito foi nomeada uma comissão de vinte homens da qual César se excluiu para mostrar isenção. A reforma era financiada pelos proveitos das conquistas de Pompeio[14]. César apresentou-a ao senado para ser melhorada ponto por ponto[15]. Como a lei era inatacável, por ser necessária e se apresentar bem arquitetada, Catão procurou (como era seu hábito) usar o seu direito de discursar sem ser interrompido para tentar evitar que fosse aprovada, mas César mandou-o prender por obstrução e pressionou o senado[16]. Depois de passar neste órgão, a lei sofreu de novo obstrução quando apresentada à assembleia: sobretudo da parte do esmaecido colega de consulado, Bílbulo, e de Catão. Mas o triunvirato funcionou: Pompeio e Crasso defenderam publicamente a lei com a ajuda da pressão popular[17]. Depois de confrontos no foro, Bíbulo acabou por se retirar para a sua casa, limitando-se a enviar mensagens a dizer que os sinais no céu não eram

---

[13] D.C. 38.1.1-2; App, *BC* 2.10.
[14] O próprio Cícero (*Att.* 2.3) apoia a princípio esta lei agrária.
[15] Suet., *Jul.* 20.1; D.C. 38.1.
[16] D.C. 37.58.1. Suetónio (*Jul.* 20.4) e Plutarco (*Cat. Min.* 33.1-2) colocam a prisão em outros contextos.
[17] Plut. *Caes.* 14; *Pomp.* 47-48; D.C. 38.5-6.

favoráveis, como era prerrogativa sua[18]. Apesar da força da religião tradicional, tal modo de atuação não era eficaz[19]. Houve quem, por graça, se referisse a este ano como o do consulado de Júlio e de César, em vez de César e Bíbulo[20]. A insuficiência de terra levou, depois, à promulgação de uma segunda *lex agraria* que propunha a distribuição do rico, e até então preservado, campo da Campânia entre 20 000 cidadãos com mais de três filhos. Também esta passou sem grande resistência e redundou a favor de César. Foi restaurada a independência de Cápua como colónia de cidadãos romanos.

Em benefício de Pompeio, a organização do Oriente passou sem dificuldade, uma vez que era do interesse do Estado[21], apesar da oposição de Luculo, prontamente calada com uma ameaça velada de César sobre os meios pouco claros como adquirira o luxo em que vivia[22]. A favor de Crasso houve a redução de um terço no preço a pagar pelos publicanos ao Estado pelo direito de recolha de impostos na Ásia, uma medida que garantia a César o apoio dos *equites*[23]. Apresentou ainda uma lei sobre a concussão (*lex repetundarum*) bastante mais pormenorizada e precisa que as anteriores para cobrir o máximo de infrações dos governadores de província, disposições mais tarde integradas nos *Digesta* de Justiniano.

Ainda durante o consulado, os três aliados trataram de assegurar o trono do Egito para Ptolomeu XII, cognominado *Auletes* ("Tocador de flauta"), cujo reconhecimento como amigo e aliado do povo romano garantiu, segundo os rumores, uma choruda soma a Pompeio e César (Suet. *Jul.* 54.3) e que iria estar na base de problemas para César, ocorridos uma década mais tarde em Alexandria. Além disso, a Clódio, inimigo de Cícero, foi permitida a passagem a plebeu[24], mediante adoção, o que

---

[18] Suet. *Jul.* 20.1; D.C. 38.6.5-6. Plut. *Caes.* 14.9.

[19] Como nota Cícero (*Att.* 2.15.2 e 2.19.2). E, no que toca a autoridade religiosa, César era *Pontifex Maximus*.

[20] Suet. *Jul.* 20.2; D.C. 38.8.2.

[21] Vell. 2.44.2; Plut. *Pomp.* 48.4; D.C. 38.7.5; App. *BC* 2.46.

[22] Suet. *Jul.* 20.4. O general tinha sido afastado da guerra contra Mitridates sob a suspeita de a prolongar para obter proveitos.

[23] Vide Gelzer 1968 74-75.

[24] Suet. *Jul.* 20.4; D.C. 38.11.2; Cic. *Dom.* 41.

lhe abria caminho para se candidatar ao cargo de tribuno da plebe e mover perseguição a Cícero, por este ter executado os cúmplices de Catilina sem julgamento. O orador exilou-se na Macedónia e os seus bens foram confiscados.

Perante a perspetiva de atribuírem aos cônsules o proconsulado sobre as florestas e pastagens de Itália (decisão que tinha passado anteriormente no senado), o tribuno Vatínio apresentou uma proposta (*lex Vatinia*) de conceder a César um comando especial de cinco anos (até 54) sobre as províncias da Gália Cisapina e do Ilírico, à frente de 3 legiões, com o direito de escolher os legados. O senado acrescentou a Gália Transalpina, cujo procônsul nomeado falecera[25]. Seria uma forma de afastar mais César dos assuntos da capital. Este tratou ainda de eleger cônsules favoráveis para o ano seguinte: o sogro, Calpúrnio Pisão, e Aulo Gabínio, o tribuno que em 67 a.C. tinha garantido a Pompeio amplos poderes na luta contra a pirataria do Mediterrâneo.

3. O proconsulado: a Guerra da Gália

A partir daqui, os relatos da vida de César centram-se num homem de ação, e a carreira deriva dos seus feitos militares, pelo que a história política não os pode omitir[26]. César geriu o proconsulado da Gália muitas vezes contra o parecer do senado, tendo em conta a sua promoção pessoal e a preservação da sua *dignitas*. No seu livro *Commentarii de Bello Gallico* ('Memórias da Guerra da Gália'), César procura defender a validade das suas intervenções à luz da lei romana, mas é a única versão dos factos que possuímos. A maior parte da Gália estava fora da esfera de ação de Roma, e a tarefa de César foi facilitada pelas rivalidades que existiam entre os povos que ocupavam o território; rivalidades

---

[25] Suet. *Jul.* 22.1; D.C. 38.8.5. O facto é apresentado como uma grande vitória de César: Suetónio (*Jul.* 22.2) diz mesmo que ele se mostrou arrogante para com os opositores.

[26] Já a biografia suetoniana, mais centrada no caráter, tende a resumir os feitos militares.

que tinham favorecido já a instalação do suevo Ariovisto a oeste do Reno em 60 a.c. O mandato de César não incluía expansão territorial, pelo que o procônsul necessitava de um pretexto para se apresentar como defensor dos interesses romanos ou dos seus aliados.

Helvécios e Germanos. O primeiro grande feito foi frustrar as pretensões dos Helvécios de atravessar a província[27], a pedido dos aliados Éduos, Alóbroges e Ambarros, em cujo território os invasores andavam a causar devastação, e forçar os invasores a voltarem à sua terra[28], de modo a evitar que os Germanos aí se instalassem, na vizinhança da província da Gália. Foi aqui que a capacidade de comando de César se tornou patente. Depois a sua atenção voltou-se para Ariovisto, que se tinha instalado na margem ocidental do Reno. O pretexto que César encontra é um pedido de ajuda de uma assembleia de chefes Arvernos, Sequanos e Éduos, depois de verem o êxito do general no que toca aos Helvécios[29]. O rei tinha obtido em 59 o estatuto de amigo do povo romano por iniciativa de César[30]. Depois que Ariovisto rejeitou as exigências impostas[31] e de fracassadas as subsequentes negociações[32], César derrotou-o, não sem antes ter de vencer as resistências dos seus soldados receosos dos Germanos[33]. Deixando o exército nas terras dos

---

[27] Caes. *Gal.* 1.2-29; D.C. 38.31-34; Plu. *Caes.* 18. Pressionados por povos Germânicos a norte e alarmados pelo facto de Ariovisto se ter instalado a Oeste, os Helvécios decidiram organizar uma migração, para ocupar a região da atual Saintes, na Gália Ocidental. Como César lhes negara a passagem pela província romana, obtiveram autorização para marchar pelo território dos Sequanos. Ao saber do objetivo final da viagem, César resolveu atacar, com o pretexto de evitar o perigo para a província (*Gal.* 1.10).

[28] Depois de os derrotar na batalha de Bibracte (Autun).

[29] Caes. *Gal.* 1.30-33; D.C. 38.34. Os Arvernos e Sequanos tinham pedido ajuda a Ariovisto contra os Éduos. Aquele enviou 15 mil homens, mas os Éduos, derrotados, tiveram de ceder reféns aos Arvernos e Sequanos. Entretanto também os aliados do rei germano estavam descontentes, particularmente os Sequanos, porque tiveram de ceder parte do território a um grupo de mais 24 mil Germanos que atravessaram o Reno. Havia o temor de que a Gália fosse invadida por Germanos.

[30] D.C. 38.34.3; Plu. *Caes.* 19.2.

[31] Díon Cássio (38.34.6) nota que as exigências de César visavam sobretudo provocar Ariovisto.

[32] No discurso de Ariovisto, César (*Gal.* 1.44) sugere que a sua morte seria grata a muitos nobres romanos.

[33] Os soldados estavam apavorados com os rumores sobre a invencibilidade do inimigo (Caes. *Gal.* 1.39). Díon Cássio (38.35.2) acrescenta ao medo uma questão política: não era uma guerra autorizada por Roma, mas antes o resultado da ambição César, pelo que

Sequanos, talvez em Vesonção (Besançon), sob o comando de Labieno, dirigiu-se durante o inverno à Gália Cisalpina para administrar a província e ficar mais ao alcance das novas de Roma, onde a violência de Clódio empurrava Pompeio para os *optimates* e onde se preparava o regresso de Cícero do exílio.

Fig. 1. Campanhas de César na Gália - por Fábio Mordomo

Belgas. Aproveitou para recrutar mais duas legiões no início de 57 e passou depois a combater os Belgas, que se estavam a organizar para construir uma liga antirromana, da qual se distanciaram os Remos, que atuaram como aliados de Roma[34]. Levou à rendição, sem combate, os Suessiões, Belóvacos e Ambianos; venceu os Nérvios; conquistou a

---

ameaçavam amotinar-se. Plutarco (*Caes.* 19.3) atribuiu as hesitações à moleza dos tribunos militares de origem aristocrática.
[34] D.C. 39.1-5.

cidade dos Atuatucos. Na pacificação da região, notabilizaram-se também os legados; além de Labieno, já notável nas campanhas anteriores, foi bem-sucedido Públio Crasso, filho do vencedor de Espártaco, bem como Sérvio Galba, que foi enviado a pacificar a região Alpina. Com esta campanha César considera, com exagero, toda a Gália pacificada[35]. Em Roma, faz-se uma *suplicatio*: quinze dias de ação de graças pela vitória, que se tornara num tributo ao vencedor. No final, César instala as legiões nos acampamentos de inverno e parte para Itália, para, no encontro de Luca, reforçar a sua aliança com Pompeio e Crasso e obter uma prorrogação do seu proconsulado por mais cinco anos.

Vénetos. César vira-se, na segunda metade do ano 56 a.C., contra os Vénetos, povo de grandes marinheiros da região da Armórica. Os navios deles eram nitidamente superiores aos da frota romana, entregue ao comando de Décimo Júnio Bruto[36], mas a rapidez, o uso de remadores e a inventividade dos romanos (que cortaram com foices as vergas dos navios inimigos) permitiu uma vitória fácil e completa, como salienta César[37]. Executou os chefes e vendeu a população para a escravatura[38]. Na mesma altura, o legado Quinto Titúrio Sabino vencia Virídovix, chefe dos Unelos (ou Venelos) na vizinha península de Cotentin, e Públio Crasso obtinha importantes vitórias no Sul, contra povos da Aquitânia, que receberam ajuda de antigos companheiros de Sertório.

Usípetes, Tencteros, Úbios. Assegurada a prorrogação do comando[39] e depois de passar o inverno na Gália Cisalpina, César dirigiu-se de novo ao teatro de operações, para conter mais uma migração germânica no Baixo Reno: a dos Usípetes e dos Tencteros, que, pressionados pelos

---

[35] Caes. *Gal.* 2.35.
[36] Caes. *Gal.* 3.14; D.C. 39.40.3-5.
[37] *Gal.* 3.14-15. Díon Cássio (39.42-43) acentua o papel da fortuna: a falta de vento tornava os pesados navios gauleses vulneráveis às mais velozes e ligeiras embarcações de Décimo Bruto.
[38] Para, como César diz, dar uma lição aos bárbaros sobre o respeito pela sacrossantidade dos embaixadores (*Gal.* 3.16), que eles tinham violado ao prenderem os oficiais que requisitavam cereais.
[39] Pelos cônsules de 55, Pompeio e Crasso, cuja eleição era também efeito do encontro de Luca (em abril 56 a.C.), no qual participaram numerosos nobres romanos.

Suevos, se tinham instalado no território dos Menápios, na Gália Belga, e pediam uma aliança com Roma em termos semelhantes aos que antes tinha proposto Ariovisto. César venceu-os e dizimou-os impiedosamente, facto considerado em Roma pelos inimigos políticos como violação do direito das gentes. Como também os Úbios, germanos aliados que habitavam na margem direita do Reno, pediam ajuda contra os Suevos, César limitou-se a impressioná-los ao construir uma ponte em apenas dez dias e fazer o exército atravessar para o outro lado[40].

Britânia. A vitória sobre a coligação véneta abrira de certo modo o caminho para a até então misteriosa Britânia, de onde os Gauleses tinham recebido reforços nas guerras anteriores[41]. Havia certamente rumores exagerados sobre riquezas[42]. A empresa revelou-se difícil pelo facto de o ano (55 a.C.) já ir adiantado, com o consequente agravamento das condições do mar, da hostilidade dos Britanos ao desembarque e, já em terra, pela falta do apoio da cavalaria, já que os navios que a transportavam se tinham transviado. Esta primeira expedição parece ter sido uma viagem exploratória, que acabou por ser mais belicosa do que César previa, sobretudo por causa da ação dos carros britânicos, sobre cada qual combatia um archeiro e um auriga (os *essedarii*). Em meados do ano seguinte (54 a.C.), César parte de novo rumo à ilha com uma numerosa frota preparada de acordo com as necessidades de abordagem aprendidas no ano anterior. Muito a custo consegue ultrapassar o Tamisa e vencer a coligação capitaneada pelo rei Cassivelauno, e, mais do que o escasso resultado económico, César logra dissuadir os Britanos de prestar ajuda a povos gauleses revoltosos e capitaliza em Roma o efeito propagandístico de tal ação[43].

---

[40] Caes. *Gal.* 4.16-18. Díon Cássio (39.48.4) refere uma ponte de barcas. Alguns estudiosos modernos também não acreditam na versão de César. Mas não havia razão nenhuma para tal invenção que, além de facilmente desmentida pelos seus colaboradores, não acrescentava assim tanto à sua fama, uma vez que tinha atravessado o rio. Vide Agazzi 2006 74-78.

[41] *Caes.* Gal. 4.20.

[42] Caes. *Gal.* 5.12. Suet. *Jul.* 47.

[43] Vide Canfora 2000 122-123.

O levantamento da Gália. Depois de instalar as legiões em acampamentos de inverno (54-53 a.C.) separados na zona Belga, César sofreu a primeira derrota na Gália, às mãos dos Eburões, liderados por Ambíorix e Catuvolco, que emboscaram e dizimaram a legião comandada por Quinto Titúrio Sabino e Lúcio Aurunculeio Cota. Depois, o acampamento de Quinto Cícero, irmão do famoso orador, foi atacado pelos Nérvios, e o de Labieno pelos Tréveros, capitaneados por Induciomaro. Sucedem--se, em 53, ferozes campanhas punitivas contra os Nérvios, Tréveros (esta liderada por Labieno), Eburões. Com os sucessivos recrutamentos as forças de César atingem as 10 legiões. Para uma demonstração de força, César atravessa de novo o Reno, para dissuadir os Germanos de prestarem ajuda aos revoltosos. Depois regressa à Gália Cisalpina, enquanto, em Roma, os conflitos se agudizam, e Pompeio é nomeado cônsul único (*sine collega*).

No inverno de 52, surge a confederação gaulesa de Vercingétorix. O gaulês segue uma política impopular de terra queimada, mas as capacidades estratégicas do jovem caudilho arverno não podiam rivalizar com a experiência bélica de César[44]. O cerco da cidade de Avárico, nas terras dos Bitúriges, termina com um massacre que não poupou velhos, mulheres ou crianças, num total de 40 mil pessoas: número que César revela sem pudor (Caes. *Gal.* 7.28), salientando o desejo de vingança dos soldados. Longe vai a clemência demonstrada no início da conquista.

O seguinte passo na guerra teve lugar em Gergóvia, onde Vercingétorix se fortificara, um assédio desastroso para os Romanos ou, segundo Díon Cássio, uma derrota militar enquanto César estava ausente a tentar evitar uma deserção dos até então fiéis Éduos[45]. Estes acabam mesmo por se aliar a Vercingétorix, embora seja a contragosto que o reconhecem como chefe supremo. Mas, a norte, no território dos Sénones e Parísios, Labieno obtém, por sua conta, uma retumbante vitória em Lutécia (atual Paris).

---

[44] Pelo que comete erros táticos que levam a que os seguidores o cheguem a considerar um traidor (Caes. *Gal.* 7.20.). Vide Agazzi 2006 109 ss.

[45] Caes. *Gal.* 7.44-51; D.C. 40.38.1.

O comandante gaulês, superado depois em campo aberto, refugia--se em Alésia, onde fica cercado pelas tropas romanas. A cavalaria gaulesa, tendo saído furtivamente da cidadela, consegue reunir reforços[46]; e César passa a ser simultaneamente assediante e assediado, facto que o obriga a erguer uma dupla linha defensiva, para proteger os seus homens das investidas dos sitiados e dos Gauleses que vinham em auxílio dos compatriotas. Frustrada a esperança depositada nestes últimos, Vercingétorix acabou por se render, forçado pela carência. Em Roma, celebraram-se vinte dias de festejos. César tratou de submeter toda a Gália, guarnecendo a parte central e acabando com os restantes focos de resistência. Da Gália Belga, um exército dos Belóvacos penetrou no território dos Sénones e foi vencido em combate. Terminada a conquista da Gália[47], foi estabelecida a relação entre o estatuto de cada povo e Roma, o que, no conjunto, rendia uma soma de 40 milhões de sestércios por ano em impostos. César pôde restaurar a sua fortuna e recompensar abundantemente os soldados, assegurando a sua fidelidade. Recompensou os agentes. Comprou o terreno para a construção do novo foro em Roma. Construiu monumentos nas províncias. Enorme quantidade de ouro dos tesouros da Gália afluiu a Roma. César talvez não pudesse tornar-se ditador de Roma se primeiro não tivesse subjugado a Gália, campanha que lhe garantira não só incontáveis riquezas, mas também um incomparável exército devotado[48]. Toda a política de Roma passa a centrar-se em César, para o controlar, para o favorecer ou para promover uma posição intermédia. Tinha congregado um importante grupo de assistentes, como G. Víbio Pansa, Aulo Hírcio, L. Cornélio Balbo, G. Ópio, G. Mácio, M. Cúrcio Póstumo. Labieno passar-se-á na guerra civil para o lado dos Pompeianos.

---

[46] Que incluíam mesmo antigos aliados de César, como ele próprio lamenta (Caes. *Gal.* 7.76).

[47] Embora à custa de verdadeiros crimes de guerra. Plínio (*Nat.* 7.91-99) considera tal mortandade uma *iniuria* contra o género humano. Vide Canfora 2000 132-139.

[48] Como salienta Brunt 1988 82-83.

4. A guerra civil

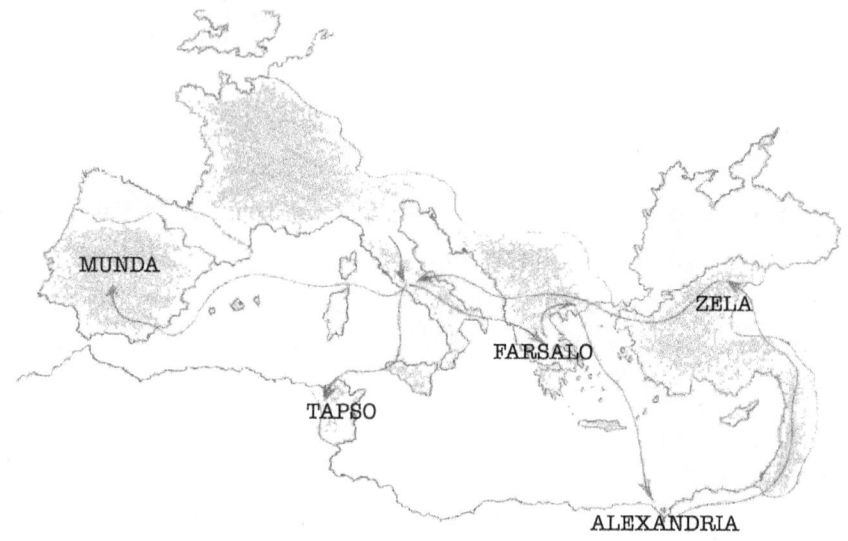

Fig. 2. Campanhas de César na Guerra Civil - por Fábio Mordomo

Em 56 a.C., o triunvirato tinha sido reafirmado num encontro em Luca. Acordaram que Pompeio e Crasso[49] deveriam obter o consulado para 55, seguido de províncias proconsulares: Hispânias para Pompeio e Síria para Crasso; o proconsulado de César devia ser prorrogado por 5 anos (*Lex Pompeia Licinia*). As eleições foram tumultuosas, mas no final Pompeio e Crasso levaram o seu projeto avante. Pompeio envia legados para comandar as legiões que detinha na Hispânia. Mas, em 54, Júlia morre de parto, quebrando-se a ligação familiar entre Pompeio e César; e, em 53, Crasso, na campanha contra os Partos, é derrotado em Carras e morto[50], pelo que, desfeito o trio que distribuía as forças, Roma vê-se a braços com o confronto de dois titãs.

---

[49] E não Domício Aenobarbo, que pretendia pôr fim ao proconsulado de César na Gália.

[50] Sobre a morte de Crasso, vide atrás Rui Morais, cap. 9 §8.

Na Urbe, os conflitos de rua, em que eram usados bandos de gladiadores, agudizavam-se a tal ponto que Clódio foi morto na via Ápia num recontro com os homens do seu inimigo, Milão. Para resolver a situação, Pompeio foi designado cônsul sem colega, um subterfúgio para evitar nomeá-lo ditador. Um decreto popular de 52 assegurava a César a possibilidade de se candidatar ao consulado para 48 *in absentia*, mas a classe senatorial tratou de se lhe opor aos desígnios. O cônsul de 51, M. Cláudio Marcelo, propôs que César licenciasse o exército, uma vez que a guerra tinha terminado. Pompeio fez passar uma lei em que obrigava os candidatos a magistrados a estarem presentes em Roma, mas não introduziu a exceção a favor de César[51]. Foi, além disso, negada a cidadania aos colonos que habitavam a norte do Pó, onde César fizera recrutamentos, para lhe cortar esta base de apoio[52]. No *Bellum Ciuile* ('Guerra civil')[53], escrito mais tarde, César procura apresentar favoravelmente a sua atuação.

César, como muitos moderados em Roma, parece querer evitar a guerra desde que possa salvar a sua *dignitas*[54]. Mas o medo de que se comportasse como Sula ou como Catilina (fizesse proscrições, abolisse as dívidas e revolucionasse o Estado[55]) fez com que a classe rica se colocasse sob a bandeira de Pompeio. Em 50, César conseguiu "comprar" um dos cônsules, L. Emílio Lépido Paulo, e o tribuno Gaio Ecribónio Curião. Mas, como os cônsules de 49 (Gaio Marcelo e Cornélio Lêntulo Crure) lhe eram ambos hostis, César faz propostas moderadas, primeiro através do tribuno Curião e depois por meio de uma carta, no sentido

---

[51] Por esquecimento, segundo Suetónio (*Jul.* 28.3), o que é pouco credível.

[52] Plu. *Caes.* 29.2; Suet. *Jul.* 28.3. César defendia, desde o seu regresso da Hispânia como questor, as aspirações das colónias transpadanas de direito latino à cidadania romana plena (Suet. *Jul.* 8).

[53] Ou *Commentarii de bello ciuile* ('Memórias da guerra civil').

[54] Segundo Suetónio (*Jul.* 29.1), César repetia que «mais dificilmente o expulsariam do primeiro para o segundo lugar entre os cidadãos do que do segundo para o último» - palavras provavelmente transmitidas por Asínio Polião, o que as torna verosímeis. Para Suetónio o que movia César era o desejo de reinar. Vide Gelzer 1969 189; Canfora 2000 145-146 e 152-155.

[55] Cic. *Att.* 7.11.1. Segundo Suetónio (*Jul.* 30.2), para Pompeio, era a impossibilidade de César acabar as obras e cumprir as promessas que tinha feito que o levavam a querer baralhar e reformular tudo. Vide Canfora 2000 152.

do desarmamento das partes, pelo que estava disposto a licenciar oito legiões e a ceder a Gália Transalpina, ficando só com duas legiões e a Gália Cisalpina, para assegurar a sua posição até que fosse eleito cônsul. Foi o próprio Curião (o tribuno de 50) o portador de uma carta com o reiterar da proposta. Apesar de César mostrar abertura para manter apenas uma legião, a proposta não foi aceite, pelo que foi imposto um prazo limite para o licenciamento[56]. O veto interposto por dois tribunos de 49 (M. António e Quinto Cássio Longino) foi travado por um *senatus--consultum ultimum* (que suspendia a "constituição" normal), e aqueles fogem da cidade juntamente com Curião (o tribuno do ano anterior) e vão juntar-se a César[57]. A verdade é que até este ponto nenhuma das partes parecia estar ciente de que a guerra iria estalar, cada uma convencida que a outra cederia. Cícero procurava conciliar as partes em nome dos que preferiam salvaguardar a paz; Pompeio hesitava, mas Catão, Metelo Cipião e o cônsul Lêntulo, entre outros, queriam evitar a todo o custo que César obtivesse um segundo consulado. César deu então início à guerra ao atravessar o Rubicão[58], o rio que dividia a Itália da sua província, a Gália Cisalpina. O simbolismo desta ação é salientado pelas fontes: a partir daqui, o caminho era irreversível[59].

Itália. A guerra vai desenrolar-se em vários cenários. O primeiro é a Península Itálica. César toma a iniciativa de invadir a Itália com apenas uma legião (a XIII, a que em breve se juntam mais duas: a XII e a VIII), pelo que não deu tempo aos inimigos de prepararem um exército. O rápido avanço de César surpreendeu o governo legítimo de Roma e Pompeio ordenou a evacuação da Urbe para Cápua e depois para a Apúlia[60]. Das

---

[56] Vell. 2.49.3; Suet. *Jul.* 29.2; Plu. *Caes.* 31.1; D.C. 41.1.4; Caes. *Civ.* 1.1-2; App. *BC* 2.32.

[57] Caes. *Civ.* 1.5; App. *BC* 2.33.

[58] Na madrugada de 11 de janeiro de 49 a. C: Vell. 2.49.4; Suet. *Jul.* 31.2; Plu. *Caes.* 32.5-9; *Pomp.* 60.1-3

[59] Deste contexto se imortalizou a expressão *Iacta alea est* (Suet. *Jul.* 32) («O dado foi lançado»). Trata-se de uma variante em latim de uma expressão de Menandro («o dado seja lançado!») que também figura em Plutarco (*Caes.* 32.8; *Pomp.* 60.2). Se César pronunciou estas palavras, terá sido em grego, língua em que o dito se tornou proverbial.

[60] Plu. *Pomp.* 61; *Caes.* 33; D.C. 41.6.1-2; App. *BC* 2.36-37. Cícero lamenta tal comportamento Temistocleano: Cic. *Att.* 7.11.3-4; 10.8.4. A notícia de que César tinha atravessado o Rubicão terá chegado a Roma por volta de 17 de janeiro de 49 a.C.

cidades de Itália, só Corfínio ofereceu verdadeira resistência a César, uma vez que o inimigo mortal deste, Lúcio Domício Aenobarbo, nomeado procônsul da Gália Cisapina, aí se fortificou com cerca de 30 coortes[61]. Perante as manifestações de clemência e abnegação por parte de César na vitória[62], dissipou-se o temor de que se comportasse como Sula[63]. César, na mira de afastar a inevitável comparação com os horrores da anterior guerra civil, salientava que pretendia apenas reaver os privilégios que lhe tinham sido arrebatados por uma fação e atacar a ilegalidade cometida contra os tribunos da plebe[64]. A tal moderação seguiram-se mais cartas diplomáticas, a propor a reconciliação com Pompeio[65].

Pompeio concentrou as forças em Brundísio (atual Brindes) e preparou um embarque para o Epiro, de modo a ter tempo de treinar as suas tropas, reunir mais efetivos nas províncias orientais e invadir Itália a partir da Grécia, como já fizera Sula. Furta-se a qualquer encontro pessoal com César e embarca a 17 de março. Depois de tentar em vão barrar-lhe a retirada, César, que o não pode seguir por falta de transporte, resolve preocupar-se com a retaguarda – o exército de Pompeio na Hispânia — e divide as forças em várias partes, para assegurar o controlo de Itália, e garantir o controlo da Sardenha e da Sicília, de modo a prevenir o corte no fornecimento de cereais[66].

Já em Roma, esforça-se por tomar algumas medidas com o possível suporte de senadores e os escassos consulares presentes, uma vez que os dois cônsules e o grosso do senado estavam na Grécia. César já vinha há longo tempo tentando atrair Cícero para Roma através dos agentes e de repetidas cartas, de que o próprio orador dá conta na sua correspondência

---

[61] Domício pede ajuda a Pompeio para juntos bloquearem César, mas aquele ignora-o: cf. Caes. *Civ.* 1.17.

[62] Desde logo, a libertação de Públio Cornélio Lêntulo Espínter (cônsul de 57) de Domício e de outros nobres romanos capturados na sequência da capitulação de Corfínio, seguida da restituição do dinheiro depositado por Domício no erário da cidade.

[63] Caes. *Civ.* 1.16-23; App. *BC* 2. 38. O efeito esperado, como nota Cícero (*Att.* 8.13).

[64] Assim conota, por sua vez, os adversários com Sula, apesar de este ter respeitado o veto quando retirou o poder aos tribunos da plebe. Vide Canfora 2000 166-175.

[65] Cic. *Att.* 9.7c; D.C.41.10.2; Caes. *Civ.* 1.24.4-6.

[66] Caes. *Civ.* 1.25-30; D.C. 41.12; App. *BC* 2.39-40.

com Pompónio Ático[67]. César encontra-se com Cícero em Fórmias, mas este mostra-se contra a partida dele para a Hispânia e a transferência do exército para a Grécia, dizendo-se, em contrapartida, disposto a fazer diversos reparos à atuação de Gneu Pompeio. César obviamente não aceita; e a Cícero desagradam sobretudo os que rodeiam César (Cic. *Att.* 9.18.2; 9.19.1).

César procura a constitucionalidade, através de uma reunião do senado, legalmente convocada pelos tribunos António e Cássio[68] para 1 de abril fora do *pomerium* (sendo procônsul, não podia entrar no recinto sagrado da cidade), na qual expõe as suas razões e propõe uma delegação de paz; depois, perante uma assembleia popular, promete uma distribuição de cereais e dinheiro aos cidadãos[69]. Mas o respeito pela legalidade, bem como o pretexto de defesa dos tribunos, cai por terra quando o tribuno Lúcio Metelo lhe veta o acesso ao erário de Saturno. César, necessitando de dinheiro para o esforço de guerra, ameaça-o de morte[70].

Massília e Hispânia. O segundo cenário é a Hispânia, onde os legados de Pompeio, o erudito M. Terêncio Varrão, M. Petreio (que derrotara Catilina em 63) e Lúcio Afrânio (cônsul de 60 que já lutara contra Sertório) comandavam uma força de 5 legiões, oito coortes auxiliares e 5 mil cavaleiros. Deixando Emílio Lépido como prefeito da cidade e Marco António ao governo de Itália, César parte para enfrentar os pompeianos na Hispânia. Para lá faz deslocar 6 legiões da Gália e ainda 5 mil tropas auxiliares e 3 mil de cavalaria. Dizia que "avançava contra um exército sem general e que de lá regressaria contra um general sem exército" (Suet. *Jul.* 34.2). No caminho, César viu-se obrigado a montar um cerco a Massília (atual Marselha) que, a pretexto de neutralidade, lhe fechou as portas. Mas como não queria perder a vantagem do tempo, deixou o cerco a cargo de Gaio Trebónio, que fora seu legado na Gália desde 54, e a frota a cargo de Décimo Bruto. Juntando-se ao legado Fábio, César venceu Petreio e Afrânio em Ilerda, graças à superioridade da cavalaria e à sua paciência em evitar

---

[67] O genro do orador, Públio Cornélio Dolabela, militava no exército de César.
[68] Ainda que faltasse a autoridade da nata da aristocracia romana.
[69] Caes. *Civ.* 1.32; Vell. 2.50; D.C. 41.15.2-3; 41.16.1.
[70] Plu. *Caes.* 35; D.C. 41.17.1-2.

batalha, numa campanha de apenas 40 dias, na qual se evidenciaram não só o seu génio de estratega, mas também a sua habitual moderação e a vocação de homem de estado, que, ao libertar os vencidos, procura promover a pacificação do mundo romano[71]. Segue-se a rendição de Varrão. Deixa na Hispânia Quinto Cássio Longino, com poderes de pretor, uma escolha que se revelará desastrosa, e vai receber a capitulação de Massília, onde deixa uma guarnição de duas legiões. Apesar destes sucessos, houve revezes assinaláveis: Curião, que da Sicília passara à África, é derrotado e morto numa emboscada lançada pelo rei Juba da Numídia, aliado de Pompeio; Lúcio António sofre uma derrota menor na Ilíria; a IX legião, descontente com o alastrar da guerra, com a demora no pagamento e com a ausência de saque, amotina-se em Placência e só a capacidade de liderança e firmeza de César a faz voltar à disciplina.

Roma, de passagem. Encaminhou as tropas para Brundísio, para depois as embarcar para a Grécia, e aproveitou doze dias para tratar de uma série de assuntos importantes em Roma. Tinha sido entretanto nomeado ditador por proposta de um pretor[72], porque, na ausência dos cônsules, só um ditador podia convocar as eleições para 48. Assim, César pôde obter também o seu almejado consulado para aquele ano, juntamente com Públio Servílio Isaurico; além de que fez preencher os lugares vagos do governo do Estado. No que toca à delicada questão das dívidas, que uns temiam e outros desejavam que abolisse, promulgou uma lei enquanto ditador (*lex data*) propondo uma solução equilibrada que implicava cedências de ambas as partes[73]. Mandou regressar exilados e devolveu todos os direitos aos filhos das vítimas das proscrições de Sula. Ao fim de 11 dias, César abdicou da ditadura e dirigiu-se para Brundísio.

Grécia (de Dirráquio a Farsalo). O culminar da guerra civil com o confronto dos dois gigantes tem lugar na Grécia. César, ao fazer atravessar

---

[71] Caes. *Civ.* 2.32.5. Vide Gelzer 1968 212-217.

[72] Deveria ser um dos cônsules a nomear o ditador, mas havia precedentes na história romana de um ditador nomeado pelo povo, na ausência de cônsules: Liv. 22.31.8; 27.5.16.

[73] Para o pagamento em bens móveis e imóveis estes deviam ser cotados segundo o valor que tinham antes da guerra, mediante a arbitragem do pretor urbano. Cf. Caes. *Civ.* 3.1-2; Suet. *Jul.* 42.2.

as suas tropas no inverno, consegue apanhar o inimigo desprevenido e desembarcar sem problemas o primeiro contingente na costa do Epiro: cerca de 20 000 homens. Mas Bíbulo, o comandante da frota pompeiana, já alerta, impedia a chegada dos reforços e de mantimentos. Embora César obtivesse a rendição de Órico e de Apolónia (os habitantes locais obrigaram os pompeianos ali sitiados a renderem-se, e quase todas as cidades do Epiro lhes seguiram o exemplo), falhara a conquista de Dirráquio, principal base de fornecimento de Pompeio. Este pensava vencer César através do bloqueio, pelo que evita batalha, mas acaba por ficar num impasse. No acampamento pompeiano a moral é baixa: às mostras de clemência de César opunha-se a crueldade de Bílbulo e de muitos outros pompeianos que se propunham punir mesmo os que se mostravam neutrais na guerra. Habilmente, César continua a fazer tentativas de paz, de modo a lançar sobre Pompeio a culpa da continuação da guerra civil[74].

Só em finais de março, António conseguiu fazer transportar os esperados reforços, que rapidamente se uniram ao exército de César, perfazendo um total de 34 000 soldados de infantaria e 1 400 cavaleiros. Se o exército de Pompeio continuava mais numeroso, o de César era mais experiente e devotado ao comandante. Mas, depois de César cercar com trincheiras o exército de Pompeio junto a Dirráquio, de modo que os pompeianos ficaram isolados entre César e o mar[75], aumentaram os problemas com o abastecimento de comida para César, de água para Pompeio e de doença para ambos os exércitos. Uma surtida vã de César foi repelida com tal êxito por Pompeio e provocou tal debandada entre os soldados de César, que o exército pompeiano poderia ter obtido nesse dia a vitória «se tivesse quem soubesse vencer», como terá exclamado César[76].

---

[74] César envia, através do pompeiano Vibúlio, uma missiva com uma proposta de paz, mas Pompeio interrompe a leitura, dizendo que não quer dever a vida à generosidade de César. Cf. Caes. *Civ.* 3.10; 3.18.3-5; Plu. *Pomp.* 65.3-4. D.C. 41.53.2-54.3. Outras formas de conciliação são tentadas de parte a parte, mas, segundo Plutarco, torna-se evidente que, para os pompeianos, qualquer tentativa de paz parece impossível sem a cabeça de César (Caes. *Civ.* 3.19). Vide Gelzer 1969 223-227.

[75] Feito que, além de conter as manobras do adversário, pretendia minar o prestígio internacional de Pompeio, por este, tendo embora um exército mais forte, não se atrever a dar batalha (Caes. *Civ.* 3.43.4).

[76] Suet. *Jul.* 36; Plu. *Caes.* 39.8; *Pomp.* 65.5; App. *BC* 2.62.

De qualquer modo, quebrado o cerco num ponto, a cavalaria de Pompeio tinha agora liberdade de movimentos, e César retira-se para a Tessália como um perdedor, aos olhos de muitos.

Entre voltar a Roma, e deixar o sogro Cipião com as tropas da Síria à mercê do inimigo, e continuar a perseguir César na Grécia, Pompeio decide--se pela segunda opção. Contudo, a prudência de Pompeio não agradava aos partidários, que lhe chamavam "Agamémnon" e "Rei dos reis"; e, crendo na vitória iminente, disputavam já despojos, benefícios e cargos para depois da guerra[77]. Cícero, que, depois de hesitar longamente, se juntara a Pompeio, constata que, no acampamento, não via "nada de bom, exceto a causa" (*Fam.* 7.3.2). O confronto final dá-se na planície de Farsalo, na Tessália: Pompeio, oferece finalmente batalha a 9 de agosto e, confiando na superioridade numérica da sua cavalaria, colocada à esquerda, opta por uma posição estática da infantaria, de modo a aguentarem o mais tempo possível o embate da linha da frente de César e darem tempo à cavalaria de decidir o rumo da batalha. Mas César oculta, na quarta linha à direita, seis coortes que, colocadas em posição oblíqua atrás da sua própria cavalaria, põem em fuga os ginetes de Pompeio e, rodando, vão atacar o flanco esquerdo do adversário, que cede. À vitória segue-se o saque ao acampamento pompeiano[78]. A acreditar nos números, o combate salda-se com 15 000 mortos do lado de Pompeio contra apenas 200 do lado de César, 30 dos quais eram centuriões. A *dignitas* de César estava vingada[79]. Como habitualmente, César ostentará a sua *clementia* em favor dos que lutaram por Pompeio.

Egito. Quanto a Pompeio, logo que o ataque da cavalaria fracassou, desistiu: dirigiu-se para o acampamento e, de seguida, pôs-se em fuga, acabando por aportar ao Egito. O jovem monarca Ptolemeu XIII, filho

---

[77] Plu. *Caes.* 41.2 e 42.2; Plu. *Pomp.* 67.3; App. *BC* 2.69; Caes. *Civ.* 3.72; 3.82-83.

[78] Caes. *Civ.* 3.92-95; Plu. *Caes.* 44-45; App. *BC* 3.78-82.

[79] César procura salientar a sua continuada tentativa de resolução pacífica, ideia reiterada no discurso aos soldados proferido antes do recontro (Caes. *Civ.* 3.90). Mas, segundo Asínio Polião, depois da batalha César terá exclamado: «Eles assim o quiseram, depois de tantos feitos notáveis, César seria condenado se não recorresse à ajuda do exército» (Suet. *Jul.* 30.4; cf. Plu. *Caes.* 46.1).

do já referido Ptolemeu XII (*Auletes*), fingiu acolhê-lo, mas mandou matá-lo e decapitá-lo à chegada, na esperança de que o macabro troféu da cabeça agradasse ao vencedor de Farsalo[80]. César, depois de passar pela Ásia, dirige-se para o Egito, onde chega em outubro, pouco depois de Pompeio. Diz-se que se emocionou e desviou o olhar perante a cabeça decapitada do rival[81]. Em Alexandria, foi cair no meio de uma guerra civil entre o jovem monarca e sua irmã (e esposa) Cleópatra VII. Por morte do pai, em 51 a.C., tinham herdado o trono conjunto e casado, como se tornara costume nesta dinastia. Cleópatra, que se impôs, acabou por se tornar impopular e ser expulsa, talvez por prestar ajuda militar a Pompeio. Refugiou-se então na Arábia e Palestina e, precisamente em 48, regressava com um exército para reclamar o trono.

César envolve-se então na obscura guerra de Alexandria, um desgastante interlúdio na guerra civil romana, relatado em livro (*Bellum Alexandrinum*) por um partidário de César[82]. César e o exército tornam-se logo impopulares na cidade, sobretudo quando começam a cobrar dívidas antigas de Ptolemeu Auletes, rei que, devido à sua propensão filorromana, se tornara odioso entre os súbditos. César assumiu o papel de árbitro na contenda entre os dois rivais, mas começou a favorecer Cleópatra (segundo a tradição, torna-se amante dela), pelo que Potino, conselheiro de Ptolemeu XIII, chamou de Pelúsio o exército egípcio[83], que, sob o comandado de Aquilas, sitiou o palácio. Nos recontros seguintes, a célebre biblioteca de Alexandria[84] acabou por sofrer danos num incêndio[85]. E, numa tentativa frustrada de ocupar a totalidade da ilha de Faros (onde estava o famoso Farol de Alexandria, uma das 7 maravilhas do mundo antigo), César perde muitos homens e

---

[80] Sobre a morte de Pompeio, vide atrás Morais, cap. 9 §8.

[81] Plu. *Caes.* 48.2.

[82] O autor *incertus* (Suet. *Jul.* 56.1) de *Guerra de Alexandria* é para muitos Hírcio, que compôs também o livro VIII da *Guerra da Gália*.

[83] Trata-se em grande parte de tropas romanas de Gabínio, procônsul da Síria, que tinham ficado no Egito, depois que os "triúnviros" restabeleceram no trono Ptolemeu Auletes em 55 a.C. (Caes. *Civ.* 3.103.5; 3.110.2).

[84] Ou apenas a uns armazéns de livros (cf. DC 42.38.2) destinados a exportação, mas o equívoco instalou-se entre antigos e modernos. Vide Canfora 2000 225-226.

[85] Quando César incendiou com projéteis a frota egípcia que lhe tentava bloquear o acesso por mar.

tem de salvar a própria vida a nado. Entretanto, o eunuco Ganimedes apresenta Arsínoe como rainha ao exército e acaba por afastar Aquilas do comando. Os Alexandrinos, fingindo-se agastados com estes governantes, pedem a César que lhes entregue o jovem rei a pretexto de negociações de paz, mas, depois que César lhes entrega Ptolemeu, os ataques redobram de intensidade. César ficou a dever a sua vitória e talvez a vida à chegada de Mitridates de Pérgamo com um exército da Síria que incluía um contingente de Judeus[86]. César logrou reunir-se aos novos reforços e, juntos, derrotaram o exército de Ptolemeu que, ao fugir, se afogou[87]. Arsínoe foi presa, e Cleópatra tornou-se rainha, tomando o irmão mais novo, Ptolemeu XIV, como corregente. Em vez de criar uma província, César reconhece o Egito como um reino independente, e 4 legiões ficam a assegurar a ordem, sob o comando, não de um legado, mas de Rúfio, filho de um liberto[88]. As fontes falam ainda de um "cruzeiro" no Nilo na companhia da jovem rainha e amante, viagem que os críticos modernos têm discutido e por vezes posto em causa. Pouco depois, Cleópatra deu à luz um rapaz, chamado Cesárion pelos Alexandrinos, que ela dizia ser filho de César, mas cuja paternidade é controversa desde a antiguidade[89].

A verdade é que César, com a sua ausência prolongada, estava a contribuir para a crise e incerteza que se vivia na metrópole. Em 48, Célio Rufo, descontente, tinha tentado abolir as dívidas, contra a legislação de César; e Marco António, que regressara a Roma depois de Farsalo, comportava-se de forma autoritária e sumptuosa. Nesse ano, o Cônsul Servílio nomeara César ditador por um ano e António comandante de cavalaria (*magister equitum*). Quando chegou a notícia da morte de Pompeio, foram concedidas honras e poderes excepcionais a César. A sua presença era urgente em Roma, mas ele durante meses remeteu-se ao silêncio,

---

[86] Comandado por Antípatro, pai de Herodes o Grande, que se ligara à causa de César.
[87] D.C. 42.34-43; Caes. *Civ.* 3.106-112; J. *AJ* 14.127-136; *BJ* 1.187-192.
[88] Tal parece antecipar a política de Augusto, que dada a importância do Egito, o confiava ao governo de um prefeito de origem equestre e proibia que um senador visitasse o país sem autorização. Mesmo assim, o prefeito Cornélio Galo cairá em desgraça e acabará por se suicidar. O emprego na administração de libertos, leais ao patrono e sem motivações políticas, será uma estratégia levada a cabo por Augusto e seus sucessores.
[89] Plu. *Caes.* 49.10; *Ant.* 44.3; Suet. *Jul.* 52.2; Cic. *Att.* 14.20.2.

em contraste com o seu anterior afã em enviar cartas; e a incerteza em relação ao destino dele no Egito favorecia a indisciplina: Dolabela, agora tribuno, retomou a agitação em favor da abolição das dívidas o que levou à declaração do *senatusconsultum ultimum* e à repressão cruenta comandada por António[90]; as tropas, que tinham sido enviadas para Itália, aguardavam ociosas e impacientes pelas recompensas e licenciamento dos veteranos, e começavam a amotinar-se; os que tinham mantido a neutralidade na guerra (e entre eles Cícero) tinham razões para temer um ataque dos pompeianos a Itália. Tornara-se, entretanto, claro que a guerra civil romana não estava terminada, mas iria mudar mais uma vez de cenário. Metelo Cipião e Catão estavam agora em África onde juntaram um grande exército com o apoio de Juba, rei da Numídia.

Ponto. Mas notícias alarmantes chegavam do Ponto. Fárnaces, filho de Mitridates, aproveitava a guerra civil romana para estender o seu reino, que Pompeio reduzira. O rei tratou cruelmente os romanos e desbaratou exército de Gneu Domício Calvino, legado de César. César acorreu com a VI legião, e a sua vitória em Zela foi tão rápida que o vencedor pôde escrever num dos estandartes levados entre os troféus do triunfo: *ueni, uidi, uici* («cheguei, vi e venci!»)[91]. De caminho, recompensa os que o socorreram na guerra de Alexandria (Hircano, sumo sacerdote, e Antípatro, pai de Herodes o Grande, bem como Mitridates de Pérgamo), perdoa a Pompeianos, entre os quais Gaio Cássio, e organiza as fronteiras, com a assistência de Marco Bruto[92].

Itália. De passagem por Itália, César encontra-se amigavelmente com Cícero em Brundísio. Em outubro, chega a Roma onde regula a situação das dívidas e assegura a venda das propriedades dos oponentes mortos ou não perdoados; nomeia os magistrados para o resto do ano (47 a.C.);

---

[90] Por causa disso, a relação entre César e António terá esfriado, e Lépido é depois designado *magister equitum* em lugar de António em 46. De qualquer modo, António continua nas proximidades de César e é seu colega de consulado em 44 a.C.

[91] *B. Alex.* 65-78; Plu. *Caes.* 50; Suet. *Jul.* 35.2; 37.2; D.C. 42.45-48.

[92] À ida, detém-se na Síria para angariar as clientelas orientais (muitos tinham apoiado Pompeio) e colocar o primo Sexto Júlio César ao comando da Síria (este será assinado em 46 pelos soldados). Depois de Zela, entrega o reino do Bósforo a Mitridates de Pérgamo.

renuncia à ditadura e torna-se cônsul para o ano seguinte, escolhendo como colega Marco Lépido; nomeia 10 pretores (em vez dos habituais 8), aumenta o número de sacerdócios e completa o senado, onde inclui elementos da Hispânia e da Gália – uma forma eficaz de assegurar o poder. Quanto aos soldados revoltosos da X legião, que agora avançavam sobre Roma e reclamavam que os premiasse e licenciasse a todos, demoveu-os ao dirigir-se a eles tratando-os astutamente por *quirites* («cidadãos»), em vez do habitual tratamento por «camaradas de armas», de forma a salientar a nova condição de civis, e ao assegurar-lhes o pagamento de tudo o que foi prometido. O efeito foi tal, que os amotinados suplicaram que os aceitasse de novo no exército e os levasse com ele para a guerra que ia empreender em África; e notabilizaram-se quer aí, quer mais tarde na Hispânia.

África. Reunidas a tropas em Lilibeu, na Sicília, César zarpou e aportou perto de Hadrumeto, com a pesada tarefa de reunir uma armada dispersa pelos ventos. Também esta guerra é contada em livro, "A guerra de África" (*Bellum Africanum*), redigido por um desconhecido, seguidor de César. Este lutava agora não tanto contra pompeianos, mas contra os defensores da causa republicana, cujo principal ideólogo era Catão[93]. Apesar de uma meia derrota e uma retirada difícil em Ruspina, devido ao ataque infligido pelo experiente Labieno (que fora legado de César na Gália), César começou a ser favorecido pelos ataques de Boco da Mauritânia a Juba e pelas deserções que provocava quer a severa atuação dos republicanos, quer a lealdade das comunidades locais para com Mário, de quem César era sobrinho. Apesar de tudo, tinha dificuldade em encontrar mantimentos. O comandante em chefe dos republicanos era Cipião, com menores capacidades militares. A Batalha de Tapso foi travada com tal ferocidade que os soldados de César, desejosos de terminar a guerra, não pouparam os vencidos, e muitos republicanos foram mortos ou se suicidaram de seguida. Desta vez César não agraciou os que já tinham sido perdoados antes. O próprio Catão, que estava em Útica, se suicidou poucos dias depois, enquanto lia, segundo se diz, uma passagem do *Fédon* de Platão sobre a imortalidade da alma. Catão retirou assim a César a possibilidade de

---

[93] Vide Canfora 2000 256-257.

exercer o perdão, pelo que este teve que se contentar em perdoar ao filho dele. Fausto Sula e Afrânio foram executados; Juba e Petreio decidiram matar-se um ao outro. O comandante supremo, Cipião, foi morto quando o seu navio foi capturado na fuga para a Hispânia. Labieno, Átio Varo e os dois filhos de Pompeio, Gneu e Sexto, vão continuar a luta na Hispânia.

Em julho de 46, César chega a Roma e, em setembro, celebra então quatro triunfos[94] em nome das vitórias sobre a Gália, o Egito, Fárnaces e Juba; omitem-se os adversários romanos[95]. Foram-lhe concedidos privilégios inusitados: ir num carro puxado por cavalos brancos, ser precedido de 72 litores. Seguiram-se distribuições aos soldados e aos cidadãos pobres, um banquete público em honra de Júlia e jogos de variado tipo. Procedeu-se à dedicação do Foro Júlio e do templo a *Venus Genetrix*, deusa ancestral dos Júlios, prometido na altura da batalha de Farsalo[96].

Hispânia. Em novembro de 46, César deixou o colega de consulado, M. Lépido, como *magister equitum* e dirigiu-se à Hispânia para o último capítulo da guerra civil. O comportamento de Quinto Cássio Longino tinha provocado a revolta; e nem o facto de César nomear outro governador resolveu o problema. Gneu Pompeio foi reconhecido como comandante da Hispânia Ulterior, com 13 legiões, depois de o procônsul Gaio Trebónio ser afastado. Os legados de César mostravam-se incapazes de resolver o assunto, apesar de Gaio Dídio ter derrotado Átio Varo numa batalha naval. O conflito, que se revelou muito cruel de ambos os lados, culminou na batalha de Munda, na qual César terá perdido mais homens que em Farsalo[97]. Labieno e Átio Varo caíram durante a batalha. Gneu Pompeio conseguiu fugir, mas foi decapitado mais tarde. Em Roma foram decretados 50 dias de ação de Graças. César permanecerá na Hispânia até meados de 45 para a organização desta província[98]. Funda uma série de colónias

---

[94] Mais um do que tinha celebrado Pompeio, e em três continentes: Europa, África e Ásia.

[95] Mas representações pictóricas das mortes de Cipião, comandante do exército de África, de Petreio e de Catão causaram descontentamento (App. *BC* 2.101).

[96] Junto à estátua da deusa, César coloca a de Cleópatra, que entretanto chegara a Roma.

[97] A dureza do combate é expressa pela suposta afirmação de César de que tinha muitas vezes lutado pela vitória, mas ali lutara pela primeira vez pela vida (Plu. *Caes.* 56.4). Também esta guerra é contada num livro de autor desconhecido: o *Bellum Hispaniense*.

[98] A ele se junta o sobrinho-neto Gaio Otávio que o acompanhará no regresso Roma.

de novos cidadãos para veteranos e *proletarii*; algumas cidades e portos tornam-se colónias[99]. No regresso, detém-se na Gália Narbonense para a organização das comunidades daquela província, e a ele se junta M. António. César só regressará a Roma no final do verão para celebrar um triunfo.

5. A ditadura – medidas

O programa legislativo de César é visto por uns como o de um visionário que intuiu os novos desafios que implicavam o governo de Itália e do Império e por outros como o de um aristocrata conservador que logrou alcançar glória e estatuto pessoal. Estendeu o programa agrário do primeiro consulado (em 59 a.C.). Para recompensar os veteranos, César tratou de criar colónias em terras públicas, confiscadas aos pompeianos ou compradas para o efeito. Teve o cuidado de não colocar juntos os companheiros de armas, para evitar problemas. Nesse programa de colonização incluiu também civis. Além disso, estabeleceu colónias fora de Itália[100], concedendo a cidadania romana e latina. Estabeleceu assim 80 000 cidadãos em colónias no ultramar. Em resultado desta política de colonização, César pôde reduzir consideravelmente (de 320 mil para 150 mil) o número dos que auferiam da distribuição gratuita de cereais em Roma[101]. Em questões de ordem pública, baniu as confrarias (*collegia*), à exceção das mais antigas, porque eram usadas para fins políticos. Obrigou os proprietários a contratar pelo menos um terço de homens livres para o pastoreio, talvez para evitar as revoltas de escravos. Fez passar legislação para premiar a natalidade e evitar o abandono de Itália[102]. Nomeado censor com o título

---

[99] Pela sua lealdade a César, Olisipo torna-se um *municipium* com a designação honorífica de *Felicitas Iulia*; e a colónia latina de Ébora recebeu o título de *Liberalitas Iulia*.

[100] Tornou efetivo o projeto dos Gracos de estabelecer uma colónia em Cartago, a que juntou outra em Corinto: as duas cidades tinham sido destruídas no mesmo ano (146 a.C.). Estabeleceu outras na Ásia Menor e na Hispânia, depois da guerra com Gneu Pompeio.

[101] Suet. *Jul.* 41.3; D.C. 43.21.4.

[102] Proibiu os habitantes de Itália de se afastarem da Península por mais de 3 anos, exceto para serviço militar, e os filhos de senadores de se ausentarem, exceto se ao serviço de um comandante militar ou magistrado.

de prefeito dos costumes (*praefectus morum*), taxou as importações e promoveu leis sumptuárias[103]. Planeou a construção de uma biblioteca pública em Roma, sob a supervisão do erudito Varrão. No que respeita ao governo das províncias, limitou nos mandatos dos governadores[104]. Enquanto *pontifex maximus* fez uma reforma do calendário, que antes se baseava no ano lunar de 355 dias[105], e, para conseguir o acerto pelo ano solar, teve de intercalar, além de um mês em fevereiro, mais dois meses de 22 dias entre novembro e dezembro, pelo que o ano de 46 a.c. contou com mais 67 dias ao todo. O ano juliano somava um total de 365 dias: a cada 4 anos se acrescentava um dia a seguir ao 23 de fevereiro[106].

César trabalhava incansavelmente e, na pressa de produzir legislação, acabava por abreviar os procedimentos do senado, com emissão de decretos decididos num círculo restrito, sancionados por uma lista fictícia de testemunhas votantes[107]; mas o debate devia ser difícil dada a dimensão que o conselho atingia. Com efeito, alargou consideravelmente aquele órgão, recrutando membros, incluindo elementos da Gália Cisalpina (ou mesmo da Gália Comata), até atingir cerca de 900. Assim, não só tornou o conselho mais favorável às suas políticas como alterou a posição dominante que até ali tinham tido os elementos de Roma em relação aos italianos. Tal situação não podia agradar aos romanos da velha cepa. Apesar de tudo, o descontentamento era sobretudo por causa dos procedimentos irregulares e não tanto por causa das medidas, consideradas adequadas. Nestas tarefas contou sobretudo com a ajuda de Ópio e Balbo.

César, que pôde experimentar no Oriente o poder da monarquia absoluta de tipo helenístico (recebeu mesmo honras divinas), mostra sinais

---

[103] Para restringir o uso de liteiras, seda e joias (Suet. *Jul.* 42-43).

[104] Os pretores para um ano e os cônsules para dois, para evitar a repetição da sua aventura por outros ambiciosos (D.C. 43.25.3).

[105] Para acertar o ano pelas estações os pontífices, até então, acrescentavam um mês suplementar a seguir ao dia 23 de fevereiro. Mas esta função era usada arbitrariamente para fins políticos (para aumentar ou encurtar o governo de um magistrado); e, por altura da guerra civil, o calendário oficial ia adiantado cerca de 3 meses em relação às estações do ano.

[106] O papa Gregório XIII fez-lhe ligeiras alterações no séc. XVI, de que resultou o calendário atual.

[107] Cícero (*Fam.* 7.9.15.4) mostra-se surpreendido por receber cartas de agradecimento da parte de comunidades orientais a agradecerem o apoio demonstrado em petições de que ele não fazia a mínima ideia.

de desprezo pela constituição romana e tendências para o governo autocrático[108]. A princípio, o próprio Cícero (*Fam.* 9.6.4) acreditou ou teve esperança numa verdadeira restauração da República. Para restabelecer a paz social, César perdoou a muitos Pompeianos; e a Bruto e Cássio até concedeu governos provinciais. Mas depressa o estado de graça passou. No seu retorno da Hispânia ficou claro que não pretendia voltar ao regime tradicional. Enquanto estava nas proximidades de Roma, antes do triunfo, redigiu o testamento, no qual o sobrinho-neto Otávio era contemplado com três quartos da herança e com a adoção, o que o tornava o herdeiro político de César. No triunfo da Hispânia, celebrado no início de outubro, já não havia a preocupação em assinalar que se tratava de uma vitória sobre um inimigo externo[109]. As reações começam a ser explícitas como o facto de o tribuno Pôncio Áquila se não levantar à passagem do cortejo triunfal, uma atitude que irritou profundamente César.

Uma das suas preocupações era premiar com *honores* os que o haviam apoiado, ao mesmo tempo que aumentava o seu poder. Para os recompensar tratou de alargar os cargos: em 45 fez a eleição de 14 pretores e 40 questores. Em 44 subiu os pretores para 16. Ocupou cinco consulados (em 59; 48; 46; 45; 44 a.C.), mas, em 45, reteve o consulado durante uma parte do ano e escolheu os substitutos para a restante[110]. Em dezembro de 45, Lúcio António, eleito tribuno da plebe, faz passar uma lei que garantia a César o direito de recomendar metade dos magistrados de todas as magistraturas exceto os cônsules. As suas recomendações para os cargos, permitiam atingir os objetivos de promover os seus candidatos sem

---

[108] Vide Gelzer 1969 277.

[109] Desagradou aos romanos por assentarem sobre as desgraças da pátria. Além disso, César permitiu que os seus legados Fábio e Pédio triunfassem nos meses seguintes, contra o costume. Cf. Plu. *Caes.* 56.7-9; D.C. 43.42.2. Quinto Pédio era sobrinho-neto de César e estava incluído entre os herdeiros do ditador.

[110] Nesse ano, abdica do consulado em proveito dos seus legados Fábio e Trebónio que são eleitos *suffecti* (substitutos) para os restantes 3 meses do ano. M. António é cônsul designado para o ano seguinte, como colega de César. Chegou a fazer eleger um dos seus legados, Canínio Rebilo, para ocupar cargo de cônsul que tinha ficado vago no último dia do mandato por morte de Fábio Máximo, o que motivou a troça amargurada de Cícero (*Fam.* 7.30.1-2): «ninguém almoçara durante o consulado de Canínio; e ele próprio, de tão vigilante não pregara olho!»).

suprimir a formalidade da eleição. Os governadores de província para o ano seguinte foram indicados sem passar pela habitual tiragem à sorte. Era evidente que se tratava de um corte com as tradições republicanas, o que se tornava frustrante e humilhante para uma aristocracia habituada a dirigir o destino do Estado.

6. Os idos de março: causas e desenlace

César já não era um cidadão entre cidadãos. As fontes antigas salientam que lhe foram atribuídas honras excecionais que podemos sintetizar do seguinte modo: em 46, foi nomeado ditador por um período de dez anos, contrariamente ao costume romano de nomear um ditador por um prazo limitado para resolver um problema concreto, e recebe a *praefectura morum* (prefeitura dos costumes) por três anos; torna-se o *princeps senatus* e senta-se numa cadeira curul entre os cônsules; preside a todos os jogos do circo; o senado decretou que o seu carro fosse colocado em frente da estátua de Júpiter no Capitólio e que a sua estátua de bronze devia aparecer sobre uma representação do mundo habitado, acompanhada de uma inscrição que o caraterizava como semideus – privilégios votados entre outros que ele declinou[111]. Em 45, foi apelidado de *Liberator* pela sua vitória; foi-lhe permitido usar permanentemente o título de *imperator*, transmissível à sua descendência, envergar trajes triunfais nos jogos e usar sempre a coroa de louros; foi-lhe concedido o consulado por dez anos, o comando sobre todos os soldados, o controlo das finanças. Foi-lhe votada uma estátua de marfim (e depois uma quadriga) entre as estátuas dos deuses na procissão dos jogos do circo. A bajulação do senado torna-se desmesurada. Era-lhe concedido ter a sua estátua no Capitólio, entre as dos reis, e outra no templo de Quirino[112]. Em 44, nomeiam-no ditador para toda a vida (*dictator perpetuus*). Conferem-lhe o direito de assistir aos jogos entre os tribunos; de apresentar os *spolia opima*

---

[111] Cf. D.C. 43.14.

[112] Com a inscrição *Invicto Deo* («Ao deus invicto»): Cf. Cic. *Att.* 13.28.3; D.C. 43.43-44.

(como se tivesse matado um inimigo com as próprias mãos) no templo de Júpiter Ferétrio; atribuem-lhe o título de Pai da Pátria, ostentado nas cunhagens; votam-lhe sacrifícios públicos pelo seu aniversário e uma estátua em todos os templos de Roma e duas nos *rostra*; atribuem-lhe o cargo de censor para toda a vida; o nome do mês *quintilis* (julho); garantem-lhe a sacrossantidade dos tribunos; a cadeira de ouro e o traje de rei; um corpo de guarda constituído por cavaleiros e senadores; um festival quadrienal como semideus; um colégio sacerdotal chamado juliano; um dia em sua honra nos jogos de gladiadores em Roma e em Itália; um templo a César e à sua clemência com um *flamen*, cargo atribuído a M. António. E votam que a sua cadeira de ouro e a coroa de pérolas devem ser transportadas para os teatros como as dos deuses[113]. Enfim, César recebeu honras exageradas, que, segundo Suetónio (*Jul.* 76.1), ultrapassavam os limites humanos e que, acompanhadas de abuso de poder patente em factos e em ditos, o tornavam merecedor da morte. O próprio César fica num dilema: embora recuse algumas honras, não as podia recusar todas, para não parecer que desprezava o senado[114]. Por outro lado, algumas honras seriam mesmo propostas pelos inimigos, para que ele caísse no ridículo ou se tornasse odioso[115]. Não podemos dizer com segurança se César apreciava ou não tal estatuto, mas é difícil acreditar que fosse tão ingénuo que se não apercebesse do perigo. Os símbolos e o culto divino são os de um monarca oriental, o que em Roma equivalia a tirania. A bem dizer, comportava-se como um meio tirano, uma vez que lhe faltava uma caraterística fundamental dos tiranos típicos – a crueldade. A *clementia* de César foi sempre notável.

A falta de César era em relação à *civilitas*, quando, diante do templo de *Venus Genetrix*, não se levantou para receber os senadores que o vinham cumular de honras, atitude que provocou também a ira do povo; ou quando, ofendido, exonerou do cargo uns tribunos por terem prendido um homem que coroara a sua estátua com uma faixa branca, símbolo

---

[113] D.C. 44.4-6; App. *BC* 2.106; Liv. *Per.* 116; Flor. *Epit.* 2.13.91.
[114] D.C. 44.3.3.
[115] Plu. *Caes.* 57.1; D.C. 44.7.2. Vide Butler & Cary 1927 136-138.

da realeza. A justificação de César foi que lhe arrebataram o mérito de recusar (*gloria recusandi*), mas não se livrou da fama da aspiração ao reino. Quando o povo o aclama como rei, responde que é César, não um rei; e, pelas Lupercais[116], rejeita repetidamente a coroa que António faz menção de lhe colocar na cabeça e consagra-a a Júpiter Óptimo Máximo, mas tal recusa soa a um golpe de teatro para testar a assistência[117], uma vez que ele não recusara a ditadura perpétua.

Na prática era já um monarca: as prerrogativas dos tribunos, a censura, o comando supremo dos exércitos, a possibilidade de recomendar magistrados, a primazia no senado serão poderes detidos pelos futuros imperadores. Passada a guerra civil, o estado de exceção prometia eternizar-se, e César teria intenções dinásticas[118]. Levantaram-se boatos de que pensava mudar a capital do Império para Alexandria ou para Troia, com as riquezas, e de que lhe iria ser proposto no senado o título de *rex*, com base numa suposta profecia de que só um rei poderia vencer os Partos[119]. Formou-se então uma conjura em que participaram, além dos pompeianos indultados Marco Bruto e Cássio, vários antigos apoiantes do próprio César, como Trebónio, Décimo Júnio Bruto Albino, Casca, Sérvio Sulpício Galba.

A guerra contra a Pártia estava em preparação, e César recebeu por decreto popular o comando e a autoridade para indicar legados por tês anos. Tal operação afastaria César de Roma e, se bem-sucedida, aumentaria o seu já imenso poder. Além disso, outros projetos grandiosos se avizinhavam como abertura do canal de Corinto. A iminente partida de César para o Oriente impelia os conjurados para a ação, pelo que marcaram o atentado para a reunião do senado nos idos (15) de março, na cúria anexa ao teatro de Pompeio. Nesse dia, enquanto Trebónio distraía António, os outros conspiradores apunhalaram César até à morte[120]. Os autores antigos

---

[116] A 15 de fevereiro de 44 a.C.

[117] Plu. *Caes.* 60; Suet. *Jul.* 78-79; D.C. 44.9-11.

[118] Falava-se de uma lei a propor na sua ausência que lhe permitiria tomar as mulheres que quisesse para assegurar descendência. Cf. Suet. *Jul.* 52.3; D.C. 44.7.3.

[119] Suet. *Jul.* 79.3.

[120] Suet. *Jul.*81-82; Plu. *Caes.* 66; *Brut.* 16-17.

deixam a ideia de que ele opta por não tentar evitar a morte, ou por se sentir doente e próximo do fim, ou por confiar demasiado no juramento que o senado fizera de defender a sua vida, pelo que desmobiliza até a guarda hispânica[121].

Como os cesaricidas não tinham um plano e, receosos, se refugiaram no Capitólio, o poder ficou nas mãos do cônsul António e de Lépido, mestre de cavalaria. Surpreende a atitude ambígua de António que, tendo sabido da conjura, não participa, mas também não a denuncia[122]. Torna-se então senhor da situação e começa por seguir uma política conciliadora: na reunião do senado de 17 de março, chega com aquele órgão a uma solução de compromisso que incluía uma amnistia para os conjurados e a aprovação dos *acta Caesaris*, pelo que não se declarava César um tirano. Obtém o acordo dos conjurados para a realização das exéquias e para a leitura do testamento do ditador[123], mas a sua atuação visa torná-los impopulares, com consequências que nem ele terá previsto: a leitura do testamento (que favorecia mesmo alguns dos assassinos e o povo), a exploração do efeito visual do corpo e das roupas do defunto nas exéquias públicas (a 20 de março), acompanhada da leitura do senatoconsulto em que os senadores juravam proteger a vida de César, desencadearam a comoção generalizada e uma histeria popular que levou à queima imediata da pira no foro e a uma arruaça em direção às moradias dos conjurados, que, por sua vez, se viram obrigados a fugir de Roma[124]. Os excessos posteriores foram duramente reprimidos, o que provocou o ódio popular também contra o cônsul António[125].

---

[121] Teria dito mesmo que a sua salvaguarda era mais do interesse do Estado do que dele, pois, se algo lhe acontecesse, as guerras civis voltariam (Suet. *Jul.* 86). E, interrogado sobre o género de morte que preferia, terá dito que preferia um fim rápido e inesperado (Suet. *Jul.*87; Plu. *Caes.* 63.7).

[122] Cic. *Phil.* 2.34.

[123] Um erro fatal de Bruto, segundo Plutarco (*Brut.* 20.1-2), a somar à falha de terem deixado escapar António com vida.

[124] Suet. *Jul.*84-85; Plu. *Caes.* 67-68; *Brut.* 20.4-7; App. *BC* 2.124-148.

[125] Sobretudo depois da execução de um falso neto de Mário e seus sequazes, que começaram a promover um culto a César e a ameaçar os conjurados. App. *BC.* 3.2-4. Vide Canfora 2000 368-385.

É neste contexto que regressa a Roma o jovem Otávio a reclamar a sua herança e o nome de César enquanto filho adotivo do ditador. O cesaricídio sem programa político não evitava o agonizar da República. O herdeiro de César irá mais tarde continuar o seu programa, evitando contudo os erros que feriam abertamente a constituição republicana. Mas a progressão não é linear: como Marco António se mostra um oponente às suas ambições, Otávio transfere-se para o partido dos optimates; vai em auxílio de Décimo Bruto, um dos assassinos de César, cercado em Mútina. Depois, com o pretexto de que os senadores o caluniavam e ameaçavam com um jogo de palavras, abandona estrategicamente a causa dos *optimates*. A constituição do segundo triunvirato com António tem como um dos objetivos a vingança de César, que se completa depois da batalha de Filipos em outubro de 42 a.C..

Não é muito consensual a data para o fim da República romana. Mommsen considerava que ela terminara com a morte de Catão. A maioria considera que ela acabou mais tarde depois da morte de António, quando Otávio se torna governante único, ou em 27 quando ele entrega os seus poderes ao senado e este lhe confia a tutela do Estado. Será matéria para o próximo volume, que versará sobre o novo regime saído da crise da República: o sistema político a que chamamos Império.

7. Breve panorama literário e cultural na época de César

Se do século anterior pouco mais sobreviveu que algumas comédias de Plauto e Terêncio[126], o *De agri cultura* de Catão o Censor, fragmentos das sátiras de Lucílio, fragmentos de Énio, do século em que pontificam Pompeio e César, restam-nos muitas mais obras. Entramos na primeira fase do período amiúde simplisticamente designado por época áurea da literatura latina, que se estende até ao final do principado de Augusto.

O período de vida de César (100-44 a.C.) corresponde ao de Cícero (106-43), e as histórias da literatura denominam frequentemente esta fase (particularmente 81-43) como época de Cícero. Da vasta obra do arpina-

---

[126] Além de fragmentos das tragédias de Pacúvio.

te, os discursos e as cartas são fontes importantes para a reconstrução da história romana do século I, como vimos neste capítulo. Além disso, Cícero teorizou sobre a necessidade de escrever uma história de Roma diferente da tradição dos anais, sobre o conteúdo, o estilo e sobre a formação do historiador[127]. Como composições propriamente historiográficas, além das obras perdidas de escritores de *Annales* do tempo de Sula[128], temos as memórias (*commentarii*)[129] de César sobre a *Guerra da Gália* e a *Guerra Civil*, trabalho continuado pelos colaboradores de César (sobretudo Hírcio), que, sob o nome do chefe, relatam as guerras de Alexandria, de África e da Hispânia – obras que, no conjunto, cobrem a atividade militar de César desde 58 a 45. Na mesma altura, escreveu Salústio, um seguidor de César, que, cedendo embora às suas ligações políticas, apresentou uma monografia sobre um episódio da época, a conjura de Catilina, ocorrida em 63, e outra sobre a guerra de Jugurta, concluída por Mário no final século anterior. Salústio escreveu ainda *Historiae* em cinco volumes sobre o período de 79 a 66. Tanto Salústio como César sofreram influência de Posidónio que, escrevendo em grego, como Políbio, tinha continuado o trabalho deste até à ditadura de Sula. No que toca à biografia (género distinto da historiografia pela tónica colocada mais sobre o caráter, em detrimento dos feitos político-militares), destaca-se Cornélio Nepos, que escreveu *Vidas* tanto de romanos como de estrangeiros ilustres, além de vários livros de história propriamente dita.

Apesar das resistências iniciais, a Retórica desenvolveu-se muito em Roma no final da República, e era comum os jovens aristocratas deslocarem-se a grandes centros de cultura da zona de influência helénica para receberem lições de mestres famosos, como fizeram César e Cícero: ambos procuraram as lições de Apolónio Mólon em Rodes. Na senda de alguns oradores famosos, como Gaio Graco, António (avô do triúnviro),

---

[127] Para um mais abrangente estudo sobre Cícero recomendamos vivamente a leitura do capítulo sobre o arpinate em Rocha Pereira 2009 125-180. Vide também Citroni 2006 263-331 (para Cícero) e 333-345 (para César).

[128] De Valério Ântias, Cláudio Quadrigário, Licínio Macro

[129] Género já antes cultivado por políticos como M. Emílio Escauro, P. Rutílio Rufo, Sula, Q. Cátulo.

Licínio Crasso e Hortênsio, Cícero notabilizou-se ao máximo na oratória e, além dos discursos forenses e políticos, deixou-nos tratados de retórica (*De inventione, De Oratore, Orator, Brutus*).

Ofereceu, além disso, aos contemporâneos sínteses de filosofia grega (*Tusculanae disputationes, Academica, De amicitia, De senectute, De finibus, De natura deorum, De Officiis*), mostrando mais ecletismo que originalidade, mas com o mérito de amoldar conceitos ao latim. Entre estas se encontram obras de filosofia política (*De Republica, De legibus*). É para nós importante fonte enquanto teorizador da constituição romana, que ele elogia como a melhor, por ser mista dos três regimes primordiais (*Rep.* 1.45; 1.69; 2.41; 2.65), e que caracteriza como obra pensada por muitos homens, ao longo de muitos séculos, em vez de ser produto de um só legislador num dado momento (*Rep.* 2.1.2).

Também Lucrécio divulgou a filosofia epicurista através do seu poema *Sobre a natureza* (*De rerum natura*). Das correntes em voga, foram os epicuristas e estoicos que mais influíram sobre políticos e escritores. Enquanto os cultores do epicurismo tendem a afastar-se da vida política e aceitarem a ideia de um monarca, os estoicos seguem uma moral política que identifica *libertas* com República e que procuram defender com a vida. A oposição estoica forma uma resistência à ditadura de César (sobretudo em Catão e Bruto)[130].

Na poesia, notabilizaram-se também os denominados "poetas novos", que seguiam a linha da erudição alexandrina, entre os quais se destacaram Calvo, Cina e, sobretudo, Catulo, do qual sobrevivem 116 carmes, muitos dos quais dedicados a uma Lésbia, nome fictício talvez de Clódia, irmã do tribuno Clódio. Tanto Catulo como Licínio Calvo escreveram epigramas injuriosos contra César, que lhes perdoou mais tarde (Suet. *Jul.* 49; 73).

É desta época que nos chegam notícias sobre as primeiras coleções de livros e da intenção de abrir uma primeira biblioteca pública, incumbência que César terá passado a Varrão, o famoso erudito romano. O propósito só será levado a cabo mais tarde por Asínio Polião. É, como se disse, uma

---

[130] E, depois durante o Império, são vários os senadores que são condenados pela sua oposição, como Cecina Peto, Trásea Peto, Séneca, Helvídio Prisco e o filho homónimo deste.

época em que se estabelecem já modelos de rigor linguístico e literário para toda a romanidade, em que Cícero e César aparecem como os maiores expoentes. Apesar de militarem em campos ideologicamente opostos não escondiam a admiração que tinham um pelo outro: os méritos oratórios e literários de César eram elogiados por Cícero[131].

Em conclusão, César tornou-se uma figura incontornável da história política e literária latinas. A sua personalidade e o seu carisma deram-lhe o poder supremo. A clemência para com os derrotados valeu-lhe o apreço dos moderados, mas não abafou por muito tempo as ambições dos aristocratas. Logrou mesmo trazer por breve período a paz civil, mas, como ele terá intuído, a sua morte trouxe de novo a guerra ao Estado. Foi, no entanto, ele que preparou o caminho para que o principado de Augusto pudesse surgir. A sua tentativa de consagrar um novo regime, através do uso da magistratura de ditador, fracassou, mas em muitos aspectos ele detinha já muitas das prerrogativas dos futuros imperadores, entre as quais a de juntar este título ao seu nome — tal como ele próprio deu o seu nome aos imperadores, os romanos e não só. Muitos o consideram já o primeiro da série. E o biógrafo Suetónio coloca-o à cabeça dos seus *Doze Césares*.

Tábua cronológica

100 a.C. – Nascimento de César.
62 a.C.– Pretura de César. Escândalo de Clódio na Festa da *Bona Dea*.
60-59 a.C.– Aliança com Pompeio e Crasso.
59 a.C.– Primeiro consulado de César.
58 a.C.– Proconsulado das Gálias.
56 a.C.– Encontro de Luca.
55 a.C.– Segundo consulado de Pompeio e Crasso. Prorrogação do proconsulado de César na Gália.
55 a.C.– (Na segunda metade do ano). Primeira expedição à Britânia.
54 a.C.– Segunda expedição à Britânia. Morte de Júlia.

---

[131] Cic. *Brut.* 261-262. Cf. Suet. *Jul.* 55-56. Estes temas serão retomados e desenvolvidos por F. Oliveira no volume II.

53 a.C.– Morte de Crasso em Carras.

52 a.C.– Revolta liderada por Vercingétorix. Assassínio de Clódio e nomeação de Pompeio como cônsul *sine collega*.

49 a.C.– Passagem do Rubicão. Guerra civil.

48 a.C.– Batalha de Farsalo. Assassínio de Pompeio. Guerra de Alexandria.

47 a.C.– Batalha de Zela. Retorno a Roma.

46 a.C.– Batalha de Tapso.

45 a.C.– Batalha de Munda. Retorno a Roma.

44 a.C.– Concessão da ditadura perpétua. Morte de César (15 de março).

Bibliografia

Agazzi, R. (2006), *Giulio Cesare stratega in Gallia*. Pavia, Gianni Iuculano.

Brunt, P. A. (1988), *The fall of the Roman Republic and related essays*. Oxford, Clarendon.

Butler, H. E. & Cary, M. (1927), *Suetonius Diuus Iulius*, edited with comm. New-York, Oxford University Press. (with new intr., bibliography and additional notes by TOWNEND, G. B., 1982, 1993).

Canfora, L. (^{5}2000), *Giulio Cesare. Il dittatore democratico*. Bari, Laterza.

Carcopino, J. (1950), *Histoire Romaine*. Tome II. *La République Romaine de 133 a 44 avant J.-C.* Paris, Presses Universitaires de France.

Carcopino, J. (1968), *Jules César*. Paris, Presses Universitaires de France.

Citroni, M. et. Al. (1997), *Letteratura di Roma antica*. Bari, Laterza. Trad. portuguesa de Miranda, M. & Hipólito, I. (Lisboa, FCG, 2006).

Balsdon, J. P. V. D. (1971), *Julius Caesar and Rome*. Aylesbury.

Fuller, J. F. C. (1965), *Julius Caesar. Man, soldier, and tyrant*. London, Eyre & Spottiswoode.

Goldsworthy, A. (2006), *Caesar. The life of a colossus*. London, Weidenfeld & Nicolson.

Gelzer, M. (1968), *Caesar. Politician and Statesman,* Oxford, Blackwell.

Gruen, E. S. (2009), "Caesar as a politician", in Griffin, M. (ed.), *A companion to Julius Caesar*. Chichester, Wiley-Blackwell, 23-36.

Holland, T. (2003), *Rubicon. The last years of the Roman republic*. New York, Doubleday.

Jabouille, V. (1996), *Júlio César*. Lisboa, Inquérito.

Kovaliov, S. I. (2007), *Historia de Roma*. Edición revisada y ampliada por Domingo Plácido. Traducción de Marcelo Ravoni. Madrid, Akal.

Mackay, Ch. (2009), *The breakdown of the Roman Republic*. Cambridge, University Press.

Meier, Ch. (1982), *Caesar.* Translated by the Germany by David McLintock (1996). London, Fontana.

Montenegro Duque, A. et alii (1986), *Manual de Historia Universal.Vol. IV. Roma*. Madrid, Najera.

Oliveira, F. (1997), "O tratado *Da República* de Cícero", in Torrão, J. (ed.), *Actas do II Colóquio Clássico*, Aveiro, 79-100.

Oliveira, F. (2004), "As formas de constituição em Cícero", *Mathésis* 13 105-123.

Pelling, Ch. (2011), *Plutarch* Caesar. *Translated with an introduction and commentary.* Oxford, University Press.

Rocha Pereira, M. H. (^{4}2009) *Estudos de história da cultura clássica. Vol. II. Cultura Romana.* Lisboa, FCG.

Roldán Hervás, J. M. (1995), *Historia de Roma.* Salamanca, Ed. Universidad.

Scullard, H. H. (^{5}1982), *From the Gracchi to Nero.* London, Routledge.

Shorter, D. (2005), *The fall of the Roman Republic.* London-New York, Routledge (2nd ed.).

Ungern-Sternberg, J. (2004), "The crisis of the Republic", in Flower, H. (ed.), *The Cambridge Companion to the Roman Republic.* Cambridge, University Press, 89-109.

Van der Blom, H. (2010), *Cicero's Role Models. The Political Strategy of a Newcomer. Oxford Classic Monographs.* Oxford/New York: Oxford University Press.

11. SÍNTESE SOBRE A HISTÓRIA DA DITADURA EM ROMA

José Luís Brandão
Universidade de Coimbra
Centro de Estudos Clássicos e Humanísticos

Sumário: As teorias sobre a introdução da ditadura em Roma. Possíveis influências externas e/ou fruto de desenvolvimentos constitucionais internos. Funções dos ditadores, a sua frequência ao longo da República. As particularidades das ditaduras de Sula e de César: transformação da magistratura em forma de governo autoritário e progressivamente ilimitado no tempo.

Dada a importância que a ditadura teve no desenlace da República e a influência que alcançou na modernidade justifica-se, para concluir este volume, uma sinopse sobre a evolução desta magistratura, cuja conceção do senso comum atual difere da tradição romana, pelo menos no que se refere ao desempenho anterior a Sula e César. Em Roma, a ditadura apresentava-se como uma magistratura usada em situações especiais, contudo era um cargo legitimado pela "constituição", e que, na essência, não deve ser confundido com a arbitrariedade dos governos despóticos modernos, nem com usurpações ilegais do poder, nem sequer com a representação retórica antiga do tirano helenístico. A sua criação é normalmente colocada no início da República, em concomitância com as magistraturas ordinárias, como uma espécie de salvaguarda do Estado para ocasiões de emergência que os magistrados eleitos não poderiam resolver por si. Tratava-se, portanto, de um cargo de nomeação para uma tarefa específica, a realizar num determinado tempo, e tão antigo como a República romana, ou talvez mais.

Para tentarmos compreender a origem, âmbito e evolução do cargo temos de ter em conta o contexto em que a tradição o apresenta, os alvores da República, uma época para nós bastante obscura, cujas instituições são aparentemente objeto de projeção retrospetiva, operada pelos historiadores do final da República, a partir do tempo em que eles viviam. Vimos no capítulo 3 que, em época de crise aguda, podia nomear-se um *dictator* (ou *magister populi*), designado geralmente por um dos cônsules, normalmente por seis meses. A principal função do ditador seria o comando militar, como sugere o nome original, *magister*, que se preserva por toda a República no auxiliar dele, o 'comandante de cavalaria' (*magister equitum*), mas havia outras missões para a qual podia ser escolhido.

Esta é a formulação oficial de base para o funcionamento daquela magistratura[1]. Mas os diferentes relatos e a comparação das fontes sugerem algo mais complexo e misterioso. No final da Monarquia e no início da República, Roma parece ter sido palco de atuação de uma série de guerreiros, usurpadores e tiranos, o que faz supor que os órgãos da República não funcionaram imediatamente tal qual os conhecemos, mas que houve uma evolução das instituições, incluindo da ditadura.

1. Controvérsias sobre a origem da ditadura

Os críticos têm-se dividido, por um lado, entre os que consideram a ditadura uma instituição nascida da República e os que a fazem remontar à época monárquica, e, por outro, entre os que a consideram uma

---
[1] Vide Lintott 1999 109-115.

influência das outras cidades latinas (ou mesmo etruscas[2]) e os que a consideram uma magistratura tipicamente romana[3]. A origem e evolução da ditadura tem suscitado diversas teorias que, por vezes, a apresentam como um estado intermédio de governo entre os reis e os cônsules (ou inicialmente pretores). Há quem sugira, pois, que, na transição, se poderia ter operado a substituição do rei pelo ditador (*magister populi*), que por sua vez se fazia acompanhar do mestre de cavalaria (*magister equitum*)[4]; e, como os dois nomes apareciam emparelhados na lista oficial dos magistrados (os *Fasti*), poderiam ter sido, depois, interpretados como cônsules pelos historiadores romanos[5].

Os autores antigos concordam que T. Lárcio foi o primeiro ditador, em datas que variam entre 501 e 497 a.C., e o nome é etrusco, como o de outros magistrados dos primeiros tempos da República. Mas há quem sugira que a nomeação do *magister populi* (mais tarde chamado *dictator*) pode já vir mesmo do tempo da Monarquia, sendo nomeado pelo rei[6]. De facto, o ditador aparecia como magistratura anual em outras cidades do Lácio, como Arícia e Lanúvio. Nesta última, o ditador coexistia com um *rex sacrorum*. O mesmo se passaria em Alba Longa, pois há notícia de que os reis foram substituídos por ditadores anuais antes da conquista romana. Em Roma, poderia ter acontecido algo de paralelo. De resto, vimos (cap. 2) que os eruditos lêem o nome do guerreiro que Cláudio identifica com Sérvio Túlio, Mastarna (*Macstarna*), como composto de *magister*, isto é, 'comandante', o que faz pensar num *magister populi* que, como se disse (cap. 3), poderia ser a designação primitiva do ditador[7].

---

[2] Há quem identifique o ditador com o *Zilath* etrusco, magistratura entendida como equivalente de pretor ou de governador, mas que não parece sequer ser anual ou ter correspondência com ditadura. Pelo contrário, parece ser mesmo equivalente de rei. Vide Cornell 1995 230-232.

[3] Vide Ridley 1979 303-309.

[4] Tese de Beloch e De Martino, apud Cornell 1995 228.

[5] Vide Alföldi 1963 81; Gagé 1976 88; Mazzarino 1992 183-191.

[6] Vide Broughton 1951 10; Mazzarino 1992 179-184; Cornell 1995 221-223; Lintott 1999 109-113.

[7] Vide Cornell 1995 233-235

Vimos também (cap. 3 e 5.1) que, depois do ataque de Porsena, os Romanos se confrontaram com a Liga Latina, que apoiava as pretensões de Tarquínio, conflito que culminou na batalha do Lago Regilo, em 499 ou 496[8], e em que os Romanos, vencedores, impuseram definitivamente a sua supremacia sobre a Liga Latina[9]. É precisamente no contexto da guerra com a Liga Latina que, segundo Lívio (2.18.3-4), surgiu a ideia de criar o primeiro ditador. Um fragmento das *Origens* de Catão o Antigo sugere que seria um ditador a presidir à confederação na dedicação do santuário de Arícia[10]. A menos que este fosse um cargo meramente religioso, a necessidade de recorrer esporadicamente em Roma a um magistrado com um *imperium* igual ao dos dois cônsules pode ter sido inspirada pela forma de liderança da Liga Latina[11]. Todas estas hipóteses sobre as origens da ditadura são verosímeis ou até complementares, mas a falta de uma confirmação definitiva faz com que a questão continue em aberto.

2. Funções dos ditadores e evolução da magistratura

Ser ditador era visto pela mentalidade republicana como uma função altruísta e patriótica. A história moralista de Cincinato é apontada como um paradigma da abnegação, austeridade e simplicidade dos heróis dos velhos tempos. Em resumo, enquanto aquele varão andava a lavrar, uma delegação do senado veio comunicar-lhe que tinha sido nomeado *dictator* para ir combater os Équos. Cincinato pediu a toga à mulher, reuniu um exército, venceu o inimigo, depôs o cargo e voltou para o arado[12]. A história atesta também o caráter sazonal da atividade militar naquela época de meados do século V a.C. Com o decorrer do tempo, muda a natureza

---

[8] Liv. 2.19-20; D.H. 6.2 ss.
[9] Vide Cornell 1995 297-298; Forsythe 2005 147-149.
[10] Cat. *Or.* Fr. 58 P.
[11] Sugere Ridley 1979 308.
[12] Liv. 3.26 ss.

da guerra, do exército e dos seus modelos de comando; aumenta a extensão dos territórios, com repercussões económicas e sociais, e altera-se o poder relativo entre senado, magistraturas e assembleias. Temos de ter em conta que o dinamismo da constituição Romana permitia evoluções e adaptações sancionadas pelo voto popular.

Ao longo da história de Roma foram nomeados numerosos ditadores: estão registados 85 entre 501 e 202 a.c. A verdade é que as ocorrências foram diminuindo, e, depois da segunda Guerra Púnica (218-202 a.C.), este cargo entrou em declínio. Se no século IV, em plena expansão romana através da Itália, temos um ditador nomeado a cada três anos para comandos militares, no século III, já só os temos em emergências causadas no decorrer da primeira e da segunda Guerras Púnicas. A nomeação de ditadores perde então terreno para a prorrogação das magistraturas, gerida pelo senado, de forma a que os comandantes pudessem concluir as campanhas em curso. E, a partir daí, só voltamos a ter um ditador em Sula, já no século I a.c., mas trata-se de uma ditadura de cariz diferente, como veremos. Tal decréscimo parece resultar do facto de a expansão de Roma pelo Mediterrâneo ter reforçado o papel de uma oligarquia senatorial, rica e fortemente competitiva, cujos elementos se controlavam mutuamente e resistiam a colocar o poder de dois na mão de um[13].

Em todo o caso, embora na sua maior parte fossem nomeados para resolver situações de grande perigo na guerra (*rei gerendae causa*), as funções dos ditadores não se confinavam às militares. Também podiam ser designados para outras missões específicas, como promover eleições (*comitiorum habendorum causa*) na ausência dos cônsules, para lidar com distúrbios civis (*seditiones sedandae causa*), como investigar conspirações na Campânia em 314 a.C. (*quaestio extraordinaria*), ou para assuntos religiosos, por o seu *imperium* ser maior que o dos cônsules[14]. Com efeito, o referido fragmento de Catão coloca um *dictator* da Liga Latina a dedicar o santuário de Diana no bos-

---

[13] Vide Cornell 1995 372-373.

[14] O *dictador* teria na origem algo de religioso e só assim os Romanos admitiam colocar um tal poder nas mãos de um só homem. Vide Cohen 1957 304 ss.

que de Arícia na presença dos povos confederados[15]. Na sequência de uma pestilência, em 363, foi, segundo Lívio (7.2-3), restaurada, para propiciar os deuses, uma prática antiga (*lex uetusta*) de nomear um ditador para colocar um prego no templo do Capitólio (uma observância que, segundo o historiador, era no início levada a cabo pelo *praetor maximus*, título inesperado cujo significado tem gerado discussão). Foi então nomeado *dictator clavi fingendi causa* ('ditador para a fixação do prego') Lúcio Mânlio Capitolino Imperioso, que nomeou seu mestre de cavalaria L. Pinário Nata. Outros ditadores terão sido nomeados para esta função em 331, talvez em 313 e, finalmente, em 263 a.C.[16] Outros foram criados para promover *feriae* (dias festivos) para culto religioso: em 344, para afastar um mau presságio, e em 257, para promover as *Feriae Latinae* em honra de Júpiter Laciar, venerado no Monte Albano. Em 208, no contexto das lutas contra Aníbal na segunda Guerra Púnica, foi nomeado, na ausência dos cônsules (um estava morto e outro ferido), um ditador para celebrar jogos votivos e promover eleições de cônsul e pretor para o ano seguinte. Em 202, foi nomeado um ditador para promover as eleições para 201, mas acabou por ter de dirigir uns jogos votivos em honra de Ceres, uma vez que tempestades impediam a reunião das assembleias de voto[17].

A ditadura não equivalia em princípio a uma suspensão da constituição. Lívio (2.18.8) e Dionísio de Halicarnasso (6.58.2), entre outros, afirmam que a autoridade do ditador não estava subordinada nem aos cônsules nem ao direito de apelo para o povo (*provocatio*), mas o próprio Lívio dá exemplos ao longo da sua obra que mostram que não foi sempre assim: pelo menos a partir de meados da República estariam sujeitos ao direito de apelo[18] e mesmo ao veto dos tribunos da plebe[19]. O ditador possuiria

---

[15] Vide Scullard 1961 51 e 422; Cornell 1995 297-298.

[16] Segundo Cohen 1957 305-308, seria normalmente um cônsul a fixar um prego para contagem dos anos desde o início da República, e só em tempos de calamidade se recorria a um ditador para tal função, numa cerimónia aparentemente diversa da anterior. Mas Lívio parece fazer uma mescla das duas.

[17] Para uma síntese dos ditadores nomeados para questões religiosas, vide Kaplan 1973/74 172-175.

[18] Cf. Liv. 2.30; 8.33.

[19] Cf. Liv. 27.6.5.

uma espécie de imunidade enquanto desempenhava o cargo, mas podia ser perseguido judicialmente depois de resignar[20].

3. Caráter das ditaduras de Sula e de César

Duas ditaduras se destacaram no final da República: a de Sula e a de César. Estas já não seguiam o modelo anterior; antes se aproximam dos despotismos modernos, fundados em golpes de estado, e da conceção retórica da tirania. De resto, já na antiguidade havia quem não acreditasse na bondade que os romanos creditavam à ditadura, mesmo no que se refere aos primeiros tempos da República. Dionísio de Halicarnasso (5.70-77), que escreve em grego as suas *Antiguidades Romanas* no final do século I a.C., situa a criação desta magistratura não no contexto da guerra com os Latinos, mas dos conflitos internos entre patrícios e plebeus, como uma forma de reforçar o poder dos primeiros contra as revoltas dos segundos. Por isso, definia a ditadura como uma "tirania eletiva" (5.70) para abolir temporariamente as proteções legais do povo e proteger os interesses dos nobres. Para aquele autor, a ditadura de Sula teve o efeito de dar a perceber aos romanos a verdadeira face tirânica de tal magistratura (5.77), pelo que não considera que foi Sula a distorcer da ditadura e a abusar do poder[21]. Mas parece estar a projetar retroativamente a partir do seu tempo e a simplificar, à luz de uma conceção mais grega, a diversidade de tarefas que requeria uma ditadura.

Com efeito, Sula, depois da morte dos cônsules na guerra civil, convenceu o *interrex* indigitado pelo senado, L. Valério Flaco, a, em vez de promover eleições, propor uma lei que o nomeasse ditador por um período indeterminado, contrariamente ao costume, e com poderes legislativos (*dictator legibus scribendis et Reipublicae constituenda*)[22]. A lei foi votada e aprovada nos *comitia centuriata*, aterrorizados pelos massacres entretanto cometidos. Salvaguardava-se a legalidade, ao menos formalmente.

---

[20] Cf. Liv. 9.26. Vide Lintott 1999 111-113.
[21] Vide Kalyvas 2007 419-423.
[22] Vide atrás Vasco Mantas, cap. 8 §7.

Para Apiano, outro autor grego (oriundo de Alexandria), mas já do tempo dos Antoninos (séc. II d.C.), o que distinguia Sula dos ditadores anteriores era o facto de estes terem exercido com limitação de tempo; e, uma vez que a ditadura não era mais que uma tirania a prazo, Sula limitar-se-ia a completar a lógica tirânica do cargo[23]. Mas parece que temos aqui dois referentes diversos: por um lado, a lógica da democracia ateniense, que servirá de ponto de partida a Dionísio e Apiano; e, por outro, além de uma visão aristocrática romana, a complexa dinâmica da constituição da República romana, presente em Lívio (e outros escritores de *Annales*). E os públicos para que escrevem terão a sua importância.

Dionísio de Halicarnasso propõe-se escrever para colmatar a ignorância dos Gregos acerca do passado Romano[24] e para demonstrar que Roma é, ao fim e ao cabo, uma cidade grega[25]. Da mesma forma, Apiano procura explicar as instituições Romanas à sua audiência grega oriental. É portanto natural que tanto um como outro use como chave de leitura conceitos e mundividências gregos que pudessem ser facilmente apreensíveis pelos seus públicos, mas que facultam uma leitura filtrada.

Na política interna entrou entretanto em jogo outro fator: o exército. As reformas que Mário operou em finais do século II a.C., de modo a responder à crescente necessidade de efetivos, levaram à criação de um exército profissional em que os soldados dependiam do seu general para a partilha dos despojos e sobretudo distribuição de terras na altura de serem licenciados, o que potenciou o recurso aos soldados e aos veteranos nas lutas civis. A ditadura de Sula é, de facto, nova também na forma. Era uma ditadura militar que resultava da vitória na guerra civil sobre os partidários de Mário e assentava no apoio do exército. O aspecto mais

---

[23] Cf. App. *BC* 1.3 e 99. Vide Kalyvas 2007 423-428. Segundo este autor, Dionísio e Apiano têm o mérito de propor a redefinição daquela magistratura romana como uma ditadura legal – ao invés da conceção patriótica presente em Lívio – e a unificação dos dois tipos de ditadura através da continuidade histórica e da coerência constitucional. Mas Kalyvas parece ter valorizado demasiado a síntese daqueles autores gregos, uma visão externa, em detrimento da tradição romana.

[24] D.H. 1.4.2.

[25] D.H. 1.5.

negro foram as proscrições, que serviram inclusive para enriquecer os apoiantes do ditador mediante a eliminação de adversários ricos.

O programa legislativo de Sula teve o propósito e o efeito de reforçar o poder do senado e enfraquecer o poder dos tribunos da plebe, que desde os Gracos se tinha revelado uma poderosa arma nas mãos das diversas facções aristocráticas e um trampolim para promover fulgurantes carreiras políticas. Por isso, esta ditadura era, no fim de contas, um produto da sua época: as lutas civis que deflagraram em finais do século II, que ele tentava resolver de um modo conservador e tradicionalista[26]. De qualquer modo, Sula não quereria uma ditadura para toda a vida e, ao fim de algum tempo (em 79 a.C.), abdicou do cargo.

A verdade é que o perigo de o ditador abusar do poder passava a estar latente. Em 52 a.C., o senado nomeia Pompeio cônsul único para evitar torná-lo ditador. César, como Sula, inaugura uma ditadura estabelecida sobre o poder militar, e enquanto Sula se apoiava no "partido" aristocrata (*optimates*), César apoiava-se nos *populares*. Tanto um como outro usaram como justificação para os seus atos o abuso do poder da parte contrária, apoiando-se na força dos respectivos exércitos. Depois da conquista da Gália, César, como vimos no capítulo 10, contava com um exército experimentado na guerra e devotado ao seu comandante, de quem esperava as devidas recompensas, e disposto a segui-lo para além do Rubicão, apesar da importante deserção de Labieno.

Perante a fuga de Pompeio para a Grécia com os principais magistrados, uma vez que, na ausência dos cônsules, só um ditador podia convocar as eleições para 48, César fez-se nomear ditador (*comitiorum habendorum causa*) através de uma lei (*lex de dictator creando*) proposta por um pretor[27]. A partir daqui vai entremeando ditadura e consulados. Ao fim de 11 dias, cumprida a tarefa e eleito cônsul, abdicou da ditadura e dirigiu-se para Brundísio, no encalço de Pompeio. Em 48 a.C., na ausência de César, o cônsul Servílio nomeou-o ditador por um ano,

---

[26] Vide Hurlet 1993 169-172.

[27] Havia precedentes na história romana: a nomeação de Fábio Máximo em 217 a.C., depois do desastre do lago Trasimeno, e de Q. Fúlvio Flaco, para promover eleições na ausência dos cônsules em 210. Cf. Liv. 22.31.8; 27.5.16. Vide Hurlet 1993 37-39.

provavelmente para escrever as leis e reorganizar o Estado (*legibus scribundis et rei publicae constituendae*), com António como comandante de cavalaria (*magister equitum*). Em 47 a.C., César renuncia à ditadura e torna-se cônsul para o ano seguinte, escolhendo como colega Marco Lépido. Em 46, foi nomeado ditador por um período de dez anos (com Lépido como comandante de cavalaria), contrariamente ao costume, e em Fevereiro de 44, nomeiam-no ditador para toda a vida (*dictator perpetuus*), ao mesmo tempo que detém o consulado desse ano juntamente com M. António. Assim a ditadura de César se torna num instrumento para efetuar o progressivo propósito monárquico do seu poder[28]. Passado pouco tempo, nos idos de Março, César foi apunhalado até à morte no início de uma sessão do senado.

Depois do cesaricídio, M. António, cônsul em exercício e senhor da situação na crise que se gerou, terá abolido a ditadura[29]; mudança interessante, uma vez que tinha abusado do cargo quando era comandante de cavalaria. Duas décadas mais tarde, em 22 a.C., é o próprio senado e o povo a tentar oferecê-la por duas vezes a Augusto[30], que a recusa para alardear a legalidade do novo regime[31]. A ditadura tinha-se tornado em algo que se aproximava da aspiração ao reinado, ambição intolerável para um romano e habilmente rejeitada pela ideologia do principado augustano.

Em suma, a ditadura em Roma entende-se à luz da lógica da constituição romana e do seu desenvolvimento. Aparece numa posição de equilíbrio entre o tabu em relação à Monarquia e a necessidade que por vezes o Estado tinha de ter um líder forte e único, com um *imperium* reforçado por questões de conflitos, externos ou internos, ou para aplacar os deuses. No final da República, o equilíbrio quebrou-se e a instituição acabou usada nas lutas entre facções. De missão entregue pelos cônsules, passou a ser

---

[28] Vide Hurlet 1993 172-175.

[29] Cf. Cic. *Phil.* 1.3.

[30] Cf. Aug. *RG* 5.

[31] Segundo Suetónio (*Aug.* 52), Augusto, num ato teatral, caiu de joelhos e com o peito desnudo, a suplicar ao povo que lhe não oferecesse a ditadura.

uma forma de governo, cada vez mais longa. Utilizada para tentar sanar os males de que sofria a República, acabou por ser um dos fatores que levou ao seu fim e à criação do principado, uma nova forma de monarquia que tornava em ficção a constituição republicana.

Tábua Cronológica

Entre 501 e 497 – Nomeação do 1º ditador, T. Lárcio

499 ou 496 – Batalha do Lago Regilo

363 – Restauração da prática antiga de nomear um ditador para colocar um prego no templo do Capitólio

82/81 –Sula nomeado *dictator legibus scribendis et Reipublicae constituenda*

79 – Sula abdica da ditadura

49 – César ditador para promover eleições para 48: *comitiorum habendorum causa*

48 – César ditador por um ano

46 – César nomeado ditador por um período de dez anos

44 (fev.) – César *dictator perpetuus*

– (15 mar.) – Cesaricídio

Bibliografia

Alföldi, A. (1971), *Early Rome and the Latins*. Ann Arbor, University of Michigan Press.

Broughton, T. R. & Patterson, M. (1951), *The Magistrates of the Roman Republiic* I. New York.

Canfora, L. (^{5}2000), *Giulio Cesare. Il dittatore democrático*. Bari, Laterza.

Cohen, D. (1957), "The Origin of Roman Dictatorship", *Mnemosyne* 4th series 10 300-318.

Cornell, T. J. (1995), *The beginnings of Rome*. London, Routledge.

Forsythe, G. (2005), *A critical history of early Rome*. Berkeley/London, University California Press.

Gagé, J. (1976), *La chute des Tarquins e les débuts de la Républic*. Paris.

Giovannini, A. (1993) "Il passagio dalle istituzioni monarchiche alle istituzioni republicane", in *Convegno sul tema "Bilancio critico su Roma arcaica fra Monarchia e Republica"*. Atti dei Convegni Lincei 100. Roma, Academia dei Lincei, 75-96.

Hurlet, F. (1993), *La dictature de Sylla: monarquie ou magistrature republicaine? Essai d'histoire constitutionelle*. Bruxelles/Rome, Institut Historique Belge de Rome.

Kaplan, A. (1973-74), "Religious dictators of the Roman Republic", *CW* 67 172-175.

Kalivas, A. (2007), "The Tyranny of Dictatorship: when the Greek Tyrant met the Roman Dictator", *Political Theory* 35 412-442.

Lintott, A. 1999, *The Constitution of the Roman Republic*. Oxford, University Press.

Mazzarino, S. (1992), *Dalla monarchia allo stato republicano*. Milano, Rizzoli.

Ogilvie, R. M. (1976), *Early Rome and the etruscans*. Hassocks, The Harvester Press.

Ridley, R. T. (1979), "The origin of the Roman dictatorship: an overlooked opinion", *RhM* 122 303-309.

Scullard, H. H. (^{5}1982), *From the Gracchi to Nero*. London, Routledge.

Shorter, D. (^{2}2005), *The fall of the Roman Republic*. London-New York, Routledge.

ÍNDICE DE NOMES E CONCEITOS

ábacos: 273.

abastecimento. 96; 97 n.102; 152; 153; 166; 171; 187; 228; 255; 303; 346; 367; 408. Vide *annona*

abóbada: 277.

Acaia: 219; 237; 247; 280; 308.

acampamento militar: 60; 133; 152; 153; 157;159; 171; 172; 179; 181; 182; 184; 185; 190; 192; 193; 195; 196; 221; 228 n.77; 269; 282; 368; 370; 371; 398; 400; 408; 409.

Acílio Glabrião: 256 n.72.

aclimatação de animais e plantas: 274-275; 293.

aculturação: 235; 265; 269; 277 n.130; 295.

ad hominem: 77.

Adana: 377.

Adérbal: 159.

Adis: 445; 157.

adivinhação: 299.

administração: 37; 82; 87; 89; 96; 97; 100; 123; 124; 141; 162; 163; 198; 215; 222; 224; 254; 257; 260; 261; 262; 303; 314; 329; 339; 350; 358; 383; 385; 392; 394; 396-397; 411 n.88; 414; 416; 417; 418.

Adrumeto: 147; 187; 413.

adsidui/assidui: 79 n.38; 318.

adultério: 263.

aediles curules: 90.

aedilitas: 96.

Aemilii: 75.

aemulatio: 269-270; 271.

Aenobarbo: vide Domício.

aerarium: 97.

aes signatum: 252.

África (continente): 138; 145; 146; 147; 148; 153; 156-157; 158; 161; 162; 165; 166; 183; 184; 185; 186; 187; 189; 190; 191; 193; 194; 207; 224; 235; 236; 246; 258; 288; 334; 354; 365; 372; 376; 407; 412.

África (província): 155; 197; 237; 308; 330; 336; 380; ; 413-414; 423.

Agátocles: 147; 149; 150.

ager publicus: 89 n.72; 117; 141; 251; 254; 313; 319; 321; 327; 328; 332; 338.

agitação social: 285; 298; 300; 412.

agricultura: 74; 81 n.46; 141; 250; 253-255; 257; 271-272; 274-275; 294; 302; 316.

Agrigento: 138; 153; 156; 180; 181; 249; 306.

agronomia: 250 n.55.

Alba Longa: 23; 27-28; 29; 31; 38; 40 n.23; 431.

Albúcio, Tito (epicurista): 296.

Alceu (epicurista): 295; 308.

Alcibíades: 280 n.136; 281; 295; 305.

Alésia: 401.

Alexandre Magno: 136; 207; 241; 366.

Alexandri imitatio: 241.

Alexandria: 270; 284; 236; 386; 394; 410-412; 420; 423; 426; 436.

aliados: 107-111; 112-115; 120-124; 130; 134; 135-140; 142; 149; 152; 154; 162; 167; 173; 174- 183; 189; 191; 195; 198; 204; 212; 214-216; 222; 223; 229;

234 n.1; 235; 237; 242; 243 n.29; 244-248; 252 n.61; 256 n.77; 262 n.100; 268; 283; 287; 307; 308; 315; 318; 321; 328; 330; 334; 336; 337-343; 357; 377; 390-392; 394; 396-397; 399; 401 n.46; 407.

aliança Aníbal-Filipe V da Macedónia (c. 215 a. C.): 182.

aliança Roma-Cartago (279-278 a. C.): 138.

alimentação: 273; 274-276.

Alóbroges: 167; 396.

Alpes; 165-167; 179; 185; 220; 370; 371.

Alto Império Romano: 244 n.32.

Amafínio, Quinto (epicurista): 296.

Ambarros: 396.

Ambianos: 397.

ambição: 165; 189; 208; 239; 244; 248; 296; 314; 321; 329; 344; 363; 367; 374; 383; 384; 389; 396 n.33; 416 n.104; 422; 425; 438. V. *Ambitus*.

Ambíorix: 400.

ambitus: 362.

Amílcar (comandante cartaginês da Sicília): 156.

Amílcar Barca (general cartaginês): 147; 160-3; 177.

Amiso: 381.

amizade: 132; 203; 210; 214; 216; 246; 271; 289; 391; *amicitia*: 207; 246; 424.

amor conjugal: 264.

amor-paixão: 239; 264.

Amúlio: 27-28; 30.

Ana Perena: 241.

analística: 36; 43; 45 n.37; 122; 136; 141; 294. Vide *Annales*

analogia biológica: 248 e n.48.

analogia: 248; 255 n.70; 297.

Anco Márcio: 35; 38; 40 n.23; 41; 112; 234; 266; 304; 390.

Andrisco: 194; 218.

anfiteatro: 277; 293.

Aníbal "o Ródio": 159; 161.

Aníbal "o Samnita": 189.

Aníbal (comandante naval da 1ª G. Púnica): 151; 155; 159.

Aníbal Barca: 142; 146; 147; 163; 164; 165-188; 189; 199; 213; 220; 235; 244 n.32; 248; 253; 259 n.89; 271; 301; 303; 338; 434.

animais exóticos: 274; 293; 307.

annales: 55; 56 n.6; 57 n.12; 63; 64; 65; 104 n.2; 423; 436. Vide Analística.

annona: 255. Vide abastecimento.

anti-helenismo: 233; 256 n.75; 265; 270; 271-272; 303. Vide filelenismo, helenismo.

Antígono Dóson: 205.

Antíoco III (da Síria): 187-188; 189; 202; 208; 212-215; 229; 235; 237; 241 e n.24; 246; 256 n.76; 258 n.82; 274 e n.123; 278; 279.

Antíoco IV (da Macedónia): 218.

Antípatro: 411 n.86; 412.

António (orador): 423.

António Crético, Marco (Pai do triúnviro): 374.

António, Lúcio (irmão do triúnviro): 415.

António, Marco (triúnviro): 391; 404; 406; 407; 408; 411; 412; 415; 417 n.110; 419; 420-422; 438.

António Híbrida: 390.

Apameia: 214; 215; 216, 235; 307.

aparadores: 279; 309.

Apeninos: 34; 112; 118; 119; 128; 131; 168; 244.

Ápio Cláudio (*decemv.*): 85.

Ápio Cláudio (sogro de T. Graco): 326.

Ápio Cláudio Cáudice: 140; 151-152.

Ápio Cláudio Cego: 137; 250; 284; 305.

Ápio Cláudio Pulcro: 176; 180.

Apolo: 113; 175; 196; 197; 292; 299; 304.

Apolónia (Epiro): 182; 204; 408.

Apolónia (Ponto): 280.

Apolónio Mólon: 390; 423.

apotheca: 275 n.128.

Apuleio Saturnino, Lúcio (*tr. pl.* 102-100): 336 -337.

Apúlia: 18; 137; 170; 171; 175; 176; 179; 404.

Aqua Marcia (aqueduto): 277; 308.

aquedutos: 277; 354.

Aqueus: 218; 266; 283; 304; 308.

Aquilas: 410; 411.

Aquilónia: 135.

Aquínio Floro, G. (*cons.* 155): 155.

Aquitânia: 398.

Ara Máxima: 266.

Arábia Petreia: 378.

Arábia: 410.

Arcágato: 283; 306.

archimagirus: 275 n.127.

arco: 277.

arcos do triunfo: 277; 307.

Arécio: 169.

Arianos: 74.

Arícia: 23; 41; 57; 59 n.16; 65; 67; 431; 432; 434.

Arímino: 140; 169; 179.

Ariovisto: 395; 396 e n.27, 29,31 e 32; 399.

aristocracia: 39; 42; 43; 45; 47; 53; 57; 58; 59; 72; 75; 91-93; 104; 105; 107; 109; 110; 111; 112; 113; 122 n.28; 123; 124; 129; 136; 142; 148; 163; 182; 190; 256 n.74; 280; 285; 321; 331; 366; 370; 381; 390; 396 n.33; 406 n.68; 415; 418; 423; 425; 436; 437.

Aristodemo: 57.

Aristónico: 325; 357.

armazenamento: 252.

Arménia: 377; 378.

Armórica: 398.

Arpino: 331.

Arpos: 176.

arqueologia: 11; 17; 20; 21; 23; 23; 31 e n.6; 33; 34; 35; 36 e n.16; 44-46; 58; 59; 60 n.20; 71; 106 n.7; 110; 119; 120; 128; 251; 265; 266 e n.113; 268; 328.

Arquimedes: 180; 181; 282 e n.142; 307.

Arquitas de Tarento: 250 n.55.

arquitetura: 50; 233; 276-278; 283; 303; 304.

Arrunte: 57.

Arsínoe: 411.

arte: 266 n.111; 276-281; 287-289; 304; 348 n.4.

artesanato: 80; 251-252; 261.

artolaganus(tipo de pão): 275.

artopticus (tipo de pão): 275.

Arvernos: 396 e n.29.

Asasis: 190.

ascese: 298.

Asculum ou *Ausculum*: 137; 138; 150; 339; 341; 357.

Asdrúbal (filho de Hanão): 156; 158.

Asdrúbal (genro de Amílcar Barca): 163; 164; 165.

Asdrúbal (oficial de Aníbal): 172; 173; 174.

Asdrúbal Barca: 165; 177-179; 183; 221.

Asdrúbal Gisgão: 178; 184; 190-191; 193; 194-195; 197.

Ásia (reino de Antíoco): 235.

Ásia (continente): 214; 236; 258 n.82; 267; 273; 278 n.133; 280; 378; 410; 414 n.94.

Ásia (província): 237; 246; 309; 325; 329; 340; 343; 346; 347; 357; 358; 390 e n.7; 392; 394.

Ásia Menor: 19: 31 n.7; 188; 195; 202; 207-208; 209; 210; 212; 213; 215; 379; 415 n.99.

Asínio Polião: 403 n.54; 409 n.79; 424.

Áspis (ou Clúpea): 156; 158; 194.

asse (moeda): 252-253; 318; 327; 335; 342.

Assembleia do Povo (Cartago): 148; 163.

assimilação: 243; 253; 269; 272; 300; 301; 303.

Assíria: 274.

astrologia: 299; 309.

astronomia: 282.

Átalo I: 207; 208.

Átalo II: 295 n.167.

Átalo III: 237; 278 e n.134.

Atenas: 55; 207; 209; 217; 243; 267; 270; 284; 285; 289; 295; 296; 384; 348 n.4; 358; 381; 436.

Atílio Caiatino, Aulo (*cons.* 254): 158; 160.

Atílio Régulo, Gaio (*cons.* 225): 164.
Atílio Régulo, Gaio (*cons.* 257 e 250): 155; 159.
Atílio Régulo, Marco (*cons.* 227 e 217): 170.
Atílio Régulo, Marco (*cons.* 256): 155.
Átio Varo, Públio: 414.
Atlas (monte): 414; 279.
átrio: 277; 278; 296; 401.
auctoritas patrum: 40 e n. 25; 77.
auctoritas: 272; 384.
auge: 248 e n. 48; 308.
Augusto: 11; 28 n.1; 64; 100; 116; 256 n. 77; 294; 325; 335 n.3; 351; 352; 411 n.88; 422; 425; 438 e n.31.
Áulio Cerretano, Quinto (*mag. equit.*): 133.
Aulo Atílio Caiatino: vide Atílio.
Aulo Vibena: 42-43; 58.
aureus (moeda): 253; 307.
Aurunculeio Cota, Lúcio: 400.
Áusculo: vide Ásculo.
auspicia: 77; 81; 94; 99 n.106; 109.
autarcia: 298. Vide autossuficiência.
autossuficiência: 254 n.69; 255; 298.
auxiliares (tropas): 137; 152; 169; 170; 183; 192; 242; 259; 260 n.89; 318; 355; 370; 385; 390; 406.
auxilium (direito): 63; 82; 98.
Avárico: 400.
Aventina: 81.
Aventino: 41; 57; 62 n.31; 80; 81; 83; 84; 90; 331; 355.
azeite: 254; 340.
Bacanais: 272 n.119; 300; 307.
Baco: 291 n.158.
Baixela: 276; 278-279.
Balbo: vide Cornélio.
banca: 261; 317.
banquetes: 274; 275; 291; 299; 304; 399; 356; 414.
barba: 273.
bárbaros: 228; 243; 268; 297; 303; 314; 333; 353; 372; 398 n.38.

Barcelona: 164.
basílica: 272; 276 e n.129; 277.
basílica Pórcia: 276; 308.
batalhas:
de Ambrácia (187 a.C.): 290; 301; 307.
de Aquilónia (293 a.C.): 135.
de Aráusio (105 a.C.): 333.
de Áusculo ou Ásculo (279 a. C.): 137-138; 150.
de Bécula (208 a. C.): 178; 183.
de Boviano (305): 143.
de cabo Palinuro (253 a. C.): 158.
de cabo Paquino (249 a. C.) : 155; 160; 181.
de Canas (216 a. C.): 146; 171-174; 175; 178; 179; 180; 181; 183; 186; 188; 190; 198; 199; 248; 303; 306; 324; 333.
de Carras: 384; 387; 402; 426.
de Cinoscéfalas (197 a.C.): 210; 229; 234; 235; 307.
de Cissa (c. 217 a. C.): 177.
de Clastídio (222 a.C.): 164; 244 e n.32; 290; 306; 307.
de Farsalo (48 a.C.): 386; 409; 410; 411; 414; 426.
de Filipos (42 a.C.): 422.
de Forcas Caudinas (321 a.C.): 132; 135; 143.
de Grandes Planícies (203 a. C.): 184.
de Herdónia (212 e 210 a. C.): 176.
de Ibera (215 a. C.): 177; 178.
de Ilipa (206 a. C.): 183; 221.
de lago Regilo (493 a.C.): 45 n.37; 57; 67; 106.
de lago Trasimeno (217 a. C.): 169; 170; 176; 199; 324; 437 n.27.
de Láutulas (321 a.C.): 143.
de Magnésia (189 a.C.): 214; 229; 240 n.21; 246; 278; 307.
de Malvento (275 a. C.): 139; 150; 151.
de Mantineia (207 a. C.): 182.
de Monte Algildo (431 a.C.): 114.
de Munda (45 a.C.): 414; 426.

de Pidna (168 a.C.): 202; 217; 229; 234; 282; 284; 308.
de Porta Colina (83 a.C.): 348; 358; 354.
de rio Ália: (390 a.C.): 118; 120.
de rio Ciamosoro (entre 271 e 265 a. C.): 151.
de rio Longano (entre 271 e 265 a. C.): 151.
de rio Metauro (207 a. C.): 179.
de rio Síris (280 a. C.): 137; 150.
de Selásia (222 a.C.): 205.
de Sentino (295 a.C.): 135.
de Tapso (46 a.C.): 413-414; 426.
de Télamon (225 a. C.): 164.
de Termópilas (191 a.C.): 214.
de Ticino (218 a. C.): 168; 177; 178; 199.
de Trébia (218 a. C.): 168; 199.
de Tunes (255 a. C.): 157-158.
de Zama (202 a. C.): 185-186; 199.
de Zela (47 a.C.): 412 e n.92; 426.
naval da foz do rio Ebro (217 a. C.): 177.
naval das Ilhas Égates (241 a. C.): 161-162.
naval de Camarina (255 a. C.): 158.
naval de Cartago (147 a. C.): 195.
naval de Drépano (249 a. C.): 159-160.
naval de Écnomo (256 a. C.): 156.
naval de Milas (260 a. C.): 155.
naval de Tíndaris (257 a. C.): 155.
Batiato, Lêntulo: 370.
Belgas: 397.
beligerância: 105; 166; 222; 226; 227; 239; 242; 369; 399; 400.
Belóvacos: 397; 401.
bem estar: 240.
Benevento: 132; 140; 176.
bibliotecas: 277; 284; 308; 348 n.4; 410; 416; 424.
Bibracte: 396 n.28.
Bíbulo: 391; 393-394; 408.
bilinguismo: 284; 286; 303.
Bitínia: 188; 199; 215; 334; 375; 378; 379; 390 n.7.

Bitúriges: 400.
Blóssio de Cumas: 284; 325.
Boco: 293; 413.
Boios: 164.
Bomílcar: 176; 180; 181.
Bósforo: 376; 412 n.92.
Bostar: 156.
Braneu: 167.
Breno: 120 n.24; 120.
Britânia: 257 n.79; 399; 425.
Britomaro: 164.
bronze: 13; 14; 15; 17; 19; 32; 42 n.32; 85; 99; 252; 253; 273; 276; 278; 279; 308; 371; 418.
Brundísio: 373; 381; 405; 407; 412; 437.
Brútio: 185; 372.
Brútios: 135; 137; 139.
Bruto, Lúcio Júnio (cons. 509): vide Júnio Bruto.
Bruto, Marco (cesaricida): vide Júnio Bruto.
burocracia: 250.
cabo Bom: 156.
cabo Hermeu: 158.
cabo Palinuro: 158.
cabo Paquino: 155; 160; 181.
cadeira curul: 59; 90 n.79; 418.
Calábria: 150; 151; 176; 274 n.125; 283.
calceus patricius: 75.
Calpúrnio Pisão Cesónio, Lúcio (cons. 147 a.C.): 193; 194; 392.
Calpúrnio Pisão Cesónio, Lúcio (cons. 58 a.C.): 392; 395.
Calpúrnio Pisão Frúgi, Lúcio (analista): 45 n.37; 55; 294.
Calpúrnio Pisão, M. (pretor): 224.
Calvino: vide Domício.
Camarina: 158.
cambista: 253; 291.
Camenas: 287; 288 n.156.
Camilo: vide Fúrio.
Campânia: 15; 34; 70 n.2; 112; 123; 130;131; 132; 133; 150; 151; 162; 170; 234; 235;

244; 252; 252 n.61; 253; 267; 305; 343; 350; 371; 393; 394; 433.

Campanos: 104 n.2; 151.

Canínio Rebilo: 417 n.110.

Canosa: 174.

Canuleio, Gaio: 87.

Capital (economia): 254; 255-258; 338.

capite censi: 49; 333; 334.

Capitel: 276; 278.

Capitólio: 14; 43; 45; 53; 54; 60 n.20; 61; 62 e n.31; 63-65; 67.

Cápua: 15; 112; 123; 130; 133; 137; 176; 235 e n.7; 305; 347; 370; 373; 394; 404.

carestia: 88; 255; 262.

caridade pública: 255; 262.

carisma: 239; 240; 241; 258; 389; 425.

Caristo, mármore de: 279.

Carnéades: 237-238; 239; 295 e n.167; 296; 308.

Carras: 384; 387; 402; 426.

Cartaginês: 55 n.5; 138; 145-229; 280; 318; 324; 334. Vide púnico.

Cartago: 31 n.7; 50; 123; 138; 140; 145-229; 235; 237; 245; 246; 247; 254; 258 n.82; 265; 280; 292; 293; 300; 304; 305; 308; 313; 316; 329; 330; 357; 365; 415 n.100.

Cartalão: 160.

Carvílio Ruga, Espúrio (liberto): 264 n.104; 284 n.145; 306.

Casa de Salústio: 281

Casa do Fauno: 277 n.131; 281.

casamento: 41; 76 e n.24; 88; 109; 111; 264; 296; 385; 392.

casamento *sine manu*: 263.

Cássio Longino, Gaio: 384; 412; 417; 420.

Cássio Longino, Quinto: 404; 406; 407; 414.

Cassivelauno: 399.

Castor e Pólux: 113; 299; 304.

Castra Caecilia: 354.

Castra Caeciliana: 354.

Castra Cornelia: 187

Catânia: 273; 306; 445.

Catão de Útica: 391; 393; 404; 412; 413-414 e n.95; 422; 424.

Catão o Antigo, ou Catão o Censor: 21 n.32; 101; 189; 222 n.55; 234 n.2; 238; 255 e n.70; 256 n.74; 260; 270-272; 276; 284 e n. 149; 289; 294; 296; 306; 315; 316; 422; 432; 433.

Catilina, Lúcio Sérgio: 363; 379-380; 381; 387; 395; 403; 406; 423.

Cátulo: vide Lutácio.

Catulo, G. Valério (poeta): 424.

Catuvolco: 400.

cavalaria: 38; 43; 48; 49 n.51; 60; 61; 98 n.104; 99 e n.106; 156; 157; 168; 169; 170; 171; 172; 173; 173; 178; 184; 186; 193; 234; 259; 260 n.89; 335; 386; 399; 401; 406; 409; 411; 421; 430; 431; 434; 438.

cavaleiros: vide *equites*.

cavea: 292.

Cecílio (poeta): 289.

Cecílio Metelo Cipião, Quinto (*cons.* 52): 404; 409; 412; 413; 414 e n.95.

Cecílio Metelo, Lúcio (*cons.* 251 e 247): 158; 256 n.74; 284 n.149; 293; 306.

Cecílio Metelo, Lúcio (*cons.* 142): 225.

Cecílio Metelo, Lúcio (*tr. pl.* 49): 406.

Cecílio Metelo, Quinto (*cons.* 206): 183; 185.

Cecílio Metelo Macedónio, Quinto (*cons.* 143): 227.

Cecílio Metelo, Quinto (*cons.* 80): 354; 356; 358; 369.

Célio Antipater: 294.

Célio Rufo, Marco: 411.

Célio Vibena: 42-43; 58.

Celtiberos: 164; 177; 178; 184; 190; 197; 221; 223; 226-229; 368.

Cenina: 37.

Cenomanos: 164

censo: vide censor.

censor/*censor*/censura: 65 n.43; 87; 88; 91 n.84; 87; 89; 92; 95; 97-98 e n.104; 100; 101; 234; 256 e n.76; 257; 262 n.100; 274 e n.123; 275 n.128; 284; 285 n.150; 305; 309; 318; 339; 364; 374; 375; 415-416; 419; 420.

censura: vide censor.

centro cultural: 270; 284; 423.

centro religioso: 32; 67; 81.

centúrias: 39; 48-49; 59; 85; 87; 91; 96; 117; 133; 152; 162; 178; 190; 194; 234; 266; 323; 330; 345; 435.

cerco:
  de Adis (256 a. C.): 157.
  de Agrigento (262-261 a. C.): 153.
  de Alésia (52 a.C.): 401.
  de Áspis (256 a. C.): 156.
  de Avárico (52 a.C.): 400.
  de Cartago (149-146 a. C.): 192-197.
  de Casilino (215 a. C.): 176.
  de Drépano (desde 249 a. C.): 159; 160; 161.
  de Gergóvia (52 a.C.): 400.
  de Lilibeu (desde 250 a. C.): 159-160; 162.
  de Massília (49 a.C.): 406.
  de Nápoles (327-326): 131; 258.
  de Nova Cartago (209 a. C.)
  de Palermo (250 a. C.): 158.
  de Régio (271 a.C:): 151.
  de Sagunto (220-219 a. C.): 165; 166; 199.
  de Siracusa (213-212 a. C.): 181; 282.
  de Útica (204-203 a. C.): 184.
  de Veios (405-396): 116-117; 124.

Cere: 116 n.15; 119; 120; 121 e n. 26; 122 n.28; 243; 304.

Ceres: 281; 299; 304; 434.

César: vide Júlio.

Cesárion: 411.

cesarismo: 241 n.23; 296.

Césaro: 224.

ceticismo: 55; 295; 391.

Cíbele: 299; 307.

Cícero, Marco Túlio: 33; 45 n.39; 63 n.32; 73; 74; 77; 80 e n.39; 81; 84; 93; 99; 100; 102; 239; 255 n.70; 257; 266; 270; 281; 285 n. 150; 295; 297; 299 n.172; 301; 347; 349; 357; 358; 376; 379; 380; 382; 392; 393 n.14; 394-395; 397; 404 e n. 60; 405-406; 409; 412; 416 n.107; 417 e n.110; 422-425; 426; 427. Vide índice de passos.

Cícero, Quinto (irmão do orador): 400.

cidadania: 104 e n.2; 105; 110-111; 121 n.26; 122 n.28; 123; 130; 142; 148-149; 233; 242; 244-245; 262; 267; 283; 289; 302; 328; 329; 330; 336; 337-343; 357; 403 e n.52; 415. Vide *civitas*

cidadãos: 39; 42; 46; 47; 63; 71; 74; 78; 84; 85; 87; 91; 96; 97; 99; 133; 140; 148; 150; 152; 154; 175; 189; 191; 192; 243 n.28; 245; 247; 252 n.61; 259; 260; 262; 283; 286; 314; 315; 316; 318; 322; 323; 326; 327; 327; 328; 329; 330; 333; 334; 338; 343; 347; 350; 364; 381; 382; 385; 394; 403 e n.54; 406; 413; 414; 415; 418. Vide cidadania.

cidreira: 279.

ciência: 71; 73; 233; 255; 281-286; 302; 303.

Cilícia: 376; 377; 378; 379.

Cimbros: 279; 279; 309; 332; 333; 335; 352; 357; 390.

cimento: 277.

Cina, Hélvio (neotérico): 424.

Cina: vide Cornélio

Cincinato: 76 n.24; 113-114; 432.

Cíncio Alimento: 55; 294.

Cíneas: 137; 295; 305.

Cinoscéfalas: 210; 229; 234; 235; 307.

Cipião: vide Cornélio

Cipiões, Círculo dos: 271; 281; 282; 296; 325.

Cipiões, Século dos: 271.

Circo Flamínio: 277; 306.

Circo Máximo: 38; 293.

Cirene: 375.

Cítia: 240.

civilitas: 419.

civilização: 21; 32 n.10; 33; 82; 265 n.107; 277 n.130; 293; 303; 304; 368. Vide cultura.

civitas: 129; 331. Vide cidadania

civitas optimo iure: 245.

civitas sine suffragio: 130; 245 e n.37; 302.

classis: 49 e n.50; 79 n.38.

Clastídio: vide batalha de.

Claudii: 75

Cláudio (*imp.*): 42-43; 58; 431.

Cláudio, Gaio (*trib. mil.*): 152.

Cláudio Glabro (*praet.*): 370.

Cláudio Marcelo, G. (*cons.* 49): 403.

Cláudio Marcelo, M. (*cons.* 51): 403.

Cláudio Nero, G. (*cons.* 207): 178; 179.

Cláudio Nero, Tibério (*cons.* 202): 185

Cláudio Quadrigário: 423 n.128.

Clélia: 56.

Clementia: 272; 409; 419.

Cleópatra VII: 293; 410-412.

clientes: 46-47; 57; 58; 73; 79 n.38; 80; 92; 251; 258; 271; 287; 293; 321; 324; 326; 331; 350, 383; 412 n.92.

clima: 239; 302.

Clodiano: vide Cornélio.

Clódio: 385; 395; 397; 403; 424; 425; 426.

Clúsio: 57; 116 n.15; 118.

Clúsios: 119.

Clúvia: 133.

cocus, *coquus*: 275.

Colatino, L. Tarquínio: 54-55; 59 e n.16; 71.

coleções de arte: 277.

colégio sacerdotal: 34 n.13; 234; 391; 419.

Coliseu: 293.

collegium / collegia: 89; 287; 415.

colónias: 28; 31; 111; 116 n.17; 121; 131; 134; 136; 141; 147; 149; 164; 234; 244 n.32 e 35; 245; 246 e n.40; 251; 262; 265; 266; 268; 271; 302; 304; 319; 329; 330; 331; 324; 336; 339; 347; 350; 353; 353; 367; 372; 381; 394; 403 n.52; 414-415. Vide colónias latinas.

colónias latinas: 104; 108; 110-111; 140; 141; 164; 244; 328; 415 n.99.

coluna: 166; 276; 278; 309.

colunas de Hércules: 240; 376; 377.

colunata: 277.

comédia: 70; 263-264; 268; 269; 283; 289; 290; 291; 422.

comércio: 13; 34; 50; 66; 80; 109; 132; 141; 147; 148; 149; 203; 208; 217; 221; 233; 235; 237 n.14; 240; 244; 250; 251-253; 254; 256; 257; 261; 270; 286; 291; 302; 323; 378.

comissationes: 275.

comício, *comitium* (parte do foro romano): 45 n.39; 280 n.136; 295; 305.

comitia: 91 e n.82; 93; 100; 314; 323; 332; 433; 437; 439. Vide centúrias, cúrias e tribos.

comitia centuriata: vide centúrias.

comitia curiata: vide cúrias

comitia tributa: vide tribos.

commentarii: 395; 403 n.53; 423.

comparatio: 95.

concilium plebis: 80; 82; 91 e n.84; 98; 194.

confisco: 141; 142; 187; 188; 349; 364; 380; 395; 415.

congiaria: 262.

concordia: 272; 322.

Concordia (deusa): 89.

conscripti: 76-77; 79 n.38.

Conselho dos 104 (Cartago): 148; 191; 195.

constituição: 63; 69; 76; 83; 85; 100-101; 104; 110; 124; 247; 248; 294; 297; 299 n.172; 404; 417; 422; 424; 429; 433; 434; 436; 438; 439.

Consualia: 293.

consulado / cônsul / *consulatus*: 40 n. 24; 59-61; 62 n.29; 63; 64-65; 66; 75 n.19; 77; 81; 83; 85; 87; 88-89; 90-91; 94; 95-96; 97; 98; 98; 99 e n.106; 100; 106 n.7; 131; 237 n.14; 260; 260 n.92; 278; 321; 349; 369; 385; 403; 405; 407 e n.72; 417 e n.110; 418; 430; 431; 432; 433; 434; 437; 438. Vide *fasti*.

consul suffectus: 61; 96; 417 n.110.

contaminação, *contaminatio*: 57 n.12; 289.

contrato: 107-108; 257; 392.

conubium: 76; 87; 109.

convenção cénica: 292.

convivium: 275.

Corcira: 204.

Corfínio: 340; 405 e n.62.

Corinto: 33; 213; 218; 219; 229; 237; 243; 247; 267; 278; 279; 280; 301; 304; 308; 313; 316; 357;415 n.100; 420.

Coriolano: 76 n.24; 113.

Cornélia (mãe dos Gracos): 264; 284; 324-325.

Cornélia (filha de Cina): 390.

Cornélia (esposa de Pompeio): 386.

Cornelii: 75; 350.

Cornélio Cetego, Marco (*cons*. 204): 179.

Cornélio Cina (aliado de Mário): 345-346; 353; 358; 390.

Cornélio Cipião Asina, Gneu (*cons*. 260 e 254): 154; 158.

Cornélio Cipião Africano Maior, P.: 168; 174; 178; 183-188; 189; 213; 220 n.50; 221; 241 e n.24; 247-248; 258; 259; 307; 324.

Cornélio Cipião Asiático, L. (cons. 190 a.C.): 256 n.72; 258 n.82; 274; 278 e n. 134.

Cornélio Cipião Emiliano, P.: 146; 190-197; 228 e n.77 e 79; 238; 247; 271; 273; 282; 284; 290; 291; 293; 294; 296; 300; 307; 328.

Cornélio Cipião Nasica, P. (*Pont*.): 328.

Cornélio Cipião, Gneu (*cons*. 222 a.C.): 164; 177; 178; 220.

Cornélio Cipião, Lúcio (*cons*. 259 a.C.): 155.

Cornélio Cipião, Públio (*cons*. 218 a,.C.): 166-168; 177; 178.

Cornélio Balbo, L.: 392; 401; 416.

Cornélio Cosso: 116.

Cornélio Dolabela, Gneu (partidário de Sula): 390.

Cornélio Dolabela, Públio (genro de Cícero): 406 n.67; 412.

Cornélio Galo (pref. do Egito): 411.

Cornélio Lêntulo Clodiano: 371.

Cornélio Lêntulo Crure (cos. 49): 403; 404.

Cornélio Lêntulo Espínter, P. (Cons. 57): 405 n.62.

Cornélio Nepos: 147; 423.

Cornélio Sula *Felix*, Lúcio (*dict*.): 48; 56 n.7; 96; 97; 99; 100; 241; 258; 274; 279; 309; 313; 325; 333; 341; 343-354; 357; 358; 363-368; 374; 375; 377; 380; 387; 390; 403; 405; 407; 423; 429; 433; 435-437; 439.

corrupção: 248; 262; 269; 332. Vide *ambitus*.

Córsega: 148; 155; 163; 197.

corvo (engenho naval): 154-155; 156; 158; 160.

Cós: 254; 274.

cosmopolitismo: 262; 286 n.151; 298.

Cossínio (pretor): 371.

cozinheiro: 273; 275. Vide *cocus*.

Crasso: vide Licínio

Crates de Malos: 295 n.167; 308.

Cremona: 164.

cristalografia: 269.

Critolau: 295 n.167.

Crixo: 371.

Crotona: 136; 185.

culinária: 275.

culto: 32 e n.10; 33; 45; 81; 266; 283; 291; 299-301; 304; 305; 306; 307; 309; 351; 419; 421 n.125; 434.

cultura: 13-24; 31; 35; 46; 50; 66; 70; 108; 146; 209; 211; 223; 233; 241; 246; 262; 264; 265-301; 302; 303-304; 325; 389; 422-425.

cultura lacial: 13-14; 23; 34; 265

cultura vilanovense:14-16; 17.

cultura romana: 35; 81 n.46; 106 n.7;189; 265-301; 302; 422-425.

Cumas: 57 e n.12; 244; 266; 284; 300; 304; 308; 325.

Cúrcio Póstumo, M.: 401.

cúria (edifício): 100; 382; 420.

Cúria Hostília: 38; 45 n.39; 47; 280; 306.

Curiácios: 38 n.21.

Curião, Gaio: vide Escribónio

cúrias: 37; 40; 45; 48; 91.

Cúrio Dentato; Mânio (*cons*. 290 e 275): 139; 293; 305.

cursus honorum: 97; 98; 350.

curules: 59; 90; 96.

custo de vida: 256; 262.

dactilioteca: 274.

dança: 283; 289; 292; 305.

Dardânia: 377.

decadência: 36; 198; 217; 218; 248; 258; 278 n.134; 315; 433. Vide corrupção

decemuiri legibus scribundis: 85; 101.

decenvirato: 83.

Décimo Júnio Bruto Albino: vide Júnio Bruto.

Décio (oficial romano): 150-151.

Décio Mure, Públio (*cons.* 297): 135.

decoração: 15; 256; 273; 276; 278-281; 304.

deditio: 204; 235.

Delos: 217; 250; 275; 308.

Delfos: 175; 280 n.136; 295; 305; 348.

Demarato: 45; 266; 267; 304.

Demétrio II: 203; 205.

Demétrio de Faros: 204; 205.

Demétrio (filho de Filipe V): 216.

demografia: 29; 113; 128; 140; 234; 235; 259; 318.

denário: 253; 302; 307; 332; 335; 349.

deuses e divino: 30; 32; 33; 37n.20; 43; 60; 77; 78; 81; 89; 92; 94; 112; 150; 239; 240; 241; 266; 281; 292; 296; 297; 299; 300; 301; 304; 351; 355; 379; 381; 387; 390; 414; 418; 419; 434; 438. Vide religião.

diacronia: 270.

Dídio, Tito: 368.

Dídio, Gaio: 414.

didracma: 252.

Digesta: 394.

dignitas: 272; 322; 323; 384; 395; 403; 409.

Diófanes de Mitilene: 284.

Diógenes da Babilónia: 295 n.167.

Dioniso: 241. Vide *Liber Pater*.

Dioscuros: 253. Vide Castor e Pólux.

diplomacia: 100; 132; 135; 137; 138; 163; 198; 206; 208; 209;210; 212; 213; 218; 220; 221; 222; 226; 228; 246; 293; 302; 405.

direito (incluindo consuetudinário): 47; 53; 59; 62-63; 69; 71; 72; 77; 78; 82; 85-87; 91; 94; 96 n.101; 97; 98; 99; 105; 106; 123; 130-131; 148; 153; 173; 238; 250; 267; 285; 338; 340; 341; 345; 350; 364; 417; 434.

direito internacional (*ius gentium*): 234; 285-286; 399.

direito latino (*ius Latii*): 244-245; 302; 330; 341; 403 n.52.

Dirráquio: 407-408.

disciplina: 194; 228; 247; 285; 355; 407; 412.

ditadura: 43 n.33; 59-60; 62; 82 n.48; 95; 98-99; 114; 221 n.53; 260; 305; 313; 347-352; 358; 363 n.1; 366; 380; 382; 382; 389; 390; 407; 413; 415-418; 420; 423; 424; 426; 429-440.

divertimento: 38; 254. Vide espetáculos, lazer, teatro.

divórcio: 263-264; 306.

doctrina adventicia: 298.

Dolabela: vide Cornélio.

Domício Aenobarbo, Gneu (*cons.* 192): 214;

Domício Aenobarbo, Gneu (*cens.* 92). 285.

Domício Aenobarbo, Gneu (mariano). 365.

Domício Aenobarbo, Lúcio (*cons.* 52): 402 n.49; 405.

Domício Calvino, Gneu (legado de César): 412.

dominus: 251; 286.

domus: 277.

dote: 263-264. Vide *uxores dotatae*.

dramaturgia: 287; 288-292; 294.

Drépano: 159; 160; 161.

Duílio, Gaio (*cons.* 260): 154; 155.

duumviri sacris faciundis: 77 n.31.

Ébora: 415 n.99.

Eburões: 400.

eclipse: 282.

educação e ensino: 233; 251; 263; 281; 283-285; 291; 298; 303; 304; 325; 347; 368.

Éduos: 396; 400.

Éfeso: 381.

Egito: 140; 207-208; 213; 218; 246; 305; 376; 386; 387; 394: 409-412.

elefantes: 137; 138; 138; 156; 157; 158; 166; 167; 168; 176; 179; 180; 186; 187; 190; 192; 226; 293; 305; 306; 366.

Élis: 182.

elite: 36; 55; 85; 90; 92; 106; 107; 108 n.10; 110-111; 124; 131; 133; 142; 209; 243; 251; 254; 256; 260; 275; 278; 284; 296; 325.

eloquência: 285 n.149; 380.

emancipação feminina: 233; 263-264; 297.

embaixada: 116; 130; 136; 140; 152; 165; 175; 185; 189; 190; 191; 204; 214; 215; 244; 270; 280 n.136; 294; 295; 296; 308; 398 n.38.

Emílio Escauro, M. (*cons.* 115): 423 n.129.

Emílio Escauro, M. (*aedil.* 58): 274; 277; 278; 309; 379.

Emílio Lépido Paulo, L. (*cons.* 50): 403.

Emílio Lépido, M. (*cons.* 78): 354; 356; 367; 369.

Emílio Lépido, M. (*magist. equit.*): 391; 406; 412; 413; 414; 421; 438.

Emílio Paulo, L. (*cons.* 219): 165; 170-174; 190.

Emílio Paulo, L. (*cons.* 168): 217; 222; 276; 284; 290; 292; 293; 308.

Emílio Papo, L. (*cons.* 225): 164.

empréstimo: 198; 253 n.63; 256; 257 n.79; 261; 317; 364; 391.

Eneias: 23; 27; 29; 31-32; 33 n.11; 35; 41 n.27; 45; 266 n.108; 272; 288.

Enómao: 371.

enriquecimento: 87; 148; 251; 254 n.68; 262; 272; 317; 437. Vide riqueza.

Epicides: 180; 181.

epicurismo: 239; 295; 296; 308; 424.

Epidamno: 204.

epigrafia: 17; 19; 22; 129; 222.

Epiro: 136; 150; 151; 182; 217; 235; 244; 250; 308; 405; 408.

Epirotas: 183.

epitáfios: 241; 271.

epopeia: 23; 31; 32; 70; 114; 117; 268; 287-288; 289; 294.

equester ordo: vide *equites*.

equites: 93; 261-262; 339; 352; 365; 373; 374; 375; 392; 394; 411 n.88.

equites et pedites: 79 n.38.

Équos: 109; 111; 112; 114; 115; 121; 124; 134; 432.

Érix: 160; 161.

Escauro, M. Emílio: vide Emílio.

Escauro (genro de Sila): vide Emílio (edil 58).

escola: 251; 283-285; 287; 309; 368; 370.

escravatura: 29; 38; 41; 43; 46; 80; 98 n.104; 104; 105; 106; 135; 141; 162; 165; 175; 191; 196; 217; 222; 233; 237; 244; 249-251; 255; 262; 264; 270; 283; 286; 291; 297; 308; 309; 314; 315; 317; 319; 325 331; 334; 335; 340; 346; 357; 363; 364; 367; 370; 371; 372; 376; 387; 398; 415. Vide servo (servil).

Escribónio Curião, Gaio: 403-404; 407.

Esculápio: 197; 299; 300; 305.

Esparta: 136; 157; 182; 207; 210; 211; 215; 218.

Espártaco: 363; 367; 370-373; 374; 375; 387; 398.

especiarias: 256; 275.

especulação (comercial): 255; 317.

especulação (teórica): 30; 31; 37; 50; 281; 297; 298; 299.

espetáculo: 187; 287; 287; 292-294; 381.

Espúrio Postúmio Albino Magno: vide Postúmio.

Espúrio Carvílio Ruga: vide Carvílio.

Estado: 36; 37-38; 40; 44; 45; 47; 50; 58; 69; 70; 71; 72; 75; 80; 82; 83; 86; 87; 89; 90-93; 94; 95; 98; 99; 104; 105 n.5; 110; 116; 122; 123; 128; 130; 133; 140; 142; 145; 148; 185; 197; 198; 203-204; 207; 209; 211; 212; 215; 216; 217; 238; 245; 246 n.39; 255; 257; 259; 261; 266; 280 n.136; 281; 283; 285; 287; 292; 301; 313; 314; 315; 316; 317; 319; 321; 325; 331; 335; 336; 337; 338; 357; 371; 378; 379; 381; 392; 393; 394; 403; 407; 418; 421 n.121; 422; 425; 430. Vide *res pubica*.

estados clientes: 246; 260 n.89; 379; 392.

estatuária: 32 n.9; 58; 135; 266 n.113; 280-281; 289; 295; 305; 307; 308; 335 n.3; 366; 414; 418-419.

Estertínio, Lúcio: 241.

estoicismo: 295 n.167; 296-297; 307; 424.

estreito de Gibraltar: 147.

estreito de Messina: 150; 152-153; 372.

estrangeiro: 41; 42; 43; 43; 96; 241; 258 n.82; 261; 262; 267; 273; 274; 278; 280; 286; 338; 423. Vide *peregrini*.

estudante: 270; 285.

etiópico: 240.

Etólia: 182. Vide Liga Etólia.

Etrúria: 34, 45; 71; 116 n.16; 118; 133; 134; 135; 140; 152; 164; 169; 179; 235; 266; 292; 304; 305; 306; 340; 350; 367; 373; 380.

etrusco (língua e influências): 16; 17-18; 19; 22; 24; 32-33 n.10; 41; 42 n.31; 43; 46; 48 n.46; 56; 66; 69; 70; 106 n.7; 117; 234; 284; 289; 304; 305; 431; 431 n.2.

etruscologia: 42.

Etruscos: 17-18; 22; 24; 38, 48 n.46; 66; 70; 74; 106; 114; 116; 117; 119; 120; 121; 128; 134; 135; 141; 246; 266; 267; 289; 305.

Eufrates: 383; 384.

Europa: 145; 146; 214; 220; 236; 246; 414 n.94.

Euxino: 376; 379.

evergetismo: 260; 325.

evocatio: 300; 302; 304.

exempla Romana: 272.

exército: 43; 45; 49 n.50; 59; 83; 88; 94; 95; 99; 108; 109; 110; 115; 117; 118; 131; 132; 133; 136; 137; 139; 145-197; 198; 202-229; 234; 247; 257; 258 n.82; 259; 273; 282; 313; 314; 316; 318-319; 333-336; 343; 348; 350; 357; 364; 365; 366; 369-375; 377; 380; 384; 396; 399; 401; 403-406; 408-414; 420; 432; 433; 436; 437.

exílio: 180; 188; 298; 316; 354; 356; 368; 395; 397; 407.

expansão: 23; 29; 34; 36; 96; 103-229; 233-309; 313-316; 322; 395-401; 433. Vide imperialismo.

exposição de arte: 280-281; 283-284 n.142; 306; 308.

Fabii: 57; 75.

Fábio Máximo Ruliano, Quinto (*ditact.* 315): 132; 135.

Fábio Máximo, Quinto (*cunct.*): 165; 169; 170; 174; 175; 176; 183; 437 n.27.

Fábio Máximo Emiliano, Quinto (*cons.* 145): 225.

Fábio Máximo Serviliano, Quinto (*cons.* 142): 223.

Fábio Máximo, Quinto (*cons. suff.* 45): 406; 417 n.109 e 110.

Fábio Pictor: 280; 294.

Fabrício Luscino, Gaio (*cons.* 282): 135-136.

fabula atellana: 289.

fabula palliata: 289; 290; 306; 308.

fabula praetexta(ta): 288; 290.

fabula togata: 263; 264; 290.

Faliscos: 19 n.26; 20; 23-24.

Fárnaces: 378; 412; 414.

Faros (da Ilíria): 204; 205.

Faros (de Alexandria): 410.

Farsalo: 386; 407; 409; 410; 411; 414; 426.

fasces: 59; 61.

fasti consulares: 53; 61; 63-66; 116 n.16; 431.

Fausto Sula: 414.

Fáustulo: 33.

feciais: 77 n. 31; 134; 234; 238.

Felix, epíteto de Sila: 241; 348; 351; 352.

Fenice, paz de: 183; 207; 208; 209; 229.

festivais: 32; 34 n.13; 36; 130; 262; 268; 291-294; 299; 301; 419; 425; 434. Vide espetáculos, *ludi*.

Ficana: 301.

Fidenas: 37; 11; 111; 116.

fides: 47; 234; 272.

filelenismo: 233; 268; 270; 271-272; 303. Vide helenização.

Filipe V (da Macedónia): 182; 194; 206; 208; 209; 210; 211; 213; 214; 216; 235; 237; 307.

Filipo (general): 386.

Filipos: 422.

Filisco (epicurista): 295; 308.

filosofia popular: 298.

filosofia: 225; 233; 244; 268; 270-271; 283; 284; 291; 294; 295-299; 303; 304; 305; 308; 325; 424.

finanças: 98; 117; 165; 182; 198; 252; 256-257; 261; 329; 343; 393; 418.

fisco: 49; 222; 256; 303; 318.

flamen: 38; 77 n.31; 90; 391; 419.

Flamínio, Gaio (*trib pl*. 232; *cons*. 223 e 217): 164; 169-170; 323-324.

Flamínio, Tito Quíncio (*cons*. 198): 210; 211; 212; 256 n.72.

Flávio, Gneu (*aedil*. 304): 64; 250.

flutuação de preços: 255.

foedus Cassianum: 104; 105; 107; 108; 109; 121; 122; 124; 235 n.6; 304.

Forcas Caudinas: 132; 135; 143.

Fórmias: 406.

Foro Júlio: 414.

foro: 14; 34; 58; 64; 85; 135; 151; 253; 316; 261; 276; 277 n.129; 280; 281 n.138; 320; 349393; 401; 421.

Fortuna: 168; 300; 306; 348.

fortuna: 80; 100; 113; 256; 261; 279; 291; 321; 343; 344; 348; 364; 366; 374; 398 n.37; 401.

Fregelas: 131; 132; 328; 357.

frugalitas: 272; 298.

frumentationes: 255; 262; 303; 309.

Fúlvio Centumalo, Gneu (*cons*. 211): 176.

Fúlvio Flaco, Marco (*cons*. 264): 151.

Fúlvio Flaco, Gneu (*praet*.): 176.

Fúlvio Flaco, Marco (*cons*. 125): 328; 331.

Fúlvio Flaco, Quinto (*Dict*. 210): 43 n.27.

Fúlvio Lipino: 275.

Fúlvio Nobilior, M. (*cons*. 189): 256 n.72; 290; 293; 301; 307.

Fúlvio Nobilior, M. (*cons*. 153): 226.

funerais: 14; 15; 19; 33; 241; 256 n.74; 284 n.149; 290; 292; 306; 390.

Fúrio Camilo, Marco: 88; 89; 118; 120.

Fúrio Filo (jurista): 271.

Gabínio, Aulo (*tr.pl*. 67; *cons*. 58): 376; 384; 395; 410 n.83.

Gábios: 14.

Gades: 163; 183; 221.

Gaio Aquínio Floro: vide Aquínio

Gaio Atílio Régulo: vide Atílio

Gaio Cláudio (*trib. mil.*): vide Cláudio.

Gaio Cláudio Nero (*praet.* e *cons.*): vide Cláudio.

Gaio Duílio: vide Duílio.

Caio Fabrício Luscino: vide Fabrício.

Gaio Flamínio: vide Flamínio.

Gaio Graco: vide Semprónio.

Gaio Lélio: vide Lélio.

Gaio Lívio Druso: vide Lívio.

Gaio Lutácio Catulo: vide Lutácio.

Gaio Pôncio: vide Pôncio.

Gaio Servílio Glaucia: vide Servílio.

Gaio Terêncio Varrão: vide Terêncio.

Gálatas: 217; 258 n.82; 259 n.86; 273; 307.

Galba: vide Sulpício

Gálias: 42; 147; 166; 165; 333; 336; 369; 385; 402 n.49; 406; 410 n.82; 413; 423; 425.

Gália Cisalpina: 175; 244; 254; 232; 341; 353; 383; 385; 396; 398; 400; 404; 405; 416.

Gália Narbonense: 415.

Gália Transalpina ou Comata: 371; 389; 395-401; 404; 414; 416; 437.

Ganimedes (eunuco): 411.

Gauleses: 22; 65 n.42 e 43; 85; 118-121; 124; 133; 135; 141; 164; 167; 168; 173; 175; 205; 304; 305; 306; 370; 395-401.

Gélio, Gneu (*historicus*) : 56 n. 6; 294.

gemas: 256.

género humano: 240 n.21; 297; 340; 401 n.47.

Genius Populi Romani: 239.

Génova: 179.

gens, gentes: 28 n. 28; 41 n.28; 46; 47; 48; 49; 75; 86; 116; 220; 253; 284 n.149; 285; 286; 352; 368; 399.

453

geografia (disciplina): 270; 289; 297.

Germanos: 370; 396; 399; 400.

Gerónio: 170.

Gerúsia: 148.

ginástica: 283.

Gisgão (general cartaginês): 153.

gládio ibérico: 269.

globo: 239; 240.

glória: 123; 227; 237 n.14; 272; 284 n.149; 285; 287; 290; 366; 377; 387; 389; 415; 420.

Gneu Cornélio Cipião "Asina": vide Cornélio.

Gneu Domício Aenobarbo: vide Domício.

Gneu Flávio: vide Flávio.

Gneu Fúlvio Centumalo: vide Fúlvio.

Gneu Fúlvio Flaco: vide Fúlvio.

Gneu Gélio: vide Gélio.

Gneu Mânlio Vulsão: vide Mânlio.

Gneu Servílio Gémino: vide Servílio.

governadores: 162; 198; 224; 225; 257; 261; 329; 364; 384; 390 n.7; 394; 414; 416; 418; 431 n.2.

Gracos (Tibério e Gaio): 260; 264; 284; 313; 322; 323-331; 334; 336; 357; 417 n.100; 437. Vide Semprónio.

graeculus: 270.

grammaticus: 284.

gravitas: 272; 283; 296.

Grécia: 60 n.20; 65; 66; 71; 85; 147; 182; 202; 206-219; 237; 250; 265; 266 n.111; 267; 270; 271; 274 n.125; 280; 283; 285; 295; 302; 326; 336; 340; 343; 346; 347; 348 n.4; 357; 358; 405; 406; 407-409; 437.

grego (língua e literatura): 18; 20; 55; 61 n.25; 81 n.46; 146; 147; 240; 274 n.125; 275; 279; 283-286; 288; 289; 290; 294; 368; 404 n.59; 426; 435; 436. Vide helenismo.

Gregos (povo e personalidades): 20; 31; 33 n.11; 41; 55; 71; 118; 128; 131; 136; 146; 147; 150; 151; 152; 153; 157; 202; 204; 209; 209; 210- 212; 216-218; 223; 224; 226; 228 n.79; 235; 247; 250; 251; 253; 257; 265-272; 274 n.125; 277; 278; 281 n.139; 282; 283; 285; 286; 291; 292; 298 n.170; 302; 303; 306; 308; 348; 436.

Guerras:
   com Antíoco III: 212-215.
   com povos da Itália central: 111-115.
   com Veios: 115-117.
   de Tróia: 20; 29; 31; 266.
   Ilíricas: 202; 203-205.
   Latina: 130; 137; 142.
   Macedónicas: 202; 206 ss.
   I Guerra Macedónica: 182; 206-207.
   II Guerra Macedónica: 210-212.
   III Guerra Macedónica: 216-219.
   Mercenária (Cartago, 240-237 a. C.): 162.
   Pírrica: 135-139; 140.
   Púnicas: 105; 145-199; 203; 235; 237; 245; 246; 253; 258; 260; 263; 433.
   I Guerra Púnica: 138; 140; 141; 145; 149-164; 199; 246; 268; 273, 287-288; 306.
   II Guerra Púnica: 146; 165-188; 199; 205; 219; 236; 246; 249; 250; 252; 253; 255 n.72; 256; 259 n.87; 273; 274; 283 n.144; 294; 299; 306; 318; 319; 323; 350; 433; 434.
   III Guerra Púnica: 146; 147; 188-197; 199; 279; 308.
   Samnitas: 56; 123; 128; 244 n.35; 128ss.
   I Guerra Samnita: 129-131.
   II Guerra Samnita: 131-134.
   III Guerra Samnita: 134-135
   Social: 129; 245; 252 n.61; 253 n.64; 309; 313; 337-343; 347; 353; 357.

guerra justa: 229; 234; 238; 239.

Gulussa (filho de Masinissa): 189-190; 193; 194.

habitação: 273; 276; 277-279.

Hanão "o Grande" (político cartaginês): 190.

Hanão (general cartaginês): 153; 156; 161; 173; 176; 177; 181.

hastati: 133; 172; 184; 186; 269.

Hefestos: 266 n.113.

hegemonia: 32; 57; 93; 105; 106; 107; 109; 121; 124; 128; 135; 142; 217; 237 n.14; 238; 242-244; 248 n.50; 301; 316; 356.

helenização: 215; 251; 265; 267; 269; 270; 272; 273-301; 302; 303; 328. Vide filelenismo.

helenismo: 141; 151; 202; 210; 233; 250 n.52; 256 n.75; 265; 267; 268; 270; 271; 272; 273; 275 n.126; 276; 277; 278; 284; 287; 290; 291 n.158; 292; 294; 298; 302-304; 314; 319; 325; 352; 366; 386; 416; 429.

Helvécios: 396-397.

Hena: 181.

Heracleia: 137.

Heracleia Minoa: 180.

Herculano: 277.

Hércules: 29 n.2; 240-241; 252; 266; 281; 299; 305; 307; 376; 377; 387.

Herdónia: 176.

Hérnicos: 22; 110; 112; 121; 122; 134.

Herodes o Grande: 411 n.86; 412.

hexâmetro dactílico: 268; 287; 288.

Hierão II: 151; 152; 153; 154; 159; 180; 246; 268; 280; 287; 292; 306.

Hierápolis: 384.

Himeto, mármore do: 278; 309.

Himilcão (I guerra Púnica): 159.

Himilcão (II Guerra Púnica): 180; 181.

Himilcão Fameias (III Guerra Púnica):192.

Hipagreta: 194.

Hipócrates (líder de Siracusa): 180; 181.

Hircano: 412.

Hírcio, Aulo: 401; 410.

Hispânia: 146; 147; 148; 162; 163; 164; 165; 166; 167; 177; 178; 179; 183; 183; 190; 197; 199; 201; 202; 219-229; 235; 245; 254; 257; 258; 274 n.125; 307; 313; 319; 324; 333; 339; 342; 352-357; 358; 363; 367-370; 376; 387; 402; 403; 405; 406-407; 413; 414-415; 417; 423.

Hispânia Citerior: 197; 219; 222.

Hispânia Ulterior: 197; 219; 222; 364; 370; 391.

historiografia: 16; 17; 19; 20; 23; 24; 28 n.1; 35; 36; 38; 40; 45 n.37; 46; 50; 55; 60; 61; 69; 70; 71; 74; 79; 80; 82; 87; 90; 91; 107; 114; 117; 148; 177; 202; 207; 209; 212 n.24; 223; 224; 226; 228 n.79; 239; 247; 268; 270; 271; 289; 294; 297; 305; 314; 315; 316; 324; 325; 344; 347; 350; 423; 430; 431; 434.

homo novus: 92; 260 n.92; 321.

honor/honos: 95; 97; 98; 272; 350; 417.

Horácio (conquista de Alba Longa): 38.

Horácio (poeta): 268.

Horácio Cócles: 56.

Horácio, Marco (*cons.* 509 e 507): 54; 62; 64; 65.

Horácio, Marco (*tr.mil.* 378): 64 n.38.

Horácios: 38 n.21.

Hortênsio (orador): 376; 424.

Hostílio Mancino, Gaio (*cons.* 137): 227.

Hostílio Mancino, Lúcio (*cons.* 145): 280.

Hostílio, Tulo: 35; 37; 38; 45 n.39; 48; 234.

Hostilii: 41 n.28.

hostis: 37; 286.

humanismo vernáculo: 270.

humanitas: 272.

Iapígios: 18.

Iberos: 164; 166.

identidade: 16; 18 n.18; 21; 28; 35; 79; 217; 242; 267; 269; 272; 303; 304.

ideologia: 36; 243; 265; 302; 322; 324; 330; 438.

Ilerda: 406.

Ilhas Baleares: 173; 179.

Ilhas Líparis: 151; 154; 155; 158.

Ilíria/Ilírico: 18; 19; 164; 170; 182; 202; 203-205; 206; 207; 217; 246; 306; 395; 407.

imigração: 29; 41; 73; 81; 250; 267; 270; 285; 353; 357.

imitatio: 241; 244; 269; 302.

imperator: 95; 324; 346; 365; 379; 418.

imperialismo/império: 41; 105 n.4; 123; 124; 129; 131; 142; 146; 198; 202; 207; 209; 212; 217; 229; 233-241; 242; 243; 244 n.32; 245-248; 250; 253; 262; 272; 277 n.130; 278 n.135; 280 n.137; 286; 293; 294; 296; 297; 298; 300; 301; 302; 303; 304; 306; 308; 313; 314; 316; 317; 325;

337; 344; 357; 376; 379; 381; 383; 387; 415; 420; 422; 424 n. 130.

imperium: 48; 59; 78; 89; 91; 94; 96; 100; 97; 98; 105; 109; 110; 111; 122 n.28; 131; 185; 244 n.31; 322; 347; 364; 369; 376; 432; 433; 438.

impostos: 97; 98 n.104; 162; 165; 189; 226; 256; 257; 329; 348; 375; 377; 392; 394; 401.

indemnização de guerra: 162; 163; 187; 189; 190; 255; 317.

Índia: 294; 383.

Indíbilis: 183.

indo-europeus: 18; 19; 20; 21.

Induciomaro: 400.

indústria: 251; 252; 261; 379.

infima plebs: 262.

influência grega. Vide helenismo, helenização.

infra classem: 49 e n.50; 79 n.38. Vide *classis*.

inimigo: 29; 37 n.20; 42; 107; 114; 115; 135; 155; 157; 159; 160; 161; 168; 171; 179; 181; 187; 206; 208; 210; 220; 225; 228; 237; 238; 246; 247; 248; 249; 268; 286; 300; 317; 328; 340; 348; 350; 356; 367; 368; 369; 373; 379; 384; 394; 396 n.33; 398; 399; 403; 404; 405; 408; 409; 417; 419; 432.

injustiça: 237; 238; 351.

instinto social: 297.

Ínsubres: 164; 179.

intelectuais: 270; 284; 287; 287 n.154.

intercessio: 82; 95; 374.

interpretatio: 269; 300; 302.

interregnum/interrex: 40; 47; 50; 72; 75; 77; 90; 95; 98; 435.

invetiva: 288; 294.

Ísquia: 266; 304.

Itália, itálico: passim.

italianização: 302.

iuniores: 49; 79 n.38.

Iuppiter Latiaris: 32; 109; 434.

ius gentium. Vide direito internacional.

ius Latii: vide direito latino.

iustitia: 272. Vide justiça.

Jano: 252.

jardins: 277; 278.

Jericó: 378.

Jerónimo de Siracusa: 180.

Jerusalém: 378; 384.

jóia: 274; 309; 416 n.103.

jogos: 38; 83; 90; 97; 124; 291; 292-293; 299; 307; 308; 414; 418; 419; 434. Vide *ludi*.

Jogos Ístmicos: 210.

Juba: 407; 412; 413; 414.

Judas Macabeu: 246; 308.

Judeus: 300; 309; 411.

Jugurta: 332; 333; 343; 357; 390; 423.

Júlia, tia de César: 390.

Júlia, filha de César: 382; 383; 392; 402; 414; 425.

Júlio César, Gaio (*dict*.): 11; 99; 100; 239; 256 n.77; 258; 274 n.123; 279; 293-294; 315; 320; 325; 336; 351; 352; 356; 357; 363; 364; 375; 376; 380; 381; 382-386; 387; 389-426; 429; 435; 437-439.

Júlio César, Sexto (gov. da Síria): 412.

Júnio Bruto o Velho, Marco: 347

Júnio Bruto Albino, Décimo: 398; 406; 420; 422.

Júnio Bruto, Lúcio (cons. 509 a.C.): 54-55; 59 e n.16; 62; 65; 71; 257 n.79; 290.

Júnio Bruto, Marco (cesaricida): 412; 417; 420; 421 n.123; 424.

Júnio Pera, Marco (*dict*. 216): 175.

Júnio Pulo, Lúcio (*cons*. 249): 160.

Juno: 81; 266.

Juno Moneta: 252.

Juno Regina: 277; 300; 304; 308.

Júpiter Capitolino: 38; 39; 45; 53; 54; 60 n.20; 63-64; 67; 77 n.31; 81; 95; 240; 241 n.23; 252; 266; 297; 373; 418; 420.

Júpiter Ferétrio: 419.

Júpiter Laciar: vide *Iuppiter Latiaris*.

Júpiter *Stator*: 277; 308.

Júris: 339.

jurisprudência: 271; 285; 350.

justiça: 30; 82; 87; 89; 96; 97; 237-238; 296; 297; 322; .

justiça social: 320-321.

Kerkouane: 156.

koine cultural: 46; 267.

κρατεῖν: 247.

Labieno, Tito (legado de César): 396; 398 400; 401; 413; 414; 437.

Lácio: 13-16; 23; 27; 29; 31; 32; 34; 45; 50; 57; 66; 70 n.2; 71; 73; 104; 106; 107-109; 111-113; 119; 121; 130; 133; 137; 141; 181; 187; 198; 233; 234; 235; 237; 242; 262 n.100; 266; 272; 305; 315; 350; 431..

lacial, cultura: 13-14; 23; 34; 265.

Lacónia: 74; 211.

lanx, lances 'travessa, centros de mesa': 279.

Lapis Satricanus: 58.

laquearia inaurata: 278.

Larência: 33.

Lars Tolúmnio: 116.

latini rhetores: 285.

latifúndio/*latifundium*: 89 n.73; 198; 233; 250 n.51 e 56; 254; 294; 319.

Latino (rei mítico): 27.

Latinos: 20; 22; 23; 24; 30; 34; 38; 41 n.27; 57; 80; 106; 107-110; 115 n.14; 116 n.15; 117 n.19; 121-123; 130; 140; 242; 245; 262 n.100; 284-285; 301, 308; 328; 329; 330; 331; 337; 342; 355; 435.

laudatio(nes): 241; 306.

laus, laudes Italiae: 239.

laus, laudes Romae. 239.

Lavínio: 23; 27; 29; 31; 32; 299.

lazer: 244; 262; 268; 270; 277; 293; 299; 301; 303; 304. Vide *otium*.

lectisternium: 299; 304.

legendas (de moeda): 252-253; 340.

legifera Ceres: 81 n.46.

legião: 49; 61 n.24; 122 n.28; 133; 137; 152; 169; 170; 171; 172; 172; 174; 175; 176; 177; 179; 181; 183; 192; 234; 259; 318; 335; 341; 346; 348; 350; 364; 365; 371; 372; 379; 380; 384; 385; 395; 397; 398; 400; 402; 404; 406; 407; 411; 412; 413; 414.

legionários: 173; 174; 260 n.89; 318; 333; 334; 369.

legislação: 48 n.47; 54; 55 n.2; 62; 63; 69; 80; 81 n.46; 85; 86; 87; 88; 89; 91; 92; 93; 95; 96 n.100, 98 n.104; 99; 141; 164; 194; 210; 254; 256 n.75; 261; 257 n.79; 288; 296; 305; 321; 323; 324; 326; 328; 329; 330; 331; 332; 333; 335; 338; 339; 341; 343; 345; 346; 349; 350; 353; 357; 374; 375; 393; 394; 395; 403; 407; 411; 415; 416; 417; 420 n. 118; 435; 437; 438. Vide *leges*.

lei Cláudia: 254; 306.

Lei das Doze Tábuas: 47; 76; 85; 86; 250; 264 n.104; 285; 288; 304.

leis censórias: 274.

leis sumptuárias: 256; 303; 416.

leito de mesa: 273; 279; 309.

Lélio, G.: 183; 183; 187; 238; 271; 281.

Lélio filho, Gaio: 196.

lendas da fundação: 27 ss.

Lêntulo: vide Cornélio.

Leontinos: 180.

Lépido: vide Emílio.

leporarium: 275.

Lesbos: 20 n.29; 381; 386.

leges: vide legislação.

leges Liciniae Sextiae: 88-89; 101; 254; 305; 326.

leges Publiliae: 91; 101.

leges Valeriae-Horatiae: 91; 451.

lex Aebutia (de formulis): 286 n.151.

lex Aemilia sumptuaria: 256; 309.

lex Canuleia: 76; 88; 101.

lex Claudia: 254; 306.

lex data: 407.

lex Didia sumptuaria: 256 n. 77; 309.

lex Fania cibaria: 256 n.77; 308.

lex Gabinia: 376.

lex Hortensia: 91; 101.

lex Licinia sumptuaria: 256 n.77; 309.

lex Metilia de fullonibus: 256 n.77; 306.

lex Oppia sumptuaria: 256 n.77; 274.

lex Orchia de coenis: 256 n.77; 308.

lex Ovinia: 97; 261; 305.

lex Pompeia Licinia: 402.

Lex Pompeia: 341.

lex repetundarum: 257 n.78; 394.

lex sacrata: 81-82; 83.

lex Sempronia frumentaria: 255; 309; 329.

lex Valeria Fundania: 256 n.77; 307.

lex Valeria: 62.

lex Vatinia: 395.

lex Voconia: 263; 274; 308.

Liber Pater: 81; 83; 241; 280; 304.

Líbera: 81: 83; 304.

liberdade: 62; 211; 217; 222 n.57; 228; 237; 251; 264; 291 n.159; 334; 368; 370; 371; 377.

Líbero: vide Liber Pater.

Libertas: 272; 424.

libertos: 283; 284 n.145; 386.

Licínio Calvo (poeta): 424.

Licínio Crasso, Lúcio (orador; *cons*. 95, *cens*. 92): 278; 280; 285 n.150; 423; 424.

Licínio Crasso, Marco (triúnviro): 357; 363; 364; 364; 372; 373-375; 380; 382; 383-384; 387; 389; 391-394; 398; 402; 425; 426.

Licínio Crasso, Públio (*cens*. 89): 274.

Licínio Crasso, Públio (filho do triúnviro): 398.

Licínio Estolão, Gaio (*tr. pl*. 376ss): 88.

Licínio Luculo, Lúcio (*cons*. 151): 190; 227.

Licínio Luculo, Lúcio (*cons*. 73): 279; 309; 378.

Licínio Macro, Gaio (*tr. pl*. 73): 56 n.6; 423 n.128.

Licínio Morena, Lúcio (*cons*. 62): 377.

liderança: 39; 58; 151; 152; 165; 167; 389; 438.

Liga Aqueia: 182; 210; 211; 214; 215; 218.

Liga Etólia: 182; 203; 206; 210; 214; 215; 246; 307.

Liga Latina: 57; 103-111; 123; 128; 130; 148; 235 n.6; 305; 432; 433.

Ligúria: 244; 367.

lígure: 16; 17.

Lilibeu: 159-161; 162; 191; 413.

língua latina:19 n.26; 20; 33 n.10; 129; 244 n.35; 270; 271; 274; 275; 283; 284; 285; 287; 289; 308; 309; 368; 404 n.59; 424.

linguagem poética: 268; 289.

linguística: 13; 16; 20; 22; 35; 265; 284 n.146; 287; 303.

Lípara: 154; 158.

lírica: 268.

Líris; 129; 130; 131; 134.

literatura: 16; 21; 27-29; 34; 36; 40; 45; 55; 59; 66; 70; 71; 207; 224; 225; 233; 244; 268; 270; 271; 275; 286-294; 298: 304; 306; 354; 389; 422-425.

Lívio Druso, Gaio (*cons*. 147): 194.

Lívio Druso, Marco (*tr. pl*. 121): 330.

Lívio Druso, Marco (*tr. pl*. 91): 338-339

Lívio Salinator, Marco (*cons*. 218): 165; 179; 286.

loba: 28; 30; 32; 252; 255 n.72.

Lócrida: 176; 184.

logística militar: 137; 154; 179; 184; 192; 198; 244; 259; 302.

Lombardia: 167.

Longino, Cássio: vide Cássio.

love-hate relationship: 270.

lubricidade feminina: 263.

Luca: 383; 398; 402; 425.

Lucânia: 134; 140; 259; 327.

Lucanos: 134; 135; 137; 139; 243.

Luceres: 48.

Lucéria: 132; 133.

Lúcio António: vide António.

Lúcio Apuleio Saturnino: vide Apuleio.

Lúcio Calpúrnio Pisão Cesónio: vide Calpúrnio.

Lúcio Cássio Hémina: vide Cássio.

Lúcio Cecílio Metelo: ver Cecílio.

Lúcio Cornélio Cipião: vide Cornélio.

Lúcio Cornélio Lêntulo: vide Cornélio.

Lúcio Emílio Papo: vide Emílio.
Lúcio Emílio Paulo: vide Emílio.
Lúcio Estertínio, arco de: 241.
Lúcio Hostílio Mancino: vide Hostílio.
Lúcio Júnio Pulo: vide Júnio.
Lúcio Licínio Crasso: vide Licínio.
Lúcio Licínio Luculo: vide Licínio.
Lúcio Mancino: vide Mancino.
Lúcio Márcio: vide Márcio.
Lúcio Metelo: vide Metelo.
Lúcio Múmio: vide Múmio.
Lúcio Tarquínio: vide Tarquínio.
Lucrécia: 54-55; 71; 76 n.24.
Luculo, Lúcio Licínio: vide Licínio.
ludi: 262; 292; 303. vide festival, festividade, jogos.
   Apollinares: 292.
   Florales: 291.
   Megalenses: 292; 299.
   Plebei: 292.
   Romani: 292.
Lumpenproletariat: 262.
Lupercais: 420.
Lusitânia: 300; 356; 358.
Lusitanos:164; 166; 190; 202; 221; 222; 223; 224-225; 229; 352-354; 367-368.
Lutácio Cátulo Capitolino, Quinto: 376.
Lutácio Cátulo, Gaio (*cons*. 242): 161; 162.
Lutácio Cátulo, Quinto (orador): 335; 367; 423 n.129.
Lutécia: 400.
luxo: 255-256; 258; 270; 273-274; 277 n.131; 278 n.133; 279; 280; 291 n.158; 298; 303; 307; 394.
Maárbal: 172; 173.
Macedóni(c)os: 182; 206; 209; 210; 216.
Macedónia: 31 n.6; 182; 185; 194; 197; 201; 203; 205; 206-212; 213; 214; 216-218; 229; 235; 236; 237; 246; 247; 248; 255; 260 n.89; 270; 275; 279; 282; 283; 284; 307; 308; 376; 395.
Magão (escritor cartaginês): 274; 303.

Magão Barca: 168; 173; 176; 177-178; 179.
magiriscium: 275.
magis (voc. grego): 279.
magister: 43; 58; 60; 93; 430-431.
magister equitum: 43; 58; 60; 61; 95; 99; 133; 411; 412 n.90; 414; 430-431; 438.
magister populi: 43; 58; 60; 61-62; 89 n.76; 98; 430-431.
magistratura: 35 n.14; 39; 43 n.33; 48 n.47; 58; 59-62; 63; 64; 65; 67; 78; 81-84; 89; 90-101; 129; 131; 154; 169; 170; 171; 194; 222; 260; 261; 288; 290; 292; 299; 302; 315; 316; 321-322; 328; 339; 349-350; 374; 375; 403; 412; 415 n.102; 416 n.105; 417; 420; 425; 429-439.
Magna Grécia: 55 n.5; 135; 270; 283; 285.
Magna Mater: vide Cíbele.
Magnésia: 214. Vide batalha de...
magnificência: 278 n.133.
Magnus: vide Alexandre, Pompeu.
Mago: 138.
Maiestas/majestade: 234 n.2; 239; 240; 272; 302; 316; 335 n.3; 350.
Malo: 377.
Mamertinos: 138; 150-152; 306.
Mamurra: 279.
Mancino, Lúcio: vide Hostílio.
Manílio, Gaio (*tr. pl.* 66): 378.
Manílio, Marco (*praet*.): 224.
Manílio, Mânio (*cons*. 149): 191; 192; 193.
Mânio Cúrio Dentato: vide Cúrio.
Mânio Otacílio Crasso: vide Otacílio.
Mânio Valério Máximo Messala: vide Valério
Mânlio Capitolino Imperioso, Lúcio (*dict*. 363): 434.
Mânlio Capitolino, Públio (*tr. mil*. 379): 88.
Mânlio Torcato (*cons*. 235 e 224): 180.
Mânlio Vulsão Longo (*cons*. 256): 155-156.
Mânlio Vulsão, Gneu (*cons*. 189): 259 n.86; 273.
Manúlio Vítulo, Quinto (*cons*. 262): 153.
manumissão: 250.

mão de obra: 141; 250.

μάγειρος: 275.

Mar:
  Adriático: 19; 119; 136; 141; 171; 182; 203; 205; 323.
  Egeu: 17 n.14; 201; 207-208; 236.
  Mediterrâneo: 16; 36; 66; 73; 105; 123; 145-229 *passim*; 233; 235; 247; 252 n.61; 253; 255; 257; 267; 294; 302; 307; 316; 317; 367; 375-377; 387; 391; 395; 433.
  Negro: 208.
  Tirreno: 50; 119.
  Vermelho: 381.

Márcio Censorino, Lúcio (*cons.* 149): 191.

Márcio, Lúcio (tribuno ou centurião): 178.

Marco António: vide António.

Marco Atílio Régulo: vide Atílio.

Marco Bruto: vide Júnio.

Marco Cláudio Marcelo: vide Cláudio.

Marco Cornélio Cetego: vide Cornélio.

Marco Fúlvio Flaco: vide Fúlvio.

Marco Fúlvio Nobilior: vide Fúlvio.

Marco Horácio: vide Horácio.

Marco Júnio Pera: vide Júnio.

Marco Lépido: vide Emílio.

Marco Lívio Salinator: vide Lívio.

Marco Luculo: vide Terêncio Varrão Luculo.

Marco Valério Levino: vide Valério.

marfim: 90 n.79; 279; 418.

marinha: 159; 161; 184; 259; 260 n.89.

Mário Gracidiano, Marco (*praet.*): 347.

Mário o Jovem: 346.

Mário, Gaio: 258; 259; 279; 309; 313; 318; 331-337; 341; 343-347; 353; 357; 358; 364; 365; 367; 390; 413; 423; 436.

mármore: 276; 278-279; 308; 309; 316.

Marte: 30; 58; 77 n.31; 97; 112; 150; 239; 266.

Masinissa (píncipe Númida): 178; 184; 185; 186; 187; 189; 190; 191; 193; 194; 258.

Massília/ Marselha: 121 n.26; 164; 166-167; 179; 245; 406-407.

Massilos: 184; 185; 189.

Mastarna: 42-43; 58; 431.

matemática: 283.

materiais de construção: 256.

matriarcado: 74; 265.

matrimónio: vide casamento.

matrona: 71; 256 n.77; 274; 291.

Mauritânia: 293; 353; 413.

mecenatismo: 262; 289.

médicos: 270; 283; 406.

Mediterrâneo: vide Mar.

Mégara (subúrbio de Cartago): 194.

Menápios: 399.

Mentor: 280.

Meótis, lago: 240; 381.

meretriz: 263.

Messápio: 18-19; 128; 289.

Messina: 150-154; 158; 372.

Metelo Cipião: vide Cecílio.

Metelos: 271; 288; 332.

metus punicus: 248.

Micipsa (filho de Masinissa): 189-190.

migratio/migração: 32; 109; 128, 250 n.56; 267; 396 n.27; 398.

Milão: 164; 335; 385; 403.

militar: vide exército.

mimo: 292.

Minas: 221; 255; 364.

Minerva: 64; 81; 266; 287; 381.

minister: 93.

Minúcio Rufo, Marco (*mag. equit.*): 169; 174.

misantropia: 298.

misoginia: 263.

missão (civilizadora): 239; 302.

misticismo: 117; 299.

mitologia: 30; 32 n.8 e 10; 70; 73; 239; 265; 288; 321.

Mitridates (VI, Eupator) do Ponto: 274; 279; 289; 309; 340; 342; 345; 348; 356; 357;

460

363; 367; 375; 377-378; 381; 387; 390; 391; 394 n.22; 412.

Mitridates de Pérgamo: 411; 412 n.92.

Mobiliário: 256; 273; 276; 278-279; 364.

moeda: 31 n.6; 141; 239; 252-253; 302; 306; 317; 340; 347. Vide tb. *quadrigati, victoriati.*

Moérico: 181.

Monarquia romana: 27-50; 53-67; 72; 73; 78; 89; 98; 100; 104; 106 n.7; 148; 204; 266; 325; 378; 382; 416; 430; 431; 438; 439.

monocracia: 297.

Monte Cocio: 369.

Monte Sagrado: 80; 83; 84; 85; 101.

Monte(s) Albano(s): 23; 27; 34; 38; 109; 130; 382; 434.

mos maiorum: 92; 271; 272; 302; 322; 344; 349.

mosaico: 277; 279; 281; 308.

Múcio Cévola, Quinto: 293.

Múcio Cévola: 56.

mulher: 41; 54; 113; 150; 196; 233; 263-264; 267; 294; 297; 380; 386; 400; 420 n.118; 432. Vide emancipação.

Múmio (lugar tenente de Crasso): 372.

Múmio Acaico, Lúcio (*cons.* 146): 224; 279; 280; 301.

Munda: 414; 426.

munera: 293. Vide tb jogos, *ludi*.

municipium: 242; 244; 245; 260; 302; 381; 425 n.99.

Murena: vide Licínio.

Murgância: 181.

Musas: 287; 288; 307.

música: 283; 292.

Mútina: 367; 422.

Mutines (general cartag.): 181-182.

myrrhina: 279.

Nabis: 211; 214.

nacionalismo: 298.

Nápoles: 128; 131; 137; 176; 243; 252; 258; 268; 270; 284; 305; 351, 352.

Narbonense: 332; 3669; 415.

Neféris: 193; 196.

negociantes, *negotiatores*: 256; 353.

Nero (*imp.*): 297.

Nérvios: 397; 400.

Nicomedes (rei da Bitínia): 334; 378.

Nilo: 411.

nobilitas: 91-92; 260; 316; 320, 321; 322; 324; 364.

Nola: 176; 340; 343; 344.

nota censoria: 98.

Nova Academia: 295. Vide Carnéades.

Nova Cartago: 164; 167, 177; 178.

Numa Pompílio: 35; 37; 112; 295; 304.

Numância: 197; 226-229.

Numídia: 279; 309; 332; 357; 365; 407; 412.

Numitor: 28.

nutrix: 251.

obras públicas: 98; 251; 261; 277 n.129; 329; 382.

οἰκουμένη: 238; 239; 234; 247; 301. Vide orbe, *orbis terrarum*.

oligarquia: 70; 90; 92; 243; 260; 261; 317; 323; 331; 339; 376; 433.

Olisipo: 415 n.99.

Ópio, Gaio (íntimo de César): 401; 416.

Optimates: 56; 313; 314; 315; 319; 320-323; 333; 334; 336; 337; 339; 341; 342; 343; 346; 348; 353; 354; 358; 382; 397; 422; 437.

Oráculo da Fortuna Primigénia de Preneste: 300; 306; 348.

Oráculo de Apolo (Delfos): 175; 295.

Oráculos Sibilinos: 300; 306.

oratória: 271; 278; 280; 284; 285; 296; 390; 395; 400; 405; 423-424; 425.

orbe, *orbis terrarum*: 237; 238; 239; 240; 246; 301.

ordem (social): 75; 87; 91; 92; 261 ss; 300; 374-375.

ordem equestre: vide *equites*.

Ordem senatorial: vide senadores.

Oretanos: 163.

Órico: 282; 408.

Orientalizante: 14; 44.

Oriente: 17; 137; 140; 147; 201-219; 229; 235; 236; 241; 256; 257; 260; 265; 267; 271; 275; 276 n.129; 278, 283; 299; 301; 302; 303; 309; 322; 337; 343; 344; 357; 363; 367; 372; 375; 377; 378; 379; 381, 382; 386; 389; 392; 394; 405; 412 n.92; 416; 419; 420; 436.

Oropos: 190.

Oroscopa: 190.

Osca (Huesca): 356; 368.

osco (língua): 128; 131; 135; 284.

Oscos: 22.

ostentação: 256. Vide fausto, luxo.

Óstia: 38; 138, 234; 304; 344; 346; 376.

Otacílio Crasso, Mânio (*cons.* 263): 152.

Otávia (sobrinha neta de César): 385.

Otávio (Augusto): 391; 414 n.98.; 417; 422.

ouro: 99; 120; 121; 196; 197; 221 n.53; 227; 255 n.72; 256 n.77; 257; 263; 278; 279; 280; 307; 401; 419.

Oxo: 383.

Pacúvio: 290; 306; 422 n.126.

paedagogium: 251.

paedagogus: 251; 283.

pagamento, sistemas de: 97; 117; 257.

paideia greco-romana: 247; 271; 303.

Palatino: 32-36; 48 n.46; 50; 277; 278.

Palépolis: 131.

Palestina: 17 n.14; 246; 308; 378; 410.

Panécio: 271; 282; 296; 297; 307.

Panificação: 275-275.

Panormo (Palermo): 158; 160.

Pansa, G. Víbio: vide Víbio.

Papírio Carbão, Gneu (mariano): 346; 353.

Papírio Cursor; Lúcio (*cons.* 293): 135.

parénese: 298.

Parísios: 400.

parthicus 'pão da Pérsia': 275.

Pártia: 420.

Partos: 379; 383-384; 387; 402; 420.

pater Ennius: 288.

paterfamilias: 46; 77; 86; 264; 283.

patres: 37; 40; 69; 73-78; 87.

patres et conscripti: 76-77; 79 n.38.

patriciado: 32 n.10; 41; 43; 47; 49, 62 n.31; 63, 65; 69-101; 105; 107; 260; 315, 364; 367; 379; 435.

patriotismo: 239; 281, 296; 298; 371, 417 n.109.

patronus: 47; 79 n.38; 193; 251; 289; 290; 411 n.88; 435.

pauperização: 259; 262.

pax deorum: 299.

Paz Romana: 240.

pecuária: 109; 254.

peculium: 251; 303.

Pédio, Quinto (legado de César): 417.

Pelúsio: 410.

perfumes: 256; 307.

Pérgamo: 182; 207-209; 214-217; 237; 246-247; 270; 277; 278; 284; 307; 308; 309; 326; 411; 412.

pergraecari: 270.

peristilo: 277.

Perpena Ventão, Marco (*cons.* 92): 354; 356; 358; 369-370; 373.

Perseu (rei da Macedónia): 194; 216-217; 256 n.72; 279; 308.

Petreio, M. (pompeiano): 406; 414 n.95.

Piceno: 18; 22; 140; 179; 306; 339; 357; 364.

Picenos/ Picentes/Picentinos: 21; 22; 244 n.34.

Pidna: vide batalha de.

pietas: 272.

pilhagem: 255; 280; 348.

Pintura: 42; 239; 273; 277; 280-281; 306; 308.

pirâmide social: 259.

pirataria: 28; 164; 203-205; 217; 250 n.52; 334; 356; 363; 367; 372; 375-378; 381; 386; 387; 390-391; 395.

Pirenéus: 166; 177; 353.

Pirro: 136-139; 140; 143; 150-152; 235; 241; 244; 252; 293; 295; 305; 334.

Pisa: 166.

Pisão: vide Calpúrnio.

piscina: 275.

Pisístratos: 267.

Pistoia: 380.

pistor: 275 n.126.

Pitágoras: 45; 280 n.136; 281; 295; 305.

pitagorismo: 295; 308.

Pitecusas: vide Ísquia.

Placência: 164; 168; 179; 407.

plebiscita. 82; 91.

plebs/plebeus: 32; 47; 49; 56 n.6; 61; 62 n.31; 63; 64; 65; 69-101; 104; 106; 107; 135; 164; 260; 262; 292; 293; 301; 315; 321; 322; 325; 332; 334; 336; 339; 350; 355; 357; 364; 376; 394; 395; 405; 417; 434; 435; 437.

Plemínio, quinto (legado): 184.

Plócio Galo, Lúcio (retórico): 285; 309.

poder: vide *imperium*, *potestas*.

poesia: 32; 71; 117; 239; 268; 287-289; 296; 308; 424.

polis, poleis: 71.

politeismo: 300; 302.

Pólux: 299; 304.

pomerium: 49; 344; 345; 351; 391; 406.

Pompaelo: 370.

Pompeio Aulo, Quinto (*cons*. 141): 227.

Pompeio, Gneu (filho do Magno): 414-415

Pompeio ou Pompeu Magno: 355-357; 358; 363-387; 389; 391-392; 393; 394; 395; 397-398; 400, 402; 403; 404; 405-410; 411; 412; 420; 422; 425; 426; 437.

Pompeio, Sexto (filho do Magno): 414.

Pompeios: 277 n.131; 340.

Pompónio Ático: 406.

Pôncio Áquila (*tr. pl.* 45.): 417.

Pôncio, Gaio ou Gávio (samnita): 132.

Ponto Euxino: 367; 376-379; 387; 391; 412.

população de Roma: 34; 49; 72; 79; 80 n.40; 110; 112; 254; 262; 275; 293, 355.

populares: 56; 313; 314, 315; 319; 320-329; 331-332; 334; 336; 341; 342; 343; 344; 347; 348; 352; 354; 356; 437.

populus Romanus: 35; 73; 91; 93; 136; 146; 190; 214; 237; 239; 302; 378; 394; 396.

populus: 63; 65 n.41; 76; 91, 95.

Pórcio Lícino, Lúcio (*praet*.): 179.

Porsena, Lars: 53; 56-59; 106; 432.

Porta Colina: 344; 348; 358; 364.

pórtico/*porticus*: 276; 382.

porticus Aemilia: 277; 307.

porticus Octavia: 308.

Posidónio: 271; 297; 309; 423.

Postúmio Albino Magno, Espúrio (*cons*. 148): 193.

Postúmio Albino, Lúcio (*cons*. 173): 223.

Postúmio Albino, Lúcio (*cons*. 215): 175; 223.

Postúmio Megelo, Lúcio (*cons*.. 262): 153.

Postúmio Megelo, Lúcio (*cons*.. 291): 136.

Póstumos: 112.

potestas: 64 n.38; 94.

Pozzuoli: 252 n.61.

praetura, praetor: 66; 87; 92; 96; 131; 198; 221 n.53; 306; 307; 344; 350; 353; 425.

praetor peregrinus: 96; 286; 306.

praetor urbanus: 89; 96.

pragmatismo: 269; 271-272; 281; 297; 298.

prata: 99; 135, 187; 189; 197; 221; 227; 252; 253; 255 n.72; 257; 278 n.134; 279; 280; 306; 307; 364.

precetor: 251; 283; 284.

Preneste: 112; 122, 123; 130; 300; 306.

princeps senatus: 100; 418.

Principado: 92; 164; 250; 422; 425; 438; 439.

principes (linha do exército): 133; 172; 184; 186; 386; 391.

prisioneiros de guerra: 42; 146; 161; 162; 163; 175; 187; 195; 249; 250; 308; 349; 370; 373; 376; 381.

proa de navio: 158; 252.

probabilismo: 295.

proconsulado (evolução): 131; 258; 350; 369; 376; 395; 396; 402; 406.

procriação: 263.

professores: 251; 270; 283.

proletarii/proletariado: 49; 79 n.38; 137; 198; 259; 262; 318; 334; 415.

promagistratura: 131; 302.

proprietário: 250; 255; 326, 371, 380; 415.

prorrogatio/prorrogação (de comandos). 95 n.98; 131; 259; 260; 302; 305; 398; 425; 433.

prostituta: 30; 263. Vide tb meretriz.

província/províncias: 100; 162; 163; 165, 197; 198; 218; 219; 222; 224 n.61; 225; 229; 236; 237; 246 n.39; 254 n.68 e 69; 257; 260; 300; 307; 308; 309; 316; 325; 329; 339; 340; 342, 350; 353, 354; 364; 365; 370; 375; 379; 383; 385; 390; 392, 394; 395; 396; 397; 402, 404; 405, 411, 414; 415; 416; 417; 418.

provocatio: 59; 62-63; 434.

Prúsias (rei da Bitínia): 188; 215.

pseudomorfose: 269; 272; 303.

Ptolemeus: 207.

    Ptolemeu II, Filadelfo: 140; 246; 305.

    Ptolemeu IV: 208.

    Ptolemeu VII: 325.

    Ptolemeu XII, Auletes: 386; 394, 410.

    Ptolemeu XIII: 386; 409; 411.

    Ptolemeu XIV: 411.

publicani/publicanos: 93; 233; 256-257; 303; 306; 329; 334; 364, 394.

Publícola, Gélio (*cons.* 72): 371.

Publícola, Públio Valério: 54-59; 62-63; 65.

Publílio Filo, Quinto (1° promag.): 131; 258; 305.

Públio Cipião: vide Cornélio.

Públio Cláudio Pulcro: vide Cláudio.

Públio Cornélio Cipião "o Africano": vide Cornélio.

Públio Crasso: vide Licínio.

Públio Décio Mure: vide Décio.

Públio Quintílio Varo: vide Quintílio.

Públio Semprónio Tuditano: vide Semprónio.

puls punica: 275.

pultifagus/pultiphagonides: 274.

Púnicos: vide Cartago.

quadrigatus (moeda): 252-253; 307; 252; 253; 307.

quaestio extraordinaria: 433.

quaestio repetundarum: 329.

quaestiones perpetuae: 261; 303; 308; 350.

quaestura: 97.

quindecimviri sacris faciundis: 299.

Quíncio Crispino, Tito (*cons.* 208): 176.

Quintílio Varo, Públio (*praet.*): 179.

Quinto Amafínio: vide Amafínio.

Quinto Áulio Cerretano: vide Áulio.

Quinto Cecílio Metelo: vide Cecílio.

Quinto Cícero: vide Cícero.

Quinto Fábio Máximo: vide Fábio.

Quinto Manúlio Vítulo: vide Manúlio

Quinto Múcio Cévola: vide Múcio.

Quinto Plemínio: vide Plemínio.

Quinto Publílio Filão: vide Publílio.

Quinto Valério Faltão: vide Valério.

Quios: 208; 254 n.69; 275 n.128.

Quirinal: 14; 34 n.13; 48 n.46.

Quirino: 77 n.31; 266, 418.

quirites. 91 n.84; 413.

Ramnenses: 48.

realeza: 38; 40; 44; 267; 420. Vide monarquia.

recrutamento militar: 48; 94; 97; 135; 137; 154, 162; 165, 169; 171; 175; 179, 186; 194; 234; 259, 329; 333-335; 341; 343; 353; 355; 356; 357; 364, 397; 400, 403; 416.

reféns: 146; 187; 191; 220; 247; 270; 283; 294, 296; 308; 356; 368; 396 n.29.

Regilo, lago: 45 n.37; 57; 67; 106; 124; 235 n.6; 304; 432; 439.

Régio: 118; 150-151; 154; 274 n.125.

Reia Sílvia: 28; 30.

relationsbegriffe: 297.

religião: 23; 32; 34; 37; 45; 47; 50; 60; 61 n.23; 66; 67; 72; 75; 77-78; 81; 94; 100; 117; 146; 148; 233; 266; 267; 279; 280 n.136; 287; 291; 292; 299-301; 302; 303; 304; 330; 339; 348; 372 n.10; 391; 394; 432; 433; 434.

relógio: 273; 282; 306.

Remo: 28; 30; 73 n.11.

Remos: 397.

renascimento: 270.

Reno: 395; 396; 398; 399; 400.

República: 33; 35; 36; 39; 40; 42; 43 n.33; 44 n.35; 47; 40; 50; 53-67; 69-101; 104; 105; 106; 107; 108; 113; 115; 118; 142; 149; 175; 182; 192; 199; 235 n.9; 236; 242; 244 n.32; 246; 250; 260; 266; 267; 279; 180 n.136; 299 n.172; 304; 313; 314-320; 321; 322; 325; 333; 334; 335; 336; 342; 344; 346; 349; 351; 352; 354; 357; 358; 364; 367; 368; 375; 380; 381; 382; 391; 392; 417; 422; 423; 424; 429-431, 434-436; 438-439.

rerum potiri: 239.

res novae: 298.

res publica: 73; 314; 322; 344; 349; 392.

réticos /récios: 17.

retórica: 233; 268; 283-285; 309; 347; 390; 423-424; 429; 435.

revolução: 61 n.28; 298; 315; 320-321; 324-325; 380.

rex nemorensis: 41.

rex sacrorum: 50; 60; 72; 77 n.31; 90; 431.

rex: 61 n.28; 297; 420.

rhetor: 284.

rios:
Arno: 169.
Bétis: 163.
Calor: 176.
Ebro: 164; 165; 166; 177; 178; 220; 306; 354; 355.
Guadalquivir: 178; 221.
Metauro: 179.
Ofanto: 171-172.
Pó: 15; 20; 118; 140; 164; 167; 303.

Ródano: 166.

Rubicão: 350; 385; 404; 426; 437.

riqueza: 39; 48-49; 87; 148; 226; 233; 251; 254; 255-258; 262; 263; 274; 290; 291; 296; 308; 317; 364; 379; 380; 382; 399; 401; 420. Vide tb. enriquecimento, fortuna, prosperidade.

Rodes: 208; 213; 215; 217; 237; 246; 270; 284; 308; 381, 390; 411 n.86; 423.

Roma: *passim*.

Roma (*dea*): 239; 302.

ROMA (legenda de moeda): 252-253.

ROMAION (legenda de moeda): 252.

romanização: 244; 245; 281 n.281; 284 n.146; 302; 304; 313; 339; 356.

ROMANO(RVM) (legenda de moeda): 252.

Rómulo: 14; 28; 29; 30; 31; 32; 33; 35; 37; 40 n. 23; 45; 48; 73; 74; 75; 77; 111, 115; 116; 264 n.104; 272.

rostra: 419.

Rufo: vide Célio, Sulpício, Rutílio.

Ruspina: 413.

Rutílio Rufo, P.: 271; 423 n.129.

Sabinas, rapto das: 29; 34; 35; 112; 293.

Sabinos: 14; 21; 24; 29; 32 n.10; 35; 37; 38; 48 n.46; 74; 75; 110; 111-114; 243; 244 n.34; 255 n.72.

sacer: 78; 81.

sacrifício humano: 42; 55; 175; 300; 306.

sacrossanctitas: 82; 98; 392 n.38; 419.

Sagunto: 165; 166; 177; 199; 220 n.47; 246; 306.

Sálios: 34 n.13; 38; 77 n.31; 234.

Sâmnio: 128; 129;130; 134; 135; 140.

Samnitas: 21 n.37; 22 56; 112; 123; 127-135; 137; 139; 140; 141; 142; 143; 189; 235; 243; 244 n.35; 245; 249; 258; 267; 268; 305; 340; 341; 346; 347; 348; 358. Vide Guerras.

sapiens: 297.

saque: 64 n.38; 83; 103; 104; 107; 118-121; 135; 156; 182; 184; 197; 205; 218; 242; 249; 254 n.68; 256 n.72; 274; 279; 280; 291; 301; 304; 306; 308; 348; 358; 370:; 371; 376; 384; 407; 409.

Saragoça: 154.

Sardenha: 148; 155; 162; 163; 197; 249; 254 n.69; 308; 367; 376; 405.

sátira: 288; 294; 422.

Saturnais: 299; 306.

satúrnio, verso: 287; 288.

scribae: 287.

secessio Montis Sacri: 80.

seda: 256; 274; 416 n.103.

seguros: 257.

sella curulis: 90 n.79; 418.

Semprónio Graco, Gaio (*tr. pl.* 123-122): 255; 257 n.79; 280; 328; 329-331; 338; 357; 423.

Semprónio Graco, Tibério (*cons.* 177): 222.

Semprónio Graco, Tibério (*mag. equit.*; *cons.* 215-214): 175; 176.

Semprónio Graco, Tibério (*tr. pl.* 133): 238; 259; 309; 319; 325-328; 329; 357.

Semprónio Longo, Tito (*cons.* 218): 166; 167; 168.

Semprónio Tuditano, Públio (*cons.* 204): 182.

senado/senadores: 30; 31; 37; 38; 40; 42; 43; 47-48; 55; 65 n.41; 75-77; 85; 93; 96 n.101; 97-98; 99; 100; 120; 122 n.27; 130; 131, 137; 142; 147; 151; 154; 159; 160; 163-171; 174; 177; 178; 183-185; 187-191, 193; 197-198; 208-209; 210; 213; 216; 218; 223; 225; 226; 227; 233; 254; 256 n.74; 260-262; 274 n.125; 285; 288; 295 n.166; 300; 302; 314; 316; 317; 321; 322-324; 326-331; 333-341; 343; 345-347; 349; 350; 354; 363-370; 372-375; 377-382; 385; 390; 392; 393; 395; 403; 405; 406; 411 n.88; 413; 415 n.102; 416; 418-422; 424 n.130; 432-433; 435; 437-438.

senatus: 100; 418.

senatus consultum: 100; 210 n.20.

senatusconsultum ultimum: 331; 336; 367; 404; 412.

Senegália: 179.

seniores: 49, 79 n.38.

Senones: 119; 400; 401.

Sentino: 135; 245; 259; 290; 305.

Septímio, Lúcio (centurião): 386.

Septimontium: 34 n.13; 36; 48 n.46.

Sequanos: 396.

Sertório, Quinto: 313; 346; 349; 352-356; 358; 363; 367-369; 372; 373; 375; 376; 378; 387; 398; 406.

serviço militar: 97; 250; 259; 260; 318; 334; 336; 415 n.102.

Servílio Cepião, Quinto (*cons.* 140): 225.

Servílio Gémino, Gneu (*cons.* 217): 169; 170; 174.

Servílio Gláucia, Gaio (*tr. pl.* 101): 336.

Servílio Isaurico, Públio (*cons.* 48): 407; 411; 437.

Sérvio Galba: vide Sulpício.

Sérvio Túlio: 38; 39; 41; 42, 43 n.33; 45; 48; 49; 57; 58; 59; 60 n.20; 234; 266; 334; 344; 345; 431.

servo/servil: vide escravatura.

Sêxtio, Lúcio (*cons.* 366): 88.

Sexto Júlio César: vide Júlio.

sibila de Cumas: 300. Vide Oráculos Sibilinos.

Sicília: 20; 31 n.7; 33; 138; 140; 145-163; 166; 167; 175; 176; 180-185; 191; 197; 198; 235; 246; 254; 257 n.79; 268; 273; 274 n.125; 275; 280; 306; 309; 325; 334; 335; 357; 365; 371; 372; 374; 376; 405; 407; 413.

sículo: 19.

Sículos: 20.

Side: 195.

Sífax (rei númida): 184-185.

simplicitas: 272; 298.

simpósio: 275.

sincretismo: 300.

Siracusa: 118 n.21; 119-120; 145; 149-154; 159; 180-182; 246; 258; 268; 280 n.137; 282; 287; 292; 306; 307.

Síria: 187; 188; 207; 208; 212; 237; 241; 246; 274; 275; 309; 376; 378; 379; 383; 384; 4º2; 409; 410 n.83; 411; 412 n.92.

Síris: vide rios.

sociedade: 27; 32; 33; 39; 46-50; 59; 61 n.28; 66; 70-101; 105; 128; 129; 140; 141; 198; 233; 237 n.14; 241-245; 248; 252; 254

n.66; 255-259; 261-264; 269; 271; 273; 276; 277; 282; 283; 285; 286; 289; 290; 291; 296; 297; 298; 299; 300; 301; 302; 303; 304; 313; 314; 315; 316; 317; 320-323; 324; 325; 329; 331; 334; 336; 337-343; 346; 347; 353; 357; 371; 392; 417; 433.

sofística: 296.

solidariedade: 130; 131; 136; 198; 297.

Solos: 377.

sortitio: 95.

spolia opima: 418.

status: 41 n.28; 75; 108; 110; 111; 122 n.28.

Suba (chefe númida): 190.

Sucro: 183; 355; 356.

Suevos: 399.

sufetas (de Cartago): 148.

suffragium: 111; 123; 130; 142; 242; 245; 302.

Sula ou Sila: vide Cornélio.

Sulci: 155.

Sulpício Galba, Públio (cons. 200): 210.

Sulpício Galba, Sérvio (cons. 144; orador): 224; 296; 368.

Sulpício Galba, Sérvio (legado de César): 398; 420.

Sulpício Galo, Gaio (cons. 166.): 282.

Sulpício Rufo, Públio (tr. pl. 88): 343-346.

sumptuosidade: 248; 273; 382; 411.

superstição: 282; 299; 348.

supervacuum: 282; 299.

suplicatio: 398.

supremacia/superioridade: 46; 90 n.79; 93; 121 n.26; 151; 156; 168; 171; 172; 173; 178; 187; 195; 210; 217; 223; 239; 244; 247; 248; 261; 302; 317; 406; 409; 432.

Tabernas Velhas: 253 n.63.

tablinum: 277.

Tamisa: 399.

Tanaquil: 41.

Tanit: 300.

tapetes: 273

Taprobana: 253.

Tapso: 413; 426.

Tarentinos: 136; 244; 268; 270.

Tarento: 131; 136-137; 139; 150-152; 176; 235; 243; 249; 250 n.55; 267; 268 n.118; 280; 283; 286; 305; 307.

Tarquínio Colatino, Lúcio: 54-55; 59; 71.

Tarquínio o Soberbo: 39; 40; 41; 44; 45 n.37; 53-57; 64 n.38; 71; 104; 105; 106; 112; 266; 300; 432.

Tarquínio Prisco (ou o Antigo): 38; 39; 40; 41; 42; 43; 44 n.37; 46; 48; 70 n.2; 267.

Tarquínios (reis): 42; 44-46; 50; 55; 66; 69; 78; 116 n.15; 290.

Tarquínios (cidade): 42; 121.

Tarragona: 177.

Teano: 130.

teatro (drama): 233; 244; 268; 287; 289; 291-293; 306.

teatro (edifício): 254 n.69; 277; 278; 292-293; 308; 309; 419.

teatro de Pompeu: 292; 309; 382; 420.

teatrocracia: 268.

tecidos: 256; 273; 379.

Telesino, Pôncio (general samnita): 348; 373.

templo de:

Apolo (Roma): 113; 304.

Apolo (Cartago): 196; 197.

Esculápio (Cartago): 197.

Juno Regina: 277; 300; 308.

Júpiter (Capitólio): 38; 39; 45; 53; 54; 60 n.20; 63-66; 67; 419.

Júpiter Stator: 277; 308.

Tencteros: 398.

teologia: 297; 301.

teoria: 17; 46; 47; 60 n.20; 65; 238; 239; 240; 255; 265-272; 281-281; 289; 295; 297; 299; 302; 317; 323; 341; 357; 368; 393; 423; 424; 429; 431.

Terêncio Varrão (quaest.): 224.

Terêncio Varrão Luculo, Marco (cons. 73): 280.

Terêncio Varrão, Gaio (cons. 216): 170-175; 179; 324.

Terentílio Harsa, Gaio (tr. pl. 462): 85; 86.

termas: 158; 277; 293.

Termas (cidade da Sicília): 158.

tesaurização: 253.

Tessália: 210; 386; 409.

Teuta: 203-204.

Teutões: 332-333; 335; 352; 357; 390.

therotrophium: 275.

thesmophoros: 81 n.46.

Tibério Cláudio Nero: vide Cláudio.

Tibério Graco: vide Semprónio.

Tibre: 24; 27; 28; 34; 38; 116; 117 n.19; 118; 234 n.1; 276.

Tíbur: 112; 122; 123; 130.

Tigranes: 377; 378.

Tigre: 294; 384.

Tiqueu: 185.

tirania: 30; 33 n.11; 39; 44; 55; 57 n.12; 60; 66; 116; 147; 149; 155; 211; 267; 287; 349; 419; 421; 429; 430; 435-436.

Titienses: 48.

Tito Albúcio: vide Albúcio.

Tito Flamínio: vide Flamínio.

Tito Mânlio Torquato: vide Mânlio.

Tito Quíncio Crispino: vide Quíncio.

Tito Semprónio Longo: vide Semprónio.

Tito Tácio: 14; 29; 30; 35; 48 n.46; 267.

Titúrio Sabino, Quinto (legado): 398; 400.

tocadoras de cítara e de sambuca: 273.

toga praetexta: 59.

togata: 263; 264; 290.

toilette: 263; 273

tolerância: 269; 300; 302.

Toscana: 15; 169.

tradução: 269; 274 n.125; 286; 287; 303.

tragédia: 54; 70; 268; 270; 288; 289; 290; 306; 308; 319; 422 n.126.

transitio ad plebem: 57.

transmarinus: 275 n.128

transporte: 138; 141; 155; 252; 323; 405.

transumância: 254.

tratados: 54; 57; 104; 107; 129; 136; 142; 152; 175; 182; 185; 187; 189; 205; 207; 210; 214; 223; 225; 226; 227 n.74; 235; 242; 243; 244; 246; 302; 304; 305; 306; 307; 308; 309; 317.

Trebónio, Gaio (legado): 406; 414; 417 n.110; 420.

tresviri capitales: 141.

tresviri monetales: 252; 305.

Tréveros: 400.

tríade aventina: 81.

tríade capitolina (Júpiter, Juno, Minerva): 81; 266.

tríade primitiva (Júpiter, Marte, Quirino) 266.

triarii (do exército): 133; 172; 184; 186.

tribos: 37; 39; 45; 47; 48; 87; 91; 117; 128; 129; 134; 141; 150; 161; 163; 164; 165; 166; 167; 179; 244; 266; 305; 306; 341; 343; 345; 346; 350; 368; 369.

tribunatus/tribunus plebis: 56 n.6; 63; 78; 81-82; 84; 85; 87; 88; 91; 98-99; 135; 164; 194; 309; 322; 323-331; 332; 334; 338; 339; 343; 345; 350; 357; 374; 375; 376; 378; 393; 395; 403; 404; 405; 406; 412; 417; 418; 419; 420; 424; 434; 437.

tribuni militares (magistrado e oficial do exército): 62 n.31; 64 n.38; 87; 89 n.76; 116; 120 n.24; 133; 152; 174; 178; 190; 192; 352; 390; 396 n.33.

tributum: 94; 117; 122 n. 28; 123; 142; 150; 210; 215; 242; 255-256 n.72; 308; 317; 379; 398.

trigo: 254; 255; 262; 275; 307; 329; 336.

triplex acies (exército): 184.

triunfo: 95; 122; 139; 155; 176; 181; 187; 197; 221 n.53; 228; 239; 256 n.72; 273; 276; 277; 178 n.134; 280; 293; 305; 306; 307; 309; 320; 357; 365; 373; 381; 382; 384; 387; 391; 392; 412; 414; 415; 417.

troféu militar: 175; 241; 390; 412.

Tróia: 20 n.29; 27; 29; 31; 33 n.11; 42; 117 n.18; 130; 136; 266; 290; 420.

τηχνῖται: 287 n.154.

Troianos: 31; 33 n.11; 42, 266.

Túlia (f. de Sérvio Túlio): 41.

Tulo Hostílio: vide Hostílio.
Tunes: 157-158; 185; 192; 193.
Turim: 167.
Túrio ou Túrios: 135-136; 243; 280 n.136; 305; 372.
Túsculo: 122; 242; 305.
Úbios: 398-399.
Úmbria: 134; 135, 140; 179; 340.
Umbros: 21-22; 134; 135
Unelos ou Venelos: 398.
unguentos: 274.
universalidade: 236; 238; 247; 297; 298; 302; 306.
urbanismo: 251; 277 n.130; 304.
urbanização: 36; 109; 266; 277 n.130.
Urbe/urbes: 13; 23; 27; 28; 32; 36; 67; 71; 100; 147; 148; 150; 189; 191, 204; 214; 216; 217; 235; 266 n.111; 269; 299; 314; 403; 404.
Usípetes: 398.
usurário: 253 n.63; 291.
Útica: 147; 184; 185; 190; 191; 194; 365; 413.
utilidade/inutilidade: 237; 281; 282; 299.
uxores dotatae: 263.
Vale de Pertus: 370.
Valéria (f. de Publícola): 56 n.7.
Valério Ântias (hist.): 56; 423 n.128.
Valério Faltão, Quinto (*praet.*): 161.
Valério Flaco, Lúcio (*cons.* 100; *interr.* 82): 336; 435.
Valério Flaco, Lúcio (*cons. suff.* 86): 346; 347.
Valério Levino, Marco (*cons.* 210): 181; 182.
Valério Máximo Messala Corvino, Mânio (*cons.* 263): 152; 273; 280; 306.
Valério Messala Corvino (*cons.* 31): 56 n.7.
Valério Publícola: vide Publícola.
Valérios: 56 n.7; 112.
Varínio, Públio (praet.): 371.
Varrão: vide índice de passos.
vasa argentea: 279.
vasa potoria: 279

Vatínio, Públio (*tr. pl.* 59): 393; 395.
Veios: 24; 37; 57; 104; 114; 115-117; 118; 124; 129; 234 n.1; 235; 255; 280; 300; 301; 304.
velites: 158; 173.
venatio(nes): 293; 307.
Vénetos (da costa adriática): 19-20.
Vénetos (da costa atlântica da Gália): 398.
Vénus: 239; 351; 390.
 Ericina: 299; 306.
 Genitriz: 239; 414; 419.
 Vencedora: 292.
Venúsia: 136.
vide sacrum: 21; 112 n.3.
Vercingétorix: 400-401; 426.
Verres, Gaio: 257; 374.
Vesonção: 396.
Vespasiano (*imp.*): 245.
vestais: 28; 38; 77 n.31; 175; 380.
vestuário: 184; 256 n.77; 274; 289; 290.
veto: 82 n.48; 89; 95; 99; 326; 345; 374; 404; 405 n.64; 434.
viagens: 29; 147; 270; 376; 390 n.7; 399; 411.
viae: 161; 167; 255; 323; 369.
 Appia: 132; 305; 373; 376; 403.
 Aurelia: 244.
 Egnatia: 237.
 Flaminia: 244; 306.
 Salaria: 34.
 Triumphalis: 373.
 Valeria, Valéria: 244.
Vibena: vide Aulo, Célio.
Víbio Pansa, Gaio (*cons.* 43): 401.
Vibúlio (pompeiano): 408.
vicariato: 240.
victoriatus (moeda): 252; 307.
vida quotidiana: 373-281; 303; 304.
Vila dos Papiros: 277.
vilas suburbanas: 277.

vilicus/vilica: 250 n.55; 302.

Villanova: 15.

vinho: 254; 256; 262; 275; 291.

Viriato: 224-225; 227; 229; 354.

Virídovix: 398.

virosa: 263.

virtudes: 283 n.142; 285 n.149; 297; 298; 302; 303.

virtus: 237 n.14; 272; 322.

Vitória, *victoria*

vivarium: 275.

volsco (língua): 22.

Volsínios: 152; 280 n.136 e 137; 306.

Voscos: 109; 110 n.12; 111; 113-115; 122; 124, 129.

voto secreto: 357.

voto: 48; 49; 82; 123; 175; 332; 338; 433. Vide *suffragium*.

Vulcano: 266 n.113.

φόβος: 248.

Xantipo (mercenário): 157.

Zama: 185-186; 199.

Zela: 412; 426.

Zeugma: 384.

zonas climáticas: 239; 302. Vide clima.

ÍNDICE DE PASSOS

Áccio (Acc.): 290; 308.
Praet. (Aen. siue Dec; Brut.): 290.

Afrânio (Afran.): 263; 264; 290.
Divort. 56-58: 264.
Divort. 62: 263.
Incend. 199-200: 264.
Privign. 250: 264.
Vopisc. 362-364: 264.

Apiano (App.): 137; 143; 147; 189; 193; 194; 197; 199; 202; 204 n.6; 224-227; 231; 319; 328; 358; 436.
BC 1.3: 436 n. 23.
BC 1.8: 346.
BC 1.9.35-36: 319.
BC 1.17: 328.
BC 1.27: 331.
BC 1.29-30: 336.
BC 1.38: 327; 340.
BC 1.46-53: 341.
BC 1.77: 350.
BC. 1.99: 436 n.23.
BC 1.108: 354.
BC 1.113: 356.
BC 2.9: 392 n.8.
BC 2.10: 393 n.13.
BC 2.32: 404 n.56.
BC 2.33: 404 n.57.

BC 2.36-37: 404 n.70.
BC 2. 38: 405 n. 63.
BC 2.39-40: 405 n.66.
BC 2.46: 394 n.21.
BC 2.62: 408 n.76.
BC 2.69: 409 n.77.
BC 2.101: 414 n.95.
BC 2.106: 419 n.113.
BC 2.124-148: 421 n. 124.
BC 3.2-4: 421 n.125.
BC 3.78-82: 409 n.78.

Hisp. 16: 220 n.48.
Hisp. 43: 223 n. 49.
Hisp. 44: 226.
Hisp. 46: 226.
Hisp. 49: 226.
Hisp. 50: 227.
Hisp. 51-52: 227 n.70.
Hisp. 53-54: 227.
Hisp. 55: 227 e n.69.
Hisp. 56: 224.
Hisp. 57: 224.
Hisp. 60: 224.
Hisp. 66: 227.
Hisp. 69: 225 e n. 63.
Hisp. 70: 225.
Hisp. 76: 227.
Hisp. 76-78: 227 e n. 73.

Hisp. 79: 227.
Hisp. 83: 227 n.74 e 75.
Hisp. 85: 228.
Hisp. 86: 228.
Hisp. 95-98: 228 n. 78.

Ill. 2.7: 204 n.6.
Ill. 2.7-8: 202 n.1.

Mith. 91: 337 n.15.
Mith. 94-95: 377 n. 13.

Syr. 30-36: 214 n. 29.
Syr. 39: 214 n. 30.

Aristófanes (Ar.)
Aristoph. *Thesm.*: 81 n.46.

Aristóteles (Arist.): 270; 348 n.4.

Arquíloco (Archil.): 294.

Ata (Atta): 263; 290.

Aulo Gélio (Gel.)
Gel. 10.20.5: 76 n. 25.

Aurélio Victor (Aur. Vict.): 28 n.1.
De viris ill. 66.4: 339.
De viris ill. 73: 336.

Bellum Alexandrinum (*B. Alex.*): 410.
65-78: 412 n.91.

Bellum Africanum (*B. Afr.*): 413.

Bellum Hispaniense (*B. Hisp.*): 414 n.97.

Catão: 21 n.32; 101; 189; 222 e n. 55; 234 n. 2; 238; 255 e n. 70; 256 e n. 74; 260; 270-272; 276; 284 e n. 149; 289; 294; 296; 306; 316.
Mor.: 271.
Agr.: 271; 422.
Orig.: 271.
Orig. Fr. 58 P: 432 n.10.

Praecepta paterna: 271.

Catulo (Catul.): 239; 268; 424.
29: 239.
31: 239.

Cecílio (Caecil.): 289;

César (Caes.): 99; 100; 239; 256 n. 77; 258; 274 n.123; 279; 294; 315; 320; 325; 336; 351; 352; 356-357; 363; 364; 375; 376; 380-386; 387; 389-426; 429; 435; 437-439.

Civ.: 53.
Civ. 1.1-2: 404 n. 56.
Civ. 1.5: 404 n. 57.
Civ. 1.16-23: 405 n. 63.
Civ. 1.17: 405 n. 61.
Civ. 1.24.4-6: 405 n. 65.
Civ. 1.25-30: 405 n. 66.
Civ. 1.32: 406 n.69.
Civ. 2.32.5: 407 n. 71.
Civ. 3.1-2: 407 n. 73.
Civ. 3.10: 408 n. 74.
Civ. 3.18.3-5: 408 n.74.
Civ. 3.19: 408 n. 74.
Civ. 3.43.4: 408 n. 75.
Civ. 3.72: 409 n.77.
Civ. 3.82-83: 409 n.77.
Civ. 3.90: 409 n.79.
Civ. 3.92-95: 409 n.78.
Civ. 3.103.5: 410 n .83.
Civ. 3.106. 3-5: 386.

Civ. 3.106-112: 411 n .87.
Civ. 3.110.2: 410 n .83.

Gal. 1.2-29: 396 n.27.
Gal. 1.10: 396 n.27.
Gal. 1.30-33: 396 n.29.
Gal. 1.39: 396 n.33.
Gal. 1.44: 396 n.32.
Gal. 2.35: 398 n.35.
Gal. 3.14: 398 n.36.
Gal. 3.14-15: 398 n.37.
Gal. 3.16: 398 n.38.
Gal. 4.16-18: 399 n.40.
Gal. 4.20: 399 n.41.
Gal. 5.12: 399 n.42.
Gal. 7.20: 400 n.44.
Gal. 7.28: 400.
Gal. 7.44-51: 400 n.45.
Gal. 7.76: 401 n.46.

Cícero (Cic.): 33; 45 n.39; 63 n.32; 73; 74; 77; 80 e n.39; 81; 84; 93; 99; 100; 102; 239; 255 n.70; 257; 266; 270; 281; 285 n. 150; 295; 297; 299 n.172; 301; 347; 349; 357; 358; 376; 379; 380; 382; 392; 393 n.14; 394-395; 397; 404 e n. 60; 405-406; 409; 412; 416 n.107; 417 e n.110; 422-425; 426; 427.

Att. 2.3: 393 n.14.
Att. 2.3.3-4: 392 n.12.
Att. 2.15.2: 394 n.19.
Att. 2.19.2: 394 n.19.
Att. 7.11.1: 403 n.55.
Att. 7.11.3-4: 404 n.60.
Att. 8.13: 405 n.63.
Att. 9.7c: 405 n.65.
Att. 9.18.2: 406.
Att. 9.19.1: 406.
Att. 10.8.4: 404 n.60.
Att. 13.28.3: 418 n.112.
Att. 14.20.2: 411 n.89.

Brut. 261-262: 425 n.131.

Caec. 35: 109.

Catil.: 380.

de Orat. 2.52: 64 n. 36.

De imp. Gn. Pomp. 12.33: 376 n. 11.
De imp. Gn. Pomp. 18.55: 376 n. 11.

Dom. 41: 394 n.24.

Fam. 7.3.2: 409.
Fam. 7.9.15.4: 416 n.107.
Fam. 7.30.1-2: 417 n.110.
Fam. 9.6.4: 417.

Off. 1.151: 257.
Off. 3.109: 227 n.74.

Leg. 2.59-64
Leg. 3.38

Phil. 2.34: 421 122.

Rep. 1.15. 282.
Rep. 1.21: 282 n.142.
Rep. 1.19: 281.
Rep. 1.23: 282.
Rep. 1.59: 250 n.55.
Rep. 1.45: 101 n. 109; 424.
Rep. 1.69: 101 n. 109; 424.
Rep. 2.1.2: 101 n.110; 424.
Rep. 2.3.5: 33.
Rep. 2.14: 74 n.16.
Rep. 2.23: 75 n. 17.
Rep. 2.28-29: 295.
Rep. 2.31: 45 n.39.

Rep. 2.31.54: 63 n.32.
Rep. 2.34: 266 n.111.
Rep. 2.36: 76 n.23; 77 n.29.
Rep. 2.41: 101 n. 109; 424.
Rep. 2.50: 77 n.29.
Rep. 2.58: 81 n.44; 84 n.57.
Rep. 2.63: 87 n.67.
Rep. 2.65: 101 n. 109; 424.
Rep. 3.9: 295.
Rep. 3.20: 237.
Rep. 3.25: 238.
Rep. 3.28: 227 n.74; 238.
Rep. 3.41: 238; 328.
Rep. 4.12: 288.
Rep. 5.1: 301.
*Rep.*5.5: 255 n.70.
Rep. 6.1: 357.
Rep. 6.21: 239 n.19.

S. Rosc. 45: 349.

Columela (Col.): 255 n.70.
1.19-20: 254 n. 69.
1.3.9: 88 n. 73.

Cornélio Nepos (Nep.): 147; 423.

Corpus Inscriptionum Latinarum (*CIL*)
I².709: 327; 341.
II.5041: 222 n.57.
VI. 37045: 341.
XIII.1668: 42 n. 32.

Digesta (*Dig.*): 394.

Diodoro Sículo (D.S.): 64; 153; 225 n.65.
29.25: 216 n.35.
32.15.1-2: 218 n.41.
33.17: 227.
33.21: 225.
34.25: 319.
35.2.19: 326.
36.3.1: 334.
37.2.4-5: 340.
37.12.2: 340.

Díon Cássio (D.C.): 147; 152; 392 n.10; 396 n.31 e 33; 398 n. 37; 399 n. 40; 400.
12.33: 204 n.6.
36. 22.2: 376 n.11.
36.23.2: 376 n.11.
36.23.4: 377 n.113.
36.37.4: 377 n.114.
36-37.1-2: 377 n.113.
37.58.1: 393 n.16.
38.1: 393 n.15.
38.1.1-2: 393 n.13.
38.5-6: 393 n.117.
38.6.5-6: 394 n.18.
38.7.5: 394 n.21.
38.8.2: 394 n.20.
38.8.5: 395 n. 25.
38.11.2: 394 n.24.
38.31-34: 396 n.27.
38.34: 396 n.29.
38.34.3: 396 n.30.
38.34.6: 396 n.31.
38.35.2: 396 n.33.
39.1-5: 397 n.34.
39.40.3-5: 398 n.36.
39.42-43: 398 n.37.
39.48.4: 399 n.40.
40.38.1: 400 n.45.
41.1.4: 404 n.56.
41.6.1-2: 404 n.60.
41.10.2: 405 n.65.
41.12: 405 n.66.

41.15.2-3: 406 n. 69.
41.16.1: 406 n. 69.
41.17.1-2: 406 n. 70.
41.53.2-54.3: 408 n.74.
42.7.3: 386 n.27.
42.8.1: 386 n.27.
42.34-43: 411 n.87.
42.38.2: 410 n.84.
42.45-48: 412 n.91.
43.14: 418 n.111.
43.21.4: 415 n.101.
43.25.3: 416 n.104.
43.42.2: 417 n.109.
43.43-44: 418 n.112.
44.3.3: 419 n.114.
44.4-6: 419 n.113.
44.7.2: 419 n.115.
44.7.3: 420 n.118.
44.9-11: 420 n.117.

Dionísio de Halicarnasso (D.H.): 20; 23; 27; 44; 55; 56; 57; 59; 64; 65; 73; 107; 119; 140; 143; 434; 435; 436.
1.4.2: 436 n.24.
1.5: 436 n.25.
1.6.2: 55.
1.9: 20.
1.74.5: 65 n.43.
3.69.2: 64.
4.6-7: 44 n.37.
4.64-67: 54 n.1.
4.76-85: 24.n.76.
4.84.5: 59.
5.1.1: 65.
5.50.2: 57 n.11.
5.60.4: 111.
5.61.2: 57 n.11.
5.61.3: 57 n.11.
5.70-77: 435.
6.2ss: 57; 432 n.8.

6.17.2-4: 81 n.45; 83 n.52.
6.58.2: 434.
6.89-90: 81 n.45.
6.92-8.62: 113.
6.94.3: 81 n.45.
6.95.2: 107.
7.5: 65 n.42.
8.14-36: 113.
9.59.2: 110 n.12.
14.117.7: 119.
20.14: 140.

Énio (Enn.): 55; 104 n.2; 129; 268; 283; 288-290; 301; 306; 358; 422.
Ann. 137 Sk.: 38 n.22.
Ann. 183 Sk.: 334.
Ann. 298 Sk.: 129.

Praet. (Ambr.): 290.

Estrabão (Str.): 21 n.34; 119.
4.1.1: 19 n.23.
5.2.3: 119.
5.3.1: 21.
5.4.2: 21 n.34.
6.3.1: 18 n.18.
6.3.5: 18 n.18.
8.6.23: 218 n.42.
10.5.4: 217 n.38.
12.3.8: 19 n.23.

Eurípides (E.): 290.

Eutrópio (Eutr.)
4.17: 227 n.74.

Festo (Fest.)
152 L: 61.
235 L: 21 n.34.

249 L: 61.

Flávio Josefo (J.)
AJ 14.127-136: 411 n.86.

BJ 1.187-192: 411 n.86.

Floro (Flor.): 358.
Epit. 1.22.36: 220 n.48.
Epit. 1.41: 377 n.13.
Epit. 1.30.3: 218 n.41.
Epit. 1.34.4: 227 n. 74.
Epit. 1.34.14-17: 228 n.78.
Epit. 2.1: 324.
Epit. 2.13.91: 419 n.113.

Fontes Iuris Romani Anteiustiniani (FIRA)
1. 8: 331.

Hinos Homéricos (h.H.)
h.Ven. 5.195-199.

Heraclides do Ponto (Heraclid. Pont.)
fr.103: 268 n.118.

Horácio (Hor.): 268; 310.
Ep. 2.1.156: 265 n.107.

Justino (Justin.) (Epítome de Pompeio Trogo)
20.5.1-6: 119.

Lívio Andronico (Andr.): 244; 268; 283; 286-287; 289; 290; 292; 305; 306.

Lucílio (Lucil): 263; 271; 294; 296; 308; 422.
Fr. 684-685 M: 263.

Lucrécio (Lucr.): 239; 296; 309; 424.
1.28-37: 239.

1.42-43: 259 n.88.
1.41-43: 239; 296.
1.50-53: 296.
2.13: 239; 296 n.168.
2.37-39: 296 n.168.
3.1025: 38 n.22.

Mémnon de Heracleia (Memn.)
Hist. Heracl. (FGrH_434) 31: 340.

Musónio Rufo (Mus. Ruf.)
fr.3: 297.
fr.4: 297.

Névio (Naev.): 287; 289; 290; 305; 307.
Bell. Punic.: 287.
Praet. (Clast.): 307

Oratorum Romanorum Fragmenta Liberae Rei Publicae (ORF): 358.
32.1.3: 331.

Orósio (Oros.)
5.4.21: 227 n.74.
5.7.11-18: 228 n.78.

Ovídio (Ov.): 268.
Fast. 1.637: 89 n.74.

Pacúvio (Pac.): 290; 306; 422 n.126.
Paul.: 290.

Panécio: 271; 282; 296-297; 307.
Off. 297.

Pausânias (Paus.)
7.15.1-16.8: 218 n. 42.

Platão (Pl.): 94; 270; 413.

Plauto (Pl.): 253; 256 n.72; 264 e n.104; 269; 275; 277 n. 131; 283; 289; 290; 291; 298; 306; 358; 422.

Am. 928: 264 n. 104.

As. 200: 275 n. 126.

Capt. 193: 253 n.63.
Capt. 449: 253 n.63.

Cur. 288: 251; 253 n.63; 270.
Cur .345: 253 n.63.
Cur. 420: 253 n.63.
*Cur.*480: 253 n.63.
Cur. 559: 253 n.63.
Cur. 618: 253 n.63.
Cur. 712: 253 n.63.
Cur. 721-722: 253 n.63.

Ep. 143: 253 n.63.
Ep. 158-160: 317.

Men. 766-777: 263 n.102.
Men. 782: 264 n.104.

Mos. 22-24: 270.
Mos. 64-65: 270.
Mos. 313-310: 275.
Mos. 532-689: 253 n.63.
*Mos.*702-713: 263 n.102.
*Mos.*754-756: 277 n. 131.
Mos. 816-828: 277 n. 131.
*Mos.*828: 274 n.124.
Mos. 908-911: 277 n. 131.
Mos. 959-961: 270.

Poen. 54: 274 n. 124.

St.: 264.
Truc.: 264.

Plínio o Velho (Plin.): 56; 64; 106; 240; 278; 295; 370; 387; 401 n. 47.

Nat. 3. 18: 370 n.8.
Nat. 3.30: 245.
Nat. 3.27.2-3
Nat. 3.41-42: 240 n.21.
Nat. 3.57:118 n.22.
Nat. 3.68-9: 109.
Nat. 3.69: 7 n.11.
Nat. 3.110: 21.
Nat. 3.112: 22.
Nat. 3.130: 19 n. 24.
Nat. 3.133: 17 n.15.
Nat. 6.85: 253 n. 65.
Nat. 7.91-99: 401 n.47.
Nat. 7.95: 287 n.28.
Nat. 7.95-99: 241.
Nat. 7.100: 284 n. 149.
Nat. 7.139-140: 284 n. 149.
Nat. 7.211: 273.
Nat. 7.214: 273.
Nat. 8.4: 241.
Nat. 8.16: 139.
Nat. 8.16-17: 293.
Nat. 8.211: 275.
Nat. 9.168-171: 276.
Nat. 10.139: 275.
Nat. 11.75-78: 274.
Nat. 12.6 ss: 274 n.125.
Nat. 12.14: 274 n.125.
Nat. 13.24: 256 n.76; 274 n.123.
Nat. 13.91-95: 279.
Nat. 14.5: 258.
Nat. 14.94-96: 275 n.128.
Nat. 15.47: 274 n.125.
Nat. 17.2-6: 278 n.135.
Nat. 17.9: 282.
Nat. 18.15: 254 n.69.
Nat. 18.22: 274 n.125.

Nat. 18.107: 275 n.126.
Nat. 22.14: 256 n.73.
Nat. 27.2-3: 240 n.21.
Nat. 29.17: 283.
Nat. 33.7: 278.
Nat. 33.1.19: 64.
Nat. 33.44 ss: 253 n.65.
Nat. 33.51: 26 n.72.
Nat. 33.55-57: 26 n.72.
Nat. 33.57: 278.
Nat. 33.138: 26 n.72.
Nat. 33.141: 279.
Nat. 33.141-144: 256 n.72.
Nat. 33.147-150: 256 n.72.
Nat. 33.142: 279.
Nat. 33.145: 279.
Nat. 33.147: 280.
Nat. 33.148: 279.
Nat. 33.148-149: 278 n.134.
Nat. 33.148-150: 258 n.82.
Nat. 33.149: 280.
Nat. 33.151: 280.
Nat. 33.157: 275 n.127.
Nat. 34.6-7: 279.
Nat. 34.12: 279.
Nat. 34.13: 278.
Nat. 34.13-14: 278 n.134.
Nat. 34.14: 279.
Nat. 34.24: 280.
Nat. 34.26: 280 e n. 136.
*Nat.*34.32: 280 e n. 136.
Nat. 34.34: 280 e n. 136.
Nat. 34.36: 256 n.72; 280.
Nat. 34.39-40: 280.
Nat. 34.133-134: 256 n.72.
Nat. 34.138 ss: 256 n.72.
Nat. 34.139: 56-57; 106.
Nat. 35.22: 280.
Nat. 35.24: 281 n.138.

Nat. 36.5: 278 n.133.
Nat. 36.5-6: 278.
Nat. 36.48: 279.
Nat. 36.48-50: 278 n.135.
Nat. 36.49: 279.
Nat. 36.109-112: 278 n.135.
Nat. 37.2: 279.
Nat. 37.11: 274.
Nat. 37.12: 274; 279; 280; 281 n.138.
Nat. 37.14-15: 241.
Nat. 37.18: 279.

Plutarco (Plu.): 27; 54; 55; 56 n.7; 59; 64; 67; 73; 75; 138; 143; 147; 189; 296; 319; 325; 335; 344; 358; 365; 366; 368; 381; 390 n.7; 391; 392; 393 n.16; 396 n.33; 404 n.59; 421 n.123.
Ant. 44.3: 411 n. 89.

Brut. 16-17: 420 n.120.
Brut. 20.1-2: 421 n.123.
Brut. 20.4-7: 421 n.124.

Caes. 1.1: 390 n.2.
Caes. 1.4: 390 n.2.
Caes. 1.8: 390 n.7
Caes. 2.6: 390 n.7.
Caes. 6: 390 n.5.
Caes. 13.5: 391.
Caes. 14: 393 n.17.
Caes. 14.1: 392.
Caes. 14.9: 394 n.18.
Caes. 18: 396 n.27.
Caes. 19.2: 396 n.30.
Caes. 19.3: 396 n.33.
Caes. 29.2: 403 n.52.
Caes. 31.1: 404 n.56.
Caes. 32.5-9: 404 n.58.
Caes. 32.8: 404 n.59.
Caes. 33: 404 n.60

Caes. 35: 406 n.70.
Caes. 39.8: 408 n.76.
Caes. 41.2: 409 n.77.
Caes. 42.2: 409 n.77.
Caes. 44-45: 409 n.79.
Caes. 46.1: 409 n.78.
Caes. 48.2: 386 n.27; 410 n.81.
Caes. 49.10: 411 n.89.
Caes. 50: 412 n.91.
Caes. 56.4: 414 n.97.
Caes. 56.7-9: 417 n.109.
Caes. 57.1: 419 n.115.
Caes. 60: 420 n.117.
Caes. 63.7: 421 n.121.
Caes. 66: 420 n.120.
Caes. 67-68: 421 n.124.

Cam. 42: 89 n.74.

Cat.Ma. 23: 296.
Cat.Min. 33.1-2: 393 n.16.

CG 7: 329.
CG 10-11: 330

Mar. 14-16: 333.
Mar. 37: 335.
Mar. 58-59: 343.

Pomp. 2.1-2: 366 n.3.
Pomp. 5-8: 365 n.2.
Pomp. 19: 355.
Pomp. 24: 376 n.11.
Pomp. 25: 377 n.13.
Pomp. 25.1: 376 n.11.
Pomp. 26.4: 377 n.14.
Pomp. 28.2: 377 n.12.
Pomp. 41.4: 378 n.16.
Pomp. 45-46: 382 n.18.

Pomp. 46.2: 382 n.19.
Pomp. 47-48: 393 n.17.
Pomp. 48.4: 394 n.21.
Pomp. 60.1-3: 404 n.58.
Pomp. 60.2: 404 n.59.
Pomp. 61: 404 n.60.
Pomp. 65.3-4: 408 n.74.
Pomp. 65.5: 408 n.76.
Pomp. 67.3: 409 n.77.
Pomp. 80: 386 n. 26.
Pomp. 80.5: 386 n. 27.

Publ. 6.4: 59 n.18.
Publ. 14: 64.
Publ. 16.1: 58 n.15.
Publ. 16-19: 56 n.8.
Publ. 19.10: 58 n.15.
Publ. 21. 4-10: 35 n.15; 75 n.18.
Publ. 24.3: 56 n.7.

Pyrrh. 21.9: 138.

Rom. 1-12: 73 n.11.
Rom. 4.4-5: 30 n.4.

Sert. 5: 346.
Sert. 14.3-4: 368.
Sert. 22-23: 354.
Sert. 23-24: 356.
Sert. 25: 356.

Sull. 9: 344.
Sull. 14: 345.
Sull. 29-30: 349.
Sull. 31-33: 348.
Sull. 36.1: 352.
Sull. 38.1: 352.

TG 1-2: 325.

TG 8: 319.
TG 13-14: 327.

Políbio (Plb.): 65; 118 n.21; 121; 146; 147; 152; 155; 160; 161; 171; 174; 197; 199; 221; 228 n.79; 234 n.1; 238; 239 n.19; 242; 244; 247; 248; 261; 267; 269; 271; 294; 297; 306; 307; 308; 317; 324; 358; 423.
1.1.5: 247 n.46.
1.20.15: 269.
2.2-12: 202 n.1.
2.4.7: 203.
2.8.1-3: 203 n.5.
2.8.3: 204.
2.8.12-13: 204 n.7.
2.11.1: 204.
2.11.4: 204.
2.12.3: 204.
2.17.5: 19 n.24.
2.18.9: 123.
2.21.7: 21 n.32.
2.24: 234 n.1.
2.24.10: 18 n.18.
2.27: 324.
3.16: 202 n.1.
3.16.2: 205 n.8.
3.18-19: 202 n.1; 205 n.9.
3.19.12: 205.
3.22.1-2: 65.
3.76.1: 220 n.46.
3.86.8: 21 n.32.
3.88: 18.
3.97-99: 220 n.47.
6.2.1-3: 247 n.46.
6.2.2: 317.
6.10.13-14: 101 n.110.
6.11a7: 266; 267.
6.11.1: 248.
6.13-18: 261 n.94
6.18.2: 248 n.49.
6.19-42: 247.
6.23.6: 269.
6.25.8: 227.
6.25.11: 269.
6.42: 269.
6.50.6: 244.
6.51.4: 248.
6.51.6-8: 261 n.94.
6.52.4-7: 247.
6.52.10: 329.
6.56.13-15: 269.
6.57.5-6: 248.
6.57.9: 248.
7.9: 206 n.10.
10.38: 220 n.50.
10.38.7: 221.
11.18.5-6: 121.
11.20.1: 221 n.52.
16.27.2-3: 209 n.17.
18: 212 n.24.
18.20-32: 210 n.19.
21: 212 n.24.
21.45: 214 n.30.
21.46.8: 215 n.33.
22.5.4: 215 n.33.
23.10.12: 216 n.35.
24.45: 215 n.31.
24.48: 215 n.31.
25.4.5: 215 n.33.
26-31: 212 n.24.
29.27: 218 n.40.
31.25: 248.
38.3-5: 218 n.42.
39.13: 218 n.42.

Rethorica ad Herennium (Reth. Her.): 285.

Salústio (Sal.): 281; 358; 379; 423.
Hist. 2.98: 369 n.7.

Hist. 2.98.5: 356.
Hist. 3.86-87: 355.

Jug. 31-35: 332.

Séneca (Sen.): 257 n.79; 290; 297; 424 n.130.
*Ben.*1.13.2: 241 n.22.
*Ben.*7.3: 241 n.22.

[**Sen.**]
Oct.: 290.

Sérvio (Serv.)
A. 1. 373: 64 n.36.

Suetónio (Suet.): 75; 358; 390 n.7; 392; 403 n. 55; 419; 425; 438 n.31.
Gal. 3.2: 224 n.62.

*Jul.*1: 390 n.2.
Jul. 1.1-2: 390 n.4.
Jul. 2: 390 n.6.
Jul. 4.1: 390 n.7.
Jul. 4.2: 390.
Jul. 5: 356.
Jul. 6: 390.
Jul. 8: 403 n.52.
Jul. 11: 390 n.5.
Jul. 14: 380 n.17.
Jul. 19.2: 392 e n. 9.
Jul. 20.1: 393 n.15; 394 n.18.
Jul. 20.2: 394 n.20.
Jul. 20.4: 393 n.16; 394 n.22 e 24.
Jul. 21: 332 n.21.
Jul. 22.1: 395 n.25.
Jul. 22.2: 395 n. 25.
Jul. 24: 383 n.22.
Jul. 27: 385 n.23.
Jul. 28.3: 403 n. 51 e 52; 403 n.51 e 52.

Jul. 29.1: 403 n. 54.
Jul. 29.2: 404 n.56.
Jul. 30.2: 403 n. 55.
Jul. 30.4: 409 n.79.
Jul. 31.2: 404 n.58.
Jul. 32: 404 n.59.
Jul. 34.2: 406.
Jul. 35: 386 n.25.
Jul. 35.2: 412 n.91.
Jul. 36: 408 n.76.
Jul. 37.2: 412 n.91.
Jul. 41.3: 415 n.101.
Jul. 42-43: 416 n.103.
Jul. 42.2: 407 n.73.
Jul. 47: 399 n.42.
Jul. 49: 424.
Jul. 52.2: 411 n.89.
Jul. 52.3: 394; 420 n.118.
Jul. 54.3: 394.
Jul. 55-56: 425 n.131.
Jul. 56.1: 410 n.82.
Jul. 73: 407 n.73; 424..
Jul. 76.1: 419
Jul. 78-79: 420 n.117.
Jul. 79.3: 420 n.119.
*Jul.*81-82: 420 n.120.
*Jul.*84-85: 421 n.124.
Jul. 86: 421 n.121.
*Jul.*87: 421 n.121.

Tib. 1: 35 n.15; 75 n.18.

Rhet. 25: 285 n.150.
Rhet. 26: 285 n.150.

Tácito (Tac.): 56; 64; 106; 358.
Ag. 15: 257 n.79.
Ag. 20: 257 n.79.
Ag. 31: 257 n.79.

Hist. 3.72: 56; 64; 106; 351.

Teopompo (Theopomp.Hist.)
FGrH 115: 118 n.22.

Terêncio (Ter.): 264; 271; 283; 289; 290; 291; 292; 307; 422.
Ad.: 283; 292.
Eu.: 264.

Timeu de Taormina (Timae.): 294; 305.

Titínio (Titin.): 263; 264; 290.
Pril. 68: 264.

Set. 11: 264.
Set. 107-109: 264.

Tito Lívio (Liv.): 27; 32; 36; 42 n.31; 55; 56; 57; 59; 61; 63; 64; 70; 75; 80; 82; 86; 87; 88; 106 e n.9; 108 n.10; 111; 113; 114; 115; 117 e n.19; 119-120; 121 n.26; 122; 123; 129; 133; 134; 135; 141; 143; 146-147; 174; 199; 207; 242; 257; 258 n.82; 268; 273; 324; 358; 382; 391; 434 n.16; 436 e n.23.
Praef. 6-7: 32.
Praef. 10: 36.
1.1.1-3: 19 n.23.
1.26: 63 n.32.
1.34-60: 71 n.7; 76 n.24.
1.52: 57 n.10.
1.57-59: 54 n.1.
1.60.4: 59.
2.1.11: 76 n.26.
2.8: 64.
2.16.4: 75 n.18.
2.9-15: 56 n.8.
2.18.3: 57 n.11.
2.18.3-4: 432.
2.18.8: 434.
2.19-20: 57; 432 n.8.
2.21.1: 115.
2.26.1: 115.
2.30: 434 n.18.
2.31-33: 81 n.45.
2.32.3: 80 n.43.
2.33.4-40.11: 113.
2.39-40: 113.
2.40.1: 76 n.24.
2.40.2: 113.
2.42.11: 77 n.31.
2.48.8-50.11: 116 n.16
3.1.7: 110 n.12.
3.9-10: 85 n.59.
3.23.3: 117.
3.26 ss: 432 n.12.
3.26.9: 76 n.24; 114.
3.26-29: 114.
3.31-32: 85 n.60
3.32-35: 83 n.50.
3.33-35: 85 n.61.
3.34: 86 n.64.
3.55.3: 63.
3.55.13: 83 n.5.
4.1-6: 87 n.67.
4.13-14: 88 n.71.
4.20.5-11: 116.
4.37.1: 112.
4.49.3-11: 117.
4.51.6-11: 117.
4.51.7: 117.
4.51.7-8: 110 n.11.
4.53.3-10: 117.
4.59.3-10: 117.
5.15-55: 88 n.72.
5.22.8: 117.
5.27.15: 117.
5.34.1-35.3: 119.

5.48.8-9: 120 e n.24.
5.50.3: 121 n.26.
6.4.8-10: 121.
6.5.8: 117.
6.10.6: 122.
6.10.7-9: 122 n.27.
6.25.6: 122 n.28.
6.35-36, 42: 88 n.73.
6.37-39: 89 n.75.
6.38: 88 n.72.
7.1: 88 n.72.
7.2.1-13: 289; 292 n.161.
7.2-3: 434.
7.3: 61.
7.3.5ss: 64.
7.12.7: 108.
7.19.4: 129.
7.20: 121.
8.6.15: 108 n.10.
8.14: 109.
8.14.1-12: 123.
8.33: 434 n.18.
9.13.7: 129.
9.26: 435 n.20.
10.11.12-12.3: 134.
10.46.5-7: 135.
21.60.1-2: 220 n.46.
21.63: 324.
22.20.3-6: 220 n.47.
22.31.8: 407 n.72; 437 n.27.
23.33.9-12: 206 n.10.
25.3.8-11: 257.
25.36.12-14: 220 n.48.
25.40: 258 n.82.
26.6.13: 129.
27.5.16: 407 n.72; 437 n.27.
27.6.5: 434 n.19.
27.9: 111.
28.12: 221 n.52.

29.12.11-16: 207 n.12.
31: 212 n.24.
31.20: 221 n.53.
33.7-10: 210 n.19.
33.10: 213 n.27.
33.19-20: 212 n.24.
33.20: 213.
33.32.5: 210 n.20.
33.38.10-14: 213 n.27.
33.39.2: 213 n.28.
33.40: 213 n.27.
34: 212 n.24.
34.24.6: 211.
34.57-60: 212 n.24.
35.22.5: 222.
37.45.8-14: 240 n.21.
37.56.1-6: 215 n.31.
38-41: 212 n.24.
38.37-44: 214 n.29.
38.38-39: 214 n.30.
39.6.7-9: 273.
39.21.2-3: 222.
39.22.2: 293.
39.24.6-9: 216 n.34.
39.27.7-10: 216 n.34.
40.24.4: 216 n.35.
40.35.7 ss: 223 n.59.
40.36.1-12: 223 n.59
40.39-40: 223 n.59
40.47-50: 223 n.59
42.11-13: 216 n.36.
43-45: 212 n.24.
45.10: 218 n.40.

Per. 54: 227 n.73.
Per. 90: 376 n.11.
Per. 92: 386 n.27.
Per. 103: 391.
Per. 116: 419 n.113.

Tucídides (Th.)
6.53-59: 55.

Varrão (Var.): 44 e n.35; 46; 255 n.70; 275; 392; 406; 407; 416; 424.
RR 1.2.7: 21 n.32.
RR 2.*praef.* 3: 254 n.69.

Valério Máximo (V. Max.)
2.7.13-14: 293.

Veleio Patérculo (Vell.): 330; 337; 358; 381.
1.11.1-2: 218 n.41.
2.1.2: 278 n.133.
2.7: 330.
2.15: 338.
2.29: 369 n.6; 381.
2.35.2: 377 n.13.
2.41.2: 390 n.4.
2.42.3: 390 n.7.
2.43.4: 390 n.5.
2.44.1: 392 n.9.
2.44.2: 394 n.21.
2.49.3: 404 n.56.
2.49.4: 404 n.58.
2.50: 406 n.69.
2.90.3: 353.

XII Tábuas: 47; 63; 76; 85-86; 264 n.104; 286; 304.
9.1: 76.
9.1-2: 63.

Vírgílio (Verg.): 288;
Aen. 1.245-252: 19 n.24.
Aen. 1.267: 23.
Aen. 4.58: 81 n.46.
Aen. 8: 266 n.108.

Zonaras (Zonar.)
10.3: 377 n.13.

www.ingramcontent.com/pod-product-compliance
Lightning Source LLC
Chambersburg PA
CBHW071222290426
44108CB00013B/1257